"大学堂"开放给所有向往知识、崇尚科学，对宇宙和人生有所追问的人。

"大学堂"中展开一本本书，阐明各种传统和新兴的学科，导向真理和智慧。既有接引之台阶，又具深化之门径。无论何时，无论何地，请你把它翻开……

大学堂 057-02

沟通的艺术
看入人里，看出人外
（插图修订第15版）

［美］罗纳德·B·阿德勒（Ronald B. Adler） ｜ 著
拉塞尔·F·普罗科特（Russell F. Proctor II）
黄素菲　李恩　王敏 ｜ 译

LOOKiNG OUT / IN

北京联合出版公司
Beijing United Publishing Co.,Ltd.

译者序[*]

本书初版至今已经超过30年了。现今，美国出版的书籍可谓不计其数，而本书能连续出到第12版，在美国拥有超过200万的读者，可见必有其过人之处。之前的版本是由罗纳德·阿德勒（Ronald Adler）和奈尔·道恩（Neil Towne）两人合著。本版改由罗纳德·阿德勒和拉塞尔·普罗科特（Russell Proctor）两人合著。罗纳德·阿德勒除了本书之外还有其他六本跟沟通有关的著作，主题包括肯定训练、社交技巧、商务沟通、公共演说技巧、小团体沟通等。在本书初版时，他的大女儿才刚出生，如今他已经是两个小孩的爸爸了。拉塞尔·普罗科特目前是北肯塔基大学的教授，他和罗纳德·阿德勒在1990年的一个沟通研讨会上相识，这些年来两人在沟通主题方面有许多共事的机会，一起撰写了一些教科书和相关文章。

作者为此倾注了多年的专业经验，试图把本书定位为大学生接触人际关系课程的最佳读本，每一版本的修订几乎都会添加最新的人际关系研究成果及时代变迁的新议题，使得全书内容与时俱进。本人有幸于四年前率同10位研究生一起翻译了本书第10版，当时就觉得此书兼具深度、广度与完整性，是一本难能可贵的理论与实用并重的教科书。而今年最新的第12版，其内容更加充实而具有价值。综观新版本，其主要特色有：

1. 继续强调人际关系的交流本质。沟通并不只是对某人使用技巧而已，沟通是我们与人共同经历的过程。比起一味强调技巧，尊重而主动的态度更有利于建立信任的关系。
2. 本版仍延续了过去的行文特色，将性别与文化融入各个沟通主题中；同时又增加新的研究资料，使得其论述更加深入。
3. 本书参考最新研究结果，修正原来的论述，将新的资讯纳入篇幅中。如关于第八章马克·克奈普（Mark Knapp）所提出的关系发展模式的观点的部分，根据A·约翰逊（A. Johnson）等人的研究结果发现：并不是所有的关系发展历程都是循着开始、进展、消退、结束这种线性发展形态。
4. 新版将原书第八章分成了两章，第九章增加亲密关系的沟通特性。
5. 更加强调电子媒体对沟通与人际关系所造成的冲击。例如第四章在描述沟通渠

---

[*] 此为第12版中文版序。

道时提到:"沟通者有必要分析什么时候选择使用电子邮件、即时通信软件、手机、博客等,这是过去不必面对的问题。"

这些增加的特色使得本书更具有阅读价值,同时,本书原本就具备许多编写概念上的统合性优势,重要沟通概念或沟通技巧均有实例说明,更增添本书的可读性。全书最大特色是区分成"看入人里""看出人外"和"看人之间"三部分,涵盖了人际关系的全貌。"看入人里"包括第一至第四章,着重于探讨与自我有关的沟通因素,简介人际关系的本质,强调自我在沟通中的角色,并分析知觉与情绪在沟通中的重要性。"看出人外"包括第五至第七章,着重于探讨与沟通对象有关的因素,重点是分析语言和非语言的特性,强调倾听的重要性。"看人之间"包括第八至第十一章,着重于讨论关系的演变,重点是强调沟通关系的重要性,关系中的亲密与距离,如何增进沟通气氛及人际冲突的形态与因应之道。另外,本书特别针对性别与文化观点进行了探讨,相关阐述贯穿全书。中国已经是一个多元化的社会,大学通识教育有必要加强大学生的多元文化的视野与观点,才能建立和谐的沟通关系。

我认为本书可以符合各类不同需求的读者群,包括大学教师、在校学生、经营主管、沟通训练者、家庭成员及一般社会大众,试分述如下:

1. "人际关系与沟通"的授课教师:目前各大学几乎都开设了"人际关系与沟通"课程,开课教师可以直接选用本书作为教科书,或将本书列为指定参考书。我发现多年来我在台湾阳明大学教授人际关系课程的主题与内容,本书中各个章节几乎都包括在内。翻译这本书可以说是我想为自己的学生找到可信赖又实用的教科书这个私心的具体成果。

2. 学生自修:许多大学生到了大学才开始认识到人际关系的奥妙与重要性并开始学习这方面的内容。如果你想在社团领导、班级干部角色或者与同学、室友的相处上进一步将日常生活的体验与人际互动理论相印证,选读这本书将会使你提纲挈领地抓住要点,整理出人际关系与沟通的原理。你可经由阅读第二章的沟通、认同和展现自我,第三章的知觉历程、知觉检核,第四章的影响情绪表达的因素、情绪表达的原则以及第五、六章的语言及非语言信息等找到线索。

3. 经营主管:领导与沟通是所有公司或机构主管最重要也最费神的任务,如何了解部属工作上的困境而及时给予其帮助?如何有效传达工作指令?如何建立正向的工作关系?如何减少人际冲突达到双赢?参考第七章的倾听态度与技巧,第八、九、十章的察觉关系演变与调节关系气氛及第十一章的人际冲突本质与建设性处理冲突的技巧等,你将会得到许多不错的答案。

4. 沟通训练者:各企管顾问公司或人力资源专家经常提供"增进组织沟通""有效的领导者"等课程或培训,本书可列为重要参考书之一,有助于训练者设计训练教材与方案。

5. 父母或夫妻：家人沟通也需要技巧，本书提供了宽广的视野以使你增加对对方的了解。本书第三章谈到的同理心与沟通、第四章的情绪表达的原则、第七章的倾听技巧等都有许多宝贵观点可供参考，尤其是第九章沟通关系中的亲密与距离，是本版书增列的章节，特别适合运用到家庭沟通中。
6. 一般社会大众：每一个人都需要沟通，本书也适合一般人际关系与沟通的情境，其中第四章的管理困扰情绪、第五章的性别与语言、第六章的非语言沟通类型、第九章的自我坦露等，都将有助于增进你的人际关系与沟通能力。

  作为身在大学的教师，总是到暑假时才能有完整的时间从事书写或编译工作。我总是在艳阳溽暑下沉浸在文字与思考中，或许文字间都还有着夏日的汗水味。再次审译本书，我感到自己的译笔更加顺畅自如。书中部分具有国情落差的措辞与举例，我都稍加调整并增加符合本土国情之沟通实例；另外针对大学通识教育所需，也略做了内容的增删与重编，自觉本书的可读性应该胜过前书。书中讹误难免，欢迎读者不吝批评指正。

黄素菲
2007年秋天于台湾阳明大学

目 录

译者序　1
前　言　10
致　谢　13

第一章　人际沟通入门　1

1.1 我们为什么要沟通？　3
生理需求　3
认同需求　4
社交需求　5
实际目标　6

1.2 沟通的历程　7
线性观　7
交流观　9
人际沟通与非人际沟通　12

1.3 沟通的原则与迷思　15
沟通的原则　16
沟通的迷思　17

1.4 如何成为沟通高手？　19
沟通能力的定义　19
沟通高手的特质　20
跨文化的沟通能力　26

小　结　29
电影与电视　30

第一部分　看入人里

第二章　人际沟通与社交媒体　33

2.1 媒介沟通与面对面沟通　34
媒介沟通与面对面沟通的相似点　35
媒介沟通与面对面沟通的区别　36
媒介沟通的结果　39

2.2 媒介沟通的优缺点　41
媒介沟通的优点　41
媒介沟通的缺点　47

2.3 媒介沟通的影响因素　52
性　别　52
年　龄　54

2.4 运用社交媒体的能力　55
培养积极关系　55
保护你自己　57

小　结　60
电影与电视　61

第三章　沟通和认同：自我的塑造与展现 63

3.1 沟通和自我 64
自我概念与自尊 65
自我的生物性和社会性根源 67
自我概念的特征 71
文化、性别和认同 74
自我应验预言和沟通 78

3.2 自我的展现：沟通作为印象管理 80
公开自我和隐私自我 80
印象管理的特征 81
为什么要管理印象？ 84
面对面印象管理 85
网络印象管理 86
印象管理和诚实 89

3.3 在关系中的自我坦露 90
自我坦露的模式 91
自我坦露的好处和风险 94
自我坦露的指导原则 97

3.4 自我坦露的替代选择 100
沉　默 101
说　谎 101
模棱两可 102
暗　示 103
回避的伦理议题 104

小　结 105

电影与电视 106

第四章　知觉：看到什么就是什么 109

4.1 知觉历程 111
选　择 111
组　织 112

诠　释 116
协　商 118

4.2 影响知觉的因素 119
获取信息 119
生理因素 120
文化差异 122
社会角色 124

4.3 知觉的常见倾向 127
对人严厉，对己仁慈 127
先入为主 128
以己之心，度人之腹 129
我们被自己的期待影响 129
最明显的最有力 130

4.4 知觉检核 131
知觉检核的要素 131
知觉检核的考量 132

4.5 同理心、认知复杂度与沟通 135
同理心 135
认知复杂度 138

小　结 144

电影与电视 144

第五章　情绪：感觉、思考和沟通　149

5.1　什么是情绪？　151
生理因素　151
非语言反应　151
认知的诠释　153
语言表达　155

5.2　影响情绪表达的因素　156
性　格　156
文　化　157
性　别　159
社会习俗　160
社交媒体　161
情绪感染　162

5.3　情绪表达的指导原则　163
辨认你的感觉　163
辨识感觉、说话和行动之间的不同　164
扩充你的情绪词汇　164
分享多样的感觉　166
评估何时何地表达感觉　168
对自己的感觉负责　168
关注沟通渠道　168

5.4　情绪管理　170
有助益与无助益的情绪　170
无助益情绪的来源　171
非理性思考和无助益的情绪　176
把无助益的情绪减到最少　182
把有助益的情绪增到最多　186

小　结　188

电影与电视　189

第二部分　看出人外

第六章　语言：障碍与桥梁　193

6.1　语言是符号　194

6.2　理解和误解　196
理解字词：语义规则　196
理解结构：句法规则　199
理解情境：语用规则　200

6.3　语言的影响　202
命名与认同　202
联盟关系　205
权力与礼貌　206
让人混淆的语言　208
责任语言　211

6.4　性别与语言　216
内　容　216
沟通的理由　217
对话风格　218
非性别因素　218

6.5　文化与语言　220
语言沟通风格　220
语言与世界观　224

小　结　226

电影与电视　227

第七章 非语言沟通：超越字词之外的信息 231

7.1 非语言沟通的特征 232
非语言沟通的定义 232
非语言技巧的重要性 233
所有行为都有沟通价值 233
非语言沟通主要是关系上的 234
出现在媒介信息中的非语言沟通 235
非语言沟通提供许多功能 236
非语言沟通泄露了欺骗的线索 238
非语言沟通是模糊不清的 240

7.2 非语言沟通的影响因素 242
性　别 242
文　化 243

7.3 非语言沟通的类型 245
身体动作 245
声　音 250
触　碰 254
外　貌 256
物理空间 258
物理环境 260
时　间 262

小　结 262

电影与电视 263

第八章 倾听：不只是听见 267

8.1 倾听的定义 269
听与倾听 270
心不在焉的倾听 271
心无旁骛的倾听 271

8.2 倾听过程的要素 272
听　到 272
专　注 272
理　解 273
回　应 274
记　忆 275

8.3 倾听的挑战 276
无效倾听的类型 276
为什么无法有效倾听 277
应对有效倾听的挑战 280

8.4 倾听反应的类型 282
借力使力 282
问　话 284
释　义 286
支　持 291
分　析 295
忠　告 296
评　断 298
选择最佳的倾听反应 299

小　结 302

电影与电视 302

第三部分 看人之间

第九章 沟通和关系的演变 305
9.1 我们为什么要建立关系? 306
外貌 306
相似性 307
互补性 308
相互吸引力 309
能力 309
坦露 309
接近 310
报酬 310

9.2 人际关系的演变模式 311
发展的观点 311
辩证的观点 319

9.3 关系的特性 324
关系是不断变化的 325
文化会影响关系 325

9.4 对关系做沟通 326
内容与关系信息 326
关系信息的类型 328
后设沟通 330

9.5 维持人际关系 331
社会支持 332
修复损坏的关系 333

小 结 338
电影与电视 338

第十章 人际沟通中的亲密关系 343
10.1 关系中的亲密 344
亲密的向度 344
男性和女性的亲密形态 346
文化对亲密的影响 348
媒介沟通中的亲密感 348
亲密感的限制 349

10.2 家人间的沟通 351
家庭沟通的特性 351
家庭作为系统 353
与家人沟通的模式 354
社交媒体和家庭沟通 358

10.3 友人间的沟通 358
友谊的类型 359
性、性别和友谊 360
友谊和社交媒体 363

10.4 爱人间的沟通 365
感情关系的特征 366
感情的转折点 369
伴侣的冲突类型 370
爱的语言 372
社交媒体与感情关系 375

小 结 376
电影与电视 376

第十一章 改善沟通气氛 379
11.1 沟通气氛和肯定信息 380
信息的肯定程度 381
沟通气氛如何发展 386

11.2 防卫：原因与对策 390
威胁面子的行为 390
避免对他人防卫 391

11.3 保留面子 398
使用清晰信息处方 398
对批评以不防卫回应 404

小　结 414

电影与电视 415

第十二章　处理人际冲突 419

12.1 冲突的本质 420
冲突的定义 421
冲突是自然的 422
冲突可以是有益的 423

12.2 冲突的处理方式 423
逃避（双输） 424
调适（一输一赢） 425
竞争（一赢一输，有时会转成双输） 426
妥协（部分双输） 428
合作（双赢） 430
哪一种方式最好？ 432

12.3 关系系统中的冲突 434
互补、对称和平行的形态 434
破坏性的冲突模式：四骑士 435
冲突惯例 437

12.4 冲突类型的变项 438
性　别 439
文　化 440

12.5 建设性处理冲突的技巧 443
合作解决问题 444
建设性处理冲突的技巧：提问与释疑 448

小　结 452

电影与电视 452

参考文献 454

专栏参考文献 497

前　言

倾听可以说是最重要的沟通技能，在我们修订《沟通的艺术：看入人里，看出人外》的过程中确实就是这样。倾听读者帮助我们改善了你们手中正拿着的这本书，如此它将会处理老师和学生都关注的一些问题。

着手修订第15版《沟通的艺术：看入人里，看出人外》之前，我们询问了本书当前和潜在的一些读者：为了更好地满足他们的需要，我们能够做些什么？他们告诉我们，他们想要的是一本结构清晰、内容有吸引力、表述简洁的人际沟通入门教材，并且这本教材必须反映出沟通在当今世界的运作方式。

你们说的，我们听了，于是就有了你们现在看到的结果。

新版改进的地方

本书读者将会发现第15版在好几个方面做出了改善，同时又忠于它那经过40多年检验、惠及百万学生的沟通方式。

·扩大有关社交媒体的内容范围

全新的第二章全面探讨了媒介沟通在人际关系中的作用，涉及的主题包括媒介沟通与面对面沟通的差异、社交媒体的益处与代价、性别和年龄如何影响媒介沟通的使用，以及如何适当地使用社交媒体实现个人和关系目标。

除了第二章，本书其他章节也新增了对社交媒体的讨论。涉及的主题包括网络印象管理（第三章）、社交媒体对情绪感知和表达的影响（第五章）、媒介信息中的非语言沟通（第七章）、在网上给予和获得支持（第八章）、社交媒体如何塑造亲密关系（第九章），以及社交媒体在家人间、友人间和爱人间的沟通中所起的作用（第十章）。

·来自大众文化的新例证

为了描述沟通在各种关系中的运作方式，本版给出了大量例子。其中，电视资料包括《路易不容易》《喜新不厌旧》这样的情景喜剧，也包括《丑闻》《纸牌屋》这样的电视剧。还有许多资料来自热门电影，比如《少年时代》《亲爱的白人们》《模仿游戏》《他和她的孤独情事》等。人物剧照附有的说明文字也突出强调了沟通原则在当今世界是如何运行的。

- 新的杂志风格的阅读材料

引人入胜的阅读材料使《沟通的艺术：看入人里，看出人外》始终区别于其他沟通类书籍。本版提供了一个全新的"链接"专栏，展现了正文中的原则是如何在一个更广泛的情境和关系里运作的。新的阅读材料探索了诸如通过软件能否适当地沟通，如何应付对朋友和爱人的承诺，孤独在一个高度联结的世界里如何可以普遍存在，分享照片以便投射一个理想身份，通过发短信表示支持来拯救生命，以及在网上发布照片如何可以强化亲密关系等问题。在每篇阅读材料之后，现在都新增了一个"思考"环节，其中的问题有助于读者将材料与他们的日常生活联系起来。

- 更新研究资料

为了反映沟通领域的最新进展，本书引用了新的研究资料。涉及的新增的或更新的主题包括积极情绪的表达（第五章）、在权力和礼貌之间取得平衡（第六章）、给予和获得社会支持（第九章），以及在恋爱关系中传达爱、承诺与喜爱（第十章）。

与旧版相似之处

在本版中，我们一如既往地以方便读者的方式，把学术内容和日常生活联系了起来。事实上，几乎每一页都包含了各种吸引人的、服务文本的材料：引自书刊或者网络资源的文章、诗歌、漫画、照片、热门电影与电视节目的简介等。本书还突出了对伦理议题的讨论，以帮助读者探究如何在沟通中讲求原则。此外，大量的辅助资源旨在帮助老师和学生高效地授课和学习。

《沟通的艺术：看入人里，看出人外》所呈现的沟通，不是我们用在别人身上的技巧的罗列，而是我们和别人一起参与的一个过程。通过本书读者也会知道，一个人的沟通能力再强，也不总会试图创造热络、含糊的关系；即便两个人的交流很少，如果以一种建设性的、有礼貌的方式去沟通，也有最佳的成功机会。

有关性别和文化的讨论被整合到了全书中，而不是被分散在单独的章节里。本书在对这些重要主题的处理上是非意识形态的，从援引的研究就可以看出，所有变量对沟通的影响通常是同等重要的。此外，各章关注的重点基本保持不变，针对个人的不同情况，读者可以按照任意的顺序阅读第二章到第十二章的内容。

文内学习资源

本书每一章内都包含能够帮助学生理解和使用文内所介绍的沟通原则的各种资源：

"多元视角"提供了来自不同文化、地区、种族和职业背景的沟通者用第一人称记述的资料。例如，本版新增的两篇资料描述了一场成功的包办婚姻，以及警官如何可以更好地理解和服务有色人种社区。这些资料有助于读者领会人际沟通是由"你是谁"和"你从哪里来"塑造的。

"在工作中"强调了人际沟通在工作场合的重要性。这个专栏的文章都建立在学术研究的基础上，使读者可以从中掌握沟通策略，增加事业成功的概率。本版新增的资料讨论了诸如如何管理职业身份、修复被损害的职场关系、保持谦虚以及明智地选择职场斗争等问题。

"在生活中"描述了文中的技巧与概念在现实生活中看上去如何。看到真实的人在相似的情境下使用这些技巧，可以带给学生榜样的力量和信心，让他们在自己的人际关系中做出尝试。

此外，每一章的活动专栏也能帮助读者理解那些重要概念。按照不同的类型可以分为：

- "想一想"专栏能够帮助读者学习如何把理论和研究运用到自己的生活中。
- "技巧构建"能够帮助读者改善他们的沟通技巧。
- "伦理挑战"为在追求目标的过程中遭遇困境的沟通者，提供了有关解决难题的智慧。

致 谢

要感谢的人很多,因为大家的通力合作,才有了《沟通的艺术:看入人里,看出人外》第15版的问世。首先,要感谢我们的同行,没有他们的评论和意见就没有这个新版本。他们是:

Marlene Adzema, Red Rocks Community College; Renee Aitken, Park University; Keith Allen, Mott Community College; Randall Allen, Bay de Noc Community College Bay; Alicia Andersen, Sierra College; Kim Ards, Amberton University; Diane Auten, Allan Hancock College; Pat Baker, Davidson College; Jim Bargar, Missouri Western State University; Amy Bessin, Taylor University; Francesca Bishop, El Camino College; Nancy Bixler, Skagit Valley College; Ellen Bland, Central Carolina Community College; Beth Brooks, Bucks County Community College; Cynthia Brown, El Macomb Community College; Susan Cain, A-B Tech Community College; Kelly Champion, Northern Illinois University; Tammy Christensen, Central Christian College of the Bible; Marlene Cohen, Prince George's Community College; Dolly Conner, Radford University; Sarah Contreras, Del Mar College; Diana Crossman, El Camino College; Patricia Cutspec, Asheville Buncombe Technical Community College; Nicholas Dahl, Clark College; Alexis Davidson, California State University, Sacramento; Kathryn Dederichs, Normandale Community College; Karen DeFrancesco, Bloomsburg University; Sherry Dewald, Red Rocks Community College; Erica Dixon, South Puget Sound CC; Cassandra Dove, Central Maine Community College; Mike Dunn, Austin Peay State University; Steve Epstein, Suffolk Community College; Nancy Fraleigh, Fresno City College; Ann Gross, Napa Valley College; Jill Hall, Jefferson Community and Technical College; Benjamin Han, Concordia University Wisconsin; Yael Hellman, Woodbury University; Aimee Herring, Amberton University; Ronald Hochstatter, McLennan Community College; Jenny Hodges, St. John's College; Caryn Horwitz, Miami Dade College; Karen Huck, Central Oregon Community College; Rae Ann Ianniello, Ohlone College; Kati Ireland, San Jose City College; Joann Kaiser, Indiana University Kokomo; Stefanie Kelly Armstrong, Atlantic State University; Chris Kennedy, Western Wyoming Community College; Howard Kerner, Polk State College; Karyl Kicenski, College of the Canyons; April Kindrick, South Puget Sound Community College; Mark Knapik, Lake Erie College; Norman Komnick, Pierce College;

Meg Kreiner, Spokane Community College; Janet Kucia, Mississippi College; Julie Kusmierz, Hilbert College; Jorge Luna, William Jessup University; Nancy Luna, Woodbury University; Ross Mackinney, College of the Redwoods; Jennifer Marks, Northeast Lakeview College; Barbara Mayo, Northeast Lakeview College; Floyd McConnell, San Jacinto College North; Chikako McLean, Oakton Community College; Connie McKee, West Texas A&M University; Che Meneses, Ohlone College; Kendra Mitchell, West Kentucky Community and Technical College; M. Moe-Lunger, Lee University; David Moss, Mt. San Jacinto College; Anjana Mudambi, Randolph-Macon College; Lynnette Mullins, University of Minnesota Crookston; Kay Neal, University of Wisconsin Oshkosh; Carel Neffenger, Green River Community College; Larry Neuspickle, Beckfield College; Katherine Oleson, Bellevue College; Cindy Peterson, MidAmerica Nazarene University; Sandra Poster, Borough of Manhattan Community College; Tracey Powers, GateWay Community College; Jennifer Ramsey, Odessa College; Heidi Reeder, Boise State University; Sheryll Reichwein, Cape Cod Community College; Rebecca Richey, Middle Tennessee State University; Laura Ringer, Piedmont Technical College; Rebecca Roberts, University of Wyoming; Nicole Roles, Williston State College; Linda Seward, Middle Tennessee State University; Jay Sieling, Alexandria Technical and Community College; Cheryl Skiba-Jones, Trine University; Linda Smith, Skagit Valley College; Tim Soulis, Transylvania University; Kalisa Spalding, St. Catharine College; Elizabeth Stephens, Middle Tennessee State University; Antonia Taylor, Saint Mary-of-the-Woods College; Mary-Beth Taylor, Central Maine Community College; Michelle Thiessen, Rock Valley College; Catherine Thompson, University of Hawaii Maui College; Melinda Tilton, Montana State University, Billings; Juleen Trisko, Northwest Technical College; Jayne Turk, College of the Siskiyous; Desrene Vernon-Brebnor, Andrews University; Shawna Warner, Crown College; Joyce Webb, Shepherd University; Frank Wells, Dunwoody College of Technology; Dan West, Rochester Community and Technical College; Colene White, Everett Community College; Ellen White, Mt. Hood Community College; Katherine Woodbury, Central Maine Community College; Sandra Wu-Bott, University of Hawaii at Manoa; Marguerite Yawin, Tunxis Community College; Paul Zietlow, Concordia University Wisconsin

其次，我们要感谢为这个版本撰写了附加章节的作者，他们是：Brandi Frisby of the University of Kentucky, David DeAndrea of Ohio State University, and Stephanie Tom Tong of Wayne State University。我们也要感谢Sheryll Reichwein of Cape Cod Community College在修订配套资源时所做的工作。

此外，我们还要感谢Cengage Learning团队的努力工作，他们从始至终都在这个版本中起着重要作用，他们是：Nicole Morinon, Sue Gleason Wade, Jessica Badiner, Lisa

Boragine, Colin Solan, and Corinna Dibble。我们特别感谢Marita Sermolins为确保本书的出版计划正常进行，不断提供各种帮助。最后，我们感谢Jean Finley为本版所做的工作，以及Sherri Adler为本书选用了能引发共鸣的照片，她们的努力让这本书更加与众不同。

罗纳德·阿德勒（Ronald B. Adler）
拉塞尔·普罗科特（Russell F. Proctor）

第一章
人际沟通入门

阅读完本章后,你应该能够:

* 评估能让沟通者在特定的情境或者关系中获得满足的需求,包括生理的、认同的、社交的和实际的需求。
* 把交流模式运用到某个特定的情境中。
* 描述本章的沟通原则和迷思在特定的情境中是如何显而易见的。
* 描述沟通(在某个特定例子或者关系中)在何种程度上被定性为非人际沟通或者人际沟通,以及这种程度的互动的影响。
* 甄别在某个特定情境中不同沟通渠道的有效性。
* 确定在某个特定例子或者关系中沟通能力的水平。

或许你在小时候曾经玩过一种游戏：孩子们会先选出一个受害者——也许是因为他犯了一个实际的或想象中的错误，也许纯粹是为了好玩。不久之后，惩罚就以沉默的形式开始了。没有人要跟他说话，也没有人会回应这个倒霉鬼所说的话或做的事。

如果你曾经被如此教训过，你可能会体验到一连串的情绪。刚开始你会觉得（至少会表现出）无所谓，但过了一阵子，这种被当成透明人的压力开始萌生。如果这个游戏持续得够久，你会发现自己要么已经退缩到某种令人沮丧的状态中，要么已经出现敌意。敌意一方面是为了表达自己的愤怒，一方面是想要得到别人的回应。

在历史上，事实上在每一个社会中，成年人也和孩子们一样，把沉默相待当作一个权力的工具，用来表达他的不愉快，并且为了控制社会。[1] 我们都能直觉地感受到沟通——他人的陪伴——是人类最基本的需求之一，缺少与他人的接触是一个人所能承受的最残酷的惩罚。事实上，一些针对职场的研究显示，员工宁愿得到来自上司和同事的负面关注，也不愿一点关注也得不到。被批评确实不好受，但被排斥更令人难以忍受。[2]

除了带来情感上的痛苦，若一个人被剥夺陪伴甚至会影响到生命本身。腓特烈二世（Frederick II，亦称弗里德里希二世），公元1196年到1250年的德国皇帝，可能是第一个以系统化方法证实这个论点的人。一位中世纪的历史学家描述了他那独特的、残忍的实验：

> 他命令保姆和护士喂养婴孩，帮他们洗澡，但是不准对他们说话，因为他想要知道，在没有人跟婴儿接触之前，婴儿会先开口说哪一种语言。是最古老的希伯来语，还是希腊语，或者拉丁语？又或者是他们亲生父母说的语言？最后，他徒劳无功，因为所有的婴儿都死了。缺乏养育者的拥抱、慈爱

Vicky Kasala/Getty Images

的脸孔、深情的言语，他们根本无法存活。[3]

幸运的是，现代的研究者已经发现了相对不具伤害性的研究方法，来证明沟通的重要性。在一份研究"孤独"的报告中，参与者接受付费，独处于一间上锁的房间中，五名参与者里只有一名待了八天，三名待了两天，其中一名抱怨道："别再有第二次了。"而第五个人仅仅待了两个小时。[4]

现实生活中与人接近和相处的需求就和实验室中一样强烈，那些自己选择或者不得不成为独居者的事例不断地证实着这一点。W·卡尔·杰克逊（W. Carl Jackson），一位独自航行55天、横越大西洋的探险家，概述了大多数独居者的普遍心情：

> 我发现第二个月的孤独使我深感痛苦。我一直以为自己是个自给自足的人，但是此刻我终于明白，没有旁人做伴的生活是没有意义的。我开始有了强烈的、想要跟别人——一个真实的、鲜活的、有气息的人说话的需求。[5]

1.1 我们为什么要沟通？

你可能不同意上述故事，认为在令人厌烦的日常生活中，独处是受欢迎的调剂品。的确，我们每个人都需要独处，对于独处的需求程度也远超过我们实际的独处时间。可是，从另一方面来说，每个人也都有自己独处的临界点，超过这个临界点，愉快就变成了痛苦。换句话来说，我们都需要人际关系，我们都需要去沟通。

生理需求

沟通非常重要，沟通的存在与否会对生理健康产生很大影响。有极端的例子显示，沟通甚至可以成为生死攸关之事。美国参议员约翰·麦凯恩（John McCain）曾经是一名海军舵手，他在越南北部被俘虏后，被单独监禁了六年。他描述战俘们如何借由轻轻敲击墙壁、费力拼出单词的方式创造出一套秘密代码，以便能发送信息。麦凯恩描写了囚犯之间冒着风险仍保持和其他人沟通的情形：

> 暗地里沟通的处罚是很严重的，一些战俘因为在这一过程中被发现而遭到严厉拷打，身体和心灵都遭受了极大创伤。虽然每个人都很害怕再次遭受酷刑，但在单人囚室中听见隔墙传来的轻敲墙壁的声响时，他

们仍会对典狱人员说谎。极少有人能够长时间地不与人沟通。残酷的拷打或刑罚都不如孤独那般令人难以忍受。一旦断绝与其他美国人的联系，退守到沉默中……对我们而言，这等同于死亡。[6]

也有其他囚犯描述了由社会隔离（social isolation）带来的惩罚效应。前新闻记者特里·安德森（Terry Anderson）回顾了他在黎巴嫩七年的人质经历后，断然说道："我宁愿与最糟糕的人相处，也好过没人陪伴。"[7]

对于囚犯来说，沟通与生理健康之间的联结是毋庸置疑的。医学研究人员列举了一大串因缺乏亲密关系而导致的威胁健康事件，比如说：

- 一份包含了近150项研究、超过30万人参与的综合分析显示，那些与家人、朋友有着密切联系的社会联结者，其寿命要比社会孤立者平均长3.7年。[8]
- 贫乏的人际关系会危害冠状动脉的健康，其程度与抽烟、高血压、血脂肪过高、过度肥胖和缺乏运动等一样严重。[9]
- 相比拥有活跃社交网络的人，社交孤立者罹患感冒的概率要高四倍。[10]
- 离异的、分居的和丧偶的人对心理治疗的需求是有配偶者的五到十倍。而婚姻幸福的人要比单身的人，在肺炎、外科手术和癌症上的发生率更低。[11]（需要注意的是在这些研究当中，关系的品质［quality］——即关系亲密与否——比婚姻本身重要得多。）

相比之下，在沟通中创造出积极关系的生活更健康。一个人一天仅需短短十分钟的交往就能改善记忆力，增强智力功能。[12]与他人交谈还可以减少孤独感和与之而来的疾病。[13]能经常从爱人那里听到甜言蜜语的人，他们的应激激素水平往往更低。[14]

这样的研究结果证明了拥有令人满意的人际关系的重要性。当然，每个人需要与人亲近的次数并不相等，沟通的质与量应该是同等重要的。关键的是，对于我们的健康而言，人际沟通不可或缺。

认同需求

沟通的重要性绝不止于维持生存而已，它也是我们认识自己的方法——事实上，是唯一的方法。第三章将会提到，我们对自我的认同源自我们和他人的互动。究竟我们是聪明的还是迟钝的，动人的还是丑陋的，精明的还是笨拙的，这些问题的答案并不会从镜子中照出来，而是由他人对我们的回应决定的。

如果被剥夺了与人沟通的权利，我们将无从得知自己是谁。一个非常戏剧性的例子就是"阿韦龙的野孩子"——一个在童年时期从未和人类接触过的男孩的真实故事。1800年1月，这个小男孩在法国一个村落的菜园中偷挖蔬菜时被人发现。他的行为举止完全不像人类，也不会说话，只会发出一些奇特的哭叫声。虽然他缺乏社交技能，但更值得注意的是，他缺乏身为人类的自我认同。正如作家罗格·沙图克（Roger Shattuck）所写："这个男孩没有任何身为人类的自觉，他完全意识不到，自己是个和别人有联结的人。"[15]直到给予他慈爱的"母爱"之后，小男孩才开始转变，正如我们所料想的，他意识到自己身为一个人。

就如这个阿韦龙的野孩子，每个人出生在这个世界上时只有微量的，甚至没有自我认同感，我们是在别人诠释我们的过程中才逐渐明了自己是谁。第三章也将提到，我们在童年时期所接收到的信息最为牢固，他人的影响会贯穿我们一生。

社交需求

沟通除了可以帮助我们诠释自我之外，也提供我们和他人之间重要的联结。专家们已经证实，沟通可以满足我们的社交需求，这些社交需求包含娱乐、感情、友谊、解闷、休闲和控制等。[16]

研究显示，有效的人际沟通与快乐之间具有很紧密的联系。在一份超过200名大学生参与的研究中，研究人员发现，最快乐的那10%的人都认为自己拥有丰富的社交生活。同时，这些非常快乐的人，跟其他同学在睡眠时数、运动量、看电视时数、宗教活动、喝酒量等可观测项上并没有差别。[17]另一份研究显示，女性认为"社交"对于生活满意度的贡献大于其他任何活动，包括放松、购物、吃东西、运动、看电视或玩电子游戏等。[18]此外有报告说，拥有有效沟通技巧的已婚夫妇要比新婚夫妇更幸福，而且这项发现在不同的文化中都得到了证实。[19]

尽管人们已经知道沟通对于社会满意度来说非常重要，但大量的证据显示许多人并不擅长管理他们的人际关系。例如，一项研究揭示，在超过4 000名成年人的调查中，相比了解他们的邻居，有四分之一的人更了解自己的狗。[20]研究同样显示，我们友人的数量正在下降：在1985年，美国人人均拥有2.94个密友，20年之后，这一数值

在情景喜剧《路易不容易》（Louie）中，喜剧演员路易·C·K（路易斯·C·K饰）在感情上长期遭受不幸，是一个对关系感到悲观的人。即便如此他仍然不放弃尝试，因为没有人陪伴的生活寂寞得让人无法承受。你的沟通在满足你对关系的需求方面完成得有多好？你可以如何使用本书中的信息来帮助你满足社交需求呢？

降到了2.08。[21]值得注意的是，受过良好教育的美国人拥有更大、更多元的社交网络。换句话来说，高等教育可以像提高智力一样增加你生活中的各类关系。

正是因为与他人的联结如此重要，一些理论学家主张，积极的关系也许是每一种文化中生活满足感和情绪幸福感唯一的，也是最重要的来源。[22]如果你现在停下来，并为自己的人际关系列一张表，你很有可能发现无论你与家人或朋友，在学校或公司的互动有多成功，你的日常交际仍有很大的提升空间。接下来的章节内容将帮助你改进与最重要的人之间的沟通方式。

实际目标

在满足社交需求及塑造我们的自我认同之余，沟通还是达成沟通学者所谓的工具性目标最好用的方法。**工具性目标**（instrumental goal）是指让他人按照我们的方式去表现。有些工具性目标非常基本：跟发型设计师说你只需要稍微修剪发尾，与家人协商家事的责任义务，说服水管工人现在就到你家来修理破掉的水管——沟通就是可以用来达成这些目标的工具。

在工作中　沟通与事业成功

研究证实无论在哪一个领域，沟通技巧对于找工作和事业取得成功来说都是至关重要的，而经验丰富的工作者早就已经知道了这点。沟通技巧的高低常常决定了一个人是被聘用还是被拒绝。在一个持续多年的大规模调查中，雇主们列出了他们心中理想的应聘者所需具备的技巧和能力。其中沟通能力一直排在这个列表的顶端，领先于技术能力、工作主动性、分析能力和电脑技巧。[a]

在另一项调查里，全国各地的经理人把有效地表达与倾听列为使应届生在激烈的职场中脱颖而出的最重要的两项能力，它们比技术能力、工作经验和获得特定的学位更重要。[b]当170家知名商业公司与工业企业被要求列出拒绝应聘者的最主要的原因时，最常见的回答就是"不能沟通"或者"沟通技巧很差"。[c]

一旦你被雇用了，对沟通技巧的需求实际上在每一个行业都很重要。[d]工程师们花费大量的工作时间去讲述和倾听，而且大部分是在一对一的或者小团体的情境中；[e]会计师和聘用他们的公司一直都把有效地沟通当作事业成功的必要条件；[f]电脑业巨头太阳微系统公司（Sun Microsystems）的执行官有力地说道："在这个行业中，如果有一个技巧对于成功来说是必需的，那么它就是沟通技巧。"[g]一位评论家在《科学家》（*The Scientist*）杂志中回应了这种观点，他写道："如果要我给出任何建议，那便是针对你整体的沟通技巧，训练是永远不够的。"[h]

其他的工具性目标则更加重要，比如取得职业生涯的成功。正如前文专栏"在工作中"所示，沟通技巧实际上在每一份职业中都是必要的，它们甚至可以决定生死。洛杉矶警察局（Los Angeles Police Department）解释警官在枪击事件中发生的过失时，最常引用的原因就是"沟通不良"。[23] 有效沟通的能力对于医生、护士和其他医疗工作者来说同等必要。[24] 研究发现，"糟糕的沟通"是造成超过60%的医疗事故，包括死亡、严重的身体伤害以及心理创伤的根本原因。[25]《美国医学协会杂志》（*Journal of the American Medical Association*）就刊载了一篇文章，揭示了面临医疗事故案索赔的医生与善于沟通的没有上述指控的医生之间的重要区别。[26]

心理学家亚伯拉罕·马斯洛（Abraham Maslow）提出，我们一直讨论的生理的、认同的、社交的和实际的需求可以分为五个层次，并且在关注高层次的需求之前，应该先满足基本层次的需求。[27] 最基本的需求是**生理需求**：充足的空气、水、食物、休息及繁衍种族的能力。在马斯洛的需求论中，第二类需求是**安全需求**：保护我们的生存免于威胁。在生理和安全之上的便是**社交需求**。再往上，马斯洛说，我们每个人都有**自尊需求**：希望自己是有价值的、有用的。至于最上层的需求，马斯洛称之为**自我实现需求**：指的是希望自己的潜能发挥至最大，使自己成为最棒的人。当你读下去，你会发现沟通对于实现各个层次的需求通常都是必要的。

1.2 沟通的历程

我们一直在谈论**沟通**，就好像这个词的意义已经非常明确了。事实上，沟通学者关于沟通的定义一直存在着争论。尽管众说纷纭，大多数人对沟通的实质还是达成了共识，即沟通是有关使用信息来生成意义的过程。[28] 我们可以发现这个基本定义适用于绝大部分语境：公开演讲场合、小规模团体以及大众媒体等等。在深入讨论之前，我们首先需要系统地解释，当人们在人际沟通中与他人交换信息和创造意义时，究竟发生了什么。这样做是为了帮助你熟悉沟通过程中常用的词汇，同时，也让你预先浏览其后会出现的一些主题。

线性观

早期的研究者将沟通视为一门社会科学，研究者建立了各种模式来说明沟通的历程。最早出现的是**线性沟通模式**（linear communication model），在此模式中，沟通被描述为发送者对接收者所做的事。图1-1的线性模式显示：

发送者（sender）：制造信息的人
编码（encode）：把思想注入符号和手势中
信息（message）：被传递的信息
渠道（channel）：信息传递的媒介
接收者（receiver）：接收信息的人
解码（decode）：为信息赋予意义
噪音（noise）：干扰传递的阻碍因素

注意图1-1的图示与文字，表现了与收音机或电视机类似的运作方式。这并非巧合，建立这个模式的科学家对早期的电子媒介很有兴趣。这个模式的广为推行影响了我们对于沟通的想法与看法，那些我们耳熟能详的句子，比如"我们的沟通中断了""我觉得他没有收到我的意见"等都是受到这种机械式线性观影响的例证。然而，这些熟悉的句子（和句子中传达的意思）忽视了机械沟通与人类沟通之间的重大差异。人际沟通真的"中断"了吗？或者说当两个人互不交谈时，他们还在交换信息吗？有没有可能，虽然你从某人那儿清楚明确地"获得了信息"，却仍然得不到你想要的回应呢？我们还可以通过其他问题来思考线性模式的缺点：

- 当你跟一个朋友面对面交谈时，只有一个发送者和接收者吗？还是两人同时是发送者和接收者？
- 你真的会对发送的每一个信息都据实编码吗？还是有一些不自觉的行为会在沟通时发送给对方？
- 当你发送一份电子信息（比如通过短信或者邮件）时，沟通仅发生在虚拟状态吗？还是信息的意义会受到更广泛因素的影响，例如文化、情境或者两人过去的关系之类？

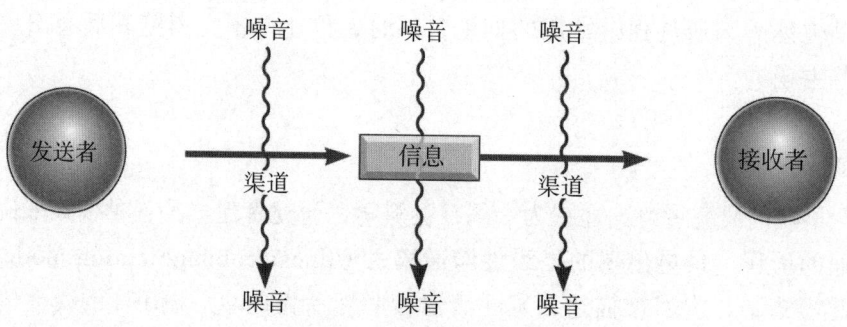

图1-1　线性沟通模式

这些思考使得学者开始建立其他更能说明人际沟通的模式。下面将要介绍其中之一。

交流观

图1-2的**交流沟通模式**（transactional communication model）更新且扩充了线性模式，它更准确地掌握了人类沟通的独特性。线性模式中的有些概念与用词仍然保留到了交流模式中，有些则加以修饰、增加或删除。

交流模式以"沟通者"取代"发送者"和"接收者"，沟通者这个词代表着我们同时发送和接收信息这个事实。我们通常会同时进行信息的编码、发送、接收及解码等动作，而不是线性模式认为的单一方向或直线进行的状态。想想看，举例来说，你正在和室友讨论如何进行家中清洁，当你听到（接收到）室友说"我要跟你讨论有关厨房清洁……"时，你皱起眉头、咬紧牙关，也就是说当你接收到语言信息时发送出了自己的非语言信息。你的这个反应使得室友略带防卫地中断了原本的话题，转而发送一个新的信息："我想我们先等一下……"这是因为沟通者几乎是同时在发送与接收信息的。

交流模式也说明了，沟通者通常有着不同的**背景**（environment）。背景来自沟通者自身的经验，这会影响我们理解别人行为的方式。在沟通学术语中，背景这个词除了指称环境外，也可以用来指称参与者带入沟通的个人经验以及文化脉络。

让我们试着思考一下，有哪些因素可能会导致沟通背景不一致：

- A遵循某种伦理道德，而B却背道而驰。

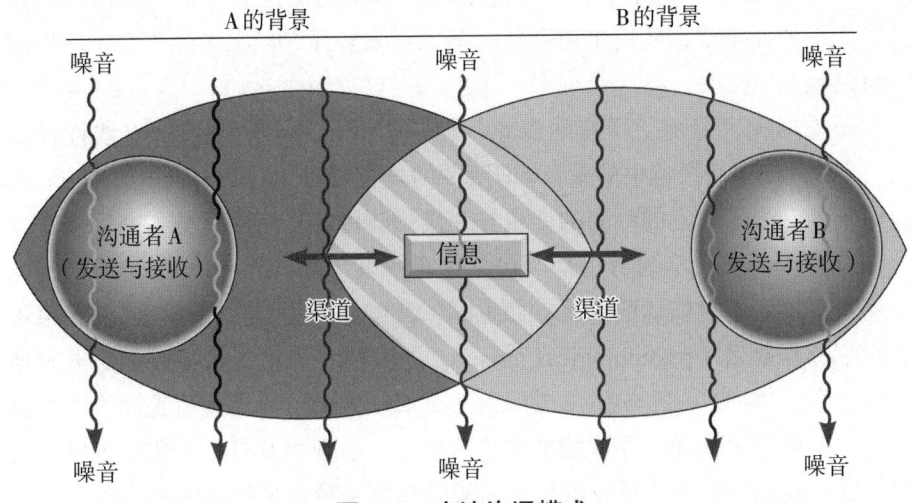

图1-2　交流沟通模式

- A家境十分富有，B则家境贫穷。
- A可能急得火烧屁股，但B却闲得发慌。
- A是个见多识广、经历过大风大浪的老江湖，而B只是个初出社会的年轻小伙子。
- A可能对某些事物情有独钟，B却对它们无动于衷。

注意图1–2的模式中A与B两人重叠的背景部分，这块区域显示的是，不同的沟通者之间共通的背景。如果这块重叠的背景越来越小，那么沟通也会变得越来越困难。下列这些例子便是由于沟通者观点的不同而造成彼此理解的困难：

- 如果上司无法理解下属的想法，将会是个没有效率的管理者；如果员工无法领会上司所要面临的挑战，在工作上极有可能不配合，也不适合委以重任。
- 那些很少回忆自己年少时期的父母，在和孩子的相处上更容易产生冲突，因为他们从未真正理解，甚至也不愿去承担教养的责任。
- 那些从未经历过被边缘化感觉的主流文化成员，可能无法认同次文化成员的想法，因为他们的视角很难看见主流文化的盲点。

沟通渠道在交流模式中扮演着和在线性模式中一样重要的角色。我们很容易把沟通渠道简单地视为传递信息的中性工具，但进一步探究揭示出它们的作用不限于此。[29]例如，你应该亲口说"我爱你"吗？是用电话，还是用手机短信？或者租一块广告牌，秀上去？或者写在花束的卡片中？通过电子邮件？还是发送语音留言？又或者在Facebook的留言板上留言？媒介渠道已经变得如此重要，我们将用全新的第二章来解释它们在人际关系中所扮演的角色。

交流模式也保留了噪音的概念，但是扩大了原有的范围。在线性模式中，噪音特指沟通渠道中的噪音，即所谓的**外在噪音**（external noise）。例如，让你很难专心于对方的吵闹的音乐和充满烟味的拥挤房间之类。交流模式认为噪音也可能出自沟通者内部，包括**生理噪音**（physiological noise），即由于生理因素而干扰信息的接收，如生病、疲倦、失聪等。此外，沟通者也可能面临**心理噪音**（psychological noise），即因内在力量干扰造成无法准确地理解信息。例如，一个学生可能因为考试成绩太差、心情太沮丧而无法（也许用"不愿"更准确）弄清楚她出错的地方。心理噪音是一个非常重要的沟通问题，我们在第十一章花了很大篇幅来探究它最常见的原因——防卫心。

即便模式给我们提供了理解沟通历程的基础，但它们仍然无法抓住人际沟通的一些重要特性。如果说一个模式只是一帧"影像"，那沟通更接近于一部"影片"。在真实的生活中，我们很难将一段独立的沟通"行为"从正在进行的连续事件中分离出来。[30] 看看本页 Zits 的漫画，如果你只看最后一格，你会认为杰里米是他妈妈不停唠叨的受害者。但如果你读了前三格，也许你会得出不一样的结论：若杰里米能对他妈妈的话有所回应，她就不需要没完没了地啰唆下去了。假设你在漫画记录的事件前观察过他们两人之间长久的交流，你的脑海中一定会浮现出一幅更长的（但仍然不够完整）、关于他们关系的历史画卷，当然这还是根据漫画中的事件推想出来的。换句话来说，杰里米和他妈妈的沟通模式，是由他们俩共同创造的。

从这儿引导出另一个重要的观点：交流式的沟通并不是我们"对"别人做了什么，而是我们"跟"别人做了什么。在这个意义上，人际沟通更像是跳舞——当然是需要同伴的那种舞蹈。就像跳舞一样，沟通依赖同伴的参与。而且成功的沟通，就像好的舞蹈，绝不仅仅取决于主导（领舞）的那个人。一个舞者再成功，如果他不能考虑或者配合他同伴的技术，看起来也会很糟糕。在沟通和舞蹈中，即便有两个天才也不能确保一次成功。当两位熟练的舞者在台上表演时，如果他们不能配合彼此的动作，不仅他们自己感觉糟糕，观众也觉得愚蠢。总之，人际沟通——就像跳舞——是一个经由同伴间的互动而创造出的独特活动。同样，你的沟通方式必然会因为同伴的不同而发生改变。

现在我们可以通过上述讨论总结**人际沟通**

电影《少年时代》（*Boyhood*）记录了梅森（艾拉·科尔特兰饰）从一个小男孩慢慢成长到他步入大学这期间的生活经历。影片的拍摄跨越12年，片中的演员和他们所扮演的角色一起成长。电影阐明了人际沟通不可逆转、不可复制和相互作用的本质。你在成长过程中遭遇的各种事件是如何影响你今天的沟通方式的？

（interpersonal communication）的定义了。沟通是一个交流的过程，其参与者处于不同但又有所重叠的背景下，经由交换信息而建立关系，关系的品质会受到外在的、生理的和心理的噪音干扰。你是否选择记住这个定义，这是你和你的讲师决定的事情。但无论如何，记住我们是如何用一个比你在阅读本书之前所用的更为复杂的视角来看待沟通过程的。有了这个定义，我们就可以思考人际沟通和非人际沟通的区别了。

人际沟通与非人际沟通

学者们常用不同的方法描绘人际沟通的特征。[31]最常见的定义是根据参与者的多寡进行限定。人际沟通的这种**量化**（quantitative）定义包含了两个人之间的一切交流，通常指的是面对面的情况。社会科学家称呼两个正在交流的人为**二元群体**（dyad），他们经常用形容词"二元的"（dyadic）描述这种沟通类型。因此，在量化的意义上，**二元沟通**（dyadic communication）与"人际沟通"这两种说法可以互换。依据这种定义，一个店员与一个顾客、一个交通警察与一个超速驾驶者之间的交流都属于人际沟通活动，而一位教师与他授课班级的学生们、一名表演者与观众们则不适用于此。

你可能已经发现了以数量定义人际沟通所带来的问题。例如，店员与顾客那种例行公事的对话，或是我们向旁人问路时的短暂交谈，这种形式的沟通似乎怎么都称不上"人际沟通"。事实上，这样的对话只会让人感觉"仿佛在和机器交谈"。

两人交流有时表现出**私人化**（personal）的性质，有时又具有**非私人化**（impersonal）的性质，这引发了部分学者的讨论。他们认为是沟通的**品质**（quality）而不是**人数**（quantity）决定了人际沟通的定义。[32]因此，**质化**（qualitative）定义主张人际沟通只有在一方将另一方视为独一无二的个体，且无视沟通发生的场合与参与者的人数时才能成立。当我们使用质化定义作为标准，人际沟通的反面便是**非人际沟通**（impersonal communication），而不是团体沟通、公开沟通或者大众传播。

有一些特征可以帮助我们区分质化人际沟通与非人际（低私人化）沟通。[33]第一个特征是**独特性**（uniqueness）。非人际沟通是由**社会规则**和**社会角色**决定的：前者如在他人说笑时适度地回应对方、不试图主宰谈话等；后者如顾客永远是对的、要尊敬长辈等。而质化人际沟通讲求的是**特定规则**和**特定角色**的发展。比如，我们在某段关系中可能会和同伴互开一些无伤大雅的玩笑，而在另一段关系中则会尽量避免触怒对方。再如，在家人或者朋友面前，你可能会毫无保留地表达你的异议，但在另一些不成文的规则面前，你会选择先忍气吞声，直到积怨爆发，你们才讲清误会，尽释前嫌。然后，一切又从

伦理挑战　马丁·布伯的《我与你》

马丁·布伯（Martin Buber）是我们在前文所谈到的质化人际沟通最为著名的拥护者，他的书《我与你》(*I and Thou*)是全球畅销的经典，从1923年出版至今，销售量超过了数百万。[a]（马丁·布伯的《我与你》，在1970年由查理·斯克里布纳父子出版公司翻译成英译本。1986年，北京大学的陈维纲先生将德文本《我与你》(*Ich und Du*)译成中文，政大哲研所曾庆豹先生补述校阅后，1991年台北久大桂冠出版社出版。——译注）

布伯说"我与它"（I-It）和"我与你"（I-Thou）分别代表了人们与他人联系的两种方式。"我与它"这种关系是稳定的、可预测的、分离的。在"我与它"的模式中，我们和人交流基于他人对我们需求的满足，如送煤气、听到我们讲的笑话时大笑、买走我们的商品或为我们提供信息和消遣等。"我与它"的模式还是一种科学方法，试图弄清楚人们为何要解释、预测和控制他们的行为。布伯认为，广告业者就是懂得操纵"我与它"模式的人，他们巧妙地设计信息，吸引人们购买他们的产品或服务。"我与它"不仅存在于私人化的关系中，同样也出现在非私人化的关系里。比如在日常生活中，无论是亲子关系、劳资关系还是主雇关系，即便是在情侣之间，只要另一方在关系中处于客体地位，这种沟通就属于"我与它"模式。譬如："我希望她能让我静一静。""下班后，你可以来接我吗？""我要怎么做，他才能够爱上我？"

和"我与它"截然不同的沟通模式，是布伯提出的"我与你"（I-Thou）。这是一种完全独特的关系，因为任何一对师生、亲子、夫妻或劳资关系都是不同的。我们遇到的每一个人都是独特的个体，而非某类人中的一员。"我与你"的特别之处还在于，不仅每个个体是绝无仅有的，而且这个个体还在时刻变化着。一段真正的"我与你"关系取决于我们当下的状态，既不能是昨天，甚至也不能是前一刻。任何说服或者控制对方的行为，在"我与你"的关系中都是不可能的。尽管我们会说出自己的见解，但是最终，我们尊重每个人行动的自由。

布伯承认，我们不可能创造或者维持纯粹的"我与你"关系，但是如果没有这种质化的人际沟通，我们的生活将会平淡无奇。用布伯的话来说，如果没有"我与它"，人类将无法生存；但是如果只有"我与它"，我们将无法成为完整的个体。

通过回答下列问题，运用这里介绍的伦理原则：

请思考那些对你而言最重要的人际关系：

1.它们在多大程度上可以被描述为"我与你"或"我与它"的人际模式呢？

2.你有多满足这样的关系？

3.在"我与你"的关系中，对你而言，有什么责任或义务是你在对待他人时必须遵守的？

根据你对这些问题的回答，你会改变自己与人沟通的方式吗？

头开始。有位沟通学者将人们在亲密关系中所创造的独特沟通方式,称为**关系文化**。[34]

第二个特征是**不可替代性**(irreplaceability)。人际沟通的独特性使每一段关系都变得无可取代。这就解释了为什么与密友或爱人的感情由浓转淡时,我们会如此难过。因为我们已经知道不管身边有再多的朋友、亲人,他们都无法给予我们相同的感受。

第三个特征是**相互依存性**(interdependence)。简单来说,就是在一段质化人际关系中,你和对方的命运是相连的。对于那些与你没有任何交集的人,他们的愤怒、情感、兴奋或沮丧,你都可以置之不理,但在一段人际关系中,另一方的生活则确实地影响着你。有时候,相互依存是一桩好事,另一些时候,它会成为一种负担。无论哪种情况,都是质化人际关系中不争的事实。不仅如此,相互依存的关系还要超越命运相连的水平,因为在人际关系中,我们对自身的认同是通过我们与他人互动的实质来决定的。正如心理学家肯尼斯·葛根(Kenneth Gergen)所说:"我们说某人具有吸引力,是因为有人被他吸引;某人是领导者,是因为有人愿意被他领导;同样,某人可爱,也是因为有人欣赏她。"[35]

第四个特征是人际沟通通常(但并不总是)意味着**公开**(disclosure)一部分私人信息。在非人际关系中,我们通常不会过度地表现自己,但是在人际交往的过程中,我们更倾向于分享彼此的感情和想法。但这并不意味着所有的人际关系都是温暖的、互相关怀的,或者说所有的自我坦露都是正面的。我们还是可以表达负面、私人的感受,比如"我真的对你很生气"之类。重点是我们是为了关系更亲密、更私人化才选择公开这些(积极的和消极的)信息的。

第五个特征是**内在的回报**(intrinsic rewards)。在非人际沟通中,我们追求的是和参与者几乎无关的回报:我们坐在教室里听课、与想要购买二手车的买主交谈,都是为了达到某种目的,而这种目的通常并不是为了发展私下的关系。与此相反,在质化人际关系中,我们花费时间和朋友、爱人等其他人相处,因为我们知道这段时间是值得的。对我们来说,说了什么并不重要,重要的是这段关系本身。

因为独特的、不可替代的、相互依存的、公开的以及从自身获得回报的关系很少,所以质化人际沟通相对来说要少得多。我们与店主或同行的旅客愉快地聊着公共汽车和飞机;我们与同学或邻居讨论天气状况和时事要闻;我们还享受着与在社交网站上认识的人轻松地开着玩笑;等等。然而,考虑到我们一生所要沟通的人数,私人化的关系则远在少数。

大多数人际关系并非"不是私人化沟通就是非私人化沟通"的极端二元模式。更确切地说,在这极端的二元之间,有一段连续性的距离,而我们就

想一想

你的Facebook有多私人化？

如果你是一个Facebook（或其他社交网站）的用户，请在页面上查看你的好友列表。考虑一下你与这些人的社交关系有多私人化（或者非私人化）：

- 有多少关系你认为是"非常私人化"的？有多少关系你认为是"非常不私人化"的？（或许你能按照从1到10的等级把它们排列出来。）
- 在上述的过程中，你认为哪些因素（独特性、不可替代性、相互依存性、公开性和内在的回报）影响到了你的评价？
- 你和这些人的沟通有多少是只发生在Facebook上的，达到了多少比例？有多少是通过其他媒介渠道，如电话、短信和电子邮件沟通的？又有多少是面对面直接交流的？这些数据会如何影响你们的友情？

在其中的某个点上。你自身的经历很有可能告诉你：即使是在最公开的场合，通常也存在着私人成分。你可能会欣赏某个杂货店店员的独特幽默感，或是与正在为你理发的设计师聊些隐私。即便是最专制、最苛刻、最古板的老板，偶尔也会露出仁慈的一面。

正如非私人化场合免不了私人成分的存在，我们与最在意的人之间也具有非私人化成分。特别是当我们感到心烦意乱、疲倦、忙碌或者只是单纯的不感兴趣时，都不希望被人刨根问底。有时候，我们想知道的，仅仅只是朋友在网上发布了什么。事实上，人际沟通就像膏粱厚味，适度品尝才是好事，吃得太多就会让你不舒服了。

我们中的大多数人都没有时间和精力去和我们当面或通过社交媒体遇见的每一个人建立非常私人化的关系。事实上，质化人际沟通因为少见而凸显了它的价值。就像珍贵的珠宝和独一无二的艺术品，质化人际关系也是因为少见所以特殊。

1.3 沟通的原则与迷思

既然我们已经思考了沟通的定义与模式，接下来重要的就是确定人际互动的一些原则，即什么可以帮我们达成沟通，什么却不行。

沟通的原则

我们可以先将在本章中学到的部分总结成以下这些结论：

沟通可以是有目的或无目的的行为　有些沟通行为具有明显的目的，如在向老板要求加薪，或者提出一些建言前，你肯定会很谨慎地斟酌词句。有些学者主张，只有像这种有目的性的信息交流，才可以称作沟通；另一些学者认为，即便是没有任何意图的信息交流，仍然是沟通。比如说，假设某个朋友无意中听到你喃喃自语、发着牢骚，即使你不是有意让她听到的，你的言辞还是传递出了一些信息。除了这种无意间泄露的言谈，我们在无意中传达的非语言信息就更多了。你可能察觉不到自己酸溜溜的语气、不耐烦的抖动，或者无聊时发出的叹息声，但别人却都观察到了。究竟无目的的言行是否该视为沟通，专家们至今没有形成共识，而且这个争论可能永远也没有结束的一天。[36] 在本书中，我们将会同时探讨有目的和无目的的行为的沟通价值。

不沟通是不可能的　无论是有目的的行为还是无目的的行为，都会发送出信息，因此理论学家们同意，不沟通是不可能的。无论你选择做什么：是说出口还是保持沉默，是面对还是逃避，是情绪化地应对还是摆出一张扑克脸，你都将自己的想法和感觉发送给了对方。在这个意义上，我们就像不曾关闭的发送机。

当然，信息的接收者可能不会将我们发送出去的信息完全准确无误地解码。例如：他们可能把你说的玩笑话当真了，或是低估了你的感受。你想表达的意思和他们实际从你言行中推断出的信息，有可能差得很远。然而，当我们说"沟通中断"或是"传达出错"时，并不是说沟通已经终止了，而是说沟通不够精准、不够有效、不能满足我们的需求等。[37]

因此，增进了解的最好方法就是一起讨论对彼此行为的解读和想法，直到你们能够协商出一个双方都能接受的含义。第四章的知觉检核技巧，第六章的让语言变清晰的窍门，以及第八章介绍的倾听技巧都会帮助到你和你的同伴，让你们更加理解彼此发送和接收的信息。

沟通是不可复制的　沟通是一段进行中的过程，因此不可能复制出完全相同的事件。上个星期，一个友善的微笑拉近了你和陌生人之间的距离，但这不代表明天在另一个人的身上会同样奏效。对你来说，再次使用微笑攻势也许会让你感到老套或做作；或者你新遇到的那个人也许根本就不吃这一套；或者那不是一个适合微笑的场合。即使是面对同一个人，我们也不太可能再创造出一模一样的事件。为什么？因为我们每天都在改变，每一天的自己都是不一样的，你对他人的感觉也在随时改变。虽然你用不着每次都发明新的方法对待熟人，但是你也应该知道，就算我们说了同样的话、做了同样的事，当处于不同的时空时，它们也会不一样。

沟通是不可逆转的 有时候我们希望可以适时地回到过去，消除某些不当的行为或者言辞，然后替换成更妥当的选择。然而，正如本页的漫画所示，类似的逆转是不可能的。确实在某些时候，进一步的解释可以澄清对方的疑虑，道歉也可以平复对方的创伤。但是也有些时候，你说得再多，都无法消除你在他人心中留下的印象。已经挤出来的牙膏不可能再塞回去，已经说出去的话也不可能再收回来。俗话说得好，说出去的话就像泼出去的水，都是无可挽回的。

©The New Yorker Collection 1991 Micheal Maslin from cartoonbank.com. All rights reserved.

"斯图，我们可以暂停，甚至可以试着快进，但是我们永远也不能倒带。"

沟通同时具有内容和关系两个向度 实际上所有信息的互换都发生在两个层面上。**内容向度**（content dimension）是指双方明确讨论的信息。诸如"下一个转角左转""在网上买东西比较便宜""你踩到我的脚了"之类。除了这些明显的内容，所有的信息也都带有**关系向度**（relational dimension），用来表达你对对方的感觉。比如你喜不喜欢对方，位居主导或屈于从属，感到自在还是焦虑，等等。[38] 例如，试想一下，用不同的方式说"今晚很忙，改天吧"这句简单的话，你能传达出多少种不同关系的信息。

有时候你可能只着重某个信息中的内容向度。例如，你可以不在乎客服代表对你的想法和感觉，而只关心她是否安排了技术人员维修你的汽车。可是，在其他情境里，信息的关系向度就要比你们讨论的内容更加重要了。如果那个客服代表用一种听起来轻蔑且粗鲁的语气跟你说话，情况就不同了。这就可以解释为什么我们会经常为一些琐事而争吵不休，如今天轮到谁洗碗、如何度过这个周末等。在这些例子中，真正面临考验的是关系的实质性内容：谁是关系的主控者？我们对彼此究竟有多重要？第九章将会更仔细地探讨这些重要的关系议题。

沟通的迷思

澄清人们对沟通的迷思，与说明沟通的原则同等重要。[39] 为了避免陷入人际沟通的困境，请注意以下几点：

沟通得越多不见得沟通得越好 我们知道沟通不足容易产生问题，然而，沟通过头也会制造问题。有时候过度沟通只是平白浪费时间。当两个人已经对一个问题沟通得十分透彻了，继续讨论只会在原地打转，不会有任何进展。正如一本关于沟通的书所写："消极的沟通越多，带来的消极结果也只会更

多。"[40]即便你本身并不爱斤斤计较，过多的沟通也会适得其反。如果你在一次面试之后，缠着你未来的雇主问东问西，不停地发送写着"回复我"的短信，那么这种沟通可能只会产生反作用。

意思不在字眼里 我们常犯的最大错误，估计就是把沟通（communicating）等同于把话说出来（saying）。第四章将会说明，对你来说恰到好处的表述，到了其他人耳中可能会解读出完全不同的意思。第六章则会告诉你，言语误解最常见的类型，以及如何减少这些误解发生的方法。而第八章会介绍一些倾听技巧，它们可以帮助你确认自己听到的就是别人想说的。老话说得好："词不达意（Words don't mean–*people* mean）。"

成功的沟通并不表示彼此理解 萧伯纳（George Bernard Shaw）曾经说过："沟通的问题……就是自以为达成了沟通，这是幻觉。"萧伯纳的评论可能听着刺耳，但是研究（可能就是你的亲身经历）证明，人与人的误解是普遍的。[41]事实上，有证据显示，熟人之间发生误解的概率比陌生人更高。[42]

互相理解是成功沟通的指标[43]，但也有时候沟通很成功，两个人却仍然不能完全理解对方。比如说，我们经常刻意地模糊回应，以便可以不伤害对方的感情。想象一下，如果你的朋友问你觉得他的新刺青怎样，你会如何回应？你可能会隐晦地说："哇！真的还蛮特别的！"而不是诚实清楚地回答："我认为有点怪异。"我们担心像这种诚实的回答不够厚道，也可能破坏关系。

有项研究显示，令人满意的关系在一定程度上取决于理解上的瑕疵。那些"认为"（think）配偶了解自己的人要比那些"实际"（actually）了解配偶所作所为的人对婚姻关系更满意。[44]换句话说，令人满意的关系有时反而来自不彻底的了解。我们会在第三章仔细讨论为何偶尔避开追根究底反而有助于关系的维持。

沟通不会解决所有问题 有时候，即使集齐天时、地利、人和，一切也都计算得很完美，问题仍然没有办法得到解决。试着想象一下，你去找老师要求他解释一下为什么给了你很低的分数，而你自认为可以得到最高分。老师在听完你的抗议后，简明扼要地告诉你拿不到高分的原因，并且依然坚持原来的立场。你觉得沟通解决问题了吗？恐怕没有。

清楚明白的沟通有时反而还会成为引发**问题**的原因。例如，倘若朋友要求你对她新买的价值200美元的套装诚实地给予意见。而你真的照实说了出来,"我觉得它让你看起来很胖"。这句话造成的伤害要远远超过它带来的好处。决定坦露心声的时机与方式不是一件容易的事,第三章将会提供一些建言。

1.4 如何成为沟通高手?

要辨认沟通高手很简单,比辨识差劲的沟通者更容易。只是,要怎么从次好的沟通者中分辨出成功的沟通高手呢?有什么特征可以帮助我们吗?

沟通能力的定义

定义**沟通能力**(communication competence)并不像表面上看到的这么简单。尽管学者对于精确的定义尚有争论,但大多数人同意,有效的沟通必须包含:能在大多数情况下维持或增进关系,并借此实现自己的目标。⁴⁵ 换句话来说,能力既要求**有效性**(effective),又要求**适当性**(appropriate)。你很有可能会想到那些以损害他人利益为代价、实现自己目标的人,如经常引发众怒的高收益商人,或者那种从不为自己争取利益的善良且亲切的人。沟通能力是一种既要留心他人又要考虑自己的获取平衡的行为,这有时是一场艰巨的挑战。⁴⁶

沟通能力一般包含以下这些特征:

没有理想的沟通之道　你自己的经验也许就能告诉你,有效沟通的方法绝不只有一种。那些成功的沟通者有的看上去很严肃,有的则很幽默;有的人外向、活泼,有的则沉默、文静;有的喜欢坦率直言,有的则拐弯抹角。就像这世界上的好音乐或好艺术有着各种不同的门类,沟通能力也分成许多种。通过观察榜样学习新的、有效的沟通方式必然是可行的,但是倘若一味地抄袭、模仿,完全没有自己的价值观与风格就不好了。

沟通能力依情境而定　即使在同一种文化或关系中,适用于某种情境的沟通技巧放在另一种情境下也许会铸成大错。你日常和某个朋友相处时无礼而戏谑的态度,如果用在一个情绪敏感的家人身上,很可能会冒犯对方。同样,你在周六晚上营造的浪漫举动,也不适合在周一或者工作日的早

在电视剧《纸牌屋》(*House of Cards*)中,老谋深算的政治家弗兰克·安德伍德(凯文·史派西饰)的沟通就富有有效性(他几乎总能实现自己的目标,并且想怎样就怎样)但缺乏适当性(他常常伤害他人以及他和他们之间的关系)。一个对你没有偏见的观察者会如何评价你的沟通的道德尺度呢?

晨表现出来。

由于沟通能力是随着情境及沟通者而改变的，因此将沟通能力视为一种一个人要么具备要么不具备的特质是错误的想法。更确切地说，沟通能力应该以**程度**（degree）或**范围**（area）来划分。[47]你也许很善于处理与自己相对等的那些人的关系，但是在和比自己年长或年轻，富有或贫穷，更具吸引力或更缺乏吸引力的人交往时，就很笨拙。事实上，即使和同一人相处，你的沟通能力也会因为情境的不同而表现得不同。因此，因为一时的苦恼就下结论说"我是一个失败的沟通者"未免太以偏概全了，而应该说："尽管我不能很好地应对这个状况，但我在其他场合能处理得更好。"

沟通能力可以后天学习　　从某种程度上来说，生物因素对于沟通风格的影响是注定的。[48]针对同卵和异卵双胞胎的研究显示，包括社交能力、愤怒、放松在内的人类特质似乎是我们基因组成的功能的一部分。一些研究发现，特定的人格特质使人易于遵循某些独特的能力技巧。[49]比如说，那些生性喜欢迁就或者尽心尽责的人，更容易掌握适当性原则，而难以做到坚定与有效。第三章将会更多地谈到神经生物学在沟通中扮演的角色。

不过，幸运的是生物性并非塑造我们沟通形态的唯一因素，影响沟通能力更大的是人人在后天可以习得的技巧。技巧训练已经被证实能在各种不同的专业领域帮助到沟通者。[50]研究同样显示，在校园中研究生的沟通能力优于本科生。[51]换句话说，你的沟通能力可以通过教育和训练获得提升。这也就意味着，阅读本书或选修这门课可以帮助你成为一个更优秀的沟通者。[52]

沟通高手的特质

尽管具体的沟通定义随着情境而改变，学者仍然辨识出了几种适用于大多数情境的通用的成功沟通者的特质。

拥有多样的行为反应　　沟通高手能够从各式各样的沟通行为中选择他们的行动。[53]为了使你了解拥有一个庞大的沟通行为资料库（communication repertoire）的重要性，请试着想象一下：某个熟人在你面前一直重复说着同一个笑话，可能是有关地域歧视或者性暗示的笑话，而这让你觉得被冒犯了。为了回应这个笑话，你可以采取下列几种方式：

- 你可以保持沉默，因为你知道一旦开口了，引发冲突的风险要高于它带来的好处。
- 你可以要求第三方提醒说笑话的那个人，让他注意言谈间的攻击意味。
- 你可以暗示说笑话的人，让他感受到你的不舒服。
- 你也可以针对朋友感觉上的迟钝开个玩笑，期望能借着幽默缓和你言

链接　　　　　　人工（不）智能与沟通（没）能力

沃森（Watson）——IBM公司的超级计算机——曾在问答节目《抢答》（*Jeopardy!*）中以碾压众多参赛者的表现一战成名，然而在安装了城市词典后的一小段时间里，沃森却从一台"智能"计算机，变成了一台"嘴贱"的计算机。

沃森的研发者埃里克·布朗（Eric Brown）表示，他和他35人的团队希望IBM公司的超级计算机可以听上去更像一个真实的人。在布朗的心中，没有比让沃森记忆城市词典更好的方式，来让它学习非正式人际沟通与对话的复杂性了。

有些人可能不清楚城市词典是什么。这个词典的词条都是由普通民众撰写并提交的，由志愿者编辑管理其内容并根据极少的一组规则对词条进行质量控制。尽管有人工编辑帮助，但从很大程度上讲，城市词典仍然是网络上污言秽语相当多的一个地方。

沃森可能学会了城市词典，但它无法学会沟通中至关重要的一条原则："每件事都有其时间和地点。"沃森根本无法区分礼貌用语与非礼貌用语。不幸的是，沃森还习得了城市词典里的所有坏习惯，包括在它的回答中随意穿插过于粗俗的语言。同样，沃森也从阅读维基百科中习得了类似的坏习惯。

最终，布朗和他的团队不得不从沃森的词汇库中删去了城市词典，并另外开发了一个智能的过滤程序以阻止沃森以后再说脏话。

现在，沃森将继续做它所擅长的事情：帮助医生根据诊疗记录和症状给病人做诊断；将游戏节目的参赛者轻松斩于马下。如果说沃森与城市词典的短暂合作教会了我们什么，那就是人工智能还要很长时间才能最终学会复杂多变的人类沟通。

戴夫·史密斯（Dave Smith）

通过回答下列问题加强你的理解：

1. 你听过有人在不合适的场合中使用"城市词典语言"吗？
2. 另一方面，你听过有人在需要随意一些的场合中使用过于正式的语言吗？
3. 说到适当地使用语言，你应该遵循什么指导原则？

语上的攻击性。
- 你可以坦白说出你的不适,并且要求朋友停止谈论这个笑话,至少不要在你身边说。
- 你也可以直接叫他不要再说了。

你可以从上述的回应中挑选一个对你最有利、对你的朋友最有效的方式去运用(或者你也可以再想出别的)。但是,假如你在面对棘手的情况时只能运用其中的一两种方法,例如只懂得保持沉默,或永远只会暗示,那么你成功的机会将会减少很多。许多差劲的沟通者的确很容易被人察觉,因为他们回应的方式十分有限:有一些只会说笑,有一些总是带着攻击性,还有一些无论在什么样的场合都沉默不语。就像只会弹奏一种旋律的钢琴师或是只会做特定几道菜的厨师一样,他们被迫使用那少得可怜的方式进行回应,不管最后成不成功,都一再重复,不知变通。

很多残疾人都了解拥有一个行为资料库的价值,他们可以从中做出选择来应对他们不想要的帮助。[54]这些可供选择的行为包括:在任何人有机会干涉之前,先快速执行任务;假装没有听到自愿提供帮助的人所说的话;接受善意的招待,以免自己看起来太粗鲁或太不近人情;利用幽默来转移话题;婉拒他人善意的帮助并表示感谢;对那些固执己见的人,则断然地拒绝他们的帮助。

挑选恰当行为的能力 仅仅知道许多不同的沟通技巧并不能保证成功,懂得在不同的情境中使用最有效的技巧也是十分必要的。挑选传递信息的方式就好像挑选礼物一样,适合某甲的礼物不见得适合某乙,同样地,在某种情境下看来很适当的回应换一种场合也许就会彻底失败。

虽然我们不可能详细地教你在不同的场合应该如何表现及反应,但是当你无法决定要做什么反应时,也许你可以试着依据下面三个要素进行判断。首先是沟通的**情境**(context)。时间和地点常常会影响我们的表现:如果在对的时间向老板提出加薪或向情人索吻,你可能会得到很好的结果;但是如果提出的时机不对,这种贸然的请求很可能导致事与愿违。同样,适合在单身派对中说的笑话如果拿到葬礼上,下场将会无比尴尬。

你的**目的**(goal)也会决定你的选择。如果你想要增进与新来的邻居的感情,那么邀请他过来喝杯咖啡或共进晚餐会是个不错的选择;但是假如你相比之下更想保有自己的隐私,那么冷静和礼貌是更明智的选择。另外,目的也会决定你帮助他人的方式。第八章将会向你说明提供建议有时候也要适度。如果你的目的是为了培养他人解决问题的能力,那么克制自己发表意见与见解,仅仅把自己当成一块共鸣板,而让对方思考选项、做出决定,会是

技巧构建 学习沟通技巧的不同阶段

学习任何新技巧都需要经过能力的几个阶段：

1. **意识觉醒期**（Beginning Awareness）：这是你第一次意识到新技巧可以带来一种全新且更好的行为方式。举例来说，如果你在打网球时，意识到新学到的发球方法可以提升自己的发球力量和准确度，那么觉醒也就开始了。在沟通的领域中，阅读本书也会带给你类似的觉醒。

2. **笨拙期**（Awkwardness）：正如你第一次学骑自行车或者开车时一定有过很笨拙的经验，初次使用新技巧与人沟通的时候同样也会有些尴尬。正所谓"人前光鲜，人后辛苦"。

3. **熟练期**（Skillfulness）：如果你继续保持练习，克服了初期尝试的尴尬，那么虽然你仍然需要思考自己正在干的事，但是你已经能够熟练地把握自己了。身为沟通者，你可以将这个阶段看成是由大量的前期思考与计划以及好的结果组成的。

4. **整合期**（Integration）：当你没有特意思考一件事情，却能表现得很好时，这一阶段就是整合期了。在此过程中，你的行为举止是自然而然的，并成为你行为资料库的一部分。

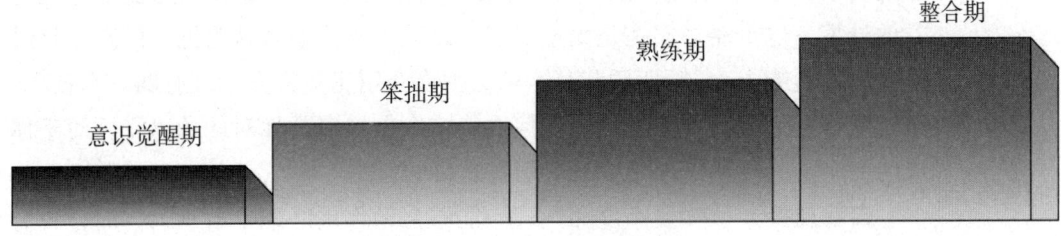

图1-3　沟通技巧的学习阶段

一个更好的做法。

最后，**对他人的认知**（knowledge of the other person）也会影响你的决定。如果你和一个非常敏感或局促不安的人相处，你做决定时最好要非常谨慎，并且能得到对方的支持；如果你与一个值得信任的老朋友相处，那么你可以直率地说出心里话。沟通对象的社会地位也会影响你的交流方式：对待80岁的长者与对待青少年的说话方式可不一样。同样，即便是在这个性别平等的时代，我们对待男人与对待女人的方式有时候仍需要有所区别。一项研究表明，如果你在发给教授的电子邮件中随意使用语言，如用"4"代替"for"，那么绝对不会取得像在朋友那儿的成功。[55]

表现行为的技巧 在你已经挑选出最适合的沟通方式之后，能够有效地表现所需的沟通技巧也是很必要的。[56]"说"和"做"之间有着很大的差异，你我都知道，光说不练没有多大用处。

只是阅读本书后面有关沟通技巧的内容并不能保证你一开始就能够把它们运用得完美无瑕。练习沟通技巧与练习乐器演奏或体育运动等其他所有技能都一样，到达成功的道路没有捷径。当你依照下列的篇幅开始学习和练习沟通技巧后，你将会经历一些阶段[57]，如图1-3所示。

认知复杂度 社会科学家将人们看待事物时，能够组织其架构的技巧，称为**认知复杂度**（cognitive complexity）。[58]你不妨通过下面的例子来了解提升认知复杂度是如何增强沟通能力的：假设有个老朋友最近对你有点不满，你觉得原因可能是你做的某件事冒犯到他了；或是因为他最近的生活不是很顺利导致他有点心烦；当然也有可能是你想太多了，其实什么事都没有发生。像这样从不同的角度来思考一个问题，可以让你避免反应过度或者发生误解，而且增加了有建设性地解决这个问题的概率。第四章会对认知复杂度和提升它的方式进行更为详细的探讨。

同理心 从多元角度看待一个情境固然非常重要，但在理解不同的观点之上还有一个步骤。**同理心**（empathy）是指如同对方那样去感受与经验对方的处境。这个能力实在是太重要了，以至于有些学者认为拥有同理心是最重要的沟通能力。[59]第四章和第八章会为你介绍迅速提升同理心的一套技巧，至于现在，你只需要知道他人如何看待这个世界以及你对此的感受，对于你成为一个沟通高手来说是十分有用且重要的。

自我监控 认知复杂度和同理心能够帮助你更好地了解别人，而自我监控能使你更好地了解自己。心理学家们将观察自身的行为并借此调整自身行动的过程称为**自我监控**（self-monitoring）。自我监控者能将自己的意识部分地抽离出来，并以一种超然的眼光看待自己的所作所为，总结出这样的观察结论：

"我看起来就像一个白痴，根本不像我自己！"

"我最好赶快说些话。"

"这个方法还不错，我会继续使用它。"

虽然过度的自我监控也会产生问题（请看第三章），但是大致上来说，能够意识到自我的行为并且深知其影响的人要比没有（或不善）自我监控的人在沟通上更有技巧。[60]因为他们能更准确地判定他人的情绪状态，更牢固地记忆与他人相关的信息，个性上比较不害羞，并且做事更果决。与此相反，

技巧构建　检查你的沟通能力

他人是判断你沟通能力的最佳裁判。不仅如此，他们还能对如何提高你的沟通能力提供有用的信息。现在，请跟着以下步骤重新认识你自己：

1. 选择一个和你有重要关系的人。
2. 与这个人合作，尽量明确你们沟通的情境。试着选择不同的情境，诸如"解决冲突""给予朋友支持"，或者是"表达感情"等。
3. 针对每一种情境，都要让你的合作伙伴回答下列问题，借此评定你的沟通能力：
   a. 在这种情境中，"你"是拥有一套多样的应对方式呢，还是一直使用同一种方式？
   b. 面对情境，"你"是否能够（灵活）选择最有效的行为方式？
   c. "你"在表现这些行为的时候，是否有技巧？（注意"你想"如何表现并不意味着"你能"这样表现。）
   d. "你"的沟通方式能让对方满意吗？
4. 回顾你的合作伙伴的回答，然后明确你在哪些情境中最能干。
5. 选择一个你想沟通得更好（或者说在模拟中发挥不太好）的情境，在你的合作伙伴的帮助下：
   a. 决定你的行为资料库（应对方式）是否需要扩展。
   b. 明确哪些方式能够提升你的沟通技巧。
   c. 发掘一些监控自我行为的方法，能让你在关键的情境中获得有效的反馈。

不善自我监控者甚至意识不到自己的沟通能力低下。一项研究揭示出，差的沟通者往往比好的沟通者更容易忽视自身的缺点，同时高估自己的技能。[61] 例如，在说笑话技能中得分最差的实验对象，相对他们得分更高的同伴，更容易高估自己的幽默感。

不善自我监控者在生活中常显得笨拙、迟钝，无论是成功了还是失败了，他们都不能理解原因。相较之下，善于自我监控者就有建设性多了，他们不断地质问自己"我做得怎么样"，如果发觉答案不是积极的，就会及时调整自己的行为。这种能力无论在私人场合还是正式场合都很适用。白宫经济顾问委员会（Council of Economic Advisers，简称CEA）认为更好的"自我意识""自我监控"和"自我控制"能力将会帮助学生在进入职场后取得更大的成功。[62]

承诺　承诺（commitment）是有效沟通——至少在质化人际关系中——

的区辨特征之一。换句话说，那些看起来关心人际关系的人要比那些不关心的人更善于沟通。[63] 这种关心至少表现在两个方面。第一个是向他人做出承诺（commitment to the other person）。这有很多例子：愿意花时间陪伴对方而不是敷衍应付；乐意倾听对方说话而不是只顾自己说；使用对方能够理解的语言；在倾听对方的意见后能够以开放的心胸去调整自己的看法。沟通者第二个关心的是信息（the message）。他们总是真诚地倾听别人，似乎理解对方谈论的内容，同时还通过行为和言语证明对方的意见是重要的。

你又是如何界定沟通高手呢？如前所述，沟通能力并非是一种要么具备要么缺失的特质，更正确地说，它是一种程度高低的状态。因而，沟通的现实目标不是成为一个完美无瑕的沟通高手，而是更常使用这章所描述的沟通技巧。

跨文化的沟通能力

在过去，大部分人从生到死都难以迈出出生地方圆几里的范围，他们很少有机会跟不同背景的人相处。现在的时代就不一样了，用众所周知的隐喻来说，"我们住在地球村"。我们的生活与拥有截然不同的个人历史和沟通风格的人交织在了一起。

当我们的世界变得越来越多元化的时候，我们与来自世界各地的人交流的可能性也比以往任何时代都大。鉴于这一事实，我们必须知道在一种文化中行之有效的技能，到了另一种文化可能完全不适宜，有时甚至带有冒犯之意。[64] 一个很明显的例子是，一些国家认为饭后打嗝或在公共场合赤裸身体都是无关紧要的，但对另一些国家的人而言就太离谱了。在沟通中，这种文化上的差异更多，也更细微。比如，美国人很看重自我坦露、说话有主见等能力，但是这些特质在多数亚洲文化看来则过于咄咄逼人，而且不顾及对方的感受。对后者来说，不露声色、含蓄婉转才是重要的。[65]

即使是在同一个社会，各种次文化的成员也会对行为的适当性有着自己的见解。一项研究显示，不同族群对于好朋友之间应该如何沟通的想法也不同。[66] 作为一个群体，拉美裔美国人把相互支持看得最重；非洲裔美国人重视的是尊重和接纳；亚洲裔美国人珍视关心和想法的积极共享；而盎格鲁（英裔）美国人重视那些承认个体需求的朋友。类似的研究意味着世上并不存在这样一张列表：不仅万无一失地记录着沟通的规则与技巧，还能保证你成为一个成功的沟通者。它们意味着沟通高手要能调整自身的行为风格与方式，以适应其他个人的或者文化的偏好。[67]

国家和民族并不是划分文化差异的唯一元素，在同一个社会中，不同次文化也会带来不同的沟通实践方式：

多元视角

伊格尔·里斯蒂奇：跨文化的沟通能力

我出生在波斯尼亚，并在东欧度过了生命的最初十年。现在我居住在美国，已经走遍了五大洲的十多个国家。我走过的地方越多，就越能受到启发，特别是如何在文化的内部和文化间进行有效的沟通。

跨文化的沟通是有挑战性的。以餐桌服务这个简单的例子来说：在美国，服务员会先和顾客寒暄两句，在送餐的过程中也会反复进行核对，不遗余力地展示他们的友好与热心。与此相反，大多数东欧的服务员会迅速写下菜单，在你进餐的过程中绝不会打扰你，最后悄悄地留下账单。当我第一次来到美国的时候，服务员的热情对我来说太不寻常了。而现在当我回到欧洲的时候，我有时会觉得这里的服务员缺少人情味和耐心。成为一个好的沟通者，要求我对每一种文化的习俗都保持开放和理解的态度。

举上面的例子并不是说东欧人不热情、不友好。事实上，当我在塞尔维亚和家人聊天的时候，他们常常坐在我的身边并用手臂搂着我的肩膀。而在美国生活了十多年后，我很介意保留自己的私人空间。谈话的时候，我更乐意与人面对面地坐着，保持一定的距离而没有身体上的接触。这在我成长的过程中是无论如何也想象不到的。

我一直告诉自己在文化交流的规则里没有什么"正确"或者"错误"，有的只是单纯的差异。成为一个好的沟通者，意味着我需要对不同的文化规范都保持清醒的认识，同时尽可能去改变自己的沟通方式以便能够适应它们。

"Competent Communication around the World" by Igor Ristic. Used with permission of author.

年龄：例如青少年、老年人
职业：例如时装模特、长途卡车司机
性倾向：例如女同性恋、男同性恋
身体残疾：例如行动障碍、听力障碍
宗教：例如福音派基督徒、穆斯林
活动：例如骑自行车的人、玩游戏的人

一些学者甚至把男人、女人划归为不同的次文化领域，声称性别对于沟通风格或方式的影响是显而易见的。[68]关于这个话题的讨论将会贯穿本书。

跟来自不同文化背景的人成功地沟通所需具备的能力，与前文沟通高手的特质大致相同。但是除了这些基本的特质,沟通学家还总结了一些对于成功的跨文化沟通而言特别重要的其他要素。[69]

最为明显的是,我们要了解一个特定文化的规范。例如,美国人可能觉得自我贬低式的幽默很有趣,但这种幽默在中东地区的阿拉伯人那里可能完全不起作用。[70]除了了解一个文化的特定规范(即文化特性),我们也要了解被称为"文化共性"(culture-general)的看法与技巧,这有助于沟通者和来自不同文化背景的人建立关系。[71]

为了说明"文化共性"对于沟通能力的重要性,请你试着想象这样的情况。你刚刚应聘到一家设在美国的日商公司,其工厂设在墨西哥,顾客则遍及世界各地。你身边的同事、督导和客户跟你的文化背景基本上都不同,因工作之需你偶尔还必须出国。你要如何处理这个职位对于沟通的要求?你最好具备下列品质。

动机 愿意和陌生人达成沟通是一个重要的起步。研究显示那些愿意跟来自不同文化者沟通的人要比那些不愿意跨出去的人拥有更多不同背景的朋友。[72]拥有适当的动机在各种沟通活动中都很重要,特别是在跨文化的人际互动中,因为挑战更大。

容忍模糊性 跟来自不同背景的人沟通可能会使你困惑。因为他们的信息在你看来,要么是模棱两可的,要么完全不能理解。这时你必须要有容忍模糊性的能力,才有可能接收甚至接受他们的想法。

假如你的同事碰巧是在美国原住民的文化传统中长大的,你会发现他们比一般人更为安静也比较低调。对于这种沉默寡言,你的第一反应可能将之归因于缺乏善意。然而,这或许只是他们文化特性的反映:他们认为内向低调比外向张扬更具价值,沉默优于健谈。在类似跨文化的情境中,模糊性既是一个不争的事实,也是一个需要面对的挑战。

开放心胸 容忍模糊性是一回事,愿意对不同文化开放心胸是另一回事。当别人不符合我们的文化教养时,我们几乎本能地倾向于认为别人的沟通习惯是"错误"的。你会发现,在世界的某些地区,男女平等的观念不像西方国家那样普遍。同样,面对某些文化,你会惊异于民众毫不在意地忍受着家徒四壁的窘境,或者似乎对与本土的道德理念不合的贪污行贿行为视而不见。在类似这样的情境中,原则性强的沟通者对于既已认定的"正确"信念丝毫不会妥协;沟通高手则倾向于认为那些人之所以与我们行事不同,只是因为他们遵循的规则已经支配了他们一辈子。第四章会提供更多信息,指导我们如何应对从其他角度观察世界的挑战。

知识和技巧 一个团体的工作规则和习惯可能完全不适用于另一个团体。例如,如果你的行程被安排在了拉丁美洲,你就会发现开会这件事通常不会按照计划的时间开始与结束。与会者往往要花费更多的时间才能把事情搞定，但这并不意味着接待你的人不负责任或缺乏效率，你要了解时间在不同文化中有不同的意义。同样，他人做出的手势、他们与你相隔的距离、他们与你视线接触的时间都可能蕴含着"另一层"意义，你需要进一步学习与了解。

成为跨文化沟通高手，需要你的**专注力**，因为你必须同时留心自己和对方的行为。[73]如果缺乏这种品质，沟通者会在跨文化交流中因为缺乏注意力和知识准备而犯下大错：他们既不知道自己的言行已经造成了他人的困惑，甚至冒犯了对方，也不知道自己大惊小怪的事情仅仅只是文化上的差异。即使你已经全神贯注，你仍然可以使用三个策略进一步加强自己跨文化沟通的能力[74]：

1. **被动观察**（passive observation）是指留意不同文化中的成员的行为举止，并在实际的沟通中有效运用你洞察到的见解。

2. **积极策略**（active strategy）是指通过阅读相关书籍、看电影、询问专家或隶属该文化的成员、选修有关跨文化沟通的课程等方式掌握相应的知识和技能。[75]

3. **自我坦露**（self-disclosure）是指自愿将自己的信息透露给想要进行沟通的跨文化对象。

自我坦露的一种方式是承认自己对该文化认识的不足，"这对我来说是很新奇的经验，在这种情境下我该怎么做才对？"这种方法在上述三种策略中是风险最大的，因为有些文化并不像西方国家那样推崇坦率或自我坦露。尽管如此，当陌生人愿意试着学习和认识自己的文化时，大多数人通常都很乐意提供信息和协助。

小　结

沟通在很多方面都是很重要的。除了满足个人的需求外，有效的沟通还能增进生理及心理健康，建立自我认同，满足社会需求，等等。沟通的过程并非一方对另一方的单向模式，而是双向交流的过程：沟通双方自发地发送和接收信息，但有时会被各种类型的噪音干扰。

人际沟通可以依据参与者的人数提出量化的定义，或者依据双方互动的品质提出质化的定义。从品质的角度来说，每一段人际关系都是独一无二、不可替代的，也是相互依存的，从内在收获回报的。人际的和非人际沟通都很有必要，大多数的关系同时具有这两个部分。

几个原则主导了沟通展开的过程：信息可以是有目的的，也可以是无目的的；人绝对不可能不沟通，沟通也无可取代、无法复制；信息具备内容和关系两个向度。此外，关于沟通的迷思也应该引起我们的注意：意义是被人主动建构出来的，而不是被动地隐藏在字里行间；越多沟通不见得越好；沟通不能解决所有的问题；最后，沟通并非天生的特质。

沟通能力是一种人人可以拥有的技巧，它能帮助你在维持现有关系的前提下从他人身上获得你所寻求的信息。沟通的情境不是一成不变的，因而沟通的能力也需要随之做出改变。沟通高手不仅拥有各式各样的行为反应方式以供选择，还懂得在适当的场合表现出最合宜、最纯熟的行为；他们不仅能够准确理解对方的观点，还能带着同理心做出回应；他们还会在沟通的过程中随时监控自己的行为，增加成功的可能性。在跨文化沟通时，需要具备合适的动机、忍受信息的模糊性、开放心胸、掌握一定的知识技巧，这样你才能沟通无碍。

电影与电视

你可以在以下电影和电视节目中印证我们在本章总结的沟通准则：

我们为什么要沟通

《荒野生存》（*Into the Wild*，2007）R级

带着几本关于求生技巧的书和一颗渴求独立的心，20岁的大学生克里斯托弗·麦坎德利斯（埃米尔·赫斯基饰）坚定地逃离了文明世界，选择在阿拉斯加的荒山野岭中独自生活。他无视了智者和更多有经验者的建议，确信他不需要任何人就可以生存下去，而且可以过得很好。正如电影评论家罗杰·艾伯特说的那样："他不觉得自己是个无家可归的人，而是一个脱离了家庭禁锢的人。"

影片的最后再现了（电影根据真实故事改编——编注）麦坎德利斯在生命最后几周的悲惨生活。这个故事要讲述的不是一段荒野冒险的经历，而是透过一个极端的例子说明人需要交往，需要支持。一个自我满足的孤独者只能是空想的，在现实生活中，不管是在肉体上还是在情感上，我们都不可能脱离别人生存下来。

《在云端》（*Up in the Air*，2009）R级

瑞恩·布林厄姆（乔治·克鲁尼饰）是一名公司裁员顾问。他被各种公司聘请，然后飞到各地去解雇他们的员工。布林厄姆很擅长他的工作，而且顺利地完成了很多任务。他带着他的行李箱从一个城市飞到另一个城市，过着居无定所的生活。尽管布林厄姆在

奥马哈市拥有一套公寓，但那不是真正的家：没有家人，也没有朋友。

讽刺的是，布林厄姆的新同事娜塔莉·基纳（安娜·肯德里克饰）提出利用网络、远程裁员的方式可以让工作更高效。这个建议威胁到了布林厄姆的工作。于是，为了证明娜塔莉的观点是错误的，布林厄姆要求她陪他一起亲自去解雇员工，这样她就可以了解用电脑裁员有多残酷。然而，在这个过程中，他却渐渐发现了自己的生活有多无情。此后，他慢慢地和娜塔莉建立起了友情，和另一个同行建立起了爱情，和忽视多年的妹妹也恢复了感情。

到电影的结尾，布林厄姆清楚地发现缺少有意义的人际交往的生活是不值得去过的，那些天天在世界各地飞来飞去的人也是一样。

交流式沟通

《老爸老妈的浪漫史》（How I Met Your Mother，2005—2014）TV-14级

这部电视剧主要说的是泰德（乔什·拉德诺饰）在未来（2030年）向他的孩子们诉说他和他们的妈妈相遇的过程。每一集都按照时间的顺序讲述了他在寻求另一半的过程中如何经营、维持或者结束自己的一段段感情。泰德的核心朋友圈包括：马修（杰森·席格尔饰）和莉莉（艾莉森·汉尼根饰），他们是一对代表着关系稳定的夫妇；罗宾（柯比·史莫德斯饰）和巴尼（尼尔·帕特里克·哈里斯饰），他们都是单身（在大多数剧集里），而且没有明显想要稳定下来的愿望。

这个朋友圈的发展动态都受到过去种种事件的影响。比如说，罗宾与泰德和巴尼都交往过，这不仅影响了罗宾的新恋情，也会引发巴尼和泰德这对密友之间的争执。从剧情来看，主演之间的每一次互动都会对他们今后关系的发展产生影响。这些都阐明了人际沟通不可逆转、不可重复以及相互作用的特质。

沟通能力

《豪斯医生》（House M.D.，2004—2012）TV-14级

在普林斯顿大学教学医院（编剧虚构），没有人会否认格雷戈·豪斯（休·劳瑞饰）是一名杰出的内科医生。敏捷的思维和锐利的分析经常帮助他做出准确的诊断，拯救了不少生命。豪斯的同事们对他解决医学难题的能力十分惊奇，他们一直追随并且听从他的建议。

然而在另一面，豪斯的人际技巧却不像他的专业技术那样吸引人。他那出了名的坏脾气、直言不讳、粗鲁和优越感，使他经常疏远自己的主管、学生，甚至是正在救治的病人。就豪斯的沟通能力来说：有效性有余，而适当性不足。如果豪斯能更注重自我监控，表达出更多的同理心，那么他会成为一个更好的沟通者，拥有更多的朋友。不过话说回来，这部电视剧是不会这样讨好观众的。

第二章
人际沟通与社交媒体

阅读完本章后，你应该能够：

* 辨别媒介沟通与面对面沟通的异同点；判断在特定情境中选择每种可能的沟通渠道的相关后果。
* 描述媒介沟通的优缺点是如何影响你的各种人际关系的。
* 评价性别与年龄因素如何影响了媒介渠道的使用；调整你对这些沟通渠道的使用，以使之最适合某个接收者。
* 评估你自己的在线沟通能力，了解让你培养积极的人际关系和保护自身利益的方法。

花点时间仔细想想你最近用过的通信技术，你有没有登录过Facebook或Google+这样的社交网络平台？有没有在Pinterest、Vine或Instagram上发布过内容？有没有关注Twitter账号或更新自己的动态？有没有阅读或发表博客、论坛文章？

以上都是**社交媒体**的例子。社交媒体是指可以让用户创建网络社群的电子沟通形式。[1]除了社交媒体，其他更为个人化的电子沟通形式也对你的人际关系产生影响，例如电子邮件、手机通话与短信。所有这些沟通渠道都是**媒介沟通**（mediated communication）形式，因其涉及通过某种电子媒介沟通而非面对面交流而得名。

想象一下，如果没有媒介沟通渠道，你的生活会变成什么样子。你的人际关系会受到怎样的负面影响？又会受到哪些正面影响？

不久以前，人际交流的"通信技术"还仅局限于使用陆上线路打电话。仅仅20年前，大多数家庭中最先进的科技产品还是一台个人电脑。那时的手机不仅笨重、昂贵而且稀少；电子邮件作为备受欢迎的工具才刚刚出现；社交网站尚不存在。相比之下，今天我们大多数人联络朋友、家人甚至陌生人所用的方式，放在几十年前听起来像是科幻小说里的情节。[2]可以毫不夸张地说，人际沟通进入了一个新纪元。

本章将会探究媒介沟通塑造人际关系的几种方式。我们还会讨论媒介沟通与面对面沟通有哪些异同。你会看到电子通信如何能够帮助人们建立并保持人际关系，以及如何会在人与人之间造成障碍和问题。分析完性别与年龄如何塑造人们的在线互动后，我们还会介绍如何更有效地运用科技与他人交流的小技巧，以此结束本章讨论。

不久以前，"通信技术"还仅意味着使用固定电话。想一想，如果没有了你每天使用的电子设备，你的生活会有什么不同？哪些方面会变得更糟？哪些又会更好？

2.1 媒介沟通与面对面沟通

在今天的高科技世界里，大多数人都会同意，要与同事、朋友、家人及爱人保持联系，媒介沟通是一种有用的甚至必不可少的工具。但早期的理论家并不赞同这般假设。

事实上，许多理论家都认为科技并不适用于人际关系，媒介沟通会把温暖的面对面互动变成冰冷的电子信息交换。

电话出现在19世纪70年代末。当时一些专家警告称，电话作为面对面沟通的替代选择实在不怎么样，它只留下了"真实世界"的互动之表象。[3]还有很多人担心家人之间相互疏离，人们更喜欢电子沟通，见面的次数也越变越少。

大约一个世纪之后，当个人电脑开始流行起来时，类似的恐惧再次攫住人们。理论家相信，以计算机为媒介的沟通并不会加强人与人之间的联系，反而会导致没有人情味的、以任务为取向的关系。[4]他们得出这样的结论，部分是因为媒介沟通渠道会"过滤掉"人们在面对面沟通时可以看到的非语言线索，比如第七章所描述的眼神交流、声音语调、触摸、身体姿势，以及许多其他行为。他们认为，缺少非语言及身体上的线索会致使媒介沟通变得毫无情感且没有人情味，因而这不是一种促进人际关系的好工具。

然而，近几十年的研究显示，这些担忧并非完全正确——在某些情况下，它们完全错了。你在下文中将会读到，媒介沟通既有可能降低也有可能提高关系质量。

媒介沟通与面对面沟通的相似点

尽管媒介沟通与面对面沟通有着明显差异，它们之间仍有许多相似之处。

目标相同　不论是使用电子媒介还是面对面交流，我们进行沟通都出于相同的基本原因，正如第一章所描述的，是为了满足生理的、社交的、认同的和实际的需求。为了更好地领会这些目标，我们可以思考一下智能手机的多种功能：遇到紧急情况时打电话求助，与朋友聊天，作为一种身份象征，以及不论在哪都能上网。许多情况下，媒介沟通比面对面沟通都更迅捷有效——但其动因仍然是为了满足同样的需求。

过程相似　在第一章中描述的交流沟通模式的所有构成要素，同时也是媒介沟通的因素。在媒介沟通过程中，也是由沟通者通过各种渠道发送信息，这些信息也会受到噪音和沟通者的背景影响。与传统的面对面沟通一样，媒介渠道能够借由分享的反馈信息来支持沟通者之间的互动。当然，媒介沟通中的"噪音"可能是手机信号中断或网页上突然弹出广告等。不过，这些干扰因素与面对面交流中的干扰因素所造成的影响根本上是相同的。

原则相似　如果你曾有过在发送私密信息时不小心点击了"回复所有人"的经历，就会明白媒介沟通可能和面对面沟通一样也是无意的。一旦摁下发送键或录下语音信息，沟通不可逆转的原则就开始起作用了。如果你曾奇怪为什么某人一直不回复你的短信或邮件，那你就该明白不沟通是不可能

在工作中：使媒介会议富有成效

除了质量更高，商务视频对话和电话会议的技术与你能期待在一台智能手机上实现的技术并没有本质上的不同：你使用语音，有时也用视频，与同事分享想法、图像及文件。

但是，不要被技术之间的相似性迷惑。商务会议——至少与会者都是专业人士的商务会议——是依据一套不同于私人对话的标准来组织操作的。当会议关系到商业上的成败时，忙碌的专业人士往往遵循一些基本但重要的规则。[a]

- 在会议开始之前，确保所有与会者都有会议议程和所有要讨论的文件副本。
- 在电话会议中，各方在必要时应该表明自己的身份以免混淆。（"谈到这里肖恩有一个问题想问布兰达……"）
- 尽量避免打断他人，也不要仅仅因为看不见他人而忽略他们。
- 把干扰因素（来电铃声、关门声、狗叫声等）降至最少。
- 尽量使用最好的设备。廉价的话筒与摄像头可能导致彼此理解困难。

你不必过于计较小节，也不用完全改变平日的习惯来达到这些标准。只要能做到更加组织有序和高效就可以了。

的——因为没信息也意味着一种信息。第一章中列出的所有原则都适用于媒介沟通。

媒介沟通与面对面沟通的区别

虽然媒介沟通与面对面交流有很多相似之处，但它们之间也有显著的差异。

更精简的信息 社会科学家用**丰富度**（richness）一词来形容丰富多样的非语言线索，这些非语言线索增加了语言信息的清晰度。与此相反，**精简度**（leanness）形容的是缺乏非语言线索的信息。面对面沟通的内涵是丰富的，因为充足的非语言线索不仅可以帮助我们明晰对方话语的含义，而且还暗示了对方的感受。相比之下，社交媒体传递的信息就要精简得多了。

信息的丰富度会随着媒介发生变化，为了说明这一点，我们举一个具体的例子。假设你已经有好几个星期没有收到朋友的消息了，于是你决定问她，"发生什么事了吗？"而你的朋友回复："没什么，我很好。"这个回应够不够形象，取决于你是通过短信、电话还是当面听到它的。你必然会从面对面回应中读出更多的信息，因为它包含了更丰富的线索，如面部表情、声音语调等；相比之下，文本消息包含的就只有字词；而电话介于两者之间，传递了声音，却没有视觉上的线索。

因为通过媒介传递的大部分信息比当面传递的信息更精简，所以我们很难自信地去解码，特别是言谈中的讽刺与幽默很容易引起误解。因此，我们在接收到一条信息后，不要轻易下结论，而要反复确认自己的解释。在发送一条信息前，多想想自己的信息够不够明确，会不会引起歧义。只有这样，误解才不会发生。

需要记住的是：信息并不总是越丰富越好。在有些情况下，精简的在线留言可能是最好的选择。也许你不想让对方听到你声音中的颤抖，看见你额头渗出的汗珠，或是注意到你身上穿着的服饰，这时你就会选择通过邮件或短信发送信息。另外，精简的信息可以透露较少的关于沟通者个人特征的信息。有研究表明，大多数在线留言的纯文本格式可以拉近人们之间的距离，因为这样可以把对彼此的性别、社会阶层、种族或民族、年龄方面差异的感知降到最低。[5]当你希望人们可以更关注你所讲的内容而非你的外表时，使用更精简的信息来沟通经常是有利的。

可变的同步性　同步（synchronicity）是指沟通者全都实时联系的一种情况。[6]面对面交流是同步的，有些媒介渠道也是同步的，如电话交谈（通过固定电话、手机，或者像 Skype 和 Google Talk 这样的视频会议程序）就能达到面对面沟通所提供的那种同步效果。

其他类型的媒介沟通则是**异步的**（asynchronous），也就是信息的发送与接收之间存在时延。比如，发邮件、短消息和社交媒体的个人状态后，到它们被阅读之前，会有几秒到几天的滞后时间。你可以选择忽略或跳过这类异步信息，但是当你和信息的发送者同处一室的时候，就很难做到这一点。异步沟通能让沟通者灵活选择发送、接收、回复信息的时间与方式。在本章后面我们会继续讨论同步通信与异步通信的优缺点。

永久的（有时是公共的）记录　有时，能够轻易得到以前的信息是一件很棒的事：你可以找回重要的工作文件，或者重新体验过去的快乐时光。不过在其他情况下，你很可能希望这些抹不掉的内容可以消失不见，或者至少不会被那些想窥探的人发现。

虽然世界各地的一些法庭已经提出了"被遗忘的权利"[7]，但更保险的假设是，你通过电子设备交流的所有信息都可以永久存在。在 Twitter 上抱怨你那可怕的领导可能看起来无伤大

当一名黑客把包括詹妮弗·劳伦斯在内的一些电影明星的裸照发布到网上后，人们对隐私的担忧就突显了出来。与此前的隐私曝光事件不同，这次的照片都是从受害者的个人账户中窃取的，这表明即使是"安全"的信息，也可能被公开。

Featureflash/Shutterstock.com

雅——直到你因此而丢了工作。[8] 发布在 Facebook 和其他社交网站上的内容经常会被用作法庭上的证据——从证明离婚案里的某一方不忠，到辩称父母不适合取得孩子的监护权。[9] 尽管这都是些极端的例子，但它们说明了仔细考虑你在网上发布什么内容，你允许别人在你的博客和社交网站上发布什么内容，以及谁有能力查看和传播你在网上分享的内容，这些都是十分重要的问题。

最新的证据表明，人们已经开始注意到一些人的悲惨故事，这些人是因为网上发布的内容而失去自己的工作和人际关系的。例如，在社交网站上可以看到人们的自我监控行为发生了变化：大约63%的社交网站用户会移除好友，44%的用户会删除他人的评论，37%的用户会禁止别人在上传的照片中圈出自己。[10] 尽管越来越多的人开始监控自己的线上内容，设置个人资料的权限只对好友开放，但仍有许多人对此不以为意。接近40%的社交网站用户没有将个人资料权限设置为仅好友可见。同样值得指出的是，就算设置了只有数百位"好友"可以访问，其实也不是最保守的隐私管理策略。

考虑到媒介沟通的这些特性，聪明的沟通者意识到最方便的沟通媒介可能并不总是最好的。在情绪激烈的面对面交谈中，最容易出现的反应可能是脱口说出一些日后你会后悔的话。在这样一种情况下，花点时间构思一封深思熟虑的（异步的）电子邮件可能才是明智之举。而在其他时候，当面尽力表达你自己的感情会比写成文字带来更好的结果，因为面对面交流有重要的非语言线索，所以信息更加丰富。表2–1归纳了各种沟通渠道的关键特征。当你选择传递信息的最佳方式时，可以此为参考。

表2-1 不同沟通渠道的特点

	同步性	丰富/精简	持久性
面对面交流	同步	丰富	低
视频聊天	同步	一般丰富	低
电话	同步	一般精简（只有语音信息，没有视觉信息）	低
语音留言	异步	一般精简（只有语音信息，没有视觉信息）	一般（可存储，但通常被删除）
短信	异步（但可能很快）	精简	一般（可存储，但通常被删除）
电子邮件	异步	精简	高（经常被存储；经常转发给他人）
社交网站	通常为异步	精简（但可以包含照片和视频）	高（公开性强）

媒介沟通的结果

乍看之下，媒介沟通与面对面沟通之间的差异可能没有特别显著。就算非语言线索变少，就算无法同步交换信息，又有什么关系呢？社会科学家已经发现，这些看似无关痛痒的小因素却能对人际沟通产生影响，有时是极大的影响。我们来看这样两个影响：

网络抑制解除效应 研究显示，沟通者在网上会更诚实坦率地表达自我，他们变得不那么谨慎，也较少进行自我监控。学者将这种趋势称为**网络抑制解除效应**（disinhibition）。[11] 不难理解，当人们看不见、听不见甚至有时并不认识他们所谈论的对象时，会更坦诚地表达自己的意见。非语言线索的减少和距离的增加会给沟通者提供一种"网络勇气"，这是面对面交流时通常没有的。

网络抑制解除效应既有好处也有坏处。从正面来看，沟通者通过媒介渠道可以更自由地抒发个人情绪。社会语言学家黛博拉·坦纳（Deborah Tannen）描述了电子邮件如何创造了某种程度的抑制解除，改变了两段关系的质量：

> 电子邮件加深了我与拉尔夫的友谊。虽然他的办公室就在我隔壁，但是因为他生性害羞，我们很少能够深入交谈：在面对面交谈的过程中，他的喃喃自语让我几乎不能确定他是否在说话。但当我们俩都用上电子邮件后，我开始收到他篇幅很长、坦露心声的信息。我们很快就成了推心置腹的朋友。我的另一位朋友也发现，电子邮件打开了她与父亲深入交流的大门。她的父亲从未（像她母亲那样）与她在电话里多说什么，但是自从他们都上网以后，关系变得亲密多了。[12]

网络抑制解除效应也有其缺陷。越来越多的研究表明，沟通者在使用媒介渠道时要比面对面交流时更为直接——通常不加掩饰地表达批评和不满。[13]

链接　　把他关在屏幕里

蜷缩在床脚边，我的脸距离电脑屏幕只有几英寸。我焦躁地盯着谷歌聊天（Google Chat）的对话框，上面提示我："威尔正在输入……"认识到陷入网恋是件愚蠢的事并没能阻止我去做这件事。

开着Skype和网络摄像头，我真的感觉威尔好像就坐在身边。我们每天晚上都会视频聊天，一聊就是好几个小时。我知道他每餐都吃外卖，每晚都穿一模一样的白色V领T恤睡觉，还会在我说些俏皮话的时候翘起一侧的嘴角傻笑。

在我安全的公寓环境里，我能够看见威尔，但无法碰触他。当我想找人说话的时候可以召唤他，但我从不知道他不在床头灯光下是什么样子。这种状态对我也很有利。小酌几杯之后，当我感到强烈的倾诉欲和社交欲时，我可以给他打电话。如果有视频要剪辑或者有博客文章要写，我也可以避开他。我想说什么就说什么，即使有些冒失也没有关系，因为交谈结束时，只要轻点鼠标就能把他关在我的房间之外。

讽刺的是，我们为了这种安全的、经过净化的亲密关系涌到网上，但我们想要的却是完全不同的东西。因此，威尔和我开始慢慢地、小心翼翼地围绕着这一切意味着什么展开讨论。我想知道答案。于是在3月初，我租了辆汽车，恳请教授让我提前一天离开学校，驱车540英里来到威尔所在的中型城市准备度一个长周末。

威尔和我期待中的模样几乎一样：薄薄的嘴唇、直挺的鼻梁、小的淡褐色的眼睛，戴着一副眼镜。我们在寒冷的人行道上接吻，狂风把我的思绪吹得四处飘动。我最强烈的感觉是如释重负。我想："我们的关系在现实

生活中也能继续。这是有意义的。"

但是，在我们结束亲吻、吃过比萨饼、回到他家之后，就不知道该聊些什么了。在现实中，当我说话的时候，威尔盯着空气发呆。在现实中，他没有问起我路上的情况，也不关心我的工作和我回校后要处理的事情。他带我出去吃晚餐，在等待上菜期间阅读他的邮件。

在门廊处，我揉了揉双眼，威尔和我拥抱告别，并嘱咐我小心开车。他努力想挤出几句结束语，最后说出来的是："见到你真好。"

我在他家厨房的台子上坐了很久，试图将发生的一切理出个头绪。我不喜欢被他的东西包围。我还是待在我的房间里更自在，和我的东西在一起，而他仅仅出现在电脑屏幕上。

凯特琳·杜威（Caitlin Dewey）

通过回答下列问题，加强你的理解：

1.是什么原因使通过媒介沟通形成的关系极具吸引力？

2.基于媒介沟通与面对面沟通形成的关系在沟通上有何不同？

3.在你看来，由媒介沟通过渡到面对面沟通的最佳方式是什么？

有时沟通者将网络抑制解除效应发展到极致，发充满怒气甚至恶意的邮件、短信和网站帖子。我们会在本章后面提供有关这类行为的警告。

超人际沟通 精简的信息和异步回复为沟通者创造了一种环境，理论家称之为**超人际沟通**（hyperpersonal communication）：超越面对面沟通中通常发生的情况，以更快的速率讨论个人话题及关系发展。[14]

因为有足够的时间来撰写回复，沟通者可以仔细地编辑和管理他们的自我展现内容，总是把自己最好的一面拿出来放在网络上（我们会在第三章中描述"印象管理"这一现象）。虚拟世界里没有口臭、难看的疤痕或结结巴巴的回应，人与人之间的关系常常会以超人际的速率发展。如果你曾听说过或亲身经历过，在现实中从未见过面的两个人在网络上高度坦露自我，你就会明白媒介沟通如何能够成为超人际的了。再加上媒介沟通的持久性维度——人们可以反复阅读和深入琢磨他们编写的信息，你就会认识到网络关系的潜在独特性了。

超人际沟通既有优点也有缺点。在一项研究中，研究人员发现，和面对面沟通的一组参与者相比，通过网络交流的一组参与者评价他们的同伴在外貌和社交方面更有吸引力，他们也报告彼此更亲密、感情更好。[15]换句话说，超人际沟通能让线上小组成员更快地建立积极的关系，来帮助他们完成任务。

另一方面，超人际沟通也会成为"关系欺骗"（relational deception）的温床，这一点我们将在本章后面进行讨论。健康的人际关系一般是随着时间逐渐发展起来的，在此过程中人们谨慎地决定对彼此敞开心扉的程度，他们通常也需要一定的面对面交流。所以只是在网上建立和发展与他人关系的沟通者很难过渡到面对面沟通，也就不足为奇了。[16]（上页"链接"的故事就是一个例子。）

显然媒介沟通既有优点也有缺点，我们将在下一节对这些优缺点进行进一步的概括和考察。

2.2 媒介沟通的优缺点

现在你应该开始认识到，媒介沟通是一把双刃剑，既有优点也有缺点。我们将分别检验这两个方面。

媒介沟通的优点

苹果电脑的创始人史蒂夫·乔布斯（Steve Jobs）曾建议将个人电脑重新命名为"人际电脑"（interpersonal computer）。[17]他这么说是有道理的：媒介沟通有潜力使人们聚集在一起并提升他们的关系质量。当涉及在陌生人之间和朋友之间建立并保持联系时，媒介渠道拥有一些独特的优势。

更多的关系机会 用学者的行话来说，媒介渠道为建立和维持亲密关系提供了"低摩擦机会"（low-friction opportunity）。[18]

也许最值得注意的是，社交媒体彻底改变了求爱和约会的世界。曾几何时，在线约会服务被视为恋爱困难户们的最后一根救命稻草。一些怀疑论者质疑，一台电脑在多大程度上能把人们匹配在一起，在网上开始的关系是否能在现实中成功。研究打破了这些疑虑。一项调查显示，在19 000名已婚的受访者中，超过三分之一的人说他们的婚姻关系始于互联网。[19] 与线下开始的婚姻关系相比，那些从网上开始关系的受访者对婚姻有着略微高些的满意率，他们分手的概率也稍低一些。

在线约会如此火爆有其充分的理由。[20]要在自己的圈子之外找到一个合得来的伴侣可能很困难。像Match.com和eHarmony这样的恋爱服务网站可以通过简化约会过程，让你很容易认识新的对象：在你把时间和精力投入到线下约会之前，可以先通过在线交流评估未来的约会对象。此外，在线约会还有一个好处，它可以消除经常伴随恋爱初期而来的一些尴尬和误解。

社交媒体也能在非恋爱关系的初始阶段发挥作用。留言板、博客网站和在线论坛拥有潜力可以在陌生人之间营造一种"虚拟社区"的感觉。[21]无论是某一特定运动的爱好者，还是某一政党的支持者，或者是中国美食爱好者，志趣相投的人可以在特定主题的网站上找到彼此。很快，这些社区的"常客"就相互认识、相互交流，并且就此形成关系。这些虚拟社区成员经常为彼此提供社会支持，本章后文将探讨这一点。同样的情况也发生在远程教育中，上网学习的学生可以在不用当面接触的情况下与其他学生和他们的老师进行交流。教育工作者认为，建立社区感是在线课程取得成功的一个重要因素。[22]我们举出这些例子旨在表明，媒介沟通为建立新的关系提供了机会，这个条件是我们之前的世代所不具备的。

在线沟通还可以为生性腼腆的人提供建立关系的机会。[23]研究发现，一个人的害羞程度、他的Facebook使用情况、友谊质量三者之间呈正相关关系。[24]研究人员得出结论说，社交网络服务提供了"一个舒适的环境，使腼腆的人可以在其中与他人互动交流"。约翰·奇利斯（John Chiles）就是这样一个生性腼腆的人。[25]他在《华盛顿邮报》的一篇文章中说明了自己的情况，当他去参加派对，或者光顾酒吧和餐馆时，"我只是坐在那里，希望有人会跟我说话"。然而，在社交网站上，他却是"个性先生"。他定期发状态、讲笑话、标记自己的喜好。奇利斯还指出，当他与网上认识的朋友见面时，羞怯感通常会消失。他说："毫无疑问，在与他人建立关系方面，Facebook改善了我的生活。"

多元视角

凯文·肖梅克：用社交媒体来缔造关系

建立新的人际关系对我来说非常困难，因为我患有脑瘫，不仅不能移动我的胳膊和大腿，甚至连说话都有困难。因此，即便我处于和别人面对面的情境中，我通常也用打字来交谈，电脑语音合成器会替我发出声音。这种事对认识我的人来说没有任何问题，但要建立一段新的人际关系，它显然不是理想的方法。我的身体状况常常抢占了人们的全部注意力，以至于他们很难突破第一印象进一步了解我是一个什么样的人。

网络沟通对我来说很棒，因为它让我的身体状况显得不那么重要。通过Facebook，我认识了最好的一个朋友。在亲自见面以前，我们已经在网上聊了好几个月的时间。此后不久，我们又成了大学室友。如果不是在网上开始了这段关系，我很难想象今天的结果。与这段经历相似的是，某天我收到了一个学生的邮件，说她是我秋季开学后的公寓辅导员。于是，我在Facebook上查阅了她的页面，和她加为了好友，还通过阅读她的页面信息发现我们拥有许多共同之处。等到那年我抵达宿舍的时候，我和她已经是很好的朋友了。

对某些人来说，网络沟通只是提供了便利，但是对我来说，它改变了我的生活。它增进和加强了我的人际关系，对此我十分感激。

"Forging Relationships with Social Media" by Kevin Schomaker. Used with permission of author.

正如上面"多元视角"所展示的，社交媒体对那些觉得线下社交很困难的人来说尤其有用。[26]通过电子媒介建立起来的友谊可以缓解孤独感。[27]虽然电子通信并不能代替面对面沟通，但它却能提供更多的人际关系机会，使我们能认识日常生活中所不能遇见的人。

维持和强化关系 除了建立新的关系，社交媒体也是增强现有关系和重燃原有关系的有力途径。[28]

短信息是人们用来保持联系的最普遍的工具。一份报告显示，12岁到17岁的青少年平均每天发送60条短信。[29]短信如此流行是有充分的原因的。短信比较私密谨慎，无论你在哪里，收发都很方便。而且，短信也更有可能被接收者阅读：超过97%的短信被人们打开阅读，相比之下，打开的电子邮件就只有22%。不仅如此，90%的短信都是在人们收到短信的3分钟内被读取的。[30]

如图2-1所示，短信有许多功能，其中大部分都属于关系维持的范畴。[31]

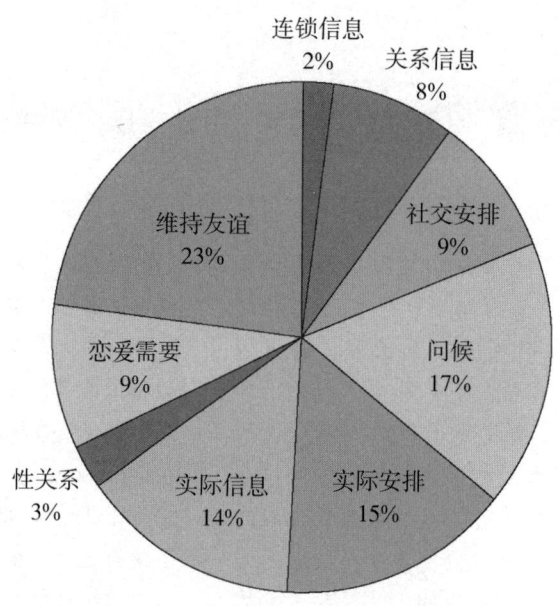

图2-1　短信在维持关系中的使用

像Facebook这样的社交网站提供了维持关系的另一种方式。它们的异步性能让好友之间保持联系而无须实时联系。[32]当然，维持关系的方法还有很多，有的更好，有的更糟。

沟通研究者让数百名大学生找出针对Facebook的沟通规则。[33]以下是他们认为最重要的5条规则：

- "如果我在某人的主页上发帖，我应该期待他会回复。"
- "我不应该在Facebook上发表任何对这个人不尊重的言论。"
- "我应当考虑一条帖子可能会给这个人的人际关系带来怎样的负面影响。"
- "如果我发布的帖子被他删除了，我不应该再次发布它。"
- "我应该在Facebook之外也与这个人交流。"

参与者表示，如果不遵守这些规则，不仅不能维持关系，反而会损害关系；并且关系越亲密，就越有必要遵循这些规则。

博客是用来保持联系的另一个工具。[34]一项调查发现，大多数博主都只为一个相对较小的读者群写作，而且多半都表示与朋友和家人保持联系是他们发博客的一个原因。[35]这表明博客经常被用于维系现有关系。

博客的"群我"（masspersonal）特性——能将个人信息一次性发送给许

多人——使其成为维持联系的合理选择。想象一下,你想分享关于找到一份好工作的消息。通过电话或短信向你的整个关系网传达这个消息会很麻烦,而通过更新一条博客状态你就可以通知所有人了。此外,博客的互动功能允许读者回复(比如"恭喜你找到好工作"),这为进一步的维持沟通创造了环境。为此,博客和其他社交网站比发短信更有助于维持人际关系。[36]

媒介渠道对维持数量日益增长的异地恋关系来说尤为重要。大约有300万美国人出于离婚或不和以外的原因与他们的配偶分居。[37]此外,目前有25%到50%的大学生正在进行异地恋。[38]研究证明了视频聊天在维持这种关系上的意义。[39]对于使用像Skype和FaceTime等视频聊天工具的恋人来说,虽然他们每天互动的次数要比那些生活在一起的人更少,但他们的沟通质量更高(他们谈话的时间更长,个人坦露也更多)。一位研究人员解释了原因:"看见对方的脸和面部表情真的会起到很大作用。有时当我们打电话的时候,我们可能会分心,但是如果你坐下来进行视频聊天,这时你是真的专注于对方。"[40]基于这些原因,有些学者认为,通过社交媒体交流实际上可能比面对面交流能更有效地改善一段关系的质量。[41]

社会支持 在社交媒体出现之前,要想获得支持以解决自己难以处理的个人问题就意味着向朋友和家人寻求帮助。今天这些个人联系仍然很重要,但社交媒体为婚姻问题[42]、滥用药物[43]、预防自杀[44]和应对无意义的暴力行为[45]等问题,提供了获得支持的另一种来源。

接近20%的网络用户上网寻找过与他们有着类似健康问题的其他患者。[46]当被问及原因时,一种常见的回答是,与这些有着相同想法却不存在正式联系的人说话,会让他们感觉更自在——特别是当自己的健康问题令人尴尬或让人难以启齿时,这种感觉就更明显了。例如,一项研究就调查了博客是如何为那些病态肥胖患者提供社会支持的。[47]这些网站成了人们交流的社区,有着相似境况的人可以分享他们的努力,互相提供肯定的反馈。一位参与研究的博主写道:"当我度过了糟糕的一周,或者遇到了我不知道如何处理的问题时,我所要做的就是写一篇新文章并把它贴在博客上。然后,我的读者总能提供很好的建议、意见和支持。"因为线上互助小组和博客可以匿名,参与者也有着相似的经历,所以即使他们并不相识,也能像亲密的朋友那样为他人提供帮助。

下面这篇题为《社交网络:拯救与治疗》的文章描述了对一名与药物滥用做斗争的人来说,线上社会支持——有些来自朋友,有些来自陌生人——宛若救命稻草。

链接 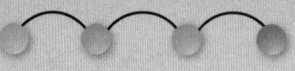 社交网络：拯救与治疗

如果你搜寻得够仔细，就可以发现我生活中的边边角角都散落在网络世界里。对于很多人来说，这种透明度会让人不安。而对于我来说，每当生活遭受狂风暴雨的时候，这里一直都是我获得慰藉的地方。在20多年酗酒和嗑药的日子里，虽然我不能解释清楚个中缘由，但我结交了许多网友，而他们常常彻夜不眠地陪着我，挽救我的次数都多到数不清了。

当我下定决心要让自己保持清醒，或者更准确地说，当我快被这个决定撕裂的时候，我感到害怕、局促不安，而且相当愤怒。我理所当然地认为我不需要任何人的帮助，直到第三个月月底的某个时刻，我终于失去了最后一点理智。我丧失了生活的能力，所以才开始上网。刚开始，我发布了一连串古怪的言论，一些直接发到了FriendFeed（美国的综合性社交网站，可以发布你或者家人、朋友在网上的活动记录。——编注）上，一些发到了Twitter、Facebook和MySpace上。

那些信息仿佛自己有了生命一样，打开了一场场对话。我开始收到来自世界各地的电子邮件、电话、短信、Twitter消息和其他电子信息。一些人鼓励我，一些人伸出援手。许多人向我分享他们染上毒瘾或酗酒的故事，特别是在我最黑暗的日子里，这些信息的到来，总能把我从悬崖边拉回来，这一点毋庸置疑。大部分信息来自我认识了很多年的人，还有少数来自儿时的朋友和一起长大的人。这些人有些我很熟，有些只是萍水相逢，剩下的信息全部来自陌生人，我真不知道他们是怎么发现我的。

有段时间，我感觉自己的状态不错，便开始了一次横跨全国的自驾旅游。就在我穿越田纳西州那天晚上，电话响了。因为不是我认识的号码，所以任它转接到了语音信箱。直到我进了一家加油站，才接听了这通留言。（在加油站请不要使用手机。——编注）电话那头的女人没有留下她的名字，时至今日我也不知道她是谁。她向我讲述了她的父亲和他酗酒的事，她说她为我感到骄傲，因为我决定让自己变得清醒。她还希望我能继续坚持下去。她的话引出了我的脆弱，结果我坐在马路边号啕大哭。我一遍又一遍地循环着那条语音，听了不下几十遍。

类似的鼓励一直持续着：陌生人留下关于他们生活的信息，鼓励我继续前进。接下来几个月的时间，我的生活沐浴在24小时的关爱中。时时刻刻都会有人来确定我没有愚蠢地重蹈覆辙，没有试图自杀，而是正在做着正确的事情。尽管我很少离开屋子，很少离开沙发，也没能和大多数人交流，但我从来都不是一个人。

嗜酒者互诫协会（AA）能让我保持清醒，但把我带到了那里的是社交媒体。要是

matijeacock/istockphoto/Getty Images

没有这些对我影响巨大的人际网络——朋友和像朋友一样的陌生人——我今天就不会在这里了。

布拉德（Brad K.）

通过回答下列问题，加强你的理解：
1. 你多久一次通过社交媒体给出或收到人际支持？想一想当你通过社交网站、邮件、短信或Twitter来与他人交换支持性信息的时候。
2. 你能否想起一次经历，你从不知道样子的某个人——或许是在网络论坛、博客或在线互助小组中——那里获得社会支持？这种支持和你从认识的人那里获得的支持一样还是不一样？

媒介沟通的缺点

即使在最好的情况下，电子沟通也无法代替面对面交流。有一项研究调查了那些频繁使用文字短信的大学生，得出结论说："在满足个人的沟通、信息和社交需求方面，没有什么比面对面沟通更重要的了。"[48] 此外，文字短信、电话联系和面对面沟通之间也存在着一种互动关系。如果你经常在网上与朋友和家人交流，那你很可能会更频繁地给他们打电话并试着见面。[49] 换句话说，很少有亲密关系会排除面对面沟通而仅仅使用媒介渠道来交流。

除了潜在的优势，媒介沟通也有其缺陷。[50] 了解这些不足可以帮助你防范它们。

泛泛之交 社会科学家已经得出结论，我们大多数人只能维持大约150段关系。[51]（这一数字被称为"邓巴数字"，以提出这一定律的牛津大学人类学家罗宾·邓巴［Robin Dunbar］命名。）如果我们足够幸运，我们能拥有由5个"核心"人物组成的一个内部圈子，以及由10到15个亲密的朋友和家庭成员组成的一个圈子。[52] 此外，还有大约35个联系相对密切的人形成一个圈子。[53] 最后由剩下的100多人组成一个圈子，他们可以与我们维持有意义的联系。除了这150人，我们根本就没有时间和精力来维系更多的人际关系了。

邓巴数字比许多人在社交网站上拥有的所谓

"上面写着，没有人真正知道他是谁，但他在Twitter上却有40万粉丝。"

"好友"的数量要小得多。一些Facebook用户似乎对自己拥有数百甚至上千个社交好友感到自豪。邓巴对比了拥有上千名网络好友的人与拥有较少网络好友的人之间的在线交流情况，借此探索"真正的好友"与"媒介朋友"之间的差异。[54]他发现这两组人之间并没有显著差异。不管社交网络的使用者宣称自己有多少网络好友，他们都只与同样数量的人——大约150人——维持关系。正如邓巴所说："显然，人们享受拥有数百个好友的优越感，但现实是，他们的朋友不可能比其他任何人的更多。"[55]

除了都是泛泛之交，大量的Facebook"好友"实际上会减少你从中获得的回报。如果你的个人主页中列出了150个好友，那你可能会给别人留下深刻印象。但研究显示，当你的好友数量翻了两倍或三倍时，你在别人眼里可能就不那么讨人喜欢了。[56]有些学者提出，一些人追求大量不现实的社交媒体好友，可能是为了补偿现实中的低自尊感。[57]

需要记住的是，泛泛之交也并非都不好。正如第一章所述，有些关系就是没有其他关系那么私人化，这完全适用于熟人、商业往来或者远亲。我们所担忧的主要在于，人们认为有很多社交媒体联系就可以代替人类赖以生存和繁荣的各种亲密的人际关系了。但是，关系的数量——好友、帖子、发送的电子信息的数量——并不能替代质量。

社会孤立　孤独感和社会科学家所谓的"网络社交偏好"之间存在关联。[58]尽管两者的因果关系并不总是很清楚，但研究表明，孤独的人更愿意和别人在网上交流，这可能会导致他们不健康地使用互联网，进而可能带来更强烈的孤独感。[59]

两个相互补充的因素有助于解释，人们对于排除面对面交流的线上沟通的偏好是如何以及为什么形成的。第一个因素牵涉社交技巧，或者更准确地说，是缺乏社交技巧。那些因为紧张或焦虑常常很难当面与别人成功沟通的人，在网上可以不用面对许多挑战顺利地与他人沟通。他们可以编辑自己的想法，然后按照自己的意愿在想要的时间、以想要的方式发布出来，他们甚至可以构建出比他们的实际形象更有吸引力的身份。

随着线上互动的成功，用户的**自我效能感**（对自己有能力做到某事的信念）随之增强。那些与线下社交做斗争的孤独的和有社交焦虑的人，当他们从在线好友那里获得积极的反馈时，他们的自我效能感得到了加强。那么结果如何呢？那些人开始觉得自己在网上是受人尊敬的和重要的，但在线下却不被肯定。[60]这就导致他们越来越依赖和渴望线上人际互动。

不幸的是，依赖媒介渠道所带来的优势同样也要付出代价。研究表明，那些在网上花费过多时间的人可能会开始在学校或工作中遇到一些问题，促使他们在线下人际关系中进一步退缩。[61]从线下人际关系中进一步抽离则会继续降低人们本就很低的线下社交技巧水平。虽然已有很多研究表明了不健康的互联网使用、随之带来的消极后果和网络社交偏好三者之间存在关联，但其中的因果关系仍然难以确定。人们是因为整天沉迷于在线互动游戏才变得不擅社交呢，还是说他们是因为在社交方面很笨拙，因为可以逃离不那么友善的现实，所以才转向在线互动游戏的世界呢？

关系恶化 社会科学家们已经开始在重度使用社交媒体与人际关系问题之间发现一种关联模式。例如，研究发现，一个人与别人的人际关系亲密度，和他沉浸于在线社交网络的程度呈负相关。[62] 另一些研究也显示，当人们面对面讨论个人话题的时候，仅仅是有移动设备在场，就会对他们的亲近感、联系感和谈话质量产生负面影响。[63]（你或许可以想起自己听到过或说过这样的话，"跟我说话的时候就别看手机了！"）有些研究甚至把关系欺骗和关系破裂归咎于Facebook。[64] 尽管社交媒体该为关系破裂负责这样的想法也许极端了一点，但我们必须认识到网上偷情是和线下偷情同等严重的问题。[65]

研究人员在概要性地分析美国的人口统计数据时，发现社交网络使用、婚姻不满意和离婚三者之间也有关联。[66] 其中，Facebook使用作为"预测离婚率和婚姻烦恼的一个重要指标"被凸显了出来。不过，研究报告的作者明确指出，社交媒体也许不是关系问题的肇因，而更像是其症状，在那些关系问题中，"对自己的婚姻感到烦恼的男男女女会转向社交媒体来寻求情感上的支持"。贯穿所有这些研究的一条主线是：与他人在网上交流的时间过长，可能会对我们与最亲密的人之间的关系造成伤害。

欺骗 尼夫·舒尔曼（Nev Schulman）是一个二十几岁的时尚青年，在纽约从事摄影工作。当来自密歇根州的聪明伶俐的8岁小女孩艾比开始给他寄粉丝信和根据他的摄影作品所画的画作时，他感到非常荣幸和好奇。尼夫先是和艾比成了网友，不久之后又与艾比的姐姐梅根展开一段逐渐升温的网络恋情。梅根声称自己写了一些深情的歌曲，还在网上贴出自己的美照，这些都让尼夫深深地为她着迷。一直到尼夫和他的兄弟亲赴密歇根州去拜访梅根和她的家人，他们才发现尼夫被骗了。"梅根"实际上是一位名叫安吉拉的家庭主妇，而且已为人母。他的这段经历被拍成了电影《鲶鱼》（*Catfish*）。尼夫充分利用自己从中学到的教训，创办了电视节目《鲶鱼秀》（*Catfish: The TV Show*），旨在帮助那些一直在网上沟通的人在现实中相遇。在这些会面中，

圣母大学橄榄球球队的明星球员曼泰·提欧（Manti Te'o）曾因讲述心爱的女友去世之事而获得公众的广泛同情。然而，后来人们发现他被骗了。他的网恋女友根本就不存在，这一切是一个所谓的"朋友"精心设计的骗局。你曾经在社交媒体上被人欺骗过吗？你能怎样保护自己避免将来的尴尬和失望呢？

Photo Works/BigStock

链接 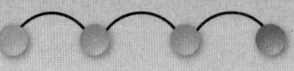 一起孤独

我们生活在一个科技化的世界里,在这个世界里我们总是在交流。然而,我们却牺牲了交谈,而只追求联系。我们越来越习惯于一种新的存在状态——"大家一起孤独"。

我们每个人都待在自己的气泡状空间里,不是疯狂地敲打着键盘,就是紧紧地盯着眼前的一块小小的触摸屏。电子邮件、Twitter和Facebook,所有这些社交媒体无论在政治、商务方面,还是在恋爱和交友过程中都扮演着重要角色。但是,无论这样的交流多么有价值,它们都无法取代人与人之间的交谈。

面对面交谈是逐步展开的,它培养我们的耐性。而当我们使用电子设备交流时,却养成了不同的习惯。随着网络连接的流量和速度的提升,我们开始期待得到更快的答复。为了实现这一点,我们询问彼此的问题变得越来越简单;即使是在最为重要的事情上,我们交流的深度也每况愈下。所有人都好像在用电视新闻的方式来表达自己。

我们对科技的期待越来越多,对彼此的需要越来越少。我们似乎越来越被科技吸引,因为它们提供了陪伴的错觉,却没有关系需求。

我是面对面交谈的铁杆拥护者。为了给交谈腾出更多空间,我们要采取一些初步的、审慎的措施。在家里,我们可以约定一些不允许使用电子设备的空间,比如厨房和餐室。我们也可以规定自家的汽车为"电子设备禁区"。在工作场合,我们也可以采用类似的做法。就像有些公司的员工要求每周五穿便装上班,或许经理们也应该提倡每周四大家都只在线下交谈。

最重要的一点是,我们在每天不断地发送短信、邮件,发布Facebook状态的同时,需要记得倾听彼此,即使对方说的是些琐碎无聊的事。因为常常是在这些未经编辑的时刻,在我们的欲言又止、吞吞吐吐和默不作声当中,我们向彼此展现了真实的自我。

雪莉·特克尔(Sherry Turkle)

通过回答下列问题,加强你的理解:
1.当你和其他人面对面交流的时候,你会在多大程度上优先处理媒介消息?
2.如果你和对你来说重要的人约定了禁用电子设备的时间段或地点,你觉得这会为你们的关系带来怎样的变化?

经常能揭露各种虚假信息。

尽管《鲶鱼》中发生的情况比较极端，但在线约会网站上的失实陈述还是相当常见的。[67]例如，男人和女人都倾向于在约会网站的个人资料上虚报自己的身高和体重。有些约会网站的用户会以"这其实不算欺骗啦，因为我是计划过段时间要减几磅体重的"，来为他们的决定找借口。另一些用户则解释说，在网站上虚报身份已经成了某种社会规范——"所有人都这么做，所以我也得这么做。"在另一些情况下，网上的自我呈现则是彻头彻尾的谎言。有些人实际上已经有了交往对象，却在网络上宣称自己单身，而有些人则会在他们的领英（LinkedIn）个人档案中谎报工作经历。鉴于网上的自我描述是不可靠的，我们最好不要全然相信它们。

除了带来欺骗在道德层面上的问题，研究表明，严重失实的自我呈现还会损害你的名誉，在陌生人和新结识的人那里尤为如此。在一项研究中，实验者让大学生分别查看他们的一个密友和一个相识之人的Facebook主页，指出其中他们认为有误导性的内容。[68]研究结果表明，人们更愿意给密友而不是泛泛之交的失实陈述"开绿灯"。人们更倾向于认为，相识之人的误导性信息表明这是一个虚伪的和不值得信赖的人。

跟踪和骚扰　你有没有在网上搜索过某个你觉得有趣的人来找出关于他的更多信息呢？或者你有没有使用过社交媒体来关注以前的朋友或恋人的生活？**在线监视**（online surveillance）是一种比较谨慎的监视方式，指通过社交网络空间在目标没有发觉的情况下，监视他的社交活动。

尽管这看上去相对没有什么危害，但是研究显示，低层级的在线监视行为有可能升级为不健康的强迫性行为，比如"网络强迫性追求"或"强迫性关系追求"。[69]在极端情况下，这样的行为可能演变成全方位的**网络跟踪**（cyberstalking）。[70]一项研究[71]发现，网络跟踪者主要为男性，他们通常监视自己的前任女伴侣——不过，这当然有可能发生在任何一段不愉快的关系里。发现自己遭到网络跟踪的受害者承受了与现实中被跟踪的人相同类型的精神和情感创伤。如果你认为自己正受到你所认识的某个人的不当监视，建议你向法律部门和援助受害者的专业人员寻求帮助。你可能也会考虑在一段时间内脱离社交媒体，直到重新感到安全为止。[72]

网络跟踪或许是不健康的行为，但它不像**网络欺凌**（cyberbullying）那样会让受害者遭受痛苦的侵扰。网络欺凌是指一人或多人在网上持续攻击骚扰受害者的一种恶性行为，通常发生在公共论坛上。网络欺凌者可能在社交网站上创建恶意帖子，并且传播有关受害者的诽谤信息、邮件及照片等。网络欺凌已经成为一种普遍现象，还造成了一些可怕的后果。[73]每10名青少年中就有超过4人报告自己曾经成为网络骚扰的目标——而且这一问题在全球范围内都存在。[74]网络欺凌的受害者经常感到无助和害怕，以至于他们携带武器进入学校的可能性是其他学生的8倍。在美国有几个网络欺凌的案例，其中的受害者选择了自杀[75]，使人警醒的是，根据报告81%的网络欺凌者承认他们欺凌他人的唯一原因是"有趣"。[76]

由于网络欺凌近年来才出现，是一种相对较新的现象，研究人员正忙于搜集有关网络欺凌的过程及其结果的资料。[77]以下是他们的一些发现：

- 虽然网络欺凌发生的高峰期是在中学时期，但它也可能早在小学阶段就开始了，并且可能持续到大学及以后的岁月。
- 超过三分之一的当代大学生都表示在学生时期曾遭到网络欺凌。
- 网络欺凌可能带来各种消极后果，包括学习成绩下降、抑郁、孤僻、身心痛苦、吸毒、酗酒，甚至自杀。

制止网络欺凌的关键是揭发欺凌者。不幸的是，大多数青少年出于从害怕被报复到害怕失去社交媒体特权等各种原因，而不愿意这样做。相比于把受到网络骚扰的事告诉成人，他们告诉朋友的可能性要大得多，所以许多学校项目都鼓励同龄人主导的支持和干预。

只要受害者三缄其口，网络欺凌就一直是个问题。如果你在网上遭受欺凌，要保存好骚扰信息的副本，然后联系相关的老师、管理员或主管。大多数学校和公司都有政策，可以帮你提供相关保护。如果你知道有人——特别是年轻人——正受到网络欺凌，要善于接受他们的倾诉并帮助他们安排专业干预。坦诚的沟通对于引领他们走出网络欺凌的阴影至关重要。

2.3　媒介沟通的影响因素

"我们是谁"在某种程度上决定了我们如何使用社交媒体和其他的媒介沟通形式。对个人使用行为影响最大的两个因素分别是性别和年龄。

性　别

男人和女人在网上的沟通方式是有差异的。[78]研究人员使用单词计数程序，发现男人比女人更倾向于使用长单词、名词和脏话。另一方面，女人则更多地使用人称代词、动词和限制性短语（如"我认为"）。当然，单词的数量并不能说明全部问题。比如，虽然男人和女人使用"我们"这个词的次数差不多，但他们的使用方式是不同的。更仔细的观察表明，女人更倾向于使用所谓的"亲密的我们"（比如"我们在一起相处得很开心"），而男人则更倾向于使用"疏远的我们"（比如"我们需要对此做点什么"）。还有一点值得注意，用于上述分析的计算机程序并非万无一失：它们只在大约72%的时间里能正确识别作者的性别（其中50%的时间是偶然猜对的）。换句话说，虽然在语言使用方面的确存在性别倾向，但这些倾向并非绝对的。

从社交网站上收集到的资料甚至显示出了更大的性别差异。在一项研究中，研究人员分析了来自75 000名志愿者在长达34个月的时间里所更新的超过1 500万条Facebook状态。[79]结果显示，男人和女人在语言使用上存在着显著差异。女人使用更多的情绪词汇和第一人称单数形式的人称代词；男人则提到了更多的实物（谈论事物而不是人），而且咒骂的次数远超过女人。图2-2展示的词云（word cloud）指出了该研究中的女人特有的一些话题和用语。男性词云和女性词云有着很大差异，但我们在这里没有提供相应的男性词云，因为里面包含了太多脏话，不适合公布出来。这一发现看上去适用于所有关于男女语言使用的研究，即男人比女人更爱说脏话。

人们似乎能够直觉地意识到网络语言使用中的性别差异。例如研究发现，线上沟通者会根据他们在网上的性别身份采取不同的写作风格。[80]研究者向参与者提供随机挑选的男女性别头像——有的与参与者的生理性别一致，有的则不一致。被分配到女性头像的沟通者比被分配到男性头像的沟通者表达

图2-2　该词云描绘了Facebook状态中女人特有的短语、话题和言辞

了更多情感,道歉的次数更多,还使用了更多的试探性语言。换句话说,参与者调整了自己的言语,来适应语言上的性别刻板印象。

两性之间的网络语言差异在青少年中间表现得更为明显。有项研究观察了十几岁的男孩和女孩在聊天室中的用词情况。[81]男孩更加活跃和自信,他们主动发起对话并提出建议,而女孩则给予更多回应(如"哇""我的天啊[omg]""笑死我了[lmao]"等)。此外,男孩的言语也更轻浮、更有可能涉及性(如"有辣妹想聊天吗?")。研究人员指出,这些显著的差异可能与参与者的年龄有关,等到他们成年以后,有些差异可能会减弱。

年 龄

如果你是在20世纪90年代初之后才出生的"数字原住民"(digital native),那么媒介沟通对你来说或许就像呼吸一样自然。但对许多"数字移民"(digital immigrant)来说情况就不一样了,在他们成长的世界里并没有我们今天视为理所当然的科技。[82]如果你有使用电报、软盘和拨号调制解调器的第一手经验,那你就是一个数字移民。如果这些技术在你听来几乎就像"驿马快信"(Pony Express,建于1860年的服务机构,负责将美国东部的信件和新闻送到西部,于1861年停业。——编注)一样遥远,那你很可能就是一个数字原住民。

年龄不是判定一个人是不是数字原住民的唯一因素——社会经济地位和出生地也有一定的影响。然而,不同世代的人首选的通信模式会有一些明显的倾向。首选发短信、发邮件和打电话的人呈现出从年轻到年老的趋势,这一点也许不足为奇,青少年更爱发短信,而年长一些的沟通者更喜欢发电子邮件和打电话交流。[83]很多年轻人强烈赞成发短信而不喜欢语音通话[84],是因为他们认为后者很烦人甚至侵扰了自己。[85]在当代,父母和孩子之间发生的争执常常表现为"你为什么不直接打个电话?"的指控,以及随后"那你为什么不直接回我短信?"的反驳。另一个不值得奇怪的,就是年轻的沟通者比年纪大的沟通者更爱使用社交网站,当然他们之间的差距不像过去那么大了。[86]

Vitalinka/Shutterstock.com

这些由年龄造成的差异可能不会适用于未来。今天喜欢发短信的青少年到中年时未必会成为一个爱发邮件的人,而且年长的沟通者(有时被称为"银发网民")也正迅速参与到数字革命中去。[87]但是就当下来说,在你选择沟通渠道时,了解世代倾向可能会有所帮助。是要给你的信息接收者发短信、写邮件还是打电话,你可能需要考虑一下他的年龄再决定。你的选择可能会对你何时甚至是否会得到对方的回应产生影响。

年龄除了会影响人们在使用媒介沟通时首选哪个渠道,也会影响人们讨论什么话题。生成图2-2中词云的那个研究,还分析了超过1 500万个Facebook帖子中的年龄差异。[88]以下是该研究的一些发现:

- 毫不奇怪,13岁到18岁的用户讨论的主要话题是学校。在青少年发送的信息中,典型的用词包括"家庭作业""数学"和"毕业舞会"等。像"lol(laugh out loud,大声笑)""jk(just kidding,开玩笑)"和"<3(形状像一颗横躺的爱心)"这类缩写词也很常见。
- 19岁到22岁的用户常常讨论与大学有关的话题。主要的用词包括"学期""学习"和"校园"等。其他与生活方式选择相关的用词也很突出,如"醉酒""文身"和一堆脏话。
- 到20多岁后,用户沟通的内容就转向了更加成熟的话题,包括"办公""付款"和"婚礼"等。但也不全是关于义务和承诺的话题:"啤酒"仍然是一个常见的用词。
- 30岁到65岁的用户常常发布关于家庭的内容。典型的用词包括"女儿/儿子""祈祷/祷告""朋友"和"国家"等。

最后一类用户的年龄跨度这么大,是因为参与研究的年长的Facebook用户非常少,而研究者相信这是会随着时间改变的。还有一个有趣的结果:从22岁开始,用户的Facebook帖子中"我们"这个词的出现次数以线性方式增长,而"我"的使用则减少了。这表明,随着人们的年龄增长,他们越来越重视友情和人际关系。

2.4 运用社交媒体的能力

本书所讨论的人际交往准则都可以运用到网络沟通中,但还要补充一些媒介交流专门需要的技巧。

培养积极关系

"规矩"(etiquette)这个词在今天听起来似乎有些过时了,但是无论你换成哪种说法,都不得不承认时至今日仍然有许多不能明说的行为准则维持着社会的正常运作。社交网络的特质在于它有一套属于自己的行为规范,有时也被称为"网络规矩"(netiquette)。[89]我们在下面列举了一些:

尊重他人对于全神贯注的需求　如果你的打字速度很快,可能认识不到一些人因为你一边面对面聊天一边网聊而感觉受到了侮辱。正如一位观察者指出:"对于用户来说,快速下线又上线只是无关紧要的休息,但是聊天室里的其他人会把这当作一种无言的打发,表示'我不感兴趣'。"90

注意言论文明　如果你曾在博客上发布过恶毒的评论,对某条微博或状态做出过不文明的回复,或者是转发过一封令人尴尬的电子邮件,你就更能知道当消息的接收者不在你面前的时候,你更容易做出这些恶劣的行为。在收到一封针对自己新书的充满谩骂和羞辱的邮件后,一位作家描述了网络沟通会招致更多谩骂的详细情形:

> 这个家伙不会在电话里跟我这么说,因为我可以挂断电话,而且电

伦理挑战　网络匿名的道德伦理

网络记者里卡多·比尔顿(Ricardo Bilton)写道:"互联网承诺为我们提供双向对话的机会。然而,任何一个人只要查看过信息发布者的评论区或许都会怀疑,这句话中的'承诺'是否应该替换为'威胁'。"a

确实,网络匿名让发表评论的人肆无忌惮,网络评论常常变成惹人不快的谩骂和恶意的争吵。结果,有些信息发布者关闭了在线评论版块,还有一些则要求身份认证信息——比如,只有使用Facebook账户和实名登入的人才能发表评论。但是,即使评论者进行了身份认证,他们在网络上还是比在现实中要更容易解除抑制——这经常不利于文明交流。

哲学家休伯特·德莱弗斯(Hubert Dreyfus)认为,网络环境的相对匿名性"让人们自由地发展出新的和令人兴奋的自我"。b 然而,这是以牺牲人际承诺为代价的。他指出,在网上发布信息并不存在面对面谈话所固有的风险和后果,这就使身份和关系的真实度大打折扣。

不过,我们也要看到匿名沟通的潜在价值,尤其是它在公共事务中的价值,这是很重要的。如果不用害怕被报复,那么举报人和目击者就可以揭发弊端和不公正的行为了。但是,在大多数社交媒体中,匿名的面纱只是为那些发表不体谅他人的和伤人的言论的人提供掩护——如果不匿名的话,很少有人会发表这样的评论。

通过回答下列问题,运用这里介绍的伦理原则:

1. 网上发帖是否与面对面沟通一样,要求沟通者用一种文明的、互相尊重的方式进行沟通?
2. 在你的生活中,有没有一些情形匿名发帖是正当的?

话再响我也可以不接。同样，他也不会当着我的面这么说，因为我根本就不会让他说完。要是让我在大街上遇到这种情况，我绝对会用我的大块头去警告他。可是，这一切都发生在网上，我的身板起不到任何作用。假设这个家伙给我写的是一封信，我想也不至于这么下流，至少他不会使用"屁眼"这个词。而且他很有可能不会寄出这封信，因为当他在信封上写地址的时候，还可以再思考一下。然而发电子邮件你就不会再三思考了：你只要写完就可以点击发送。[91]

在这种异步沟通的背景下，要想让自己表现得更好，你只需在发邮件、发微博，或者发状态之前问自己一个问题：如果信息的接收者就在你的面前，你还发吗？如果你的回答是不会，那你最好在敲下"回车"键之前再仔细考虑一下。

不要影响局外人 每个人都经历过技术滥用的烦恼：爱看电影的人将枪版资源发布到网上，影响了其他想要观看的人；饭店的老主顾肆无忌惮地打着电话，影响了你正在进行的交谈；行人将更多的注意力花在他们手中的移动设备上，而不是注意避让路上的其他行人；在收银台排队等待付款的人，同时还在大声地讲着电话。如果你没有经历过这些烦恼，你很难与那些真正经历过的人感同身受。但是，在这种情况下仍然有一个"白金法则"可以帮助你，那就是"己所不欲，勿施于人"。

保护你自己

当你通过社交媒体沟通时，体谅他人是一个重要目标，但是留意自己也同样重要。下面是你在网络沟通时所要考虑的几个注意事项。

先思考后发布 由于互联网不会遗忘，你在今天发布的信息会一直跟着你。正如一位学者所言，互联网记录了整个社会，"把我们过去所有的言行都捆绑在我们身上，让我们事实上永远也无法逃离"。[92]

你在网上发布的个人信息对你事业的损害可能尤其严重。一些调查显示，在美国70%的雇主都曾因为应聘者在网上发布的信息而拒绝聘用他们。这些信息包括应聘者的照片，他们发表的或别人关于他们的评论，他们所加入的团体，等等。[93]我们会在第三章讨论社交媒体在印

在电影《落魄大厨》（*Chef*）中，凯尔·卡斯帕（乔恩·费儒饰）冲动地在 Twitter 上和一个挑剔的美食评论家展开骂战。他的谩骂被病毒式疯传，并因此摧毁了他的职业声誉。你有没有发过什么让你后悔的东西？你可以采取哪些措施来阻止这样的事情再次发生呢？

象管理及"声誉管理"上所起的作用。

作为警示，请看这个关于史黛西·斯奈德（Stacy Snyder）的故事，她会告诉你在网络上的轻率行为能如何给你带来困扰。这位25岁的高中老师在实习期间发布了一张照片，照片中的她穿着戏服、戴着海盗的帽子参加一个聚会，而且正从一个塑料杯子里喝着酒。她还为这张照片取了一个标题，"醉酒的海盗"。斯奈德所任教的高中的督导认为她的表现是"不专业的"；不仅如此，她所就读的大学的领导认为她的行为在未成年学生的眼中是鼓励喝酒的意思。斯奈德本来还差几天就能参加毕业典礼了，然而因为这件事，学校拒绝授予她教育学学位。

这样的故事还有很多。一个16岁的英国女孩因为在Facebook上抱怨道："我觉得太无聊了！"结果失去了她的工作；一个66岁的加拿大心理治疗师被永久禁止入境美国，就因为边检人员在网上发现了一篇他在30年前所写的发表在哲学期刊上的有关迷幻药物（LSD，俗称摇头丸）实验的文章。[94]也许你能找出充分的理由证明这样的处理不公平，但问题的关键是谨慎一点就可以免去很多麻烦。

一种尤其危险的轻率行为就是发送"色情短信"，即通过媒介渠道来分享自己或他人的一些露骨照片。调查显示，在14岁到24岁的年轻人中，有10%的人曾经通过短信或邮件给其他人发送过自己全裸或半裸的照片，有15%的人曾经从他们认识的人那里收到过这种照片或视频。[95]或许更令人不安的是，有8%的人报告说他们曾经从第三方那里收到过他们认识的某人全裸或半裸的照片。[96]这种出于一时冲动而发出的信息或帖子在当时看来似乎没有什么损害，但却可能困扰你一辈子。

核实你在网上看到的信息　因为网上存在着海量信息，所以我们很难去辨别哪些信息是真的哪些是假的。以Facebook个人主页为例，几乎上面的所有信息都是经过选择的自我呈现，而且都处于账号拥有者的控制下。那么这些信息到底是真实的还是谎言呢？某人的个人博客上的信息呢？Twitter主页呢？辨别这些信息真实性的一个方法就是评估其**保障价值**（warranting value），即被描述的人对描述他的信息的控制程度。如果被描述的人能够控制描述他的信息，那么信息的保障价值就低；如果被描述的人无法控制信息，则保障价值就高。[97]比如，同样是表现你获得的成就，记者所写的新闻报道就比你自己发到Facebook主页上的信息具备更高的保障价值。这是因为自己撰写的东西可能会有选择性地自我呈现。

研究表明，人们会在形成对他人的印象时，评估对方信息的保障价值。[98]当人们被要求使用Facebook个人主页上的信息来判断一个人的外貌吸引力时，好友留言就是用来判定这个人"是否火辣"的关键信息。如果好友发表的评论肯定了个人主页拥有者的外貌吸引力（"嘿，真漂亮啊！你简直太性感了！"），那人们就会认为她真的非常漂亮。如果好友没有肯定她的美貌，那人们就不太相信她的外表有吸引力。因为个人主页拥有者无法控制她好友的留言内容，所以浏览其个人主页的人们认为好友的留言要比主页拥有者发布的关于她自己的任何内容都更可信。

从更严重的层面来说，重要的是不要让自己成为第2节"欺骗"中所描述的那种骗局的受害者。《鲶鱼》中的尼夫·舒尔曼就如何避免落入虚拟恋爱的黑暗面，提出了一些建议：[99]

- 如果那看上去太过美好而不像是真的，那八成就不是真的。谨慎行事，在别人赢得你的信任之前不要告诉对方太多关于你的信息。
- 要取得证据证明对方存在。让对方提供几张手里拿着你所要求的某个具体物件的照片。
- 使用网络摄像头与对方进行实时交流。
- 保持自我并清楚自己想要什么。我们很容易陷入童话般的爱情中，但要记住，真实的生活既不是童话也不是电影。爱情需要努力经营。

平衡媒介沟通和面对面沟通的时间　时刻在线会偷走你进行面对面沟通的时间。研究证实了常识，那就是"线下会面时间"仍然很重要。[100]过度使用社交媒体的人，其范围可能从轻微异常到近乎强迫症都有。例如，线上游戏，尤其是一些让人紧张的角色扮演游戏，会降低夫妻之间的关系满意度。[101]过度依赖线上沟通（而不进行面对面交流）可能会导致孤独和其他不良后果。[102]

那么在线多长时间是太多呢？如果你的爱人暗示或者直接告诉你，想要有更多时间跟你面对面相处，那你最好接受对方的要求。如果你发现科技设备在减少而不是增加你的人际关系，那也许是时候监控并限制自己使用社交媒体的时间了。除了那些常识性的判断标准，还有一些其他指标能表明你可能在网上花费太多时间了，这些指标选自一个诊断工具[103]：

- 无法抑制使用互联网的冲动
- 需要上网来获得满足感的时间增多
- 使用互联网的时间超过了预想或计划的时间
- 减少使用互联网的尝试失败了

"我想知道我们的手机现在在干什么。"

想一想 你如何使用社交媒体？

使用1到6来回应以下句子，1表示完全不同意，6表示完全同意。你还可以考虑邀请一个足够了解你的人来给你逐条评分。

在这个评估中，"社交媒体"一词主要指像Facebook这样的社交网站，但也包括手机短信、Twitter信息、即时消息、电子邮件等。

1. 如果没有登入社交媒体，那我会感到和朋友们都断开联系了。
2. 如果有可能的话，我希望所有人都使用社交媒体来沟通。
3. 如果完全不能使用社交媒体，我会很失望。
4. 如果登录不上社交媒体，我会很心烦。
5. 我更愿意主要通过社交媒体与他人沟通。
6. 社交媒体在我的社交关系中扮演了重要角色。

把你的所有回应相加，得到的就是你的"社会整合和情感联系"分数——用以衡量社交媒体如何融入你的日常生活，以及你与社交媒体使用的情感联系到了什么程度。在这个衡量工具上，大学生的平均得分是18分。你的分数是高于还是低于18分？当你思考自己的得分时，回答下列问题：

1. 相比面对面沟通，你是否对通过社交媒体与朋友交流更感兴趣？如果是的话，你可能会错过什么？
2. 在你的生活中，如何才能在媒介沟通与面对面沟通之间达到一种健康的平衡？

Adapted from: Jenkins-Guarnieri, M. A., Wright, S. L., & Johnson, B. (2013). Development and validation of a social media use integration scale. *Psychology of Popular Media Culture, 2*, 38–50.

- 因为使用互联网而导致在工作、家庭或学校中无法履行职责
- 放弃或减少重要的社交或娱乐活动

小　结

社交媒体是电子沟通形式，使用者可以借此创造网络社区。媒介沟通指的是通过电子媒介而不是面对面交流把人们连接起来的所有渠道。在当今世界上，科技在大多数人的人际沟通中扮演了重要角色。

媒介沟通与面对面沟通的相似之处在于其目标是一样的，大部分的过程和原则也是一样的。另一方面，媒介信息通常比当面交流的信息更简洁、不那么同步，而且留存得更久。这些因素可能导致线上沟通者比他们在现实中进行更加解除抑制的、超人际的沟通。

通过媒介渠道沟通可以带来更多的关系机会。通过社交媒体互动也有助于维持和丰富人际关系，并且提供了获得社会支持的一种手段。另一方面，媒介沟通在制造泛泛之交、社会孤立和关系恶化方面也起着作用。此外，存在欺骗和骚扰的可能也是网络沟通的缺点。

性别和年龄影响着人们如何通过媒介渠道进行沟通。男人和女人的线上交流存在很多差异，年轻人和老年人的沟通模式也是如此。

要想成为一个更有能力的网上沟通者，学会遵守一定的"网络规矩"来培养积极的关系是非常重要的。这包括尊重他人对于全神贯注的需求、注意言论文明、不要影响局外人等。另外，凭借在发帖前谨慎思考、核实网上看到的信息、平衡媒介沟通和面对面沟通的时间等方法来保护你自己也很重要。

电影与电视

你可以在以下电影和电视节目中印证我们在本章总结的沟通准则：

社交媒体与沟通

《社交网络》（*The Social Network*，2010）PG-13级

在这部电影里，Facebook的创始人马克·扎克伯格（杰西·艾森伯格饰）被描述成一个善于电脑编程并且迎合市场需求的天才。但与此同时，他在人际关系领域却是个彻头彻尾的失败者。

电影评论家罗杰·艾伯特认为影片中的扎克伯格就是"一枚只知道追寻自己目标的热追踪导弹"，他不仅嘲弄和羞辱了自己的女朋友艾瑞卡（鲁尼·玛拉饰），还背叛了最好的朋友爱德华多·萨维林（安德鲁·加菲尔德饰）。扎克伯格建造了整个帝国，却只生活在自己孤立的小世界里，对周围发生的一切都漠不关心。

扎克伯格的成功与失败仿佛是一则讽刺我们这个时代的寓言：掌握（最新的）沟通技术（technology）不能确保拥有（最基本的）交际能力。成功的人际关系遵循的还是古老的方式，它们的意义不会因为比特、字节和美元而减少。

第三章
沟通和认同：自我的塑造与展现

阅读完本章后，你应该能够：

* 描述自我概念、自尊和沟通之间的关系。
* 解释自我应验预言是如何塑造自我概念、影响沟通的。
* 涉及印象管理时，比较和对照觉知的自我与展现的自我之间的异同。
* 描述印象管理在面对面关系和媒介关系中分别起到的作用。
* 能够运用社会穿透模式和乔哈里视窗理论，分析自我坦露式沟通在你的某一段关系中的性质。
* 概述自我坦露在一个特定的情境中所潜在的好处和风险。
* 评估在一个特定的情境中，坦率和模棱两可如何混合使用最有效。

你是谁？花一分钟回答一下这个问题吧。在你读这章以前，先看看下面的清单，现在就完成它，试着描述你所有的特质：

你现在的情绪或感觉，例如快乐、悲伤

你的外貌，例如吸引人、矮胖

你的社交特质，例如友善的、害羞的

你具备或不具备的天分，例如音乐天分、绘画天分、音盲

你的智力，例如聪明的、愚笨的

你的坚定信念，例如宗教信仰、环保支持者

你的社会角色，例如父母、配偶

你的身体情况，例如健康的、超重的

现在看一看你写的东西。你是如何界定自己的呢？作为一个学生？身为男人或者女人？用你的年纪、你的信仰、你的职业？

当然还有很多可以定义你自己的方式，尽可能列出来。然后，你会发现你所选择的字眼代表了在你看来自己最重要的特质。换句话说，如果你要描述"真正的你"，这张清单应该是个不错的总结。

3.1 沟通和自我

你也许会说像这样分析自我和人际沟通有什么关系呢？我可以先告诉你，"你是谁"不仅会反映，也会影响你与他人的沟通。详细的解释则要涉及生物、社会、文化和性别等领域的方方面面。让我们先从自我和沟通关系中两个最基本的术语出发。

自我概念与自尊

你所列的那张清单至少部分地回答了"你认为自己是谁"这个问题。当你选用"快乐""悲伤""自信"或者"紧张"这类词的时候，它们很可能会引起你情绪上的反应。也就是说，你对自己的**认识**（think）很大一部分是由你对自己的**感觉**（feel）组成的。我们对自身的认识与感觉都是**自我**（the self）的重要组成部分。

自我概念　上面的清单中列出的特征可以描述出你的自我概念。所谓**自我概念**（self-concept），就是指你对自己所持有的相对稳定的知觉，就好像一面特别的镜子，不仅可以反映出你的身体特征，还可以反映出你的其他部分，如情绪的状态、天分、喜好、厌恶、价值观、角色，等等。你可能已经发现前面罗列的自我概念清单有些遗漏，为了补充完整，你不得不持续增加直到上面有了好几百个词。

对多数人而言，这张清单只展现了自我这个概念中最根本的一部分。即使是一个会让人产生不快的词（或者说你的特质），人们也往往很难放弃。而当被要求放弃最核心的感觉或认识时，大部分的人会觉得害怕。他们坚持说："如果没有这些，我就不再是我了。"这也证明一个观点：自我概念或许是我们最根本的财产。认识自己是必要的，因为如果没有自我概念，我们就不可能和世界有所联系。

自尊　如果自我概念是指你认为自己是谁，**自尊**（self-esteem）则是你对**自我价值**（self-worth）的评估。假设某个沟通者的自我概念包括安静的、好辩的或自律的，他的自尊高低就取决于他如何看待这些自我概念。仔细想想这些不同：

安静　"我简直是个懦夫，所以才会说不出话来。"
　　　　"我享受倾听甚于讲话。"
好辩　"我太强势了，一定很惹人厌。"
　　　　"我在自己的信念上坚定不移。"
自律　"我太小心翼翼了。"
　　　　"在我开口说或动手做之前，我总会深思熟虑。"

拥有高自尊的人倾向于认为别人是好的，并且期望被他们接受；而那些不喜欢自己的人很可能认为别人也不喜欢他们。低自尊的人认为所有人都一直用批判的眼光看待他们，根本不管这种想象是否符合现实。不仅如此，他们还会把这些想象的或者真实的批评当作进一步的证据，来证明自己确实是不讨人喜欢的人。低自尊的人有时候还会敌视别人，因为这些沟通者唯一能

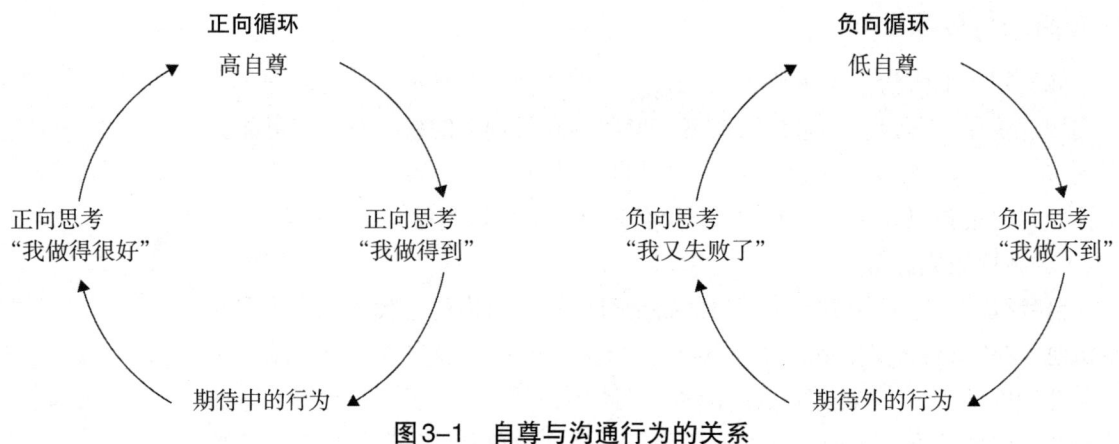

图3–1　自尊与沟通行为的关系

抬高自己的方法，就是贬低别人。

高自尊有明显的好处，但它并不能保证人际关系的成功。[1]一旦人们拥有过分的自尊，他们就会认为自己给别人留下了更好的印象，拥有更好的友谊和爱情等。然而，既不存在公正的见证者，也没有客观的测试可以验证这些信念。那些自我价值感膨胀的人看上去总是一副仿佛知道一切以及高人一等的样子，尤其是当这种自我价值不受欢迎的时候，很容易激怒别人。[2]

先不管这些警告，自尊可以成为行为与沟通的起点。图3–1分别显示了以正面和负面的自我评估（self-evaluation）为起点引发的循环，它们形成了我们之后所要讨论的"自我应验预言"。

想一想　你的自尊

通过国家自尊协会（NASE）提供的信息对你的自尊进行一次自主检测。当你探究的时候，考虑一下你过去与现在的经验是如何塑造出你当前的自尊水平的。此外，评估一下你当前的自尊水平会如何影响自己的沟通风格和人际关系。

你可以访问CengageBrain.com网站，进入《沟通的艺术：看入人里，看出人外》一书的"言语交际课程学习伙伴"*找到国家自尊协会的网站地址。这个测试会花掉你10到15分钟时间。

---

* MindTap® Speech 为本教材配套的在线学习资源，感兴趣的读者可以在 CengageBrain.com 上付费购买。

自我的生物性和社会性根源

你是怎样变成现在这种沟通者的？生下来就如此吗？还是环境的产物？现在你大概发现了，上述问题的正确答案都是"是"。

生物性与自我 再看看你在本章开头所列的"我是谁"清单，你必然会发现其中有些是形容**人格**（personality）的词汇。也就是说，你在不同的情境中也会具有某些稳定的思考与行为的特性。你的人格在你的一生中会趋向于稳定，而且随着时间的推移会越来越明显。[3]

研究发现人格在很大程度上是由基因决定的。[4]例如，在儿童时期被定性为害羞的人长大成人后，面对新的情境时，大脑还是会像幼时一样出现明显的神经反应。[5]有研究显示，与沟通相关的人格特质至少有一半与生物性因素有关，包括：外向[6]、害羞[7]、果断[8]、易进行言语攻击[9]和整体上乐于沟通[10]等等。换句话说，我们使用的沟通方式某种意义上是被人格"设计"出来的。

即使你的人格特质具有害羞或者攻击倾向，你仍然可以在实际沟通的过程中进行调整或控制。越来越多的研究显示，人格不仅是变化的、动态的，而且是可以被经历塑造的。[11]即使是害羞的人也可以学习如何主动与人接触，同样，有攻击倾向的人也可以学习如何用更善于交际的方式去沟通。正如一位作家所言："经历可以让基因变得沉默或变得有活力。即便是害羞，一旦落入生活之手，也能变得像橡皮泥一样。"[12]在本书中你将学到许多沟通技巧，通过亲身实践，你可以打造出属于自己的行为资料库。

社会化与自我概念 别人在塑造我们的自我概念中扮演着什么样的角色？假设你在一个荒凉的小岛上长大，没有人跟你讲话也没有人跟你玩，你如何才能知道自己有多聪明或多愚笨？你怎么评估自己有多吸引人？你怎么知道自己是高是矮？善良还是卑鄙？瘦还是胖？即使你可以照着镜子看到自己，在没有别人的评价也没有人可以参照的情况下，你仍然不知道如何界定自己的外貌。事实上，从与我们相关的人那里得到的信息在塑造我们的自我概念时扮演了最重要的角色。

社会科学家用镜像这个隐喻来对**反映评价**（reflected appraisal）下定义：事实上，我们每个人得出的自我概念反映的是我们认为别人看待我们的方式。换句话说，如果我们觉得自己没有价值、不可爱和没能力，很可能是因为他人释放了破坏自我的信号。同样，如果我们自我感觉良好，很可能是因为他

人承认了我们的价值。[13]

为了进一步说明这个观点，让我们从头说起。新生儿并非一出生就有了认同的能力，他们是借由观察别人对待他们的方式来评断自己的。当孩子学会说话、了解语言之后，语言信息就开始对他们自我概念的发展产生影响。每个孩子每天都会被关于自己表现的各种信息炮轰，这里面有些是正面的："你好可爱！""我爱你！""多么懂事的女孩啊！"也有一些是负面的："你到底是怎么回事！""你就不能做一点有用的事吗？""你这个坏男孩。""让我静一下，你快让我发疯了！"这些评价就像镜子一样，透过它们，我们更了解自己。由于孩子天生就容易相信人，而且他们也没有其他方式可以了解自己，所以就只能全盘接受这些来自似乎无所不知又无所不能的成人们的正向与负向的表面评价。

这些形成自我概念的原则在我们未来的生活中会持续起作用，特别是来自社会科学家所说的**重要他人**（significant others）的信息。我们特别重视这些重要他人的观感。看看"想一想"专栏中的"协助自我者"（ego boosters）和"破坏自我者"（ego busters），想想你所记得的人对你的影响，就可以看出重要他人对你的评价是特别有影响力的。家人就是重要他人最典型的例子，由他们释放的破坏自我的信号也格外伤人。[14]其他的重要他人还包括某个特别的朋友、某个老师、你约会过的对象，或者一个你很看重他对你的评价的熟人，他们都会改变你看待自己的方式——有时候更好，有时候更糟。[15]为了说明重要他人的影响力，问问你自己关于如何尽到做学生的本分，如何当个有吸引力的人，如何当个有能力的工作者这些问题的见解。然后，你会发现你的自我评价或者说评价标准很可能因为他人对待你的方式而受到影响。

重要他人对青春期孩子的影响也很强烈。是否被同龄团体接纳（或者排挤）对于青少年自我概念的发展有决定性的影响。[16]幸运的是如果父母了解子女的自我概念，尤其在青春期阶段注意保持良好的亲子沟通，将有助于子女建立正面的自我概念。[17]随着个人年龄的增长，重要他人的影响会慢慢减轻。大多数人到30岁时，除非经由诸如心理治疗之类的刻意努力，否则他们的自我概念不会再发生根本上的改变了。[18]

到目前为止，我们已经探究了他人的信息如何塑造了我们的自我概念。

想一想：“协助自我者”和"破坏自我者"

1. 请你（单独或在同伴的协助下）完成以下练习。回想某个你认识的或者曾经认识的"协助自我者"——对方的行事方式能让你感觉到自己是被接纳的、有能力的、有价值的、重要的、被欣赏的或者被爱的，帮助你增强了自尊。这个人只要在你的生活中起到积极的作用就好，不一定是至关重要的作用。因而，"协助自我者"既可以是与你共度了生命中大部分时光的家庭成员，也可以是在街上偶然遇到的、自发地赞美你的陌生人。

2. 现在，回想你生活中的某个"破坏自我者"——对方的行事方式或多或少地减弱了你的自尊。与"协助自我者"相比，"破坏自我者"传递的消息有时是无意的。比如，某个经人介绍而相识的人过后忘了你的名字，或者某个朋友在你讲述一个重要的问题时打哈欠，这些情况都会降低你感知到的自我价值。

3. 既然你已经思考了别人如何塑造你的自我概念，现在回想一个你作为别人的"协助自我者"的时刻——当时，你有意或者无意地增强了对方的自尊。不要仅仅局限于你表现友好的例子，而要寻找一个对方确实因为你的行为感觉到自己有价值、被爱或被需要的时刻。关于这一点，你可能不得不借助别人的帮助完成回答。

4. 最后，回想一个最近的、你作为别人的"破坏自我者"的例子。你做了些什么破坏了对方的自尊？你当时意识到自己行为的影响了吗？从回答中，你可能发现自己在某些场合本来想要增强对方的自尊，结果却减弱了对方的自尊。比如，你可能用自认为友好的方式和朋友开了一个玩笑，事后却发现你的言论被对方当成了批评。

完成这部分的练习之后（确保你确实完成了），你应该可以开始接受你的自我概念是被周遭的环境塑造出来的这个观点了。塑造的过程以两种方式呈现：反映评价和社会比较。

除此之外，我们每个人还通过**社会比较**（social comparison）来形成我们的自我形象，即依据与他人对照的方式评估自身。

社会比较有两种形式值得我们注意。首先，我们借着和别人比较来决定我们是**优于**别人还是**劣于**别人，是万人迷还是丑八怪，成功者还是失败者，聪明还是愚笨……答案都取决于我们拿来与自己做比较的那些人。[19] 例如，研究发现，年轻女性经常拿媒体上超瘦的名模来跟自己比较，进而对自己的身材产生负面评价。[20] 在一项研究中，年轻女性只看了30分钟电视里播放的"理想"女性，就对自己的外形做出了更糟的评价。[21] 男人也一样，他们拿自己和那些被媒体理想化的运动员进行比较，而后消极地评估自己的身形。[22]

在电影《迷途知返》（*The Way, Way Back*）中，羞涩、笨拙的邓肯（连姆·詹姆斯饰）在青春期早期承受了很多负向评价，导致他变成一个低自尊的人。后来他花了一个夏天为喜欢捉弄人的老板欧文（山姆·洛克威尔饰）打工，欧文给了邓肯许多肯定的信息，邓肯也逐渐找到了快乐。你能想到那些影响你如何认识和感觉自己的重要他人吗？他们传达给你的信息又是如何影响你的沟通方式的？

人们还会和别人的网络资料做比较，然后感觉自己更没有魅力。[23]

你可能没有办法像好莱坞明星那么漂亮、像专业运动员那么敏捷，或者像百万富翁那么有钱，但是如果你能理性看待，这些事实并不意味着你没有价值。尽管如此，还是有很多人拿不合理的标准要求自己，并为此遭受痛苦。[24]特别是对于那些有完美主义倾向的人来说，就更是如此，因为他们的自我概念是在重要他人的苛求下被塑造起来的。[25]这些被歪曲的自我形象可能导致很严重的行为失常，如抑郁症、神经性厌食症和暴食症等。[26]在第五章，你可以读到我们应该如何避免自己妄求完美。

除了带来优等和劣等的感觉，社会比较也提供了一种方式来判定我们和别人是**相同**还是**不同的**。对一个喜欢芭蕾的孩子来说，如果周围的人都认为跳芭蕾舞是怪异的行为，并且没有人支持他，那他也会慢慢接受"怪异"这个标签；但若是身处舞蹈夏令营，这个孩子很有可能取得长足进步。同样，对那些想要提升关系品质的成人来说，若是发现他们的家人和朋友意识不到或者不承认改善关系的必要性，那他们也会觉得自己是怪胎。从这里，我们很容易看出，我们拿来比较的**参照群体**（reference group）对我们如何塑造关于自己的观点起到了很重要的作用。

你也许会说，一个人的自我概念不可能每一个部分都是由他人塑造的，一定也有通过自我观察认识到的某些特定的客观事实。毕竟，一个人不需

要别人来告诉他，他比其他人高，说话带有口音，长粉刺，等等。这些事实是显而易见的。虽然自我的某些特征确实非常明显，但是我们赋予它们多少**重要性**——我们排列以及解读"我是谁"清单上那些特征的顺序——很大程度上取决于别人的意见。也就是说，你的许多特征确实很容易观察到，但是如果没有人看重它们的话，你根本就意识不到它们的重要性。

现在也许你会这样想："我的胆怯和缺乏安全感并不是我的错，因为我都是依据别人对待我的方式，才发展成现在这样的形象。而我对自己变成什么样子无能为力。"在一定程度上你是所处环境的产物，这一点确实不假，但是如果你认为自己注定要永远忍受一个悲惨的自我概念，这就大错特错了。过去已经有了一个糟糕的自我形象，没有理由在将来继续这样。你能够改变自己的态度和行为，正如接下来你将读到的。

自我概念的特征

既然你对自我概念的发展已经有了比较正确的理解，现在我们可以进一步来看看它的特征。

自我概念是主观的　虽然我们倾向于相信我们的自我概念是准确的，但事实上它很有可能被歪曲了。例如，研究者发现，大学生对于自己身为人际沟通者、公开演说者或倾听者的能力评价和他们实际的表现并没有什么关系。[27] 在所有案例中，学生对自己沟通能力的认知都要好于他们的实际表现。而在另一项研究中，大学生被要求对他们与人相处的能力做出评估。[28] 研究结果似乎要藐视数学定律，因为所有的参与者——超过800 000名参与者中的每一个人——都认为自己可以排在前50%；六成的参与者认为自己能排在前10%；更令人惊奇的是有四分之一的人认为自己能排入前1%。类似地，网络约会也存在这种"雾里看花"的情况，也就是说，他们看自己比别人看自己更加正面。[29] 这些自我膨胀的人对自己所做的描述并不总是与客观的第三方所做的评价相一致。

但是，并非所有歪曲自我概念的情况都是正面的。有许多人看待自己要比事实所呈现的更为严厉。我们都有过短暂的"我很丑"经历，认为自己实际看起来要比别人告诉我们的丑得多。研究证实了我们的这一常识：当我们经历负面情绪的时候要比我们心情好时对自己更挑剔。[30] 尽管我们所有人都会偶尔经历一阵自我怀疑并因此影响我们的沟通，但有一些人长期乃至永久地经受着过度的自我怀疑和批判之苦。[31] 这种持久的负面自我状态在接触或回应他人时将造成多么负面的影响，这一点不难理解。

类似这些扭曲的自我评价可能源自许多理由：

- **过时的信息**：过去在学校或社交场合的失败经历并不意味着在未来还会发生，也不代表将来碰到类似的事情你还会失败，但我们仍然会深受其影响。同样地，过去的成功也不能保证未来的成功。
- **歪曲的回馈**：歪曲的信息会创造出比实际更好或更糟的自我形象。负面自我形象的一般成因是父母的过度批评、朋友们的刻薄评论、老师的心不在焉、雇主的过度要求，甚至令人莫名其妙的陌生人的言论，这些都会对我们持续地产生影响。

另一种歪曲信息造成的是不切实际的正面自我形象。例如，一个自我意识膨胀的孩子很可能有一对过度溺爱的父母，且沉浸在他们的赞美里。某个自认为完美的管理者，很可能是因为他的助理为了保住饭碗或得到晋升而给了他大量不真实的赞美。

- **完美主义**：大多数人从学习语言开始就受到一些看上去完美无缺的人的影响。有一种暗示的信息是"一个适应性良好、成功的人是不会犯错的"。对孩子来说，他天真地相信每个人都是完美的，只有自己并非如此，这会让孩子的自我概念受到什么样的影响就很容易想象了。
- **社会期待**：说也奇怪，我们所属的这个追求完美的社会往往奖励那些拥有（或假装拥有）我们所渴求的优势条件并轻描淡写地描述这些优势条件的人。同时，我们认为那些诚实地欣赏自己优点的人是自我吹嘘者或自高自大者，并把他们和那些金玉其表、败絮其中的人混淆在一起。[32]这种习惯让我们中的大多数人面对别人的恭维时也表现出愧不敢当的样子，继而大谈自己的缺点。

渐渐地，我们开始相信我们不断重复的那类叙述：蔑视自我的言论被视为谦虚的，并且成为我们自我概念的一部分；而优点和成就却不会被提及，尔后便遭到遗忘。到最后，我们对自己的看法将会比真实的自己糟很多。避免陷入过分批判自我这个陷阱的方法就是认清自己的优势所在，而不是只盯着自己的缺点。

学者们创造了**以互联网为媒介的**（Internet-mediated）**反映评价**这一说法，描述沟通者是如何通过细想别人在网上怎么看待他们，来得出关于他们自己的结论的。[33]你可以通过察看你在社交网站上如何描绘自己，来判定你认为自己（在某种程度上）是什么样子。研究者让参与者花些时间回顾他们在Facebook上的个人资料，然后测量这些参与者的自尊水平。结果发现，参与者在察看Facebook个人主页之后自我感觉更好了。[34]其实，这些参与者看到的是自己精心编造的个人资料与想法，"别人就是这样看我的，我看起来相当不错！"

当然，这就带来了这些自我评价的有效性问题。Facebook上的个人资料可以编辑修改，于是呈现出来的往往是一个人最好的形象。你在后面将会读到，通过社交媒体管理印象可能导致自己和他人生成不准确的形象和看法。但至少，社交网站作为一个工具，能帮助人们看到他们可能最好的一面。

自我概念抗拒改变　尽管事实上我们都会改变，我们仍倾向于坚持一个现存的自我概念，即使有证据显示它是过时的。这种探索和注意符合现存自我概念的信息的倾向，被称为**认知保守主义**（cognitive conservatism）。

想一想：认识你的优点

1. 这个练习可以独立完成，或者和小组一起完成。如果你有同伴，请围坐成一个圈，确保每个人都可以看见彼此。

2. 每个人都要分享自己的三个优点或者成就。记住不需要那种能让你成为某一领域专家的特长，也不需要涉及重大的功绩。反过来说，只要讨论一些让你感到开心或者自豪的自己就足够了。比如，你（或你们）可以说自己在最后期限到来前完成了学校布置的作业而没有拖延；或者自己在朋友可能不赞同的情况下，还是毫无保留地跟他说了；又或者你能烘焙出美味的巧克力蛋糕。

3. 如果你实在想不出来，问问自己：

 a. 在过去一年里，你通过哪些方式让自己成长了？比起以前，你现在如何变得更有技巧、更明智、更好？

 b. 为什么（某些）朋友或者家人关心你？他们欣赏你的哪些特质？

4. 在你完成上述步骤之后，细想一下这个练习。想起那些要分享的事情，对你来说困难吗？如果让你列出自身的不足，是不是更容易一点？如果是这样，你认为原因是你果真是一个缺点很多的人呢，还是你习惯于强调自己的缺点、忽视自己的优点？思考一下这种习惯对你的自我概念的影响，然后问问你自己，在区分优缺点的时候，真的没有一种更明智的、能保持二者相对平衡的方法了吗？

认知保守主义会引导我们去寻找那些支持我们自我概念的人。例如，无论是大学生还是已婚夫妻，拥有高自尊者都会优先寻找讨他们喜欢的人做伴，而低自尊者会屈就自己，选择跟不喜欢的人做伴。这意味着我们很少能学着去认识"真实"的自己，反而会强化熟悉的自我概念。

我们设法维持曾经讨人喜欢的自我概念，这是可以理解的。一个前几年表现不错但目前在学习上遭遇失败的学生可能不甘心失去"好学生"的标签；同样，一个过去很勤奋的工人现在也可能怨恨管理者提到自己的缺席率增加、生产率降低。当他们坚称自己的表现仍然很好的时候，尽管事实相反，但他们并不是在**说谎**（lying）。因为他们的自我概念抗拒改变，所以他们只是相信过去的事实仍然存在。

不过令人奇怪的是，即便新的自我知觉（self-perception）比过去的更讨人喜欢了，人们还是倾向于坚持那过时的自我知觉。我以前有一个学生，几乎每个人都觉得她很漂亮，外表很吸引人，足以成为任何一本时尚杂志的封面人物，然而她却在一次课堂练习中将自己描述成"普通的""无吸引力的"。

当同学问她原因时，她说她的牙齿在小时候非常不整齐，一直戴了好几年的牙套才矫正好。而在那段时间内，她总是被朋友们取笑，她们从来也没让她忘记过自己的"金属嘴巴"。现在，这个女生的牙套已经拆掉两年了，可她仍然觉得自己丑。据一个学生说，她总是漠视我们的赞美，因为她坚持认为这些赞美只是我们出于好心而说的安慰话，她知道自己**真正**的样子。

沟通者在面对反驳他们自我知觉的信息时一般有两种选择：其一是接受新信息，据此改变自身的认知；其二是维持原来的认知，并用某种方法驳斥新的信息。大多数沟通者不愿贬低他们原先讨人喜欢的形象，所以他们倾向于选择反驳——要么将接收到的信息打个折扣，并使其合理化，要么就是反击传达信息的那个人。关于防卫心的问题十分重要，我们会在第十一章详细讨论。

改变扭曲的或过时的自我概念有时是一件好事。比如，在能力、满意度和技巧等方面，你看待自己可以比事实稍微差一些，这样等事实浮现的时候，你就能获得一种积极的回馈。这里有几点关于接受一个更正面的自我形象的建议。

1. 对自己有真实的认知。有些人的自我认知错误地膨胀，而有些人则是自己最糟糕的评论者。像你在之前专栏做的那样，定期确认自己的长处，是一个正确看待自身优点和缺点的好方法。另外，把自己置身于周围会给你支持的人当中，接受他们给你的（你不仅需要而且值得拥有）积极回馈也是明智的做法。

2. 有切合实际的期望。如果你要求自己完美地掌控沟通的每一个细节，那你一定会失望。如果你一直与有天赋的人比较，你只会显得弱小。与其为你不具备专家那样的天赋感到痛苦，不如认识到你也许已经比过去的自己更好、更聪明、更有技巧了，这才是满足感的合理来源。

3. 有改变的意愿。我们经常把想改变挂在口头上，事实上却根本没有改变的愿望（我们将在第五章讨论无助的谬误和让自己摆脱说"不能"等内容）。只要你有动机，你能通过许多方式来改变。

4. 有改变的技巧。只有努力是不够的。在某些情况下，你必须知道如何去做，才会改变。你可以在书中（比如本书）寻求建议，或者向讲师、辅导员和其他一些专家请教意见。观察生活中的榜样同样可以为掌握沟通的新方法提供一个有力的来源。观察你所敬佩的人物的言行，不是让你去复制他们，而是让你活学活用，使之适应你自己的个人风格。

文化、性别和认同

我们已经了解了家庭经历，特别是童年时期的经历，对于塑造"我是谁"

的认知有着重要的影响。除了我们在家获得的信息，其他塑造我们的认同以及沟通的因素包括：年龄、身体素质、性倾向以及社会经济地位等。与这些因素一道，文化和性别也会塑造我们看待自己和他人的方法，是影响我们如何沟通的强大力量。我们将马上检核这些力量。

文化 也许我们很少承认，事实上，孕育我们长大的文化以不着痕迹的方式塑造着我们对自我的理解。[36] 大部分西方文化都是高度个人主义的；反之，其他传统文化，譬如大部分的亚洲人是倾向于集体主义的。当被要求证明自己的身份时，美国、加拿大、澳大利亚和欧洲的个人主义者很可能会回答他们的名字、姓氏、所在街道、城镇和国家，而亚洲人则会倒过来回答。[37] 如果你问印度人的身份，他们会告诉你他们的社会阶级（种姓）、村庄，然后是名字。在梵文的传统里，表明身份是从宗族开始，接着是部族、单个的家庭，最后才是个人的名字。[38] 当不同文化的成员被要求创建类似于我们之前列举的"我是谁"的清单时，来自集体主义文化的成员显然要比来自个体主义文化的成员更关注群体关系。[39]

个人主义和集体主义的差异，在每天的互动中都会显示出来。沟通理论学者丁允珠（Stella Ting-Toomey）已经发展出一套理论，揭示了一些重要的规范——譬如"正直"或"直接"[40]——所显示的文化差异。她认为在个人主义的西方文化中，有一个很强烈的"我"的定位。西方的文化规范以**直接**发表个人意见为荣，但在集体主义文化中，建立个人和他人的联结才是重要的，用**间接**的方式维持和谐才是可取的。"我要做我自己"更可能是一个西方人的座右铭；"如果我伤害你，我同时也在伤害自己"与亚洲人的思考方式更为接近。

你不必跑到海外旅行才能领会文化对自我的影响。在社会内部，次文化认同对我们如何看待自己与他人起到了重要作用。例如，种族（或民族）会对人们如何看待自己如何沟通产生强大的影响。回想一下你在本章开头列举的"我是谁"清单中是如何描述自己的。如果你是居于非主导地位的族群中的一员，你很可能会将种族这一因素列举在清单最重要的部分。这并不令人感到惊奇：如果社会不断地提醒你，你的种族是重要的，那么你也会开始注意这类词汇。但是如果你属于主导的大多数，那你很可能意识不到自己的种族；然而，它还是你自我概念里重要的组成部分。作为多数族群的一员，意味着你有更多的机会感受到对于你所居住的社会的归属感和你被公平对待的权利感，而弱势族群的成员往往没有这些感受。

性征和性别 想象一下如果你是另一种性别你的一生会如何吧，然后你就会了解性别对自我的影响有多深远。你还会用同样的方式去表达你的情绪吗？会用同样的态度处理冲突吗？会用同样的方式与陌生人或者朋友相处

链接 与小女孩们聊天

丽萨·布鲁姆（Lisa Bloom）是《思想：直言不讳让女人在愚蠢的世界里保持聪明》一书的作者。无论你是否同意，都请注意她的观点：她认为人际信息在儿童自我概念的发展中扮演了十分重要的角色。

上个周末我去一个朋友的家里参加晚宴派对，第一次见到了她五岁的女儿。小玛雅有着一头卷曲的棕色头发，一双像鹿一样漆黑的眼睛，在她亮粉色的睡衣里显得非常可爱。我多想大声尖叫，"哦，玛雅，你真的太可爱了！看看你！穿着那件漂亮的百褶裙睡衣转个圈，再走个模特步，你这个小美人！"

但是我没有那样说。每当我遇到这些小女孩的时候，我总是尽力保持沉默，以免自己忍不住脱口而出告诉她们，她们有多可爱、漂亮、美丽、装扮精致、穿着得体、精心打扮。

出了什么问题吗？难道不是我们的文化准则要求我们打破和小女孩初次聊天的尴尬局面吗？那为什么不能给她们真诚的赞美来提升她们的自尊呢？

现在，12岁以下的女孩携带睫毛膏、眼线笔和唇膏的比例已经达到了15%到18%。结果呢，饮食失调的案例在增多，她们的自尊反而降低了。不仅如此，25%的美国年轻女性更愿意赢得"全美超模大赛"的冠军，而不是获得诺贝尔和平奖。就连成功的女大学生都在说她们宁愿性感，而不是聪明。

如果你教会女孩子们外表是你第一件注意到的事，那么你就是在告诉她们外表比其他任何事情都重要。这变相地等于让她们在5岁的时候开始节食，在11岁的时候浓妆艳抹，在17岁的时候做隆胸手术，在23岁的时候打肉毒杆菌。这就是为什么我要强迫自己对小女孩们说出下面的话：

"玛雅，"我蹲到和她相同的高度，看着她的眼睛说，"很高兴见到你。嗨，你现在在读什么书？"听到我的问题后，她的眼睛睁得更大了，真诚又兴奋地和我谈论着这个话题，原先老练礼貌的表情不见了。

"你最喜欢什么书？"我问道。

"我现在就去拿过来！我可以读给你听吗？"

玛雅拿过来的是《紫色小姑娘》，这对我来说是本新书。她坐在沙发上依偎着我，自豪地大声念出了每一个字。我们一次也没有讨论过衣服、发型、身材，或者谁漂亮这类话题。要做到不与小女孩们谈论这些话题，难度真是令人吃惊。

与向我们的女孩子们传递全是错误信息

的文化相比,这只是一次微小的反抗,是一次朝向女性头脑价值的微小推动,也是一个塑造有目的的角色的重要瞬间。

下次当你遇到小女孩的时候,试试这个方法。问问她正在读什么书,喜欢读哪些又不喜欢读哪些,原因是什么。记住,这里并没有错误答案,你只是在进行一场尊重她头脑的谈话。对于年纪大一些的女孩,你可以问问她关于时政热点的思考,如她对环境污染、战争、削减学校预算有什么看法。或者外面的世界有什么让她烦恼的吗?如果她有一根(像哈利·波特一样的)魔法棒的话,她会如何解决这些问题呢?

一次只需要改变一个小女孩,这样就可以改变这个世界。

丽萨·布鲁姆

通过回答下列问题,加强你的理解:
1. 你认为人们和小女孩说话时与和小男孩说话时不同吗?如果不同,举出一些例子。
2. 与孩子的沟通会对他们的自我概念和自尊的发展产生什么影响?
3. 对于作者提出的与小女孩聊天的要点,你大体上同意吗?请解释你的原因。

吗?答案几乎都是响亮的"不"。

从生命最初的几个月开始,我们身为男性还是女性,就决定了别人与我们沟通的方式,由此也塑造了我们对自我的感觉。想一下,当一个小孩出生时,大部分人问的第一个问题几乎都是:"是男孩还是女孩啊?"知道答案后,人们的行为会发生相应的改变。[41]他们会使用不一样的人称代词,也会选择与性别相关的昵称。如果是一个男生,谈论的焦点通常会集中在体形、力气和活动力上面;如果是一个女生,评论时就会更关注漂亮、甜美和丰富的表情等方面。因而,我们沟通的信息会塑造一个孩子的认同感和他的沟通方式,就一点也不奇怪了。不仅如此,不同的行为方式也会暗示不同的信息:具有男子气概或者女孩子气。比如,小女孩们往往比小男孩更经常地被要求表现"甜美",她们的印象因而不断被强化。

同样的原则也会发生在成人身上:一个坚持自己信念的男人可能被认可为"坚韧""执着",而一个言行完全相同的女人则会被形容为"唠叨""爱发牢骚"。[42]不难看出,类似的性别角色和性别标签对男人和女人如何看待自己以及如何沟通有着深刻影响。

性别也会对自尊产生影响。例如,社会为男性竞争赋予了更多的价值,所以青春期男孩的自尊与他能否以某种方式超越同伴密切相关,而少女对自我价值的评估则与她的社交关系和言语表达能力紧密关联。[43]研究还显示，年轻女性要比同龄男性更加纠结自尊问题。例如，在一项研究中，约三分之二的男生（14岁到23岁）认为他们的自尊心增强了，同年龄组却有57%的女生认为自我的价值减弱了。[44]

不过，也不要对自己的性别有过多期待，以致身陷其中而不能自拔。研究已经证实我们交流的对象和沟通的语境才是塑造我们自我感受的主要因素。[45]例如，一个不具攻击性的男人在一个强调大男子气概的环境中可能会觉得不受欢迎或者无能，但是如果换到一个能欣赏他沟通方式的环境中，那他就会获得新的自我评价。一个不被老板和同事期待，自尊也因此受到压抑的女人，可以寻找更适合的环境去工作。孩子通常不能选择塑造他们人格的环境，但是成人可以。

自我应验预言和沟通

自我概念对一个人人格的影响如此重要，它不仅决定了你现在如何看待自己，也切实地影响着你未来的言行举止，而这被称为自我应验预言。

自我应验预言（self-fulfilling prophecy）是指如果个体对事件的发生有所预期，并且他接下来的行为是建立在这些预期上的，那么这件事的发生会比没有预期更可能成真。[46]自我应验预言包含四个步骤：

1. 持有某种期待（对自己或对别人）。
2. 表现出与期望一致的行为。
3. 期待如实发生。
4. 强化起初的期待。

思考下面的例子，你可以了解上述流程是怎样运行的。想象一下，你正计划着要去应聘一个你很渴望得到的工作。你对于自己该如何表现非常焦虑，一点也不确定自己是否真的有实力被录用。你跟了解你的教授讨论了这个问题，并去请教了在这家公司任职的朋友。他们两人都认为你非常胜任这份工作，并且确信能够任用你是这家公司的福气。基于这些评价，你的自我感觉良好，去参加了面试。结果，你不仅镇定地表达了想法，还很有自信地推销了自己，老板对此留下了深刻的印象。你最终获得了这个职位，并得出以下结论："我的教授和朋友说得对，我的确是老板愿意雇用的那种人才。"

这个例子说明了自我应验预言的四个步骤。多亏了你的教授和朋友对你的正面肯定，使你对面谈抱有积极的期待（第一步骤）。因为你乐观的态度，在面谈时你能自信地表现自己（第二步骤）。你充满自信的行为，当然也包括其他的资格条件，使你获得了工作（第三步骤）。最终，正面的结果强化了正面的自我评估，使你在将来面对其他面谈时更有把握（第四步骤）。

将这原则谨记在心，了解自我应验预言在生活中能产生多么巨大的影响十分重要。我们在很大程度上会成为自己相信的那个样子，也就是说，我们和我们身边的人在不断地建构和重构着我们的自我概念。

自我应验预言的类型 自我应验预言有两种形式。**自我强加的预言**（self-imposed prophecy）指的是你的自我期待对你的行为产生影响。运动前，你在心理上会对自己表现得比平常更好或更糟做出预估。这就说明造成你表现失常的唯一解释只能是你的态度。类似地，如果你的演讲只有一个观众来参加，或者你的内心充满了恐惧，你很可能会忘记自己的发言。这不是因为你没有做好准备，而是因为你告诉自己"我知道我搞砸了"。

研究已经证实了自我强加的预言的力量。[47]在一个研究中，那些认为自己不能很好地沟通的人相对于其他人去追求新的人际关系的可能性更小，相对于不那么挑剔自我的人去破坏现存人际关系的可能性更大。[48]同样，那些肯定自己能力的学生取得的学业成绩也更高。[49]另一份研究显示，那些对社会排斥（social rejection）很敏感的参与者倾向于期待排斥、期待被拒绝。他们会解读出一些根本不存在的含义，同时以损害人际关系为代价过度地回应他们自认为感知到的信息。[50]研究也发现，那些对公开演说感到紧张的人似乎会创造关于表现不好的自我应验预言，从而造成他们的表现失常。[51]

自我应验预言的第二种形态，是**他人强加的预言**（prophecy imposed by others）。一个经典的例子就是罗伯特·罗森塔尔（Robert Rosenthal）和勒诺·雅各布森（Lenore Jacobson）在一本名为《课堂中的皮格马利翁》（*Pygmalion in the Classroom*）的书中描述的研究。[52]这个实验就是，研究者告诉某个小学的老师，他们学校里20%的学生在智力上显示出了不平凡的潜能，而事实上这20%的学生是私底下随机挑选出来的。八个月后，这些"不平凡的"或者说"拥有天赋的"学生确实比剩下的、没有获得老师关注的学生在IQ测试中取得了明显高得多的分数。因为老师对据称为"天才"的学生在态度及言行上发生了转变，导致了这20%随机选出的学生在智力上产生了"实质改变"。此外，老师留给这些"聪明的"学生更多回答问题的时间、更多的回馈以及更多的表扬。换句话说，这些被选中的孩子表现得更好并不是因为他们比其他同学更优秀，而是因为那个扮演重要他人的老师对他们抱持着更高的期待，并

"我不唱歌是因为我高兴，我高兴是因为我唱歌。"

电影《分歧者》(Divergent)描绘了一个反乌托邦社会，每个人都要被分到五大派系之中的一个派系中接受培养，派系塑造了他们的成年生活——本质上，这就是一种他人强加的预言。16岁的翠丝·普赖尔（谢琳·伍德蕾饰）不适合这些派系，所以她开始按照自己的主张来定义自己。在这种情况下，她展示了自我应验预言的力量——帮助我们成为我们选择成为的那一类人。在你的成长过程中，有哪些他人强加的信息塑造了你？其中有哪些你接受了，又有哪些你拒绝了？

据此对他们区别对待的结果。

这种他人强加的自我应验预言，确实在塑造自我概念时具有强大的影响力，也影响着个人在学校之外的整个社会情境里的行为。[53]在一项研究中，一群资质相对平均的焊接工一起开始接受训练。包括训练员在内的所有人都被告知其中有五位焊接工在资质水平测试中获得了更高的分数，当然这五人是被随机挑选的。结果在训练结束时，这五人均名列前茅：他们平日的出勤率最高，期末测验获得的分数也最高。更让人印象深刻的是，他们学习行业技能的速度竟然比那些没被认定为"天才"的人快了两倍。在另一项研究[54]中，那些被随机贴上拥有更高潜能标签的军人，不仅达到了上级对他们的（新的）预期要求，而且更加自愿去执行那些危险的特殊任务。[55]

一定要注意到，一个观察者要做的不只是（自己）**相信**这个为预期目标群体制造的自我应验预言，更要**传达出**这种信任，以便使这一预言能产生实质性的效果。如果父母相信他们的孩子，却没有让孩子觉察到这种信任，那这个孩子并不会受到父母期待的影响；如果一个老板关心一个员工的工作能力，但他却没有表达出这些关心，那这个员工也不会被影响。从这个角度来看，一个人强加到另一个人身上的自我应验预言，就是一种类似于心理学现象的沟通学现象。

3.2 自我的展现：沟通作为印象管理

到目前为止，我们描述了沟通如何塑造了沟通者看待自己的方式。在这一章接下来的部分，我们将会转换一下目标，把焦点放在**印象管理**（impression management）这个主题上，即我们使用的沟通策略会如何影响他人看待我们的方式。[56]接下来，你会发现我们传递的很多信息是以创造我们想要的印象为目的的。

公开自我和隐私自我

要了解印象管理如何运作，我们先要对自我这个概念细致地讨论。之前我们谈论"自我"时仿佛我们只有一种身份，一个自我。然而事实上，我们每个人都有好几个自我，有些是隐私的，有些是公开的。通常情况下这些自我的差异很大。

觉知的自我（perceived self）是自我概念的一种反映。你感知到的自我是指你在真诚的自省过程中所相信的自己。我们认为这种自我是"隐私的"，因为你不可能把它对另一个人全部展现出来。你可以借着回顾你发展出来的自我概念清单来验证一下这些"隐私自我"的本质。你会发现有些特征，你不会向大多数人坦露，还有一些根本不会和任何人分享。比如说，你会介意分享关于你的容貌（"我认为我长得相当不好看"）、智力（"我比我的大多数朋友都要聪明"）、目标（"我最重要的目标就是变得富有"）、动机（"人不为己，天诛地灭"）的感受。

和隐私自我相对应的**展现的自我**（presenting self）是一个"公开的"形象，就是我们想要别人如何看待我们。这个展现的自我，有时候被叫作一个人的**脸面**（face）。在大多数情况下，我们试图展现的自我，是一个得到社会承认的形象：勤勉的学生、可爱的同事、尽责的员工、忠诚的朋友等等。社会规范常常在觉知的自我和展现的自我之间创造出一条鸿沟。在一项针对大学生的调查中，无论男女都说他们的隐私自我包括变得"友善"和"有责任心"，但当提及公开自我时，男生希望看上去"狂野"和"强壮"，而女生则希望表现出"活跃"和"有能力"的一面。[57]

你可以试着回忆曾经观察过的一个司机，然后就会发现一个人公开的行为和私下行为之间的不同。当你看到他独自坐在车子里时，对方有没有做一些在公共场合无法被接受的动作？当然，不止是司机，我们所有人都会在别人看不到的地方做一些我们在公开场合绝对不会做的事情。你只要回想一下浴室门锁着时自己在镜子前的样子，就可以领会公开和私下行为之间的差异了。如果知道有人在看，你是否会有不同的表现呢？

印象管理的特征

现在你已经了解什么是印象管理了，我们就可以看一下管理过程中的一些具体特征。

我们致力于建构多重身份　如果你以为我们每一个人使用印象管理策略只是为了创造一种身份，这种想法未免过于单纯了。即使只在一天的过程中，大部分人也要扮演各种不同的角色："有礼貌的学生""打趣的朋友""友善的邻居""有用的员工"……而这只是很小一部分的例子而已。

随着你渐渐长大，你和父母互动时承担的角色必然也会随之改变。有时你表现得像一个有担当的成人（"关于这辆车你完全可以信任我"），但在另一个情况下你可能还是那个无助的小孩（"我找不到我的袜子"）。也许只有

想一想：你的多重身份

选择一天或者两天的时间，坚持记录你所处的不同的沟通情境，你就可以对自己所要创造的众多角色有一定的了解了。针对每一种情境，你可以取一个戏剧性的标题代表你试图建立的形象。比如，"派对动物""家政小能手""睿智的长兄（兄弟姐妹）"和"老到的电影评论家"等。

在生日或者假期的时候，你才会为家人奉献一下，更多时候，你扮演的都是一个反叛者的角色。同样，当我们恋爱的时候，基于不同的语境，我们需要转换不同的行为模式：朋友、爱人、工作伙伴、斥责过错的批评家、承认错误的孩子等等。正如你在第一章中读到的，随着不同的情境和文化转换适当的沟通方式与风格，是沟通高手的特质之一。

印象管理是合作式的　社会科学家欧文·高夫曼（Erving Goffman）用了一个戏剧层面的比喻来描述印象管理。[58] 他认为我们每个人不仅是一个**编剧**——创造不同的角色，反映别人看待我们的不同方式，而且是一个**表演者**——将我们创造的角色表演出来。不过，和一般意义上的观众不同，我们的**观众**是由其他试图创造自己角色的表演者构成的。与印象相关的沟通可被视为我们和别的演员合作的戏剧过程，每一幕都是所有角色即兴发挥、相互协调的场景。

你可以模拟以下情境，思考印象管理的合作性质。假设你的朋友或者家人在你打了无数通电话想要再协调一下晚会的重要细节之后，一次也没有回你的电话，思考一下，你会如何发泄自己的怨言？如果你决定巧妙地提出这个问题以免让自己听起来像一个唠唠叨叨的人（对自己的期待角色是一个"好人"），同时也避免让对方在这件事中感到

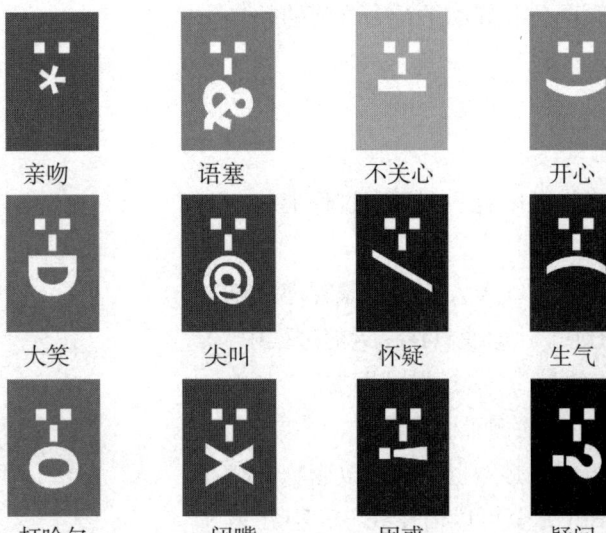

亲吻　语塞　不关心　开心
大笑　尖叫　怀疑　生气
打哈欠　闭嘴　困惑　疑问

Gary Blakeley/Fotolia

尴尬（对方的角色是"搞砸了"）。如果你的计划成功了，对话很可能是：

你："对了！说起来，我昨天给你打了几通电话，不知道你的电话有没有显示，你有没有看到。我们需要在明天他们来之前再讨论一下招待的细节。"

某人："啊呀！真是对不起，我本来打算尽快回你电话的，但是后来一直忙着处理学校和工作上的一些事情，做到了很晚。"

你："没关系啦！那我们现在能谈一谈吗？"

某人："当然，没问题。"

在这场对话中，你和对方都接受把彼此认同为体贴的、可靠的朋友，因而对话进行得非常流畅。想象一下，当对方不接受你的角色是一个"好人"时，结果将多么不同：

你："对了！说起来，我昨天给你打了几通电话，不知道你的电话有没有显示，你有没有看……"

某人（防卫地）："好吧，所以是我忘了，有什么大不了的呢！你自己也不是完美的，不是吗？"

到这时候，你可以选择继续扮演原来的"好人"角色，说道："嘿，我没有生你的气，而且我也知道自己不是完美的。"或者，你可以转换成新角色，身为一个"遭受不公正指控的人"，用会加剧关系恶化的语气回应道："我什么时候说过自己是完美的，而且现在该讨论的人是我吗……"

就像这个例子说明的，印象管理中的**合作**（collaboration）并非指**同意**相同的事情。电话留言这种小争执也可能迅速变成一场大战，如果你和对方都扮演了参与战斗的角色的话。这里的重点是，实际上所有的对话都提供了一个舞台，沟通者通过回应他人的行为建构自己的身份。而且，正如你在第一章读到的那样，沟通并不能被分隔成一个个单独的、彼此分离的事件。因而，某一刻所发生的事，是由沟通双方及其在长期的交往中累积的经验共同导致的。

印象管理可以深思熟虑也可以不知不觉　毋庸置疑，我们有时候会高度留意自己给对方留下的印象。比如，大部分的工作面试和第一次约会都是深思熟虑的印象管理的明显例子。正如我们在第一章所言，高度的自我监控在这些情境中是有帮助的。但是在其他一些情境中，我们的行动则会不知不觉地在小众面前公开表现出来。[59]例如，实验参与者只在别人在场的情况下才

自我评估

自我监控清单

你可以访问 CengageBrain.com 网站，进入《沟通的艺术：看入人里，看出人外》一书的"言语交际课程学习伙伴"来完成这项活动。

对吃到超咸的三明治做出反应，表现出嫌恶的表情，而当他们独自吃那些相同的三明治时，什么表情也没有。[60]

另一项研究显示，沟通者只有在面对面坐着的时候，也就是他们可以看到彼此表情的情况下，才会进行面部模仿（如用微笑或者表示同情的表情来回应对方的信息）；如果他们用电话交谈，也就是看不到彼此的反应时，他们做不出相同的表情。[61] 这类研究认为，我们大部分的行为都带有发送信息给别人的目的，换句话来说，就是在做印象管理。

前面所描述的实验参与者，并非有意识地在想"因为有人在看我吃咸的三明治，所以我要做个表情表示一下"，或者"因为我在进行面对面的谈话，所以我要通过模仿同伴的脸部表情，来表示我是有同情心的"。这类决定常常在一瞬间、我们都没有意识到的情况下发生了。同样，在日常大量的交流中，我们对于自身行为的选择（大多数情况下）也没有经过高度的、深思熟虑的、有策略的思考，而是依赖我们随着经验发展出来的"**脚本**"（scripts）来决定的。

虽然印象管理无处不在，但如果说所有行为都旨在制造良好的印象，听上去也有些夸张。小孩子当然不会是有策略的沟通者。小婴儿在开心的时候就笑了，在伤心或者不舒服的时候就哭了，他没有要给别人留下何种印象的想法。同样，成年人也会有这样的时候。但除了这些例外的情况，大部分人都在有意识或无意识地，以一种有助于建立在自己和他人眼中的理想身份的方式进行沟通。

为什么要管理印象？

为什么要烦恼着去塑造别人对自己的看法？社会科学家罗列了若干理由。[62]

为了开始和经营关系 想想看，当你想要进一步了解某人时，你会刻意小心翼翼地去与他攀谈，你会尽你所能地表现得迷人和机智，或者酷、帅气、文雅。不必有人刻意提醒，你自然而然想呈现出你最棒的那一面。一旦关系建立起来，我们会持续经营自我的印象（也许程度会稍微下降）。

为了获得别人的顺从 我们经常为了让熟人或陌生人合理地对待我们而进行印象管理。例如，你在出席交通法庭前可能会刻意打扮一下（负责任的公民形象），希望博得法官的好感而使之从轻量刑。你也会友善地和你并不特别感兴趣的邻居聊天，以便发生问题时可以互惠互助。

为了保住别人的颜面 我们更改自我形象，通常是为了满足别人对我们的期待。例如，当健壮的人遇到肢体残障的人时，通常会借着若无其事的举止或强调彼此的相似处来伪装自己的不舒服。[63] 孩子们在还没有懂得保住别人颜面的重要性之前，常常会使他们父母倍觉困窘。例如，孩子可能会说："妈妈，那个人为什么这么胖？"但是，等到他们进入学校以后，那些在过去值得原谅或者好玩的行为，就不再被接受了。

为了探索新的自我 有时候，我们会像尝试不同风格的服装一样尝试一种新的身份，以便观察这种新尝试是否会改变别人对待我们的方式以及我们思考和感觉自己的方式。到头来，尝试新的自我就成为自我提升的一种手段。例如，一项研究发现，在网上尝试新身份的青少年（尤其是孤独者）要比他们在现实生活中，接触更多不同年龄和不同文化背景的人，表现也更为兴奋。这实际上增强了他们的社交能力。[64]

面对面印象管理

在面对面的互动中，沟通者可以从以下三个方面管理他们的印象：举止、外貌和配备。[65] **举止**（manner）由一个沟通者的语言和非语言行为组成。例如：当医生为病人检查身体时，就有很多种举止可供选择。有些医生喜欢友善地与病人交谈，有些医生则倾向于冷淡和不近人情的态度。交谈的内容构成沟通者的大部分举止。一个记得你的兴趣和习惯等细节的医生与那些只针对临床问题的医生确有不同，一个详细说明医疗程序的医生也会显露出和那些对病人三缄其口的医生不同的形象。

除了交谈的内容，非语言行为在创造（个人的）印象时也扮演着非常重要的角色。[66] 一个带着微笑祝福你并和你握手的医生，与另一个除了点几下头，和你没有任何交流的医生比起来，感觉是完全不同的。当然，举止的变化也广泛体现在其他职业和情境中。例如，教授、业务员、发型师等，他们会根据不同的人留下不同的印象。这一准则也适用于私人关系，你的举止会对别人如何看待你产生很大的影响。第六章和第七章会详细描述你的语言和非语言行为制造印象的方式与过程。因为你不得不说话和行动，所以问题的关键不是你的举止**是否**传达了信息，而是它传达出**了什么**信息。

印象管理的第二个维度是**外貌**（appearance）。外貌是人们用来塑造印象的个人化方式。有时候外貌是创造职业形象的一部分，如医生的白大褂和警察的制服，都代表着装者的特殊身份。在商界，穿着剪裁合身的套装还是皱巴巴的外套，会造成完全不同的印象。工作以外，着装也很重要。我们不仅在选择衣服，也在传递与我们相关的信息：

有时候是时髦的,有时候是复古的。有些人穿衣服会故意强调他们的性取向,而有些人则会隐藏它。一个人的衣着会告诉人们,"我是一个运动员""我是有钱人"或者"我是一个环保主义者"。除了衣着,外貌的其他方面也在印象管理中发挥着重要作用。比如,你化妆吗?你的发型是怎样的?你会努力让自己看上去友善和自信吗?

印象管理最后的方面指的是**配备**(setting),即我们用来影响别人如何看待我们的物理工具。在现代西方社会,汽车是人们管理印象的重要组成部分。这就解释了为什么许多人醉心于购买比他们的实际需求更昂贵、马力更强的汽车。一辆华丽的敞篷跑车或别致的进口轿车的功能绝不只是运送驾驶者,更是对驾驶者的身份做出(无言的)声明。此外,我们选择物件时的定位和得到它们的方式是管理认同的另一种重要方式:你的房间选择了什么颜色?有什么艺术品?你玩什么样的音乐?诸如此类。当然,我们会依据自己的喜好来挑选一个物件,但在更多的情况下,我们是为了给别人看而做出某种选择。

网络印象管理

上面我们分析了面对面的互动,但是印象管理在其他类型的沟通中同等普遍和重要。

乍看之下,媒介沟通的技术似乎限制了印象管理的潜力。正如我们在第二章所说,短信、电子邮件和博客要比其他的沟通渠道缺乏丰富度,因为它们不能传达你的声音、姿势、手势和面部表情等。然而,沟通学家认为网络沟通所缺失的东西反而为那些想要管理自身印象的沟通者提供了一个**有利条件**。[67]

相对于面对面沟通,网络沟通大体上给予了我们更多的印象管理的控制权。正如你在第二章读到的,异步的媒介沟通形式,如电子邮件、博客和个人网页,能让你重复编辑自己的信息直到你创建出期望的印象。[68]通过电子邮件(或者在更小的程度上,发短信),你可以撰写复杂的内容而不用急着要求信息接收者立刻给你回应;你还可以忽视不想回复的消息,总好过给出一个让人讨厌的反应。也许最重要的原因是当你使用文本沟通的时候,一般就不必担心口吃、脸红、穿着、外貌或者任何在文本中不可见的因素会损害你试图建立的印象了。(你或许会说媒介沟通有时也包含照片、视频和其他多媒体文件,但这些信息同样也是经过你选择的。)

当然,通过社交媒体沟通的陌生人有可能篡改那些在面对面沟通中无法隐藏的东西,如年龄、背景经历、人格、外貌等。[69]一项针对在线约会网站参与者的调查发现,86%的人认为对方没有如实描述他们的外表。[70]这些网上交友者同时承认,要权衡网络上的理想身份与资料背后的"真实"自

链 接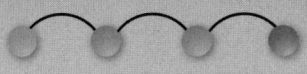

我爱Instagram，不论我是在喝咖啡、去健身房的路上，或者只是偶尔想自拍（好吧，其实不只是"偶尔"想啦），我都喜欢上传自己的照片并与其他用户交流。

和其他所有的社交媒体一样，Instagram被用来展现理想的你自己，而非"你自己"本身。它更像是把你所有最好的部分展示给世界，而忽略最差的部分。所以，与大多数人一样，我把能反映我生活和个性中最好一面的东西发布出来。

总之，我向你坦白：下面的内容是"这些Instagram照片背后实际发生的情形"对比"我展示给世界的样子"。就等着被惊掉下巴吧。

最终版自拍照

看上去我在做……

我刚刚度假回来，想要与你们所有人分享一下我完全自然散发的新光彩。我非常幸福，因为我的生活是如此完美无瑕！！！这张照片我就拍了一次，一次！我一直都是这个样子，一、直、以、来、都、是、这、样。

我在Instagram上分享的照片与实际发生的情形，我的整个生活就是一个谎言

我实际上在做/想……

你想知道在我真正拍出一张既准确展示这一刻我有多开心又让我看上去很有魅力的照片之前，我拍了多少张照片吗？56张。我希望你们评价我的照片，因为我也在评价它。在这张照片中我的前额被裁剪掉了，因为有一天我在泳池边没涂防晒霜，结果额头被晒脱皮了。啊，可以裁剪。

在农贸市场拍摄的照片

看上去我在做……

哇，农产品！好闪亮、好新鲜、好健康！或许今天我可以买一些蓝莓和菠菜放到榨汁机里，做点果汁带到办公室去。我只买本地出产的农产品。如果你不这么做的话，你就逊爆了。

我实际上在做/想……

我很怀疑这些水果已经放在这里多久了。我还是去买块像我脑袋这么大的蓝莓松饼吧。

表现"我很勤奋"的照片

看上去我在做……

什么？你不喜欢早起？多遗憾啊。每天清晨我都会喝一杯绿茶,然后吃点新鲜水果。我喜欢在太阳升起的时候查看邮件,之后我还要去练瑜伽。

我实际上在做/想……

我不得不在早上7点起床,因为我实实在在地把三份作业拖到了截止日当天才开始做。我一点都不记得这些作业最后有没有及格,我印象中好像是没及格。另外:我讨厌早起。

奥利维娅·明特尔（Olivia Muenter）

通过回答下列问题,加强你的理解:
1. 你在网上展示的自己与现实中的自己有什么不同？
2. 你有没有像文中的奥利维娅·明特尔那样,仔细管理过自己在社交媒体上发布的内容,以便展示自己特定的一面？
3. 在网上管理印象时,有什么不可逾越的道德边界吗？

我是一项需要精心设计的任务。他们中的许多人承认自己有时会捏造事实,如使用旧时的照片或者"忘记"填写自己的年龄信息等。然而,如果是潜在的约会对象发布了不准确的信息,他们就不会那么宽容了。例如,某个网上交友者在发现自称是"徒步旅行爱好者"的对象很多年都没有旅行的事实后,表达了怨恨。[71]我们将在下一节谈论像这样捏造事实会带来哪些道德问题。

有一项研究调查了Facebook的大学生用户,询问他们如何看待个人资料中的自己。[72]大多数人都承认他们展现的自我是非常正面的,但也没有过分正面。基本上,他们认为自己的个人资料在某些方面（例如"幽默感""冒险精神""活泼开朗"）把他们描绘得比现实中的自己更好,在另一些方面（例如"外貌吸引力""创造力"）描绘得比较准确,还有一些方面（例如"智力""礼貌""可靠性"）则描绘得比现实中的自己更糟。看起来这些参与者（或许直觉地）发现了他们的Facebook网站就是一个印象管理练习。

博客、个人网页,以及社交网站上的资料,都为沟通者构建自己的身份

在工作中　管理你的职业身份

根据《纽约时报》报道，在美国70%的招聘专员曾经因为应聘者的个人网上信息而拒绝招聘他们。ª不难想象，你无心发的一张照片或帖子可能会毁了未来雇主招聘你的机会。

如果你想看看自己的网络身份会对你的就业前景带来多大帮助或伤害，你可以在一个或多个搜索引擎中输入自己的姓名，点击搜索。如果搜索结果对你不利，考虑一下修改你的个人主页上的隐私设置，限定哪些人可以看到你的更新状态，同时删掉有关你的多余信息。ᵇ

当你搜索自己的姓名时，除了发现关于你自己的准确信息，你可能会惊讶地发现与你同名的人及其令人尴尬的个人主页。为了把认错人的可能性降到最低，你可以考虑在自己的简历上写上你的中间名或中间名的缩写，以及你在网上发布的其他人可能搜到的所有信息，使你的职业自我有别于他人。

如果你在网上发现了关于你的潜在的破坏性信息，而且你还不能删除它，那你可以考虑寻求专业网站的帮助，让它们直接删掉你的网上记录。像  这样的服务网站就可以监控你的网上身份，采取措施保护你的隐私并删除有害信息。

一旦入职，你要认识到自己的媒介信息是创建和维护你的职业身份的一种有力方式。错别字、粗鲁的语气和有可能冒犯别人的幽默，都可能成为毁掉你职业的杀手。ᶜ

提供了机会。⁷³即使是一个简单的用户名（如"爱我的保时捷""谁和我一起""足球迷"）也讲出了你自己的一些东西，让别人因此留下印象。⁷⁴不过有趣的是，研究表明经常查看自己的Facebook页面可以增强你的自尊。⁷⁵这不是没有道理的：假设你仔细管理自己在社交网站上的印象，它可以变成不断提醒"你最好的样子"的协助自我者。

印象管理和诚实

读到这里，你可能会认为所谓的印象管理不过就是贴上了学术标签之后的人际操纵和弄虚作假。不诚实的印象管理也确实存在：有些人看似深情，实则伪造资料以获得一夜情；有些应征者为了骗取就业机会谎报自己的学分绩；还有些销售人员假装用户至上，然而他们的热情服务只到金钱入手为止。这些都是有违伦理甚至涉嫌欺骗的行为。

但是，印象管理并不是要你成为一个说谎的人。事实上，如果我们不提前决定自己在不同情境中所要呈现的角色，我们几乎无法进行有效的沟通。

试想一下如果你用对待密友的方式去对待一个陌生人，将会多么荒唐可笑，而且也没有人会像对待成人一样去对待一个两岁的孩子。

我们每个人都拥有不同的"脸面"，或者说拥有一系列不同的角色，并且成为一个沟通高手部分地取决于他能依据不同的情境挑选出最佳的角色。思考以下这些例子：

- 你试图教朋友一项新技巧，如弹吉他、运行某个电脑程序、反手击球等。然而，你朋友的学习进度非常慢，以至于你发现自己越来越不耐烦了。
- 你已经在网上和一个人交流了好几个星期，而且你们正准备确定为恋爱关系。然而，你有一个身体特征，之前从未提及过。
- 你在工作中遇到一个咄咄逼人的客户，然而你认为没有人有权利用这种方式对待你。
- 朋友或家人就你的外貌开了个玩笑，这伤害了你，但是你不确定自己应该抗议还是假装不在乎。

在所有这些情境以及每天不断上演的其他情境中，你可以选择如何去行动。但是如果说在每个情境中只有一种行事方式是诚实的，而其他所有回应都缺乏诚意，未免过分简化沟通这档事了。印象管理意味着选择自己的哪个角色或者哪个部分加以展现。例如，在教授新技巧时，你可以选择展示自己有耐心而不是没耐心的那一面。同样在工作中，当你陷入困境时，你可以选择用防卫的或不防卫的方式回应。面对陌生人、朋友和家人，你可以分别选择是否坦露内心的感觉。选择向他人展现哪一面是重要的决定，但是无论在哪一种状况中，你分享的都是自己真实的一部分。你可能不会展现一切，不过正如你在接下来这部分学到的，完完全全地坦露自我是不合适的。

3.3 在关系中的自我坦露

我们评价关系亲密与否的一个方法是依据我们和对方分享了多少信息来决定。有些人会引以为傲地宣称："我们之间没有任何秘密。"开诚布公确实很重要，正如你在第一章里读到的那样，自我坦露是质化人际关系的一部分。鉴于自我坦露显而易见的重要性，我们需要进一步审视这个主题。什么是自我坦露？它什么时候会让人满意？如何才能做到最好？

我们最好从定义着手。**自我坦露**（self-disclosure）是指有意透露与自己相关的信息的过程，而且这些信息通常是重要的、不为人所知的。让我们进一步分析这个定义。首先，自我坦露必须是**有意的**。如果你偶然地向一个朋友提起你正在考虑辞职，或者你的面部表情泄露了你试图掩藏的恼怒，这些都不能算是自我坦露。其次，除了有意透露以外，这些信息必须是重要的。假设你喜欢胡扯，那么那些不重要的事实、意见或者感觉就很难算是自我坦露。最后一个要求是这些信息要不为人所知。假如别人已经看出了你的情绪，也知道了原因，这时你再去告诉他们你沮丧或者得意的心情，这种心情就不值得关注了。

自我坦露的模式

尽管下定义对我们认识自我坦露有一定的帮助，但它没有揭示一个重要的事实，即每一次自我坦露所透露的信息是不平等的。也就是说，有些信息蕴含了更多关于我们的内容。

社会心理学家欧文·奥尔特曼（Irwin Altman）和达尔马斯·泰勒（Dalmas Taylor）描述了两种在沟通中坦露自我的模式。[76]第一种**社会穿透**（social penetration）**模式**用图3-2呈现。在这个模式中，自我坦露的第一个向度是指自愿提供的信息的**广度**（breadth），即所讨论话题的范围。举例来说，你向工作伙伴坦露自我的广度指你开始谈论工作之外生活中的信息，正如谈论工作上的信息一样。第二个向度是指自愿提供的信息的**深度**（depth），如从谈论非私人化的信息，转换为谈论私人化的信息。

根据分享信息的广度和深度，一段关系可以被界定为普通的或者亲密的。在一段普通的关系中，你们谈论的话题范围也许很广却无法深入；在一段较为亲密的关系里，你们可能只对一个领域进行深入的探讨；而在最亲密的关系中，你们互相坦露的内容不仅有深度也有广度。奥尔特曼和泰勒将一段关系发展的过程看作一个从边缘向圆心运动的过程。这也是一个典型的、随着时间的推移不断进展的过程。你的每一段人际关系都是由不同的话题广度和不同的坦露深度组合而成的。图3-3描绘了一个学生在一段关系中的自我坦露情形。

是什么使得自我坦露的某些信息比其他信息更有深度呢？衡量深度的一种方式是通过界定自我坦露的两个向度的程度来确定的。对信息的接收者而言，有些信息

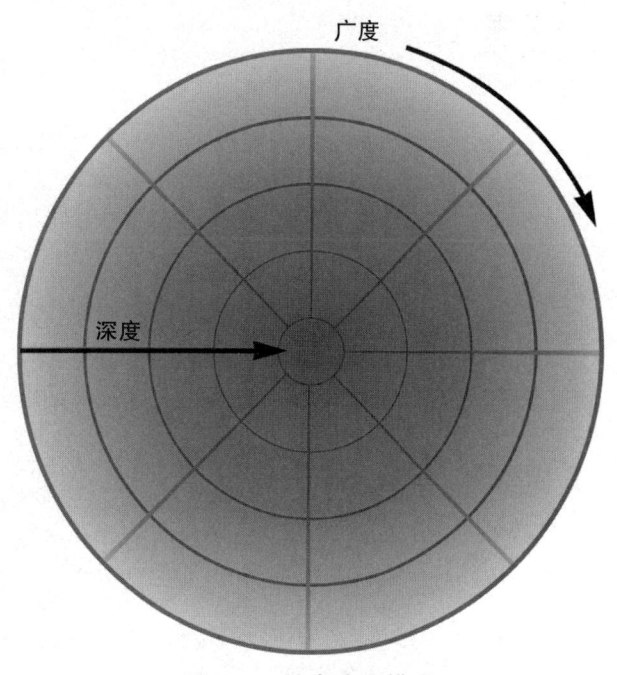

图3-2　社会穿透模式

多元视角

莱克茜·洛佩兹-梅奥：文化、性别和自我坦露

我出生在墨西哥，从10岁开始生活在美国。我注意到了一个现象，即我的拉丁裔朋友和家人要比我的大多数欧洲裔朋友更乐意表达和坦露自我。当然不排除一些例外，但是总的来说我认为和我来自相同文化背景的人倾向于表达更多的东西。我们想到什么就说什么，我们感到什么就表达什么。

但是文化不是决定沟通的唯一因素，性别也起到了作用。从我的经验来说，拉丁裔的男性很容易表达自我的正面情绪，却经常把心痛、悲伤等负面感觉隐藏起来。在拉美人的文化准则中，坚强是一种根深蒂固的品质：既不能承认失败也不能表现出软弱。换句话说，要具有"男子气概"。

我还有其他例子可以展示文化和性别如何影响了沟通。我的老公是一名非洲裔美国人，平时的他是一个心平气和、安静内向的人。但是，当他和他的非洲裔弟兄们混在一起的时候，他不再拘束，很容易就敞开了心扉。包括他的语言、音量和行为举止，一切都改变了，他成了一个非常乐于表达的人。

当然，人格也在沟通中起到了关键的作用。比如，我还认识一些内向的拉丁裔女性和外向的拉丁裔男性，说明文化并不总能决定人们如何表达自我。总而言之，我认为人们沟通的方式取决于他们是谁、他们来自哪里以及他们和谁一起生活。以我自己的例子来说，我是一个非常乐于表述自我的拉丁裔女性，我愿意告诉任何人我的想法、感觉和期待。

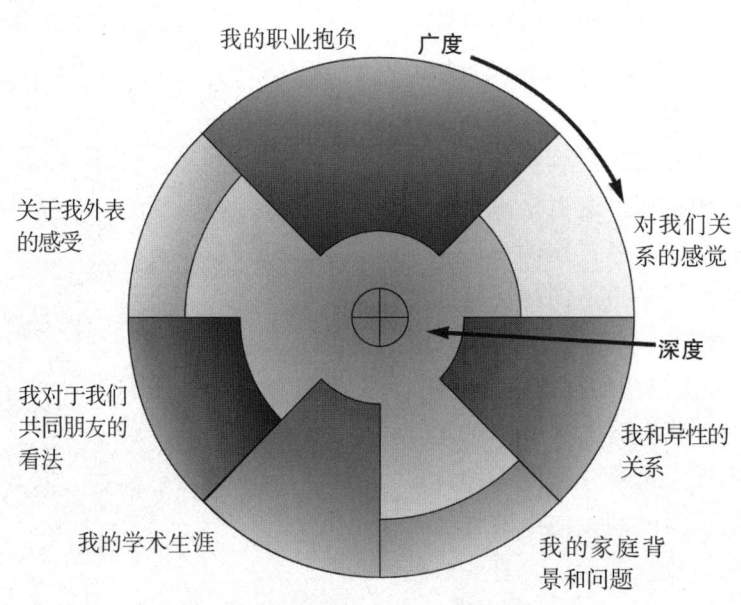

图3-3 社会穿透模式范例

比其他信息更"有特殊意义"。想一想这两种说法的差异:"我爱我的家人"与"我爱你"。其他坦露有资格被称为深度自我坦露,因为它们涉及隐私。如果你分享的信息只告诉了少数比较亲密的友人,这就是一种深度坦露的表现;如果你透露的是从来没有告诉过任何人的信息,显然程度就更深了。一般来说,陈述事实("我是镇上新搬来的居民")要比套用陈词滥调的坦露程度深;给出观点("我真的很喜欢这里")要比陈述事实的坦露程度深;而倾诉感受("……但是,我有时感到些许孤独")要比给出观点的程度更深。

审视自我坦露的另外一种方法叫作**乔哈里视窗**(Johari Window,该视窗得名于它的创造者乔瑟夫·勒夫[Joseph Luft]和哈里·英汉姆[Harry Ingham])。[77]想象一个像图3-4一样的框架,包含你有待了解的、关于自己的一切:你的好恶、目标、秘密和需求等;这个框架可以被分为两个部分:关于你自己你所知道和不知道的信息,如图3-5;它还可以依据他人所知道和不知道的关于你的信息,分为图3-6的两个部分;图3-7综合反映了这些分区由四个部分组成。

第一个部分是你自己知道而且他人也知道的"开放区"(open area)。第二个部分是"盲视区"(blind area),你自己所不知道,而他人却知道的部分,这个区域中的信息你只有通过他人的反馈才能得知。第三个部分是你的"隐藏区"(hidden area),这是你自己知道却不愿意表露给他人的信息。这些信

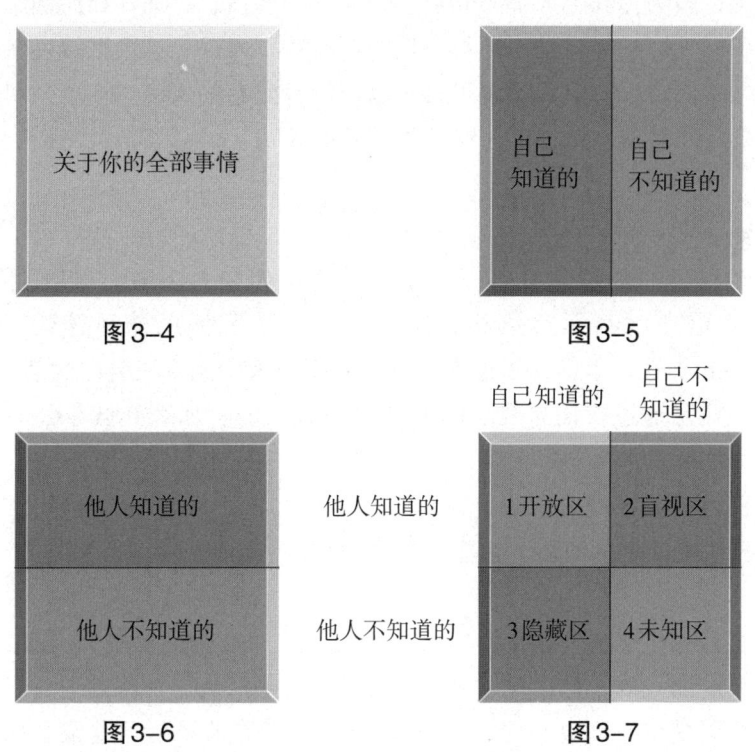

图3-4

图3-5

图3-6

图3-7

想一想　建立一个乔哈里视窗

在你的人际关系中，你可以运用乔哈里视窗模式来检验自我坦露的水平。

1. 运用这部分描述的模式，绘制两幅乔哈里视窗来展现你与一个人的关系。注意翻转其中的一幅图，因为你的"盲视区"和对方的"隐藏区"才是相对应的。

2. 描述你写在"隐藏区"的那部分内容，并解释你隐藏自我的原因。分析你不坦露这部分内容为你带来的好处、坏处，或者对此两者同时进行分析。

3. 仔细审视一下你的"盲视区"，看看它在你接收同伴反馈的信息之后，或者在你愿意接受反馈信息之后，是变得更大了还是更小了？

4. 你是否对自己的回答所反映出来的结果感到满意？解释一下原因。如果你不满意，说明一下你可以做些什么来改善这一问题。

息唯有通过自我坦露才会显现出来，这也是本节的重点。第四个部分是"未知区"（unknown area），即你不知道，他人也不知道的部分。这个区域似乎很难界定，因为你和他人都不知道它包含了哪些信息，那你如何确定它的存在呢？我们可以通过自己不断被发现的新特质，来推论这个区域存在的可能性。这并不困难，一旦你发现了自己以前没有觉察的天赋、才能与弱点，这些潜在的特质就从"未知区"移到了"开放区"。

自我坦露的好处和风险

有时候我们会贸然吐露一些个人信息，但是大多数时候我们决定要揭露自我信息时都是审慎和自觉的。沟通学家使用**隐私管理**（privacy management）这一术语，描述人们选择透露或者隐瞒有关自己的信息。[78] 这些决定往往是通过权衡自我坦露的利弊而做出的。那么开诚布公的风险和好处有哪些呢？

自我坦露的好处　有几个原因能够解释人们为什么选择分享个人信息。当你阅读每个原因的时候，想想哪个适用于你。

- **宣泄**：有时候，你会坦露信息，试图"一吐胸中块垒"。在你变得坦率的那一刻，你会对过去的糟糕表现感到后悔。如果处理得当，宣泄可以提供心理上和情感上的双重慰藉。[79] 在本章后段篇幅中你将会读到自我坦露的原则，使你学到在宣泄情绪的同时不仅不会破坏而且还会增进关系的方法。

- **互惠**：一项证据充分的研究得出了这样的结论：一个自我坦露的行为会引发另一个自我坦露行为。[80]这并不保证你的自我坦露就一定可以引起他人的自我坦露，但你的诚实会使他人感觉安全，甚至感觉有义务去配合你的诚实层次。这不难想象，当你告诉同伴你如何看待这段关系时（"我最近总感觉很无聊……"），会引起同等程度的坦白（"你知道吗，我也有同样的感觉！"）。互惠不总是轮流进行的：今天你告诉朋友你在工作中遇到的问题，也许会帮助她在今后向你倾吐她的家庭故事时感觉更自在一些，当然坦露的时机必须是合适的。

- **自我澄清**：有时候，通过和他人谈论你的信念、意见、想法、态度和感觉，可以理清你对于这些话题的看法。这种"把问题说出来"的情况可能发生在你和心理医生的谈话过程中，也有可能发生在你和朋友——无论他是调酒师还是理发师——谈话的过程中。

- **自我确认**：如果你坦露了类似"我觉得我做得对"这样的信息，同时你希望取得聆听者的认同，那你就是在寻求对自己行为和信念的确认。进一步来说，这类自我确认的坦露旨在确认你自我概念中的重要组成部分。比如，经由自我坦露获得自我确认是"出柜"行为中的一个重要部分，同性恋们通过这个过程确认了自己的性取向，同时将这种认知与个人、家庭和社会生活整合起来。[81]

- **关系的建立和维持**：开始一段关系是需要一定程度的自我坦露的。你可以考虑一下自我坦露在第一次约会或者一次面试（当然在这两个情境中，坦露的方式会有很大的不同）中起到的作用。自我坦露对于维持成功的关系也会起到作用。[82]例如，自我坦露的品质和婚姻的满意度之间有着很强的联系。[83]同样的原则也适用于其他人际关系。

- **社会控制**：坦露个人信息会增加你对他人的控制，有时也会增加你对情境的控制。举例来说，当一个职员告诉老板另外一个公司已经跟他主动接头并有意挖墙脚时，他很可能是希望因此获得晋升并改善现有的工作环境。

自我坦露的风险 自我坦露的正面效益固然十分重要，但也会带来一些风险，

自我评估
对情侣的自我坦露测试
如果你正处于一段互相承诺的关系中，这个测试将帮助你探究自己与伴侣分享想法和感受的程度。你可以访问CengageBrain.com网站，进入《沟通的艺术：看入人里，看出人外》一书的"言语交际课程学习伙伴"，找到该测试的链接地址。

"既然我们要坦诚相待，我要告诉你我身上有跳蚤。"

这使是否坦露变为一个困难的有时甚至是痛苦的决定。[84] 自我坦露的风险大致包括下列几种[85]：

- **拒绝**：约翰·鲍威尔（John Powell）将他的书命名为《为什么我不敢告诉你我是谁？》（*Why Am I Afraid to Tell You Who I Am？*），并在书中总结了自我坦露的风险。他说："我不敢告诉你我是谁，因为假如我告诉你我是谁，你可能会不喜欢这样的我，而那却是我的全部。"[86] 人们害怕自己不被喜欢，这种恐惧的威力很大。有时候它过于夸大且不合逻辑，但是透露自我信息确实存在着一些风险。

    A：我开始觉得你已经不仅仅是一个朋友。实话告诉你，我爱你。
    B：我想我们不要再见面了。

- **负面印象**：即使坦露不会导致彻底的拒绝，也可能会造成负面印象。

    A：我一直在想我们应该再养一只狗。
    B：跟你说句实话，我真的不喜欢狗。之前没有告诉你是因为我知道你非常喜欢狗。
    A：真的？我无法想象跟一个不和我一样爱狗的人住在一起。

- **降低关系满意感**：自我坦露不仅会影响别人对你所持的意见，还可能降低双方从关系中获得的满意感。

    A：我必须告诉你，我真的不喜欢你整天黏在我身边。
    B：但是我想更亲近你啊！

- **丧失影响力**：坦露的另一个风险是丧失对一段关系的潜在影响力。一旦你坦承了一个私密的弱点，你就不可能像以前一样控制别人看待你的方式了。

    A：（经理对雇员）我是很想让你们在周末休息，但是跟你们说实话——我不是要在这里大肆批评或怎样——其实董事长决定了一切，而他根本就不尊重我的意见。
    B：你不是开玩笑吧！我还以为我知道当我需要解决问题时应该要找谁呢！

- **伤害别人**：吐露隐藏的信息也许会使你好过一些，但也可能伤及他人，因为他们可能因此感到沮丧。

> A：我怎么这么丑！我想不到任何能改变我样子的办法了。
> B：我也不能。

自我坦露的指导原则

什么时候应该坦露，要坦露多少内容，想要清楚地了解这些并不是一件容易的事情。以下的指导原则可以帮助你决定在特定情境中应该自我坦露到什么程度。

这个人对你而言重要吗？ 某个人对你而言的重要性会体现在很多方面。假如你正在维持的关系足够深厚，那么分享关于自己的特别的事情也许可以让你们现在的关系更加稳固。或者你一直考虑亲近某个先前很少和你有私下交流的人，你发觉现在正是建立更亲密的关系的机会，那么自我坦露或许就是帮助你建立人际关系的方法。

坦露的量与方式合适吗？ 有些人很容易患上所谓"TMI"的毛病，也就是分享了"太多信息"（too much information）。87 教室就是一个有时会发生过度分享的场合。沟通研究者让大学生报告他们在自己班上听到的自我坦露。88 这些参与者不仅轻易地指出了有助于学习过程的坦露（比如一个学生在一堂生理课上描述自己的心脏状况），而且注意到了那些越界的评论，他们尤其反对在教室进行（a）频繁的、（b）消极的、（c）与课堂材料无关的和（d）出人意料的自我坦露。（花点时间，你或许可以想起你在班上遇到过的这几类自我坦露的例子。）

一般而言，在以下情境中坦露私人秘密是不明智的行为，如正在进行课堂讨论，面对的是陌生人，或者在公开的Facebook网站上发帖等。学生更欣赏那些向他们坦露自我的老师，但即便如此，他们也承认不想过多地或者

技巧构建　合适的自我坦露

运用这一小节我们所学的指导原则，设计一个会让你做出自我坦露的情境。坦露的信息必须符合情境，然后运用本章的知识来讨论分享这个信息会带来哪些好处和风险。

太频繁地听到老师讲自己的私生活。[89]当然，除了分享太多信息，还有一种问题就是隐瞒（withhold）太多信息。如果你正在参加一场咨询会议，面见一个医生，或者身处一段亲密关系中，隐瞒信息可能会被当作欺骗。我们必须认识到有些时间和地点需要我们参与自我坦露，而有些则需要我们克制。

坦露的风险合理吗？ 让我们实际看一看自我坦露的潜在风险吧。即便坦露的效益极大，公开自己的某些负面信息仍然会使自己碰上许多麻烦。换句话说，如果知道你的同伴值得信赖且是支持你的，那坦露的风险就会降低到合理的地步。

在工作中坦露个人的看法和感觉是相当冒险的行为。[90]为了达到组织和个人的目标，在工作场合，沟通者有时需要保留自己的想法。举例来说，站在个人的角度，你可能认为老板或者客户的意见是相当无礼的，但你还是决定闭上嘴巴，而不是冒着失去工作或者损害公司利益的风险坦露心声。

当你预测风险的时候，请确保你的预测是现实的。有时候人们很容易陷进毁灭性的预期里，臆想种种灾难性的后果，而实际上这些可怕的事情并不太可能会发生。

有建设性的影响吗？ 如果没有小心地使用自我坦露，它会变成一个恶

在生活中　合适和不合适的自我坦露

雷蒙在大学毕业后的一年时间里一直都在从事初级的销售工作。虽然他喜欢这家公司，但是没有晋升机会让他变得越来越沮丧。

在深思熟虑之后，他决定向老板朱莉倾诉他的担忧。请注意雷蒙的自我坦露有可能促进，但也有可能损害他的个人目标和人际关系，这取决于他如何应用我们之前提到的指导原则。

雷蒙：你有空谈一谈吗？

朱莉：当然，没问题。进来。

雷蒙：你介意我关上门吗？

朱莉：（有一点吃惊地看着他）可以。

雷蒙：我想跟你谈一下有关工作前景的事情。

朱莉：前景？

雷蒙：是这样，我在这边工作已经超过一年了。而在面试的时候你告诉我的一件事是这里的人升职很快……

朱莉：是的……

雷蒙：……我感到困惑是因为自从我被聘用以来，就一直在做同样的工作。

朱莉：是，我们确实知道你做了很多工作。

雷蒙：我很高兴听你这么说，但是我开始担心我究竟有多大的机会能和公司一起成长。（雷蒙正在坦露他关于职业发展的担心，这是一个非常适合和他的老板谈起的话题。当然，这种坦露也有一定的风险，但是鉴于雷蒙在老板面前一直表现良好，这看起来是合理的。）

朱莉：我能理解你想承担更多职责的那种焦虑的心情。我可以告诉你，你已经为自己的晋升开了一个好头，只要你能在这个岗位上再坚持一段时间。

雷蒙：（不耐烦地）听起来不错，但是我已经在等了，而且比我预期的时间还要长。现在我开始担心我在这里听到的一些事情究竟是不是真的。

朱莉：（疑惑地）你说的是些什么事情，雷蒙？

雷蒙：是这样，比尔和勒蒂莎告诉我，有些人离开是因为他们没有得到承诺过的提拔。（雷蒙坦露了别人出于信任告诉他的信息，这损害了两个同事在朱莉面前的形象。）

朱莉：（肯定地）雷蒙，我相信你能理解我不能谈论涉及前员工的人事决策。但我能告诉你的是我们会尽力给员工提供他们应得的挑战与奖励，这需要一些时间。

雷蒙：一年看起来可是比"一些时间"长多了。我开始觉得这家公司更热衷于为员工在工资单上印一个花里胡哨的名头，而不真正提供一次升职的机会。（雷蒙的担忧可能是正当的，但他坦露时的讽刺语气却不是有建设性的。）

朱莉：看，我本来不应该这么说，但是对于要花这么长时间才能安排你升职，我和你一样沮丧。我可以告诉你不久会有一些人事变动，你有机会去完成你期待的改变。就接下来的六周，我想你可以期待会发生哪些改变。（朱莉一下子透露了两条消息，这将鼓励雷蒙提供互惠的信息。）

雷蒙：真高兴听到这个消息！实话告诉你，我已经开始考虑换份工作了。不是因为我想离开这里，而是我已经等不起了。我真的需要给家里赚更多的钱，因为我不想成为那些到了四十岁还买不起自己房子的失败者中的一员。（雷蒙犯了一个大错，表露了他关于私有住房的看法，而这个话题和现在讨论的事情完全无关。）

朱莉：啧啧，我现在还在租房……

雷蒙：噢，我的意思不是刚才我说的那样……（但是刚才不合时宜的坦露已经造成了伤害。）

朱莉：无论如何，我很高兴你能让我知道你的顾虑。我希望你能再坚持一小段时间。

雷蒙：当然。六个星期，对吧？我会注意看日历的！

谈话过后，朱莉仍然认为雷蒙是升职的候补者之一。但是那些不合适的坦露让她对他的心理成熟程度和良好的判断力产生了怀疑，这是他们谈话之前她没有想到过的。朱莉在心里记着要多留意雷蒙，直到他证明自己能更有建设性地分享他的个人情绪和担忧，她才会重新考虑给他的职责大小。

毒的工具。每个人在心理上都有一条"底线",底线以下的区域是每个人的敏感区。戳中底线以下的区域肯定会让他人发火,对于彼此关系的伤害通常也很大。因此,在对他人坦诚以前最好先想想自己的坦诚可能引发的后果,诸如"我总觉得你很笨""去年我和你最好的朋友发生过性关系",类似的评论对于聆听者、你们的关系以及你的自尊而言都是毁灭性的。

你的自我坦露是互惠的吗? 通常情况下,你坦露的自我信息的数量会视他人坦露多少来决定。一般说来自我坦露是条双向道路。例如,那些相互公开程度大致平等的伴侣感觉最幸福。[91]

当然,有时候单向的自我坦露也是可接受的,多数情况下包括正式的治疗关系。在这种关系中,当事人对训练有素的专业人员的要求是解决某个问题。你必然不会期待在看病的过程中听医生谈他自己的病痛。[92]

你在道德上有义务坦露吗? 有时候我们在道德上有义务坦露个人信息。例如,调查显示大多数HIV阳性患者认为他们"有义务"告知医护人员和伴侣他们的状况,即使他们知道这将有损他们的形象、尊严或让他们受到指责。[93]不过,尽管他们抱持这种信念,但是近二十年的研究表明40%的HIV阳性患者并没有把检测结果告知他们的性伴侣。[94]

3.4 自我坦露的替代选择

虽然自我坦露在人际关系中扮演着重要角色,但它并不是沟通中唯一可用的方式。想一想那些让人熟悉的两难状况吧,然后你就会了解为什么彻底地公开和诚实并非总是一个简单又理想的选择了:

- 你刚认识的一个人想要和你成为朋友,但你却没有那么大的兴趣。她邀请你周末参加一个派对。虽然你不忙,但是你不想去,你会怎么说?
- 老板问你对于他的新衣柜有什么看法,你觉得廉价又俗气。你会实话实说吗?
- 你喜欢上了你最好朋友的对象,他也承认对你有同样的感觉。但是你们决定绝不感情用事,甚至不再提起这个话题,以免让你的好友感到不安。现在好友问你是否被她的对象吸引了,你会说真话吗?
- 你从经常拜访你家的亲戚那里收到一份礼物,那是一幅又大又丑的画,你会如何回应"你会将画挂在哪儿"这个问题呢?

虽然完全诚实是令人向往的原则,先前的例子却显示诚实可能会带来不愉快的结果。要在这些情境中自我坦露显然非常困难,使人不由自主地想要逃避。但像先前的例子，逃避不见得总是可行。研究和个人经验显示沟通者不总是完全诚实的，当他们发现自己处在一个实话实说会造成不舒服的情境中时，会使用常见的四种自我坦露的替代选择。[95]它们分别是沉默、说谎、模棱两可和暗示，我们一个一个地仔细审视这些替代品。

沉 默

自我坦露之外的一个选择是将自己的想法与感受保留在心中。你可以分别记录一下自己什么时候表达、什么时候不表达意见，然后你就可以对自己依赖坦露和沉默的程度有一个大致的了解了。你可能会发现保留自己的想法和感受是你经常做的事情。说出全部的事实虽然符合坦诚之道，但却有可能危害你、对方以及你们双方的关系。大多数心思缜密的沟通者都会选择保持沉默，而不是莽撞地一吐为快说"你看起来糟透了"或者"你太多话了"。社会科学家发现人们经常会对"因沉默而不诚实"和"制造谎言"做出区分，而沉默应对遭受的评判通常没有说一个彻头彻尾的谎言那么严厉。[96]研究表明在工作场合，隐瞒通常被视为比说谎和有目的地欺骗更好的选择。[97]

说 谎

对我们许多人而言，说谎宛如道德上的伤痕。对一个完全无知的受害者说谎以获得不正当的利益显然是错误的，但是还有另一种不诚实被称为"善意的谎言"，通常不被视为完全不道德。**善意的谎言**（benevolent lie）被定义为（至少说的人认为）对被告知的人来说是没有恶意的，甚至是有帮助的谎话。

不管目的如何，善意的谎言在面对面关系和网络关系中都相当普遍。[98]在一项跨越四十年的研究中，绝大多数人承认，即使是面对最亲密的人，说谎有时候也是合乎情理的。[99]另一项研究曾经追踪130名参与者关于他们每天对话内容的诚实情况，结果显示只有38.5%（约三分之一）的内容被证明是完全诚实的。[100]在一个实验中，参与者记录了他们两天内谈话的内容，然后计算他们说谎的比率，结果显示平均每十分钟的谈话就会出现三次小谎。[101]

许多人认为善意的谎言是考虑到信息接收者的利益而说的。在上述研究中，多数参与者认为说这种谎是"做正确的事情"。其他研究则不以这种奉承讨好的角度进行描述，而认为说谎者才是最大的受益者。研究发现每三个谎言中就有两个出于说谎者的私心。[102]表3-1列出了人们说谎的原因，很明显利己的选项多于利他。

事实上，研究已经发现谎言的确会威胁到关系[103]，但并非所有谎言都会

表3-1 说谎的理由

原因	例子
给别人面子	"别担心，我确定没有人会注意到你衬衫上的污点。"
给自己面子	"我没在看文件，我只是不小心找错抽屉了。"
获取资源	"哦，请让我进这个班。如果我不进去，我永远不能按时毕业！"
保护资源	"我是想借给你钱，但我现在也缺钱呢。"
开启互动	"对不起，我迷路了。你住在这附近吗？"
社交性客套	"不，我不无聊，再告诉我更多你假期的事吧！"
避免冲突	"这不是什么大问题。我们可以按照你的方式做，真的。"
避免互动	"听起来很有趣，但是我星期六晚上会很忙。"
道别	"哦，看看这都什么时候了！我不得不走了！"

破坏关系。研究认为，说谎者的动机是否为对方所接受会造成关键性的不同。[104]如果说谎是为了谋取说谎者个人的私利，这种谎言会被视为侵犯；相反地，假如说谎是为了顾全对方的感受，获得谅解的机会就会增加。

关系越紧密，话题越重要，或者对方此前有过不诚实的经历，在这些情况下，人们就越容易感到沮丧和背叛。其中，话题的重要性是诱发关系危机最重要的因素。我们会妥善处理"无关痛痒"的谎言，但涉及"身家名誉"的谎言具有严重的威胁性，就必须严阵以待了。事实上，严重的欺骗会导致关系的终结，一个研究显示超过三分之二的参与者称他们是因为发现对方说谎而结束关系的。尤有甚者，他们认为分手的直接原因就是说谎。

这个教训很清楚：如果说谎在你的关系中占到了很大一部分，就会产生很严重的后果。如果保持一段关系对你而言是重要的，那么诚实——至少在重要的事情上——确实是最好的策略。

模棱两可

当面对是说谎还是说出一个令人不愉快的真相的困境时，沟通者常常会选择一种模棱两可的回答。[105]例如，当一个朋友问你对一套十分怪异的服装有何看法时，也许你会说："它真的与众不同！"再如，你可能真的很生气，无法接受朋友的道歉，但是又不想表现出自己很小心眼，于是你会说："别提了。"下面是某个业务联络员的一套幽默表述，他不情愿地为用人单位介绍一些不够格的求职者，看看模棱两可是怎么帮助他的：

为一个懒惰的人："你很幸运啊，能得到这个人来为你工作。"

为一个没有才能的人："我没有资格推荐这个人（我推荐的这个人没

第三章 沟通和认同：自我的塑造与展现 103

有资格）。"

为一个在任何情况下都不应该被雇用的人："不要浪费时间了，赶快决定是否雇用这个人吧（不要再在雇用这个人身上浪费时间了）！"

当你考虑自己所能选择的回答时，就会对模棱两可的价值有所了解了。思考一下，当你处在并不希望出现的两难情境中，你会说些什么？就像我们之前提到那幅不好看的画，如果送礼物的人问你关于画的感觉，你该如何回应？一方面，你需要在说谎和说真话之间做出选择；另一方面，你也要在明确和暧昧不明的回答中做出选择。图3-8呈现了这些选择。在这些选择中，选项一（模棱两可、真实的回应）要比其他选项更受欢迎。

一个研究团队曾经提出："模棱两可并不算是虚假的信息，也不算是清楚的事实，而是当这两者你都想要回避的时候，正好使用的一种替代方式。"106

大多数人通常都会选择模棱两可而不是说谎。在一系列的研究中，参与者需要在以下情况中做出选择：为了保住面子而说谎、说出实话以及模棱两可。结果只有6%的人选择说谎，3%~4%的人选择说出残忍的真相，而有超过90%的人选择模棱两可地回应。107人们说相对于模棱两可他们更喜欢（对方）实话实说，但是当他们自己面临选择的时候，他们更喜欢巧妙地说出真相。108

暗 示

暗示其实要比模棱两可更直接。这

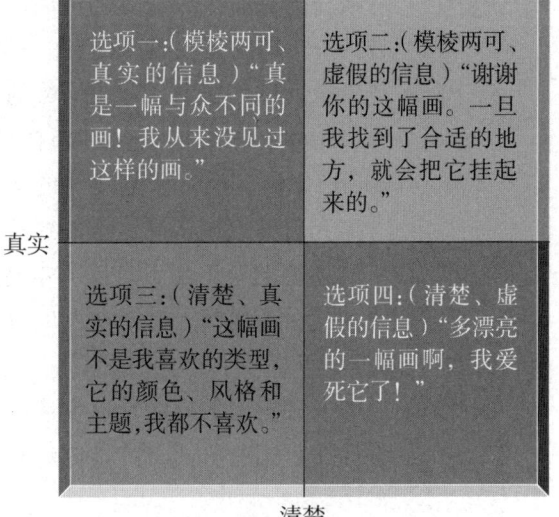

图3-8 真实和模棱两可的向度

是因为模棱两可的说法不一定要求改变他人的行为，而暗示确实旨在从他人那里得到期待的回应。[109]

直接陈述	保留面子的暗示
我太忙了，没时间继续这场谈话。	我知道你很忙，我最好还是让你走吧。
请不要在这里吸烟，因为这会影响我。	我敢肯定这里是不允许吸烟的。
我想邀请你一起共进午餐，但我不想冒险被你拒绝。	嗯，快到吃午饭的时间了，你有没有去过街角那家新开的意大利餐厅？

暗示可以避免让他人感到不舒服，同时又道出"不打折扣"的真相。暗示所带来的保留面子的价值可以解释为什么沟通者传递一些可能令人尴尬的信息时，更倾向于间接地而不是完全地坦露。[110]当然，成功的暗示有赖于他人有能力解读你没表达出来的信息。你微妙的言论对一个不敏感或者故意选择不回应的接收者而言，很可能就是耳旁风。如果直接传递信息的代价太高，那么迂回前进可以让你远离风险。

回避的伦理议题

人们为何选择暗示、模棱两可和善意的谎言而非彻底的自我坦露，原因不难理解。这些策略提供了处理困境的方式，让信息的发送者和接收者更容易做出选择。根据这样的想法，成功的说谎者、模棱两可者和暗示者，都可以被视为拥有某种特定的沟通能力。相反，在某些时刻只有诚实才是正确的方式——即便这会带来痛苦——在这种情况下，逃避者就会被视为缺乏能力或者缺乏诚信来有效掌控情势的人。

暗示、善意的谎言和模棱两可都是自我坦露的道德替代选择（ethical alternatives）吗？从前几页的案例来看，似乎回答是"是的"。许多社会科学家和哲学家也认同这样的想法。但是，真正需要被评价的是说谎者说谎动机的道德问题，而不是谎言本身需要被质疑。当然，也有人质问：说谎所带来的代价值得吗？针对这些问题，你可以借助下一页的"伦理挑战"专栏进行思考。

或许正确的问法是这类迂回表述的信息真的是为了接收者的利益吗？这类回避处理的方式真的是应对某个特定情境的唯一或者最好的方法吗？

伦理挑战　我们必须总说真话吗？

"是不是真的有圣诞老人？"

"我是不是说得太多了？"

"这难道不是你见过的最可爱的孩子吗？"

"这对你有用吗？"

诸如此类的问题似乎无法让人诚实地回答。在"自我坦露的替代选择"这一节，研究已经表明事实上几乎每个人都曾避免说出彻底的实话。哪怕只是利他的原因，我们似乎也经常陷入由来已久的戒律——"汝不应撒谎"和事实上每个人都在歪曲真相的困境之中。那么，诚实的道德准则究竟是什么呢？

哲学家康德（Immanuel Kant）有一个明确的答案：我们可以通过保持沉默来逃避不愉快的情境，但是一旦我们开口，就必须确保说的是彻底的真话。他说："无论说真话给自己或他人带来多大的不便……诚实是每一个人应尽的形式义务（formal duty）。"[a]对于为了接收者的利益最好说谎或者模棱两可的情况，康德的坚定立场并没有给出任何特例。从他的道德准则来看，说谎就是错误的。

不是所有的伦理学家都认同康德对于说真话的严格标准。功利主义哲学家们声称确定一个行为是否合乎道德的方法就是探讨它是否能让最多的人获得最大的幸福。同样鼓励人们尽可能地说真话，哲学家西塞拉·博克（Sissela Bok）就提出了一些欺骗合乎正当的情况：为了做善事、避免伤害、保护一个更大的真相等。[b]

博克清楚地知道说谎者很容易为自己找一些自欺欺人的理由。出于这个原因，她试图通过公开测试来调和自己的功利主义立场。她建议我们先问问其他人，如果他们知道我们没有说真话会如何回应。而在这些没有利害关系的观察者了解事实后，同样认为说谎是最佳方案，那么这种谎言情境就通过了公开测试。

通过回答下列问题，运用这里介绍的伦理原则：

把你回避说真话的情境提交给"自我坦露法庭"：

1.回忆最近你所使用过的下述回避策略的情境，包括说谎、模棱两可、暗示。

2.描述每一种情境，分别写在不同的纸上。不要涉及真实的姓名，但你可以为自己的行为辩护。把案例提交给评审小组（最好是你的同学们），他们将会评估你回避真话的决定是否合乎道德。

小　结

自我概念是个人关于自我知觉方面比较稳定的部分，有些自我特性来自人格的遗传。自我概念是由重要他人所发送的信息而创造出来的，也经由与参照群体的社会比较而得出。自我概念是主观而且多元的，会因别人对自己的认知而变化。尽管自我会随着时间逐步发展，但是自我概念同时也抗拒改变。另外，文化、性别等因素也会对自我概念的形成产生影响。

印象管理是人们设计出来的策略性沟通，用来影响别人对自己的观感。印象管理旨在向他人呈现出你不同的脸面或者角色，且这不是你私下的或者无意识的行为。沟通者借着管理他们的举止、外貌和配备来创造一种认同，以便和不同的人互动。印象管理既发生在面对面沟通，也发生在媒介沟通中。因为每个人都有很多个自己可以展现的面貌，选择其中之一示人并不代表这个人不诚实。

人际沟通中最重要的问题就是自我坦露：有意向他人揭露关于自己的、重要的且不为人知的信息。社会穿透模式和乔哈里视窗是描述我们如何向他人坦露自我的工具。沟通者出于好几种原因和好处而坦露个人的信息，如宣泄、互惠、自我澄清、自我确认、关系的建立和维持、社会控制等。自我坦露的风险包括遭到拒绝、造成负面印象、降低关系满意度、丧失影响力、伤害别人等。除了自我坦露，我们还可以选择沉默、说谎、模棱两可和暗示来回应。虽然，这些策略在伦理上可以替代自我坦露，但具体情境中它们是否合乎伦理还要取决于说话者的动机以及欺骗的影响。

电影与电视

你可以在以下电影和电视节目中印证我们在本章总结的沟通准则：

对自我概念的影响

《我配不上她》(*She's Out of My League*，2010) R级

柯克（杰伊·巴鲁切尔饰）依据自己的评估和别人对他的评价，认为自己只是一个平凡普通的小伙子。在一次偶然的情况下，他遇到并认识了莫莉（爱丽丝·伊芙饰）。倾倒于莫莉美貌的人都认为她是一个能打上"10分"的完美女孩。因而，当柯克考虑向莫莉展开恋爱攻势的时候，他不断地收到来自他人包括自己的警告：他配不上她。

这部电影阐明了我们在本章讨论过的许多概念。反映评价和社会比较在柯克和他的死党的谈话中有很好的例证。有一个让人难忘的场景是一群小伙子从1到10分为每一个人的吸引力打分，他们认为柯克只有5分。柯克的自尊心不断降低，尤其是当他和女孩约会的时候，他开始应验关于自我的预言。缺乏自信让柯克陷入了各种尴尬的行为中，虽然这些镜头对观众来说是好笑的，但对他追求目标显然造成了阻碍。

我们使用吸引力评分表、谈论"配不配"等话题，这些事实清楚地说明了生活中重要他人的评价以及与他们的比较会对我们如何看待自己产生强烈的影响。

自我应验预言
电影中的皮格马利翁效应

我们在本章描述了一个自我应验预言的实验,称为"课堂中的皮格马利翁"。《皮格马利翁》(*Pygmalion*,又名《卖花女》)是萧伯纳创作的一部戏剧,讲述了一位教授(在三个月内)把一名街头流浪的卖花女培训成优雅的社会名媛的故事。它是经典歌舞剧《窈窕淑女》(*My Fair Lady*)的蓝本,在后一部剧中亨利·希金斯(雷克斯·哈里森饰)彻底地改变了伊莉莎·杜利特尔(奥黛丽·赫本饰)的命运。

实际上,关于皮格马利翁效应(又称期待效应)的主题经常在电影桥段中出现,如《公主日记》(*The Princess Diaries*,海报如图示)。如果你熟悉电影《窈窕美眉》(*She's All That*)、《运转乾坤》(*Trading Places*)、《风月俏佳人》(*Pretty Woman*)和《特工佳丽》(*Miss Congeniality*),那你就会知道这些电影的主人公如何因为别人对待他们的态度以及他们因此重新思考自己的方式,而经历了一场翻天覆地的改变。这些故事阐明了沟通的力量是怎样改变一个人的自我概念和行为的。

自我坦露的替代

《谎言的诞生》(*The Invention of Lying*,2009)PG-13级

《大话王》(*Liar, Liar*,1997)PG-13级

《谎言的诞生》为我们呈现了一个类似于我们所处世界的"真实"世界——在这个世界里谎言是不存在的:所有人在任何时候说的都是真话。马克·贝利森(瑞奇·热维斯饰)原本是一个倒霉的失败者,在偶然的情况下他发现说谎不仅是可能的,而且很简单、能带来明显的好处。在这个不存在谎言的世界里,每个人都相信马克说的是"真话"。马克用他的假话赢得了声誉、财富以及梦寐以求的女人。但是很快,马克也认识到了欺骗的代价。

在一部与《谎言的诞生》相似且又相对照的电影里,《大话王》创造了一个充满谎言的世界,直到有一天律师弗莱彻·里德(金·凯瑞饰)因为儿子在生日许下的愿望竟然(神奇地)一整天说不了一句谎。电影以一种非常有趣的视角解释了为什么在日常生活中完完全全地自我坦露是不现实的。("你今天怎么样?"法官在开庭以前按照惯例问候律师弗莱彻。"我因为昨晚糟糕的性生活有一点烦躁。"他如此答道。)

这些电影在最简单的层面上探讨了健康的人际关系所需的诚实和坦白的程度。不过,从更有经验的沟通分析者的角度来看,"完全的真实"和不道德的欺骗都有各自的缺陷。

第四章
知觉：看到什么就是什么

阅读完本章后，你应该能够：

* 在一个给定的情境中，描述选择、组织、诠释和协商的过程是如何塑造沟通的。
* 在一个特定的情境中，解释第2节所列的影响知觉的因素是如何对沟通起作用的。
* 分析第3节所列知觉的普遍倾向是如何改变你对另外一个人的评价以及你们之间的沟通的。同时运用这些信息提出一种比知觉倾向更准确的替代选择，来找出对方的真正立场。
* 展示你如何使用知觉检核技巧来检查一段重要的关系。
* 在遇到分歧的时候，使用"枕头法"来增强你的认知复杂度。同时解释你关于情境的扩展观点会如何影响你与对方的沟通。

　　研究一下埃舍尔（M.C. Escher）的这幅名为《相对性》（Relativity）的图。它描绘了一个陌生的世界：生活其中的居民分别存在于不同的（向上、向左、向右）直角空间上，并且彼此的经验互不关联。这一超现实主义的视角为我们每天都要遭遇的挑战提供了一个精彩的隐喻：我们每一个人都经验着一个不同的现实，而我们对他人观点的误解可能造成彼此实际上和关系上的双重问题。不过，知觉差异在干扰关系的同时也能增进人际关系。通过他人的眼睛看世界，你可以得到不同的领悟，这通常要比个人经验的理解更有价值。

　　本章将帮助你处理因知觉差异而造成的沟通上的挑战。在此之前，我们先来看看为何世界在不同的人眼中表现出不同的样子。我们将要探索以下几个不同的领域：我们的心理构成、个人需求、兴趣和偏见是如何塑造我们的知觉的；有哪些生理因素会影响我们对外界的观点；有哪些社会角色会影响我们对事件的印象；文化又是如何影响我们对言行举止的是非判断的；等等。在审视了造成我们认知差异的知觉要素之后，我们将进一步分析能够弥补知觉差异的两个有效的技巧。

4.1 知觉历程

我们对周围世界的知觉受到自我概念的影响。对兴趣不同的人来说，在公园里散步可能得到完全不同的经验：植物学家可能会注意植被的情况；时装设计师可能会关注路人的衣着；而艺术家意识到的可能是人以及周围环境的色彩与形式。无论我们多么留意四周，都不可能注意到每一件事情，因为每时每刻发生的事实在太多了。调动知觉的能力对我们处理各项事务来说是至关重要的，因此我们要先仔细地查看知觉的过程，以此了解知觉。我们可以通过为自身的经验赋予意义的四个步骤来达到这个目的，即选择、组织、诠释和协商。

选 择

因为我们身边的信息量远远超出了我们所能处理的限度，所以知觉的第一个步骤便是**选择**（select）那些能给我们留下印象的信息。以下几项因素可解释我们为何注意到了某些事物，同时忽视了其他的信息。

刺激的强度常常会左右我们的注意力。那些更响、更大、更亮的事物总是更醒目，这个因素说明了为何在其他条件都相同的情况下，我们更容易记住那些特别高或者特别矮的人。在宴会里大笑或者大声喧哗的人也比安静的宾客更吸引目光——虽然不见得总是讨人喜欢。

重复的刺激、重复的刺激、重复的刺激、重复的刺激、重复的刺激、重复的刺激也会引起我们的注意。[1]就像漏水的水龙头那轻微且持续的水滴声最后竟能成为主宰我们意识的穿脑魔音，同样，我们经常接触的人通常也不容易被我们忽视。

我们的注意常常也和能刺激我们的**频繁的对比或者转变**有关。换句话说，一成不变的人或事物难以引起我们的注意。这个原则就解释了（或者说为我们提供了借口）为什么我们开始认为很有意思的人在频繁交流过后便变得无趣了，只有当他们不再说笑，或者离开我们的时候，我们才会重新赏识他们之前的好。

动机也决定了我们从环境中挑选什么信息。如果你担心赴宴迟到，你会留意身边任何一块钟表；如果你正饥肠辘辘，你会注意路上的每一家餐馆、市场或者食品广告牌。动机也决定了我们会如何认知别人。举例来说，期待恋爱的人会特别留意身边可能的有吸引力的异性。而同一个人在生命遇到危险时可能注意到的只是警察或者医疗人员的身份。

选择不仅包括（选择）注意某些刺激你的信息，还包括（选择）忽视某些其他的线索。举例来说，当你认为某甲是个了不起的人时，你可能会忽略他的缺点；如果你特别注意男上司处事不公正的现象，你可能会忽视女上司也有类似的情形。在你的浏览器上输入"知觉错觉"（perception illusion），或者查找研究者丹尼尔·西蒙斯（Daniel Simons）的相关视频，你就可以发现有关我们选择性注意与选择性忽视的有趣案例。[2]

组 织

从环境中选择相关的信息后，我们必须用有意义的方式组织这些信息。你可以从图 4–1 中看出**组织**（organization）的原则：这张图是一个花瓶还是一对双胞胎，取决于你将焦点放在亮的还是暗的部分。在这样的例子里，我们把所关注和浮现的部分称为"形象"（figure），而把退居其后的部分称为"背景"（ground）。图 4–1 非常地耐人寻味，因为它包含了两种形象背景的组合，让人各取所需。

这种形象背景的组织原则同样也运作于沟通情境中。比如说，回忆一下某些特定的话语是如何从一片嘈杂声中凸显出来的。有时，这些话语之所以令你注意是因为其中包含了你的名字，有时则是因为来自某个你熟悉的声音。

每一个人都有一套不同的方案来组织我们对于其他沟通者的印象，社会科学家称之为**知觉基模**（perceptual schema）。有时候我们依照**外貌**将人分为男或女、美或丑、胖或瘦、老或少等；有时候我们依照**社会角色**将人分为学生、律师、妻子等；有时候我们依照人们的**互动风格**将人分为友善的、乐于助人的、冷漠的、尖酸的等；有时候我们依照**心理特质**将人分为好奇的、紧张兮兮的、不可靠的等；还有些时候我们依照对方隶属的**群体**将人分类为政府官员、移民、基督徒等。

我们所使用的知觉基模塑造了我们与人沟通和理解别人的方式。举例来说：如果你将某个教授归类为友善的，你也会用某种相似的方式向该教授请教；如果你将该教授归类为脾气坏的，那你应对他的方式可能会迥然不同。你是用什么方案将你生命中所遇见的人分门别类的呢？想一想如果使用不同的基模，你的人际关系会有什么改变。

刻板印象 当我们选择好一种分类的组织基模后，我们便会使用那套基模来对符合分类的人做出归纳和预测。举例来说，如果你特别具有性别意识，你就会对男女行为的差异和他们被对待方式的不同特别留意；如果宗教在你生活中扮演重要的角色，你看待教友的态度就会和看待其他人的态度不同；如果种族议题对你来说特别重要，你可能会注意不同族群的成员之间的差别。只要符合事实，这种归纳并无不妥，事实上我们终其一生都无法不使用它。

图 4–1

想一想　你的知觉基模

1. 在以下不同的情境中，你会使用五种基本的知觉基模（也就是外貌、社会角色、互动风格、心理特质、所属群体）中的哪一种来给对方分类？在你选择好一种主要的知觉基模后，在该基模内描述对方（比如"有吸引力""年龄跟我差不多大"等）：
   a. 在一个派对上和新认识的人一起消磨时间
   b. 在工作中和同事进行交流
   c. 为一个重要的班级活动选择小组成员
   d. 向一个陷入困境的司机提供帮助

2. 针对每个给定的情境，思考：
   a. 你可以使用的其他基模。
   b. 使用最初选择的基模和在上一步骤中选择的替代基模所造成（沟通）的不同结果。
   c. 基本上，如果你使用不同的构建方法，你现有的人际关系会发生怎样的改变。

但是如果你的归纳失真便会沦为**刻板印象**（stereotype），即过度地使用分类系统进行归纳。[3]虽然刻板印象是基于一定事实的，但它并不符合眼前的每一种实际情况，通常会成为缺乏有效依据的陈述。

你可以通过补全下列句子，查看自己做出归纳或刻板印象的倾向：

1. 女人是
2. 男人是_____
3. 共和党人是_____
4. 素食主义者是_____
5. 长者是_____

你在完成上述句子的时候很可能没有什么迟疑，这意味着你有刻板印象吗？回答下列问题，看看你是否符合刻板印象的三个特征（我们将以"长者"为例）：

- **通常以容易辨认的特征将人分类**。例如：年龄是相对容易识别的特征，因此如果你发现某人看上去已经八十岁了，你很快就会将其归类为"长者"。

- 将一组特征加诸某一类的绝大多数，甚至是全体成员。例如：基于你和一些长者的（有限的）接触经历，你会下结论说所有的老人都有听力障碍且都神志不清。
- 将这组特征应用于该类群体的任何一个成员。例如：当你在商店偶然遇到一个老人时，你会刻意说得非常响、非常慢。当然，对于那些根本不符合你刻板印象、精力充沛且精神矍铄的老人来说，你的行为很可能极度招人厌。[4]

一旦我们陷入了某类刻板印象，为了支持自己不准确的信念，我们通常会搜刮一些孤立单一的事件或者行为作为例证。举例来说，当男女发生争执后，他们通常只记得那些符合对方性别的刻板印象的言行。[5]即使这并不能代表对方的典型言行，他们指出这些"证据"只是为了支持自己刻板的、不准确的言论："看吧！你又在批评我了！你们女人总是这样！"

不同种族成员之间的沟通也很容易遭受刻板印象带来的麻烦。[6]一些针对大学生态度的调查发现大多数黑人认为白人是"苛求的""好指使人的"，而大多数白人认为黑人是"喧闹的""招摇的"。类似的刻板印象会对个人的职业关系与人际关系产生妨碍。例如，美国医院里的医患沟通，尤其是在白人医生和少数族裔病人之间，双方都很难摆脱对彼此的刻板印象。医生想当然地认为对方听不懂，所以就简化甚至不提供重要的医疗信息；病人也很少提出自己关切的重要疑问，因为他们也想当然地认为医生不会为他们留出时间。这类期待导致自我应验的循环发生，也使得医疗保健的品质下降。[7]

刻板印象有时也不是出于坏心眼，而是源自好意或只是常识不足。例如，在集体主义文化中教养长大的人（参阅第三章"文化、性别和认同"）倾向于顺从群体规范，这个印象可能使你误认为任何来自这种文化背景的人都具有无私的团队精神。然而并非团体中的每一个成员都是齐头式的集体主义分子，就像个人主义文化背景中的个体也有差异一样。一项研究发现欧洲裔美国人和拉丁裔美国人的后代已经和他们的先辈产生了差异：有些拉丁裔美国人甚至比欧洲裔美国人更加独立，反之亦然。[8]此外，日本（一个以集体主义文化为传统的国家）的青少年说他们感

喜剧片《亲爱的白人们》(Dear White People) 记录了在一所虚构的常春藤名校中几名黑人学生面临的挑战。电影幽默地突显出有色人种学生面临的左右兼顾的行为，他们一方面保持自己的独特身份，另一方面遭到大多数白人学生的刻板对待。你是否对他人有刻板印象呢？它是如何影响你和来自不同背景的人之间的关系的？

受到了个人主义与集体主义之间、悠久的文化传统与当代的潮流之间的撕裂。[9]当世界因为科技与媒介的发展成为联系愈加紧密的"地球村"时,我们对特定的文化特征的概括将愈加不准确。

为了消除因过度的刻板印象造成的沟通障碍,一个有效的方法便是去除对他人的分类。试着把对方看作一个独立的个体,而不是你假定拥有某类共同特征的群体中的一员。想想看,如果你在交流的过程中把对方已知的性格特征移入"背景",而把他原先不重要的信息摆在显著的位置,那你和他人的沟通将发生多大的改变。

断句 组织的过程并不只是对我们的知觉信息进行归纳的过程。我们还可以用不同方法排列我们与他人之间互动交流的信息,然后你就可以发现这些不同的组织基模对我们与他人的关系会产生多强的影响。沟通理论学者用**断句**(punctuation)一词来描述原因与结果在一系列交流活动中所起的决定性作用。[10]想象一对夫妻的争吵过程,你便可以对断句的运作方式有一定的了解了:丈夫指责妻子喜欢不停地盘问,而妻子则抱怨丈夫回避她的问题。注意两人打断循环的切入点,然后你就会发现不同的次序竟然可以让争吵看起来完全不同。丈夫开始指责妻子:"我不想回答是因为你问个不停。"妻子以不同的方式重新组织这个情境:"我问个不停还不是因为你不肯回答我。"这种盘问—回避的争论在亲密关系中十分常见。[11]一旦这个循环开始运转,就无法分辨双方的指责谁才是准确的了,答案取决于如何断句。图4–2描述了以上这个事件的整个过程。

不同的断句会造成各式各样的沟通问题。注意以下情境因为双方断句的不同造成了多大的差异。

"我不喜欢你的朋友是因为他什么话也不说。"

断句一
盘问 ⟶ 回避 ⟶ 继续盘问 ⟶ 继续回避

断句二
回避 ⟶ 盘问 ⟶ 继续回避 ⟶ 继续盘问

图4-2 同一事件可以用一种以上的方式来断句

"他什么话也不和你说是因为你表现出了不喜欢他的样子。"

"我不得不说到现在是因为你打断了我那么多次。"
"我打断你是因为你根本就不给我发表意见的机会。"

争执哪一种断句是正确的只会让两人的争端更为严重。承认双方存在争议，进而思索"如何把事情做得更好"才是有益的方法。

诠 释

在我们选择和组织自己的知觉以后，我们还以某种方式对其加以诠释，使之具有特定的意义。**诠释**（interpretation）几乎在每一次人际互动中都发

技巧构建　断句练习

根据下列指引，你就能够领会不同的断句模式会给双方的态度和行为带来多大影响。

1.运用图4-2的图解模式来表示下列情境。思考不同的断句方式会对每个情境中双方回应对方的方式产生怎样的影响。

a.一对父女正变得越来越生疏。女儿疏远父亲是因为她把父亲的冷静解释为拒绝；而父亲也把女儿的冷淡视为漠不关心，造成了进一步的疏远。

b.两个朋友的关系正变得越来越紧张。其中一个试图通过说笑话来减缓紧张的气氛；然而另一个却因笑话变得更紧张了。

c.恋爱的男女正处在分手的边缘。一方频繁地向另一方要求更多的关爱；另一方因此更加排斥身体上的接触。

2.现在，回想你自己生活中的一个沟通困境。分别用两种方式为它断句：你的切入点和对方的切入点。讨论一下如果从对方的角度看待这个问题，会如何改变你固有的沟通方式。

挥作用。在熙熙攘攘的大厅中，一个向你微笑的异性是出于礼貌还是对你表示交往的兴趣呢？朋友开你的玩笑是想表示亲近还是意图激怒你呢？你又应该见招拆招还是一笑置之呢？

以下几个因素能够影响我们诠释一个事件或者行为的方式：

- **交情深浅**　两个同事以相同的理由向你解释他们工作迟到的原因。其中一个是你的好友，另一个你仅仅认识，那么你很有可能认为好友的借口更值得宽恕。
- **个人经验**　相似的事件对你有什么意义呢？举例来说，如果你曾经有过被房东克扣押金的经历，那么当新的管理者向你保证妥善管理房屋就可以退回这笔钱的时候，你或许就不会太信以为真了。
- **对人类行为的假设**　也许你认为"人类的普遍心理就是得过且过"，或者你相信"不管结局如何，人都会尽力而为"，不同的信念将会影响我们诠释别人行为的方式。
- **态度**　我们持有的态度也会决定我们如何看待别人的行为。例如，如果你无意中听到一个男人对另一个男人说"我爱你"时，你会怎么想？在一个关于同性恋的研究中，具有恐同症（指恐惧或者歧视同性恋的行为）的人大多会将这种言论视为说话者就是同性恋的暗示；不具有恐同症的人倾向于将这种深情的言论视为精神上的情感流露而不是性爱的表示。[12]
- **期望**　期待塑造了你对外界刺激的诠释。[13]正如你在第三章读到的，那些期待学生表现得更好的老师会用不同的方式看待和对待他们。我们的人际沟通也是如此：我们的期待决定了我们如何感知对方，以及如何在他人面前表现自己。
- **信息**　如果你得知你的朋友最近被其男友（女友）抛弃，或者被公司炒鱿鱼了，那么你对他的冷漠态度与行为的诠释就会和你在不知情的前提下完全不同。如果你知道某位老师习惯以嘲讽的方式对每一个学生说话，那你很可能就不会再根据他的言论对号入座了。
- **自我概念**　你是信心低落还是胸有成竹，看到的世界也会完全不同。当你被取笑的时候，你会如何诠释取笑者的动机，是友善还是敌意？你又会如何做出回应，是一笑置之还是防卫地反击？研究已经证实影响你做出决定的最重要的因素就是你的自我概念。[14]我们感受自我的方式，强烈地影响着我们如何诠释别人的行为。
- **关系的满意度**　同一个行为在双方关系愉快或者不满的时候，意义可能完全不同。举例来说，在夫妻关系中，对关系感到不满的一方在面对问题时更容易指责对方。不仅如此，他们也更倾向于认为对方是自私或者出于恶意的。[15]我们现在假设妻子建议丈夫暂时放下工作，周末一同度个假。如果这段婚姻现在有点麻烦，丈夫很可能将妻子的建议诠释为批评（你就知道工作，从来都不把心放在我的身上），结果导致两人展开一场没完没了的争吵；但是，如果双方的婚姻关系是稳固的，那丈夫可能就会把妻子的建议视为浪漫的邀请。因此，塑造夫妻两人日后关系的关键不是事件本身，而是双方解读的方向。

虽然我们依序讨论了选择、组织和诠释，但是知觉的这三个阶段并不一定会依序发生。举例来说，家长和保姆在过去的诠释（如"杰克是个捣蛋鬼"）会影响他们未来对信息的选择（他的行为要特别注意）以及对事件的组织（小朋友打架了，首先认为是杰克挑起来的）。在所有的沟通中，知觉是一个持续进行的过程，你很难指出它的起点和终点。

协　商

到目前为止，我们都聚焦于讨论知觉的三个元素：选择、组织和诠释，这都发生在我们个人的心中。但是知觉并不是孤立的活动，很多感受发生在两个人或者一群人中间：他们影响着彼此的知觉，并且试图在感知上达成一种共识。这个过程被称为**协商**（negotiation）。

当我们没有和其他人交换意见的时候，很少会就某个人或某件事得出结论。比如说，你认为自己刚刚遇见的某个人很有魅力。你很有可能会问问朋友的意见。如果他们给出了消极的评价，你可能会转变自己最初的知觉——虽然转变也许没那么彻底，但至少会有点儿。在一项研究中，研究者让大学生给一系列照片中的模特按魅力程度评定等级。[16]他们调查了大学生的评级过程，发现那些能够看到别人对相同照片做出评价的学生，会慢慢转变自己的评级，以便与他人取得一致。这说明，美不美不仅是由（单个的）观看者的眼睛决定的，也是由（协商的）旁观者的眼睛决定的。

了解协商运作的一种方法，就是将人际沟通视为彼此故事的交换。学者将那些我们用来描述个人世界的故事称为**叙事**（narratives）。[17]事实上，每一个人际情境都能用不止一种叙事来描述，而不同的叙事之间通常有很大差异。如果你询问两个正在吵架的小孩他们争吵的原因，那他们一定会绘声绘色地告诉你为何对方应该为冲突负责。同样，在法庭上也充斥着关于谁才是"恶棍"谁又是"英雄"的截然相反的叙事。冲突管理常常就是对同一事件的不同知觉进行协商的一个过程。

当我们的叙事与他人的叙事发生冲突时，我们有可能坚持自己的观点而拒绝接受别人的看法（因为别人的看法通常对自己不利），也有可能试着协商出一个具有共同基础的叙事。共享的叙事为顺利的沟通提供了最佳机会。例如，战胜重重阻碍才得以交往的恋人要比那些没有共同斗争经历的恋人更快乐。[18]同样，对两人交往中的重要事件有共识的伴侣要比那些存在分歧的伴侣更加满意彼此的关系。[19]

共享的叙事不必完全是清晰真切的。研究称，那些鹣鲽情深五十年甚至更久的伴侣所描述的婚姻叙事似乎并不理会事实。[20]例如，他们都认为彼此几乎没有争吵，然而客观的分析显示他们也有过争执。不过，他们都不约而同地选择将问题归咎于外力或者突发状况，而不是指责对方。他们用最宽容的态度去诠释对方的行为，即使事情不如意，他们仍相信对方的行动是善意的。他们似乎也愿意原谅，甚至遗忘对方的越界行为。沟通研究学者朱迪·皮尔森（Judy Pearson）总结如下：

> 难道我们应该据此得出结论，认为幸福的伴侣对现实的掌控反而较差吗？没错，也许就是这样。不过，难道旁观者会比当事人更了解他们婚姻中的现实吗？答案很明显。让婚姻保持长久和幸福的一个关键，就在于告诉自己和别人你拥有一段幸福的婚姻，并且表现得像你说的那样。[21]

在电影《无须多言》（*Enough Said*）中，当伊娃（茱莉亚·路易斯－德瑞弗斯饰）从她新男友艾伯特（詹姆斯·甘多菲尼饰）的前妻那里听到关于他的负面信息后，就改变了她原先对他的积极评价。你有没有在接收到他人提供的新信息后，转变对另一个人的负面观点呢？

4.2 影响知觉的因素

既然我们已经探索了感知的过程，现在让我们来看看什么是影响我们选择、组织、诠释和协商信息的因素。

获取信息

我们只能理解我们所知道的事情。即使是面对生活中最亲密的人，我们也有不知道的信息。当你获得了新信息，你对别人的看法也会随之改变。如果你只在课堂上见过你的老师，那么你对她的定论也只会建立在教师这个角色的行为上。如果你观察过她的其他角色，如高峰时段的司机、音乐会爱好者，或者食品店购物者等，那你很可能会改变对她的看法。（我们很多人都有在商场偶遇小学老师的经历，并且对于他们竟然生活在学校外面感到非常

电影《他和她的孤独情事》(*The Disappearance of Eleanor Rigby*) 有三个不同的版本。编剧兼导演内德·本森从三个不同的视角来讲述同一个故事，分别取名为"他""她"和"他们"。如果从你的立场、你伙伴的视角来讲述一段人际关系，或者你们共同复述这个故事，那么你们的这段关系看上去或听起来会有什么不同？

震惊。）

当他人的不同角色发生重叠的时候，我们通常就能获得关于他们的新信息了。想一想办公室派对上可能发生的情景。一个人在"办公室"和在"派对"上的角色往往是相当不同的，所以在办公场合开派对，你会看到意料之外的行为。同样，当你的爱人带你回家见家长的时候，你很可能会看他或她身为"被宠坏的儿子"或者"公主般的女儿"的一面。如果你曾经说过类似于"今晚我看到了全新的你"这种话，那就是你获取了新信息的证据。

社交媒体提供的新信息，可能改变一个人原先的知觉。这是鼓励求职者及时清理网上资料、小心管理网络印象的原因[22]，也是孩子和家长不想成为Facebook好友的原因[23]。个人的有些角色最好保持私密性，或者说只展现给特定的一部分人了解。

生理因素

影响知觉的另一个因素包含身体的素质。虽然环境相似，但生理上的因素使得每个人以自己独特的方式来感知这个世界。换句话说，即使相同的事件摆在眼前，但是由于每个人感官机能的差异，我们对外界信息会有不同的印象。思考下列塑造我们世界观的一系列生理因素：感官、年龄、健康与疲劳、饥饿、生理循环以及心理挑战。

感官　我们每个人在视觉、听觉、味觉、触觉和嗅觉等感官上的差异会影响我们的人际关系。想想以下每天都会发生的情境：

"收音机关小声点！我的耳朵快要聋了！"
"这哪里大声了？声音再调小，我就听不见了！"

"这里好冷喔！"
"你在开玩笑吗？如果你还要把暖炉调热，我们就要窒息而死了。"

"你为什么不超过去？这一公里内都没有其他车子。"
"我看不了那么远，而且我不想害死大家！"

这些争执不只是双方见解不同的结果，我们接收到的感官信息确实不同。其中视觉和听觉上的差异最容易辨认，不过其他感官的差异也同样存在。有证据显示，相同的食物，不同的人会尝出不同的味道。[24]同一种气味，有些人闻到了可能身心愉悦，另一些人可能相当厌恶。类似地，让某些人感到不舒服的气温骤变，另一些人可能毫无察觉。虽然认识到这些差异的存在并不意味着我们能消除它们，但却可以提醒我们对方这么做不是疯了，只是和我们不同。

心理挑战 有一些知觉的差异起因于神经系统。比如，患有注意力缺陷或者多动症（AD/HD）的人很容易分心，也很难延迟满足。不难想象，对其他听众来说相当精彩的一场演讲，在患有这类病症的人看来可能既无聊又沉闷。患有躁郁症（bipolar disorder，又称双相情感障碍，指人的情绪在狂躁和抑郁之间交替出现。——编注）的人会经历极端的情绪起伏，因为他们对于事件、朋友甚至家人的感知会出现惊人转变。美国国家心理健康研究所（National Institute of Mental Health）估计，仅这两项病症所影响的美国人就已达到500万至700万，此外还存在很多其他的心理状况会影响人类的知觉。[25]所以要记住，如果有人对世界的感观与反应和我们不一样，很可能是我们不了解的某些因素造成的。

年龄 我们在人生的不同阶段经历的世界也不同。除了明显的身体变化，年龄也会改变我们看问题的角度和方法。举个例子，想想这些年你是如何看待你的父母的。当你还是个孩子的时候，你很可能认为他们无所不知、完美无瑕；当你处于青春期的那段时间，你可能认为他们古板又平庸；而在成年以后，多数人才开始认识到父母见识的长远，认为他们是睿智的。

健康与疲劳 回想你上一次患感冒、流感或者某些慢性病的情况，你还记得自己的感受与平时有什么不同吗？你很可能浑身无力，不想搭理人，脑筋也转不过弯来。这些变化会极大地影响你与他人的沟通方式。如果你知道某人的态度与日常不同只是因为身体上的不适，那你一定会松一口气。同样，当你不舒服的时候也有必要让别人知道，这样他们才能对你的异常表现有所理解。

就如疾病，极度的疲劳也可能影响你的人际关系。再次提醒你，你必须认识到人会因为疲劳而举止反常。如果你在疲惫的身心状况下处理重要事务，一定会出大的纰漏。研究发现睡眠质量不高的已婚夫妇第二天对彼此的感知也更消极，从而造成更多的不和谐。[26]为此，晚上有一个好的睡眠对管理人际冲突而言是一个无价之宝。[27]

饥饿 在饥饿或饱餐的状况下，人的表现也会有所不同。如果我们没有吃饭就入睡，饿醒后，我们的脾气通常很暴躁。研究证实缺乏营养会影响我们与他人的沟通方式。一项研究指出，那些报告自己的家庭没有充足的食物来源的青少年，他们辍学的概率是一般孩子的三倍，对与人同处感到困难的概率是普通孩子的两倍，而交不到朋友的概率则有四倍之多。[28]

生理循环 你是早起的鸟儿还是夜猫子？大多数人可以很轻易地回答这个问题。而在我们答案的背后，其实也是生理因素的影响。随着日出日落，我们的身体也在持续地发生着改变，包括体温、性欲、机警度、抗压度、心情等。[29]其中大部分变化都受到荷尔蒙分泌周期的影响。例如，肾上腺激素会影响我们对压力的感受，它的分泌量在一天的某几个小时内会特别高。同样，雄性及雌性激素一天中也会以反复不定的速率进入我们身体的系统。我们常常意识不到这些变化，但它们确实影响着我们和别人的关系。只有在了解掌管着我们感觉和行为的生理循环后，我们才有可能管理自己的生活，懂得在一天中最有效的时间内处理重要的事务。

文化差异

到目前为止，你已经了解到生理因素可以让我们的世界截然不同，但这里还有另一种常常会阻碍沟通的知觉鸿沟——来自不同背景的人之间的间隔。每个文化都有不同的世界观，都有看待世界的特有方式。要记住：掌握不同的文化观点能使我们对自己和对方的文化有所了解，但有时候我们很容易忘记别人和我们看世界的方式不同这一点。

文化差异的范围很广。在中东地区，个人气息在人际关系中扮演着重要角色，阿拉伯人在谈话时习惯向别人呼气。人类学家爱德华·霍尔（Edward Hall）解释说：

> 闻朋友的气息不只是有教养的行为，也是令人期待的，不让对方闻你的呼吸则是一种羞辱对方的行为。相反，美国人被教导不能呼气到对方脸上，自然而然地，美国人在试图表示礼貌的时候对方反而感受到了羞辱。谁会想到我们最高级的外交人员，在表现高礼节的时候也传达了羞辱？但这种憾事却是外交上的家常便饭，因为外交不只是眼球对眼球，也是鼻息对鼻息。

对于谈话的价值，不同的文化看法也迥异。[30]西方文化视谈话为令人渴望的事情，并在工作和社交上使用它，沉默在西方文化中带有负面的价值，它被解读为缺乏兴趣、拒绝沟通、敌意、焦虑、害羞或是彼此不和的征兆，西方人对沉默感到浑身不对劲、窘困、尴尬。

相反，亚洲文化以另一种方式看待谈话。数千年来，亚洲文化不鼓励表

多元视角

克里斯塔·金威顿：社会经济学的刻板印象

当你听到"学分绩4.0的大学生"，你会想到什么？当听到"福利妈妈"的时候又会想到什么？最有可能的情况是你会在内心形成两幅截然不同的画面，或者认为这两种人完全处于对立面。不过，在我身上，这两者重合了：一个所有学科全部得A的大学生，同时也是一个依靠福利救济的单身母亲。对某些人来说，这样的组合并不适合。他们总觉得一个聪明到学分绩可以拿4.0的人不应该沦落到依靠社会福利生活；同样，一个依靠社会福利的人应该又笨又懒以至于上不了大学，更不要说拿到全A的成绩了。

人们为我贴上哪种刻板印象决定了他们与我沟通的方式。大多数人只知道学校里的我，而不知道我的经济情况，这些人会觉得我聪明而且有抱负，简而言之是一个学习上的尖子生。他们会很正式地和我交谈，言谈间也充满了尊重；但是那些只知道我的收入水平的人——如福利机构的工作人员、医疗保健工作者或者杂货店的店员——就会用一种很不同的方式和我交谈。当我走进福利机构的办公室为一张处方出示我的医疗补助卡，或者用食品救济券购买食物的时候，我经常被视为一个笨蛋、懒鬼和不诚实的人。人们用轻蔑和不尊重的语气和我说话。

为什么有些人要把我的收入水平和我的智力等同在一起呢？他们凭什么根据经济地位的不同就把我和其他人区别对待？为什么穷人就不能得到尊重，而社会似乎也默认了这种做法？刻板印象的存在的确有一定的原因，但是透过表象去发掘每个人背后的独特故事也是很重要的。等到哪一天，当你意识到了解一个人是不能仅仅通过眼睛去看的，那就是你真正变得成熟的时候。

"Socioeconomic Stereotyping" by Christa Kilvington. Used with permission of author.

达思想和感觉，沉默受到肯定。正如道家所言"言多必失"，又如"知者不言，言者不知"，亚洲人并不像西方人那样对沉默感到不自在。日本人和中国人认为在没什么可说时，保持沉默是较适当的方式。对东方人来说，一个爱说话的人常会被视为爱吹嘘的或者不真诚的。

当不同的文化相遇时，你很容易就可以看出，对说话和沉默持有不同的观点会如何导致沟通出现问题。爱说话的西方人和沉默的东方人，都以他们认为合适的方式生活，然而彼此都对另一方心存疑惑、无法苟同。只有在他们认识了对方心目中的衡量标准后，他们才能互相适应——或者至少了解并尊重这份差异。这可能要求他们必须面对并处理所谓**民族优越感**

（ethnocentrism）问题，也就是认为自己的文化优于别人的态度。旅行作家里克·史蒂夫（Rick Steves）曾经描述了民族优越感是如何干扰人们对其他文化现象的尊重的：

> 我们（美国人）认为自己很爱干净，经常批评别的文化习性有点肮脏。我们在浴缸中打肥皂、擦身子、冲干净，都用同一缸子水（但我们是不会这样洗碗盘的）。日本人洗澡的时候每一个步骤都分开使用清水，他们可能觉得我们的洗澡方式很怪异甚至恶心。有些文化当街吐痰、当众擤鼻涕，他们无法想象把痰吐在小手帕里，放回口袋中，需要的时候再继续使用这种行为。我们在思考这个世界的时候，太常使用在金字塔顶端的"文明"人（我们）和在底层的"原始"族群这类措辞了。如果我们以另一种方式衡量事物（也许根据压力、孤独感、心脏病发病概率、花在堵车上的时间，或者家庭归属感），那么事物累积起来也会不同。

不一定要出国旅行才有机会遇到不同的文化观点，国内就存在着许多次文化，每种次文化的成员所拥有的背景让他们以不同的方式看事情。没有辨认出这些差异可能会导致不和谐和不必要的误解。例如，如果一位拉美裔女性低着头说话，可能让男性白人教师或穿制服的警官解读为拒绝甚至不诚实。但事实上在她的文化里，当一个女性被一个年纪比她大的男性问话时，低着头答话才是适当的行为。直接的目光接触被视为无礼的不当举动，甚至是对异性暧昧的邀请。

思想开明的沟通者可以克服预先存在的刻板印象，学会把来自不同背景的人作为个体来理解。一项针对大学生的研究显示，当他们被介绍认识来自不同文化背景的陌生人时，他们对新的对话伙伴的态度，更多地基于这些陌生人的个人行为，而不是自己对对方行为的预先期望。[31]

社会角色

从我们出生的那一刻开始，我们就间接地被教导去扮演一系列受期待的角色。在某种意义上，这样一套规定的角色是必需的，因为它能使社会平稳地运作，也使我们知道别人对我们的期许，从而获得安全感。但另一方面，提前拥有明确的角色可能带来理解上的巨大差异。当某种不被质疑的角色固定下来以后，人们便倾向于用他们自己的观点来看世界，从而失去了体会其他人如何看待这个世界的经历。让我们看看社会角色如何影响我们的观点和沟通。

性别角色　人们在使用性征（sex）和性别（gender）这两个词的时候可

能会觉得两者是同义词，但实际上两者有着重要差别。³²性征是指男人和女人的生物性特征，而性别是指男性和女性行为的社会和心理向度。大量的研究显示男人和女人感知世界的方式确实不同，原因涉及基因、神经、荷尔蒙等因素的差异。³³然而，即便是专注于男女生物性差异的认知研究学者，也承认社会性别角色和刻板印象对知觉的重要影响。³⁴

性别角色是指被社会所接纳和期待的男女行为模式。孩子通过观察他人、接触大众传播媒介、接收大人反馈等方式，认识到性别角色的重要性。³⁵当社会成员都学习和接受了惯常的角色之后，他们倾向于将违反这些角色的行为视为不寻常甚至不符合社会期待的。

一些学者建议：阳刚和阴柔的行为并非某一个连续体的两极，而是两组不同的行为。³⁶在这种观点下，一个人可以单独表现出阳刚或阴柔的行为，也可以两者兼备。传统的"男—女"二分法被下列四种心理性别倾向取代：阳刚、阴柔、**阴阳兼具**（androgynous）和未分化（既非阴也非阳）。这四种心理性别倾向和男、女这两种传统的生理性征结合在一起，就产生了表4-1中的八种类别。

这八种类别的人所理解的人际关系也不一样。例如，阳刚的男人可能将他们的人际关系视为竞争和赢得利益的机会；阴柔的女人则可能将其视为培养感情和表达感觉、情绪的机会；阴阳兼具的男人和女人在人际关系理解上的差异很小。

职业角色　我们的工作类型常常影响我们对世界的看法。假设有五个人在公园散步，第一个人是个植物学家，他为公园里各种各样的树木和其他植物而着迷；第二个人是个动物学家，他一边走一边寻找令他感兴趣的动物；第三位是气象学家，他一直抬头留意天空和天气的变化；第四个人是心理学家，他完全没有察觉到大自然的一切，而是专注于公园里人与人之间的互动；

在美剧《女子监狱》（*Orange Is the New Black*）中，由拉弗内·考克斯饰演的索菲娅·布尔塞特是一名变性人囚犯，为了成为女人而抛弃了自己作为一个丈夫和消防员的人生。尽管从未否认过自己的过去，但无论是剧中的布尔塞特还是现实中的考克斯都拒绝被归入传统的性别分类中。你有没有受到过性别的刻板印象影响而扭曲了你对他人的看法？

表4-1　性别角色

	男	女
阳刚	阳刚的男人	阳刚的女人
阴柔	阴柔的男人	阴柔的女人
阴阳兼具	阴阳兼具的男人	阴阳兼具的女人
未分化	性别未分化的男人	性别未分化的女人

第五个人是个扒手，他利用别人专心于特定事物的时候迅速行窃。这个小故事有两个启示：第一当然是小心你的钱包，第二则是我们的职业角色影响了我们的知觉。

即使在相同的职业场景下，参与者所持有的不同角色也可能影响他们的知觉。举例来说，在一个典型的大学课堂里，老师和学生的经验便常常不同。大部分老师因为把他们人生的多数时间都奉献给了工作，所以极其重视自己所教授的科目——无论那是法国文学、物理学还是沟通学。然而，对于为了完成学科培养要求而选修某个科目的学生来说，他们可能持有不同的观点：有的把这个科目看作是挡在他们和学位之间的许多障碍物中的一个；有的将其看作认识新朋友的机会。另一个差异点集中于参与者所具备的知识量上。对一个教过该课程很多遍的老师来说，教材似乎极其简单，但是对第一次接触此科目的学生来说，教材可能既陌生又令人困惑。临近学期末的时候，老师可能加紧脚步赶课，而学生则可能因将近一个学期的辛苦疲累而放慢步调。因为知觉差异带来的人际张力和压力无须赘言。

关系角色　回想一下你在第三章开篇所写的"我是谁"清单。在清单里，你很可能列出了在和他人的关系中自己所要扮演的角色：女儿、室友、丈夫、朋友等等。这样的角色不只定义了你是谁，同样也影响了你的知觉。

以家长的角色为例。大多数新晋父母会向你证明，拥有一个孩子会改变他们看待世界的方式。父母会认为号啕大哭的婴儿是一个需要安慰的、无助的小家伙，不过，附近受哭声所恼的陌生人就不会有如此善心的评价了。随着孩子慢慢长大，家长往往会更关注孩子在成长环境中接触到的各种信息。一个父亲说他从来没有介意过球迷的诅咒和谩骂，直到他带着6岁的孩子去看了一场比赛。换句话说，他作为父亲的角色，影响了他听到的内容和诠释的方式。

陷入恋爱的角色中也很容易改变认知。这些角色有很多标签：伴侣、配偶、男朋友（女朋友）、甜心等等。有时候，亲密关系会让你在情感上更偏向自己喜爱的对象。所谓情人眼里出西施，你会认为自己的爱人比别人更有魅力，同时也会忽略别人能够注意到的他（或她）身上的一些缺点。[37]恋爱角色还会改变你看待他人的方式。一项研究发现，当人们陷入爱情后，他们会认为其他的暧昧对象没有以前那么有吸引力了。[38]

也许"爱情的有色眼镜"最显著的影响要发生在它们被摘下来的时刻。很多人都有过这种经历，与恋人分手之后反问自己："我到底看上他什么了？"答案——至少有一部分——是你看上了你的关系角色带你看的那个部分。

想一想 角色对调

穿着别人的鞋子走一英里，然后找一个对你而言完全陌生的团体。试着成为团体中的一员，并坚持一段时间。

1. 如果你对警察不满意，看看当地警局是否有体验项目，让你可以花几个小时和一两名警察一起巡逻。

2. 如果你认为当下的教育状况很糟糕，那就成为一名教师。和你的导师商量，也许他会给你机会去规划一两堂课的内容。

3. 如果你是一个政治保守主义者，那就试着加入一个自由主义组织；如果你是一个自由主义者，那就去看看保守派。

无论你加入哪个团体，尽自己最大的努力去成为他们中的一分子。注意，不要只是站在一旁观察，而要真正融入你新角色的哲学理念，看看这种感觉怎样。或许，你会对那些你不曾理解的人有一些新的认识。

4.3 知觉的常见倾向

到目前为止，很明显诸多因素扭曲了我们对外界的诠释。社会科学家用归因（attribution）一词来描述我们解释行为的过程[39]，包括对自己和对别人的行为赋予意义，但我们常常使用两套不同的标准。研究人员揭示出一些导致归因谬误的知觉倾向。[40]

对人严厉，对己仁慈

我们评价自己时往往比评价别人更为宽容，并且试图让自己和别人相信"我的本意是善良的"。我们倾向于用最宽容的条件裁断自己。社会科学家将这种倾向称为**自利的偏误**（self-serving bias）。[41]当别人遭遇不幸时，我们常将问题归咎于对方个人的因素，而自己遭遇不幸时，我们就将问题归咎于外在因素。想一想下面这些例子：

> 当别人搞砸一件工作时，我们可能认为他们事前没有听清楚或做得不够认真；当我们自己搞砸一件工作时，我们就会说领导的指示不明确或时间不够。
>
> 当别人失控或生气时，我们认为他太情绪化或太敏感了；当我们自己情绪失控或生气时，我们会说那是因为压力太大。

"不要误解我，泰德，我很欣赏你，你只是没有我特别而已。"

当某人超速被开罚单时，我们说她当初应该更小心一点；当我们自己开车超速被开罚单时，我们会否认自己超速，或者会说："大家不都这么做吗？"

当别人出言不逊时，我们认为他性格不好；当我们说脏话时，则是情境使然。[42]

我们知道有些信息"诚实但伤人"，一项关于这类信息的研究揭示了自利的偏误会如何作用于一段恋情。[43] 发送坦诚信息的一方试图向同伴证明自己是可靠的、有建设性的。但是，同样的信息到了接收者那里，则被视为伤人的、刻薄的。换句话说，"当我告诉你残忍的真话时，我是你甜蜜的爱人；如果你对我这么做，你就是个不合格的情人。"

先入为主

留恋于第一印象进而根据自己的第一印象给人贴标签，是知觉过程中无可避免的一部分。贴标签是一种快速做出解释的方式，如"她似乎很爽快""他看上去很真诚""他们听起来非常自大"等。如果这样的第一印象是准确的，那么这些印象在我们以后考虑如何最好地回应对方时就是有用的信息。然而如果这些印象不准确，那么问题就来了。因为我们在对某个人形成一种观点之后，往往倾向于抓住这种观点不放，甚至会调整所有冲突的信息以便符合我们原先的观点。

社会科学家提出**光环效应**（halo effect）来说明：对于具有某个正面特质的人，我们是如何将所有的正面印象都加诸他身上的。尤其是因为第一印象往往来自于外貌的吸引，我们很容易将所有优点归属到"长得好看"的人身上。[44] 例如，面试官对外貌条件好但资质平庸的求职者的评价，往往高于外貌条件较差的求职者。[45] 而且一旦雇主形成了正面印象，他们提出的问题通常会有利于证实自己对求职者的印象。[46] 例如，当面试官对应聘者形成一个正面印象后，他可能会将对方的回答导向正面方向（如"你从那个挫折当中学到了什么？"），从正面的角度诠释对方的回答（"啊，花点时间去学校外面走一走，这是个不错的主意！"），鼓励应聘者（"很好的观点！"），强调公司的优点（"我想你会喜欢这里的工作环境。"）等。同样地，一旦应聘者给人留下负面的第一印象，那他将陷入愁云惨雾难以翻身，这种现象有时又被称为"魔鬼效应"（devil effect）。[47]

第一印象的影响力在人际关系中也很显著。一项针对大学生室友的研究发现，那些对彼此有着正面的第一印象的大学生室友很可能会有积极的后续互动，建设性地管理他们之间的冲突，并且持续地住在一起。[48]反之亦然：那些开头就留下糟糕印象的室友之间易于形成一个负向的螺旋。这些情况强化了古老而睿智的格言，"你永远没有第二次机会重塑第一印象"。

考虑到先入为主的倾向几乎是不可避免的，我们能提供的最好的忠告便是：保持开放的心胸，当事实证明你错怪对方时，要愿意改变当初的判断。

以己之心，度人之腹

在第三章你已经通过例子了解到这样一条原则：低自尊的人会猜想别人以不利于自己的方式看待自己，高自尊的人会猜想别人以对自己有利的方式看待自己。别人的想法一定类似于自己的观点，这种错误的假设广泛且频繁地发生在许多情境中：

- 你听过一个相当有趣但是带点色情的笑话，你假设这个轻度色情的笑话不会冒犯一个有点拘束的朋友，结果还是冒犯到了对方。
- 老师想要删除授课内容中的某个主题，这让你很烦恼。你假设自己是老师，一定会想知道学生对你所做的事情是否感到困扰，所以你认为你的老师可能也会乐于接纳建设性的批评。结果很不幸，你错了！
- 一个星期以前你对朋友发火，说了些让你后悔的话。假设别人对你说了同样的话，你会认为这段关系结束了。心想你的朋友也这样认为，于是你避免再联络对方。事实上，你的朋友没有联系你，是因为她认为你才是想要了结关系的那个人。

这样的例子告诉我们，别人并非总是按照我们的方式思考和感觉的，因此假定彼此的想法类似可能导致问题。[49]你如何能找出对方真正的立场？有时候要靠直接询问对方，有时候要靠和其他人核对，有时则需要你在深思熟虑后做一个成熟的猜测，所有这些替代方式都比单纯地假定"每个人都会像你一样反应"来得更好。

我们被自己的期待影响

假设你参加了一门课程，却被提前告知上课的老师非常糟糕，这会影响你对于这位老师的认知吗？研究表明这种影响几乎是必然的。在一项研究中，那些在网上读到关于老师积极评价的学生要比没有接触过这些评价的学生，认为教师更可信、更有魅力。[50]

在工作中　性骚扰及其认识

距离美国民权法案（U.S. Civil Rights Act）首次明文禁止性骚扰已经过去50年了，然而这一问题在今天的职场中还是存在。近几年，员工对于无理的性要求和恶意的工作环境的投诉，每年都要让雇主支付约5 000万美元。[a]

学者曾经试图去了解，既然法律已经明文禁止造成"恶意的工作环境"的行为了，为什么关于性骚扰的投诉还是居高不下。他们发现，虽然明确的、恶意的性别歧视确实存在，但是人们对此的不同感知有助于解释随之而来的众多事件。

构成骚扰的因素取决于性别：女人往往比男人更容易将某个行为评价为敌意的或者是冒犯的。[b] 或许更让人吃惊的是，年轻人（不论男女）判定某个情境是性骚扰的可能性反而比年纪较大的人要少。

与性别和年龄一样，文化背景也帮助我们塑造对于骚扰的感知。[c] 生活在高权力距离（high power distance）文化氛围中的人要比来自低权力距离文化的人较少地感知到性骚扰。

类似的发现并不是要为个人的性骚扰找借口，但是它们有助于我们解释这种现象。在同一个组织内，如果有更多的成员能够了解其他人的知觉，那么因骚扰而出现不愉快和不幸的状况将会好转。

期待不一定带来更多积极的评价。如果我们把期望提得过高，那么在事情发生的时候我们反而会感到失望。如果你被告知自己将要会面的人多么多么地有魅力，以至于你在脑海中描绘出一个专业模特的形象，那么当你发现真人没有达到你那不切实际的期望时，就只会感到失望。如果你被告知对方长得不是非常好看，又会怎样呢？在这种情况下，你可能会被对方的外貌惊艳到，甚至会更积极地评价这个人的魅力。我们这里所要讨论的重点是：期望会影响我们看待别人的方式，既有正面影响也有负面影响，并且这种期待会导致自我应验预言的发生。[51]

最明显的最有力

我们容易被显而易见的事件所影响。这种知觉错误并不难理解，正如本章开头提到的，我们总是选择环境中最明显的刺激因素，包括刺激的强度、重复、不寻常或者其他吸引我们注意的特征。问题在于最明显的因素不一定是事件中唯一的或最重要的因素。举例来说：

- 当两个小孩（或大人）打架时，我们常犯的错误是去责怪第一个发难者。其实另一个人至少也有一半责任，因为他可能取笑对方或拒绝合作。
- 一位熟人恶意的闲言碎语和非议已经开始造成你的困扰，你为此大为抱怨，却忘记长久以来正是你一直在放纵他，因此你至少也有部分责任。
- 你可能把不愉快的工作情况归咎到顶头上司身上，却忽视了超出他控制范围的其他因素，比如经济波动、公司高层的决策、顾客或其他同事的要求等。

在真人秀《美国之声》(The Voice)里，导师（如克里斯蒂娜·阿奎莱拉，图为她背对参赛者）在初赛中用盲选的方式挑选选手。在其他的现场表演秀中，评审在做出评价之前不仅能看到参赛者的外貌，甚至还知道他们的背景来历。这难道不会影响评审对于表演者及其表演的认知吗？

4.4 知觉检核

如果我们一厢情愿地认定我们对事情的解释就是事实，恐怕会产生很多严重的人际困境。就像大多数人一样，你可能也不喜欢别人对你行为的原因草草下结论，想象一下别人对你这样说：

"你为什么对我生气？"（谁说我生你的气了？）
"你出了什么问题？"（谁说我有问题？）
"快点！告诉我实话！"（谁说我在说谎？）

正如你在第十一章将会学到的，如果你用一种武断的、自以为是的方式去诠释，那么即便你的诠释是正确的，也会让对方产生防卫。**知觉检核**（perception checking）技巧为你提供了一种更好的诠释方式。[52]

知觉检核的要素

完整的知觉检核包含三个部分：

1. 描述你注意到的行为。
2. 列出关于此行为至少两种可能的诠释。
3. 请求对方对行为诠释作澄清。

对于先前的三个例子，知觉检核可能会像这样：

"当你用力跺脚走出房间并大力关上房门时，"（**行为**）
"我不确定你是否在生我的气，"（**第一种诠释**）
"或者你只是比较匆忙。"（**第二种诠释**）
"你真正的感觉是怎样？"（**请求澄清**）

"你这几天都没有笑容，"（**行为**）
"我想知道是否有事让你心烦，"（**第一种诠释**）
"或者你只是心神比较平静。"（**第二种诠释**）
"到底是因为什么？"（**请求澄清**）

"你说你喜欢我所从事的工作，"（**行为**）
"但是你说这句话的语调，让我觉得你可能并不是真的喜欢，"（**第一种诠释**）
"虽然这可能只是我的猜测。"（**第二种诠释**）
"你可以告诉我你真正的想法吗？"（**请求澄清**）

知觉检核是帮助你准确地理解别人的一项工具，并不假设你的第一印象就是正确的。因为它的目的是相互了解，所以这个迈向沟通的检核方式需要彼此协力合作。除了通向更准确的知觉，这一技巧还能经由保留对方的面子来降低对方的防卫心。我们使用知觉检核其实是以一种更谦恭的方式来向对方表达或暗示"我知道没有其他线索的帮助，我不够格对你下判断"，而非直接说"我知道你在想什么"。

知觉检核的考量

就像本书所列出的每个沟通技巧，知觉检核也不是一个放之四海皆准的机械公式。若你想要发展自我知觉检核的能力，在你决定何时及如何使用这个方法时，想一想下列因素：

完整性 有时知觉检核不需要囊括前面所列的所有部分也能奏效。

"你最近很久没来坐坐了，发生什么事了吗？"（单一的诠释加上请求澄清）

"你说我吝啬,我无法分辨你是开玩笑还是当真。"（行为加上诠释）"你在生我的气吗？"

在生活中　日常生活中的知觉检核

知觉检核只有真诚的情境以及符合你个人风格的时候才奏效。下面的例子表现了知觉检核在日常生活中的运作方式，它们能帮助你在面对模糊信息的时候找到方法运用它。

老板的笑话

我真的被老板的幽默搞糊涂了。有时候他开玩笑只是想要变得有趣，但有时候他是在用幽默间接地表达他心里所想的意思。上个星期当他谈到接下来的工作安排时，他笑着说："我拥有你的整个周末！"要知道除了工作我还有其他的生活，所以他的话让我很是担心。

因此，我决定用知觉检核去搞清楚他究竟想要说什么。"布莱德，你跟我说'我拥有你的整个周末'，但我不确定你是在开玩笑呢，还是真的需要我在星期六和星期天工作。你刚刚是认真的吗？"

他意味深长地笑了笑，说："不，我开玩笑呢！事实上，你只要在星期六和星期天工作。"

我仍然无法确定他话里的意思，只能再检查一次，"你在开玩笑，是吗？"

终于，我的老板回答道："好吧，我确实需要你工作至少一天，当然两天会更好。"当我弄清楚他真正的意思后，我们立刻商量出了工作计划表。而我只需要周五晚上和周六早上就可以完成，这样就可以把我需要的时间给留出来。

如果我没有使用知觉检核的话，我很可能非常紧张、担心整个周末都会被占用，并且因为没有好的理由拒绝而对老板感到生气。现在，我很高兴自己说出来了。

父亲的喜爱

父亲和我一直有着非常良好的关系。不久之前，在他经历了整整一个星期的出差以及跨国长途飞行之后，我去机场接他。在回家的路上，他相当安静——这不是他平常的样子。他告诉我他筋疲力尽了，我自然也能理解。但是当我们回到家以后，他立刻活跃了起来，和我的弟弟又是开玩笑又是玩耍。这让我很不开心，心想："为什么他看到弟弟的时候那么开心，对我却连一个字也不想说呢？"虽然当时我没有说什么，但是到了第二天，我发现自己对父亲充满了怨恨，而且表现得相当明显。"你怎么了？"父亲问我。不过，因为太尴尬，我什么也没说。

在课堂上学到知觉检核的方法后，我决定在父亲身上试验一下。我说："爸爸，在你出差回家的路上你表现得很沉默，但是当你回到家见到杰米后突然就活跃起来了，我不确定究竟发生了什么。我觉得你可能看到杰米比看到我更开心，或者是我想得太多了。但是你怎么能和我在一起的时候就说累，和杰米在一起的时候就精神活跃呢？"

父亲对我的话感到很难过。他说他在车里确实感觉很累，但是一回到家他感觉很开心，整个人都仿佛焕然一新了。在这件事情中，我太过纠结于脑中的想法而没有去考虑其他的可能性。因为我没有（及时地）使用知觉检核，不仅让自己不开心，还造成了一场不必要的冲突。

"你确定你不介意载我一程吗?如果真的不麻烦的话,我需要有人载我,但我不希望你特别为我绕远路。"(**不需要描述行为**)

有时甚至最简略的知觉检核——比如只是简单地问"怎么啦?"——也能够奏效。你可以靠着别人的帮助来弄清令你困惑的行为的原因:"拉谢尔最近都不大说话,你知道发生什么事了吗?"不过,当听来的判断有极高的风险时,完整的知觉检核还是最有必要的。

非语言的一致性 只有当你的非语言行为也反映出你话中所表现的开放态度,知觉检核才能成功。控诉的语调或是有敌意的姿态会和要求澄清的真诚言辞相矛盾,因为你的非语言信息暗示了你对别人的真正态度,仿佛你早就为此下了断语。

文化支配 知觉检核这种有话直说的方式,在第六章要提到的**低语境文化**中最有效。该文化中的成员,使用语言都力求清楚、合乎逻辑。北美的主流文化和西欧文化就属于低语境文化,这些群体内的成员也最有可能认同经由知觉检核把事情讲明白的方式。另一方面,**高语境文化**(在拉丁美洲以及亚洲较普遍)中的成员提倡"以和为贵",认为这比"把事情讲明白"更重要。在高语境文化中,沟通者可能视知觉检核这类坦白的说话方式为潜在的窘境,倾向于用不那么直接的方式了解彼此。因此,对崇尚把话讲明的文化中长大的欧洲裔美国上司,"直言直语"这种知觉检核技巧可能奏效,而对大半生接触高语境文化的墨西哥裔或亚洲裔美国上司来说,反而会造成严重的错误。

保留颜面 除了澄清意义,知觉检核有时能以一种保留颜面的方式使我们在跟别人讨论问题的时候不至于直接威胁或攻击对方。看看下面的案例:

"你是打算稍后再清洗碗盘,还是忘了今天轮到你来洗?"
"我打扰到你了吗?还是你有其他心事?"

在第一例中你可能十分确定对方根本不想要洗碗盘,而第二例中你也知道对方感到厌烦。即使是这样,比起直接对质,知觉检核是一种比较不具威胁性地指出他们行为的方式。记住,沟通能力的一个要素是在各种方案中选择最佳选项,而知觉检核在许多时候都是有用的策略。

技巧构建 知觉检核练习

运用知觉检核的三个步骤处理以下情境，借此练习你的知觉检核能力：

1. 你向老师提出了一个自认为很棒的建议。虽然老师没有表现出强烈的兴趣，但是她说会立刻核实这个问题。现在三个星期过去了，什么都没有改变。

2. 一个平日里很友好的邻居兼好友连续三天都没有对你的"早上好"做出回应。

3. 家人回去已经超过一个月了，但是你却没有接到往常每周都会打过来的电话。而你们最后一次交流，正是对去哪里度假产生了争执。

4. 你认识多年并且一直与他分享自己情感生活的老友，最近和你在一起的时候改变了他原先的行为方式。以前相当随意的拥抱和亲吻，现在变得越来越长，越来越强烈。而且，你们"偶然的"身体接触不知从什么时候开始已经变得很频繁了。

4.5 同理心、认知复杂度与沟通

知觉检核是澄清含糊信息的一个很有价值的工具，但是含糊并非知觉问题的唯一原因，有时候我们了解对方的意思，却不像他们一样了解他们想法背后的原因，这时我们所缺少的是设身处地的重要能力。

同理心

同理心（empathy）是指从另一个人的角度来体验世界、重新创造个人观点的能力。也许我们不可能完全体会到另一个人的知觉，但若付出足够的努力，我们的确可以更了解世界对他的意义。

当我们使用同理心这个词的时候，它包含三个面向。[53]第一，同理心牵涉**观点采择**（perspective taking），即尝试采用另一个人的观点。这需要你中止自己的论断，以便在那一刻你可以把自己的意见放在一边，试着理解对方。即便是一个自恋狂，也可以通过参加观点采择练习来对别人产生同理心。[54]第二是同理心的**情感**（emotional）面向，它能帮助我们更贴近地去体验别人的感受，去感受他们的恐惧、喜乐、伤心等感觉。同理心的第三个面向是真诚地**关心**（concern）对方的福祉。当我们用同理心对待他人时，不光是和他们有一样的想法和感受，而是更进一步，真实地关心他们的福祉。

最近的研究成果表明，人类天生就对别人有同理心——它根植于我们的

链 接  在Facebook上培养同理心

DigiClack/Fotolia

在Facebook的7 185名员工中，阿图罗·贝加尔（Arturo Bejar）所做的工作或许是难度最大的：教导这个网站的13亿用户，尤其是其中的数千万青少年，如何友好对待他人并互相尊重。

互相尊重？在网上？哈！那是不可能的。所有人都知道社交媒体就是个"谁能更刻薄"的游戏场，其中没有人是赢家。如果贝加尔先生认为他能让Facebook的用户变友好，借用Facebook上一句流行的评论来说，那就是"简直太蠢了！"。

作为"Facebook保护与关怀"团队的工程总监，他相信大多数用户并不是故意刻薄的，如果他们意识到自己给别人造成了伤害，他们会收回自己的评论（甚至对此感到内疚）。

换句话说，通过使用哭和笑等这些过去常常发生在像游乐场这样的现实场景中的社交线索，贝加尔先生正试着在Facebook用户中间培养同理心。我从该公司得知，每个星期都有800万Facebook用户会使用相关工具上报对自己有伤害的帖子或照片。贝加尔先生的团队设计这些工具就是允许用户告知人们有人伤害了他们的感情。

青少年是需要特别注意的群体，不仅因为他们是网络暴力的受害者，还因为他们在处理一些负面的帖子时情感还不够成熟。在Facebook上，当青少年想要删除一个帖子的时候，他们会被展示除了"这令人尴尬"的更多选项。他们会被询问帖子里说了什么，他们对此有什么感受，以及他们有多伤心。此外，他们还会看到一个文本框，包含已经写好的礼貌性回复，他们可以把它发送给那个伤害他们感情的朋友。

通常情况下，人们发布帖子并非有意去伤害别人，而是用数字媒介发送的笑话失去了原先的意味。当Facebook询问人们为什么要分享一个伤害别人的帖子时，大约90%的回答者都说他们本以为朋友会喜欢这个帖子，或者觉得帖子很好笑。只有2%的用户表示自己是想激怒或警告别人。

研究者正在寻找其他方法来帮助社交网络的用户变得更有同理心。去年，Facebook受到查尔斯·达尔文（Charles Darwin）于1872年出版的《人类和动物的表情》（*The Expression of the Emotions in Man and Animals*）一书启发，制作出了面部表情标签。

接下来，贝加尔先生说，他的团队正在试验用声音来帮助人们传达他们的感受。（想象一下向别人发送嘟啾声、叹息声，或者咯咯的笑声来表达你对某个帖子的感受。）

这样的话，也许贝加尔先生的意图其实没有那么蠢。

尼克·比尔顿（Nick Bilton）

通过回答下列问题，加强你的理解：

1. 你是否曾在社交网站上读过一个针对你的帖子，帖子的内容伤害到了你的感情，但发帖的人显然只是觉得很有趣？哪些因素影响了你们的知觉差异？

2. 你认为本文中提到的同理心工具能够

帮助人们在社交网站上进行更有效的沟通吗？如果有机会，你会使用这些工具吗？

3.总的来说，你认为使用社交媒体是加强了还是损害了人与人之间的同理心？举例证明你的观点。

大脑。⁵⁵ 畅销书作家丹尼尔·戈尔曼（Daniel Goleman）认为，培养同理心的这种自然倾向是"社交智力"（social intelligence）的本质。⁵⁶ 运用同理心的能力似乎以一种最基本的形式存在，即便在最年幼的小孩身上也是如此。国家心理健康研究所（National Institute of Mental Health）发起了一项研究，揭示了众多家长从经验中得知的东西。几乎从出生开始，当婴儿听到另一个婴儿哭的时候，他们就会表现出明显的不高兴；大上几个月的孩子看到其他孩子哭的时候，他们自己也会哭。年幼的孩子一般区分不出自己的悲痛和别人的痛苦。比如，如果一个小孩伤到了他的手指，另一个婴孩可能把自己的手指塞进嘴里，就好像她也感觉到了疼痛。研究人员报告说如果孩子们看到自己的父母流眼泪，也会擦拭自己的眼睛，即便他们并不是在哭泣。

尽管孩子们拥有基本的运用同理心的能力，有关双胞胎的研究表明我们与生俱来的感知他人感情的能力，其程度会根据遗传因素表现出不同。⁵⁷ 也许有些人拥有先天优势，但后天的环境经验才是发展一个人理解他人的能力的关键。具体而言，家长用什么样的方式和孩子沟通，会影响孩子理解别人情绪状态的能力。⁵⁸ 如果家长能够向孩子指出，其不当行为会对他人造成苦恼（"看看因为你把杰西卡的玩具拿走了，她有多难过。如果现在有人拿走了你的玩具，你不会伤心吗？"），这比简单地把孩子的行为归为不恰当（"你这样做很卑鄙！"）能让孩子获得更多领悟，意识到自己行为所造成的不良后果。研究还表明，让孩子体验和管理令人沮丧的事情，可以帮助他们提高同理心，在以后的生活里更关心别人。⁵⁹

文化对于我们理解他人观点的能力也起到重要作用。研究表明在个人主义文化（看重独立性）里成长的人，通常要比那些在集体主义文化（看重依赖性）中成长的人更不擅长观点采择。⁶⁰ 在一项研究中，中国和美国的玩家被配对参加一个沟通游戏，游戏需要参与者采用他们合作伙伴的观点。在所有的测试中，

"如果老鼠这样对你，你会作何感受？"

集体主义的中国人比起他们的美国伙伴，在观点采择上有着更高的成功率。这并不是说一个文化取向优于另一个文化，这只说明文化塑造了我们感知、理解和同理他人的方式。

我们很容易将同理心与**同情心**混为一谈，但两者的概念是不同的。同情心是指你用你**自己的**（your own）观点来看别人的困境进而产生怜悯之心；而同理心是指你用**对方的**（the other person's）观点设身处地地思考他的处境进而感同身受。考虑一下对一个未婚妈妈或一个无家可归的人而言，你的同情心与同理心之差别何在？当你同情他们时，他们的困惑、喜乐和痛苦还只是他们自己的经验，但当你对他们产生同理心时，这些经验就好像变成了你的经验（至少在此时此刻）。为（for）别人感到快乐和痛苦是一回事，和（with）别人一起感受快乐和痛苦则要深远得多。尽管如此，同理心并不必然意味着要同意（agree）对方。例如，你可以对遭遇困难的亲戚、鲁莽的陌生人产生同理心，而不需要认同对方的行为。总之，只有"穿上他们的鞋子"，我们才能更好地理解他们的世界。

在电视真人秀《卧底老板》（Undercover Boss）中，公司高管被要求假扮成底层的员工工作。这些老板在看到以及经历了职员在工作和个人生活中所要面对的挑战之后，往往会对自己的员工产生新的认识及同理心。你能想到一位已经忘了在公司底层工作是什么感觉的主管吗？你是如何看待和对待向你提供客户服务的人的呢？

认知复杂度

现在你或许可以体会同理心在增强理解和加强关系方面的价值了。但是如何才能加强我们的同理心呢？要回答这个问题，我们先要回到沟通能力的一个特质上：认知复杂度。

认知复杂度和沟通　正如第一章所指出的，认知复杂度是指人们看待问题时组织其架构的能力。研究人员发现认知复杂度能够增加沟通在各种情境下让人满意的概率，这些情境包括在婚姻关系中[61]、帮助感到抑郁的人[62]、表现得有说服力[63]、职业晋升[64]等。

研究显示，认知复杂度和同理心有联系。[65]这种联系是有道理的：如果你能用更多的方式去理解并解释他人的行为，你就更有可能从他们的视角来看待世界。认知复杂度还能帮助人们更全面、更复杂地描述情境。[66]不仅如此，有趣的是一项研究表明认知复杂度能够让人更好地辨认以及理解他人的嘲讽——一种抽象形式的沟通，对那些内心不敏锐的人来说有时不起作用。[67]好消息是，认知复杂度可以通过训练得到提升。[68]记住这一点，让我们看看有助于实现这一目标的技巧。

增强你的认知复杂度：枕头法　本章之前讨论的知觉检核是澄清潜在误会的一个好用又简单的工具，但是有些议题太复杂、太严重，以致难以使用

链　接

印度斯坦六个人，
学新事物最认真，
一日相约来看象，
虽然眼盲心昂扬。
滑跤撞上象之腹，
强硬坚实墙状物，
首先放声报新闻：
"大象如墙我无误！"
巧遇象牙第二人，
好称所遇如枪矛，
又圆又滑尖锐貌，
自以为是来相告；
手摸象鼻第三人，
象鼻蠕动暂歇难，
所遇珍奇外来物，
不讳直言如蛇蚺；
既然从言皆异样，
急切伸手探真相，
此人所摸仅腿膝，
说象如树不稀奇；
碰触象耳另一人，
此人眼疾病根深，
却说所言方为真，
"象如扇子别再争！"
手握象尾第六人，

Library of Congress

象尾摇晃如粗绳，
依其见识道形象，
大象一如绳索样；
各持一端互不让，
争辩良久闹嚷嚷，
部分正确之所言，
全是错误太片面。

约翰·萨克斯（John G. Saxe）

这个技巧。作家保罗·李普士（Paul Reps）描述了一种方法，当你发觉对方的立场乏善可陈时，它可以帮助你增强同理心。[69]

枕头法（pillow method）是由一群日本小学生发展出来的，因为问题就像枕头一样有四个边和一个中心，故得其名（见图4–3）。如同本章接下来的内容所示，从每一个不同的立场看议题几乎总能得到有价值的见解，同时也能增强认知复杂度。

立场1：我对你错　当我们看一个议题时，这是我们通常会采用的观点。我们的第一反应往往是从我们的立场出发，看到我们所持立场的优点，并且给任何碰巧不同意我们的人找碴儿。这一个立场毋庸赘述。

立场2：你对我错　这时你转换视角，尽最大可能来解释他人的观点如何与你不同。除了认出对方立场的优点，这也是在故意唱反调挑出自己立场的毛病。虽然转换视角只是一次练习，如果你选择回到立场1，立即就可以撤退，但是要承认自己的缺点并试着支持对方的立场仍然需要训练和相当程度的勇气。根据大部分人的经验，转换视角可以让我们看出别人观点中的优点。

当然，碰到某些议题，我们很难说对方的立场是"对的"，比如犯罪行为、欺骗、背信弃义等。在这种情况下，通过认识到他人的行为是可以理解的来回到立场2，也是有可能的。例如，即使不赞同，你还是能够理解有些人诉诸暴力、说谎和欺骗的原因。无论何种特殊情况，立场2的目的是找到某种方法，以理解他人怎么能够用你原先无法苟同的方式行事。

立场3：双方都对，双方都错　从这个立场出发，你承认彼此论点中的长处和弱点。如果你在立场2里表现不错，就应该清楚双方既有优点也有缺点。用更公平的方式看待议题，能让你对对方的观点少一点不满，多一点理解。

立场3也可以帮助你找到你所持的立场和别人所持立场之间的一些共通之处。或许在如此关心这个议题上，你们双方都对，但在无法认识到对方所关心的问题上，双方都错。或许你们都共享过一些潜在的价值观，也都犯过一些相似的错误。无论哪种情况，立场3应该能够让你看出：这个议题并非像最初看起来那样是一个全对或者全错的事件。

立场4：这个议题不重要　虽然我们很难将某些议题视作无关痛痒，但是稍作思考，就会发现大部分议题并没有我们原先认为的那么重要。即便是

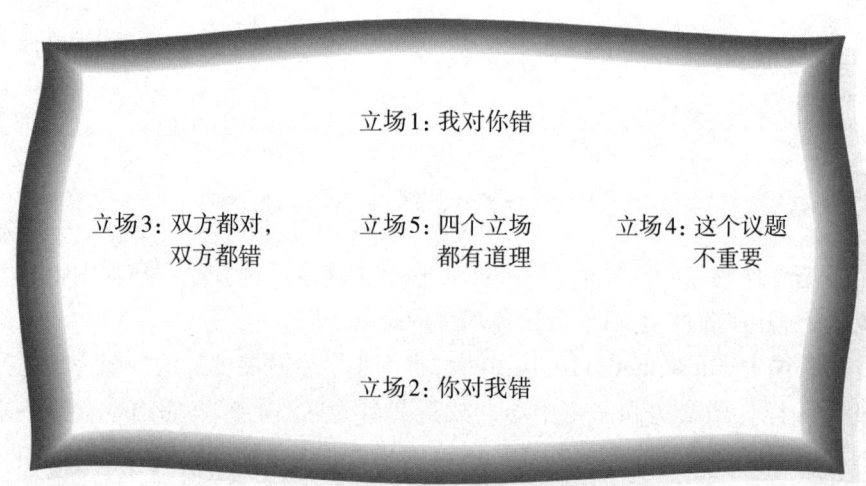

图4-3　枕头法

伦理挑战　同理心与黄金法则

我们大多数人都知道"按照你所希望被对待的方式去对待别人",其中蕴含了一条黄金法则(golden rule):我们要像对待自己一样去对待他人。这句格言似乎为公民社会提供了基础,公民社会中的每个人需要考虑自己的行为。

一些伦理学家指出,在别人不想被你以相同的方式对待的情况下,黄金法则不太起效。比如,你喜欢在凌晨3点的时候,把音量开到最大狂听hip-hop音乐。但是如果你的邻居不能分享你的音乐品位或者你所选择的时段,那么黄金法则可能很难安抚对方。同样,你喜欢戏谑嘲弄并不意味着你有权利去戏谑别人,因为对方可能会觉得这种类型的幽默是冒犯或者伤人的。

黄金法则在跨文化交流中存在着特殊问题:对于什么是令人满意的规范,彼此的答案可能各不相同。例如,大多数从低语境文化中来的人,以英语作为第一语言,他们看重诚实和清楚的沟通;同等水平的坦白,在像亚洲或者中东地区那样的高语境文化中是很冒犯的。一个天真的沟通者如果按照黄金法则去做,声称"我只是以我想被对待的方式来和别人沟通"而为自己的社交错误辩护。这类自我中心主义的观点只会导致沟通的失败,以及一些非常不愉快的后果。

为了应对上述不同需求的挑战,米尔顿·贝内特(Milton Bennett)提出了"白金法则"(platinum rule),即"按照别人所希望被对待的方式对待别人"。与黄金法则不同,这个法则要求我们在决定如何有道德地做事之前,先去了解别人是怎么想的和他们想要的是什么。ᵃ换句话说,白金法则意味着同理心是道德敏感性的先决条件。

尽管乍看上去白金法则很有吸引力,但它也有自己的问题。我们不可避免会遇到这样的情况:我们用别人想要的方式对待他们了,但却损害了自己的需求,甚至我们的道德准则。白金法则可能会迫使我们为了别人的利益去欺骗、偷窃或者说谎,这些情况不难想象。

不过,即便按照白金法则行事存在问题,像这样思考的好处也很清楚。良性行为的一个必然要求是运用同理心的能力,它有助于我们认识到,在相同的情境下,别人想要的和我们想要的有可能不同。

通过回答下列问题,运用这里介绍的伦理原则:

思考在你最重要的一段人际关系中,运用黄金法则和白金法则会产生怎样的影响。

1. 你有足够的信息来运用黄金法则吗?白金法则呢?在你把每个法则付诸实践之前,什么样的沟通是必要的?
2. 哪个法则看起来更有效?

最痛苦的事——比如，爱人去世或关系破裂——带给我们的影响，也会随着时间的流逝逐渐减弱。影响也许不会消失，但我们可以学着接受它们，继续生活。此外，当你意识到你们已经让争辩某个议题盖过你们关系中其他同样重要的部分时，这个议题的重要性也会淡化。我们很容易为了争辩一个议题而越陷越深，以致忘了在其他方面两人的观念是非常接近的。

立场5：四个立场都有道理　在了解了前四个立场后，最后一步就是认识到每一个立场都有它的优点，虽然逻辑上不能存在一个既对又错、既重要又不重要的立场。你自己的经验将显示：你探索过的立场都有一定的道理。当你从五个立场看过某个议题后，你基本会有一些新的洞见。这些洞见未必能够改变你的想法，甚至不能解决手头的问题，但它们可以增加你对别人立场的容忍度，并因此改善你们之间的沟通气氛。

技巧构建　运用枕头法

试着将枕头法运用到你的生活中去。虽然用五种立场去分析每一个情境并不容易，但是一旦你真正理解这种方法，那么理解力的提升所带来的回报是很大的。

1. 挑选一个和你持相反意见的人或者观点。如果是与你意见相左的人，确保他（或她）和你一起完成接下来的内容。如果条件不允许，你也可以独立完成。

2. 在你的生活中无疑会有很多分歧，你会选择哪一种呢？

　　父母—孩子　朋友—朋友
　　老师—学生　国家—国家
　　雇主—雇员　共和党人—民主党人
　　兄弟—姐妹

3. 针对你所选择的分歧，真诚地把自己放在枕头法的每一个立场上：

　　a. 你的立场是对的，对方是错的。
　　b. 对方的立场是对的，你是错的。
　　c. 你们的立场都对，也都错。
　　d. 立场的对错不重要。
　　e. 最后，承认上面四个立场事实上都有道理。

4. 一般来说，你越重视一个分歧，就越难以接受第二到第五个立场是有效的。因此，只有当你悬置起自己当前的立场，并且想象身处其他立场的感觉，这次的练习才会起作用。

5. 你如何分辨枕头法是否起到了作用？答案很简单：如果你在完成所有步骤之后，能够理解——而不一定接受——别人的立场，那么你就取得了成功，反之则不然。当你做到**理解**后，你发现自己对待他人的方式发生变化了吗？

在生活中　枕头法实例

筹划一场婚礼

背景

谁会想到筹划一场婚礼会是一场梦魇？我的未婚夫和我挣扎于把婚礼办成一场盛大的宴会还是一个小型温馨的聚会。我喜欢盛大豪华的派对，他却要一个较小规模、负担得起的婚宴。

立场1：我对他错

我有一个大家庭，如果没有邀请每个人，我会有愧疚感。同时，我们有很多朋友，如果他们在这样一个特别的日子里缺席，我会觉得很遗憾。如果要向朋友和亲戚发出邀请，那我们必须邀请所有人才不至于伤别人的心，否则邀请的标准在哪？只要能用钱解决的都是小事，我认为一生只结一次婚，而且我也没有时间去细算。我的父母很愿意分担一些费用，因为他们希望我的整个家族都能出席婚礼。

立场2：他对我错

我的未婚夫说我们真的没有钱去支付一场特别又昂贵的婚礼，这一点他是对的。多挥霍一分钱在婚礼上，我们就少了一分买房子的钱，而买房子正是我们希望能很快实现的事。我的未婚夫说得对，一场盛大的婚礼会让我们的购房计划延后一到两年，其间如果房价上涨则会让我们等得更久。即便我的父母能分担一些费用，剩下的部分我们还是负担不起。他说得没错，不管我们邀请多少人，总会有人被遗漏，只是取决于我们如何划分标准。还有最后一点他说得也对，要筹划一场盛大的婚礼，整个过程会给我们带来很大压力。

立场3：我们都对，也都错。

我们两人都对，也都有错。我想邀请整个家族和朋友共享这喜庆的一天没有错，我认为一场特别的婚礼将会是一辈子的回忆也没有错。然而他说得也对，婚礼再盛大也难以面面俱到，遗憾无法避免，还会延后我们的购房计划。还有一点他也说得很好，计划一场盛大的庆典的确会把我们搞疯，还会让我们本末倒置，忽略携手生活真正重要的事情。

立场4：这个议题不重要

想过这一切后，我已经意识到准备婚礼和婚姻生活是两码事儿。婚礼的形式是重要，但说到底它不会影响我们婚姻生活的形式。而婚后我俩如何生活显然更为重要。将来我们还要一同面对许多决定，比如孩子和工作，这些事情的结果都要比这场婚礼重要得多。

立场5：以上立场都有道理

在使用枕头法思考这个议题的所有面向之前，我只关注我想怎样。那样的态度让我们对彼此产生了一些在此关头不该有的负面感觉。我已经认识到在这场争执中无论哪一方"赢"了，结果都会伤害另一方的感情，而这算不上是胜利。虽然我不知道我们最后会决定举行哪种婚礼，但我已经决定将我的关注点放在真正重要的目标上，也就是保持我们积极的、相互尊重的关系。

小　结

世上发生的事情远远超过任何一个人所能理解的。我们靠着四步骤的过程为情境的信息赋予意义：从环境中选择某些刺激；将它们组织成有意义的模式；依据个人经验、对人类行为的假设、期望、信息、自我概念等来形成我们的诠释；借由分享叙事来跟别人协商信息。

有很多因素会影响我们如何选择、组织、诠释和协商信息。其中，获取信息的方式扮演了重要的角色。同样，生理因素如五官的机能、年龄、健康等也都起着重要作用。此外，文化背景、社会角色、知觉倾向也会影响我们看世界的方式。

要验证我们对别人行为的诠释是否正确，知觉检核是一个很有用的工具，它并不假设我们的第一印象是正确的。完整的知觉检核包括：描述对方的行为，列出关于此行为至少两种可能的诠释，请求对方对行为诠释作澄清。

同理心是体会别人观点的一种能力。同理心与同情心不同，同理心是从对方的而非你的视角来看待他的处境。认知复杂度是指为了理解一个议题组织其架构的能力。枕头法是一种既可以增强同理心，又可以增强认知复杂度的方法，它包含从五个不同的立场来看待同一个议题。

电影与电视

你可以在以下电影和电视节目中印证我们在本章总结的沟通准则：

刻板印象

《撞车》（*Crash*，2004）R级

故事发生在洛杉矶，几个陌生人的生活在短短的36个小时之内碰撞到了一起。因为他们都来自完全不同的背景，所以这群人都借助刻板印象——常常和种族联系在一起——迅速地对对方做出判断。然而，不幸的是他们的判断常常是错误的。

在电影中，这些角色的推断一次又一次地阻止他们去了解所遇到的人。马特·狄龙扮演了一名坏脾气的警察，他经常故意刁难和羞辱一位黑人公民；一个上流社会的家庭主妇（桑德拉·布洛克饰）相信为她换锁的墨西哥裔修锁匠（迈克尔·佩纳饰）是一个计划抢劫她家的强盗，尽管这位修锁匠事实上是一名努力为家人营造安全生活的绅士；一个伊朗商人（肖恩·托布饰）一直被误认为是一个阿拉伯人；两个生活在高档小区、干净利落的年轻黑人（拉

伦兹·泰特和卢达克里斯饰)抱怨他们的白人邻居时常拿恐惧的眼光打量他们。

我们大多数人从孩童时期开始就被提醒不要以貌取人。《撞车》戏剧性地讲述了无视这句格言可能造成的问题。

叙事
《充气娃娃之恋》(Lars and the Real Girl, 2007) PG-13级

拉斯(瑞恩·高斯林饰)是一个善良且体面的人,但是27岁的他却极度害羞。他选择住在一间车库里,以便尽可能地避免和其他人沟通或者接触。然而当拉斯介绍了自己的新女友后,这个关系紧密的小镇里的每一个人都惊呆了。因为比安卡——拉斯的新女友——是一个在解剖学上和真人一模一样的硅胶人体模型。拉斯的哥哥和嫂子担心拉斯的心理健康存在问题,于是向家庭医生寻求帮助。医生建议他们暂且配合拉斯的错觉,静观其变。为了帮助拉斯,整个小镇很快就达成一种共享叙事,即拉斯和比安卡是一对真正的情侣。比安卡不仅在当地的医院成了一名志愿者,去学校为孩子们"朗读"故事,甚至还在学校董事会赢得了一个席位。

尽管电影的情节可能看上去很牵强,但是评论家和电影发烧友们认为这部细腻的喜剧展示了一个团体为了支持它的成员所显示出的力量。大家合谋构建的那个显而易见的谎言在另一面也有属于自己的真实,它说明了沟通如何能够成为创造共享叙事的有力工具。

知觉影响
《自闭历程》(Temple Grandin, 2010) PG级

青少年时期的天宝·葛兰汀(在这部HBO的电影中由克莱尔·丹尼斯饰)是与众不同的。当她走下飞机,进入亚利桑那州熔炉般的酷暑时,我们和她一样感受着这个世界。声音和图像的混乱与剧烈到了几乎令人难以承受的程度,突然的移动也会引起惊吓。葛兰汀尴尬的处境和过于响亮的声音很快揭示出了答案,她患上了自闭症。

除了20世纪60年代那些偏见、无知的岁月,天宝在全心付出的母亲和关怀备至的老师的支持下,成长为一个成功的大人。她对大型动物的爱,对它们感觉的高度敏感,成就了她作为一名大学教授和顾问的终身事业,即在管理牲畜方面设计出人道的方式。她声称自己在事业上取得成功的部分原因,正是她对于动物行为和感觉的过人敏感力。

这个真实的故事提醒我们,以独特的方式感知这个世界不仅会带来挑战,也会造就成功。正如葛兰汀的母亲所言,残疾人"是和别人不同,但不是比别人差"。

想了解更多天宝·葛兰汀的生平和工作,可以浏览她的个人网站www.templegrandin.com。

获取同理心
《妙警贼探》(White Collar, 2009—) TV-PG级
《卧底老板》(Undercover Boss, 2010—) TV-PG级

尼尔·卡夫瑞(马修·波莫饰)是众所周知的"白领罪犯"。他是艺术品和证券大盗、货币伪造者和敲诈者。当他被FBI(联邦调查局)逼得走投无路的时候,他向对方提出了一个交易:只要他不被关进监狱,作为交换他会利用自己的专业知识,帮助FBI逮捕像他那样的骗子。

《妙警贼探》的前提提醒着大家，为了了解他人观看世界的方式，拥有相似的背景会起到重要作用。尼尔善于捕捉罪犯是因为他知道对方怎么想。当然，这种共享的理解在许多职业里都会有所助益。例如，辅导员和治疗师通常在他们自己的生活中遇到过各种挑战，才能对病人的经历产生同理心。

《卧底老板》展现了从不同阶层的人那里获取同理心的方式。在这个电视节目里，公司高管乔装打扮，在公司内部承担"蓝领"员工的工作。有些老板重新发现了往日的感觉，他们曾经攀爬职业阶梯时付出的努力；另一些则对他们以前不曾了解过的底层世界产生了新的同理心。

不管一个人的职位是什么，这些节目展示了在与别人沟通的时候，同理心是很宝贵的财富。

第五章
情绪:感觉、思考和沟通

阅读完本章后,你应该能够:

* 描述在一个重要的情境中,情绪的四个要素将如何影响你的感觉和沟通。
* 描述情绪表达的影响因素如何决定你在重要关系中的沟通。
* 在一段重要关系中,有效地运用情绪沟通原则。
* 识别和讨论在一个重要的情境中造成无助益情绪的谬误,并且解释理性是如何提高沟通的建设性的。

在《生活大爆炸》（*The Big Bang Theory*）中，谢尔顿·库珀（吉姆·帕森斯饰）尽管拥有一个敏锐的头脑，但是却缺乏情绪智商。结果就是他不仅时常违背社会规则，有时也会损害自己的人际关系。你的情绪智商在什么水平？

谈到沟通，不得不承认情绪的重要性。想想看：自信感可以在几乎任何事上帮到你，不管是要邀请别人还是要进行一场演讲，而不安感则会毁了你本该有的机会。生气或防卫的感觉会毁掉你和对方在一起的时间，而沉着的感觉和表现则有助于你们预防或解决问题。你如何分享或克制自己的喜爱之情，这会影响你关系的未来。还有很多感觉，如感激、孤独、高兴、不安、好奇、恼怒等，也会影响你和别人的互动方式。这里的重点很清楚：沟通塑造了我们的感觉，感觉又塑造了我们的沟通。

情绪在人类事务中的作用对社会科学家和普通人而言都是显而易见的。研究者创造了**情绪智商**（emotional intelligence）一词来描述我们理解和控制自己情绪的能力，以及对他人的感觉保持敏感的能力。[1]研究显示，情绪智商不仅与个人自尊、生活满意度以及自我接纳有着积极的联系[2]，还对冲突管理和人际关系有积极的影响。[3]一些雇主甚至使用情绪智商量表作为人事筛选流程的一部分。[4]情绪智商无论对个人成功还是人际成功，都起着毋庸置疑的重要作用。

让我们暂停片刻，试着找出一个你认识的高情绪智商的人：他可能是你的家人，能够处理各种不同的感受，却不被它们压倒；他也可能是你的老板，即使在压力之下也能做出明智和理性的决策。现在再想想谁是缺乏情绪智商的：也许是你的同事，不善于也不屑于坦诚情感；或者是你的某个朋友，对最无关紧要的事情也要吹毛求疵、大动肝火。最后，再评估一下你自己的情绪智商：你如何理解并管理自己的情绪呢？你对别人的感受又有多敏感？

因为情绪在几乎所有类型的关系中所起的作用如此重要，所以本章将对它们进行进一步的分析和探讨。你将会学到什么是感觉，我们如何认识它们；关于何时何地以及如何最好地向别人表达你的感觉的指导准则；如何增加那些使沟通更有益的情绪，以及减少那些妨碍有效的人际关系的情绪。在后面的章节，我们还会讨论如何诠释别人的情绪状态，但是现在让我们把注意力集中在辨识和表达你自己的情绪上。

5.1 什么是情绪？

想象一下，假如有一个外星人要你解释情绪，你会如何回答？你也许会说情绪是我们所感觉到的东西，但是这好像不能完全说明什么，因为你接下来很可能把感觉描述为情绪的同义词。社会科学家普遍同意我们所谓的感觉有以下几个构成要素。[5]

生理因素

当一个人情绪变得强烈时，身体会出现许多变化。[6]例如，人在害怕时会产生心跳增速、血压上升、肾上腺素分泌激增、血糖浓度提高、消化作用减缓以及瞳孔放大等现象。婚姻研究学者约翰·高特曼（John Gottman）指出这些生理指标也会出现在伴侣发生强烈冲突的时候。[7]他将这种状况称为"涨潮"（flooding），通常不利于问题解决。一些生理变化当事人可以辨认出来，比如胃痉挛、下巴紧张。当你察觉到这些提示信号的时候，它们可以为你提供关于情绪的重要线索。

非语言反应

并非所有伴随情绪而来的生理变化都是发生在身体内部的。感觉常常借由一些可观察到的变化表现出来。这些外在变化有一些体现在人的外观上，如脸红、冒汗等，另一些体现在人的言行举止上，比如独特的表情、姿势、手势，不同的声调和语速等。研究已经证实，非语言的情绪表达在酒精的影响下会更显著。[8]酒精就好像情绪的催化剂——有时更好，有时更糟。

尽管要判断某人是否处于某种强烈的情绪中相当容易，但要确切说出那个情绪会是什么就难多了。一个垂头弯腰的姿势和一声叹息，也许是悲伤的征兆，但也可能是疲惫的表现；同样地，颤抖的双手可能是兴奋也可能是害怕的表现。正如你在第七章将会读到的，非语言行为通常是模棱两可的，因此，断定可以将非语言行为"读"得很精准，是一件很危险的事。

虽然我们习惯将非语言反应视为对某种情绪状态的反应，但也许反过来说才是事实——非语言行为确实会**引起**（cause）某些情绪状态。在一项研究中，当参与者被指示要微笑时，他们说自己的感觉比原来更好了。而当他们改变脸部表情，表现出不快乐的样子时，他们感觉变得比之前更糟。[9]用乐观的、抬头挺胸的姿势走路，可以赶走沮丧的情绪。[10] "高兴得跳起来"

链接　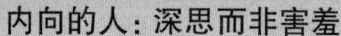　内向的人：深思而非害羞

身为一个内向的人，我和很多人一样更喜欢沉浸在自己思想的内部世界，而非外在的社交世界。与此相反，我们性格的对立面——那些外向的人——更喜欢与人闲聊、参加各种社交生活，因为这些活动能够振奋他们的心情。显然，这些人已经对孤独厌烦了。

人们经常把内向和害羞混淆起来，然而内向的人并不意味着会在社交场合沉默不语或者感到不自在。内向的人并不是拒绝参加社交活动，反而是因为活动太多而不知所措。这就解释了为什么内向的人在派对进行一个小时后就准备离开了，而外向的人随着夜色越浓越有精力。外向的人习惯一边思考一边说；内向的人则倾向于更加慢节奏的互动，因为他们要为思考留下空间。所以，头脑风暴是不适合内向的人的，电子邮件才适合。

就像没有两个相同的人，文化也有不同的风格。比如，美国更崇尚喧闹文化，不像芬兰等国家看重沉默。再如，个人主义在美国和德国的文化中处于主流地位，更推崇一种外向的、与人直接面对面沟通的风格。而集体主义社会，如东亚国家，更看重隐私和克制，也具有更多内向型的特质。

美国和芬兰研究沟通风格的学者，如阿尼奥·萨利恩·库帕里宁、詹姆斯·麦克罗斯基和弗吉尼亚·里士满报告说："在一个重视言谈的文化中，保持沉默显然会成为问题。"一个人的知觉能力往往体现在他的语言行为上。一个内向的人在团体活动中可能看起来沉默，然而事实上他正以自己的方式积极地参与着：倾听讨论的话题，反复思考别人和自己的观点，等待一个合适的开口机会。但是这样的人在美国往往会被视为一个不善沟通的人。

内向的人并不像他们看上去那样温文尔雅。如果别人的言行侵犯或者诋毁了自己精神上的舒适区，他们也会怒火中烧，甚至猛烈抨击。当你与内向的同伴相处时，有一些情绪按钮是不能碰触的。

- 马蒂·兰妮博士是一位心理学家，同时也是《内向者优势》（*The Introvert Advantage*）一书的作者。"一个内向的人经常会听到'你为什么不喜欢派对？难道你不喜欢这些人吗？'等评论。通常情况下，我们对别人的喜欢只不过更细致一些，"她强调说，"我们只喜欢他们的某些方面。"

- "不要要求一个内向的人立刻给你回复，"兰妮说，"外向的人总认为我们知道答案，只是不告诉他们。他们不明白我们需要时间来构想一个问题"，并且在想法成熟以前，我们通常不会发表意见。

- 如果某个内向的人准备开口了,记住不要打断他,而要仔细倾听。兰妮说:"对内向的人来说,被忽视真的是一件很严重的事情。"内向的人不太可能重复自己说过的话,因为他们担心这会重复同样的错误,所以不愿承担这种风险。
- 最后,内向者的生活和领导教练贝丝·比洛向我们阐明了最重要的一点:"我们讨厌人们告诉我们如何变得更外向,就好像那是我们渴望的状态一样。"许多内向的人都很喜欢他们目前的状态。如果你不喜欢,那是你的问题。

劳瑞·海尔格(Laurie Helgoe)

通过回答下列问题,加强你的理解:

1. 根据本文的描述,你基本上认为自己是一个内向的人还是外向的人?这会如何影响你与别人的沟通?

2. 你同意内向的人在我们的文化中遭到误解的观点吗?如果你同意,你能从自己的关系网中想到这样的朋友或家人来做例子吗?

3. 你认为害羞和内向的主要区别是什么?

也不仅仅是一种情绪反应。有研究提出,上下跳的动作真的可以引发快乐的感觉。[11]

此外,用语言表达的情绪和非语言反应之间也有联系。一项研究表明那些说出与骄傲和失望相关联的词语的实验参与者,在姿态上也会发生相应的变化。[12]在谈到骄傲的时候,他们会不自觉地站得更直、更挺;当用了与失望相关的词的时候,他们则会弯下腰。除了姿势上的变化,参与者的情绪也会随着他们的措辞发生改变(如谈到失望的时候感到悲伤)。这提醒我们情绪的语言和非语言表达往往是相互联系的。

认知的诠释

虽然在一些情境中身体行为和情绪状态是直接关联的,但是在大部分情境中认知仍是决定情绪状态的最重要的因素。正如你在前文读到的,某些显示害怕的生理成分包括心跳加快、冒汗、肌肉紧绷和血压升高,有趣的是,这些体征与兴奋伴随而来的生理变化相似。换句话说,假如我们去测量处于一种强烈情绪的人的身体状况,我们可能分不清他是因害怕而颤抖还是因兴奋而颤抖。

由于大多数情绪伴随而来的生理成分相似,一些心理学家得出结论说,害怕、高兴或生气的感受主要来自于我们在某一时刻给过去相同的身体症状所贴的标签。[13]心理学家菲利普·津巴多(Philip Zimbardo)为这一原理提供了一个很好的例子：

> 我注意到当我演讲时我会冒汗，因此我推论自己是焦虑的。假如它时常发生，我甚至可能会把自己定义为一个"焦虑的人"。一旦有了这个标签，我接下来必须回答的问题就是"为什么我是焦虑的？"然后，我开始去寻一个适当的解释。我会注意到有一些学生起身离开，或者心不在焉，那我就会为我的演讲是否不够精彩而焦虑。而这的确令我焦虑。我又如何知道这场演讲不精彩呢？因为我让听众觉得索然无味。我焦虑的是我想成为一个演讲高手，但实际上我是一个乏味的演说者。我觉得自己不适合演讲，也许开家速食店都要比现在好。然而，不久之后有个学生跟我说："这里太热了，我一直在流汗而无法专心听你的演讲。"霎时间，我不再是"焦虑的"或"令人乏味的"了。[14]

津巴多发现改变对一件事的诠释会影响他感受这件事的方式。社会科学家认为这个过程是**重新评估**（reappraisal）的过程——通过改变情绪的影响方式，重新思考富于情绪化的事件的意义。[15]研究表明，重新评估要比压抑自己的感情好得多，它能降低你的压力、提升你的自尊、增加工作效率等。[16]这里有两个例子：

- 自从失去了工作，你的自尊就被摧毁了，尤其还因为一些混日子的同事没有被解雇。当你寻找新工作的时候，你还是缺乏自信。其实，你可以重新评估这次事件，将此视为换一个更能赏识你的努力和志向的新职位（或职业）的契机。
- 一个朋友在背地里说你的坏话，让你受到了伤害。对此，你认为她的行为只说明了她的人格，而不是你的。同时，你决定不向别人说她的坏话，以此证明自己的品格。

重新评估事件也对关系有益。研究发现，经常放下冲突，再从一个中立角度重新评估冲突的伴侣，对他们关系的满意度更高。[17]实质上，这些伴侣是通过理性、冷静地看待他们的争执，来减少情绪的影响的。

需要注意的是重新评估并不意味着否认自己的感受。认识并且承认诸如愤怒、伤害和悲痛（以及幸福、爱和宽慰）等情绪，对心理和人际关系的健康来说都是至关重要的。无论如何，当你准备忘掉过去的负面情绪时，重新评估可以起到作用。在本章的后半部分，我们将进一步讨论如何运用重新评估来减少无助益的情绪。

语言表达

你在第七章将会读到非语言行为是沟通情感的一种有力方式。事实上，非语言行为在传达情绪上要比传递思想更为有效。但有时用语言表达情绪是必要的。说出"我真的很生气"可能比跺脚走出房间更有帮助，而直言"我感觉很紧张"也有助于解释你脸上的痛苦表情。用语言表达情绪有助于你更有效地管理它们[18]，而不把情绪说出口可能带来消极的心理甚至生理影响。[19]

一些研究者认为存在一些"基本的"或"初级的"情绪。[20]但到底是指哪些情绪，这些情绪又何以成为"基本的"，在学者之间却没有达成多大共识。[21]不仅如此，某些情绪在一个文化中也许是"初级的"，在另一个文化中却不然。有些情绪在不同的文化之间并不具有相同意义。[22]例如"羞耻"在中国文化中是核心情绪[23]，大多数西方人对此却无法理解。姑且不论这些异议，大多数学者都认为生气、愉悦、害怕和悲伤是人类共同且典型的情绪。

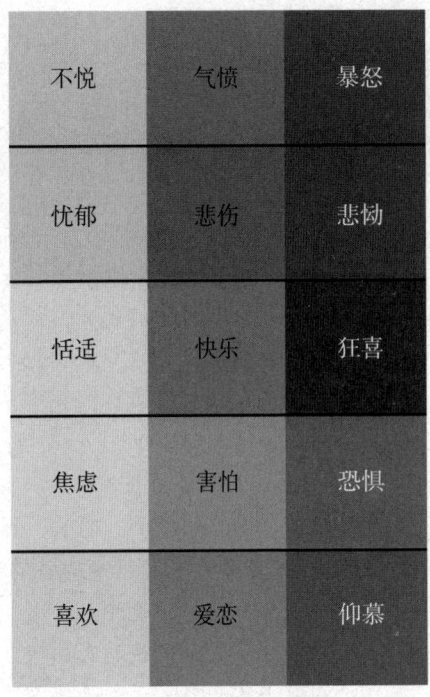

图 5-1　情绪强度

我们体验到的大多数情绪都具有不同的强度，因此用语言表达出这种不同颇为重要，图5-1清楚地说明了这一点。例如：如果你因为朋友在一件重要的事情上不信守承诺而只感到"不悦"，这就有些轻描淡写了。在另一种情况下，如果某人长期过度地夸大其情绪强度，对他而言每件事不是"狂喜"就是"暴怒"，那么当真正强烈的情绪出现时，他就找不到恰当的词汇可以充分描述它了。再如，假如某人形容面包店新鲜出炉的巧克力脆片饼干时用了"魂牵梦萦"一类的词，那这个人恋爱时要用什么样的形容词呢？

研究者已经证实，如果一个人无法与别人建设性地谈论情绪，这人可能会出现很大的问题，包括社会孤立、不满意的人际关系、焦虑和沮丧的感觉，以及隐忍的攻击行为等。[24]不仅如此，其他的研究者也证实，父母跟他们的孩子谈论情绪的方式，会对孩子的发展产生深远影响。研究者确认了两种教养子女的类型："情绪教导型"（emotion coaching）和"情绪摒除型"（emotion dismissing）。[25]他们发现教导型父母会教给孩子在日后生活中如何沟通感觉的技能，有助于孩子拥有更满意的人际关系。而摒除情绪的父母带大的孩子比实践情绪教导的家庭养大的孩子出现行为问题的风险更高。[26]本章后面会提供有效沟通情绪的指导准则。

想一想　辨认你的情绪

记录你的情绪在三天里的变化。确保你在每天晚上都花一些时间回忆自己一天的情绪感受、牵涉的其他人,以及情绪发生时的具体情境等。为了帮助你更简单地回顾和考虑自己的情绪,就你的观察结果创建一个简单的表格,包含标题:1. 日期;2. 场景(时间/地点);3. 情绪(基本的/复合的,温和的/强烈的,身体的感觉,想法,行为);4. 牵涉的人;5. 表现和表达出来的感觉(为什么/为什么没有);6. 对话主题。

在三天时间快结束的时候,你可以通过回答下列问题,了解情绪在你的沟通中起到的作用:

1. 你是如何辨认出你所感受到的情绪的:通过生理上的刺激、非语言行为或者其他的认知过程?
2. 你在辨认自己的情绪时有任何困难吗?
3. 你最常有的情绪是什么?是基本情绪还是复合情绪?强度是温和的还是强烈的?
4. 你在什么样的情境下会表现或者隐藏自己的感觉?什么样的因素会影响你的决定?表现或者隐藏的又是哪种类型的感觉?牵涉的人有哪些?当时的场景是怎么样的(比如,发生的时间、地点)?影响你情绪的话题(金钱、性、或者其他)呢?
5. 结合上一个问题,选择一个你决定表现和表达出自己感觉的场景。在你表现和表达出自己的感觉后,结果如何?你对这结果满意吗?如果不满意,未来你能做些什么,使结果变得更满意?

5.2　影响情绪表达的因素

大多数人都很少表达情绪,至少很少在口头上表达。人们普遍能够自在地陈述事实,也乐于表达他们的意见,但是难得透露他们感觉如何。为什么人们不愿表达他们的情绪呢?让我们进一步看看一些理由。

性　格

性格与我们体验和表达情绪的关联性日渐清晰。[27]例如,外向的人——那些倾向于欢乐、乐观且乐于与人接触的人——比内向的人更容易在日常生活中表达正面的情绪。[28]同样,神经质性格的人(那些易于担心、焦虑和忧惧的人)比性格沉着的人更容易在日常生活中表达出负面的情绪。这些性格特质至少有一部分肇因于天性。

性格虽是不可忽视的力量,但还不至于全盘左右你的沟通满意度。比如,那些生性害羞的人也有一套舒适又有效的交友策略。再如，互联网也为沉默寡言的沟通者提供了一条与外界接触的有效渠道，因为它能减少这些人的社交焦虑感。[29]就像第二章所描述的，社交媒体和相亲网站使人以低威胁的方式接触和认识别人。[30]

文化

即便是相同的事件，在不同的文化中也会引发不同的情绪。[31]比如，吃蜗牛这件事可能让法国人食指大动，却让许多北美人面露难色。文化也会决定哪一种情绪比较有价值。有一个研究发现，亚洲裔美国人和中国人比较认可"低强度正面情绪"（如"恬静"），而欧洲裔美国人则比较认可"高强度正面情绪"（如"兴奋"）。[32]更具体地说，美国文化在国际上就是出了名的"快乐文化（a culture of cheerfulness）。一位来自波兰的作家这样描述美国人丰富的表达力：哇！太好了！多棒啊！太不可思议了！我玩得好极了！太精彩了！祝你过得愉快！美国人。真该死的快乐。"[33]

在电影《星际迷航》(Star Trek)中，标志性角色史波克（扎克瑞·昆图饰）与他性急的同事詹姆斯·T·柯克（这里由克里斯·派恩饰）不同，他一直压抑自己的情绪。变得完全理性既帮助又限制了史波克做出决策。情绪在你的人际交往中带来哪些利弊？

身处不同文化中的人在表达他们感觉的程度上也有差异，例如，社会科学家们发现，处于较温暖气候地区的人相比居住在较寒冷地带的人在表达上更加情绪化，这个观点已经获得了数据支持。[34]来自26个北半球国家的近3 000个参与者表示，在他们的国家里，南方人的言行要比北方人更情绪化。

影响情绪表达最主要的因素之一，是文化属于个人主义还是集体主义。集体主义文化的成员（例如日本和印度）更重视他们"群体内"成员之间的和谐，并且不鼓励表达有可能扰乱群体内成员关系的负面情绪。与之相反，高度个人主义文化的成员（像美国和加拿大）觉得可以自在地向亲密的人透露自己的情绪。不难发现，不同的情绪表露原则会为来自不同文化的人之间的沟通带来问题。例如，个人主义的北美人可能认为集体主义的亚洲人不够坦率，而亚洲人容易认为北美人过于感情外露。[35]

"我爱你"这句话就为不同文化表达情绪上的差异提供了一个有趣的研究案例。研究者发现，美国人要比其他文化背景下的人更频繁地（并且向更多人）说"我爱你"三个字。[36]这并不是说不同文化的人对爱情的体验有什么不同，而是人们在什么时候说、什么地方说、有多经常地说、和谁说才能用这三个字，有着重要的文化差异。比如，在这份研究中，生活在中东地区的人认为"我爱你"只能在配偶之间说，他们警告那些在中东妇女面前经常

多元视角

陶德·艾帕鲁斯：一个美洲原住民对于情绪表达的观点

陶德·艾帕鲁斯在新墨西哥州的普韦布洛地区（普韦布洛印第安人，又称祖尼人，说祖尼语。——编注）长大。他的童年有一半的时间生活在原住民区，另一半则在城市的学校中度过。现在他居住在阿尔伯克基市。作为一个城市居民，陶德仍然会花时间陪伴生活在原住民区的家人，因而他需要在两个不同的世界中转换身份。

祖尼文化和盎格鲁（英美）文化在情绪沟通方面有着天壤之别。在美国主流文化里，大声说出你的想法是可以接受的，甚至是被赞许的。从你是个孩子开始，就一直这样。只要孩子大声说话，无论他是为了表达喜爱之情，还是出于好奇心，或者只是想要通过不开心换取父母的赞成，父母都会感到自豪。沉默只会让一个孩子贴上"害羞"的标签，并且会被视为一个麻烦。无论在学习、工作还是成人以后的人际关系中，自信都相当重要。

而在祖尼文化里，情绪的表达则很少公开化。换句话说，我们很介意自己的隐私。对我们来说，公开表露情绪是一件让人尴尬的事情，自我控制才是一种美德。我认为我们很多时候选择沉默是出于对个人隐私的尊重。因为你的感觉是你自己的东西，向别人展现你的情绪就像在公共场合脱掉衣服一样，是错误的。当然，这并不是说传统的祖尼人比城市居民缺少感觉，或者感觉的强度更低。他们只是认为用显眼的方式展示自我并没有什么价值。

我们表达喜爱的方式，是说明祖尼人对待情绪的态度与规则的很好的例子。比如，尽管我们的家庭充满了爱，但是一个城里人可能很难感受到这一点，因为它表现得并不是很明显。我们不会经常拥抱、亲吻，甚至在父母和孩子之间也是这样。同样，我们也不会经常用言语表达情感：在祖尼文化中，人们不常对另一个人说"我爱你"。我们通过行动来表现情绪。只要能够帮助自己所爱的人，在他们需要我们时关心他们，就足以让我们保持幸福了。

那么，哪一种方式更好？我认为每种文化都有自己的长处。许多祖尼人和其他美洲原住民在融入主流文化的过程中确实处于不利地位。他们十分不擅长捍卫自己的权利，被占了便宜也只能吃哑巴亏。即便是在家里，有时为了消除误解，也需要表达感觉。但在另一个方面，我认为美洲原住民克制情绪的某些方法，对于习惯盎格鲁沟通方式的人来说，可能会有所帮助。尊重别人的隐私是重要的，毕竟有些情绪与人无关，请求或者要求他们敞开心扉难免强人所难，也不礼貌。此外，美洲原住民的自我控制还可以为人际关系加点礼貌或者说修养。我敢肯定那种"把一切都亮出来看看"的方式不会一直都是最好的办法。

最后，我认为如果你想真正理解美洲原住民文化和盎格鲁文化之间的差别，最好在两种文化中都生活体验一下。如果条件不允许，那你至少应该知道你熟悉的并不意味着是唯一正确的。所以对你不理解的事情，也要试着尊重它。

"A Native American Perspective on Emotional Expression" by Todd Epaloose. Used with permission of author.

把这三个字挂在嘴边的殷勤的美国男人,他们的行为很可能被误解为在求婚。这种情况并不是个例。来自不同背景(如东欧、印度、韩国)的许多参与者都承认他们很少说这三个字,他们认为用得太频繁只会让这句话失去原有的力量和意义。不过,在不同文化中,有一点是一致的:女人倾向于比男人更频繁地说"我爱你"。更多的例子请看接下来性别因素对情绪表达的影响。

性　别

即使是在一种文化内,生理性征和性别角色通常也会影响男人和女人体验与表达情绪的方式。[37]事实上,生理性征是侦测和解释情绪表达能力的最佳预测指标,比教育程度、境外旅游次数、文化相似性、种族差异等具有更好的预测力。[38]例如,研究指出女人对情绪的理解力比男人更高[39],不管在同一文化内部还是跨文化都这样[40]。一群心理学家让男人和女人分别回忆情绪性的画面,测试发现女人比男人多出10%至15%的正确率。不仅如此,对这些产生情绪的(emotion-producing)刺激,女人的反应要比男人强烈得多。

针对情绪表达的研究指出,善于表达的女人和不善表达的男人,这种说法虽然存在性别上的刻板印象,但是也不乏一定道理。[41]研究发现,在面对面沟通中,父亲比母亲更会掩饰自己的情绪,这让孩子更难读懂父亲的情绪表达。[42]在网络沟通中,男性和女性在情绪表达的运用上也有类似差异。比如,女人比男人更可能使用表情符号,如:),来表达她们的情绪。[43]研究也显示,女人要比男人更喜欢上Facebook。[44]

问题的关键是,即便男人和女人大体上体验到了相同的情绪,他们表达情绪的方式也有重要区别。[45]这种区别很大一部分是社会习俗造成的结果,我们接下来就讨论这一因素。

Zits used with the permission of the Zits Partnership, King Features Syndicate and the Cartoonist Group. All rights reserved.

社会习俗

在美国主流社会中，关于沟通的一些不成文规则阻碍了人们直接表达他们的大部分情绪。[46]留意两三天的时间，计算一下你所听到的真诚地表达情绪的次数（比如"我饿了""我觉得很尴尬"），你将会发现这种情绪表达是很少的。

人们习惯于直接分享的通常是正面的情绪（"我很高兴告诉你……""我真的很享受……"）。这一点并不令人意外，因为沟通者不愿意传达令人尴尬

在工作中

工作场合的情绪劳动

我们在工作上表达情绪的规则和在私人生活中显然不一样。在亲密关系（至少在西方的主流文化）中，告诉朋友、家人和爱人你的真实感觉，这件事通常是非常重要的。然而在工作场合，学会**隐藏**情绪同样重要。这不仅是为你的客户、顾客、同事和领导着想，也是为了保护你的工作起见。

情绪劳动——管理并且有时压抑情绪的过程——在许多不同的职业场景中被研究过。下面有几个例子：

- 如果消防员不能隐藏起他们的恐惧、厌恶以及紧张，那么这些情绪会妨碍他们拯救别人的生命。因此，对新入职的消防员来说，情绪管理是一项至关重要的训练。[a]
- 在两所安全级别最低的监狱任职的狱警们说：面对囚犯，你不仅需要"温暖、鼓励和尊重"他们，而且自身也要"警惕、强壮、坚韧"。狱警们承认要同时管理两种相互抵触的情绪、对付两种互相冲突的需求是很繁重的工作。[b]

- 金钱是一个敏感的话题，这意味着那些理财顾问要经常参与情绪劳动。研究者认为："相对于证券投资的绩效报告或者房地产税收法律的改动，对理财顾问来说，与客户的关系和沟通确实处于他们工作更核心的位置。"[c]

尽管其中一些职业处理的是生死攸关的场景，但在不那么紧张的工作里情绪管理也同等重要。比如，大多数客服人员所面对的，是用愤怒或其他不适当的方式表达不满的顾客（"我讨厌这家商场，再也不会来这买东西了！"）。在这样的情况下，即使是你下意识的反应，"火上浇油"通常也是不明智的。如果是工作上的沟通高手，他们会运用倾听、减少防卫、处理冲突等技巧，这些内容将分别在第八章、第十一章和第十二章中详细阐述。

管理情绪并不容易，尤其是你感到害怕、压抑、生气或防卫的时候。但是不管怎样，情绪劳动对你事业上的成功通常是至关重要的。

的或者威胁别人"脸面"的消息。⁴⁷在一段新关系的早期阶段尤其如此：正面情绪所占的比例高于负面情绪，这对关系的发展是至关重要的。⁴⁸不过，即便是处于长期关系中的伴侣，也很少会直接表达负面情绪。一项针对已婚夫妻的研究显示，伴侣常常会分享赞赏的感觉（"我爱你"）或者顾及面子的感觉（"很抱歉，我对你太大声了"）。他们也乐意就缺席的第三方坦露正面和负面的感觉（"我喜欢弗雷德""我在格劳利亚身边感觉很自在"）。但另一方面，夫妻很少会用言语表达威胁面子的感觉（"我对你失望透了"）或者敌意（"你让我抓狂"）。⁴⁹

情绪表达也受到许多社会角色的要求影响：销售人员必须对顾客展现笑容，不论顾客有多令人反感；老师和经理必须理性行事并把情绪控制得宜；学生如果提出得体的问题会得到肯定，否则就会被道德劝说或要求礼貌。研究者用**情绪劳动**（emotion labor）一词来描述个体管理甚至压抑自己的情绪不仅是适当的而且是必要的那些情境。研究显示情绪劳动是工作场合很重要的一部分。（参见专栏"在工作中"）

社交媒体

基本上，沟通者在网上表达的情绪要比当面交流时表达的情绪更多一些。⁵⁰在某些情况下，这是好消息。那些难以和他人面对面分享情绪的人在键盘或触摸屏提供的安全感背后，或许能自由地说出个人感受。想一下，打出"我很尴尬"或者"我爱你"这几个字会比亲口说出来轻松多少。

不幸的是，正如第二章讨论的，网络抑制解除效应也会激起情绪爆发和长篇大论。这种发泄对人际关系是有害的，而且它并不会让你好受一些。在一项关于在线"发泄网站"的研究中，实验志愿者在发帖抱怨之后感觉自己更加生气、更不快乐了——与这些网站所希望提供的情绪宣泄背道而驰。⁵¹

此外，社交媒体也会助长情绪性回应。例如，经常查看恋爱对象的Facebook主页可能会激发妒忌情绪，导致对关系的不满。⁵²有项研究的副标题提出这样一个问题，"Facebook会引发妒火吗？"⁵³它的简短回答是"是的，它会"，尤其当查看的人本来就心存怀疑的时候，而且对女人来说更是这样。⁵⁴不正常地监视爱人或曾经爱过的人⁵⁵会让人付出情绪的代价。我们在本章后面还会进一步讨论妒忌和思维反刍。

总而言之，无论信息的发送者还是

"我不是在闹情绪，我是在表现你的情绪。"

> **自我评估**
>
> **测量你的情绪智商**
>
> 通过一个简单的在线测试，你可以对自己的情绪智商有一个更清楚的了解。你可以访问 CengageBrain.com 网站，进入《沟通的艺术：看入人里，看出人外》一书的"言语交际课程学习伙伴"，找到该测试的链接地址。

接收者在网上交流时都体验到了更强烈的情绪。在你发送充满情绪的信息之前，或者在你就模糊不清的网络信息妄下结论之前，最好记住这一点。

情绪感染

除了上述因素，我们的情绪也会经由**情绪感染**（emotional contagion）受到我们周遭的感觉影响：通过这个过程，情绪从一个人身上传递到另一个人身上。[56] 就像一位评论家所评述的："我们感染另一个人的情绪，就好像感染某种社会病毒一样。"[57] 许多证据显示，学生会受他们老师的情绪感染[58]，顾客会被服务他们的职员的情绪影响[59]，而丈夫与妻子的情绪则会直接影响对方的情绪[60]。事实上，研究显示影响我们快乐（或者不快）的人还包括邻居、朋友的朋友，甚至完全陌生的人。[61]

情绪感染不仅发生在面对面的互动中，也发生在网上。研究者们分析了Facebook 上更新的几百万条状态，发现关于"雨"——主要与负面情绪有联系——的状态会在读者中引发**涟漪效应**（ripple effect）。[62] 那些暴露给好友的雨天信息开始引发更多的情绪消极的状态更新，即便他们所在的地区并没有下雨。好消息是用户发布的正面内容也具有感染性，而且影响的比率甚至更大。研究者发现，Facebook 用户每更新 1 条正面状态，就会引来他的关注者们发布超过 1.75 条正面状态。和别人沟通你的情绪状态，即便是在网上和不那么了解你的人交流，也会对别人的感觉和心情产生影响，认识到这一点很重要。

我们中的大部分人都意识到情绪在某种程度上是会感染的，你可以毫不费力地想到一些例子。在一个安静的人身旁，你会感到较为平和；你原先开朗的心情会因为接触到一个满腹牢骚的家伙而转为阴霾。研究人员已经证实这个过程发生得很快，而且只需少许语言沟通即可实现。[63] 在一个研究中，两名实验志愿者完成了一份确认他们情绪的调查。然后他们安静地坐着，相视两分钟，单纯地等待研究人员回到这个房间。两分钟结束之后，他们将完成另一份情绪调查。就这样一次又一次地反复后，报告指出表达较少情绪的伙伴，会出现与表达较多情绪的伙伴相类似的情绪。假如沟通者的情绪，可以在这么短的时间内以如此少量的接触来影响另一个人的情绪，那就不难理解，在时间更长的接触中情绪可以变得多有感染力了。只要几个月的时间，无论是约会中的情侣还是大学室友的情绪反应都会戏剧性地变得更为相似。[64]

5.3 情绪表达的指导原则

正如你上面所读到的，在情绪沟通方面并不存在什么通用规则。性格、文化、性别角色和社会习俗都会产生影响，它们共同决定了什么样的沟通方式会让牵涉其中的人感觉舒服，决定了在一个特定的情境下什么样的方式最有可能起作用。不难想象，有时直接、清楚地表达情绪不是聪明的做法。因为在通常情况下，你不可能责骂像老板或教授那样的权威人物，即便他们很难相处；你也不可能正面对抗一个骚扰你的、看起来很危险的陌生人。

虽然直接、清楚地表达自己的情绪有着各种限制和局限，但有时你也能从中获益，哪怕你通常不是一个善于表达的人。当你能从中获益时，接下来的指导原则能够帮助你解释自己的感觉。

有许多研究支持适当地表达情绪更有价值。一方面，就最基本的生理层次而言，懂得如何表达情绪的人要比不知如何表达的人健康很多。总是隐藏或压抑自己的情绪可能导致严重的疾病。那些不动声色的人——他们更重视理性和自我控制，试图控制自己的所有感觉和冲动，并且否认苦恼——更容易罹患一堆疾病，包括癌症、气喘和心脏病。[65]

另一方面，过度表达消极情绪的沟通者也会遭受生理上的痛苦。当人们激动地用言语抨击别人时，他们的血压平均会升高20毫米汞柱，有些人甚至会升高100毫米汞柱之多。[66] 所以，健康的关键是学会如何**建设性地**（constructively）表达情绪。

除了生理上的好处，有效表达情绪的另一个好处是增进人际关系。[67] 如同第三章所言，自我坦露是一个与人亲密的渠道（虽然不是唯一的），而且在职场上也是如此。许多主管和组织心理学者反驳传统的情绪控制观点，他们认为建设性地表达情绪，不但能带来职业上的成功，而且也有助于员工感觉更佳、心情更好。[68] 当然，在职场中表达情绪的规则通常要比一般的人际关系更加严格，所以处理上也要格外谨慎。[69]

以下建议将会帮助你决定何时以及如何表达你的情绪，结合第三章自我坦露的指导原则，它们会增进你情绪表达的有效性。

辨认你的感觉

回答"你觉得如何？"这个问题，对某些人来说不像一般人

一些人可能会说，电影《头脑特工队》（Inside Out）中11岁的莱莉过得很容易，因为她的情绪都有名字，它们是乐乐（艾米·波勒配音）、怕怕（比尔·哈德尔配音）、厌厌（敏迪·卡灵配音）、怒怒（刘易斯·布莱克配音）和忧忧（菲利丝·史密斯配音）。当然，拥有这些感觉并不意味着她始终能管理好它们。当你感受到某种情绪的时候，你能辨认出它们吗？

那么容易。那些以情感为导向（affectively oriented）的人非常了解自己的情绪状态，当他们在做重要决策的时候能够善用有关情绪状态的信息。[70] 相比之下，低情绪导向的人通常不了解自己的情绪状态，而且他们倾向于拒绝将感觉当作有用的、重要的信息。

除了察觉（aware）自己的情绪，研究证实能够辨认（identify）自己的情绪也是很有价值的。研究者发现，那些能够准确指出自己所经受的负面情绪（例如"焦虑""生气""惭愧""内疚"等）的大学生，也都相对能够发展出处理这些情绪的最佳策略。[71] 这就解释了为什么无论是同一文化内还是跨文化之间，能够区辨和指认情绪是情绪智商至关重要的一部分。[72]

正如你在本章第1节读到的，你可以用几种方式辨认出感觉。生理变化可以是你感觉的一个明显信号。监控你的非语言行为是另一种很好的与情绪保持联系的方式。此外，你也可以通过监视自己的想法和你发送给别人的语言信息来辨认自己的感觉。语言陈述"我讨厌这样"离你意识到自己感到生气（无聊、紧张或尴尬）并不远。

辨识感觉、说话和行动之间的不同

你感觉到某种情绪，并不意味着你会把它说出来。同样，你谈论某种感觉也不意味着你必须遵照它行动。实际上，有证据表明将生气表现出来的人——无论是猛烈抨击还是在沙袋上打拳泄愤——会比没有把生气发泄出来的人感觉更糟糕。[73]

了解拥有感觉和把感觉发泄出来的差异，有助于你在困境中建设性地表达自己。比方说，假如你辨认出自己对一个朋友感到心烦，就可以进一步探究你为什么如此心烦。共享你的感觉（"有时候，你让我如此抓狂以至于我想挥你一拳"）可能会让你有机会明了答案所在，然后解决它。假装你没在烦恼，或者将脾气发泄在对方身上，不仅不会减少你的怨恨，反而会导致关系恶化。

扩充你的情绪词汇

大多数人都苦于情绪词汇匮乏，问他们现在感觉如何，得到的答案几乎总是那几个词："还好"或"不太好"，"糟透了"或"棒极了"，等等。现在，花一点时间看看你能写出多少描述感觉的词，在你尽其所能之后，参阅表5–1，看看你都漏掉了什么。

许多沟通者认为他们是在表达情绪的时候，实际上，他们的陈述只是对情绪的伪装。例如，常常能听到有人很有情绪地说"我觉得（feel）该去看这场秀"或者"我觉得我们见面太频繁了"。但事实上，这些描述没有任何

表5-1　一些情绪

害怕的	在乎的	精疲力竭的	匆忙的	焦虑的	性感的
焦急的	自信的	可怕的	受伤的	麻木的	发抖的
惊讶的	困惑的	忍无可忍的	歇斯底里的	乐观的	震惊的
矛盾的	满意的	不安的	不耐烦的	偏执的	害羞的
生气的	疯狂的	恭维的	印象深刻的	热情的	难过的
不悦的	挫败的	愚蠢的	羞怯的	平静的	激烈的
担心的	防卫的	孤独的	无安全感的	悲观的	顺从的
没感情的	乐意的	自由的	感兴趣的	开玩笑的	惊讶的
羞愧的	忧郁的	友善的	受胁迫的	喜欢的	多疑的
羞赧的	超然的	泄气的	易怒的	占有欲的	体贴的
手足无措的	心力交瘁的	勃然大怒的	忌妒的	有压力的	紧张的
暴躁的	失望的	高兴的	喜悦的	保护的	恐怖的
恶意的	反感的	闷闷不乐的	怠惰的	困惑的	疲倦的
无聊的	心烦意乱的	愉快的	寂寞的	神清气爽的	受限制的
勇敢的	着迷的	快乐的	深情的	遗憾的	很丑的
镇定的	急躁的	烦扰的	冷淡的	宽心的	不安的
唱反调的	得意的	无助的	狂热的	怨恨的	厌烦的
无忧无虑的	尴尬的	快活的	不好意思的	烦躁的	脆弱的
兴高采烈的	木然的	有希望的	难受的	可笑的	温暖的
骄傲的	热情的	毛骨悚然的	混淆不清的	浪漫的	软弱的
冷静的	眼红的	敌意的	窘迫的	悲伤的	超好的
自在的	兴奋的	蒙羞的	忽视的	感性的	担心的

作者将英文中有关情绪的字眼从A到W全都依序列出，本表依照原文直译。可能在中文中有些字眼会重复。——译注

情绪的内容。在第一个句子里，"觉得"这个词真正代表的含义是"我想（want）去看这场秀"，而第二句的"觉得"代表着"我认为（think）我们见面太频繁了"。如果加上真正的感觉字眼，你就会发现原本的说法缺乏对情绪的表达——"我很无聊，所以我想去看这场秀""我认为我们见面太频繁了，这让我感到约束"——无聊和约束感才是表达情绪的词汇。

依赖少量的字词描述感觉，就像依赖少量的字词描述颜色一样受限。说到大海就是起伏不定的，说到天空就是千变万化的，说到真爱的眼睛就一律是"蓝色"的，这还只是一小部分。同样地，使用像"好""很棒"这样一个词，

去描绘你在获得高分、跑完马拉松和从特别的人那里听到"我爱你"三个字这些迥然不同的情境下的感觉难免过于宽泛。

你可以用不同的方式，说出同一种感觉：[74]

- 使用**单一**字词："我很生气"（或"兴奋""忧郁""好奇"等）。
- 描述你**发生**了什么："我的肠胃好像打结了""我像是站在世界的顶端"。
- 描述你想要**做**什么："我想逃跑""我想给你一个拥抱"。

有时候沟通者错误地低估了他们感觉的强度，例如："我有**一点点**不愉快"或"我**颇为**兴奋"或"我**有点**困惑"。当然，不是所有的感觉都是强烈的，我们感受到的悲伤与快乐的程度确有不同。不过有些人会习惯性地淡化自己的感受，你有没有这种情况？

有时候沟通者以一种暗示的方式表达感觉，最经常地发生在信息发送者对透露实际感觉感到不自在的时候。一些暗码常见于言语表达中，当说话者或多或少地暗示信息时。

例如，以间接的方式说"我很孤单"，也许就变成了"我猜这个周末没什么事情，假如你也不忙，可以发短信给我，我们一起出去逛逛"。类似这样的信息是非常婉转的，以至于别人可能听不出你的真实想法。由于这个原因，发送暗示信息的人，面临着失去让对方了解自己的感觉以及满足需求的机会。

假如你下定决心要表达你的感觉，你必须很清楚地确认，你和你的伙伴都了解你的感觉只适用于一套特定的情境，而不是直接针对整个关系。比如，你应该说"当你不守信用时，我会怨恨你"而不要说"我怨恨你"；"当你谈论你的钱时，我觉得很无聊"，而不是"我和你在一起很无聊"。

分享多样的感觉

通常情况下，你所表达的感觉不是你体会到的唯一感觉。举例而言，你可能常常表达你的生气而忽略了生气之前的困惑、失望、挫折、悲伤或尴尬。这是为什么呢？你可以借助以下例子思考。在每个例子中问自己两个问题："我有什么感觉？我又会表达什么感觉？"

> 一个住在市郊的朋友向你保证六点钟就会到你家，然后他到九点都没有来，你猜想他一定是发生了可怕的意外。然而就在你拿起电话要打给警察局和医院查问的时候，你的朋友竟然若无其事地出现在了门口，而且还随便搪塞了一个太晚出发的理由。

技巧构建

感觉和短语

你可以试着一个人或者和小组一起完成这个练习：

1. 在A列中选择一个情境，在B列中选择一个信息接收者。
2. 针对这个组合，试图表达你的感觉。
3. 现在，还是同一个情境，但是从B列中选择其他的接收者。你的陈述会有什么样的不同？
4. 最后，运用A列的其他情境重复以上步骤。

A列：情境

a. 你收到一条短信，简要地通知你这次约会或者预约取消了。这已经是对方第三次像这样在最后一分钟才取消约定了。
b. 对方在你的Facebook留言板上发表了一条不合适的评论。
c. 对方一直称赞你的外貌，然后说："希望我没有让你难堪。"
d. 对方给了你一个拥抱，然后说："见到你真好。"

B列：接收者

一位老师
一个家庭成员（由你决定是哪一位）
一个你不是很熟的同学
你最好的朋友

朋友在Facebook上发布了一张你的照片。一方面你因为朋友展现了对你的喜爱而感到高兴，另一方面这张照片的光线实在不是很好。你希望朋友可以提前问问你。

在上述情况中，你可能混杂着几种情绪。以第一个迟到的朋友为例，你对他到达的第一个反应可能是"谢天谢地，还好他没事！"然后你会很生气，"他为什么不打电话通知我他会迟到？"而第二个例子可能同时使你陷入几种不同的情绪中：有些高兴，有些尴尬，还有些恼怒。

尽管我们感觉到的情绪是混合的，但我们通常只会表达其中一种，而且还是最负面的那种情绪。在上面两个例子中你可能只会表达出生气，而让对方没有机会了解你的全部感受。试着想想看，如果你在这些或者其他的情境中表达出了所有的情绪，对方的反应将会如何不同。

评估何时何地表达感觉

一阵强烈的情绪涌上心头的瞬间通常不是说出口的最佳时机。假如你被喧闹的邻居吵醒了，一时的怒骂在日后可能会让你对自己所说的话感到后悔。在这种情况下，说话前先深思熟虑，然后用最有可能被接受的方式表达你的感觉，才是更为明智的做法。学者认为实际交谈之前的"想象沟通"（imagined interaction）由于能让沟通者预先演练他要说的内容和对方的回应方式，因而能够增进彼此的关系。[75]

即使涌上心头的强烈情绪已经退去了，选择最适宜表达信息的时机依然重要。如果你正为某些别的事情所逼迫，感到心烦或困扰，那你最好延缓表达自己情绪的时机。处理情绪往往会花费你很多时间和心力，疲惫和分心只会使这件事更难处理。同样，你应该用相同的态度，确认你的信息接收者在你开始之前，已经准备好要听完你所有要说的话了。有时，这意味着在你开始分享自己的情绪之前，先检查对方的心情。有时，这意味着计算对方在关系上是否准备好了听像"我爱你"这样的情感告白。当你打算坦露自己的感觉时，确保一定程度的隐私通常是个好主意。（YouTube上就充满了因公开示爱而遭受尴尬的人的例子。）

在某些情况下，你可能选择永远也不表达出自己的情绪。比如说，当老师问你"你觉得我的课如何？"时，即使你非常想跟老师说他的课非常无聊、让你昏昏欲睡，但最好的回答可能是无关痛痒的"还好啦！"。尽管你被抓住你超速的警察那傲慢的态度激怒，明智之道还是忍耐着不要流露出愤怒。如果你感受到强烈的情绪却不想用语言表述出来（无论出于何种原因），那么写出你的感受与想法，无论对你的心理、生理还是情绪的健康都有好处。[76] 比如，研究发现写作对爱的感觉可以实际上降低写作者的胆固醇水平。[77]

对自己的感觉负责

确保你所使用的语言反映出了你对自己的感觉是负责任的这一事实。[78] 避免说"你让我生气"而是改说"我在生气"；避免说"你伤害了我的感觉"而是改说"当你那样做时，我觉得很受伤"。你很快就会察觉到，别人并没有让我们喜欢或讨厌他们，一味认定别人是造成我们喜欢或不喜欢他们的原因，也就否认了我们每个人要为自己的情绪所负的责任。第六章将会介绍"我"的语言，为你提供一种负责任的表达自己情绪的方式。

关注沟通渠道

正如第二章所言，我们所用的沟通渠道会对别人如何诠释我们的信息造成影响。这一点在我们表达情绪时就更是如此。

伦理挑战　　亚里士多德的"黄金中道"

大约在两千五百年以前,哲学家亚里士多德审视了"伦理的德性"(moral virtue)问题,即良好行为的构成是什么,如何行动才能让我们在世界上有效地运作?其中,他研究的一个重要部分定位在了情绪的管理和表达上,他将其定义为"激情与行动"(passions and actions)。

根据亚里士多德的观点,德性行为的一个重要维度就是适度,他将其定义为:"在过度和不足之间的中间水平……与极值距离相等……既不太多也不太少。"他认识到让一个充满热情的人努力做出与一个不带感情的人相同的行为,这是不现实也是不可取的。毕竟,如果这个世界上的每个人的感觉和行动都一样,那会非常无聊。

相较于用"一刀切"的方式来表达情感,亚里士多德劝说沟通者的风格应当选取适当的态度,中道不是就对象来说,而是相对于我们而言。按照亚里士多德的忠告,一个脾气火爆的人应该努力变得冷静;一个很少表达自己感情的人应该变得更乐于表达。其结果仍然是两个风格不同的人,但每个人的表现都比在领会中道以前更好了。

根据亚里士多德的观点,中道也意味着情绪要适应场合,我们应该"在正确的时间,参照正确的对象,对正确的人,用正确的动机,并以正确的做法"来感觉(和表达)它们。我们可以想象,即使是一个平常很内敛的人,有时也会合理地发怒;一个平常很健谈的人,有时也会合理地表现出克制。不过,即便在这种情况下,过多的情绪(例如愤怒)或过少的情绪,也不属于德性的范围。用亚里士多德的话来说,当谈到"激情与行动时……过度和不足一样,都是失败的形式"。

如果你争取中道,你的情绪表达会有什么不同?先指出你情绪表达中最极端的部分——不管是太强烈还是太缺乏,然后再回答这个问题。

通过回答下列问题,运用这里介绍的伦理原则:

1. 如果你表现得更适度一些,你的人际关系会有怎样的改变?
2. 在你的生活中有没有这样一些情况,即更加极端的情绪表达形式,不仅合乎道德又是有效的?

现今的沟通者比起几十年前有更多的沟通渠道可供选择,对于决定什么时候选择用媒介渠道,如电子邮箱、即时信息、电话、社交网站及博客等,我们有必要做些分析,这是过去不必面对的问题。[79]例如,用语音信箱留言表示要结束一段关系是合适的渠道吗?什么时候在博客文章里用大写字母表达不悦是可接受的?如果你为某个好消息兴奋不已,你会第一时间亲自告诉你的亲友呢，还是发表在Facebook上？

大多数人直觉地认识到应该在一定程度上依照他们发送的信息的类型来决定沟通渠道。有一项研究调查了学生会为各种不同的信息选定某个最佳的沟通渠道。[80]大多数参与者回应说，他们在面对面表达正面信息时不会有什么困难，但在表达负面信息时，他们更愿意选择媒介渠道。

"口水区"就是一个通过媒介渠道如何表达负面情绪的极端例子。大多数人使用其他沟通渠道时所遵守的文明用语，到了网络上似乎就没有什么底线了——特别是在陌生人中间，甚至那些同属一个社交网的人也会如此。在你说出可能会让你日后后悔的话之前，最好记住第一章所列出的原则：沟通不可逆，有如覆水难收，一旦你按下"发送"键，就不可能撤回你爆发出去的情绪。

5.4　情绪管理

虽然感知和表达情绪通常会提升人际关系的品质，但是，并非所有的感觉都是有益的。比如，盛怒、沮丧、惊恐和妒忌对于让你感觉好些或增进你的人际关系都没什么帮助。下面你将会学到一些把无助益情绪减到最少的方法。此外，我们也会介绍如何最大限度地感受正面情绪。

有助益与无助益的情绪

首先，我们需要区分有助益与无助益的情绪之间的不同。**有助益的情绪**（facilitative emotion）有助于关系的有效运作，而**无助益的情绪**（debilitative emotion）则有损于关系的有效运作。

这两种情绪之间的一个差异是它们的**强度**（intensity）。比如说，一定程度的生气或恼怒可以是有建设性的，因为它通常会为你提供改进不满意状况的刺激。但是，盛怒通常只会让事情更糟糕，尤其是开车的时候，从"路怒症"（road rage，形容交通阻塞状态下的心理障碍。——编注）这个词就能看出来。[81]恐惧也是一样，在一场重要的运动竞赛或求职面试前感到一点恐惧或紧张，可能会成为提升表现的动力。[82]（老练的运动员或求职者通常做不太好。）但是，如果陷入极端恐惧就又另当别论了。

在美剧《复仇》（Revenge）中，艾米丽·索恩（艾米丽·万凯普饰）不遗余力地向她认为曾经毁掉她家庭的人算账。大多数观众都会同意，艾米丽的愤恨也许是合理的，但她复仇的欲望是无助益的。伴随复仇欲望的主要有哪些情绪？

可想而知，像**沟通焦虑**（communication apprehension）这样的无助益情绪，会带来在个人、职业、教育甚至于医疗场合中的种种问题。[83]当人变得焦虑时，一般话会变得比较少，这意味着他们的需求没有得到满足；即使他们努力开口了，他们的表达也没有那些感觉自信的人有效。[84]

第二个区别无助益情绪和有助益情绪的特征，是它们时间的**持续性**（duration）。当你结束一段关系或者失去一份工作后，自然会有一段时间陷入沮丧，但是，如果你把余生都花在悲叹自己失去的东西上，只会令你一事无成。同样，一直对某个人在很久以前所犯的错生气，无疑是像在惩罚犯错之人一样惩罚你自己。社会科学家将此称为**思维反刍**（rumination），指某个人过分沉溺于消极的思想中反过来又会强化自己的负面情绪。研究已经证实这种自我聚焦的反刍不仅会增加悲伤、焦虑、妒忌和沮丧的感觉[85]，而且会让这些感觉持续更长时间。[86]还有一个糟糕的结果是反刍的人比较容易转移其攻击进而波及无辜的旁观者。[87]

许多无助益的情绪都涉及沟通，这里有一些例子，是由本书的读者提供的：

> 当我第一次步入大学的时候，我不得不选择离开男朋友，和三个女孩同住。第一学期的大半时间，我是如此孤单和不快乐，我成了一个很糟糕的室友。

> 数个月前，我对我那过于吹毛求疵的老板感到灰心，所以某天我发飙不干了。我怒斥了他是一个多么令人厌恶的管理者之后，当即转身走人。现在，我不敢在工作经验栏上把前任老板列为推荐人，也担心我好发脾气的个性会让我更难找到一份新工作。

> 目前我和家人之间存在一些问题，这有时候让我很心烦，以至于不能专心工作和学习，甚至晚上也睡不好。

在后面，你将学到处理这些无助益情绪的方法，这可以提升你沟通的有效性。这个方法的立足点是将你的无助益情绪减到最少，也就是将那些徒劳无功的想法减到最少。

无助益情绪的来源

对大多数人而言，感觉似乎是自成一格的。你希望自己在接近陌生人的时候，能够表现得泰然自若，可是你的声音却颤抖个不停。当你要求加薪时，你设法展现出自信，但你的眼睛却紧张地眨个不停。这些感觉是从哪里来的？

生理因素 有一个答案就是基因造成的，就像你在第三章读到的，人格

在生活中

情绪表达的指导原则

经过一段漫长而又沮丧的搜寻之后，罗根终于找到了自认为能够满足他渴望和需求的理想工作。面试进行得很顺利，当罗根准备离开的时候，面试官说他"非常符合条件"，而且向他保证"你很快就会得到我们的回复"。现在这段对话已经过去两个星期了，但是罗根还是没有收到这家公司的任何消息。

以下两份文稿反映了罗根面对这次困境的两种不同的回应方式：第一种忽视了情绪表达的原则，第二种遵循了情绪表达的原则。无论哪种方式，罗根都是从对雇主没有联系他这件事的**思维反刍**开始的。

忽视情绪表达的指导原则

罗根没有明确地辨认出他正在经历的情绪（辨认感觉），更不用说混合的情绪了（分享多样的感觉）。他没有对自己的情绪承担起责任，而是指责雇主"把他逼疯了"（对自己的感觉负责）。

"我简直不敢相信，那些不顾及别人的白痴！他们以为自己是谁，明明答应了会尽快打电话竟然到现在还没打，他们简直要把我逼疯了。"

罗根直接得出结论，这次的工作没机会了。他也没有考虑其他的可能，只是大加斥责。

"我放弃了。既然他们不打算雇用我，我要打电话给那个面试官让她知道他们的公司糟糕透了。也许我只能接到她的语音信箱，那就更好了。这样我就可以一口气说完所有我想说的话，既不会紧张也不会被打断。他们没有权利像这样把我耍得团团转，我就要这样告诉他们。"（生气地拨打电话）

遵循情绪表达的指导原则

罗根先辨认清楚了自己的各种情绪，然后再决定做什么（分享多样的感觉）。

"这家公司没有遵守诺言联系我，让我很生气，但我同时也很疑惑是不是我不像自己想的那样符合条件，我开始担心自己在面试中可能发挥得没有想象中那么好。我很遗憾自己没有向她确认一下那个'尽快'具体是什么时间。现在我真的不确定自己是应该放弃呢，还是继续等待他们的电话，或者我应该去他们的公司问问究竟是怎么回事。"

他认识到自己想要做的事（责骂面试官）和应该做的更合适和更有效的事之间是有区别的（辨识感觉、说话和行动之间的不同）。

"如果我不打算得到那份工作，我会去责骂那个答应打电话的面试官。但那很可能是个坏主意——就像家人说的那样，我会毁掉自己的后路。"

罗根决定运用知觉检核技巧，并且考虑

尽量不用责备的语气向雇主分享他的感觉。他反复思考了自我表达的时机和方式（评估何时何地表达感觉），最终选择电子邮件作为实现目标的最佳渠道（关注沟通渠道）。

"我可能会打电话给她，然后说一些像是'我感到很疑惑，因为你在面试的时候说会尽快联系我，但是现在两周过去了却还是没消息'之类的话。我可以假装问问她是不是我误解了什么（当然，我对此保持怀疑），或者间接地问问他们需不需要我提供更多的信息。我今晚得好好思考一下。如果这个想法到明天早上还是听上去不错的话，我再打电话给他们。"

最后，罗根决定以电子邮件联络雇主，他可以借助第十一章保留面子的技巧来构思他的邮件。开头他可以正面表述他对于这家公司持续的兴趣，然后提起自己对于没有接到他们消息的担忧，最后以期待收到他们的回复来结尾。

"实际上，发送电子邮件应该会更好。我可以编辑我的措辞直到它们恰到好处，而且邮件也不会像电话那样让面试官感到尴尬。"

特质有很大一部分是遗传所致。许多沟通特质像害羞、言语攻击和魄力都跟生理因素密切相关。幸运的是生理因素并非天命，后面你会读到，无助益情绪是可以克服的。

除了遗传，认知科学家告诉我们，某些无助益情绪——尤其是那些牵涉"战斗还是逃跑"反应的情绪——其肇因与大脑息息相关。杏仁般大小的杏仁核（amygdala）具有相互联结结构，它像哨兵一般扫描每次经历并监视威胁信息。它能在很短的时间内发出警报，引发一连串生理反应：增加心跳的速率，升高血压，提升感官的敏锐度，让肌肉做好反抗的准备等。[88]

这个防卫系统在我们面临真实的人身危险时非常有价值，即便在没有具体威胁的社会情境中，杏仁核也会迫使大脑诱发出害怕或愤怒的情绪。比如，如果有人站得靠你太近，你会觉得不自在，或是有人插队会让你生气等。深思一下，如何避免对这种不具威胁性的情境过度反应。

情绪记忆 有些威胁的来源是神经科学家说的**情绪记忆**（emotional memory）导致的。我们经常发现只要某个事件与过去困扰你的经历有一点点相似之处，即使是寻常事件也会引发你的无助益情绪。以下几个例子可以说明这个观点：

- 约翰在转入新小学后遭到了嘲笑，从此，只要是在不熟悉的情境中，他都感到不自在。

- 如果周围有男人，艾丽西娅就会焦虑不安，特别是那些声音低沉洪亮的男人，因为当她还是个孩子时，她被带有这种男低音的家人虐待过。
- 罗伯特只要遇到使用某种香水的女人就觉得不安，因为他之前被使用这种香水的女人甩了。

自我内言　除了神经生物学，我们的想法也会对我们的感觉产生深远的影响。我们时常会说某个陌生人或你的老板让你感到紧张，就像你会说蜜蜂蜇到使你感到疼痛一样。假如你用以下方式仔细审视，就会发现身体的不适和情绪的不舒服有着明显的相似性：

事件	感觉
蜜蜂蜇伤	身体疼痛
见陌生人	紧张的感觉

当你用这个方式检视自己的情绪时，你似乎对自己的感觉有一些控制力了。然而，身体的疼痛和情绪的不安（或愉悦），其表面上的相似度，不像看起来那么重要。认知心理学家认为不是与陌生人相见或是被情人抛弃这样的**事件**使人感觉糟糕，而是人们对那些事件**所抱持的信念**。正如我们在本章第1节提到的，**重新评估**牵涉改变我们的想法以便管理我们的情绪。

阿尔伯特·艾利斯（Albert Ellis）提出了一种重新评估的方法，即**理性情绪疗法**（rational-emotive therapy），他讲述了一个故事使这个论点更清晰。想象你正经过一个朋友家，你看到朋友把头探出窗口，对你骂了一连串难听的绰号（你自行想象一个朋友和绰号）。在这个情境之下，你可能感到受伤和心烦。现在，换成想象你正经过一间精神病院，还是你的朋友，显然他现在是那里的病人，对你骂了同样难听的绰号。在这个情况下，你的感觉可能

Zits used with the permission of the Zits Partnership, King Features Syndicate and the Cartoonist Group. All rights reserved.

会相当不同，很有可能转变成悲伤和怜悯。

在艾利斯所讲的这个故事中，你可以看到，面对相同的被叫绰号的事件，你的情绪后果却非常不同。你有不同感觉是因为你在每一个情况中的想法不同。在第一个情况中，你的想法很可能是朋友对你非常生气，然后你会猜测自己一定做了什么可怕的事才会遭到如此对待；在第二个情况中，你可能会假设朋友有一些精神问题，然后多半会对他感到同情。

从这个例子可以看到，人在**自我内言**（self-talk）的过程中对一件事所做的**诠释**决定了他们的**感觉**。[89]因此，这个情绪模式看起来像是这样：

事件	思考（自我内言）	感觉
被叫绰号	"我做错某件事。"	感到受伤、心烦
被叫绰号	"我的朋友一定是病了。"	关心、同情

同样的原理可以应用于日常生活中。例如，在求职面试时，高度紧张的人在考虑他们的表现时，倾向于使用负向的自我内言："我做不好""我不知道为什么我要找罪受"。[90]在恋爱关系里，个人的想法也会塑造他对关系的满足感。"我爱你"可以有多种解释，比如像表面上说的那样是一种深情的真诚表达。

事件	思考（自我内言）	感觉
听到"我爱你"	"这是一句真诚的话。"	高兴

相同的话在某个激情时刻，可能被解读为一个虽然真心却是错误的宣告，一种有意让接收者感觉更好的企图，带有操控对方的目的。例如：

事件	思考（自我内言）	感觉
听到"我爱你"	"她这样说只是为了操控我。"	生气

换句话说，我们的情绪更像是我们想法的结果，而非我们所遭遇的事件的结果。这就把我们带回了本章之前所描述的重新评估的过程。使用自我内言来管理情绪反应是可能的。例如，研究显示在公共演讲中告诉自己"我很兴奋"通常要比告诉自己"冷静下来"能带来更好的表现。[91]虽然我们所用的字词从未离开过我们的脑海，但它们可以对我们如何管理自己的情绪产生戏剧性的影响。

想一想　和自己对话

完成下列步骤，你就可以更好地了解想法如何塑造了你的感觉：

1. 当你思考的时候，花几分钟时间听听你内心的声音。现在闭上你的眼睛听一听。你听到了吗？它可能正在说："什么声音啊？我没有听到任何声音……"再试一次，注意听这个声音在说些什么。

2. 现在考虑下列情境，想象一下你会对每种情境做出何种反应。你的内在声音是如何诠释的？每一种诠释又会引发什么样的情绪？

   a. 当你坐在一辆公共汽车上、坐在教室里或者走在街上，你发现一个很有魅力的人一直在偷瞄你。

   b. 在一场讲座的过程中，教授问全班同学："对于这个观点，你们是怎么想的呢？"然后看着你。

   c. 你正在向朋友们描述你的假期，然后有个人打哈欠了。

   d. 你在街上遇到一个朋友，就走上前问她最近怎么样。"还好。"她只留下两个字就匆匆离开了。

3. 现在回想三个最近的、你感到情绪强烈的时刻。针对每一个情境，回忆当时的事件、你的诠释以及你的情绪反应。

非理性思考和无助益的情绪

许多无助益的情绪来自于我们接受了一堆非理性的想法，此处我们将这些非理性的想法称为**谬误**。这些谬误导致不合逻辑的推论，而无助益的情绪就会随之而来。我们往往意识不到这些谬误，这让它们的影响尤其强大。

1. 完美谬误（fallacy of perfection）　接受完美谬误的人认为一个好的沟通者应该有全然的信心和技巧来处理每一种状况。

没有人是完美的。为了得到别人的重视与欣赏，妄求完美的人会尽量让自己**看上去**完美。但是，这种欺骗的代价很高。如果让别人发现了你的欺瞒行为，他们会视你为骗子。即使你的行为没有被揭发，这样的行为也会使你耗尽心力，因此，得到的快乐是很少的。

陷入追求完美的迷思，不仅会阻止别人喜欢你，而且会使你的自尊心降低。当你无法达到你所认为应该达到的高标准时，你如何喜欢自己？所以，还是舒坦地接受你是不完美的想法吧，这样可以解放你自己。

2. 赞同谬误（fallacy of approval）　持有赞同谬误的人认为，取得几乎每个人的赞同不只是可取的更是极为重要的一件事。接受这种想法的人会耗费令人难以置信的时间和精力来从他人身上寻求赞同，甚至牺牲他们自己的原则和幸福也在所不惜。接受这种谬误会导致某些荒唐可笑的情形：

你会因为一个你甚至不喜欢的人似乎不赞同你而感到焦虑。

你会因为别人做错事而感到抱歉。

在以做作的方式取得另一个人的赞同之后，你又感到难堪。

赞同谬误是非理性的，因为它隐含着一种意味，仿佛只要你忽视自己以取悦他人，他们就会更尊敬和喜欢你。但这通常不是真的。你会尊重那些只为赢得赞同而在重要的价值观上一味妥协的人吗？你会高度评价那些一再否认自己的需求以换取他人赞同的人吗？

不要误会：抛弃赞同谬误并不意味着要过一种以自我为中心的生活。只要有可能，考虑并且满足他人的需求仍然是重要的。争取你所重视的那些人的尊敬也是令人愉快的，甚至可以说是必要的。我们要说的重点是，当你为了追求这些目标而放弃自己的需求和原则时，这个代价就太高了！

3. 应该谬误（fallacy of shoulds） 应该谬误指不能区分"**是什么**"和"**应该是什么**"。想象一个对这个世界满腹牢骚的人，你就可以看到这种差异：

"周末应该不会下雨。"
"人类应该长生不老。"
"钱应该长在树上。"
"我们都应该能飞。"

显然，类似这些抱怨是愚蠢的。尽管如此，当许多人困惑于"是"和"应该是"的时候，他们还是一头扎进此类非理性的想法中，以此折磨自己。他们会这样思考和讲述事情：

"我的朋友应该更善解人意。"
"她不应该如此独断独行。"
"他们应该更友善的。"
"你应该更努力地工作。"

链接　　批评者算式

拉里·戴维（Larry David）面对批评时的感受和你我是一样的。

你可能认为他不一样。他是《宋飞正传》（Seinfeld）这部有史以来最成功的情景喜剧的创作者之一。他当前的电视剧《消消气》Curb Your Enthusiasm，又名《抑制热情》）又是一次巨大的成功。他曾经上过《滚石》（Rolling Stone）杂志的封面。但是，当他面对批评家的时候，还是和你我一样在计算。

什么是批评者算式？它是我们大多数人在面对批评的时候所使用的数学公式。它是如何运算的呢？

1条侮辱+1000条赞美=1条侮辱。

我们只需看看《滚石》中关于拉里·戴维的那篇文章，就可以知道这个算式的实际运用了。这里是那篇由布莱恩·希亚特（Brian Hiatt）所写的文章的片段：

> 在他停留在纽约的某个晚上，戴维去洋基体育场（Yankee Stadium，纽约洋基队的主场，位于布朗克斯区。——编注）看一场棒球比赛。他的照片出现在了球场大屏幕上，同时《消消气》的主题曲通过喇叭响遍整个球场。全场的球迷都站了起来，为来自布鲁克林区的对手输掉这场毫无希望的比赛欢呼加油。这本来是一个定义人生的关键时刻，应该像传记电影里主人公力挽狂澜的最后镜头，但事实却不像这样。就在戴维离开体育场的时候，一个

家伙走过来喊道："拉里，你很烂！"对此，伯格（戴维的朋友）说："毫不夸张地说，这大概是他当晚听到的全部。"

从布朗克斯回来的路上，戴维一直执着于那个时刻，在他的脑海里一遍又一遍地重复回放。就好像另外爱他的5万人都不存在一样。"那个家伙是谁？那算什么？"他问道，"谁会那样做？他为什么要那样说？"

这就是批评者算式。一条侮辱能够抹杀整个体育馆的欢呼。超过5万人的支持在那一点点痛苦面前瞬间就消失了。批评者算式也许是这个星球上最有力量的魔咒。

这里有三件事情你必须明白：

1. 批评者算式并不会因为成功而消失。

如果你此刻的想法是"只要我卖出一定数量的书或者升了职，就不会那么介意批评者的想法了"，那么你想错了。拉里·戴维无疑是一名非同寻常的成功者。如果你因为批评者算式感到面对Twitter上的10个粉丝都费劲，那你就算有100万个粉丝还是会因为批评者算式而受难。所以，不

要认为追逐成功就能打败批评者算式。

2.你每相信一次批评者算式，它就会更有力量。

怀疑和恐惧就像肌肉——越练越强。每次当你相信了一个谎言，下次就更容易去相信。拉里·戴维的批评者算式得占据他一生的时间，才会让他无视整个体育馆的粉丝。

3.你不是唯一有批评者算式问题的人。

你知道亚马逊网站上的哪条书评，让我对我的书《轻易放弃的人》（*Quitter*）思考最多吗？并不是那95条打了5星的评论，而是那1条打了1星的评论。

所以，你和我还有拉里·戴维是时候让某些情绪过去了。批评者算式不会为你增加什么，事实上它就是个减法算式，减掉对你的赞美，减掉你的幸福，减掉你的乐趣。

乔恩·阿卡夫（Jon Acuff）

通过回答下列问题，加强你的理解：

1.找出一个情境，当时你是运用批评者算式来评估别人所说的关于你的信息的。

2.重新评估你在问题1中找出的情境，用一种更平衡的态度回应批评。这一重新评估的过程是如何影响你的情绪及后续行为的?

这里的每一种情形所传达的信息是：你更喜欢别人有不同的做法。当然，期待事情更顺利是完全合理的，试着改变现状也是一个好点子。但是，坚持世界就应该像你所想的那样运转，或者当事情不尽理想时就觉得受到了欺骗，这是不合理的。

硬将应该谬误加于你自己身上，也会导致不必要的失落感。心理学家阿隆·贝克（Aaron Beck）指出一些不切实际的自我强加的"应该"：

"对于每一个问题，我都应该能够迅速地找到答案。"

"我不应该感到受伤；我应该总是快乐和平静的。"

"我应该一直表现出最大可能的宽宏大量、体贴、高贵、勇敢和无私。"

执着于像这样的"应该"，会带来三个恼人的后果。第一，它会导致不必要的痛苦，因为不断渴望理想的人，很少会满足于他们已经拥有的东西和他们现在的样子。第二，只是抱怨而没有行动，会让你不想做任何事来改变不满意的状态。第三，这种抱怨会使得痛恨喋喋不休的人建构一种防卫的氛围。告诉人家你想怎样，会比说教更有效。尝试一下把"你应该准时"变成"我希望你能更守时"吧，我们将在第十一章讨论避免防卫性氛围的方法。

4. 过度推论谬误（fallacy of overgeneralization） 过度推论谬误包含两

种类型。第一种过度推论出现在我们基于**有限**的证据形成一种判断的时候。举例来说，你发现自己说过多少次类似下面的话：

"我真笨！我甚至不知道如何把音乐下载到手机里。"
"我算什么朋友！我居然忘记了我最好朋友的生日。"

在上述情形里，我们只聚焦于有限的不足之处，似乎它代表了我们的全部。我们忘记了，除了眼前的困难，我们也解决过很多棘手问题；尽管有时会疏忽，但在其他时候我们是用心和细心的。

第二种过度推论发生在我们**夸大缺点**的时候：

"你**从不**听我说。"
"你**总是**迟到。"
"我无法思考**任何事**。"

试着进一步检核，你会发现这些"绝对的"陈述几乎都与事实不符，而且往往会导致灰心或生气。当你用更准确的信息替代过度推论传达给他人以及你自己时，你会觉得好过很多：

"你常常不听我说。"
"这个星期你已经迟到三次了。"
"今天我没有想出任何中意的点子。"

5. 因果谬误（fallacy of causation） 因果谬误建立在一种非理性的信念上，即认定情绪是由他人而不是你的自我内言引起的。

这一谬误通过两种方式制造麻烦。第一种是折磨那些对沟通过度谨慎的人，因为他们不想"引起"别人的任何痛苦或者不便。这个态度发生在以下情境中：

拜访亲友是出于一种义务感，而不是一份想要看到他们的真诚渴望。
当别人的行为打扰到你时，你仍然保持沉默。
当你已经赶不上下一个约会，或者觉得身体不舒服时，仍然假装专心听对方讲话。
当别人问你意见时，即使你真正的想法是负面的，仍然给出赞美和保证。

你的确可以坚持你的原则，选择一种避免带给别人痛苦的沟通方式。你也可以为了你所关心的人生活得更容易些，选择麻烦自己。然而你必须要明白，如果你坚信自己是引起他人感觉的唯一原因，未免太自恋了。准确地说，他们是在用自己的感觉回应你的行为。

比如说，想一想"你让别人爱上你"听起来多奇怪啊。这样的说法根本就没有道理。比较接近事实的说法应该是你以某种方式行事，作为结果某人可能会爱上你。同样，说你让别人生气、心烦或快乐是不正确的，正确的说法应该是别人用生气、心烦或快乐来回应你的行为。

因果谬误造成麻烦的另一种方式是，我们相信别人是引发我们情绪的原因。有时候似乎确实如此，我们的情绪因他人的行为而变得激昂或低落。但是，思考片刻就会发现，在某天会引起我们高兴或不高兴的行为，在其他时候可能影响很小。昨天强烈影响你心情的侮辱或赞美，今天可能不会对你产生影响。为什么？因为今天你认为不那么重要了。没有他人的行为，你确实不会感受到某些情绪，但决定你如何感觉的不是他们的行为，而是你对此的反应。

6. 无助谬误（fallacy of helplessness） 持有无助谬误的人认为，生活中的满意感是由超出你控制的力量决定的。不断视自己为受害者的人会有这样的陈述：

"在这个社会女人绝对无法有出息，它是男人的世界，我所能做的就是接受它。"

"我生性害羞，我想变得更外向，但是没有办法。"

"我不能告诉上司她对我的要求太多，如果说了，我可能会失去工作。"

只要你了解"如果你真的想做，就有许多事情可以去做"这一点，类似这样的陈述中的错误就会变得显而易见。大多数"不能"如果换成"不愿意"（"我不能告诉他我在想什么"变成"我不愿意跟他说实话"）或"不知道怎样"（"我不能维持一场风趣的对谈"改成"我不知道要说什么"）会更为正确。当你把这些不正确的"不能"换掉后，可以明显看出，它们要么是一个选择问题，要么是需要你行动的问题，都非常不同于"你是无助的"。

7. 灾难性预期谬误（fallacy of catastrophic expectations） 抱着灾难性预期谬误之人会杞人忧天，他们认定假如某件糟糕的事可能会发生，那么它就会发生。典型的灾难性预期包括：

"假如我邀请他们参加宴会，他们或许不会想来。"

"假如我为了解决一个冲突而公开表示意见，事情可能会弄得更糟。"

"假如我去应聘我想要的工作，大概不会被录取。"

"假如我告诉他们我的真实感受，他们也许会嘲笑我。"

一旦你开始料想灾难性的后果，自我应验预言就会开始建立。研究显示，那些认为伴侣不会为了改善关系做出改变的人，反而更有可能做出分裂关系的举动。[93]

虽然假定你与他人的所有互动都会成功这个想法太天真，但是假定你与他人的所有互动都会失败也一样天真。避免灾难性预期谬误的一种方法是想一想即便你的沟通失败了，会有什么样的后果。始终记住，只为别人的赞赏而活和试图达到完美都是愚蠢的想法，在既定的情况下，失败通常也不会像想象的那么糟糕。假如人们真的嘲笑你又怎样？假定你不会得到这份工作又怎样？假如其他人对你的言辞感到生气又怎样？这些事情真的**那么严重**吗？

在介绍下面的内容之前，我们还需要补充几点关于思考和感觉的想法。最主要的是，你应该认识到，理性思考并不会完全消除一个人的无助益的情绪。毕竟，有些无助益的情绪是非常理性的，比如对你所爱之人的去世感到悲伤，对获得一份新工作欣喜若狂，或是大吵一架过后对一段重要关系的未来感到担忧。理性思考可以消除来自你生活的许多无助益的情绪，但是并非全部。

把无助益的情绪减到最少

你如何克服非理性的思考呢？社会科学家和理论学家已经发展出一个简单有效的方法。[94]认真练习这个方法，它可以帮助你减少会带来无助益情绪

想一想　你有多不理性？

1. 回到专栏"和自己对话"中的练习情境。仔细检查每个情境，看看你的自我内言是否包含了非理性的想法。

2. 记录你两天或三天内的无助益情绪。看看其中有没有基于非理性思考而引发的无助益情绪？再检查你的结论，看看你是否持有我们在这部分所讨论的谬误。

3. 进行一次班级投票，看看哪一种谬误最为常见。同时，讨论哪些主题最容易激发非理性的思考（比如作业、约会、工作、家庭等）。

的自我打击（self-defeating）的思考。

监控你的情绪反应　第一步是当你处于无助益的情绪时，要会辨认它们。（当然，当愉快的情绪出现时，能辨识出来也是很好的。）如同我们先前所建议的，辨认情绪的一个方法是监控生理上的反应：神经质的发抖、心跳加速、生理潮热等。虽然这些反应也可能是食物中毒的症状，但多数情况下它们更是一种强烈的情绪的症状。你也可以辨识那些暗示你情绪的特定行为：跺脚而非正常地走路，变得异常安静，或者用挖苦的语调说话等等，这些都是常见的例子。

我们有必要去探查情绪，这也许听上去很奇怪——它们本应是即时显现的不是吗？然而事实并非如此，我们常常受无助益的情绪之苦而未能注意到它们。例如，在度过令人焦躁的一天后，你终于发现了自己皱起的眉头，并意识到你有时就是这个样子，而自己却没有发现。

注意情绪的激发事件　在你知道你的感觉如何之后，下一个步骤是弄清楚什么事件引发了你的反应。有时候激发事件（activating event）是明显的，例如，生气的常见来源是遭受不公平（或公平）的指责，伤心的常见来源是被一个对你来说很重要的人拒绝。但是，另一些时候激发事件并不会如此显而易见。

有时不是一个单一的激发事件，而是一连串小事件持续累积到一个临界点，才引发了无助益的情绪。它可能发生在你试着要工作或入睡却被一连串的琐事打扰时，也有可能发生在你遭遇一连串不足挂齿的失望时。

着手追寻激发事件的最好办法是注意出现无助益情绪时的情境。也许是某些**特定的人**，当这些人出现在你周围时，引发了你的无助益情绪。或者是某种**特定类型的个人**，你可能因为他们的年纪、角色、背景或其他因素而感到困扰。也许是某种**特定的场所**激发了你的不愉快情绪，如宴会、职场、学校，等等。有时谈话的**主题**会是让你爆发的因素，不论是政治、宗教、性还是一些其他主题。

记录你的自我内言　这一步就是要分析将激发事件和你的感觉联系起来的你的想法。假如你是发自内心地要去除无助益的情绪，那么在最初学习使用这个方法时真实地写下你的自我内言是很重要的。把你的思考写在纸上，有助于你看看它们是否真的有意义。

监控你的自我内言刚开始可能是困

"所以当他告诉自己'我是一个多棒的男孩啊'，杰克的自尊心真的就增强了。"

Zits used with the permission of the Zits Partnership, King Features Syndicate and the Cartoonist Group. All rights reserved.

难的,这是一种新的活动,而任何新的活动看起来都是难以运用的。无论如何,只要你持之以恒,你就会发现你将能够辨认导致无助益情绪的想法。而在你养成辨认内在独白的习惯之后,你将能够又快又容易地辨识你的想法。

重新评估你的非理性信念 重新评估你的非理性信念是理性情绪疗法的成功之钥。运用前文列出的非理性谬误,找出你基于错误思考的内在陈述。

你可以借由三个步骤来最有效地做到这一点。首先,判定你所记录的每一个信念是理性的还是非理性的。接着,解释这个信念为什么是理性的或是非理性的。最后,假如这个信念是非理性的,你应该写下一个较为理性的替代思考,这样可以让你在未来面对相同的激发事件时,感到好受些。

用更具建设性的思考取代自我打击的自我内言,这是增进自信和人际沟通的一个特别有效的工具。[95]然而,这种方法可能会激发一些读者的反对意见:

- "理性情绪疗法听起来不过就是把自己的坏情绪说出来。"这种指责是完全正确的。毕竟我们把自己说得陷入了坏情绪,那我们把自己的坏情绪说出来又有什么错,尤其当这种坏情绪还是建立在非理性想法的基础上时?变得理性可能是一个借口,一种自我欺骗,但变得理性并没有什么错。

- "我们读到的那种重新评估听起来很假很不自然。我可不会整句整段地和自己说话。"当你和自己的非理性信念争执时,没有必要采取某种特定的文体风格。你可以随你所想地口语化,关键是要弄清楚使你陷入无助益情绪的想法是什么,这样你才可能清楚地重新评估它们。虽然这种方法对你而言有些陌生,但为了弄清楚你的想法而把它们写

在生活中　　理性思考实战

以下情境证明了本章所讲的理性思考方法是如何运用到日常生活的挑战中的。注意理性思考并不会消除无助益的情绪，而是让它们处于控制之中，进而让有效的沟通更有可能实现。

情境1：与烦人的顾客打交道

激发事件

我在一家每天都被游客和当地人挤满的购物商场工作。我们公司的声誉基于优质的服务，但是最近我却丧失了对顾客的耐心。商场从我们开门的那一刻起直到关门都很繁忙，然而许多顾客不仅粗鲁、心急，而且要求过多。另一些人则希望我同时是一名旅行导游、餐厅评论家、医药咨询员，甚至是保姆。我感觉自己要爆炸了。

信念和自我内言

1. 我对于和公众一起工作感到厌恶。人真的是太讨厌了！
2. 顾客应该更有耐心和礼貌一些，而不是把我当作他们的仆人。
3. 这份工作正在把我逼疯！如果我继续在这里工作，一定会变得和那些顾客一样粗鲁。
4. 但我不能辞职：我不可能找到另一份薪水这么好的工作。

重新评估非理性信念

1. 说所有人都令人讨厌未免有些以偏概全。实际上，大部分的顾客都是好的，有一些人还非常好。大概10%的人制造了大部分麻烦。认识到大多数人是好的，让我觉得不那么痛苦了。
2. 讨人厌的顾客应该更有礼貌一些，这是对的。但是期待每个人都表现出他们应该做的那样是不现实的。毕竟，这不是一个完美的世界。
3. 说顾客快把我逼疯了，说明我失去了对情境的控制。我是一个成年人，我能驾驭自己。也许我不喜欢某些人的行为方式，但是如何回应他们却是我自己的选择。
4. 我不是无助的。如果这份工作真的那么不愉快，我可以辞职。我很可能不会找到另一个付这么高薪水的工作。所以我必须选择哪一个更重要：钱还是内心的平静。这是我的选择。

情境2：和女朋友的家人见面

激发事件

翠西和我已经到了谈婚论嫁的地步——可能不会那么快，但始终是要结的。她和家人之间的关系非常亲密，所以他们想要见见我。我确定我会喜欢他们，但是不确定他们会如何看我。因为我在年轻的时候曾经结过一次婚。那是一个错误，还好它没有持续太久。可问题不只是这样，我在两个月以前辞职了。也就是说，我现在处于暂时失业的状态。她的家人下个星期就要来了，我很紧张他们会如何看我。

信念和自我内言

1. 他们必须喜欢我！这是一个关系紧密

的家庭,如果他们觉得我配不上翠西,我就完蛋了。

2. 不管我表现得多么通情达理,都不能让他们忘掉我的离婚和失业。

3. 也许她的家人才是对的。翠西值得一个更好的人,而我显然不是那个人。

重新评估非理性信念

1. 家人的评价无疑很重要,但我和翠西的关系又不依靠它。她已经说了不管他们如何看我,她都会支持我。理智的说法应该是我想要(want)获得他们的认可,而不是需要(need)它。

2. 如果我认为不管见面的情形如何自己都会完蛋,那么我就是在预期一个最糟糕的结果。他们确实有可能不喜欢我,但也有可能结果会很好。没有理由预期灾难性的后果。

3. 我确实有一个不完美的过去,但这并不意味着我对于翠西是错的人。我已经从过去的错误中吸取了教训,所以我决心去过更好的生活。我知道也许我不完美,但我会成为她值得拥有的丈夫。

下来或说出来是一个好主意。当你做过一些练习后,你就能够用更快、更随意的方式来完成这些步骤了。

- "这种方法太冷酷、太没有人情味,似乎旨在把人变成精于计算、没有感情的机器。"这种指责肯定是不对的。一个理性的思考者仍然可以去梦想、去希望和去爱。像这样的感觉并不一定就是非理性的。基本上,理性的人即便偶尔沉浸在非理性的思考里,但在通常情况下他们知道自己在做什么。就像健康的饮食者偶尔会允许自己吃一顿垃圾食品,理性思考的人偶尔也会沉迷于非理性的想法,但要知道,他们很快就会回到自己健康的生活方式中,并没有什么真正的损害。
- "这个技巧给出的承诺这么多,但是要让自己摆脱所有不愉快的感觉,不管听上去有多好,这种事根本就不可能。"回应这个反对之前,我们同意理性情绪疗法可能不会完全解决你的情绪问题。理性情绪疗法能够做到的是减少坏情绪的数量、强度和持续时间。虽然这种方法不能解决你所有的问题,但它可以带来明显的改变——至少这是个不错的成绩。

把有助益的情绪增到最多

减少无助益的情绪只是情绪健康方程式的一部分。当代学者主张,培养正面情绪和减少负面情绪同样重要。无论是所谓的"习得性乐观"(learned

技巧构建

理性思考

1. 回到你在上一个"想一想"专栏"你有多不理性"中记录的日志。与每个情境中的自我内言进行辩论，然后写下你对于该事件的更为理性的解读。

2. 完成上一步骤后，现在试验你临场的理性思考的能力。你可以通过演出列在第4步之后的情境来完成这个试验。每一个情境你都需要三位参与者：一个主要参与者、主要参与者的"小声音"（指他的想法）和一个次要参与者。

3. 演出每一个情境，当主要参与者和次要参与者互动的时候，扮演"小声音"的人要站在主要参与者的背后，同时说出主要参与者内心可能的想法。比如在一个情境中，主要参与者要求老师重新考虑一下给他打的低分，此时"小声音"可能会说："希望我现在提出这个要求不会把事情搞得更糟。重新审阅完我的试卷后，没准他会把成绩改得更低。我真是个傻瓜！为什么我没有保持沉默？"

4. 不论什么时候，只要"小声音"表达出了非理性的想法，这个短剧的观察者们都应该立刻喊出"笨蛋"两个字。每当这个时候表演就应该暂停，由小组讨论这个非理性想法，然后提出一个更理性的自我内言。接着三位表演者重新演出这个情境，这次让"小声音"用更理性的方式说话。

情境列表（当然，你也可以设计其他的情境）

a. 两个人刚刚开始他们的第一次约会。
b. 一个潜在的雇员正开始一次求职面试。
c. 一个老师或老板正在批评一个迟到的人。
d. 一个学生和他的老师在超市里偶然相遇。

optimism）[96]还是"积极性"（positivity）[97]，其方法与我们在这部分所要简述的方法很相似。如果说一个人的想法引发了他的感觉，那么正面的想法就可以引发正面的感觉。反刍生活中的好事而非坏事可以改善一个人的情绪、关系甚至身体健康。[98]

认为你能对每个事件都有正面的情绪反应是不现实的。研究者芭芭拉·弗雷德里克森（Barbara Fredrickson）认为，关键是要为自己留出足够的空间来享受和品味积极的情绪体验。[99]虽然你不能支配自己生活中的所有事件，可是你有能力重新评估它们。从别人口中听到像"要看到光明的一面""要常怀感恩之心"这种陈词滥调，或许并不能安慰你，但这些话能成为有用的自我提示。你可以把有挑战性的局面看作获得成长的机会，你可以更关注自己得到了什么而不是失去了什么，你可以选择同情而不是轻蔑。"那真的伤到我了"和"我发现自己实际上有多强大和能干"之间的区别,常常只是心态问题——而且积极的评估通常会带来正面的情绪。

很多人发现,他们更容易关注消极的情绪体验。在亲密关系中,人们经常要有意去注意和表达愉快的情绪。弗雷德里克森在研究中辨认出十种情绪,它们是营造积极性的基础,即:喜悦、感激、平静、兴致、希望、自豪、趣味、鼓舞、敬畏和爱。你最近体验过其中几种情绪?你多久一次向重要的人表达这些情绪?有没有可能你感受到了正面情绪,但自己却忘记了?发现你的正面情绪体验,然后说出或写下它们,可以提升你对个人和人际关系的满意度。

小　结

情绪有多种面向。它们借由内在的生理变化发出信号,借由非语言反应显现出来,并且在大部分情境中借由认知的诠释而变得明确。我们可以利用这个信息来选择是否用语言表达出我们的感觉。

有些情绪是基本的,反之,其他是两种或更多种情绪的混合。有些是强烈的,而相较之下,其他是温和的。

有多个原因可以解释,为什么人们不愿意用语言表达他们感受到的许多情绪。有些人的性格使他们不太倾向于表达情绪。文化和性别也会影响我们愿不愿意和他人分享情绪。此外,社会规则和社会角色会阻止我们表达某些感觉,特别是负面的感觉。而社交媒体会增加信息发送者和接收者感受到的情绪强度。最后,情绪感染也会使我们体会到若非如此可能就体会不到的情绪。

对成人而言,有时将情绪全部表达出来并不适当,所以有几个指导原则有助于说明何时及如何有效地表达情绪。扩充你的情绪词汇,增加自我觉察,表达复杂的情绪都是重要的。辨别感觉、说话和行动之间的差异,乐意承担自己感觉的责任而不是将它们归咎于别人,会促成更好的反应。选择适当的时间和地点分享感觉也很重要,同时应该选择最合适的沟通渠道。

有些情绪是有助益的,而有些情绪则是无助益的,并且会抑制关系的有效运作。这些无助益的情绪中有许多起因于大脑杏仁核区域的生理反应,不过它们的负面影响可以经由理性思考而获得改变。通过辨认出令你烦恼的情绪、情绪的激发事件和你的自我内言,通过用更有逻辑的情境分析来重新评估你所有的非理性想法,往往能让你更自信、更有效地去沟通。最后,学会辨认和享受有助益的情绪也是很重要的。

电影与电视

你可以在以下电影和电视节目中印证我们在本章总结的沟通准则：

情绪表达的社会习俗

《广告狂人》（*Mad Men*, 2007— ）TV-14级

20世纪60年代的商业世界和今天很不一样。当时许多人都抽烟，即便电梯间里也是烟雾缭绕；在午餐的时候喝上两杯马蒂尼（鸡尾酒）更是家常便饭；行政套房由男人经营；随意的性骚扰虽然没有今天这样令人厌恶，却也常常让打字室的姑娘们感到委屈。

因此，当时的人际关系会触发很多情绪，但是表达这些情绪的规则却不同。女人——不论在家还是在工作场合——都被要求恭顺并且积极；理想的职业男人则应该温文尔雅并且从容不迫。《广告狂人》中表现得很清楚，社会习俗掩盖了人们对于人际关系的许多强烈感受。它也显示了避免对那些强烈的感觉进行沟通有多重要，以及这样做的代价。

今天再回过头去看那些过时的习俗很容易让人自鸣得意，除非你对半个世纪以后的人们会如何看待现在的我们有所思考。

情绪智商

《办公室》（*The Office*, 2005— ）TV-PG级
《生活大爆炸》（*The Big Bang Theory*, 2007— ）TV-PG级

《办公室》里的德怀特·舒特（瑞恩·威尔森饰）不是傻瓜。他对所有的事情和细节都能记得像电脑一样准确，他清楚地知道自己在敦德米弗林公司卖出去的所有纸质产品。《生活大爆炸》里的谢尔顿·库珀（吉姆·帕森斯饰）甚至比德怀特还要聪明，他不仅拥有两个博士学位，而且还是加州理工学院的理论物理学家。

虽然这两个角色看起来都很聪明，但他们也都缺乏情绪智商。他们欠缺同情心、社会技巧和有效表达情绪的能力。他们的言论直接又辛辣，很少考虑其他人是什么感受。因而，他们经常伤害自己与朋友和同事之间的关系。

这并不是说高智商的人就没有情绪理解力，或者说情绪智商高的人就不会有个性上的怪癖。想一想这些电视剧中的其他角色，你就会发现情绪智商最好被看作一个连续体——有些人可能比其他人高一点，不幸的是谢尔顿和德怀特处在了测量标尺的末端。

无助益与有助益的情绪

《好好先生》（*Yes Man*, 2008）PG-13级

卡尔·艾伦（金·凯瑞饰）是一个情感丰富的人，不过大部分都是消极情绪。自从离婚后，他就一直处于抑郁和孤独的状态中，也拒绝朋友们想要带他出门的好意。他的基本模式就是对每一个邀请都说"不"，直到他参加了一个激励性质的咨询会，使他相信自己需要说"好"，甚至对每件事都说"好"。

卡尔的新方式导致他必须做出许多违反直觉的选择，多数都是危险的（当然也很搞笑）。

然而，随之而来的冒险经历也帮助他体验了快乐、满足和爱这些他原本可能错过的东西。当然，被迫说"好"也是有代价的。当卡尔持有赞同谬误、应该谬误和无助谬误的时候，他必须努力克服自己的无助益情绪。最终，他意识到在生活中有时需要说"好"，有时则要拒绝；他也学到基于理性思考之上的合理选择才是通向快乐的最佳途径。

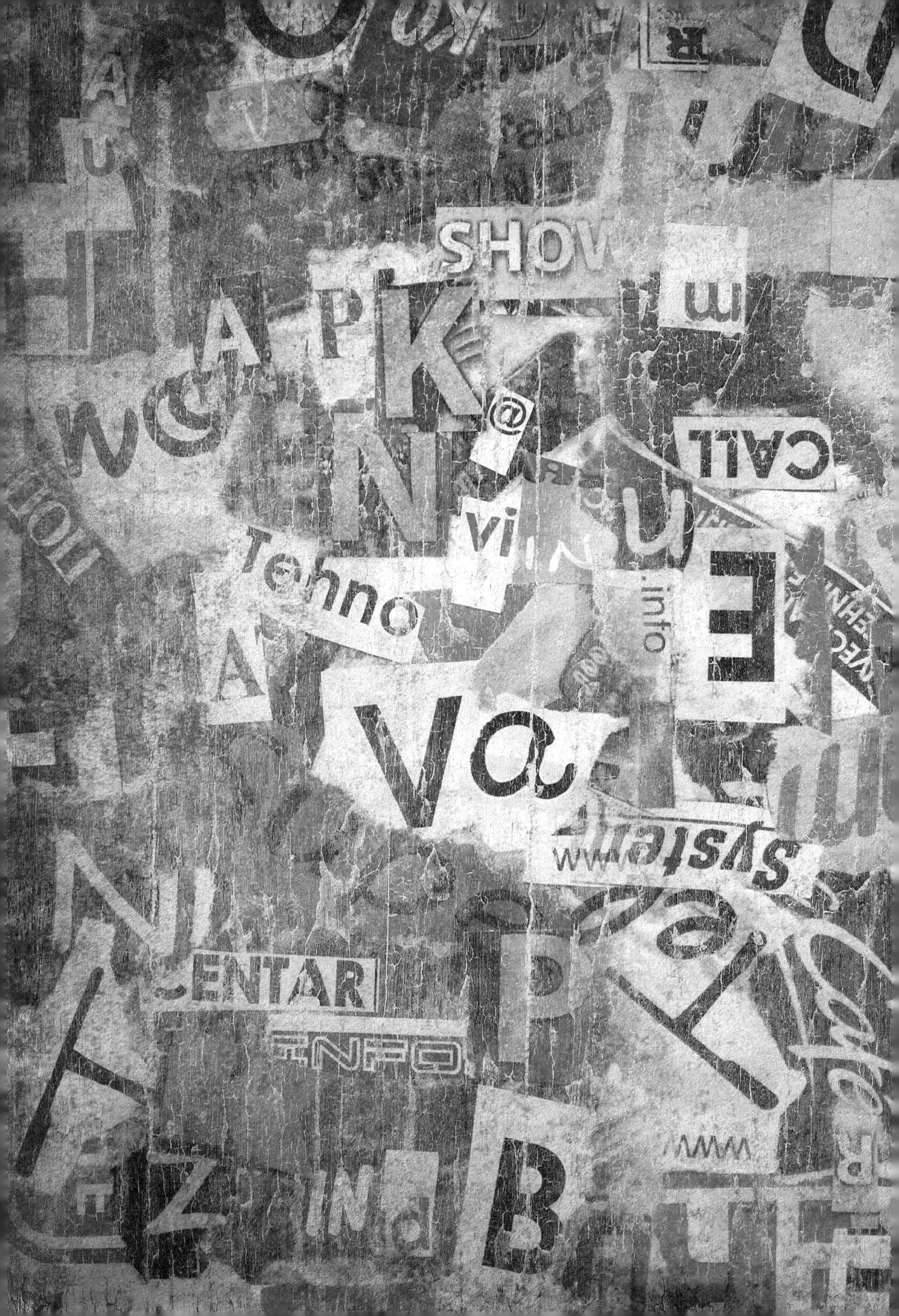
SHOW
CALL
vi
Tehno
.info
www.system
CENTAR
INFO

第六章
语言：障碍与桥梁

阅读完本章后，你应该能够：

* 依据语义规则或语用规则，分析一个真实的或者潜在的误解。
* 描述本章"语言的影响"下的原则在你的生活中是如何运行的。
* 针对某个给定的情境，能够构想一条有着最佳准确性或模糊性的信息。
* 为了反映出你对信息的内容负有责任，把"你"的陈述改为"我"或"我们"的陈述。
* 用不那么激愤的措辞重新组织那些让人混淆的陈述。
* 在特定的情境里，分析性别和文化差异（或者两者同时）如何影响了沟通的质量。

链接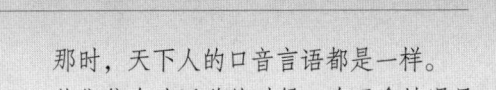

那时，天下人的口音言语都是一样。

他们往东边迁移的时候，在示拿地遇见一片平原，就住在那里。

他们彼此商量说："来吧，我们要做砖，把砖烧透了。"他们就拿砖当石头，又拿石漆当灰泥。

他们说："来吧，我们要建造一座城和一座塔，塔顶通天，为要传扬我们的名，免得我们分散在全地上。"

耶和华降临，要看看世人所建造的城和塔。

耶和华说："看哪，他们成为一样的人民，都是一样的言语，如今既做起这事来，以后他们所要做的事就没有不成就的了。

我们下去，在那里变乱他们的口音，使他们的言语彼此不通。"

于是，耶和华使他们从那里分散在全地上，他们就停工不造那城了。

因为耶和华在那里变乱天下人的言语，使众人分散在全地上，所以那城名叫巴别（就是"变乱"的意思）。

《创世记》（11:1-9）

巴别塔之后，问题依然存在，就好像我们从未说过相同的语言。但是，无论语言为人类带来多少挫折和挑战，它依然是一种神奇的工具。这项天赋的礼物提供给人类一种其他动物无法媲美的沟通方式。如果没有了语言，我们可能会更加无知、信心不足并且感到孤立。

在本章中，我们将探索语言的本质，并看一看如何运用语言的长处和减少它的缺点。在简短说明语言的符号性质后，我们会看一下大多数误解的缘由。接着，我们会超越相互理解的挑战，探索我们所用的语言是如何影响我们的人际关系氛围的。最后，我们会扩大焦点，探讨语言的习惯是如何塑造整个文化的形态的。

6.1 语言是符号

在自然界中，信号与它们所象征的事物有直接联系。举例来说，烟是有东西在燃烧的信号，发高烧是生病的信号。自然界信号与它们所象征的事物之间的关系并非任意的，然而并没有人创造这些对应，它们独立存在于人类的意见之外。

在人类语言中，信号与它们所象征的事物之间的联系则没那么直接。语言是**符号的**（symbolic）：在字词与概念或它们所指的事物之间是一种任意的关系。举例来说，"five"并没有特殊之处，这个单词能代表你手指的数目，只是因为英语系国家的人认可了这种表示。对一个讲法语的人来说，"cinq"这个符号可以传达5的意思；对一个程序设计师来说，"00000101"才表示与5相等的值。

甚至像大多数听障者所使用的"说话"方式——手语——本质上也是符号的，而不只是所谓的手势。因为沟通的形式是符号性的而非按照字面的，所以当听障者与人交流时，就形成了世界上数以百计各自独立的手语[1]，包括美式手语、英式手语、法式手语、丹麦式手语、中式手语，甚至澳洲原住民和玛雅的手语。

语言是符号的，这一本质是上天的恩赐，它使我们能够用若非如此就不可能的方式，就观念、原因、过去、未来及不在场的事物进行沟通。如果没有了符号性的语言，一切都将成为不可能。然而，符号与它们所象征的事物之间的间接关系会导致沟通问题，这只在《圣经》巴别塔的故事里有所暗示。

如果每个人都用相同的方式使用符号，语言会变得更容易使用和理解。但你的亲身经验却显示：事实并非如此。对你而言非常清楚的信息，却让其他人困惑或误解。你告诉发型设计师"头发修一点就好"，然后你非常惊讶地发现她的"一点"竟然是你的"很多"。你激昂地与人辩论女权主义的价值，却没有发现你和对方一直在用"女权主义"这个词去表达完全不同的概念。诸如此类误解提醒我们：意思不在字眼里，而在心眼里。

在华盛顿特区，当特派员大卫·霍华德（David Howard）使用"niggardly"（"吝啬的"，该词与nigger［黑鬼］同源）一词来描

"油灯的哪个部分最接近牛身上的两条曲线，难道你不知道吗？"
（古埃及女人在拒绝她的求婚者）

述预算编制方案时,曾引发了一场骚动。[2]这个白人受到一些非洲裔美国评论家的指责,说他用了一个不可原谅的带有种族歧视的词语。而大卫·霍华德的拥护者们则指出,"niggardly"这个词是从北欧语系衍生而来的,与种族歧视一点关联也没有。虽然这场争议最终平息了,但却说明,人们在联想字词的意思时,无论正确与否,其所赋予的含义要远远超过字典里的解释。

6.2 理解和误解

语言就像下水道:只有在出问题的时候我们才会去注意它。但是,由误解造成的问题并不总是显而易见的,而且它们往往发生得比我们想象的更频繁。大多数人不仅严重高估了他们向别人解释得有多好,而且也高估了他们有多理解别人。[3]由于误解是大多数研究者关注语言的最大原因,我们将通过审视用于理解(有时候是误解)对方言论的一系列规则,来开始我们的研究。

理解字词:语义规则

语义规则(semantic rule)反映了某个语言的使用者赋予一个特定的语言学符号——通常是一个词——以意义的方式。我们都同意"自行车"是用来骑的,"书"是用来阅读的,正是语义规则让这种认同成为可能。它们还帮助我们知道当我们使用被标上"男性"或"女性"的房间的时候,将会或不会遇见谁。如果没有语义规则,沟通就会变得不可能:因为每个人都以特有的方式去使用符号却没有共享意义。当人们给相同的词语赋予不同的意义时,语义误解就会出现。在接下来的几页中,我们将着眼于一些最常见的误解。

模棱两可　模棱两可的语句可以用不止一种方式去诠释。正如你在第三章读到的,模棱两可的话可以是替代彻底坦露的一种策略性选择。说"那个文身真不寻常"要比说"那个文身真丑"更容易。有时,我们使用**模棱两可的语言**(equivocal language)却没有意识到不明确的表述会有不止一层意思。看看下面几个有趣的例子,它们都是新闻标题:

> 家庭及时发现了火灾(家庭及时着火了 catch)
> 男子被困厕所;粪便疑为嫌犯(男子迷恋厕所 stick on)
> 20年的友谊在祭坛结束(20年的友谊因阿尔塔结束 Altar)
> 树能削弱风(树会放屁 break wind)

由于括号内的单词拥有两种含义(加点),造成同一个句子产生了模棱两可的意思。——译注有些模棱两可的误解是很尴尬的。正如一个女人回忆的那样："小学四年级的时候，老师问全班同学什么是句号（period）。我举起手，分享了我所知道的所有关于女孩生理周期的事情。而他所指的只是放在句末的句点，天啊！"[4]

其他模棱两可的表述可能更麻烦。有个护士就吓了她的病人一跳：她告诉他"将不再需要"睡袍、书和剃须工具了。听完她的话后，病人变得安静和闷闷不乐。当护士询问这些奇怪行为时，她发现这个可怜的家伙将她说的话误解为他将不久于人世了，而她的意思却是他很快就可以出院回家了。

"你就向我坦诚吧，罗杰，你说'中途修正'的意思就是要离婚，是吗？"

在我们说话的时候，很难注意到每一个模棱两可的表述并澄清它。出于这个原因，准确地诠释话语的责任在很大程度上落在了信息的接收者身上。向对方反馈一些信息——比如第四章介绍的知觉检核技巧和第八章的释义技巧——可以帮助我们消除误解。

相对语言　相对词汇（relative words）需要通过比较来获得它们的意思。例如，你的学校算大还是算小？答案就取决于你拿什么和它比。如果和一所州立大学相比，你的学校似乎不够大，但和小型学院相比，它看起来可能相当大。相对的词，比如"快"和"慢"、"聪明"和"愚蠢"、"短"和"长"，只有通过比较，才能弄清楚意思。

有些相对词汇如此普遍，以至于我们误以为它们有一个明确的含义。例如，如果一个朋友告诉你她今晚"很可能"会出现在你的聚会上，那么她会来的概率究竟有多大？在一项研究中，研究者要求学生们用百分比表示以下词汇所代表的可能性：可疑（doubtful）、一半一半（toss-up）、很可能（likely）、或许（probably）、可能性较大（good chance）和不太可能（unlikely）。[5]这些词语大多意思变化很大。例如，对"或许"的回答从0%到99%都有；"可能性较大"介于35%和90%之间；而"不太可能"则在0%到40%之间。

让文字更容易衡量的一个方法就是把它们转变为数字。卫生保健从业者已经认识到，当病人们描述他们的病痛时，经常会使用含糊的表达，如"这里有点疼""我很疼"等。采用数字疼痛量表就可以提供一个更精确的回答，自然也能让医生给出更好的诊断。[6]当病人们被要求用1到10来表示他们的痛感等级时，用10可以表示他们所经历过的最严重的疼痛，用7也比"有点儿疼"更为具体和详细。同样的技巧还可以用来要求人们为他们看过的电影或者对他们工作的满意度打分。

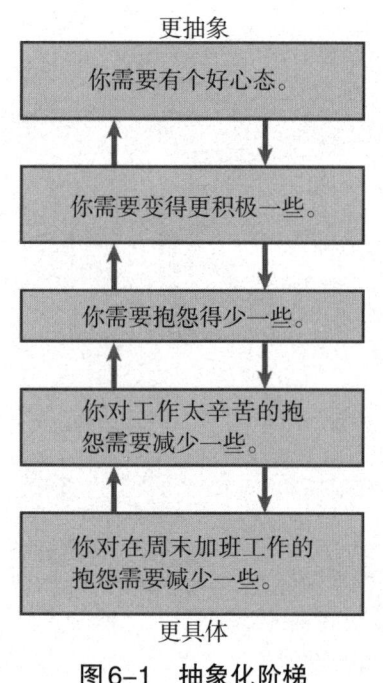

图6-1 抽象化阶梯

静态评价 类似"马克是个紧张的家伙""米娅是个急性子""你总是能指望小明"这些语句,其中包含或者隐含的单词"是"会导致一种错误的假设,即这些人是始终如一的或一成不变的。这种不正确的信念被称为**静态评价**(static evaluation)。相比为马克贴上永远完全紧张的标签,扼要地描述一下他在什么样的环境中表现得紧张才是更为准确的评价。这同样也适用于米娅、小明和我们这些人:我们是多变的而非静态的,每天的语言都可以描绘出不同的我们。

抽象化 当沟通涉及描述问题、目标、赞赏或要求的时候,有的语言显然具体得多。**抽象语言**(abstract language)本质上就是模糊的,而**行为语言**(behavioral language)——顾名思义——则涉及人们所说或所做的具体事情。图6-1中的"**抽象化阶梯**"(abstraction ladder)显示了同一个现象在不同的具体与抽象的层面上,会如何被描述出来。请注意阶梯底部的描述是如何更具体和更行为化的,它会因此比阶梯顶部的抽象指令更清晰地表达出一种"更好的态度"。

我们总是使用一些较高层级的抽象化语言。举例来说,比起"谢谢你洗碗""谢谢清理地毯"或者"谢谢你铺床",我们更容易说"谢谢你打扫"。在日常情境里,抽象语是一种有用的简略语。

虽然像这样的简略语在表达上可以是有用的,但是高度抽象化的语言会

技巧构建 切合实际的语言

请把下列的抽象表述转变为具体的行为语言,然后你就可以体会非抽象语言的价值了。

1. 对于如何改善人际沟通,你要有一个大致的目标(比如,"更坚定一些"或者"不要再冷嘲热讽")。

2. 你对另一个人有所怨言(比如,他"很自私"或者"感觉迟钝")。

3. 要求别人做出改变(比如,"我希望你能准时一点"或者"试着更积极一点")。

4. 赞赏别人(比如,"谢谢你的帮忙"或者"十分感谢你的耐心")。

在每一个情况中,你可以通过描述相关参与者、行为的发生环境以及牵涉的准确行为完成这个练习。当你像这样运用行为描述的时候,你能预料到和抽象语言的区别吗?

表6-1 抽象描述与行为描述

	抽象描述	行为描述			评论
		相关参与者	发生环境	特定的行为	
问题	我话太多。	让我畏惧的人	我想让他们喜欢我	我一直在说（大部分关于我自己），没有给他们说话的机会，也没有问问他们的生活情况。	行为描述更清楚地指出了需要改变的行为。
目标	我想变得更有建设性。	我的室友	当我们谈论家务分配的时候	与其抱怨她的想法，不如提出可行的替代方案。	行为描述清楚地概括了行动的方式，抽象描述则不行。
赞赏	"你真的帮了我大忙。"	传达给同事	"当我不得不因为私人问题而要请假的时候……"	"……对于和我换班这件事，你一点抱怨也没有。"	为了取得最佳效果，同时给出抽象描述和行为描述。
要求	"改一改你的言行！"	传达给目标人物	"当我们和家人聚在一起的时候……"	"请不要讲和性有关的笑话。"	行为描述说明了具体行为。

导致草率的判断和刻板印象，比如"婚姻咨询员一点用也没有""玩滑板的是不良少年"或者"男人没一个好东西"。像这样过于抽象的表述会导致人们泛泛思考，忽视事物的具体特性。正如你在第四章了解到的，刻板印象会伤害人际关系，因为它对人们进行归类和评价的方法可能是不准确的。

仔细看看表6-1中的例子，你就能够体会行为描述的价值。注意，比起一些模糊用语，它们是如何更清楚地解释说话者的想法的。

理解结构：句法规则

句法规则（syntactic rule）管理着一种语言的句法。思考下面一封信的两个不同版本，然后你就可以体会句法对句子的意义会产生何种影响了。

版本 1

亲爱的约翰：

　　我想要一个知道爱究竟是什么的男人。你大方、善良、体贴。那些与你不同的人都承认自己既没用又渺小。你已经毁了我爱上其他男人的可能。我渴望你。我失去了所有感情，在任何我们分开的时候。我可以永远幸福——你愿意让我成为你的吗？

玛丽

版本 2

亲爱的约翰：

　　我想要一个知道爱是什么的男人。你周围的都是大方、善良、体贴的人，他们与你不同。承认自己的没用和渺小吧。你已经毁了我。对其他男人，我感到渴望；对你，我没有任何感情。当我们分开的时候，我就可以永远幸福了。你愿意放过我吗？

你的
玛丽

在原文中，以上两个版本的差异只是标点及其位置不同。——译注

　　语义规则并不能解释为什么这两封信件会传达出完全相反的消息。因为它们所包含的词汇，如爱、善良、体贴等，没有含混不清的意思。信件传达的意思相反的原因，在于它们的语法不同。

　　尽管我们大多数人都无法描述出那些掌控我们语言的语法规则，但是当我们违反那些规则的时候，就很容易确认它们的存在了。一个幽默的例子就是电影《星球大战》(*Star Wars*) 中尤达大师这个角色的说话方式。像"黑暗的一方，他们是"或"你的父亲，他是"这样的短语常常能引得观众发笑，因为它们违背了语法规范。然而，那些明显不合语法的话语有时候只是在遵循另一套不同的语法规则罢了，反映的是区域性的或次要文化的方言的规则。语言学家认为方言是**不同的**而不是**有缺陷的**语言形式，认识这一点非常重要。[7]

理解情境：语用规则

"我从来都没有说过'我爱你'，我说的是'我爱啊'，这两句话是有很大差别的。"

　　语义和语法的问题并不能解释所有的误解。[8]想想另一种类型的沟通挑战：年轻的女员工可能难以弄清楚年长的男老板所说的"你今天看起来非常漂亮"这句话中的意思。她当然能够理解所有字词的意义，而且句子的语法也很清楚。即便这样，老板的话还是可以从好几个角度来诠释。这只是一句简单的问候？还是一个引诱？是否包含她在其他日子不好看的暗示？

　　如果老板与员工对信息做出了相同的诠释，那他们的沟通也会是顺畅的。但是，如果他们从不同的角度来诠释它，就会存在问题。表6–2列举了几种情况，显示老板与员工的不同视角会导致他们对相同词语做出不同诠释。

表6-2 语用规则决定语句的使用及其意义

	老板	员工
语句	"你今天看起来非常漂亮。"	
自我概念 "我是谁?""他/她是谁?"	一个友善的人	一个决定依靠自己的优势取得成功的女性
事件 "在这次交谈中发生了什么?"	随意交谈	可能是老板的引诱?
关系 "我们对彼此来说是谁?"	把员工当作家人一样的老板	下级员工,取决于老板的认可才能获得晋升
文化 "我的文化背景关于这句话说了些什么?"	欧美裔男人,在美国长大	拉美裔女人,在南美洲长大

选自 Pearce & Cronen (1980). *Communication, action, and meaning*. New York: Praeger.

像这样的情况,我们依靠**语用规则**(pragmatic rule)来决定如何在一个给定的情境中诠释信息。语用规则管理着日常交流中言语的运作方式。你不可能在任何一本字典里查到语用规则,它们很难被言明,但在帮助我们理解彼此信息的意义上,它们和语义和语法规则一样重要。

领会语用规则如何运作的最好办法,就是把沟通想象为一种需要协调的游戏。游戏的成功取决于所有玩家都理解和遵守同一套规则。这就是为什么沟通学家使用**协调**(coordination)这个术语,来形容当每一个参与者都使用同一套语用规则时沟通的运作方式。⁹

有的语用规则是被同一文化中的大多数人共享的。例如,在北美,沟通高手都了解,"怎么样了?"这个问题通常不是真的要对方回答什么信息。任何熟悉这一会话规则的人都知道,合适的回答应该是"很不错,你怎么样?"同样,大多数人都明白"你想喝一杯吗?"这句话的意思是"你想喝杯酒吗?"而不是"你想来点什么喝的吗?"后者的回答范围要大得多。

除了文化规则,处于个人关系中的人们还会建立自己的语用规则。想一想幽默

在电影《模仿游戏》(*The Imitation Game*)中,艾伦·图灵(本尼迪克特·康伯巴奇饰)在要破解纳粹密码的时候是个天才,但他却难以理解日常用语的语用规则。他无法理解语言上的细微差异,而那是笑话、讽刺和调情的基本部分。你有没有过因为太拘泥于字面意思而误解了他人的信息?那你可曾由于相同情形而被他人误解过吗?

想一想： 你的语言学规则

在何种程度上，语言学规则会影响你对自己和其他人关系的理解？请按照下列步骤来思考这个问题：

1. 回想你曾经遇到的某个说话方式违背你熟悉的句法规则的人（如外地人或外国人等）。你对这个人的印象是什么？由于他没有遵循常见的语言学规则，在何种程度上影响了你对他的印象？考虑一下你对他的印象是有效还是无效的。

2. 至少回想出一个误解，是由于你和对方没有使用相同的语义规则而造成的。运用事后回溯来思考这个（或其他类似的）误解是否能够避免。如果语义误解可以被最少化，试着解释一下什么方式会最有用。

3. 至少指出两条你和你的同伴在某段关系中所使用的语用规则。和其他同学分享这些规则，看看他们有没有像你和你的同伴一样用相同的方式使用语言。

的运用情境：你和某个朋友畅谈的把戏和笑话，在另一段关系中可能被视为乏味甚至冒犯的。[10]例如，想象一封用大写字母打出来的邮件，其中充满了诅咒、侮辱、恶意中伤的言辞以及一堆感叹号！！！你会如何解释这样的信息？在外人看来，这可能是一封"恶意邮件"，并对此感到震惊，而事实上，这可能只是好哥们之间"斗嘴"的乐子。[11]如果你用一个不好听的昵称来称呼好友，以此作为亲昵的表现，那你也就能够理解这种行为的含义了。但是请记住，那些不知道你的私密语用规则的人很可能会误解你，所以你要聪明地知道何时何地才使用这些私人暗号。

6.3 语言的影响

语言不只是用来帮助我们在沟通中了解彼此的媒介，它也可以塑造我们对周遭世界的知觉，并且反映我们对他人所持的态度。

命名与认同

"名字含有什么？"朱丽叶夸张地问，如果罗密欧是个社会科学家的话，他会回答"很多"。

研究表明，名字不单是一个简单的识别身份的手段，它们还塑造了别人

链 接 谈论残疾时，应该字斟句酌

几周前，当威廉从学校回到家的时候，说了声："妈妈。"他把这个词说成句子，每当这样，我就知道他有重要的事情要告诉我。果然，他继续说道："妈妈，我的朋友艾什莉的听力不好，她还会尖叫。"

威廉今年3岁，在本地的一家公立幼儿园上学。他所在的是一个"综合性"班级，也就是说，这个班级让正常的孩子和一些有特殊需求的孩子在一起学习、玩耍。三年前，威廉的姐姐佩妮就是在这个班级里学习的。佩妮患有21-三体综合征（Trisomy 21），也被称为唐氏综合征（Down syndrome），而那第三条染色体几乎对她身心发展的每一个方面都产生着影响。她需要穿戴支架来支撑她的扁平足和脆弱的脚踝；在她上学以前，她需要依靠手语辅助说话完成交流。

但是有一个残疾的女儿，并不意味着我知道如何与孩子谈论残疾。在佩妮刚出生的那段时间，我发现自己陷入了词汇的迷雾：畸形、残疾、高位妊娠、遗传咨询、特殊需求等，在此之前我从来就没有接触过。随着时间的推移，情况才变得简单了些。我开始使用"以人为本"（people-first）的语言，称她为一个患了唐氏综合征的婴儿，而不是唐氏婴儿；描述其他孩子的时候，我用"典型"这个词，而不是"正常"；当我第二次怀孕的时候，我说有生出另一个患有唐氏综合征孩子的"可能性"，而不是"风险"。

久而久之，这些词语不只是我身为一个残疾孩子的母亲所做的一些"政治"正确（这里指避免歧视。——编注）的尝试；对我而言，

这些词语已然成为了事实。在我眼里，佩妮确实首先是一个孩子，患有唐氏综合征只是描述她的次要标记。我确实开始相信，残疾人不是别人怜悯或者帮助的对象，他们是和你我一样的人，我们只是特别之处不一样。我确实开始意识到我们每一个人都有局限、脆弱和需要别人关怀的地方，同样我们也都拥有获得欢乐、人际关系和无私奉献的可能。

当威廉通过抽签得以进入综合性幼儿学前班的时候，我真的很开心。但是现在我怀疑自己是否能够用言语讨论他的经历；怀疑自己是否能够用诚实、积极的方式来谈论残疾；怀疑自己是否能够为儿子建立一条通向残疾人的桥梁，而不是制造分类和评判。所以当我听到威廉说艾什莉听力不好还会尖叫的那一刻，我深深地吸了一口气。

我说："可能她还没有学会如何倾听。"他点了点头。然后我问他："那艾什莉擅长做什么呢？"

他歪过脑袋说："玩游戏和到处跑。"

"那你呢，擅长做什么？"

"倾听。"

"做什么会让你感觉困难？"

"画画。"

这就是我们谈话的结果。从那时候开始，威廉谈到艾什莉的时候，只是关于他这个朋友的一些事情——比如，艾什莉坐公共汽车，他们俩在一起扮家家酒，他也想要和她一样的奖状贴纸，等等。对威廉而言，艾什莉只是班上的另一个孩子，有擅长的东西，也有不擅长的，就和他自己一样。

未来，威廉终究会意识到我们的文化在很多方面——从语言到法规——都在像他一样的孩子和像艾什莉一样的孩子中间竖起了高墙。尽管如此，我还是希望他和一个患有唐氏综合征的姐姐一起长大，和那些与他面临不同挑战的男孩女孩一起上学，这些经历将打开他的眼界和心胸，去理解我们共同的人性。我希望他的成长能够让他的眼光超越所谓的标签，去相信他能够为每个他遇见的人付出一些东西，同样也能够从他们身上获得一些东西。

艾米·茱莉亚·贝克（Amy Julia Becker）

通过回答下列问题，加强你的理解：
1. 当作者和她的儿子威廉谈论他的朋友艾什莉的时候，她运用了哪些沟通原则？这些原则是如何塑造威廉的态度和行为的？
2. 你看过或听过哪些形容人的标签，这些标签影响了别人看待或对待他们的方式？
3. 是否有一些方式可以改变你的语言，使你对别人进行更有建设性的重新分类？

看待我们的方式、我们看待自己的方式，以及我们行动的方式。关于少见和独特的姓名对持有这些名字的人的影响的研究已经超过了一个世纪。[12] 早期研究声称，那些拥有不寻常姓名的人方方面面都会受到影响，从心理上和情绪上的困扰到大学学习失败等。最近的研究表明，人们不仅对不寻常的名字有负面评价，甚至对不寻常的名字的拼写也有负面评价。[13] 当然，判断一个名字（和它的拼写）是否不平常，结论是随着时间变化的。在1900年，美国最受欢迎的前20个女孩名字，包括伯莎、米尔德里德和埃塞尔。到2013年，前20个名字包括麦迪逊、阿娃和伊莎贝拉——如果在一个世纪以前，这些名字可能是极不寻常的。[14]

名字是塑造和强化孩子个人身份的一种方式。在家人名字的后面命名（如"二世""三世"）一个婴儿，可以让这个晚辈与他同名的长辈建立起某种联系。名字的选择还是一种强烈的表达文化认同的方式。例如，在最近几十年里，出现了大量属于非洲裔美国婴儿的名字，传承着他们自己的文化特色。[15] 在加利福尼亚，新近出生的黑人女婴的名字超过40%在整个国家没有一个白人婴儿会用。研究人员认为，像这些有特色的名字是非洲裔美国人群体团结的象征。相反，选择一个不那么特别的名字是让孩子融入主流文化的一种方式。

联盟关系

除了塑造一个人的身份，语言还可以增进和表明与他人的一致性。研究指出，沟通者会被与他们说话方式相似的人吸引。[16] 同样，那些想要展示联盟关系的沟通者，也会用各种方式适应对方的语言习惯，包括字词的选用、说话速率、停顿的次数和位置，以及礼貌程度，这个过程也被称为**言语调节**（speech accommodation）。[17] 那些全部采用相同的俚语用词及说话习惯的青少年显示出了语言一致性的原则。相同的过程也在其他群体的成员中间运作着，从街头帮派到军事人员再到出租车司机。沟通研究学者称这个调整自己的言语风格以与他人的言语风格相一致的过程为**趋同**（convergence）。有项研究甚至显示，采用老板或合作者的咒骂模式可以帮助人们在工作上建立联系（具体内容可参见下一个专栏"在工作中"）。[18]

讲述女高中生故事的电影《贱女孩》（Mean Girls）紧扣住了在群体内部定义和维持语言趋同的重要作用。凯蒂（林赛·罗韩饰）很快就发现，如果她要融入在她的学校非常受欢迎的名为"塑料"的小群体，她将不得不采用她们的语言。你的语言反映了你所属群体的风格吗？

有一项研究显示，当对话伙伴使用一致的代词、冠词、连词、介词和否定用法时，他们相互谈情说爱的可能性会增加。[19] 同一项研究还揭示出，伴侣在使用相似的语言风格的同时及时通信的话，他们关系的可能性会继续增加近50%。研究人员推断，双方语言风格的无意识匹配与他们有多关注对方说的话有关。另一个研究发现，线上社群成员常常会形成一种共享的语言和对话风格，从他们越来越多地使用"我们"这个代词就可以看出他们之间的联盟关系。[20]

当两个或两个以上的人对彼此持有同等积极的感觉时，他们的语言趋同行为是相互的。但当沟通者希望或需要别人的认同时，他们通常会改变自己的语言来适应别人的风格，他们会试着说出"对的事"，或者用有助于融入别人的方式说话。我们可以通过几个例子来看看这一过程。当移民者想要在新的文化中获得物质成功的回报时，他们会努力精通当地的语言。同样，想要获得晋升的员工，会倾向于越来越像他们的老板一样说话。

言语调节的原理也会反向运作。当沟通者想要把自己与他人分离开时，便会采取**分化**（divergence）策略，用一种强调自己与他人不同的方式说话。举例来说，虽然一个少数族裔的成员能够流利地用主流语言交流，但他们可能还是会使用自己的方言来显示团结，这是一种"区隔他人"的策略。分化策略也可能在其他情况下运作，比如青少年会采用专属于他们次文化的俚语来凸显他们与成人的分化、与同龄人的趋同。[21]

当然，沟通者需要注意何时要和何时不要在语言上趋同他人。我们大多数人可能都记得父母故意模仿青少年的口气说俚语时的尴尬，以及心里所想的"你的年纪已经不适合说那种话了，快放弃像我们一样说话的尝试吧！"一件更需要注意的事情是，如果你不隶属一个族群却使用该民族或种族侮慢语，可能被视为不适当甚至是冒犯的。分化策略的一个语用目标就是建立规范，指出谁有"权利"使用某些特定语汇，以及谁没有。

权力与礼貌

沟通研究者辨识出一些语言模式，可以增强或减弱说话者对其他人的影响力。观察下列两种表述的不同：

> "对不起，先生。我实在不知道该怎么说，但是我……嗯……我猜我没有办法准时完成这个项目。我有一件很急的私事，而且……好吧……这实在不可能在今天完成。我会在星期一把它放在你的桌上，可以吗？"
>
> "我不能准时完成这个项目。我有一件很急的私事，而且这不可能在今天完成。我会在星期一把它放在你的桌上。"

不管老板接不接受你的理由，我们可以明显看出，第二种陈述的语调更有自信，而第一种陈述的语调则比较愧疚和不确定。表6-3从我们刚才所读

表6-3 低权力语言的范例

闪烁其词	"我有点失望……" "我想我们应该……" "我猜我想要……"
犹疑试探	"嗯，我可以打断你一下吗？" "唔，我们可以试试这个点子……" "但愿你可以——呃——试着准时。"
强化重点	"我真的很高兴看到你。" "我不是非常饿。"
礼貌形式	"对不起，先生……"
反义疑问句	"我们该启程了，不是吗？" "难道你不认为我们应该给他另一次机会吗？"
免责声明	"我也许不应该这样说，但是……" "我不是很确定，但是……"
上扬的音调	请参阅第七章的"链接"：你说话的方式会伤害你吗？

的陈述中整理出一些**低权力语言行为**（powerless speech mannerism）。一些研究显示，不使用这些行为的说话者被评为比使用这些行为的说话者更有自信、活泼和魅力。[22]在面试时，强有力的语言可以帮到求职者。雇主认为使用有力的语言风格的应聘者要比言语不那么有力的求职者更有能力、更适合雇用。[23]另一项研究显示，即便只有一种低权力语言行为，也会让一个人看起来缺乏权威性和社交魅力。[24]

免责声明（disclaimer）也是一种低权力语言，试图把说话者与他可能不受欢迎的评论分离开。例如，你可能在传达一条批评信息前铺垫说："我不想让你觉得我在评判你，但是……"然后继续表达你的不满。然而研究表明，免责声明实际上反而会**增加**你的负面评判。[25]举例来说，如果一个人在专横的评论之前加上一句"我不想让你觉得我很傲慢……"，只会让对方觉得说话者**更加**傲慢。此外，涉及诸如懒惰、自私等消极品质的免责声明也会造成类似结果。看来，免责的努力反而会弄巧成拙，说话者的"此地无银三百两"恰恰提醒了听众去寻找和发现说话者试图抵赖的特质。

一些学者质疑"低权力"标签，他们认为试探性的、间接的语言风格有时比断定的说话方式能更好地实现目标。[26]例如，不那么权威的说话方式可能是试图表示**礼貌**（politeness），礼貌就是使用为信息的发送者和接收者双方保留颜面的方式进行沟通。[27]在日本，替对方保留颜面是一个很重要的目标，所以那里的沟通者倾向于使用模棱两可的语词来交流，而且闪烁其词避免直接答复。传统的墨西哥文化极其重视协力合作，为了缓和人际关系也倾向于闪烁其词。墨西哥人不会以很坚定的立场说话，确保不会使他人感到不适。在韩国人的文化中，他们也喜欢"间接"的言辞（如"或许""可能"）超过"直接"的言辞（如"一定""必然"）。

即使是在很看重肯定信息的文化中，太过权威的语言也会威吓或胁迫到他人。观察在同一个情况下两种不同的处理方式：

"对不起，我的小孩有点无法入睡，你介意把音乐关小声一点吗？"

"因为你的音乐太大声了，害我的小孩睡不着。你必须关小声一点。"

有礼貌却没有权威的说话方式，很可能会比强硬的表述起到更好的效果。可这样的事实如何与有关低权力语言的研究相一致呢？正如我们在第一章所言，人际能力就是在沟通的有效性和适当性之间进行拿捏。如果你的言语过于专横，或许在短时间内你会获得你所谋求的东西，但却会让你疏远对方，长期下去会使你的人际关系产生危机。更进一步说，太过权威的表述会传达一种不尊重和优越感的意味，就好像要对抗他人进而获得他们的臣服。

在一些情况下，礼貌且较不权威的说话方式甚至可以增强说话者所说内容的效用。[28] 举例来说，老板可能对他的秘书说："你介意复印一下这份文件吗？"事实上，老板及秘书都知道这是一个命令而非请求，但使用问句的方式就显得老板比较体谅，也改善了秘书对老板的印象。[29] 实现内容目标和关系目标的重要性，有助于解释为什么既有权威又有礼貌的语言是最有效的。[30]

让人混淆的语言

不是所有的语言问题都来自误解。有时候，即使你非常了解一个人，也还是会产生冲突。当然，不是所有争论都能够或者应该被避免。但是，从你的沟通行为资料库中去除三个语言上的不良习惯，可以减少不必要的争论，让你省下精力去处理那些无法避免的及重要的议题。

事实与意见的混淆 事实性陈述可以用对或错来证实。相比之下，意见性陈述建立在说话者的信念的基础上，它们是永远无法被证实或反驳的。从下列例子中，可以看到事实性陈述与意见性陈述的差异。

事实	意见
你忘了我的生日。	你一点都不关心我。
你一直干扰我。	你是个控制狂。
你说了很多关于种族的笑话。	你是个偏执的人。

当这样把事实性陈述和意见性陈述摆在一起时，差别便显而易见。然而在日常对话中，我们通常把自己的意见当作事实一样陈述，也因此引发了不必要的争论。例如：

"笨蛋才会这么说！"
"花这么多钱在一双鞋子上，实在是太浪费了！"
"在这个国家，除非你是白人，否则不会得到公平对待。"

注意一下，如果在这些语句之前加上"我认为""我觉得"或"在我看来"这样的修饰语来表示对自己的意见负责，每个语句就可以显得不那么有敌对性。本章后面会讨论"我"的语言的重要性。

事实与推论的混淆 当我们弄混事实性陈述和推论性陈述时，也会引发问题。所谓推论性陈述，就是从对证据的诠释中得出结论。

当我们把自己的推论当作事实时，争论通常便由此而生。

在工作中

在工作场所中骂脏话

骂脏话可能会冒犯一些人，但它也能为各种交际功能服务。[a]它是你表达情绪并且让他人知道你情感强度的一种方式；它也可以是一句赞美（"那真是太*妈的好了！"），或者一句刺耳的侮辱。骂脏话甚至可以是亲昵的表示。

工作上的咒骂尤其会引起问题。[b]沟通研究学者调查了咒骂在工作场景中的效应。他们的研究显示情境越正式，人们对咒骂的评价就越负面，这一点不足为奇。此外，人们所选的脏话也会带来不同。"F打头的脏话"与其他攻击性较弱的词语相比，被认为是最不恰当的。双方的关系渊源也会对听者如何解读咒骂有重要影响。那些对说话者的咒骂感到吃惊的听者，很可能认为这个说话者是无能的，只能通过咒骂发泄不满。

除了消极的一面，咒骂在工作中也有其作用。斯坦福大学的教授罗伯特·萨顿（Robert Sutton）发现，选择不骂脏话实际上反而会违背一些组织的准则。[c]他主张在极少数情况下，咒骂能起到震慑效果。（萨顿写了一本书叫作《论浑人》[, 直译为《无浑人法则》]，这个事实说明他把自己宣扬的理论运用到了实践中。）

不过，即便萨顿如此为工作中的咒骂"免责"，他仍然提醒道："如果你不确定，切勿使用。"结合本书人际能力的应用规则，我们可以得出这样的结论：分析并且适应你的听众，同时配合自我监控的技巧；当你不确定的时候，宁可克制也不要犯错。

A：你为什么要对我生气？
B：我没有生你的气。你最近为什么那么没有安全感？
A：我才不是没有安全感，是你一直吹毛求疵。
B："吹毛求疵"，你说这话是什么意思？我才没有吹毛求疵⋯⋯

尽量不要去猜测别人的心思。我们可以用第四章介绍的知觉检核技巧，来辨识我们所观察到的引起我们注意的行为（事实），并且描述你从中得出的至少一种可能的诠释。在你描述了这一长串想法之后，让对方对你所做诠释的准确性予以评论。

"当你不回我电话时（**事实**），我便会产生你在对我生气的念头（**诠释**）。真的是这样吗？（**疑问**）"

"你最近一直问我，我是不是还爱着你（**事实**），这让我猜想你很没有安全感(**推论**)。或许是我最近的行为有些反常。你在想什么?(**疑问**)"

情绪性的语言 喜剧演员乔治·卡林(George Carlin)描述了我们是如何进行主观评论的,他观察到"凡是开车比你慢的都是傻子,凡是开车比你快的都是疯子"。

情绪性语言(emotive language)表面上似乎在描述某事,但实际上它表明了说话者对某事的态度。如果你认同朋友对一个艰涩主题的迂回说法,你可能会认为他是"机智的";如果你不认同他的那种说法,你可能认为他"拐弯抹角"。不管那种说法好不好,都不过是一种意见而非事实,是情绪性语言掩盖了这一不同。

你可以借由下列例子来领会情绪性语言实际上是意见性陈述。

当你认同时,你会说	当你不认同时,你会说
朴实	廉价
传统	老旧
外向	人来疯
谨慎、小心	胆小、怯懦
革新	激进
信息渠道	宣传手法
军事胜利	大屠杀
奇特	疯狂

避免因情绪性字眼而产生争论的最佳方法,就是用中性字眼来描述你正在讨论的人、事物或想法,并且照此表达你的观点。不要说"我希望你停止

想一想 反思你所使用的情绪性语言

这是一个简单的技巧：选取一个行为或人格特质，根据它被给予的标签及参与这一行为的人，展现它是如何被视为有利或不利的。例如：

我很随意。（最有利）
你有点粗心。（不太有利）
他是个大懒虫。（最不利）

或者试试这个：

我很节俭。（最有利）
你很有金钱意识。（不太有利）
她是个吝啬鬼。（最不利）

请注意，这些标签如何显示了第四章讨论过的自利的偏误，以及我们通常在描述他人的行为时会比描述自己更不友善的原则。

1. 试着使用以下语句，改变自己：
   a. 我很圆滑。
   b. 我很保守。
   c. 我很安静。
   d. 我很放松。
   e. 我的孩子意气风发。
   f. 我有很高的自尊心。
2. 现在回忆至少两个情境，你在其中使用情绪性语言仿佛是在描述事实，而不是发表意见。回忆这些情境的一个好方法是回想你和别人最近发生的争论，并且想象对方的描述和你的会有怎样的不同。

性别歧视的言论"，而说"我真的不喜欢你用'妹子'而不是'女士'来称呼我们"。这种不带情绪性的行为描述不但更准确，而且更有可能被别人接受。

责任语言

语言除了提供一种使信息的内容变得清楚或模糊的方式，也反映出了说话者对他的信念及感觉负责任的意愿。说话者是接受还是拒绝责任向我们提供了很多关于他的信息，同时也塑造了一段关系的基调。这是如何做到的？请继续读下去。

"这件事"的陈述　注意在每一种情况下两个句子的不同：

"你迟到这件事，真让人困扰。"
"你迟到让我很担心。"

在电影《相助》（The Help）里，20世纪60年代上流社会的白人以一个听起来正面的名义——"家庭帮佣卫生倡议"——试图颁布一项政策，强化他们对于黑佣的偏见。抽象化和模棱两可的语言有时会模糊隐藏在言辞背后的动机。你能否想到一些词语、标签或标语夸大（或低估）了所涉及的人的行为。

"看到你这件事，真让人高兴。"
"我很高兴看到你。"

"这堂课很无聊。"
"我在无聊地上课。"

正如其名，**"这件事"的陈述**（"it" statements）用较不直接的"这"字来取代"我"这个人称代词。相比之下，使用**"我"的语言**（"I" language）能清楚地确认说话者是信息的来源。而使用"这件事"陈述的沟通者避开了对信息所负有的责任，将之归于某个无法确认的来源。这样的习惯不只是不严密的，更重要的是，它还是一种无意识地避免采取立场的方式。

"但是"的陈述　使用"X很好，但是Y……"（X-but-Y）的陈述可能会令人困惑。进一步查看**"但是"的陈述**（"but" statements），就可以发现原因。在句子中，要是出现了"但是"这个词，就会抹除先前所表示的想法：

"你真的是一个很好的人，但我想我们还是不要再见面了。"
"你为我们付出了很多，但是我们不得不让你离开。"
"这篇论文有一些不错的观点，但是因为你迟交，我只能给你成绩D。"

这些"但是"的陈述就好像"心理学三明治"，把真实而又残酷的信息夹在令人较为愉快的观点里。这种方式也是一种保留颜面的策略，偶尔值得使用。无论如何，当沟通的目标绝对清楚时，最负责任的说话方式是分开传达正面和负面信息，这样可以让两种信息都被听者接收到。

"我"和"你"的语言　我们已经了解，使用"我"字陈述是说话者接受对信息负责的一种方式。相比之下，**"你"的语言**（"you" language）则表达了说话者对对方所下的论断。正面的论断（"你今天看起来很棒！"）很少会引发问题，但是注意下列每一句批判性的"你"字陈述，都隐含着对对方做错事的抱怨：

"你把这个地方弄得一团乱！"
"你没有遵守你的承诺！"
"你有时候真的很粗鲁！"

不难发现，使用"你"的语言会激起对方的防卫。使用"你"字陈述通常意味着说话者有资格去评断他人，却不意味着是个好主意，因为即使这个评断是对的，绝大多数听者也不愿意接受。

幸运的是，"我"的语言为说话者提供了一种较为准确同时不那么挑拨的方式来表达抱怨。[31] 使用"我"字陈述表明说话者愿意为自己所表达的抱怨负责，因为他只描述了自己对他人行为的反应，而没有对行为的价值做出任何评判。下面是用"我"的语言来替代上面例子的"你"的语言：

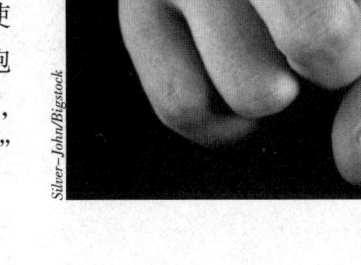

"我不想一个人负责公寓的所有打扫工作。"
"我生气的是我准时到了，你却没有。"
"我不喜欢你在我父母面前讲低俗的笑话。"

虽然"我"的语言具有明显的优点，但无论构思和传达得再好，也不都是无往不利的，就像"我"的语言的提倡者、作家托马斯·戈登（Thomas Gordon）所言，"不管你用什么方式陈述，也不会有人喜欢听到自己的行为造成了别人的困扰"。[32] 此外，"我"字陈述大体上听起来有点以自我为中心。研究显示只顾自己的人，尤其是有"沟通自恋"倾向的人，经常只用第一人称单数的"我"做沟通。[33] 出于这一理由，在运用"我"的语言时，最好是

在生活中

在工作中使用"我"和"你"的语言

有些时候丽贝卡觉得很有挫折感，因为她的同事汤姆常常不在位子上。她不想说出来，因为她喜欢汤姆，也因为她不想被人听着像是老在发牢骚。最近汤姆不在位子上的情况更为频繁，时间也更长了。像是今天，他把半小时的用餐时间又延长了45分钟。当他回到办公室时，丽贝卡使用了"你"的语言来和他对峙。

丽贝卡：你去哪里了？你应该在十二点半回来，可是现在已经快要一点半了。

汤姆（对丽贝卡生气的语调感到惊讶，她从未这样跟他说过话）：我有一些事要办。有什么问题吗？

丽贝卡：我们都有很多事要办，汤姆，但你在上班时间办你的事，这很不公平。

汤姆（在听到丽贝卡的指控后开始防卫）：我不知道你为什么那么在乎我是如何完成我的工作的。老板都没有抱怨，你在担心什么？

丽贝卡：老板没有抱怨，是因为我们全部都在掩护你。你应该感激我们为你的每次迟到或早退所编的借口。（丽贝卡又一次使用了"你"的语言来告诉汤姆他该怎么想及怎么做。）

汤姆（现在过于防卫而不去思索丽贝卡的担心）：喂，我想在这边我们都会为彼此掩护吧？就说去年，为了让你可以去参加你亲戚在圣安东尼奥市的婚礼，我加班了一整个星期。

丽贝卡：那不一样！那时我并没有说谎啊！可是当你不在位子上时，我却必须编造出你在哪里的假话。你把我置于一个极其艰难的境地，汤姆，这不公平。你不能指望我一直为你掩护。

汤姆（虽然感到罪恶，但是因为对丽贝卡的评论和威胁太生气了，所以无法承认自己的错误）：很好，我不会再要求你帮我忙了，对不起让你这么抓狂。

丽贝卡可能成功减少了汤姆不守时的次数，但她选择使用"你"的语言却使他感到防卫和生气。办公室的氛围可能就此变得很紧张——这并不是丽贝卡所希望的结果。

下面是她如何使用"我"的语言来处理相同的状况，做法是描述她的问题而不是责备汤姆。

丽贝卡：汤姆，我需要和你讨论一个问题。（注意丽贝卡是如何把问题视为她的而不攻击汤姆。）

汤姆：怎么了？

丽贝卡：你知道你有时上班迟到，或拉长午饭时间对吧？

汤姆（感到大事不妙，并小心地聆听）：对。

丽贝卡：那好，我必须告诉你有件事让我很为难（丽贝卡从行为角度描述问题，然后继续表达了她的感受）。当老大问起你在哪里的时候，我不想说你不在这里，因为这会给你带来麻烦，所以有时候我要编造借口甚至说谎。但是老大似乎对我的借口起了疑心，我很担心这个情形。

汤姆（感到防卫，因为他知道自己有错，但也同情丽贝卡的处境）：我不想给你惹麻烦，只是我有很多私事不得不处理。

丽贝卡：我知道，汤姆，我只是希望你明白，我可能没办法再为你掩护了。

汤姆：嗯，好的，感谢你为我做的一切。

注意看，"我"的语言是如何让丽贝卡诚实地面对汤姆而不是当面指责或攻击他。即使汤姆不做出改变，丽贝卡也可以把心中的石头放下了，并且她可以为自己用不令人厌恶的方式做到这一点感到骄傲。

有节制地使用。第十一章将会讨论如何有效地使用"我"的语言作为肯定信息的核心成分。

"我们"的语言 克服过度使用"我"字陈述的一种方式，是考虑用"我们"这个代词。"我们"的语言（"we" language）暗示了陈述的议题是由说话者和聆听者共同关心并负责的。思考一些例子：

"我们需要编列一下预算，这样才不会入不敷出。"
"我想我们有个问题，我们似乎一提到你的朋友就会吵架。"
"在保持卫生上，我们好像没有做得很好，不是吗？"

不难看到，"我们"的语言是如何建立一种建设性的沟通氛围的。它暗示出一种"我们同在一起"的倾向，反映出沟通的处理事务的本质。使用第一人称复数代词，可以表达出和别人的密切程度、共通性及凝聚性。[34] 举例来说，使用"我们"语言的夫妻对婚姻的满意程度会比经常使用"我"和"你"的语言的夫妻来得更高，也更善于管理冲突。[35] 在另一个研究中，被要求在互动中使用代词"我们"代替短语"我和你"的陌生人感觉彼此更亲近。[36]

另一方面，"我们"的陈述也不总是适当的。有时候，使用这个代词听起来有些专横和强人所难，因为它表明你不仅代表你自己还代表对方说话。[37] 不难想象，当你说"我们有个问题……"时，另一个人可能会说"也许是你有问题，请不要跟我说是我的问题！"

在展示了"我"及"我们"语言的利弊后，大家对在人际沟通中使用最

技巧构建　　练习"我"的语言

通过下列步骤，你能提升自己传达"我"字信息的技巧：

1. 在生活中，当你传达了或可能会传达以下任何一条信息的时候，视觉化这些情境：

你没有告诉我真相！
你只想到了你自己！
不要这么急躁！
不要四处闲荡！
你根本就不理解我说的每一个字！

2. 用"我"的语言写出以上每一个句子的替代选择。

3. 想出三个在生活中你可能对别人说的"你"字陈述。把这些表述转化为"我"的语言，然后和同学一起排练这些情境。

表6-4 人称代词的使用及其效果

	优点	缺点	小技巧
"我"的语言	为个人的想法、感觉和意愿负责。比评价性的"你"的语言激起的防卫要少。	可能被认为是自我中心的、自恋的和只顾自己的。	当对方没有察觉到问题时，使用"我"的语言；可以结合"我"和"我们"的语言一起使用。
"我们"的语言	表示包含、直接性、凝聚性和承诺。	代表别人说话可能不适当。	结合"我"的语言一起使用；在团体情境下使用"我们"的语言可以加强团结；在表达个人的想法、感觉和意愿时，避免使用。
"你"的语言	表示他人导向，尤其当话题正面时。	听起来可能有评价和判断的意味，尤其在当面对峙时。	在对峙时使用"我"的语言；在赞美或包含他人的情况下，使用"你"的语言。

有效的代词有什么想法呢？研究发现，"我"和"我们"的结合体（例如"我想我们……"或"我希望我们……"）被人接受的机会很高。[38]因为任何一个代词如果用太多了都会给人一种不适当的印象，所以把代词结合起来使用通常是个好办法。如果你使用"我"的语言反映了你的立场但没有过分关注自己，使用"你"的语言展现了对他人的关心而没有评判他们，使用"我们"的语言来包括他人却又不代表他们说话，那你可能接近了使用人称代词的最理想的境界。表6-4概括了每一种语言的优缺点，并提供了成功运用它们的建议。

6.4 性别与语言

到目前为止，我们并没有讨论语言的使用在性别上的差异。有些受欢迎的作家和研究者认为，男人和女人用不同的方式说话，就好像他们来自不同的文化一样。[39]另一些学者则认为，男人和女人说话方式的差异不大，而且多数不怎么重要。[40]到底男人和女人在语言使用上，有何相似与相异之处呢？

内　容

最早的有关性别与话题的研究始于两代人以前。尽管从那时以来男女的角色已经有所改变，但一些研究的结果却惊人地相似。[41]这些研究调查了从17岁到80岁的男人和女人与同性友人讨论的话题范围。结果显示，有些特定话题在男女中间都很常见，比如工作、电影和电视。同时，不论男女在同性友人面前对性及性伴侣的话题都会有所保留。

在这些研究中，男人和女人在话题内容上的差异性比相似性更显著。女性朋友间会花相当多的时间讨论私事和家务事，关系问题，家人、健康和生育问题，体重，食物和穿着，男人，以及其他女人。男人更可能讨论音乐、时事、运动、生意和其他男人。男人和女人在与同性友人的对话中论及个人外貌、性及约会的概率大致相等。与众所皆知的刻板印象相符：女人更有可能八卦密友和家庭；相比之下，男人花更多时间八卦体育明星和媒体人士。女人八卦的内容也不比男人更贬抑。这些差异有很多也出现在关于男女在网络话题的差异的分析中（参见第二章"性别"部分）。[42]

"有时候我觉得我们说的每一个字他都能明白。"

这些差异在男女双方试着与彼此对话时可能会带来挫折。[43]研究者报告说，男人和女人在形容与异性讨论的话题时，常常会用"肤浅"一词来描述。女人可能会说："我想要和他讨论重要的事，像是我们该如何和睦相处，而他只想谈论新闻或者我们这个周末要做什么。"同样，有些男人抱怨女人总是追问和提供太多细节，并且太常把焦点放在情绪与感觉上。

沟通的理由

无论男人还是女人都使用语言来建立和维持自己的社交关系，至少在北美的主流文化中是这样。不管沟通者的性别为何，几乎所有普通对话的目标都在于：通过变得友善让谈话更愉快，表现出对另一个人谈话内容的兴趣，谈论让对方感兴趣的话题等。[44]不过，男人和女人达到目标的方式经常有所不同。虽然大多数沟通者都想让他们的互动更有乐趣，但是男人会比女人更强调对话的趣味性。他们的对话会涉及大量笑话和善意的玩笑。

相比之下，女人的对话倾向于包含感情、关系和私人问题。[45]事实上，研究沟通的学者朱莉娅·伍德（Julia Wood）明确指出："对女人来说，关系的精髓在于谈话。"[46]曾有一项针对女性团体的调查，试图找出她们从与友人的对话中可以获得怎样的满足感，最常被提及的主题是一种同理的感觉，正如有人所说的，"知道你不是孤单的"。[47]男人通常把同性之间的对话描述为他们**喜欢**的事，而女人则把同性之间的对话描述为她们**需要**的事。关系沟通的特征是以女性为导向，这一点得到了针对已婚夫妻的研究支持。研究显示，在用有助于维持双方关系的方式进行沟通上，妻子所花的时间按比例计算比丈夫更多。[48]

自我评估

你的语言有多性别歧视？

你可以访问CengageBrain.com网站，进入《沟通的艺术：看入人里，看出人外》一书的"言语交际课程学习伙伴"来完成关于这个问题的两个测试。

对话风格

女人在对话中的表现和男人相比往往有所不同，但是他们之间的差异可能没有你想象的那么大。[49]比如说，流行的观点认为女人比男人更爱说话，但这一观点却禁不起科学审视——研究者已经发现男人和女人每天说的字数大致一样多。[50]

分析与性别相关的语言差异的一种方式是观察男女与彼此的对话。沟通学者安东尼·穆拉茨（Anthony Mulac）发现，在男女混合参与的对话中，男人比女人更有可能使用句子片段（"不错的照片"）、评断式的形容词（"读书是件费劲的事"）、直接指导（"再多想一下"）、涉及"我"的陈述（"我有很多事要忙"）。[51]女人则更有可能使用加强语气的副词（"他真的很有趣"）、涉及情绪的陈述（"如果他是真的担心你……"）、不确定动词（"这对我来说好像是……"），以及维持关系的问题（"你今天过得怎样？"）。像这样的差异与一些研究结果相符。研究显示，男人的讲话典型地更为直接、简洁和以任务为取向。相比之下，女人的讲话通常更间接、详尽和以关系为取向。[52]

女人经常使用陈述来展示对对方的支持，证明彼此的同等地位，设法让对话持续进行等。[53]由于带有这些目标，无怪乎女人的讲话经常习惯地包含同情及同理的陈述："这一点我感同身受""我也有相同的遭遇"。女人也倾向于通过提问邀请对方分享信息："你觉得怎么样？""你下一步会怎么做？"女人看重培养关系，这也解释了为什么女性的讲话通常都有点试探和犹豫不决。"这只是我的想法……"和更明确的"我的观点是……"相比，前者惹恼对话伙伴的可能更低。

女性灵活的沟通风格并不总是缺点。研究发现，女性作者在为女性读者写作的时候经常会使用低权力的语言，并且这一方法在那些关注健康的杂志中特别有效。[54]另一项研究显示，女性试探性的说话方式，实际上会比运用更强硬言辞的男性来得更有说服力。[55]

正如你在第二章读到的，在语言使用和沟通话题上显示的性别差异也生动地出现在网络沟通中。有些人在社交媒体中所用的语言也塑造了他们面对面的交谈方式。例如，在短信和Twitter中非常流行的单词简化版"adorb""presh""probs"（指"adorable""precious""problems"）已经出现在了面对面沟通中。研究指出，女人（主要是年轻女性）比男人更有可能在对话中使用这些快捷的流行语。[56]

非性别因素

虽然男女在说话方式上有差异，但其实性别和语言使用之间的关系并没有看上去那么清楚。多个研究综述发现，女人和男人在沟通方式上的相同点要多于相异点。举例来说,一份针对超过1 200项研究的分析报告指出,沟通行为的不同只有1%是由性别差异造成的。[57]根据这份评论,男女的言语在某些方面没有显著差异,比如修饰语("我猜"或"这只是我看法")和反义疑问句的使用,以及语言表达的流畅性等。[58]另一篇涉及超过3 000名参与者的元分析发现,女人使用试探性言语的可能性只比男人多一点点。[59]研究人员还从成年人的健谈性、亲和的言语、肯定的言语这几方面去寻找性别上的差异,最后,他们发现每种情况下的差异几乎可以忽略不计。[60]本质上,这些研究表明男女说话的相似性要远远超过差异性。

某项关于职场的研究指出,处在同一职位上的男女主管,他们的行为方式不仅是一样的,而且是同等有效的。该研究表明,两性之间的共性其实相当大,差异相对要小很多。一位沟通学者基于此建议说,"男人来自火星,女人来自金星"这个说法应该被"男人来自北达科他,女人来自南达科他"取代。[61]

最近正在兴起的研究发现,两性言辞上的相似点和相异点存在一些明显的矛盾之处。研究已经揭示出,和性别相比有过之而无不及的其他影响语言使用的因素。[62]比如,社会哲学就发挥了一定的作用:主张女权主义的妻子比她们的伴侣说话的时间要长,而没有主张女权思想的妻子比她们的另一半说的话要少。此外,在对话方式上,说话者是合作取向还是竞争取向所产生的影响也比性别差异的影响更大。[63]说话者的职业也会影响说话方式。举例来说,托儿所的男老师对学生所说的话,跟父亲在家所用的语言相比,更近似于女老师的语言。再如,在男性主宰的行业中工作的女性农场经营者,经常使用较为男性的语言模式,"坚强如钢"地咒骂和交谈。[64]

另一个可以对男女个体的说话方式产生有力影响的,是他们的性别角色认同。回忆一下我们在第四章介绍的心理性别特征:阳刚的、阴柔的和阴阳

想一想

探索沟通中的性别差异

一些通俗文化的作家宣称男人与女人沟通风格的差异,就好像"男人来自火星,女人来自金星"。但大多数研究者认为男女之间并没有这么戏剧化的反差,他们更倾向于使用"男人来自北达科他,女人来自南达科他"的说法。从你自己的经验来看,你认为哪种说法更准确?如果你的答案是"都不准确",那就另外创造一个地理上的比喻来描述你的经验。不要忘了提供具体事例。

兼具的。这些性别特征并不必然跟着生理性征出现，所以就有"阳刚的女性""阴柔的男性"和兼具传统上男性和女性特征的沟通者。这些性别角色比生理性征更能影响沟通者的说话风格。举例来说，研究显示，具有男子气概的参与者比具有女性特质或两性气质兼具的参与者更明显地使用支配的语言；具有女性特质的参与者比两性特征兼具的参与者表现出稍多一点的顺从和对等行为，这些人又都比具有男子气概的参与者表现出多得多的顺从和对等行为。[65]在男同性恋和女同性恋关系里，两人之间的对话风格反映出更多的是权力差异（例如，谁赚的钱比较多），而非沟通者的生理性征。[66]

虽然男性与女性的说话模式有所不同，但是可能并没有像畅销书上所说的那么严重，有些可能跟生理性别因素毫无关系。以务实一点的角度来看，不管沟通风格上的差异来自生理性征、性别角色、文化或个人因素，最好的应对办法就是承认这些差异给我们带来了不只挑战还有机会。我们需要考虑不同的沟通风格，但不要夸大或以此来污蔑对方。

6.5 文化与语言

任何一个试过把想法从一种语言翻译到另一种语言的人都明白，要传达出相同的含义不是件简单的事。[67]有时粗率翻译的结果是会闹出笑话的。举例来说，一家名为Pet的美国乳制品制造业者在不知情的状况下到法语区销售他们的产品，却不知道"Pet"这个词法语的意思是"放屁"。[68]无独有偶，一家美国汽水的代理商提供免费的Fresca汽水试喝，却被墨西哥的顾客取笑，因为在墨西哥的俚语中"Fresca"这个词的意思是"女同性恋"。

即使在翻译时选对了字，也无法确保外地人或外国人能正确地使用不熟悉的语言进行沟通。举例来说，日本的保险公司会提醒他们的被保险人，在美国旅游碰到交通事故时要避免使用带有文化习惯的"抱歉"或"对不起"。[69]在日本，道歉是一种表达善意和维持社会和谐的传统做法，即使一个人表达了歉意，并不代表他真的出了差错。但在美国，道歉被视为承认错误，这会导致日本观光客阴错阳差地为交通事故承担责任。

翻译实在很困难，而这只是不同文化成员之间沟通差异的一小部分。语言在使用方式上的差异和语言所产生的世界观的差异，使得跨文化沟通变成一项富有挑战的任务。

语言沟通风格

使用语言不只是选取一组特定的字词来传达一个想法。每一种语言都有其与众不同的独特风格，像正式或非正式、精确或模糊、简洁或详尽的程度，这些都是影响恰当说话的主要因素。当沟通者试图将一种文化的语言风格应用到另一个不同的文化中时，问题可能就此产生。[70]

语言风格会在**直接程度**上有所变化。人类学家爱德华·霍尔（Edward Hall）针对语言使用分析出两种不同的文化方式。[71]**低语境文化**（low-context culture）通常看重尽可能直接地使用语言来表达思维、感觉和想法。在其中的沟通者会按照说出口的字词来寻找语句的含义。相比之下，**高语境文化**（high-context culture）看重使用语言来维持社会和谐。在其中的沟通者不会通过直言惹恼他人，而是学会根据传达的信息所在的语境去发现信息的含义，包括说话者的非语言行为、人际关系的渊源和主导人际互动的一般社会规则。表6-5概括出了低语境文化和高语境文化在使用语言的方式上的一些主要差异。

北美文化属于低语境文化。美国和加拿大的居民都重视有话直说，他们对拐弯抹角会很不耐烦。相比之下，大多数亚洲和中东文化属于高语境文化。比方说，在很多亚洲文化中，维持和谐是很重要的，如果有可能威胁到对方的颜面，沟通者就会避免把话直接说出来。因此，比起美国人，韩国人和日本人不太可能用一句清楚的"不"来回绝不想要的请求。作为替代，他们可能会以迂回的方式来表示，比如"在原则上我同意你的看法，但是……"或"我同情你……"

像这类介乎直接与间接之间的冲突，可能会加重以色列人和巴勒斯坦人之间的问题。说话直率、属于低语境文化的以色列人注重把话说明白，而属于高语境文化的阿拉伯人强调缓和互动。不难想象，文化产生的碰撞会在以色列人和巴勒斯坦人之间引发多少误会和冲突。以色列人觉得巴勒斯坦人不可捉摸，而巴勒斯坦人认为以色列人感觉迟钝且表达生硬。

表6-5 低语境文化和高语境文化的沟通风格

低语境文化	高语境文化
大多数信息有明确的提示，高度依赖明确的语言信息。	重要的信息不会总是明确地表达出来。信息的提示依赖具体的情境语境（situational context），如时间、地点、关系。
重视自我表达，沟通者会直接陈述意见或渴望，并且努力说服别人接受他们的观点。	重视关系的和谐，并且通过间接表达意见来维持这种和谐。沟通者不会直接说"不"。
清楚的、有说服力的言辞更让人称许，语言表达的流畅性也让人赞赏。	沟通者交流时会"绕着"观点说，令对方去填补遗漏的信息。他们更欣赏模棱两可和使用沉默。

多元视角

皮拉尔·伯纳尔·德·菲利斯：说病人的语言

哥伦比亚人皮拉尔·伯纳尔·德·菲利斯是旧金山加州大学护理学院的一名临床学教授。她还要监督指导旧金山社区健康中心和女性社区诊所护理从业人员的培训。

在我的工作环境中，语言和文化的障碍使得沟通特别有挑战性。在健康中心，几乎我们所有的病人都只会说西班牙语这一种语言，并且他们都来自那些缺少服务的社区。他们中的大多数人都在美国以外的地方出生，很少有人在基础教育以外获得过其他服务。许多人来这里是为了寻求医疗和社会心理上的帮助，面对这些问题时特别需要注意语言和文化上的敏感性。

在我们的诊所里，每一个工作人员都要求能说两种语言，这一点对我们服务的人群来说是非常重要的。因为如果病人不能受益于他的医疗服务提供者，或者他的医生不能很好地理解也不能流利地说他的语言，那就可能发生严重问题。

如果你自认为理解对方的语言却不明白其中的细微差别时，问题就会变得尤其危险。比如说，拉丁裔病人在表达腹部肿胀感时常用的一个短语是"Estoy inflamada"，但它的字面意思是"我发炎了"，并没有传达出病人试图描述的感觉。如果一个医疗提供者或受训者缺乏良好的语言理解力，那他不仅会误解病人，还可能误诊病情。

我提醒我的受训者要保持谦虚的态度，既是因为他们的语言技巧可能没他们想象的那么好，也是因为过分自信会让病人感到畏惧。我还训练我的学生向他们的病人追问"多告诉我一些"，这个问题能够增加他们准确理解病人试图说明的意思的概率。然而面对诊断的高风险性，在医务人员能够流利地使用医学西班牙语之前，提供熟练的专业翻译人员也是很重要的。虽然这么做的成本很贵也很花时间，但最后的结果将会证明物有所值。

对病人和医疗从业者来说，要做到在任何情况下都能有效地沟通已经够难了，而当语言的差异也加进来的时候，困难还会升级。要想消除隔阂，态度和技巧都必不可少。

值得注意的是，即使是在低语境的欧美传统文化中长大的基本上有话直说的美国居民，往往也要依赖语境来表达他们的观点。当你以"我可能没办法"来婉拒一个你不想接受的请求时，你和对方可能都明白你并非真的没有选择。如果你的意图非常清晰，你可能会说："我不想跟你们混在一起。"但正如第三章说的那样，我们选择模棱两可是因为我们想要遮掩自己的真实感受和想法。

除了清楚和模糊的程度不同，语言风格还会因为文化的不同变得**详尽**或者**简洁**。举例来说，说阿拉伯语的人通常比说英语的大多数沟通者在使用语言时更丰富且更有表现力。强烈的断言和夸张的言谈在说英语的人听来会觉得很可笑，但在阿拉伯语中却是十分常见的现象。像这样相对的语言风格可能会造成来自不同文化背景的人之间的误解。就像一名观察者所说：

> 首先，阿拉伯人认为他们不得不在所有类型的沟通上过分断言，这是因为其他人希望他们这么做。如果某个阿拉伯人只是准确地说出他想表达的意思而没有像别人期待中的那么强烈坚持，那么其他的阿拉伯人可能仍然认为他要表达的是相反的意思。比如说，面对主人盛情地表示"再多吃点""再多喝点"时，客人简单地回答一句"不要"是不够的。客人必须不断地重复"不要"好几次，并且加上像是"奉真主之名"或"我发誓"等誓言，才能表达自己真的已经吃饱喝足了。再者，阿拉伯人通常也意识不到其他人特别是外国人所说的就是他们想表达的意思，即使对方的语言非常简单。在阿拉伯人听来，一个妖艳女人的一句简单的"不"可能意味着她间接地表达同意和鼓励。另一方面，一个伪善政治家的一句简单的同意则有可能意味着他的拒绝。*

在重视沉默的文化中，简洁表达是沟通的极限形式。例如，在很多美国原住民文化中，最令当地居民喜欢的处理模棱两可的社交情境的方式就是保持沉默。[72]如果将这种沉默风格与美国主流文化中人们初次见面时的健谈风格相对照，不难想象当阿帕契族或纳瓦霍族的印第安人与盎格鲁裔美国人初次相遇时，双方会觉得多么不自在了。

除了直接与间接、详尽与简洁的程度不同，语言因文化而异的第三种方式牵涉到**正式**与**非正式**用语。人际关系以非正式语言为特征的例子，包括美国、加拿大、澳大利亚及北欧国家，这与亚洲和非洲国家十分不同，亚非地区的人会慎重运用恰当的语言。所谓慎重运用恰当的语言，不是指说话者要使用精准的文法，而是指说话者所用的语言要明确双方的社会地位。举例来说，在韩国，语言反映了儒家亲疏远近的阶层体系。[73]因此，针对不同性别、不同社会地位、不同的交情深浅程度、不同的社交场合类型，在韩语中都有特殊词汇。比如，韩国人在和老朋友、知道但不算很熟的人、完全不认识的人交谈时，所用语言的正式程度也不同。如果将这一特征和即使与完全不认识的人交谈大多数北美人所用的语言也一样随性友善相对照，不难理解韩国

---

* Almaney, A. & Alwan, A. (1982). *Communicating with the Arabs*. Prospect Heights, IL: Waveland.

人为什么会将美国的沟通者视为庸俗粗野的,而美国人认为韩国的沟通者是拘谨、不友善的。

语言与世界观

不同的语言风格是很重要,但仍有更重要的差异将说不同语言的人划分开来。大约在150年前,一些理论学家已经提出了**语言相对论**(linguistic relativity)的概念,指出一个文化的世界观是被属于这个文化的语言使用者塑造和反映出来的。74 语言相对论最著名的例子,便是我们仅仅称作"雪"的现象,爱斯基摩人却有大量词汇(据估计有17到100个词)去描述它。不同的词语被用来描述不同的状况,像是强劲的暴风雪、冰雪和飘雪等。这个例子说明了语言相对论是如何运作的。在极地环境中生存的需求让爱斯基摩人对温带居民不重视的状况进行了区分,而在语言产生这些区分后,说话者更有可能从这些更广泛的词汇出发来看这个世界。

虽然如此,依然有人对爱斯基摩人真的用那么多词来描述"雪"感到怀疑75,但也有其他支持语言相对论原则的例子。76 例如,双语说话者在转换语言时,似乎也会改变思考方式。在一项研究中,法国裔美国人被要求去诠释一系列图片。当他们用法语描述的时候,比用英语描述得更浪漫、更富有感情。同样,香港的学生也被要求完成一项有关价值观的测验,结果当他们使用广东话回答的时候,比用英语表达出更多中国传统的价值观。在以色列,无论是阿拉伯学生还是犹太学生在使用自己的母语时,都比使用英语这个中立语言时看到更多他们的族群与"外界"的差异。这样的例子显示出,语言塑造文化认同的威力——有时候会更好,有时候会更糟。

"爱斯基摩人有87个词用来描述雪,却没有一个词用来描述医疗事故。"

语言相对论最令人熟知的宣言,便是**萨丕尔—沃尔夫假说**(Sapir-Whorf hypothesis),这是由爱德华·萨丕尔(Edward Sapir)和本杰明·沃尔夫(Benjamin Whorf)所提出的。77 根据萨丕尔的理论,沃尔夫注意到,霍皮族人(美国原住民)所用的语言代表了对现实的一种看法,非常不同于其他更令人熟知的方言。例如,霍皮族人的语言并没有对名词和动词做出区分,因此使用这种语言的人将整个世界描述为不断进展着的。在英语中,我们使用名词来描述人或事物是固定状态还是持续状态;而霍皮族人将它们视为动词,所以在不断变化着。从这个层面上来说,用英语来

链 接  语言和传统

"Mi'ja，是我，你起床后打个电话给我。"这是朋友给我的电话留言。但是当我听到"mi'ja"这个词时，我的内心感到一阵痛楚。我的父亲是唯一一个这样称呼我的人。因为他刚刚去世不久，所以听到这个词的瞬间让我不知所措，陷入悲痛之中。

"Mi'ja"（读作MEE-ha）是"mi hija"（读作me ee-HA）的简写，意思是"我的女儿"。女儿、我的女儿、属于我的女儿：这些表达都僵硬而又笨拙，没有"mi'ja"——"我的心肝宝贝女儿"——这个词所包含的亲密和温暖之意。或许，对"mi'ja"的一个更准确的翻译是"我爱你"。一个词有时可以被翻译成不止一个含义，这其中被翻译的还有一种世界观，一种看待事物的方式，以及是的，甚至一种在别人看来可能并不美好的接受方式。比如，"Urraca"（喜鹊）而不是"grackle"（鹩哥），这就是看待一种黑色的鸟的两种方式：一种视其叫声为歌唱，另一种则视为聒噪地咯咯叫。或者"tocayola"，意思是"和你同名的人"，通常指"以亲友的名字命名的人"，因而有"你的朋友"的意思。再或者，美丽的"estrenar"，意思是"第一次穿某件衣服"，而在英语里则没有专门的词语来表达穿新衣服时的兴奋和得意。

西班牙语使我能以一种新的方式来看待自己和这个世界。对于我们这些生活在多种语言世界之间的人来说，要做的就是在这个混乱的转型期帮助他人不仅仅用他们的眼睛来看待这个世界。

桑德拉·希斯内罗斯（Sandra Cisneros）

通过回答下列问题，加强你的理解：

1. 你能想到一些别人常对你说的能表现他们与你之间关系的词语或名称吗？类似于桑德拉·希斯内罗斯一听到"Mi'ja"就想起她的父亲这样的。

2. 如果你懂外语，描述一下一种语言中的有些概念如何难以翻译成另一种语言。讨论一下在这种现象中"文化"扮演了什么样的角色。

呈现世界时，就像是照相机所拍的快照，而用霍皮语呈现世界时，更像是摄影机拍的影片。

有些语言包含一些在英语中找不到对应词的词语。[78]比如以下这些词语：

  Nemawashi（日语）：指一个非正式的过程，就是在做决定之前将牵扯到这个议题的所有人的想法给弄清楚。

  Lagniappe（法语/克里奥耳语）：指交易中的额外收获，这收获并非合同条款预料中的利益。

  Lao（汉语——"老"）：用以称呼年纪大的人的敬语，显示了他们在家庭以及社会中的重要性。

  Dharma（梵语）：指每个人生活中的独特、理想之路，以及寻找这条路所应具备的知识。

  Koyaanisquatsi（霍皮语）：指失衡的自然；一种疯狂的生活方式，需要另一种新的生活方式来平衡。

  语言相对论的前提是：我们的字词不仅**反映**了我们如何看待这个世界，它们也**影响**了我们如何看待这个世界。我们所用的语言塑造了我们对事物、他人和我们自己的感知。那些调查"肥胖谈话"（fat talk）影响的研究证实了这一原则。[79]研究显示，经常用语言表达对自己体重担忧（"我太胖了""我的屁股太大了"）的人，会强化自己有糟糕的身体形象。研究者发现了肥胖谈话造成危害的三种具体迹象：（1）当你经常且强制使用这种谈话时；（2）当这种谈话包含与他人的不断比较时；（3）当这种谈话包含像"应该"或"应当"（"我真的应该减掉一些体重"）这样自责的字词时。就像你在第三章读到的，稳定地吸收负面的自我评估和社会比较，可能转变成破坏性的想法、语言和行为的循环。

  语言对说话者想法和感觉的影响，也可以从布里斯托大学（University of Bristol）开展的一项研究中看出来。[80]研究人员让实验参与者大声说出三种话：脏话、脏话的委婉说法（比如，说"F打头的词"而不是把实际的词说出来），以及中性词语。研究发现，当参与者说脏话的时候，他们的生理应激反应要比他们使用脏话的委婉说法和中性词语时强烈得多。研究者将此视为语言相对论的一个例子："禁忌语与大脑的情绪中枢有着直接关联。因此，即便说出禁忌语的人没有任何冒犯的想法，也会唤起自身强烈的情绪。"换句话说，我们所用的语言会对我们的想法产生影响，有时甚至是用我们意识不到的方式。

小　结

  语言是个很棒的沟通工具，但同时也是人与人之间许多问题的来源。每种语言都是一系列符号的集合，这些符号受语义、句法和语用规则支配。

  用来命名人的词语，会影响人们被对待的方式。用来命名说话者的词语以及他们所用的语言，会反映说话者吸引听众的兴趣程度。语言的模式也反映和塑造了说话者的知觉力。

一些语言习惯——比如，混淆事实与意见，混淆事实与推论，使用情绪性语言——可能造成人际关系中不必要的矛盾。语言也承认或避免说话者接受对自己想法和感觉的责任。

男人与女人的说话方式存在着一些差异：谈话的内容、沟通的理由，以及对话风格等。然而，不是所有语言使用上的差异都可以用说话者的生理性征来解释的。性别角色、职业、社会心理、解决问题的取向也都影响着语言的使用。

语言通常塑造并反映了一种文化的观点。有些文化重视直接、简洁地使用语言，而另一些文化看重间接、详尽的语言形式。在一些社会里，正式用语很重要，而另一些社会更倾向非正式的用法。在这些差异之外，有证据支持语言相对论，也就是语言会对说这种语言的人的世界观产生很大影响。

电影与电视

你可以在以下电影和电视节目中印证我们在本章总结的沟通准则：

语言的重要性

《热泪心声》(*The Miracle Worker*，又名《奇迹的缔造者》，1962）未分级

还在儿童时期，海伦·凯勒就感染了猩红热。疾病让她成了一个又聋又瞎又哑的人，

也留下了一副坏脾气。在把海伦送入一家看护机构之前，父母带着渺茫的希望雇用了年轻的家庭教师安妮·苏利文来教导他们的女儿如何与人沟通。这个真实的故事紧扣住了苏利文教导海伦手语的艰苦过程和最后胜利，因为这才使凯勒能够作为一名作家和政治活动家而过上丰富充实的生活。这部电影对语言在人类经验中的潜力和力量提出了深刻的见解。

语言的文化规则

《"N"字眼》(*The N Word*，2004）未分级

"Nigger"（黑鬼）可能是美国文化里最具煽动性的词了，以至于在大多数公共场合谈论到这个词的时候不得不用字母"N"代替。但是正如这部纪录片所展示的，"N"在社会生活中有很多不同的意思——从侮辱性的脏话到表示亲昵的用语。许多学者和名人，包括克里

斯·洛克（Chris Rock）、乌比·戈德堡（Whoopi Goldberg）、乔治·卡林（George Carlin）、艾斯·库伯（Ice Cube）和昆西·琼斯（Quincy Jones）都讨论和争辩过关于"N"字眼应该在什么时候用、什么地点用、如何用、被谁用，甚至该不该用等问题。

这部纪录片生动地阐明了在人际沟通和跨文化沟通中，语用规则和语言的趋同与分化策略是如何运行的。它同时也展现了如果人们不能理解及遵守文化的意义与规则，将如何导致重大的误解和冲突。

语言趋同

《贱女孩》（ Mean Girls，2004）PG-13级

凯蒂·赫伦（林赛·罗韩饰）从小跟随她的动物学家父母在非洲丛林长大。回到美国之后，凯蒂进入了北岸高中学习，这是她第一次经历正规教育。不久，凯蒂发现校园社交生活中等级分明和弱肉强食的状况，完全和她在丛林里灵长类动物中所看到的一样恶毒。她的新学校充斥着各种社交团体，包括"塑料"和"数学怪才"等。

凯蒂不受欢迎的朋友珍妮丝（丽兹·卡潘饰）和达米安（丹尼尔·弗兰泽兹饰）说服她潜入受欢迎的女孩所在的"塑料"社团，收集信息以便可以打击对方的嚣张气焰。对于凯蒂来说，加入受欢迎的女孩部分是为了学习和使用"塑料"团体的内部词汇。因为凯蒂一开始和这些女孩对话时，她们的领袖瑞吉娜（瑞秋·麦克亚当斯饰）曾对她大喊道："闭嘴！"由于不熟悉这个词的俚语用法（即"真是够了"），凯蒂只能回答："我什么也没说啊。"加入团体后，凯蒂很快就能流利地说"塑料"语了，她翻来覆去地说着诸如"屌爆了（很酷）""乱喷（胡说）"和不言自明的"丑毙了"等单词。

在这个语言趋同的例子里，有趣的是当凯蒂越来越像"塑料"成员一样说话时，她的价值观和行为也越来越向她们趋同。在电影的最后，她做了一些关于自己和朋友的重要决定，包括不再像"贱女孩"一样说话和做事等。

语言的影响力

《虐童疑云》（ Doubt，2008）PG-13级

修女阿洛伊修斯（梅丽尔·斯特里普饰）开始了一场调查，她怀疑深受学生们喜欢的牧师弗林神父（菲利普·塞默·霍夫曼饰）似乎对他的一个学生表现得过分亲密。而弗林神父唯一的辩护是反过来控诉修女混淆视听，指责滥用指控语言（accusatory language）的她有违教会传统的权力角色。

在整部电影中，弗林神父和其他角色依靠着闪烁其词试图驳斥修女的指控。电影里最戏剧化的一幕是受害小男孩的母亲（维奥拉·戴维斯饰）用委婉和闪烁其词的说法向修女解释她知道弗林神父在猥亵她的儿子。电影很好地说明了语言的模糊化如何使不说出真相又避免说谎成为可能。

《相助》（*The Help*，2011）PG-13级

20世纪60年代在密西西比州，尤金妮亚·"斯基特"·佩纶（艾玛·斯通饰）决定成为一名作家。大学毕业回家后，她发现自己在杰克逊镇的朋友们都已经结婚了，并且都忙着生孩子和筹划社交活动。她们同时也是南方黑人现状维持者的一部分，这样就可以让黑人以极低的薪水、高强度的家务劳动为白人服务。

含混和模棱两可的语言在强化社会秩序方面起到了重要作用。黑人女仆被称为"帮佣"（the help），但是她们所做的远远不止简单地协助她们的雇主。事实上在白人家里，她们承担着所有的家务劳动和孩子的养育工作。这让上流社会有大把的时间去玩扑克并且制定所谓的"家庭帮佣卫生倡议"（The Home Help Sanitation Initiative）。白人女性试图把这项法令解释成有利于她们仆人的政策，但这不过是她们表达针对黑人的、没有事实依据的偏见的又一种手段，因为她们认可了黑人是不干净而且疾病缠身的。

对于白人使用的欺骗性语言，斯基特并不是毫无反应。即便她对做饭和打扫一无所知，她还是用"莫娜小姐"的笔名开设了一个家政建议专栏。她从朋友的女佣艾比里恩·克拉克（维奥拉·戴维斯饰）那里学习相关的技巧。久而久之，斯基特觉得她有远比写作更重要的事情去做。她采访了艾比里恩和许多其他的女佣，据此写了一本书，讲述黑佣在这个被隔离的世界里的经历。斯基特对这些事件的直率描述在60年代创造了一个家喻户晓的说法：实话实说（telling it like it is）。

第七章
非语言沟通：超越字词之外的信息

阅读完本章后，你应该能够：
* 解释可以界定非语言沟通的特征。
* 为本章所涉及的不同类型的非语言信息列出或者提供一些例子。
* 在某个特定的情境下，辨认你自己的非言语行为及其关联意义。
* 以实现目标为方式监控并管理你的非语言线索。
* 和别人适当地分享你关于对方非语言行为的解读。

在左边的照片中发生了什么？即便你不会读心术，也能发现无论他们在说什么，这里还表达了一些其他信息。一些社会科学家认为，一个信息所造成的情绪影响有93%来自非语言的线索；另一些用更令人信服的理由解释这一数据更接近65%。[1]无论精确的数据究竟是多少，这些研究的重点依然是：非语言沟通对于我们如何理解他人的行为起着十分重要的作用。

回忆在你的一段重要关系里最近的一次交流。如果有一个旁观者，他可能注意到你们之间的何种非语言行为？那些行为就你们的关系说明了什么？

7.1 非语言沟通的特征

接下来我们将慢慢熟悉非语言沟通领域：我们表达自我的方式不是通过我们说了什么，而是通过我们做了什么。

非语言沟通的定义

我们必须从定义开始探讨非语言沟通。首先，从字面意思来看，"非"（non）代表"不是"，"语言"（verbal）是指字词，所以"非语言沟通"的意思是不通过字词进行沟通。不过事实上这一字面解释并不完全准确。举个例子，大多数沟通学家不会将美国手语定义为非语言，即使手语信息不是通过说的方式表达的。另一方面，你很快就会读到，声音的某些方面虽然是通过说的方式表达的，但不是真正的语言。你可以想到一些例子吗？表7-1可以帮助你。

为了达成目的，我们将**非语言沟通**（nonverbal communication）定义为"通过与语言无关的（nonlinguistic）途径所表达的信息"。这样就不只把手语排除在外，也不包括书写文字，但却包含经由不涉及字词的声音所传达的信息，这些声音像是叹息声、笑声、清嗓子的声音和其他各种混杂的噪音等。除此之外，这样的定义可以让我们探讨说出的话与语言无关的向度，包括音

表7-1 沟通的形式

	声音沟通	非声音沟通
语言沟通	说出来的字词	写下来的字词
非语言沟通	语速、音调、叹息、尖叫、音质、音频、音量等	姿势、动作、表情、外貌、接触、距离等

量、语速、音调,等等。这一定义也包含更多抽象因素,比如外貌、沟通情境、我们站得离彼此多远或多近、我们用了多少时间等,当然,也含括大多数人所认可的非语言沟通的特征:身体语言、手势、面部表情、眼神交流等。

非语言技巧的重要性

我们很难忽视有效的非语言表达的重要性,以及对别人的非语言行为予以阅读和反应的能力。[2]非语言的编码和解码技巧对沟通者的受欢迎程度、吸引力和社交情绪适应等有很强的预测力。[3]技巧熟练的非语言沟通者比不熟练的非语言沟通者更具说服力,也有更大的机会在诸如职业生涯、牌局甚至恋爱等各种情境中获得成功。非语言的敏感度是第五章所描述的"情绪智商"的主要部分,研究者也开始认识到忽视口头语言的非语言向度是不可能研究口头语言的。[4]

所有行为都有沟通价值

假设你试着不再交流任何信息,你会做什么?停止说话?闭上眼睛?蜷缩成一团?离开房间?你可能会发现,即使这些无声的行为也在传递信息,它们意味着你在"避免接触"。有项研究证实了这一假设。[5]当沟通者被告知不要显露出任何非语言线索时,其他人认为这些沟通者是迟钝的、孤僻的、不安的、冷淡的和虚伪的。了解到人不可能不沟通这一事实是极其重要的,因为这意味着我们每一个人都像是一台无法被关闭的发送机。无论我们做什么,我们都在发送关于自己的信息。[6]

先暂停片刻,当你读到这里的时候审视一下你自己。如果现在有个人正在观察你,那他关于你有何感觉会获得哪些非语言线索?你的坐姿是前倾的还是后靠的?你的姿势是紧张的还是放松的?你的眼睛是睁着还是一直闭着?你的面部表情传达出哪些信息?你

对《猩球崛起:黎明之战》(The Dawn of the Planet of the Apes)的观众来说,电影中猩猩角色的行为方式是可以辨认的。即便没有台词,观众也可以轻而易举地根据它们的面部表情、手势和身体语言去判定它们的情绪。你可以使用哪些非语言线索来就其他人有何感觉做出明智的猜测?

20th Century Fox/Allstar

能让自己面无表情吗？面无表情难道不也在传达某种信息吗？

当然，我们并不总是想要发送非语言信息。无意的非语言行为和有意的非语言行为不同。[7]举例来说，我们常常会讲话结巴、脸红、皱眉和流汗，但我们不是有意这么做的。不过，无论我们的非语言行为是否有意，别人都会发现这些行为，并且依据他们的观察形成对我们的解读。有些理论家争辩说，无意的非语言行为或许提供了某种信息，但这不应该算作沟通。[8]本书所界定的非语言沟通的边界更为宽广，我们认为即便是无意识的和无意的行为也在传达信息，因此值得作为沟通来研究。

非语言沟通主要是关系上的

有些非语言信息可以提供实用的功能，例如交警指挥车流，一队街道测量员使用手部动作来协调工作等。但是，非语言沟通更常表达出第一章所讨论的关系（而非内容）信息，以及第三章所讨论的身份信息。[9]

比如，想一想非语言沟通在**印象管理**中所扮演的角色。[10]第三章探讨了，我们如何按照自己所希望的在别人眼中的样子，来努力营造自己的形象。非语言沟通在这一过程中起着非常重要的作用，在很多情况下甚至比语言沟通更重要。比如说，如果你要参加一个聚会，并且在这个聚会上你很可能会遇到你想进一步了解的陌生人，想一想你会做些什么？显然，你不会用语言来管理印象（"嗨！我很迷人、很友善而且很随和"），而是会借由一些行为来展现出这种形象。你可能会经常微笑，并且摆出轻松的姿势。你也可能会精心打扮，而且刻意装作一副没有在外表形象上花太多力气的样子。

除了印象管理，非语言沟通还可以**反映**和**塑造**我们想要与别人保持哪一种关系。想一想当你迎接一个人时，你可能的行为方式的范围。你是会挥手、握手、点头、微笑、拍拍他的背、给他一个拥抱，还是会避免任何接触？这其中的每一个决定都会传达出关于你和对方的关系实质的信息。在恋爱关系中，非语言行为尤为重要。例如，像坐得近、手牵手、深情注视这些表现感情的行为，与关系中的满足和承诺有着密切关联。[11]

非语言沟通的第三种有价值的社会功能是**传递情绪**。非语言沟通会传递出我们也许不想或无法表达的情绪，甚至我们可能没有觉察到的情绪。事实上，非语言沟通在表达态度和情绪上的效果要比表达想法的效果更好。你可以借由想象你如何以非语言的方式表达下列句子证实这一点：

1. 你感到累了。
2. 你支持死刑。
3. 你被团体中的某个人吸引。

4. 你认为在学校请愿应该是被允许的。
5. 你对房间里的某个人感到生气。

从这个试验可以看出，除了猜字游戏，非语言信息在表达态度和情绪上（1、3、5）比其他信息（2、4）的效果好得多。除此之外，非语言信息无法传递的还有：

简单的事实陈述："这本书写于1997年。"
过去或将来的感受："我昨天好高兴"，"我下星期要出城"。
虚构的想法："假如……这可能会……"
条件陈述："如果我找不到工作，我将不得不搬出去。"

出现在媒介信息中的非语言沟通

正如你在第二章读到的，面对面交流比通过媒介渠道传递的信息包含更丰富的非语言线索。尽管事实如此，但当我们利用科技来沟通时，还是可以获得大量非语言信息。视频通话显然能提供非语言信息，社交网站上的照片也一样。无论如何，即便是基于文本的电子通信也有一些非语言特征。

当我们打字时，呈现非语言表达的最明显的方式就是使用**表情符号**（emoticon），用键盘输入这样的字符符号：

- :-) 微笑
- ;-) 眨眼并微笑
- :-(不悦
- :-@ 尖叫、咒骂、非常生气
- :-/ 或 :-\ 怀疑
- :-O 惊讶、大声喊叫、突然意识到错误

现在很多程序把这些键盘字符组合转变为图形图标，称为**表情图标**（emoji）。表情符号和表情图标能够澄清只用文字不能清楚表达的含义。[12] 例如，看看下面的每个图标如何为同一句话创造出不同的含义：

- 你快让我发疯了 😃
- 你快让我发疯了 ☹
- 你快让我发疯了 😍

就像在面对面交流中看到的表情一样，表情符号和表情图标也是意义不明确的，可以传达很多不同的非语言信息。[13]一个笑脸可能表示"我真的很开心""我只是在开玩笑"或者"我刚刚在委婉地批评你"。其他在线交流的标记的情况也是一样。[14]感叹号（有时不止一个！！！）可以用在句尾甚至单独使用，来表示不同的情绪状态。在言辞结尾使用省略号（……）可以表达不愉快、思虑或困惑，也可以作为话题转换的标志，类似于当面沟通时通过面部表情或停顿等非语言线索传达的信息。此外，像"嗯"（hmmm）或"哦"（ooooh）这种语气词，也可以表达从愉快到不赞成等多种含义。我们最好把这些副语言标记放在其沟通情境和相关文本中去理解它们。

非语言信息的内容确实重要，不过信息的发送时间也同样重要。[15]如果你曾因一个朋友没有如期回复你的信息而感到沮丧，那你就能感受到时间性在媒介人际沟通中的作用了。在本章后面，我们还会详细讨论有关时间学的内容，在这里我们需要注意到，时间管理是在线交流的一个重要特征。这也是说明"人不可能不沟通"这一原则的一个好例子。沟通者对于别人应该何时回复自己的帖子、邮件和短信有一定的预期，如果对方的回复延迟了，那他们往往会对此做出消极的解读。

虽然在网上也能沟通非语言信息，但是经常使用电子渠道会使人们对非语言线索的感知降低。在一项研究中，一群未满13岁的孩子参加了为期5天的露营活动。在这段时间内，他们被切断了所有形式的电子沟通，只能与同伴进行面对面的互动。[16]结果，与在同一段时间内能够自由使用电子设备的控制组的孩子相比，限制科技使用的实验组的孩子辨认他人情绪的非语言线索的能力得到了大幅提升。这提醒我们，相比于大多数电子交流模式，面对面交流能让人们感知到更丰富的重要的非语言线索。

非语言沟通提供许多功能

不可以因为本章重点讨论的是非语言沟通，就认为我们的言辞和我们的行为是无关的。相反，语言与非语言沟通在每一个沟通行为中都是紧密相连的两个要素（表7-2列出了语言和非语言沟通的差异），非语言行为可以借由与语言行为的几种关系而运作。

重复　如果有人问你最近的药局在哪里，你可能会说"从这里往北走大约两个街区就到了"，并通过把手指向北边非语言地**重复**（repeating）你的指示。这类重复不只是语言表达的装饰：相比只有文字说明，人们更记得伴随有手势的说明。[17]

补充　即使你没有重复语言，非语言行为也可以强化你说过的话。起补充（complementing）功能的非语言行为与沟通者用语言表述出来的想法和

表7-2 语言和非语言沟通的差异

	语言沟通	非语言沟通
复杂度	一个向度（只有字词）	多元向度（声音、姿势、手势、距离等等）
流畅性	间歇性的（说话和沉默交替出现）	连续不停的（不可能不传达非语言沟通信息）
清晰度	主题较少被误解	更模糊难辨
冲击性	当语言和非语言线索不一致时冲击较少	当语言和非语言线索不一致时冲击较大
意图性	经常是审慎深思的	经常是不经意流露的

感受相配合。想象一下你带着诚挚的表情和语调说"谢谢你"与面无表情地说"谢谢你"之间的区别，你就可以体会这个功能的价值了。

替代 当朋友问你"怎么了"时，你可能会耸耸肩膀而不用语言回答。很多面部表情都可以替代言语。我们很容易辨认功能像感叹词一样的表情，并说"天哪！""真的吗？""拜托了！"等。[18]当沟通者不愿意用言辞来表达自己的感受时，非语言**替代**（substituting）可能是有用的。面对令你不悦的信息但又不适合当面说出来时，你可能会以叹气、翻白眼或是打哈欠作为替代。同样，想让孩子停止在聚会上大吵大闹的父母可能从房间这边扫去一记怒视，而不用说一句话（又有哪个孩子不知道父母怒视的威力呢？）。

强调 就像我们在出版物中会用黑体或斜体来强调重点一样，我们也使用非语言手段来强调口头信息。在批评别人的时候，用手指责性地指着对方予以强调（这也会引起被指责者的防卫反应）。说话时用重音读出特定字词（"都是你的好主意！"），也是一种非语言**强调**（accenting）方式。

调控 非语言行为可以通过影响语言沟通的流畅度提供**调控**（regulating）功能。[19]我们可以通过点头（表示"我了解""请继续"）、转移目光（表示"很难专注"）或走向门口（表示"想要结束谈话"）来非语言地调控对话。当然，我们大部分人都已经心酸地认识到，像这样的非语言信号并不能保证对方会以我们想要的方式来关注、解读或回应它们。

矛盾 人们经常在语言与非语言行为上表达出不同甚至是**矛盾**（contradicting）的信息，对于这种**混合型信息**（mixed message），最常见的例子就是我们看到一个满脸通红、血管突起的人大声吼叫："生气？我才没有生气呢！"在这样的情况下，我们倾向于相信非语言信息，而不是言辞。[20]你可以在辛格勒（Cingular）的手机广告"母爱"中看到这个观点的幽默阐释。一位母亲和她的女儿看起来在争论着什么，她们提高嗓门，挥舞着双臂，露出一脸不悦的表情。然而，如果你仔细听她们所说的话，就会发现她们实际上正在恭维和赞美对方,对话中包括"我真的很喜欢"和"我爱你"等句子。这个商业广告让人感到有趣的地方是,她们的语言和非语言信息不一致,而且不管她们说了什么,观众都很容易相信她们是在生气,而不是高兴。

非语言沟通泄露了欺骗的线索

当信息的发送者说谎时,他们的非语言行为有时会出卖他们。欺骗的这种疏忽信号——通常称为**泄露**(leakage)——可能通过各种非语言渠道表现出来。

这其中有些渠道是比较明显的。面部表情提供了重要的信息[21],但骗子也会更小心地去监控这些线索,试图维持一张"扑克脸"。更可靠的是瞳孔扩大,一种不能被轻易控制的生理反应。[22]说话的模式也会泄露各种线索。[23]

链 接

她穿着宽松的衣服
走来
就像披着雨衣的货车
化着浓妆
眼影是绿色的
而她的嘴巴
就像一个扩音器
在鸡尾酒晚宴上
发出不堪入耳的词语
她在哪儿
都像绕着羊群打转的牧羊犬
拉起你的袖子
打翻你的饮料
给你一个湿而草率的亲吻
但是我
已经收到了
慎重写下来的秘密信息
来自一个
害羞而安静的女孩
她藏身在

奇特而华丽的城堡里

里克·马斯腾(Ric Masten)

表7-3　泄露欺骗的非语言线索

当欺骗者出现下列情况时，更容易泄露欺骗的线索
想要隐藏自己当下的情绪时
对隐藏起来的信息感到坐立难安时
对欺骗行为感到恐惧不安或者内疚时
没有从说谎行为中享受到乐趣时
没有时间提前排练说谎时
知道如果被抓会有严重后果和惩罚时

参考 Ekman, P.（2001）. *Telling Lies*. New York: Norton.

在一项实验中，相较于那些被鼓励诚实表达自己想法的参与者，那些被鼓励说谎的参与者犯了更多错误，说话的时间更短，讲话的速度也更慢。另一个实验的结果显示，说谎者的音调通常比说真话的人的音调高。在某些情况下，说谎者泄露的非语言线索也比别人多。表7-3列出了在哪些情况下泄露线索的可能性更大。

各种各样的自助手册和研讨会都声称，通过监控说谎者的非语言线索就可以轻易识别出他们，但科学研究并不支持这种观点。沟通学家朱迪·伯贡（Judee Burgoon）和蒂姆·莱文（Tim Levine）已经研究欺骗检测好多年了。他们回顾了几十年内关于这个问题的研究，提出了所谓的"欺骗检测101"（Deception Detection 101）——三个在研究中被反复证实的发现。[24] 它们分别是：

- 我们在检测欺骗的时候只有一半多一点的时间是准确的——换句话说，我们判断欺骗的准确率只比抛硬币好一点点。
- 我们往往高估了自己检测他人谎言的能力——换句话说，我们并没有自己想象的那样善于识破欺骗。
- 在判断别人信息的时候，我们强烈地倾向于认为那是真实的——

在电视剧《美国谍梦》（*The Americans*）中，俄罗斯间谍菲利普（马修·瑞斯饰）和伊丽莎白（凯丽·拉塞尔饰）必须仔细监控自己的非语言线索，以防止泄露身份。这意味着他们要密切关注每一个细节——他们的服装、眼神交流、人际距离、口音——试图看起来像"美国人"（并且婚姻美满）。关于你是在哪里及如何长大的，你的非语言线索透露了什么？依据情况的不同，你会用哪些方式来改变这些线索？

换句话说，我们想要相信别人不会骗我们（这造成了我们在检测欺骗上的能力的偏差）。

正如某位作家所言："对那些无伤大雅的小谎来说，并没有什么独特的泄密信号。皮诺曹的鼻子并不存在，所以说谎者难以露出原形。"[25]此外，一些流行的关于说谎者非语言行为的分析根本就不准确。例如，传统智慧认为说谎者比不说谎的人更常转移视线、坐立不安。但是研究结果却持相反的意见：说谎者经常维持更多的眼神交流，更少烦躁不安，部分原因是他们相信这样做能让自己看起来更诚实。[26]换句话来说，因为我们有可能对说谎者的非语言倾向下一些结论，所以当我们基于有限的、模棱两可的非语言线索来评估别人说话的真假时，应该谨慎行事。[27]

非语言沟通是模糊不清的

在第六章我们已经了解到语言信息经常可以有多重解释，但是非语言信息更加模糊不清。比如说，看看本页的照片，你认为照片里的两个人是什么关系？你对自己的答案有把握吗？或者，再想一想眨眼可以代表什么意思。在一个研究中，大学生认为这个动作意味着很多不同的事，包括表达感谢、表示友善、衡量危险、性引诱，或者只是眼睛有问题。[28]

即便最常见的非语言行为也可能是模糊不清的。西夫韦超市的一群员工对公司的"优质服务"方针提出不满，因为该方针要求员工与顾客保持微笑和眼神交流。杂货店店员报告说，有些顾客把友好的问候当作引诱。[29]尽管非语言行为可以揭示很多事情，但有这么多可能的解释，意味着我们很难确定哪一个解释才是正确的。加利福尼亚的执法人员劝阻一个机动车驾驶员协会发布一套手势信号。驾驶员本可以使用这套手势信号来向另一个人发送像是"前方危险"或"你的车有问题"等信息。但执法人员警告说，这些手势信号可能会被误解为帮派信号，进而引发暴力反应。[30]

非语言行为模糊不清的特质，在求爱和性行为方面表现得更明显。一个亲吻代表的意思是"我很喜欢你"还是"我想跟你发生性行为"？在浪漫的时刻将另一半推开，代表的意思是"现在停止"还是"继续下去"？沟通学家探究了这一问题，他们对100位大学生在12种约会情境下是否同意发生性行为进行调查，以便发现在哪些情境下语言表达（例如，"你想跟我发生性关系吗？"）被认为比非语言指示（例如，把接吻看成是发生性行为的暗示）更好。[31]结果发现，在每一种情境下，语言上的同意都被视为比非语言的同意更明确。这并不意味着恋爱伴侣就不信赖非语言信号；很多接受调查的人都表示，他们把非语言线索（如接吻）视为性意愿的迹象。

有些人在解码非语言信号时比别人更困难。对罹患"非语言学习障碍"（nonverbal learning disorder，NVLD）的人来说，解读面部表情、声音语调等线索明显要困难得多。[32]因为大脑右半球处理信息的过程发生障碍，NVLD患者无法理解诸多非语言线索。别人话中的幽默和讽刺，对患有NVLD的人尤其小孩来说可能特别难以理解。例如，如果他们学会了如何向不熟悉的大人介绍自己（握手并说"很高兴认识你"），那他们可能会如法炮

身体语言

这个练习不仅能够提升你观察非语言行为的技巧，还会向你展示过分相信自己能够完美地识别身体语言所带来的危险。你可以在课堂上或课堂外尝试这个练习，持续时间也由你自己灵活选择——从一节课到几天都可以。无论是哪种情况，选择一个搭档，然后跟随下列步骤完成练习：

1.在练习的第一个阶段（不论你决定持续多久），关注你搭档的行为方式。注意他的动作、特殊习惯、姿势、穿衣风格等。为了记住你的观察内容，用笔简单地记下来。如果你在课堂外一段更长的时间里做这个练习，那也没有必要让你的观察影响你的日常安排：当下，你唯一的工作只是编制一张搭档的行为列表。在这个步骤里，你应该小心**不要诠释**你搭档的行为——只需记录你所看到的东西。

2.在这个阶段的结尾，和搭档一起分享你们互相观察和记录的东西。

3.在练习的下一个阶段，你的工作不仅包括观察搭档的行为，而且还要去**解读**它们。这一次在你们会面的时候，你应该告诉你的搭档，你认为他的行为揭示了什么。比如说，他漫不经心的打扮是睡过头了，还是失去了对外在打扮的兴趣，或者只是想要感觉更舒服一些？如果你注意到他频繁打哈欠，你认为这意味着厌倦，还是前一天晚睡后的疲乏，或者是大快朵颐后袭来的睡意？如果你的猜测不是那么准确，也不用感到难过。记住，非语言线索是模糊不清的。不过，在你检验自己所观察的非语言线索时，这一过程会在多大程度上帮助你建立与他人的关系，结果可能会让你大吃一惊。

制在一群孩子中间也这么介绍自己,而被其他孩子视为"怪人"或"呆子"。当同龄人确实反馈给他们一些微妙的信息如挑眉时,他们也会完全漏接这些信息,导致下一次也不能更正自己的行为。[33]

即使对那些没有被NVLD困扰的人而言,非语言行为的模糊不清也可能令人十分受挫。你在第四章学到的知觉检核技巧是一个很有用的工具,足以帮助你弄清难以分辨的线索的准确含义。

7.2 非语言沟通的影响因素

我们的非语言沟通方式在一定程度上会受到生理性征的影响,并且在更大程度上会受到我们社会化的方式影响。为了对此进一步深入了解,请继续读下去。

性　别

男人和女人在非语言沟通风格上的刻板差异并不难发现,只要想一想那些屡见不鲜的夸张讽刺漫画里的肌肉男和优雅女就可以了。许多幽默短片和戏剧都喜欢围绕剧中人物试图表现出相反的性别特质时所引发的结果来制造笑点。

虽然我们很少有人会表现得像电影中刻板的男性或女性角色那样,但是男人和女人从看起来的样子到行动方式确实有着可辨认的差异。有些是明显的生理差异,比如身高、音高、音量等,而有些则是社会差异:基本上,女人通常使用更多的非语言表达,她们也更善于解读别人的非语言行为。[34]更进一步,研究显示和男人相比,女人笑得更多,更多使用面部表情,以及点头摇头、手势和手臂等肢体动作(不过豪爽的姿势较少),更喜欢触摸对方,站得离别人更近,声音表现更为丰富,眼神交流也更多。[35]

看过上述差异之后,似乎男人和女人的沟通方式南辕北辙。但事实上,男人和女人的非语言沟通在很多方面的相似性要多于差异。[36]像上一段文字所描述的那些差异虽然显而易见,但是无法超过我们在诸如眼神交流、姿势、手势等方面所遵循的相似规则。你可以想象如果使用全然不同的非语言规则会是什么样子,来验证这一点。如果你站得离对方只有一英寸远,对陌生人的某个行为嗤之以鼻,或者当你希望引起对方的注意时,弹一下他的额头,这些行为的结果在男女之间并不会有很大差异。不仅如此,在有男同性恋或女同性恋参与的谈话中,男女的非语言差异就更不明显了。[37]性别当然会对非语言风格产生影响,但造成的差异更多是程度上的问题,而不是种类的问题。

文 化

就像不同文化的语言文字不一样，不同文化的非语言表达也不相同。[38] 在1933年至1945年间担任纽约市市长的菲奥雷洛·拉瓜迪亚（Fiorello La Guardia）精通英语、意大利语及希伯来语。研究者观看了他竞选时的演讲影像，发现就算把电视机的声音关掉，他们仍然可以借由观察他的非语言行为的变化来分辨他在说哪一种语言。[39]

在不同文化中有些非语言的行为代表着不同的意思。例如，对大部分美国人来说，将拇指与食指指尖碰触在一起形成一个圆圈的"OK"手势，代表的意思是愉快的肯定；但在其他国家这个手势就不见得有正面的意思了。[40] 在法国跟比利时，这个手势代表的意思是"你的价值为0"；在希腊与土耳其则代表低级的性邀请，通常带有侮辱的意味。考虑到这类因跨文化而造成的意思不明，不难想象一些单纯的旅客可能会卷入严重的麻烦中。

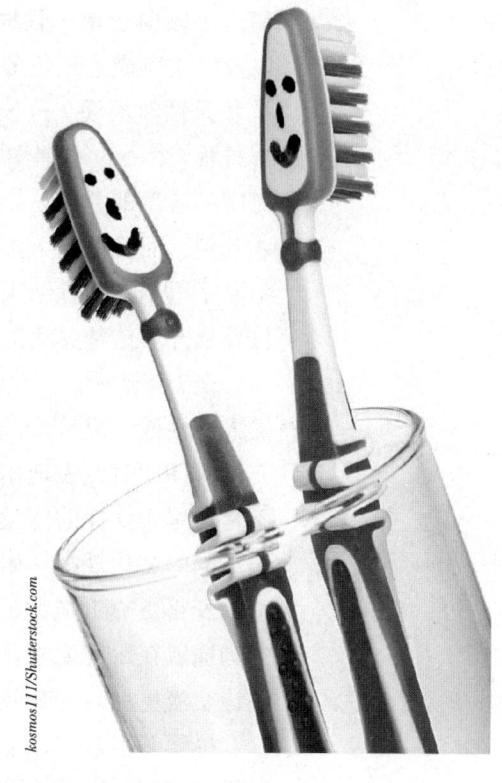

文化也会影响人们如何监视别人的非语言线索。比如在日本，人们倾向于注意对方的眼睛来寻找情绪线索；而在美国和欧洲，人们则重点关注对方的嘴巴。[41] 你可以从这些文化中所使用的基于文本的表情符号看出这些差异。美国人的表情符号更注重嘴部变化，而日本人的表情符号更注重眼睛变化。（你可以在浏览器中输入"东方和西方的表情符号"来搜索相关例子。）

即便我们认识到了不同文化的非语言规则存在差异，但微妙的差异还是可能损害关系，而各方尚未完全弄清问题出在哪儿。人类学家爱德华·霍尔（Edward Hall）指出，美国人谈生意时，感觉比较舒服的距离大约为4英尺，而来自中东地区的人习惯站得更近一些。[42] 不难想象，当来自这两个不同文化的外交官或商人会面时，他们之间可能出现的尴尬的进退模式。中东人很可能会一直往前移动来缩小彼此的距离，而美国人则会不断往后退。双方都觉得不舒服，却很可能不知道原因。

就像距离一样,眼神交流的模式在世界各地也是不尽相同。[43] 在拉丁美洲、阿拉伯世界和南欧，对寻求权力的说话者来说，直接的眼神交流被认为即便不是必要的也是适当的。然而在亚洲和北欧，说话者盯着一个倾听者的周围或一点也不看他，这是出于尊重而不是对对方或话题不感兴趣。[44] 无论哪种情况，偏离文化规范往往会让这个文化中的倾听者感到不舒服。

时间的运用在很大程度上也取决于文化。[45] 有些文化（如北美、德国和瑞士）倾向于**单一性时间观**（monochronic），强调严守时间，订立日程表，以及一次完成一项任务。其他文化（如南美、地中海地区和阿拉伯）更多的是**多元性时间观**（polychronic），支持在同一时间里进行多项任务，灵活安排日程。[46] 一位心理学家在巴西的一所大学任教时，发现了北美和南美对待时间的态度的差异。[47] 他发现，有些巴西学生不仅在一堂两小时的课的中途才赶到，而且他们大多数人在课后不会离开，还一直提问。最后，这位心理学家不得不在课堂结束的半小时后终止这场讨论，因为没有迹象表明学生们打算离开。这种灵活的时间安排和北美绝大多数大学的情况明显不同。

表7-4显示，文化规则的差异可能导致误解。例如，经由观察得知，当黑人女性处于成员全部为黑人的群体中时，要比白人女性处在成员全部为白人的群体中时，表现出更多的非语言行为，并且打断彼此的次数更多。这并不是说黑人女性的感觉总是比白人女性更强烈，更可能的解释是两个群体遵循不同的文化规则。研究发现，在种族混杂的群体中，黑人女性和白人女性都会变得更靠近彼此的风格。[48] 非语言行为的这种趋同性说明了，技巧熟练的沟通者在跟其他文化或次文化的成员互动交流时，能够调整自己的行为以便让交流更加顺畅有效。

尽管有很多文化上的差异，但有一些非语言行为在全世界代表的意思都一样。比如，微笑或开怀大笑就被公认为是正面情绪的信号，而厌烦的表情

表7-4　非语言沟通因文化差异可能导致误解

对同一文化的成员而言具有相同意义的行为，在其他群体的成员看来可能会有不同的解释。

行为	圈内人可能的看法	圈外人可能的看法
避免直接的眼神交流（拉丁美洲人）	为了让沟通更专注或表示尊敬	不专注的象征；认为直接的眼神交流比较好
对于不同意的观点提出攻击性的挑战（非洲裔美国人）	对话中可接受的方式；不会将其视为言语虐待或者暴力的前兆	被视为不适当的争论和潜在的一触即发的暴力迹象
用手指召唤别人（亚洲人）	成人对小孩使用时是适当的，但是直接用在成人身上则有强烈的冒犯之意	用在小孩和成人身上都是适当的手势
沉默（美国原住民）	尊重、体贴的象征，要么是不确定、不明确	会被解读为无聊、不同意和拒绝参与
触摸（拉丁美洲人）	在人际交流中是平常且适当的	在亲密和友善的关系中是合宜的，否则会被视为对个人空间的侵犯
公开展现强烈的情绪（非洲裔美国人）	可接受的，具有衡量其表现力的价值；在大多数场合是合适的	违背了在公共场合控制自我行为的期待；在大多数公共场合是不合适的
同性友人之间的接触或是拉手（亚洲人）	可接受的行为，表示精神层次的亲密关系	被认为是不恰当的，尤其是在男性友人之间

就是不愉快的标志。[49]查尔斯·达尔文（Charles Darwin）相信这样的表情是人类进化的结果，它们起到生存机制（survival mechanism）的作用，能让早期人类在语言尚未发展的时候传递彼此的情绪状态。当我们调查那些先天听力和视力受损的孩子的行为时，一些面部表情是与生俱来的这一点就会变得更加清楚。[50]尽管这些孩子缺乏社交学习，可他们经常展现出各种表情，而且他们微笑、大笑、哭的方式和那些听得见、看得见的孩子没有不同。换句话说，非语言行为就如我们许多沟通行为一样，受到基因遗传和我们的文化两方面影响。

7.3 非语言沟通的类型

在心中记住非语言沟通的特性，接着让我们一起看看言辞以外的沟通方式。

身体动作

我们首先要讨论的非语言沟通领域是非常广泛的**人体动作学**（kinesics），或身体姿势和动作。在这一节中，我们将探究身体定向、姿势、手势、面部表情和眼神交流在人际关系中所扮演的角色。

身体定向　我们要从**身体定向**（body orientation）——我们以身体、脚和头面向或背对他人的程度——开始讨论。为了了解这种身体定位是如何传递非语言信息的，你可以想象一下，你和朋友正在交谈，这时第三个人走了过来，并且想要加入你们。你并不是特别高兴见到这个人，但又不想没教养地要求他离开。你只要将你的身体稍微背向这位闯入者，就可以很清楚表明你的感受。在这里，你所传递的非语言信息是"我们正在兴头上，不希望你加入我们的谈话"。一般的规则是，直接面对一个人表示你对他有兴趣，而背对一个人则表示出你想要避免跟他有交集。

借由观察别人的面向，你可以得知很多关于他们感觉如何的信息。下次当你处在一个拥挤的地方，在这个地方人们可以选择直接面对哪个人，试着去观察人们面向哪些人，又巧妙地避开了哪些人。然后以同样的方式，观察你自己的身体定向，你或许会惊讶地发现你无意识地避开了某个人，或者你有意使自己"背对"对方。如果是这样的话，这会有助于你弄清楚原因。

姿势　另外一种非语言的沟通方式是通过我们的**姿势**（posture）实现的。如果你对此抱有怀疑，先暂停阅读，注意你的坐姿。你的姿势就你的感觉如何透露出什么信息？在你旁边有没有其他人？如果有，你能从他们现在的姿势读到什么信息？通过观察你周遭的人以及你自己的姿势，你将会发现另一个非语言沟通渠道，可以提供有关人们对自己和彼此的感觉如何的信息。

我们的语言表明了，姿势传递了多少信息。有无数表达将情绪状态与身体姿势连接在一起：

> 我不会就此倒下。
> 我感觉肩上有千斤重。
> 在办公室里，他就是个垂头丧气的人（但上了篮球场，他就昂首挺胸的）。
> 她在那个项目上已经趴了好几个星期了。

姿势可能是最不模糊的一种非语言行为。在一个研究中，参与者面对电脑绘图设计出的176种人体姿势模型，要将特定情绪指派给这些人体姿势模型。与"生气""悲伤""快乐"相关的姿势，参与者达成超过90%的一致意见。[51]有些姿势似乎最容易解读。而厌恶是最难从身体姿势上辨识的情绪，有些参与者认为惊讶和快乐具有相似的姿势模型。

紧张和放松提供了了解他人感觉的其他姿势线索。我们在没有威胁的情境中会采取放松的姿势，在面临威胁的情境中会采取紧绷的姿势。[52]基于这个观察结果，我们仅仅通过观察别人看起来有多放松和紧绷，就可以说出一堆关于别人感觉如何的看法。比如，紧绷是分辨一个人社会地位的方法，通常地位较低的人看上去比较僵硬和紧张,而地位较高的人看上去则比较放松。研究显示，采用地位高的人的姿势——比如把脚放在桌上，并且双手合拢放在脑后——可以实际引起更强的权力感。[53]

手势　手或手臂的运动——**手势**（gestures）——是一种重要的非语言沟通。有些社会科学家认为，手势语言是人类最早的沟通形式，比说话早了好几万年。[54]

最常见的手势是社会科学家所谓的**说明性手势**（illustrator）。这些动作要伴随言语使用，不能单独使用。[55]例如，如果有人在街角问你如何去小镇另一边的某家餐厅，你可能会告诉他街道名字和地址，但是同时你很可能会用手指出方向并用手势指引他如何到那里。如果去掉你的话语只留下动作,这个人可能就找不到餐厅了。再试着想想看那些喜欢"用手说话"的人，他们即使讲电话也起劲地做手势，而对方根本就看不到。研究表明，当北美人的情绪高涨时，他们会更常使用说明性手势——在他们狂怒、惊恐、激动、苦恼或兴奋的时候设法解释难以用言辞表达的想法。[56]研究还表明，如果有说明性手势和其他非语言线索，理解和学习第二种语言会变得更容易。[57]

第二种手势拥有**表征**（emblem）功能。这样的非语言行为带有非常明确的意思，并且同一文化圈内的几乎所有人都明白其含义。表征跟强调重点不一样，表征的手势可以独立使用，并且经常可以起到取代语言的作用。举例而言，所有北美人都知道点头代表"对"，摇头代表"不"，挥手代表"你好"或是"再见"，把手放在耳朵边代表"我听不见你说的话"，而且几乎所有年满7岁的西方人都知道比中指的含义。有一点必须记住，表征的含义并非如上述这般放诸四海皆准，例如在北美"竖起大拇指"表示"很棒"，而在伊拉克和其他一些国家则有猥亵淫秽之意。[58]

在工作中

求职面试中的非语言沟通

有句格言说"你永远没有第二次机会重塑第一印象"，这句话用在求职面试中再正确不过了。在这场关键的谈话中，你在最初几分钟里所塑造的第一印象就能决定一个潜在的雇主看待你的方式，并且因此对你的职业前途做出预判。有研究强调，非语言沟通在塑造面试官看待应聘者的方式上起到了至关重要的作用。[a]

以下三个特定行为，一直是有关职业面试的研究所探讨的对象：

- **握手** 在美国文化里，大多数职业性交流都从握手开始。这个惯例可能看上去简单，但研究表明握手的质量与面试官的聘用建议是相关的。握手应该坚定有力，但又不会用力过度——这个准则对男人和女人都适用。[b]
- **着装和外貌** 穿着得体和恰到好处的装扮是面试成功的基本。正式的商业着装会加强面试官对应聘者的可信度和社会技巧的感知。根据实践总结的法则是，宁可错在穿得正式这一边，也不要随意穿着；宁可选择保守的颜色和设计，也比俗丽浮华要好。[c]
- **微笑** 尽管这一点是不言而喻的，研究显示，"真诚微笑的面试者被评价为更适合的，而且更有可能被选入候选人名单"。[d] "真诚"这个词很重要——研究显示，面试官给那些露出看起来不诚恳的假笑的应聘者做出了负面评价。真诚的关键是要笑得自然平和，表现出你友好、讨人喜欢的举止。

不难想象，本章介绍的其他非语言线索（如眼神交流、姿势、语调等）在求职面试中对塑造一个良好的印象有多重要。你可以查阅针对求职面试的大量书籍和网站，获取更多信息；或者你可以参观学校的职业发展中心，参加一个模拟面试课程。无论在哪一种情况下，你都会被教导这样一个事实，即在求职面试中，你做了什么和你看起来怎样与你说了什么一样重要。

手势的第三种形式是**调节动作**（adaptor），指对环境做出回应的无意识的身体动作。比如，冷的时候瑟缩打战，双手抱胸来取暖就是调节的例子。当然，有时候我们碰到让自己感到很"冷"的人时也会双手抱胸，这种调节的手势流露出两人的关系气氛。特别是自我触摸行为——有时也被称为**操纵动作**（manipulator）——通常是不安的象征，比如在面试过程中摆弄双手或揉搓手臂。[59]但并非所有的操纵动作都表示不安。我们也可能在放松的时候做出自我触摸行为。当你放松警戒（无论是独自一人还是和朋友在一起）时，更有可能做出像拨弄耳垂、卷头发或是抠指甲一类的动作。无论操纵动作是否隐瞒了一些事，观察者倾向于把这些行为解释为不诚实的信号。由于并非所有的操纵动作都是不诚实的，不要随便对调节动作的含义下结论这点很重要。

实际上，作为混合信息的标志，手势太少可能和手势太多同样重要。[60]手势有限可以表示说话者缺乏兴趣、悲伤、无聊或热情不高。每当有人对自己所说的话持谨慎态度时，也会减少手势动作。出于这些原因，细心的观察者会留意普通水平的手势的增加或减少。

表情和眼神　脸和眼睛可能是身体上最引人注意的部分，但这并不意味着它们的非语言信息最容易解读。以下几个理由说明，脸部是非常复杂的表达渠道。

首先，要描述我们用脸和眼睛做出的表情的数量及种类是一件很难的事。研究者发现，仅眉毛和额头就至少有8种可区别的位置，眼睛和嘴唇也有8种，下巴大约有10种。[61]当把这一复杂度乘以我们感觉到的情绪的数量时，你就可以看出为什么将面部表情及其对应的情绪汇编成一本词典，是一件几乎不可能的事。

其次，面部表情之所以难理解，是因为它变化的速度可能非常快。比如，慢动作影片显示，**微表情**（microexpressions）在主角脸上闪过的速度就在眨眼之间。[62]说谎者可能在没有意识到的情况下因短暂的皱眉、噘嘴或眼睛周围起皱而泄露他们的真实感受。[63]像这样的微表情更可能出现在说谎有"高风险"的时候，比如如果被抓会受到严厉惩罚。[64]记住慢动作录像和受过训练的专业人员往往需要捕捉到这些短暂的欺骗线索。

尽管面部表情展现情绪的方式很复杂，你仍然可以通过仔细观察获得一些线索。最简单的方式就是寻找那些看上去太过夸张的表情。比方说，真诚的面部表情通常不会持续超过5秒，否则我们可以怀疑它们的真实性（选美比赛的参赛者们脸上挂着的微笑给人的感觉经常就是"假笑"或"皮笑肉不笑"）。[65]另一种察觉别人感觉的方法，就是在他不太可能顾及自己的样子时观察他的表情。我们都有过匆匆一瞥的经验，比如在塞车时看一眼其他车的

链接  眼睛的掌控力

看看你的橱柜，你可能会发现有一群老朋友正盯着你看，比如"桂格"（Quaker）燕麦片包装上的男子、"阳光少女"（Sun-Maid）葡萄干盒子上的姑娘、"杰迈玛大婶"（Aunt Jemima）煎饼盒子上的黑人厨娘，也许还有"奇宝"（Keebler）饼干包装上的一两个小精灵。他们出现在那里的原因，可能更多是与你潜意识里渴望眼神交流有关，而不是你偏爱这些食品的味道。

在《环境与行为》（Environment and Behavior）期刊上发表的一项研究中，康奈尔大学的研究人员改变了早餐谷物品牌"果然多"（Trix）包装盒上的卡通兔子的眼睛注视点。他们发现，如果兔子的视线看向实验参与者而不是其他地方，那么这些成年参与者更有可能选择"果然多"而不是其他品牌。

布莱恩·万辛克（Brian Wansink）是这项研究的作者之一。他说："即使是与印在食品盒子上的形象进行眼神交流，也能激发强烈的情感联系。"

在这项研究发表之前，已经有研究关注了眼神交流的吸引和催眠特性，以及眼神交流在培养情绪稳定和社交流畅方面所起的重要作用。研究表明，新生儿会本能地将目光锁定在他们的看护人身上。研究人员也发现，那些避免或被拒绝眼神交流的孩子和成人更有可能患上抑郁症，受到孤立感影响，以及表现出一些反社会特征，比如麻木不仁等。在当今社会，人们花费越来越多的时间盯在手机等移动设备上，而不是与他人交流上，这很令人担忧。

眼神交流能让我们更有社交意识和同理心，能让我们弄懂自己的人际关系和社交取向。如果因为恐惧或不安而避免眼神交流，或者因为看短信、查邮件、玩消消乐而中断眼神交流等，则会降低你的社交能力和情绪智商。

西北大学的研究人员发现，那些与病人进行更多眼神交流的医生，所负责的病人有更好的健康状况，更能遵守医嘱，并且更可能为了将来的问题寻求治疗。而那些把笔记本电脑带入检查室的医生很少和病人进行眼神交流，就一点也不奇怪了。

伊妮德·蒙塔古（Enid Montague）是西北大学的工程学和医学教授，她录下了在一家初级护理诊所就医的100名患者的视频以便分析。"眼神交流可以很好地反映注意力所在，以及双方在一段关系中建立的和谐程度。"她说，"我们发现，和医生眼神交流更多的病人比眼神交流少的病人，恢复效果明显更好。"

这把我们带回了你橱柜里盯着你看的"桂格"燕麦男和"杰迈玛大婶"——更不用说"柏亚迪大厨"（Chef Boyardee）、"嘎吱嘎吱船长"（Cap'n Crunch）、"本大叔"（Uncle Ben）和"嘉宝"宝宝（Gerber Baby）了（都是食品包装上的人物形象——译注）。这些品牌在市场竞争中屹立不倒很可能不是意外，而另一些有着花哨字体和巧妙图形的竞争品牌——但没有眼神交流——则败下阵来。

凯特·墨菲（Kate Murphy）

通过回答下列问题，加强你的理解：

1. 观察他人和你相处时使用眼神交流的程度。基于你的经验，如何在各种类型的关系和情境中确定最佳的眼神交流程度？

2. 注意你在重要的私人关系中使用眼神交流的程度。调整这一程度可能会给你们互动的性质带来什么变化？

司机，或者在现场观看体育比赛时环顾四周的观众，并且看到他们露出在更警觉的时刻可能绝不会显露出来的表情。

眼睛本身就可以传递好几种信息。迎上某人的目光通常是想要进一步接触的信号，而转移自己的目光则经常是想要避免接触的信号。这个原则在商业中也有实际应用：如果服务生（无论是男性或女性）和顾客保持眼神交流，顾客通常会给比较多的小费。[66]研究者也发现，直接跟对方眼神交流的沟通者比逃避眼神交流的沟通者更有可能让对方依从自己的要求。[67]我们会在本章后面看到，同一个原则是如何适用于触碰他人的——从"目光接触"这个词就可以看出原因。建立联系的感觉导致了顺从。

通过眼睛传达的另一种信息是积极或消极的态度。[68]当有人带着适当的面部表情看向我们的时候，我们会得到他对我们感兴趣的信息，这样的表情我们就称之为"暗送秋波"。同样，如果我们长时间看向某人而他却总是避免目光接触，我们就可以相当确定对方不想和我们有联系。（当然，在各种追求游戏中，接收到别人目光的人会移开目光，假装没有注意到任何信息，但是却用眼睛之外身体的其他部分表示对对方的兴趣。）眼睛还可以传达支配与服从的信息。[69]我们可能都试过用眼神压倒某人，有时候垂下眼睛是让步的标志。

声 音

声音是非语言沟通的另一个渠道。社会科学家用**副语言**（paralanguage）来形容非语言的、声音的信息。你说一个信息的方式可以使相同的字词表达出不同的意思。例如，注意仅仅通过强调不同的字词，同一个句子可以表达出多少种意思：

这是一本有趣的有关沟通的书（不是任何一本书，而是特别的这一本）。

这是一本有趣的有关沟通的书（这本书是极好的、令人兴奋的）。

多元视角

安妮·唐尼龙：失明与非语言线索

我生来就是一个盲人，所以许多有视力的人所用的非语言线索，我却没有机会使用。实际上，我认为"赛特林们"（sightling，作者对她有视力的朋友们的昵称）理所应当知道通过非语言渠道能够传达出多少意思。直到我最近参加了一门人际沟通课程，那些有关非语言沟通的材料对我来说，在某种程度上就是一门外语。

比如，当全班讨论像身体动作、眼神交流和面部表情这些事情的时候，我感觉自己被落下了。我理解这些非语言线索是如何工作的，但我没有亲自体验过它们。我既没有"盯得某人不敢对视"，也没有对任何人都"瞟上一眼"（至少不是有意这样做！）。当我知道有些人能"用他们的双手交谈"的时候，那是我从来都没有见过，也很少做的事。

后来话题转到了副语言，这是我所熟悉的领域。为了搞清楚人们究竟在想什么，感觉是什么，我总是非常仔细地倾听和辨认他们说话的方式。家人和朋友告诉我，在这些问题上我比大部分有视力的人要投入得多。我的口头禅就是"你今天好吗"，因为朋友传达的信息似乎不对劲。他们会说一切都好，但他们的声音往往在讲述一个不同的故事。

因为我是一个歌手和演员，所以那些训练我非言语表达的老师，尽管好心，却最让我沮丧。我记得有一个表演老师问我，"你认为自己的角色在这一出戏里不用语言会如何表现她自己？"对此，我只有一个想法，"不知道"。有视力的人会认为辨认生气的线索，如紧握的拳头、僵硬的姿势，或者耸立的肩膀都是"自然而然"的表达，但我相信许多人是通过观察别人学到的。

让我继续说一些能够帮助沟通更顺畅和更有效地进行的关键。当你和盲人对话的时候，一定要先提你的名字，这一点很重要。不要认为他们从你的声音就能判断你是谁；在谈话结束的时候，请说你要走了。有时候我正说着话，结果发现对方已经在我们谈话的间隙走开了，这经常让我很尴尬。

最重要的是：如果某事正在进行，而你身边有视力障碍的人，请提醒一下看不见的他们。我经常遇到这种事，在妇女联谊会上，某件事引得大家哈哈大笑，只有我被忽略在这个圈子之外，因为我看不见这个非语言的线索。过了好几年我的家人和朋友们才了解，在我耳边简单快速地描述一下事件，有助于我融入这个互动。

参加人际沟通课程是一个让人感到充实的经验，对我来说是这样，对我的教授和同学们也是。我认为我们从彼此那里学到了许多——尤其是关于非语言沟通在人际关系中所扮演的重要和复杂的角色。

"Blindness and Nonverbal Cues" by Annie Donnellon. Used with permission of author.

这是一本有趣的有关沟通的书（这本书的内容以沟通见长，它的文学性和戏剧性不怎么样）。

这是一本有趣的有关沟通的书（这不是一场演奏或是一盒录音带，而是一本书）。

用副语言进行沟通的方式还有很多，如声音的音色、速度、音高、音量，甚至还有暂停。有两种停顿会阻碍沟通。第一种是**非故意停顿**（unintentional pause）——这时，人们停下来整理他们的想法，然后再决定如何最好地继续表达他们的语言信息。难怪骗子说话时常常比说真话的人有更多非故意停顿了，因为他们需要匆忙编造故事。[70]此外，人们被问了一个微妙的问题（"你喜欢我买给你的礼物吗？"）后，也会有长时间的停顿，他们可能是在争取时间想出一个能保留对方面子——也许不那么诚实——的回答。

第二种停顿是**发出声的停顿**（vocalized pause），范围从支支吾吾的语气词如"嗯""呃""啊"，到惯常使用的填充词如"像""好""你知道"等。研究显示，发声停顿会降低一个人的可信度[71]，也会给面试官对应聘者的看法带来负面影响。[72]当卡罗琳·肯尼迪（Caroline Kennedy）考虑竞选议员的时候，她的媒体巡回采访充满了发声停顿。其中，在接受《纽约时报》（The New York Times）的独家采访中，她使用"你知道"多达142次。虽然这不是她决定放弃竞选的原因，但是许多评论家指出，这肯定无助于她的专业形象。[73]

研究者借由没有实质内容的演讲来确认副语言的影响力。原始的演讲内容经由电子手法处理过，使得演讲者所说的话无法让人理解，但是副语言部分却不受影响（听一种你不懂的外语也有同样效果）。参与者听这些没有实质内容的演讲，却能够一致地辨识出演讲者的情绪及其力度。[74]小孩子回应大人的副语言时，对那些说话温柔的人会比较亲热，而对那些说话方式不怎么友善的人则会避开。[75]

副语言会在很多方面影响行为，有些相当令人吃惊。研究者已经发现，沟通者最有可能遵从那些说话速度跟自己相似的人所提出的要求：说话快的人更积极地回应说话同样快的人，而说话慢的人也更喜欢与说话速度比较慢的人交谈。[76]除了顺从相同语速的说话者，听众也会对用同样语速说话的人留下更积极的印象。

讽刺是我们同时使用强调和语调把句子的意思改为相反意思的一种情况。你可以通过下面三个句子来体会一下这种转变。先用普通方式说一遍，然后用讽刺的语调来说：

链接 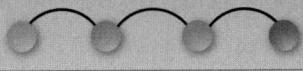 你说话的方式会伤害你吗?

女人有一种独特的说话方式。比如,"我昨晚购物了?然后我看到了这件漂亮的衣服?它这么黑,这么紧身?"在出版物中很难传达说话者的语调,但是正如疑问句,问号暗示了句尾应该上扬的音调。许多女人,尤其是年轻的女人喜欢在陈述句里使用这样的语调,"我是萨利·琼斯?我和史密斯医生有个约会?我想改到另一天?"

每当听到这种话时,我都感到畏缩。上扬的语调听起来既胆小又缺乏自信,说话者似乎在寻求发言的批准和许可,然而这根本就没有必要。她应该直接讲出重点,语气坚定地把重音落在句尾。

我很担心上扬的语调会伤害到女性。因为这让她们在公开的辩论场合没有显示出应该有的严肃认真,也怂恿男性售货员和机械师欺骗她们,而她们其实并没有试图欺骗这个男人。

可是,我的一个研究语言学的女性朋友却告诉我,我理解错了。她告诉我,女人和男人不一样,男人的谈话更像一场争夺地位的战斗,而女人则认为谈话是合作性的。她们使用上升的语调,正是为了向听者传达这个观点。事实上,她们的语调鼓励对方表达支持的插入语,如"嗯哼""没错""我知道你的意思"等,女人在彼此交谈的过程中混入这些短语的次数要比男人多得多。它要求听者把自己的意见加入说话者的主题讨论中。

无论如何,至少有一点不可否认,即女性上升的语调会让表达变得模糊不清。因为在其他的情境里,这种声音确实传达了说话者的胆怯,而且也出于一种截然不同的目的。考虑到表达的模糊性,下一次当女性说话者表示合作意图却被当作犹豫不决的时候,我们不应该再感到惊奇了。

虽然有很多男人都把谈话视为一场竞赛,但很显然这种做法是愚蠢的,因为我们本来可以从一个更具合作性的方式中都获得利益。因此我们需要一个新的象征来表达这种意图,当然这个象征没有隐含的软弱之意。

如果找到了这个象征,无论男人还是女人,我们都可以用友好而非生硬的语气说话了。我们可以自在地谈论趣闻,既不用担心是男人的说教,也不会让女人显得卑躬屈膝。当我们打电话给医生的时候,我们可以说:"我是萨利(或萨姆)·琼斯。"(毫无疑问。)"我和史密斯医生有约。"(我在提醒你一个事实。)"然后我想改到另一天。"(现在,你能帮我吗?)

托马斯·霍尔卡(Thomas Hurka)

通过回答下列问题加强你的理解:

1.在你的生活中,你能发现用作者在文中所描述的方式说话的人吗?如果能,你对他们的反应是什么?

2.语调在让你听从别人的要求和指令这一过程中起到了什么作用?

3.你能否对自己的副语言做出一些改变,来让你变成一个更有效的沟通者?

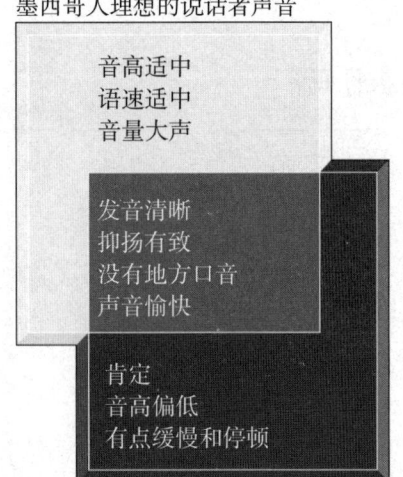

图7–1　墨西哥人和美国人理想的说话者声音的比较

选自 "Communicative Power: Gender and Culture as Determinants of the Ideal Voice," in *Women and Communicative Power: Theory, Research and Practice*, edited by Carol A. Valentine and Nancy Hoar. ©1988 by SCA. Reprinted by permission.

"非常感谢你！"

"初次约会真的让我很快乐。"

"没什么东西比青豆更让我喜欢了。"

当人们用副语言来传达非语言信息时，常常会忽视或误解讽刺的声音上的细微差别。某些群体的成员，比如儿童，知识技能薄弱，又不善倾听，就比别人更容易误解讽刺信息。[77]研究发现10岁以下的儿童缺乏分辨哪些是讽刺信息的语言解读能力。[78]

人们对有些声音要素的感知更积极。例如，说话大声且没有迟疑的沟通者，被认为比那些说话小声且吞吞吐吐的人看起来更自信。[79]拥有迷人声音的沟通者也比声音不太吸引人的沟通者获得了更高评价。[80]图7–1显示，不同文化也会造成不同结果。调查显示，墨西哥人与美国人对理想声音的界定有相似处，也有不同看法。口音在塑造知觉上起着非常重要的作用。一般而言，如果你的口音语调属于社会地位较高的族群，那么它会为你带来更多正面评价；如果你的口音语调属于社会地位较低的族群，那它就会为你带来负面评价。[81]

触　碰

美国前第一夫人米歇尔·奥巴马（Michelle Obama）在她的丈夫被选举为美国总统之后不久，就因为揽着英国女王伊丽莎白二世而被指责违背了外交礼节（英国王室禁止他人触碰女王——编注）。对此行为，有的观察家表示惊骇，另一些则感到高兴。暂且不论他们的反应如何，没有人会否认触摸是沟通的一种有力方式。

社会科学家用**触觉学**（haptics）来描述针对触碰的研究。触碰可以传达许多信息，并且表示出不同种类的人际关系，比如：[82]

　　功能的／专业的（牙科考试，剪头发）

　　社会的／礼貌的（握手）

　　友善的／温暖的（在背上拍一下，西班牙式的拥抱）

　　性唤起（一些接吻，抚摸）

　　侵犯行为（推挤，打耳光）

某些非语言行为会在不同关系中发生。例如，一个吻的含义很广泛，可能意味着一个礼貌而表面的问候，也可能意味着最强烈的性唤起。哪些因素会让触碰传达出较多或较少的紧张感？研究者已经列出了一些因素：

> 身体的哪一部分去触碰
> 身体的哪一部分被触碰
> 触碰的时间持续了多久
> 用了多少力气
> 在触碰之后有没有其他行动
> 是否有其他人在场
> 触碰行为发生在什么情境下
> 发生触碰的两者之间是什么关系[83]

从这个列表可以看出，触碰实际上是一种复杂的语言。因为非语言信息本身就是模糊不清的，所以这种语言容易产生误会也就不足为奇了。一个拥抱是嬉戏，还是更强烈感觉的暗示？触碰肩膀是友善的表示，还是试图控制对方？非语言行为的模糊不清，常常会引发一些严重的问题。

触碰在塑造我们如何回应他人方面起着强有力的作用。举例来说，在一个实验室任务中，参与者对那些有过触碰（当然是适当的触碰）的伙伴会有更正面的评价。[84]除了增加好感，触碰也会增加顺从行为。餐厅服务员如果在顾客的手或肩膀上有短暂的触碰，通常会得到较多小费。[85]商店店员触碰顾客，可以延长后者的购物时间，提升他们对商店的评价，还能增加他们的购买量。[86]如果在商品试用环节伴随有触碰的话，顾客会更愿意去试用并购买该商品。[87]

身体触碰最显著的一些好处发生在医药健康与服务行业。例如，如果医生在开处方的时候给予病患一个轻微的触碰，患者更有可能服用开给他们的药物。[88]按摩不仅可以帮助早产儿增加体重，而且有助于腹绞痛的孩子睡眠安稳，还能改善青少年抑郁症患者的情绪，提高癌症和艾滋病患者的免疫功能等。[89]研究表明，临床医生和病人之间的触碰能潜在地激发各种有益的变化：病人更多地坦露自我、更好地接纳自我，建立起更积极的医患关系等。[90]

触碰在学校里也有影响。如果老师在学生的背部或手臂上给予支持地拍一下，那么后者在课堂上主动发言的可能性会增加一倍。[91]甚至运动员也受益于触碰。一项针对国家篮球协会的球员的研究显示，"触碰最多"的队伍获胜记录也最多，同时在得分最低的队伍中，队友间相互触碰的次数也最少。[92]

当然，我们上面所讨论的触碰必须是适合文化语境的。此外，我们必须

> ### 想一想
> **触碰的规则**
>
> 就像大部分类型的非语言行为,触碰被各种文化和社会规则所控制。想象一下,你正在为来自另一个文化的游客撰写一本旅行指南。描述在下列关系中支配触碰的规则是什么。在每一种情况下,描述了参与者的性别又是如何影响规则的。
>
> 1. 一个成年人和一个5岁的孩子
> 2. 一个成年人和一个12岁的孩子
> 3. 两个好朋友
> 4. 老板与员工

知道触摸本身并不是成功的保证,而且过多的触摸可能会带来麻烦、厌恶,甚至全然的惊吓。不过,研究证实了适当的触碰可以提高你成功的概率。

外 貌

不管我们是否意识到这个事实,我们的外貌都会传达一些信息给别人。外貌有两个向度:生理吸引力和穿着打扮。

生理吸引力 外表更有吸引力的人往往能够获得更多的社会利益,对这一点人们很少会有异议。[93]比如说,那些公认的迷人的女性比普通女性拥有更多约会,在大学里获得更高分数,更容易说服男性,也获得更轻的法院判决。凡是被认为有吸引力的人,无论男女,都被评定为比他们不那么幸运的兄弟姐妹更加感性、宽容、坚强、善于交际和有趣。

在生活中,外表对人的影响很早就开始了。[94]以学龄前的儿童为例,拿一张同龄孩子们的照片给他们看,让他们选出里面有可能会变成朋友或是敌人的人。研究者发现,即使是只有3岁的孩子,也可以分辨出谁比较有吸引力(可爱的),谁比较没有吸引力(普通的),而且他们更加重视那些有吸引力的孩子(包括同性和异性)。[95]老师也会受学生的吸引力影响。那些有吸引力的学生通常会比他们不那么有吸引力的同学从老师那里得到更有利的评价,比如聪明、友善及受欢迎之类的称赞。师生评估的作用是双向的,研究显示学生对具有外貌吸引力的教授也会给予更高的评价。[96]

外貌吸引力也被用于职业领域中的评价,会影响到人员雇佣、职务升迁、绩效评定等方面。[97]这种外貌偏向被称为"以貌取人",可能导致像种族歧视和性别歧视这样的偏见。[98]研究显示,高于平均外貌水平的女性获得8%的工资奖金,低于平均外貌水平的女性要支付4%的工资惩罚。对男性来说，因外貌有吸引力获得的工资奖金只有4%，但因外貌低于平均水平而要支付的工资惩罚却高达13%。不过，外貌吸引力偶尔也会带来消极影响：面试官可能拒绝长得好看的应聘者，视他们为自己的潜在威胁。⁹⁹尽管外貌有吸引力通常会带来回报，但魅力四射的美人也可能让人望而却步。¹⁰⁰

幸运的是，即使不通过整形外科医生，我们也能够控制自己的外貌吸引力。即便你不是大美女或大帅哥也别失望，有证据显示，随着我们越来越深入地了解某些人并且喜欢他们，我们会对他们越看越顺眼。¹⁰¹更何况，我们认为别人漂亮或丑陋不只凭借他的"原装设备"，也基于他如何运用自己的设备。一个人的姿势、手势、面部表情及其他行为，都会增加原本不起眼的他的吸引力。最后，我们的穿着打扮也会在很大程度上影响别人看待我们的方式。

穿着打扮 衣服除了保护我们不受风雨影响，也是一种非语言沟通的手段。有位作家提出，衣着可以向他人传递至少十种信息：¹⁰²

经济背景
经济水准
教育背景
教育程度
老练程度
成功程度
道德人格
社会背景
社会地位
可信赖程度

在电影《疯狂愚蠢的爱》（*Crazy, Stupid Love*）中，被老婆甩了的卡尔·韦弗（史蒂夫·卡瑞尔饰）向花花公子雅各·帕尔默（瑞恩·高斯林饰）寻求建议，如何表现才能吸引女人。雅各对卡尔的外貌进行了彻底改造，包括鞋子、衬衫、西服、牛仔裤和发型。在电影中，随着卡尔的外貌发生变化，他产生了新的自信，也在约会上取得成功。你的外貌对你如何看待自己有多大影响？它会影响你和别人交流的方式吗？

研究显示我们会依据人们的穿着而对他们做出假设。¹⁰³例如，在要求行人捡起垃圾和说服他们借钱给一个停车超时的司机时，穿着类似警察制服的实验者比穿着普通衣服的实验者做得更成功。同样，律师或护士的制服可以强调他们在法律上或是医疗照顾上的专业水准。我们通常也更倾向于效仿那

些穿着更正式的人,即使涉及违反社会规则。在一个研究中,有83%的人跟随一位穿着高级服装的人闯红灯,然而只有48%的人跟随一位穿着像低阶层的人闯红灯。

物理空间

人际距离学(proxemics)是一门研究人类与动物如何使用空间的学问。至少有两种人际距离学的向度:距离和领域。

距离 每一个人无论到什么地方,都会带着看不见的气泡状的个人空间。我们会想象这个气泡里的范围是我们的私人领域,几乎就像是我们身体的一部分。为了理解这一点,你可以先花点时间完成本节的"距离造成差异"练习。当你跟你的搭档越来越接近时,你们俩的气泡之间的距离越来越窄,直至某个时刻完全消失:你的空间被闯入了,此时你很可能感到不舒服。随着你们逐渐后退,你的搭档从你的气泡中撤了出来,你就又感觉放松了。

当然,如果你和某个非常亲密的人(如配偶)进行这个活动,你可能不会感到任何不舒服,甚至碰触彼此也不会有不舒服的感觉。这是因为我们靠近别人——无论是身体上还是情感上——的意愿,会根据这个人及我们所处的情境而改变。而且,正是我们自愿与别人保持的距离,提供了有关我们的感觉及这段关系的实质的非语言线索。

想一想 距离造成差异

1. 选择一个搭档,然后走到房间的另一边,面向彼此。

2. 现在,你们两人一边进行着对话,一边非常缓慢地向对方走去。比如,你们可以简单地讨论一下进行这个练习的感受。随着你们越走越近,尽可能地去感知自己在感觉上的任何变化。继续缓慢地向对方移动,直到你们之间只有一英寸左右的距离,然后记住你们在那个时刻的感受。

3. 尽管仍然面向对方,现在你们可以退回到一个彼此都觉得舒服的距离,同时别忘了持续你们的谈话。

4. 和对方或者和整个小组分享你们的感受。

正如你在本章前面所读到的，在不同的文化中，合适的人际距离也不同。人类学家爱德华·霍尔界定了我们在日常生活中常用的四种距离。[104] 他说，我们依据在特定时间点对对方的感觉、对话内容以及我们的人际关系目标来选择我们与对方的距离。

- 霍尔的第一个空间范围是**亲密距离**（intimate distance），这个距离从皮肤接触到隔开18英寸（约0.46米）左右。通常只有非常亲密的人才可以处于这个空间范围内，并且多半发生在一些私人情境中，比如做爱、拥抱、安慰、保护。
- 第二个空间范围是**个人距离**（personal distance），这个距离介于18英寸到4英尺（约1.22米）之间。其中较近的一档从18英寸到2.5英尺（约0.76米），是大多数夫妇在公开场合站在一起的距离；较远的一档大约从2.5英尺到4英尺。正如霍尔所说的，在这个距离下，我们可以和某人保持"一个臂膀的长度"，暗示着在这范围内有沟通正在发生。这种接触仍然是相当近的，但和1英尺或更近距离发生的接触相比，就没那么私人化了。
- 第三个空间范围是**社交距离**（social distance），这个距离介于4英尺到12英尺（约3.66米）之间。在此距离下发生的沟通大多是商业行为。其中较近的一档从4英尺到7英尺（约1.78米），通常是售货员与顾客之间或是同事之间进行对话的距离；较远的一档从7英尺到12英尺，适用于更加正式和非个人的情境。这样的距离通常是我们跟老板之间的距离，这样他可以隔着办公桌与我们交谈，这跟我们拉一张椅子坐在老板身旁约3英尺的距离有很大不同，也更让人紧张。
- **公共距离**（public distance）在霍尔的分类中是最远的空间范围，指的是12英尺以外的距离。其中，较近的一档是大多数老师在教室里与学生之间的距离，较远的一档是指超过25英尺（7.62米）的距离，这对双向沟通来说几近不可能。在一些情况下，演讲者必须采用公共距离，是因为听众的人数太多了；但我们同时也可以猜想，如果有人在可以选择的情况下仍然自愿选择使用公共距离，那就表示他不想有任何对话。

选择最适合的距离可以对我们如何对待及回应他人产生非常大的影响。例如，学生对拉近与他们距离的老师，以及该老师所教授的课程，都感到更满意，也更愿意听从老师的教导。[105] 同样，接受医疗救助的病人对处于较近档社交距离的医生感到更满意。[106]

领域 个人空间就像一个看不见的气泡，我们带着它就像带着我们身体的一个延展的部分。然而**领域**（territory）是不会动的。所有我们假定拥有某种"权利"的地理上的区域，比如工作区域、房间、房子或其他物理上的空间，就都是我们的领域。关于领域有趣的是，虽然"拥有"许多区域的所有权这一假设并没有现实依据，但那种拥有的感觉是存在的。不管你在不在你家中的房间里，你感觉它就是你的，不过它不像个人空间那样可以带着到处跑。同样，即便你不会幻想教室里的桌椅归你所有，还是会觉得教室里你一直坐着的那个位子就是你的。[107]

人们使用空间的方式也可以说明他们的权力和地位。[108]一般而言，我们承认地位更高的人拥有更多的个人领域和更大的隐私。当我们要进入老板的办公室之前，一定要先敲门，而他却可以随意进出我们工作的区域。在传统的学校中，教授有自己的办公室、餐厅甚至厕所，而学生被认为不是那么重要，当然没有可供私人使用的地方。在军队中，一名军人所拥有的空间大小和隐私程度依据军衔的高低而有不同：士兵睡在40人一间的军营里，而中士以上就可以有自己的私人房间，将军则有政府提供的房子。

物理环境

物理位置、建筑方式及室内设计也会影响我们的沟通。房屋设计给人的印象可以明显揭示很多信息。研究者向学生展示12套中上层阶级的房屋内部和外部的幻灯片，然后要求学生依据自己的印象去推断房屋所有者的性格。[109]在看完房屋内部的照片后，学生们变得更为准确。室内的装潢设计传达出了屋主的智慧、礼貌、成熟程度、乐观情况、紧张与否、冒险意愿及家庭价值取向等信息。房屋的外表也让观看者准确地感知到屋主的艺术趣味、亲切与否、隐私和安静的程度等。

除了传达出关于设计者的信息，环境也会塑造发生在其间的沟通。在一个实验中，参与者在一个比较"漂亮"的房间内工作，会比在"一般"或"丑"的房间内工作时更积极、更精力充沛。[110]在另一个实验中，学生认为把办公室布置得好的教授比办公室比较脏乱的教授更值得信赖。[111]医生也会塑造一个可以促进他跟病人沟通的环境，只是将医生的办公桌搬走，就可以使病人在就诊时放松五倍。[112]在一项研究中，重新设计医院的康复病房大大增进了病患之间的沟通。在旧有的设计里，椅子是依着墙的四周一张接一张摆放的。新的设计将椅子围在一张小桌子的周围，这样病人就可以在一个舒服的距离上看见彼此的脸，他们的沟通量约为之前的两倍。此外，办公室小隔间能让员工面向公共（而非个人）空间交流信息，进行开放沟通，同时又能让员工更好地保护他们的工作机密。[113]

在生活中

辨认非语言线索

分两次阅读下列文本，然后你就可以体会非语言线索反映态度的方式了。第一次，想象金的非语言行为表明她很高兴遇到史黛西，并且期待进一步了解她。在你第二次阅读的时候，从反面想象金的感觉：史黛西让她反感和不自在。

依据金对史黛西的态度，思考一下可以改变金的非语言行为的所有方法。即便她说的话完全相同，想象她的姿势、手势、面部表情、声音和距离会如何变化，以及这些非语言线索会如何反映她对新邻居的感觉。

史黛西：嗨，我是新来的。昨天刚搬进14号房。我的名字叫史黛西。（伸出她的手，准备握手）

金：嗨！我是金。我是你隔壁的邻居，住在12号房。

史黛西：太好了！这个地方看起来很棒。

金：是的，每个人都很友善，我们在一起相处得很好。

史黛西：（看了一眼金信箱里的杂志）嗯……《美国作曲家》（*American Songwriter*），你是一个音乐人吗？

金：是的，我是一个歌手兼作曲者，主要用原声乐器演奏。目前我在城里演出，虽然还没什么气候，但是我希望……

史黛西：（激动地）哇喔！我也是个音乐人！

金：真的？

史黛西：是的。我和溃烂伤口乐队一起演奏，我负责弹节奏吉他。你有听说过我们吗？

金：是，我听过。

史黛西：好，那你改天一定要过来听听我们的音乐。既然你也是吉他手，我们甚至可以一起玩一下。

金：听起来真有趣！

史黛西：喔！我敢断言我一定会喜欢上这里的。嘿，这边的人对宠物是什么态度呢？

金：他们很严格地执行着"不许养猫养狗"的政策。

史黛西：没问题！耶洗别不是猫也不是狗。

金：啊，耶洗别是什么？

史黛西：（自豪地）她是一只绿色的鬣蜥蜴，一个真正的美人。

金：你在开玩笑，对吧？

史黛西：没有，也许这几天你就会见到她。事实上，她有点爱到处跑，所以如果你把门开着的话，很可能会发现她出现在你家里，尤其是天气变凉的时候。（半开玩笑地）她真的很喜欢往温暖的身体上蹭哦！

金：好吧，我其实是一个胆小的人，所以……

史黛西：她和每个人都交朋友。你会爱上她的！

金：看，我不得不走了。我去练习的时间已经迟到了。

史黛西：以后再聊。真的很高兴我们能成为邻居！

金：我也是。

时　间

社会科学家用**时间学**（chronemics）来描述人们关于如何使用和组织时间的研究。我们处理时间的方式可以有意无意透露出很多信息。[114]例如，如果你晚回复或者根本不回复工作邮件，尤其是下属或同事发给你的，那么你很容易给他们留下不值得信赖的印象。[115]

在一个重视时间的文化中，等待可能表明了某种地位。"重要"人物（他的时间通常被视为比其他人重要）可能只接见有预约的人，但他在没有通知的情况下去侵扰地位较低的人则被认为是可以接受的。一个相关的规则是，地位较低的人从来不会让地位较高的人等待。求职面试时迟到是一件很严重的事，反之如果你准时或提前到了，面试官只会让你在大厅等待。重要的人在餐厅用餐或搭飞机时通常可以迅速坐上头等的位子，而地位没那么重要的人只能在外面继续排队等待。

时间不仅暗示了一个人的权力和地位，而且也是衡量关系的标志。研究显示，一个人与同伴相处的时间量暗示了对方在这个人心目中的分量。[116]在一项分析20个非语言行为的研究中，"相处时间"是预测关系满意度和人际理解力的最有力的因素。[117]媒介沟通也测量和重视时间。研究显示，一个人回复电子邮件信息或在网络虚拟群体中发帖所用的时间与群体对这个人的感知密切相关。[118]或许你猜到了，快速回复会得到正面评价，而晚回复或忘记回复则会在虚拟群体中产生对信任和有效性的不利影响。[119]

小　结

非语言沟通包含经由与语言无关的手段表达出来的信息，比如身体动作、声音、触碰、外貌、物理空间、物理环境、时间等。

非语言沟通技巧对沟通高手来说是极其重要的。非语言沟通无处不在，事实上，不传递非语言信息是不可能的。虽然很多非语言行为具有普遍性，但是它们的使用受到文化和性别影响。大多数非语言沟通揭示了沟通者的态度和感觉；相比之下，语言沟通更适合表达想法。即便媒介信息也带有非语言线索。非语言沟通提供了很多功能，有重复、替代、补充、强调、调控和否定语言沟通等作用。当语言信息和非语言信息出现冲突时，沟通者倾向于依赖非语言信息。出于这个原因，在检测欺骗时非语言线索很重要。不过，由于非语言沟通是不明确的，我们在解读非语言线索的时候必须特别谨慎。

电影与电视

你可以在以下电影和电视节目中印证我们在本章总结的沟通准则：

解读非语言线索

《唐顿庄园》(*Downton Abbey*，2011—)
TV-14级

电视剧《唐顿庄园》的发生背景是20世纪早期的英格兰，它展现了历史上的英国人表达情绪时的保守态度。因而，观众必须仔细地观察剧中人物的非语言线索——面部表情、声音的音调和身体语言——来猜测他们究竟感觉到了什么，又是如何感觉到的。

在这部剧中，社会地位的差异是显而易见的。克劳利家族的成员们，无论是穿着、坐姿、用餐的礼仪还是交流，依据的都是上流社会的准则。相较而言，庄园里的仆人们就要非正式得多。除非出现在雇主的面前，他们的行为举止会迅速改变：小心地保持一段合适的距离，

进行有限的眼神交流，摆出一副严肃的面目，以及用恭敬的方式做事，等等。你可以试着关掉声音看一集《唐顿庄园》，即便如此你仍然可能知道每一个角色在这个家族式的社会结构中所处的地位。

非语言认同管理

《全民情敌》(*Hitch*，2005) PG级
《疯狂愚蠢的爱》(*Crazy, Stupid Love*，2011)
PG-13级

两部电影都和非语言行为的大转变有关。在电影《全民情敌》中，亚历克斯·"情圣"·希金斯（威尔·史密斯饰）是纽约的一名"约会博士"，专门教男人如何向他们梦想的女人求爱。他的新客户是艾伯特·布伦尼曼（凯文·詹姆斯饰），这个书呆样的会计必须提高他的品位，才能赢得美丽又富有的奥丽格拉·可儿（安贝尔·瓦莱塔饰）的青睐。在电影《疯狂愚蠢的爱》里，雅各·帕尔默（瑞恩·高斯林饰）也向无助的卡尔·韦弗（史蒂夫·卡瑞尔饰）提供了类似的建议。

无论是希金斯还是帕尔默都从非语言行为的角度，向他们的徒弟传授了能够吸引女人的诀窍，包括如何走路、站立和跳舞等。不过，他们两人自己的爱情生活也都证明了恋爱不是仅仅操纵一些非语言的线索就能取得成功的。

检测欺骗

《别对我说谎》（Lie to Me，2009—2011）
TV-14级

卡尔·莱特曼博士（蒂姆·罗斯饰）是一位测谎专家，通过研究一个人的面部表情和不自觉的肢体语言来判断这个人是否说谎。他指认和分析说谎者的能力很惊人——事实上，他对那些说谎者的了解似乎比他们对自己的了解更多。

剧中莱特曼的许多结论是建立在著名的社会科学家保罗·艾克曼（Paul Ekman）的研究基础上的。艾克曼同时也担任了这部剧的顾问，他持续多年的研究向我们提供了许多令人信服的证据：说谎者有时候确实传达出了一些无意识的非语言线索，而这些恰恰"泄漏"了他们真正的想法和感觉。

但还是要劝告这部剧的粉丝。首先，莱特曼的结论大部分是通过分析录像的慢镜头得出来的，而我们在日常对话中几乎不可能用这种方法去做记录。其次，许多非语言的线索都具有多重意义，而且它们也不必然意味着欺骗（只是因为说谎的人经常揉眼睛，并不意味着一个揉眼睛的人就在撒谎）。最后，莱特曼（和艾克曼）在非语言沟通方面所做的训练要比常人多得多，所以他们的测谎能力明显是个例，不属于正常范畴。

我们在观看《别对我说谎》这部剧时，最好以一种娱乐的心态来观赏，看看社会科学如何为专家们提供检测谎言的深刻见解。如果你把它当作一本外行指南，并借此分析和评判家人与朋友的非语言行为，就相当不明智了。再说了，如果你仅仅基于一些非语言线索就指责某人说谎，你正确的概率大概只有50%——在面对可能会危害一段关系的情况下，这可不是一个好概率。

注意：有关谎言和测谎方面的问题，网站www.truthaboutdeception.com为大家提供了全面的、及时的、学术的和通俗易懂的评论。

外貌

《不要穿什么》（What Not to Wear，2003— ）
TV-PG级

你的穿衣风格会影响别人对你的评价吗？根据电视真人秀《不要穿什么》的结果来看，回答是响亮的"没错"。在节目中，主持人史黛西·伦敦和克林顿·凯莉带着穿着糟糕的"时尚受害者"进行一次为期两天的购物狂欢，旨在将参与者转变成和以前相比衣着得体、打扮光鲜的新版本。节目证明外貌上的改变不仅会影响一个人的私人生活，在工作层面也会发生变化。

除了阐明非语言沟通的重要性，大多数的剧集证明了衣着打扮是如何与第三章我们所讨论的认同和自我展现相关联的。参与者经常承认她们穿得很糟糕是偏差的自我概念和缺乏自我尊严造成的。而那一衣柜的新衣服明显改变了她们思考和感觉自己的方式，也改变了别人对她们的印象。

在《不要穿什么》里，并没有任何有关学术的内容。但这个真人秀提供了一个很好的例子，即衣着打扮如何能够在我们的自我认知和人际关系中起到关键性的作用。

第八章
倾听：不只是听见

阅读完本章后，你应该能够：

* 辨认那些需要你用心倾听和不需要用心倾听的场景；面对一个给定的情境，能够评估不同风格的适当性。
* 辨认出你无效倾听的情境，以及你在这些情境中所用的不良倾听习惯。
* 指出你倾听别人讲话时常用的反应类型。
* 证明在一个给定的情境中，混合使用倾听类型能够让你有效地回应他人。

里克·马斯腾的诗告诉我们，倾听不只是礼貌的注视和频频点头而已，它应该还包含更多东西。这就是本章即将要探讨的内容。你将会了解到每一个人都非常需要被倾听，而且倾听是非常复杂的活动，它的价值就如同"说"在一个谈话过程中的重要性一样。

链 接

我刚刚
将游荡的心思
转回我们的交谈
却发现
你仍然绕着几个话题
喋喋不休
我想我
一定失神了
至少二十分钟
可是你
竟然不觉有异
是时候
谈谈我的表演能力
还是说
谈谈你的识别力
可有件事
让我不禁忖度
如果现在
轮到我喋喋不休
说上二十分钟

我知之甚详
那么你
是否也觉得
可有可无

里克·马斯腾（Ric Masten）

Poem "Conversations" from *Dragonflies, Codfish & Frogs* by Ric Masten. Copyright © Sunflower Ink, Palo Colorado Road, Carmel, CA 93923. Reprinted with permission.

如果我们将使用频率用作衡量标准，那么倾听就非常有资格成为最重要的沟通形式。事实上，与其他沟通形式相比，我们确实花费了更多时间在倾听别人说话上。一个针对大学生的研究（图8-1）显示，在他们的沟通时间中，大约有11%的时间花在书写上，16%的时间花在说话上，17%的时间花在阅读上，但有超过55%的时间花在倾听上。[1]在工作中，倾听也同样重要。研究显示，北美大公司的大部分员工每个工作日约有60%的时间是花在倾听别人上的。[2]

倾听确实是人们最常用的沟通形式，不仅如此，在与人建立关系上，倾听至少与"说"有着同等重要的地位。特别是对那些有承诺的关系来说，在日常谈话中倾听对方的私人信息被视为关系满足感的重要组成部分。[3]在一项调查中，婚姻咨询专家指出"倾听时无法了解对方的观点"是他们服务的夫妻在沟通中最常出现的问题之一。[4]当一组成年人被问及在家庭和社交场合中哪些沟通技巧最为重要时，倾听排在了第一位。[5]

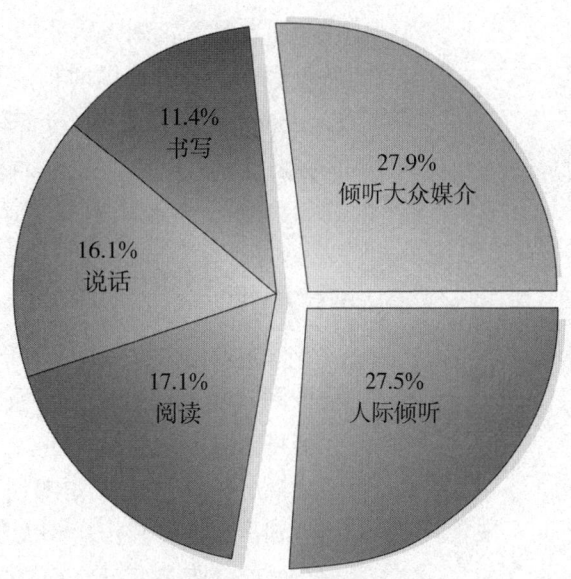

图8-1　沟通活动的时间分配

《国际倾听期刊》（*International Journal of Listening*）用了一整期内容来探索各种倾听技巧极为重要的背景，包括教育[6]、医疗保健[7]、宗教[8]和商业世界[9]。当有工作的成年人被要求说出他们在工作场所观察到的最常见的沟通行为时，倾听居首位。[10]下一页的"在工作中"专栏详细探讨了倾听在工作场所所起的重要作用。

本章将会探索倾听的本质。给倾听下完定义后，我们会审视构成倾听过程的要素，并且看一看成为一个更好的倾听者所面临的挑战。最后，你还会读到各种倾听反应类型，你可以借此更好的理解甚至帮助他人。

8.1　倾听的定义

我们一直在用"倾听"这个词，就好像它无须解释似的，事实上这个词的概念远超过一般人所想。我们对**倾听**（listening）的定义——至少在人际沟通的角度——是弄懂别人所传达的信息的过程。

传统的倾听方法聚焦于接收别人"说出来的"信息。然而，我们拓宽了倾听的定义，使之涵盖所有种类的信息，因为现如今很多倾听是通过媒介渠道发生的，其中有一些涉及"打出来的"文字。想一想你说过像是"我当时在和朋友聊天，她告诉我……"这种话的时刻，而你所叙述的对话实际上是通过短信、邮件或即时信息进行的。第二章描述了我们如何可以通过博客、Facebook帖子和其他社交媒体来提供社会支持（参见本章"链接"专栏"短信拯救生命"）。我们在本章会继续重点讨论说出来的信息（从下面的"听"开始讨论），但也认识到"倾听"在当代社会不仅仅涉及被人听到。

听与倾听

很多人以为听与倾听是一回事，其实两者大不相同。**听**（hearing）是声波传到耳膜引起振动后经听觉神经传送到大脑的过程；**倾听**（listening）是大脑将这些电化学脉冲重构为原始声音的再现，再赋予其意义的过程。除了因疾病、外伤造成失聪或使用耳塞，你几乎无法停止"听"。[11]你的耳朵会接收到声波并将其传送到大脑，而不管你是否想听到它们。

然而倾听却不是这样自动的过程，我们一直在听，却不一定在倾听。有

在工作中

在工作场所倾听

做一个有效的发言者，对事业取得成功是重要的，不过良好的倾听技巧也同样重要。有项研究就调查了倾听与事业成功之间的联系，结果显示更善于倾听的人在机构中被提升到了更高的层级。[a]当全国的人力资源主管们被问及理想的管理者应该具备哪些技能时，有效倾听的能力排在了榜首。[b]在那些负责解决问题的团队中，有效的倾听者也被认定为最有领导技巧的人。[c]

无论是那些处理冰冷数据的职业，还是那些需要一对一交流的职业，倾听都同样重要。例如，在一项调查中，超过90 000名会计师将有效倾听视为进入该领域的专业人员所应具备的最重要的沟通技巧。[d]当一个由不同领域和不同部门的高级主管组成的群体被问及什么是工作中最重要的技巧时，

倾听也比其他技能，包括专业技术能力、电脑知识、创造力和管理天赋，更频繁地被指了出来。[e]

虽然这些生意人都相信倾听的重要性，但并不意味着他们能做好，比如一项由144位管理者参与的调查就说明了这一点。当他们被要求为自己的倾听技巧评定等级时，让人吃惊的是，没有一个管理者认为自己是一个"差"或者"很差"的倾听者，而评估自己为"好"或者"很好"的比重高达94%。[f]不过，这些自我感觉良好的评价却与下属们的感知形成了尖锐的对比，有许多人说他们老板的倾听技巧很差。当然，管理者并不是唯一需要在倾听上下功夫的人——我们所有人都应该提升自己的倾听技巧。

时候我们会自动地或无意识地"屏蔽掉"我们所厌恶的声音，例如邻居的割草声或街道车声。我们也会因为主题不重要或对其没兴趣而停止倾听。比如，无聊的故事、电视广告和喋喋不休的抱怨就是我们听到却又屏蔽掉的常见例子。

心不在焉的倾听

当我们超越听而开始倾听的时候，研究人员注意到我们用两种很不同的方式来处理信息，有时被称为**双重加工理论**（dual-process theory）。[12] 社会科学家用心不在焉（mindless）和心无旁骛（mindful）来描述这两种不同方式的倾听。[13] **心不在焉的倾听**发生在我们自动地或常规地回应别人的信息时，通常不用太专注和费神。用"假装""草率"来形容心不在焉的倾听比用"沉思""默想"更为恰当。

虽然心不在焉听起来似乎有点负面，但这种低层次的处理信息过程其实具有一种潜在的价值，即它能让我们自由地将心思聚集在需要我们小心注意的信息上。[14] 考虑到我们每天所要处理的信息量，要求全部时间都做到仔细地、审慎地倾听是不切实际的。同样，把你所有的注意力都贡献在冗长的故事、无聊的闲谈或老生常谈的话题上也是很不切实际的事情。对于轰炸而来的信息，唯一切实可行的方法就是"偷懒"。在这种情境下，我们要放弃仔细分析，退回到某种模式——有时就是刻板印象（见第四章）——来解读信息。如果你现在暂停一下，回想你今天听到的所有信息，很可能大多数状况你都是用心不在焉的倾听去处理的。

心无旁骛的倾听

相反，**心无旁骛的倾听**涉及对我们接收到的信息给予仔细而审慎的专注和反应。你会心无旁骛地倾听对你重要的信息，当你很在乎的某个人说到对他重要的事时，你也会心无旁骛地倾听。想一想当某人谈到你的钱时（"把这修好大约要多少钱？"），你是怎么把耳朵竖起来听的；当你的密友告诉你他的失恋经过时，你又是如何变得聚精会神的。在这些情境中，你想要给予信息发送者完整而全然的专注。

有时候，我们会以心不在焉的倾听来回应那些值得甚至需要我们心无旁骛倾听的信息。埃伦·兰格（Ellen Langer）是在她的祖母抱怨自己的头盖骨里仿佛有"蛇在钻动"时决定要开始研究心无旁骛的倾听的。医生非常迅速地将问题诊断为衰老的迹象——毕竟，他们分析道，年纪大了自然就会衰老，会让人胡言乱语。但是实际上，埃伦的祖母罹患了脑瘤，并且最终夺走了她的生命。这件事给埃伦留下了深刻的印象：

自我评估

你的倾听技巧

在阅读下面的内容之前，请完成一个在线小测验，检查你的倾听技巧。你可以访问 CengageBrain.com 网站，进入《沟通的艺术：看入人里，看出人外》一书的"言语交际课程学习伙伴"找到测验的链接地址。

多年以来，我一直在思索医生对我祖母所说的话的反应，以及我们对医生的反应。他们按部就班地进行诊断，但是没有理会他们所听到的信息。衰老成了医生先入为主的干扰，我们也没有多问医生——"专家"成为我们先入为主的干扰。[15]

虽然我们日常关于要不要心无旁骛地倾听所做的大部分决定不会严重到攸关生死，但重点很清楚：有时候我们必须有意识地、审慎地倾听别人告诉我们的话。这种心无旁骛的倾听，才是本章所要强调的重点。

8.2　倾听过程的要素

现在，你已经知道在另一个人说话的时候，我们不只是静静地坐着而已。事实上，倾听的过程包含五个要素：听到、专注、理解、回应和记忆。[16]

听　到

就像前面已经讨论的，**听**是倾听的生理维度。当声波以一定的频率和响度撞击我们的内耳时，我们就听到了。听到的过程会受到很多因素影响，其中就包括背景噪音。如果环境中有其他嘈杂的声音，尤其频率又刚好与我们设法接收的信息一样，我们就会发现很难从所处的背景中整理出重要信息。此外，听到过程还会受到由于长期暴露在同一个音调或巨大的声响中而引起的听觉疲劳或暂时性失聪影响。如果你整晚都待在音乐放得很响的聚会中，那你的听觉状况可能就会出现问题，即使在你远离人群之后，这个状况仍然有可能持续存在。如果你经常性地把自己暴露在巨大的噪音中，就像许多摇滚乐手及其粉丝那样，那就有可能导致永久性失聪。

对很多沟通者来说，听这件事也因为生理问题变得更加困难。仅仅在美国，就有超过3 100万人患有某种程度的听觉损失。[17]一项研究表明，任何一天在一个普通的教室里都有四分之一到三分之一的孩子不能正常地听。[18]要做一位沟通能手，你需要辨认出听你说话的那个人可能患有听觉损失，并且相应地调整你的说话方式，如说得慢一点、大声一点、清晰一点。

专　注

听到是一个生理过程，而**专注**（attending）则是一个心理过程，也是我们第四章所说知觉的**选择**过程的一部分。如果对听到的每一个信息都付出注意力的话，我们一定会疯掉，所以我们必须过滤掉一些信息，将注意力集中

"作为员工，我的优势之一就是能够同时处理多项任务。"

在重要的信息上。我们的愿望、需求、欲望和兴趣决定了我们专注的焦点。研究显示，如果专注于信息是有回报的，那我们会更仔细地留意信息，这一点不足为奇。[19]如果你正计划去看一场电影，而你的朋友恰好讲到这部电影，那你会比平时更加专注地去倾听。如果你想要更好地了解某人，你也会仔细留意他所说的几乎每一句话，以期增进彼此之间的关系。

然而，令人惊讶的是专注不仅有助于倾听者，而且也帮助了信息发送者。在一项研究中，参与者先观看了简短的电影片段，然后向倾听者描述这些片段。倾听者对说话者的专注程度各不相同。过些时候，研究人员测试了说话者对电影片段中细节的长期记忆。结果显示，那些向专注的倾听者叙述电影的说话者，记得更多的电影细节。[20]

理 解

理解（understanding）发生在我们弄懂信息的意思时。我们有可能听到并且专注于信息了，但却还是没能理解它，甚至还有可能误解信息的意思。沟通学者用**倾听忠诚度**（listening fidelity）来形容倾听者所理解的意思和信息的发送者试图传达的意思之间的匹配程度。[21]本章描述了发生误解的很多原因，也概括了有助于提高理解力的技巧。

回 应

对信息做出**回应**（responding），包括对说话者给予明显的反馈。尽管倾听者并不总会明显地回应说话者，但研究建议倾听者应该更频繁地回应说话者。一项研究调查了银行界与医疗界的195个危机事件，结果显示有效倾听与无效倾听的一个主要差异是倾听者提供的反馈类型。[22] 好的倾听者会使用非语言行为来表现他们的专注，例如保持眼神交流，用适当的面部表情做出反应——这一点对孩子来说特别重要，研究显示孩子会根据表情来评估"好

多元视角

奥斯汀·李：文化与倾听反应

Seungcheol Austin Lee

作为一个开设跨文化沟通课程的老师和研究者，我十分关注文化对于人际沟通的影响。其实，文化如何影响了人们的非语言线索和语言风格，类似的因素是很容易看出来的。但是，文化对人们的倾听风格所起到的作用，就没那么容易被发现了。不过这几年，我还是获得了一些观察心得。

我在韩国出生和长大。在那里，权力距离（power distance）是沟通模式中一个很重要的成分。处于权威角色的人——父母、老师、雇主——会获得别人极大的尊敬与顺从。这就影响了人们的倾听风格——更具体地说应该是倾听反应。权力低的人通常只能安静地听一个有权威的人说话，提问题或者提建议都会被视为不恰当的挑战。在另一面，处于高权力地位的人就可以对倾听的内容加以分析、建议和评价。事实上，他们甚至把这样的回应当作自己的义务来看待。当我来美国攻读硕士学位的时候，我发现在谈话中保持沉默会造成相当错误的印象。一些教授认为我个性消极，对他们的课不感兴趣，只是因为我安静地听讲，并试图表现出对他们的尊敬而已。他们期待我能提出建议和回馈，这对我来说并不容易，因为它和我根深蒂固的文化准则是相抵触的。

我注意到的另外一个文化差异是关于插嘴的问题。当我被某些词汇难倒的时候，美国人一般不会帮忙，暗示这个我正在查找的词或者短语的含义，而韩国人则很乐意参与进来，不仅会帮我填上那些空缺，甚至还会帮我补全整个句子。在美国文化里，插嘴可能被视为一种喧宾夺主的企图，但是在像韩国这样的集体主义社会里，人们用善意的打断来表现他们的关心，以便谈话能够顺利进行。不过，这种情况只会发生在和同辈或者下属说话的时候。如果是和一个身份更高的人谈话，大部分的韩国人是不敢插嘴的。

"Culture and Listening Responses" by Austin Lee. Used with permission of author.

的"和"差的"倾听者。[23] 当然言语行为，比如回答对方的问题、交换彼此的想法，也可以证明倾听者是否专注。[24] 不难想象，其他反应会如何表明不那么有效的倾听。沉重的姿势、无聊的表情和打哈欠都在向说话者发送一个明确信息，那就是你没有关注他在说什么。

在我们的倾听模式中加入回应，证明了我们在第一章中讨论的一个事实，即沟通在本质上是**交流的**。倾听并不只是一个被动的活动，作为倾听者，我们应该积极地参与到沟通交流中去。我们在接收信息的同时，也在发送信息。回应是良好倾听极为重要的一部分，我们会在本章的后半部分用一整节的篇幅来描述倾听反应。

记 忆

记忆（remembering）是记住信息的能力。如果我们无法记住自己听到的信息，便会枉费我们对倾听所做的努力。研究指出，大部分人对刚刚听完的信息只能记得50%的内容；8小时内这个数值会降到35%；而两个月后平均只记得25%。[25] 考虑到我们每天所要处理的信息量，这些信息来自老师、朋友、广播、电视、手机和其他媒介，能被我们的记忆保留下来的信息仅仅是我们听到的一小部分。通过下面的"想一想"专栏，你就可以了解有效倾听是多么严峻的一件事了。

想一想

倾听失败

回忆以下例子的详细情况，你就能克服对于倾听的一些常见说法的盲信了。

1. 你听到另一个人在讲话，却没有留心关注它。
2. 你专注地听了某条信息，但是转眼又忘了。
3. 你关注且记住了某条信息，但却没有准确理解它。
4. 你理解了某条信息，但却没有有效地回应，没有将你的理解传达给信息发送者。
5. 你没能记住某条重要信息的部分或全部内容。

8.3 倾听的挑战

我们都同意倾听很重要，也描述了倾听过程的步骤。那么，成为一个良好倾听者的困难在哪里？这一部分将会讨论，倾听者必须面对和克服哪些挑战才能成为更有效的沟通者。我们会描述无效倾听的各种类型，也会探讨无法良好倾听的许多原因。当你读这些内容时，试着思考一下"这些情况有多少出现在我身上？"成为优秀倾听者的第一步就是去发现自己有哪些方面还需要改进。

无效倾听的类型

你自己的经历很可能会确认一个事实，那就是不善倾听的情况实在太常见了。虽然一定数量的无效倾听是无可避免的，有时甚至是可以理解的，但是了解无效倾听的类型仍然非常重要，因为这样你就可以尽量避免这些问题，以免错过一些对你重要的信息。

虚伪地倾听 心不在焉地倾听或许是私人的事，但**虚伪倾听**（pseudolistening）却是真诚倾听的伪造品——通过模仿真实情况下的反应来愚弄说话者。虚伪的倾听者看上去是很专注的：他们看着你的眼睛，甚至会点头和微笑。但专注的样子只是礼貌的假象，因为他们的心思在其他地方。虽然虚伪的倾听是一种虚伪的沟通，但和简单地无视对方相比，虚伪的倾听者还是做出了一些努力的。

自恋地倾听 **自恋的倾听者**（stage-hog，有时被称为**沟通的自我陶醉者**）不会假装对说话者的说话内容感兴趣，而是设法把谈话的主题转移到他们自己身上。[26]其中一种自恋倾听策略被称为"回应转换"（shift-response），意即在回应时将对话的焦点从说话者身上转换到自己身上。当你说"我的数学课程真的很难"时，自恋的倾听者会转到他自己身上说："你认为你的数学课程难？那你应该来上一下我的物理课。"自恋倾听者的另一个特征是打断别人说话。这样做不但倾听者无法从倾听中获得潜在的有价值的信息，而且还会破坏说话者和他们之间的关系。例如，在面试过程中打断面试官问话的应聘者易于被认定为比那些等到面试官说完问题之后才应答的应聘者逊色。[27]

选择性倾听 在沟通过程中，选择性倾听者只会针对他们感兴趣的部分来回应，而拒绝倾听其他所有部分。有时候**选择性倾听**（selective listening）是合理的，比如忽视电台播放的广告和音乐，而竖起耳朵仔细听播报的天气预报或当前时间。但在私人场合，选择性倾听就不那么适当了，明显地忽视对方就像在说话者脸上打了一个耳光一样令人难堪。想一想如果倾听者只在你说到与他们有关的话题时才振作精神，你会作何感想。

隔绝性倾听 隔绝性倾听者的行为几乎与选择性倾听者相反。相对于从沟通中寻找某些特定的信息，这类倾听者则是避免听到它们。每当出现一个他们不情愿讨论的话题时，那些采用**隔绝性倾听**（insulated listening）的人根本就听不到或注意不到它。如果你提醒他们某个问题，可能是他们未完成的工作、落后的成绩或外表的样子，他们会点头或简单地回答你，然后迅速忽视或者忘记你刚刚说过的话。

防卫性倾听 防卫性倾听者认为别人说的话都是在攻击自己。使用**防卫性倾听**（defensive listening）的青少年认为父母过问他们的朋友或参与的活动，就是对他们的不信任，要窥探他们的隐私。敏感的父母也易于将孩子的所有提问视为对他们的权威与智慧的威胁。

埋伏性倾听 埋伏性倾听者会很仔细地倾听说话者说的话，但他们这么做只是为了搜集信息，以便借此攻击说话者的言论。检察官审问嫌犯时所用的技巧就是**埋伏性倾听**（ambushing）的一个好例子。当然，使用这种倾听策略的人很容易让对方对他们产生防卫。

鲁钝地倾听 **鲁钝地倾听**（insensitive listening）是无效倾听的最后一种类型，此类倾听者对说话者信息的表面内容做出回应，却漏掉了说话者没有直接表达出来的更为重要的情绪性信息。鲁钝的倾听者可能会问："你最近过得怎么样？"如果你用一种沮丧的语气说"哦，我觉得还行"，那么他会回应你"那太好了！"鲁钝的倾听者倾向于忽视第七章所描述的非语言线索，他们也缺乏第四章所介绍的同理心。

为什么无法有效倾听

考虑过无效倾听的类型后，大部分人会开始发现，原来自己认真倾听别人说话的时间真的是少之又少。虽然听起来有点悲哀，但我们不可能在所有时间里都做到有效倾听，原因如下：

超负荷的信息 当你面对轰炸而来的信息时，要专注于某些信息特别困

在电影《穿普拉达的女王》(The Devil Wears Prada)中，专横跋扈的老板米兰达·普莱斯特里（梅丽尔·斯特里普饰）就是无效倾听的一个典型例子。她只关注和自己有关的事情（"关于你无能的细节，我不感兴趣"），而且反应很鲁钝，仿佛一点感情也没有（"用你的问题去烦其他人"）。不仅如此，她还常常打断别人，听到不喜欢的东西就翻白眼，在话谈到一半的时候撇下她的下属不管。你知道的人当中有谁用这种方式"倾听"吗？你是如何回应他们的？

难，即便你知道它们是重要的。仅仅是面对面交流的信息，就包括来自朋友、家人、工作和学校的。此外，个人媒介信息如短信、电话、电子邮件和即时消息，也需要你去关注。除了这些个人渠道，我们周围还充斥着来自大众媒介的信息。这种信息洪流对我们注意力的挑战比人类历史上任何时候都更严峻。[28]

先入为主　我们无法总是认真倾听的另一个原因，是我们通常会先将注意力放在自己关心的问题上，它们似乎要比别人发送的信息更重要。假如你在担心一场即将到来的考试，或者在考虑下个周末计划度过的美好时光，那你便很难集中注意去倾听别人说话。

飞快的思想　就生理层面来说，要做到有效倾听也是一项困难的工作。研究显示，人类有能力在一分钟倾听600个字，但是通常人们在一分钟内只能说100到150个字。[29]于是，当别人说话的时候，我们便有了许多"多余时间"，这会诱使我们去想一些和说话者的说话内容无关的事：想想我们感兴趣的事，做做白日梦，计划如何反驳对方等。有效倾听的技巧就是利用"多余时间"来更好地理解说话者的想法，而不是让自己的注意力漫游。

费力　倾听是一件费力的工作。当我们努力倾听时，身体会出现一些变化，包括心跳加快、呼吸急促、体温升高等。[30]请注意，这些变化跟体能运动所产生的身体反应是相似的。这并不是机缘巧合：仔细倾听别人说话所耗费的心力并不亚于一次锻炼，因而很多人才不愿意劳心费神地倾听。[31]假如你一整个晚上都在聆听好友最近遭遇的苦楚，你就会知道这过程有多费力了。

外在噪音　我们所居住的物理世界存在着许多容易让人分心的事物，这使得倾听他人变得困难。比如，想一想如果你坐在一个拥挤、凌乱、闷热的房间里，你周围有很多人在说话，门外还传来汽车噪声，那你倾听的有效性会降低多少。所以，嘈杂的教室不利于学生学习也就不足为怪了。[32]在这样的环境下，即使你的目的再明确，也不足以确保你能清楚地理解对方。

错误假定　沟通的时候，我们常常会做出一些错误的假定，引导我们相信自己在用心倾听，而实际情况却相反。比如说，当我们遇到某个熟悉的话题时，就很容易漠视对方，因为你自认为早就全知道了。还有一种类似的情况是，有时候我们会假定说话者的想法太简单、太浅显，不值得我们付出注意力，然而事实可能正好相反。有时候我们又会认为别人的言论太复杂而不容易理解（比如在一些讲座上），于是就放弃了去理解它们的尝试。

缺乏明显的益处　通常我们认为说话可以比倾听带来更多好处。商业顾问南希·克莱恩（Nancy Kline）询问她的客户为什么要打断同事，下面是她听到的理由：

> 我的意见比他们高明。
> 假如我不打断他们，我永远没有说出想法的机会。
> 我已经知道他们要说什么了。
> 既然我的想法更好，他们就没必要说完他们的想法。
> 他们的意见对改善未来发展毫无建树。
> 对我而言，得到他们的认同比听取他们的意见更为重要。
> 我比他们更重要。[33]

即使有些理由是事实，其背后的自我中心论也是十分令人震惊的。不仅如此，没有倾听者会在别人打断自己之后仍然尊重对方的观点。就像防卫，倾听常常也是相互作用的，你会从别人那里得到你所给予的东西。

缺乏训练　即使我们想要达到有效倾听的目标，如果教育中缺乏倾听技巧的训练，可能也是白费工夫。一个常见但错误的观念是：倾听就像呼吸，是一个人自然而然就会做得好的活动。"毕竟，"普遍的观点认为，"我从还是一个孩子的时候就在倾听了，所以我不需要在学校中学习这种课程。"然而真实的状况是倾听和说话一样都需要技巧。虽然每个人都会听，但很少有人拥有良好的倾听技巧。不幸的是，大多数沟通者自认为具备的倾听能力和他们实际拥有的理解他人的能力之间并没有什么关联。[34]好消息是，倾听能力可以通过教导和训练取得提升。[35]尽管如此，可我们花在教导倾听技巧上的时间要远远少于花在其他沟通技巧上的时间。通过表8-1便可以看到在我们的教育当中这种上下倒置的课程安排。

听力问题　一个人的倾听能力有时候会受到生理上的听觉问题影响。在这种情况下，无论是有听力问题的人还是和他沟通的人都会对彼此之间的无效沟通感到沮丧。有项调查探究了那些配偶患有听觉损失的成年人和他们的感觉。结果显示，近三分之二的调查对象说他们因为配偶不能听清楚他们的

表8-1 各种沟通活动的比较

	倾听	说话	阅读	书写
学习状况	首要学习目标	次要学习目标	第三学习目标	第四学习目标
使用状况	最常用	常用	较少使用	最少使用
教导状况	教导最少	教导较少	教导多	教导最多

话而感到苦恼。有四分之一的人承认他们在苦恼之外，还感到了被忽视、痛苦和悲伤的情绪。许多调查对象认为他们的配偶拒绝承认自身的问题，而这往往更令人沮丧。[36]所以，如果你怀疑自己或身边的人有听力受损的问题，那么尽快接受医生或听觉学专家的检查会是一个明智的选择。

应对有效倾听的挑战

读到此处，你可能会觉得做到有效倾听是一件几乎不可能的事。幸运的是，如果拥有正确的态度和技巧，你确实可以更好地倾听。下面将介绍一些具体的做法。

少说话 季蒂昂的芝诺（Zeno of Citium，古希腊哲学家，斯多葛学派的创始人——编注）说得最简洁："我们生来有两个耳朵，却只有一个嘴巴，就是为了让我们多听少说。"如果你的真实目的是要了解说话者的意思，那你就要避免自恋地倾听或一味地把话题转移到你自己的想法上。当然，少说话并不意味着你必须保持绝对沉默。正如你后面将会看到，给予澄清你的理解和获取新信息的反馈，是理解说话者的一种重要方式。问题是我们大部分人在声称要倾听别人的时候仍然说了太多的话。在一些文化包括很多北美原住民文化中，其实都认为倾听和说话至少是具有相等价值的。[37]你可以试试"想一想"专栏的"发言棒"练习，来感受一下少说话的价值。

摆脱注意力分散 和别人交流时，有一些分散我们注意力的事物来自外在环境，包括电话铃声、电台或电视节目、朋友的偶然造访，等等；还有一些来自于我们内心，

想一想：用"发言棒"决定说话和倾听

第一部分：

运用"发言棒"，可以探究少说多听的好处。这个练习是基于美国原住民的"议会"传统而来的：首先，人们聚在一起围成一个圈，并指定某个特定的物体作为发言棒（事实上，几乎任何一件能被拿在手里的物体都可以）。然后，参与者开始绕着圈传递发言棒。每一个人都可以发言，但必须满足以下三个条件：

1. 当他手持发言棒的时候
2. 他握着这个棒子多久，就可以发言多久
3. 圈子里的其他人都不能插嘴或打岔

当一个成员结束发言后，他要把发言棒传给左手边的人。此后，他必须保持沉默、倾听别人发言，直到发言棒轮流传递了一圈再次回到他的手中，才可以再次发言。

第二部分：

确保小组中的每一个成员都有机会发言，然后讨论这一次的体验与平时普通的倾听方法有何不同。最后决定该方法有哪些可取的部分可以被引入日常对话中。

包括沉浸于你自己的问题中、肚子饿，等等。如果你要搜集的信息真的很重要，那你应该尽一切可能去消除那些会让你分心的内在和外在干扰。这可能意味着关掉电视，关闭手机，换到安静的房间以免被你的电脑、桌子上未完成的工作或柜台上的食物吸引。

不要过早评断 大多数人都知道在理解别人说话的意思之前不要过早下评断的道理。虽然如此，但我们所有人还是会犯匆忙下评断的错误，在听完别人的话之前就先评价他们。这种倾向在说话者的观点与我们的观点起冲突时最为明显。结果，本应交换观点的谈话变成了唇枪舌战，我们视彼此为"敌手"，设法伏击对方以便赢得胜利。此外，我们也很容易在别人批评我们的时候做出不成熟的评断，即便这些批评中可能会包含一些有价值的事实，并且认识到它们可能会带来好的改变。纵然没有任何批评和歧义，我们也倾向于根据粗略的第一印象去评估别人，做出完全不合理的仓促评断。综合这些负面例子，其中的教训是清楚的，那就是先倾听，确定你真正理解对方的所有意思后，再去评论。

寻找重点 我们很容易对一个夸夸其谈的说话者失去耐心，因为我们似乎抓不到他说话的重点，或者说他可能根本就没有重点。无论如何，大部分人说话还是有一个中心思想的。利用你思考的速度比对方说话的速度更快的

能力,或许就可以从听到的一大堆话中提取出对方的核心观点了。如果你还是弄不清楚说话者的用意所在,你可以使用各种反应技巧来澄清对方的意思。接下来我们就要探讨这些技巧。

8.4 倾听反应的类型

在倾听的五个要素(听到、专注、理解、回应和记忆)中,回应可以让我们知道对方在多大程度上了解我们所说的话。试着想一想某个善于倾听的人。你为什么会选择这个人?很可能是因为他在你说话时所使用的回应方式——当你说话时和你有眼神交流,而且不时点头示意,当你说到很重要的事情时保持专注,当你说到某些不可思议的事情时发出感叹,当你受伤时表达同理和支持,当你请教他时则给你提供另一种观点或忠告。[38]

本章剩下的内容就将描述各种不同的倾听反应,从侧重收集更多信息的反应,到更好地理解说话者的反应,最后聚焦于为说话者提供评估和指导的倾听反应。

借力使力

在一些情况下,倾听者的最佳反应是顺水推舟,让说话者继续自己的话题。**借力使力**(prompting)牵涉到使用沉默和简短的言论来鼓舞对方多说一些话。除了帮助你更好地理解说话者,借力使力也能帮助说话者弄清楚他们的想法和感觉。看看下面这个例子:

> **巴勃罗:**朱莉娅的爸爸最近要卖掉一部电脑,很便宜,只要600美元!但是如果我要买的话,不得不马上行动,因为好像另一个人也对这台电脑感兴趣。虽然这笔交易很划算,但是买下它会花光我所有的积蓄。按照我现在存钱的速度,要花上一年我才可以存到和现在一样多的钱。
>
> **提姆:**嗯哼。
>
> **巴勃罗:**那这个寒假我就不能去参加滑雪旅行了……但我肯定可以省下时间来完成作业……还可以找到一份更好的工作。
>
> **提姆:**那是一定的。
>
> **巴勃罗:**你觉得我应该买下这台电脑吗?
>
> **提姆:**我不知道,你觉得呢?
>
> **巴勃罗:**真的好难决定啊!

链 接　　短信拯救生命

"危机短信热线"（Crisis Text Line）是第一个全天候的国家危机干预热线，救助者和使用者专门通过短信来进行对话。这个热线的使用者大多数是青少年，救助范围包括约会、家暴、进食障碍、自残、性取向方面的困扰、退伍老兵问题和自杀等。

心理咨询师发现，青少年常常通过短信而非其他渠道打开心扉。在下文的描述中，请注意咨询师是如何使用本章所介绍的借力使力、问话、释义和支持倾听反应技巧的。

抑郁症在青少年群体中很常见，而且其后果不稳定：在美国10岁到24岁人群的死亡原因中，自杀排在第三位。这一年龄段的人群几乎全都使用短信，每个青少年平均每月要发送近2 000条短信。他们更多地通过短信而非电话、邮件、即时信息甚至面对面交流与朋友联系。对青少年来说，发短信不是一种新颖的交流方式，而是默认的交流方式。

虽然一封短信就只包含用大拇指编写的140个字符，但编写这一行为会迫使人们实时整理自己混乱的情绪。那些联系"危机短信热线"的年轻人可能在课间休息、排队等公交时，或者足球训练之前编写短信。此外，超过98%的短信都会被打开，接收者阅读短信的可能是阅读电子邮件的4倍。如果你是一个陷入烦恼的青少年或者一个咨询师，你知道有人会阅读你的信息。

接受过训练的咨询师会先安抚发短信的人，而不会急于进入解决问题模式。提出开放性问题会比较有利，而询问原因问题则会比较糟糕。同样糟糕的回信还有：假定发信者的性别或性取向，听起来像个机器人，使用年轻人可能不知道的语言等。而鼓励咨询师使用的倾听反应技巧包括：确认（"真的是很艰难的处境"）、试探（"你是否介意我问你……"）、强烈认同（"你这么担心他，你真是一个好哥哥"），以及同理反应（"听起来你是因为所有这些谣言才感到焦虑"）等。这其中隐含的道理是，人们在交谈中会自然而然地倾向于说一些话来填补沉默。

这些会话常常是关于一些看上去不太严重的问题，比如与朋友争吵、来自父母的学业压力等，而且发信者对帮助的要求很低。"很多时候，当我们与年轻人沟通时发现，他们显然只是需要找个人倾诉。"一个咨询师告诉我，"有时这很明显，他们会说'谢谢你听我说话，之前都没有人愿意听'，但有时则没有这么明确。他们只是想把所有事情倾诉出来，并且他们会向你叙述非常、非常具体的细节。"

咨询师鼓励发信者时所遵守的规矩可能令人惊讶。如果一个焦虑的朋友发短信告诉我一些坏消息（分手、失业、房租突然上涨

等），那我的本能反应是对他的困境给予积极回应（"但是你根本就不喜欢他！""现在你终于自由了！""搬走吧！"）。但是，与一个处于危机中的青少年沟通时恰恰不该这么做。咨询师被训练要使用一听上去像是会加剧负面情绪的语言："那你一定很伤心"是很常见的帮腔，"这听起来简直就是一种折磨"也是如此。这样做是为了确认发信者的情绪，并且用一种不会让他们感到被轻视的方式予以回应。

通过回答下列问题，加强你的理解：
1. 使用短信来寻求帮助有可能会带来哪些优点？
2. 如果你要寻求帮助，这篇文章里提到的哪些策略会对你有用？
3. 当他人向你寻求帮助时，你可以使用什么策略？

爱丽丝·格雷戈里（Alice Gregory）

提姆：（沉默）

巴勃罗：我要买下这台电脑，因为以后不会再有这么划算的交易了。

在这样的情况下，借力使力就像是一个催化剂，可以帮助别人找到他们自己的答案。当你真诚地帮助对方时，借力使力将会起到最好的效果。你的非语言行为，比如眼神交流、姿势、面部表情和语气等，都必须显示出你对对方问题的关心。但是要注意，机械地借力使力有可能惹恼和激怒别人，反而不能帮助到对方。

问　话

不难理解何以**问话**（questioning）会被说成"最流行的一种语言"[39]，也许是因为询问信息既可以帮助提问者也可以帮助回答者[40]。

问话至少能从三个方面帮助作为提问者的你。最明显的是，你所获得的答案可以使你对事实和细节有更深入的理解（"他对你说了为什么那样做吗？""后来又发生了什么？"）。此外，经由提问你可以更加清楚对方的想法和感受（"你心里怎么想？""你在生我的气吗？"），以及他们可能的期望（"你是在叫我道歉吗？"）。

除了有利于提问者，问话对回答者来说也可以是有用的工具。助人职业中的从业人员都知道，问话有助于自我坦露。你可以运用问话来鼓励对方探究他们的想法和感受。"从你的立场你看到了什么？"这样的问话可以激励员工提出建设性的意见。"什么是你理想的解决之道？"可以帮助你的朋友了解他自己的各种期望和需要。最重要的是，鼓励性的发现远胜过布施式的忠告，前者意味着你相信别人有能力思考他们自己的问题。这也许是你作为一个有效倾听者可以传达给对方的最好信息。

尽管有着明显好处，但并非所有问话都是同样有助益的。**真诚的问话**（sincere question）旨在了解别人，而**虚伪的问话**（counterfeit question）旨在发送消息，而不是接收信息。虚伪的问话包括以下几种类型：

- **给说话者设圈套的问话**　如果朋友问你，"你不喜欢那部电影，是吗？"你感觉自己被逼到了墙角。很明显，你的朋友并不赞同你的想法，那么他的问题就留给你两个选择：要么捍卫自己的立场，表达你的不同意见，要么通过说谎或者模棱两可来贬低你的回应价值——"我想它并不完美。"想想如果是真诚的问话，"你对这部电影有什么看法？"那么回应将变得多容易啊。

- **附加问句**　像"有吗？"或者"难道不对吗？"这种跟在问句末尾的短语，暴露了提问者是在寻求认同而不是信息的意图。虽然有些附加问句确实是说话者真诚地请求对方确认，但也有一些虚伪的附加问句是用来胁迫对方同意的。比如，"你说你会在5点钟打电话过来，但你却忘了，不是吗？"同样，以"难道"为开头的引导性问话，比如"难道你不认为他会成为一个好老板吗"，也在引导别人给出期待的回应。一个简单的解决方案就是把"难道你不认为"改为"你认为"（即"你认为他会成为一个好老板吗？"），这样问话就没有引导性了。

- **实为陈述的问话**　"你终于挂掉电话了？"这句话更像是一个陈述句而不是一个疑问句。事实上，强调特定的字词可以把一个问句变成一个陈述句，如"你借钱给托尼了？"此外，我们还使用问话来提供意见。如果一个人问："你会勇敢地面对他，让他接受应有的惩罚吗？"其实她已经清楚地向对方提供了应该做些什么的意见。

- **带有隐蔽计划的问话**　"你星期五晚上忙吗？"这是一个有风险的问话。如果你认为对方有什么有趣的想法，而回答说"不，我不忙"，那你一定不会想要听到，"太好了，因为我需要有人帮忙搬我的钢琴。"显然，这种问话不是为了增进彼此的了解，而是为了随后的提议而设计的。其他的例子还有"你会帮我吗？"和"如果我告诉你发生了什么，你能保证不生气吗？"明智的沟通者在回答这些掩饰着隐蔽计划的问话时都很谨慎，只会回应"看情况"或者"在我回答之前，先让我听听你的想法"等。

- **寻求"正确"答案的问话** 我们大多数人都遭遇过只想听某种特定回答的提问者，并且深受其害。"你觉得我应该穿哪双鞋？"这个问话可以是真诚的，但是如果提问者有预设的偏好，情况就不一样了：此时，提问者没有兴趣听什么相反意见，"不正确"的答案也会被毙掉。还有些问话会把你逼入一种微妙的处境，比如"亲爱的，你觉得我看起来胖吗？"也是一个要求"正确"答案的问话。
- **基于未经核实的假设的问话** "你为什么不听我说？"这句问话假设了对方没有专心；"出什么事了？"也假设了有什么不对。正如第四章讲的那样，在这种情况下，用知觉检核技巧检验自己的假设才是一个更好的方法。你可能还记得，在真诚地要求对方澄清之前，你要运用知觉检核所提供的描述和解释："因为你一直盯着电视机，所以我认为你刚刚没有听我说话，但也有可能我想错了。你有注意听吗？"

释 义

尽管问话存在种种好处，但它并非总能有助于你理解或帮助他人。比如，想一想当你问朋友他家要怎么去时会发生什么。假设你得到的回答是："走大概一英里后，在有交通信号的地方左转。"现在思考一下这个简单的信息里存在哪些问题。第一，假设你朋友对于"大概一英里"的概念与你的不一样：你认为实际接近两英里，而对你朋友来说是指300码，那会发生什么？第二，如果你朋友所说的"交通信号"实际上是指"停车标牌"而不是你所想的红绿灯，又会发生什么？毕竟，我们在心中想的常常和真正表达出来的不一样。记住这些问题，假设你又通过询问"我在有交通信号的地方转弯后，还要走多远？"来设法核实你对方位的理解，而朋友回答你说，是从街角过来的第三个房子。很明显，如果你们交换的信息不是一个意思，那么在你找到朋友的住处之前，你会遭遇许多挫折。

由于问话并不总能提供你所需要的信息，我们可以考虑一下另一种倾听反应。这种反应可以在你询问说话者其他问题之前，先告诉你，你是否理解了说话者的话。这种反馈包括用你自己的言辞重新叙述你所认为的说话者刚刚发送的信息，不增加任何新信息。倾听者将自己所解读的信息重说一次的做法称为**释义**（paraphrasing）。在之前那个情境中，如果倾听者提供释义，"你是说一直开到高中学校旁的那个红绿灯，然后转向山头那个方向，对吗？"这种回应可能会得到说话者进一步的澄清。

释义技巧的成功关键在于要用你自己的措辞重述别人的观点，以便能对信息进行交叉检视。假如你只是单纯地逐字重复对方说过的每个字，这会使

你看起来有点可笑,而且仍然没有达到澄清对方意思的目的。注意一下鹦鹉学舌和真正的释义之间的差别:

说话者:我是很想去,可是我怕我负担不起。
鹦鹉式回应:你说你很想去,可是你负担不起。
释义式回应:所以如果我们能一起想想办法,帮助你负担这笔钱,你就愿意和我们一起去了,是这样吗?

说话者:天哪!你看起来真是有点糟糕!
鹦鹉式回应:你觉得我看起来很糟糕!
释义式回应:你是不是觉得我看起来胖太多了?

释义别人的信息有两个层次。第一种是指释义**事实性信息**,这会帮助你更清楚地了解对方的想法,在最基本的层面上,避免信息混淆,"所以你是要这周二开会,不是下周二,对吗?"

你也可以释义**个人性信息**,"所以,我的玩笑让你以为我不在乎你的问题?"在你被攻击的时候,要做出这种非防卫性的回应可能会很困难,但它却能让你们避开防卫性争执。第十一章将会进一步探讨在被批评的时候如何运用释义技巧。

释义个人性信息也可以当作一种助人的工具,就像下一个专栏中的"工作中的释义"所展示的那样。[41]释义可以反映说话者的想法和感受而不是去评断或分析,这样可以传达出你的投入和关切。释义所具有的这种非评价的性质可以鼓励陷入困境的当事人进一步探讨问题。反映自己的想法和感受能让当事人卸下更多的思想负担,进而达到宣泄的效果。这种澄清带来的新视角可以让当事人找到以前看不见的解决之道。释义的这些特征使之成为服务业、领导力训练,甚至人质救援谈判的重要技巧。[42]

有效的释义技巧是需要花时间培养的。你可以借由下面三种中的任何一种方法,让自己的释义听起来更自然,具体方法依情境而定:

1.改变说话者的措辞:

说话者:双语教育只不过是另一个既失败又浪费钱的政策。
释义者:你看看我理解得对不对,你很生气是因为你觉得双语教育听起来很棒,但实际上却没什么作用,对吗?

2.举出一个例子,来说明你认为说话者在谈什么:

在生活中　工作中的释义

下面两位同事的对话可以让我们看到释义是如何帮助倾听者和说话者找到解决问题的方法的。请注意吉尔如何在没有马克建议的情况下得出了自己的结论；也请注意马克是如何在使用释义技巧时结合真诚的问话和其他助人技巧，而使释义运用得更自然的。

吉尔：我最近觉得老板对我怪怪的。

马克：怎么讲？（一个很简单的问题，邀请吉尔继续说）

吉尔：我开始觉得也许他对女人有意见，或者是他对我有意见。

马克：你是说他针对你？（马克将他所认知的吉尔的想法释义出来）

吉尔：哦，不！也不全然是啦！但事实上，他似乎不太喜欢女性，或至少是不喜欢我这个女性。（吉尔纠正马克的误解并加以解释）

马克：那是什么意思呢？（马克问了另外一个简单的问题，以得到更多的信息）

吉尔：嗯，不论什么时候，在开会或只是在办公室聊天，他总是只征求男性的意见。

虽然他对男性和女性都会下命令，但是他似乎不会邀请女性说说她们的想法。

马克：所以你觉得他或许是不看重女性的，是这样吗？（马克将吉尔最后的陈述加以释义）

吉尔：是啊！他似乎对女性的见解不感兴趣，但这也不表示他全然讨厌女性。我知道办公室里有一些他会依靠的女性：特蕾莎是公司的老员工，他总说没了她他就活不下去。还有上个月布伦达安装好新的电脑系统后，他也很欣赏她，不仅给她放了一天假，还告诉我们所有人布伦达如何拯救了我们。

马克：听起来你现在似乎有一些困惑。（反映吉尔的感觉）

吉尔：我确实很困惑！我不认为这只是我的胡思乱想，我是说我是一个还不错的主管，但是他从来没有邀请我说说我的想法，一次也没有问过我关于如何增进业务或其他任何事的点子。不过，我也不记得他问过其他女性，所以也许是我多虑了。

马克：你似乎不太确定你的想法是否正确，但是我可以感觉得到你真的很在乎这件事。（马克释义吉尔的主要想法和感觉）

吉尔：你说得对，但是我不知道该怎么办。

马克：也许你应该……（开始提供忠告，但踩了刹车，并再次询问吉尔的想法），唔，所以你的决定呢？

吉尔：嗯，我可以直接问问他，他是否注意到自己似乎从来不会询问女性的意见。但是这样也许太有攻击性，也显得我太生气了。

马克：难道你不生气吗？（试着澄清吉

尔的感觉）

吉尔：也不是啦！我只是不知道我是否应该因为他不看重女性的想法而生气。或许他只是不看重我的想法，也或许根本就是我想太多了。

马克：所以你真的是更困惑了。（再次反映吉尔的感觉）

吉尔：是的，我不知道老板是否欣赏我，也不知道到底是怎么一回事，我希望知道他对我的真实想法是什么。也许我可以直接告诉他这件事的困惑并要求他澄清，但是如果他根本没有这样想呢？那样会让他认为我是一个很没安全感的人。

马克：（马克认为吉尔应该向老板问清楚，但他也不确定这是不是最好的方法，所以他只能释义吉尔似乎要表达的内容）那样会让你看起来不太好。

吉尔：我想恐怕是吧！我在想或许我可以和办公室里的其他同事谈谈，并问问他们的想法……

马克：……看看他们是怎么想的……

吉尔：没错。也许我可以问问布伦达，她是个可以说心事的对象，我想我会尊重她对这件事情的看法的，也许她可以给我一些如何处理这件事情的好点子。

马克：听起来如果可以先和布伦达谈谈的话，你会觉得舒服一些。（释义）

吉尔：（继续酝酿这个想法）是啊！如果她没有这样觉得的话，或许我可以先冷静一阵子；但如果问过布伦达之后，我还是想跟老板谈谈的话，至少我可以确定这件事不是我自己胡思乱想。

马克：很好，也让我知道事情的后续发展吧。

说话者：李是一个浑蛋，我真不敢相信他昨天晚上所做的事！

释义者：你觉得那些笑话很惹人厌，对吗？

3.反映说话者的潜在寓意：

释义者：你一直提醒我要小心，听起来好像你在担心会有事发生在我身上，会吗？

释义虽然不见得无往不利，但是试探性地表达你的重述给对方提供了一个修正的机会。（注意上述例子结尾的问句，就是试图确认释义是否准确。）

因为释义不是我们熟悉的反应方式，所以刚开始你可能会觉得很棘手。但是只要你开始使用这种反应并且逐渐增加使用的频率，你就会慢慢领会到它的价值了。

在你决定释义之前，还有几个因素需要考虑：

1. **这个问题够复杂吗？** 如果你正在准备晚餐，有人想知道什么时候可以开饭，如果对方听到这样的回答一定会被激怒，"你就对知道我们什么时候吃饭感兴趣。"

2. **对你来说，有必要投入时间和关注吗？** 释义会占用大量时间。因此，如果你在赶时间，避免展开一场你无法完成的对话是明智的做法。当然，比时间更重要的是关注。给对方留下机械式的或者不真诚的反应，这种释义的结果会弊大于利。[43]

技巧构建　释义练习

这个练习会帮助你发现，理解某个不同意你的人却不用发生争论或牺牲你自己的观点是可能的。

1. 找到两个同伴，然后指定你们中的一人是A，一人是B，第三人是C作为观察者。

2. 找一个A和B显然持有不同观点的话题——可以是一个热点事件、一个哲学或伦理上的问题，也可以仅仅是个人品位上的分歧。

3. 首先由A对这个话题进行陈述，B倾听但不能打断A，C负责观察。如果B在A说完之前回应了，C就充当裁判员，让A继续。

4. 当A完成其陈述之后，由B释义该陈述。B应该提供干净的释义，绝不能发表任何同意或者不同意A的评论。如果B在释义中提出了意见，则由C充当裁判员，提醒他们遵守练习规则。

5. 由A做出回应，告诉B他的理解是否准确。A的回应必须紧扣信息内容，而非批评B的表现。如果B存在误解，A应该澄清信息，然后B应该提供他对这个陈述新的理解和释义。C的工作还是充当中立的裁判员，观察A和B的谈话是否背离了练习规则。持续这个过程，直到三人都确定B理解了A的所有陈述。

6. 现在轮到A去回应B的陈述，然后由B纠正，协助A完成理解的过程。C继续扮演中立的观察者角色。继续这个过程，直到三人都能确认，你们不仅把自己的观点解释透了，而且同伴也全部理解了。

7. 现在C和A交换角色，然后和B互相传达信息，重复上面的第2、3、4步。

8. 现在讨论下列问题：

   a. 在你运用释义的方法后，你对说话者的陈述的理解发生了哪些改变？

   b. 作为释义的结果，你是否发现自己的立场和同伴的立场之间的隔阂变小了？

   c. 你们对这次交谈的感想如何？或者说，与你们平常讨论有争议的话题之后的感觉相比，现在的感觉怎样？

   d. 如果你在家里、在工作上或者和朋友一起时也使用释义技巧，你的生活会发生怎样的变化？

3. 你能克制住不去评判吗？ 如果你想把焦点放在说话者的信息上，那就只用释义而不要掺杂进你自己的判断。重述别人的评论时，我们很容易把他们引导到你自认为最好的立场上去，却没有清楚地说出你的意图。

4. 释义和你的其他倾听反应成比例吗？ 过度使用释义会很烦人。特别是如果你突然把这个方法加入你的沟通风格中，就更是如此。更好的使用方法是逐渐把释义加进你的行为资料库中。

支　持

有时候，别人从你那里想要听到的不仅仅是**他们**感受的重复或近似的东西，他们更想听到**你**对他们的想法和感觉。支持性回应就是听者表明自己和说话者的立场一致。有学者说支持就是"表达关心、关注、情感和兴趣，尤其是在对方感到压力和沮丧之时"。⁴⁴

以下有几种类型的支持性回应：

同理心	"我可以理解你为什么会这么沮丧。"
	"是啊，这门课对我来说也很困难。"
同意	"你说得对，房东真的很不公平。"
	"听起来那份工作很适合你。"
提供协助	"如果你需要我的话，我就在这里。"
	"假如你喜欢，我很乐意下次考前再和你一起温习。"
赞美	"哇，你做得真好！"
	"你是一个很好的人，如果她认识不到这一点，那是她的问题。"
恢复信心	"最糟糕的状况已经结束了，从现在开始一切都会好转的。"
	"我确定你会做得很好。"

在电影《抗癌的我》（50/50）中，为了对抗癌症，亚当（约瑟夫·高登-莱维特饰）从朋友、家人和专业人士那里收到了各种各样的倾听反应——其中一些是有用的。这些倾听反应从非指示性的同理到高度指示性的建议等不一而足。如果你知道某人很伤心，你会提供哪种倾听反应？如果你正遭遇挫折，你希望得到哪种倾听反应？

其实要分辨有效的支持性回应是很容易的。有学者将无效的支持性反应称为"冷安慰"（cold comfort）。⁴⁵正如以下例子所示，你很有可能不是在提供支持，如果你：

- **否认别人拥有某种感觉的权利** 　许多非同理的回应都是在暗示对方持有某种感觉是

Lionsgate/Allstar

错误的、不应该的。例如，在"不用担心"这句话中，虽然它的目的是让对方安心，但它的潜在信息是希望对方换一种感觉。讽刺的是这样的建议几乎是没用的，毕竟别人不会仅仅因为你这样告诉他们就真的可以或者会停止忧虑。[46] 还有其他否认别人感觉的例子，包括"这又没什么，不值得你那样难过""你这样想真的很可笑"。关于这种回应的研究结果很清楚："明确地承认、细说和合理对待一个苦恼的人所拥有的感觉和观点，这种信息被视为比那些只是暗中承认或否认对方的感觉和观点的信息更有助益。"[47]

- **看轻事情的重要性**　想想别人跟你说"嘿，那就只是……而已"时的情形。你可以在空格上填上任何短语，例如"一份工作""她自己的想法""一次考试""年少时的恋爱""一个生日聚会"。对一个曾经遭到过言语虐待的人来说，伤人的信息就不只是一些"字词"而已；对一个没被邀请去参加朋友生日聚会的孩子来说，那个生日聚会就不只是"一个生日聚会"而已；而对一个遭到老板严厉斥责的人来说，那份工作就不只是"一份工作"而已。

- **聚焦在"彼时彼地"，而非"此时此地"**　在遇到困难的时候，我们倾向于认为睡一觉醒来第二天的心情就会好一点，但有时并非如此。即便"十年后你会连她的名字也记不起来"这样的预测证实是对的，但对现在正经历心碎的人来说却提供不了多少安慰。

- **火上加油的评断**　在你承认做了某个错误的决定后，又听到"你知道吗？这是你自己的错！当初你根本就不应该这么做"之类的话，你肯定会感到很泄气。我们在第十一章中将会进一步探讨，那些评价式的、意在使人屈服的言论不但无法帮助别人变得更好，反而更有可能激起对方的防卫反应。

- **自我聚焦**　如果你碰巧和对方有相似的经历，那你很有可能对自己的遭遇夸夸其谈（"我绝对理解你现在的感受，因为我也遇到过这种情况……"）。尽管你的意图可能是表示自己的同理心，但研究显示类似的信息并不会起到帮助的作用，因为它们将关心的焦点从遭遇烦恼的人身上移走了。[48]

- **自我防卫**　如果你在回应别人的时候，话中还不忘替自己辩护（"不要怪我！我已经做完我要做的那部分了"），显然和支持对方相比，其实你更关心你自己。

我们是否经常无法提供适当的支持性反应？一个针对最近遭遇亲友逝世的哀悼者所做的调查发现，对哀悼者所说的安慰话中有80%没什么帮助。[49]

链 接　　　　　　　　　怎么帮和不帮

苏珊·西尔克（Susan Silk）是一位临床心理学家。巴里·高曼（Barry Goldman）是一个仲裁员和调停人，同时还是《解决的科学：谈判者的思路》(The Science of Settlement: Ideas for Negotiators)一书的作者。

苏珊患上乳腺癌后，我们听到过很多差劲的言论，但我们最喜欢的评论出自苏珊的一个同事之口。她曾想要并需要在苏珊手术之后来探望她，但是苏珊不愿意接受探望，并向同事表达了这个意愿。猜猜苏珊的同事回复了什么？"这不只是你自己的事情。"

"不只是我自己的事？"苏珊纳闷了，"我得乳腺癌不是我自己的事，难道还是你的事吗？"

自此，苏珊设计了一种简单的技术，来帮助人们避免这种错误。它适用于应对各种危机：无论是医疗的、法律的、财务的、恋爱的，甚至是生存的危机。她称之为"环理论"（Ring Theory）。

画一个圆作为核心环，然后在里面写上正处于当前危机中心的受创者的名字。然后围绕第一个圆画一个较大的圆，在环里写上与受创者最亲密的人的名字。根据你的需要重复这个过程：在每一个更大的环里，写上亲密程度次一级的人的名字。所以，要把父母和孩子写在较为疏远的亲戚前面；把密友写在较小的环里，把不那么亲密的朋友写在较大的环里。

规则是：处在核心环里的人可以随时随地对任何人说他想说的任何话。他可以发牢骚，可以抱怨，可以哭诉，可以悲叹，可以诅咒上天，可以说"生活是不公平的""为什么偏偏是我？"。这是处在核心环里的好处。

其他所有人也可以说这些话，但是只能对处在更大环里的人说。

如果你要找比你处在更小的环里、更靠近危机中心的人说话，那你的目标就是帮助。此时，倾听常常比说话更有帮助。不过，如果你要张嘴说话，先问问自己，你要说的内容是否能给对方提供慰藉和支持。如果不能，那就不要说了。

比如说，不要提供建议。正在承受创伤的人不需要建议，他们需要的是安慰和支持。所以，你可以说"很遗憾"或"这对你来说一定很艰难"或"你想吃焖牛肉吗？我可以带过来给你"，而不要说"你应该听听我发生了什么事"或"如果我是你，我会这么做"，也不要说"这真的打击到我了"。

如果你想要尖叫、哭泣或抱怨，如果你想告诉别人你有多震惊，你感到有多厌恶，或者哭诉这件事如何让你想起最近发生在你身上的所有倒霉事，那是可以的。这是非常正常的反应，但你只能对比你处在更大环的人做这些事。

向处在内环里的人提供安慰，向处在外环里的人发泄情绪。

记住，只要等到和某个比你处在更大环里的人说话的场合，你就可以说任何你想说的话了。

不要担心，也会轮到你处于核心环里的，你尽管相信好了。

通过回答下列问题，加深你的理解：
1. 举例说明你或者你认识的人违背"向内安慰，向外发泄"这一原则的情形。结果如何？
2. 你认为人们为什么难以遵循这一原则？
3. 描述一个情境，你可以应用"向内安慰，向外发泄"的原则。

"有帮助"的话中接近半数都是建议他们"你要早点走出来""不要质问上帝的旨意"。尽管这些话出现的频率相当高，但是这些建议只在3%的时间里是有用的。不过，最有助益的表达还是承认哀悼者的感受，例如"现在对你来说一定很艰难——我知道她对你来说有多重要"。第九章介绍了向家人和朋友提供社会支持的其他方法。

如果处理得当，支持性反应就可以发挥作用。有效的支持性回应有几个参考原则，包括：

1. 要认识到你可以支持他人的努力，而不必赞同他的决定。比如说，假设你的朋友决定要辞职，而你却认为他应该保留这份工作，你仍然可以表达你的支持，回应说："我知道对于这件事，你已经考虑得很周全了，我想你会为自己做出最好的决定。"这样回应不但不会违背你的原则，还可以向对方提供支持而不损害其面子。[50]

2. 监控对方对你的支持性回应的反应。如果你发现你的回应似乎对他没什么帮助，那你就要考虑换一种回应方式来让他继续探索问题。

3. 要认识到支持也不总会受欢迎。在一项调查中，有些人表示自己有时并不需要社会支持，因为他们感觉自己有能力解决发生的问题。[51]很多人把预料之外的支持视为一种打扰，还有些人觉得这使他们陷入了更深的焦虑。大部分调查对象都表示，他们希望自己能够掌控是否应该和哪怕最好的朋友讨论自己苦恼的处境。

4. 确保你对后果已经做好了准备。谈论一件困难的事可能会减少说话者的痛苦，但却会增加倾听者的苦恼。[52]你要认识到支持另一个人是值得做的，但也要冒着潜在的风险。

分　析

分析式回应（analyzing）是指倾听者对说话者的信息提供一种解释。以下的几个例子你可能很熟悉：

"我想真正困扰你的是……"
"她已经在做了，因为……"
"我认为你不是真的那样想。"
"也许这个问题开始于她……"

对别人的困境提出分析与解释，常常是帮助对方思考问题的其他症结的有效方式——如果没有你的帮助，他可能永远也想不到这些症结。不管是向对方提供解决问题的方法，还是提供你所理解的问题的来龙去脉，分析有时会让混乱的问题突然变得清晰明朗起来。

不过，在另一些情况下，分析不但不能解决问题，反而会制造更多问题。分析伴有两个潜在问题：第一，你的解释可能不正确，结果接受你分析的说话者感到更困惑了；第二，即使你的分析是正确的，告诉对方也不一定有用。假如你不假思索地说出你的分析，有可能会引起对方的防卫（因为分析就是在暗示你比对方优秀，看得比他透彻）。就算没有引起对方的防卫，在他亲自尝试去解决问题之前，可能也无法理解你的见解。

那么，我们如何知道什么时候提出分析可以起作用？你可以遵循以下几个原则：

- **提出解释时最好用试探的而非绝对的口吻。**说"也许这个问题的原因是……"或"这个问题在我看来可能是……"与坚称"这就是事实"之间是有很大区别的。
- **你应该确定对方愿意接受你的分析。**即便你的分析是完全正确的，只要对方还没准备好要接受它，那你仍然会徒劳无功。
- **确定你提供分析的动机真的是出于帮助对方。**当我们提供分析时，很容易借此展示自己有多聪明，或者让对方感到不舒服，因为他没有最先想到正确答案。不用说，在这种状况下提供的分析将毫无助益。

当你在困境中时，如果想找一个可以靠着哭泣的肩膀，《丑闻》(Scandal)中的奥利维亚·波普（凯丽·华盛顿饰）可能不是正确的选择。波普的优势是快速估量一个问题，然后给出指示性的解决方案。她更有可能说"这是你需要做的"，而不是"我很遗憾听到这个消息"。你有没有一些时候更想向对方提供忠告而非同理心？有没有可能做到两者兼顾？

忠　告

当我们协助他人解决问题时，常常倾向于给予**忠告式回应**（advising），即通过提供解决方案来帮助对方。[53] 忠告有时可以是有助益的，但必须用一种尊重、关怀对方的方式提出来。[54]

尽管忠告有着显而易见的价值，但它也有局限。研究表明，忠告无济于事的次数实际上和它给予帮助的次数至少一样多。[55] 当你试图帮助他人的时候，有关忠告的研究给你提供了以下重要的注意事项[56]：

1. 这个忠告有提出来的必要吗？如果某个人已经采取了一些行动，那他几乎不会感谢你事后才给予的忠告（"我不能相信你竟然和他一起回来了"）。

2. 对方真的想听你的忠告吗？人们普遍不会重视那些不请自来的忠告。所以在回应之前最好先问问，说话者是不是有兴趣听你的劝告。请记住，有时人们想要的只是一双倾听的耳朵，而不是他们问题的解决方法。

3. 你提出劝告的顺序正确吗？如果倾听者能先设法理解说话者及其处境，然后再提出劝告则更有可能被采纳。比如，老师在着手解决学生的问题之前，先在家长会上了解一下孩子的情况，会被视为更有效的沟通者。[57] 在提出劝告之前了解实情是有帮助的。

4. 你的忠告是专家级别的吗？如果你想提供有关购车或者人际关系管理的忠告，那么拥有成功处理这些事情的经验是很重要的。如果你不具备相关的专业知识，那你最好给说话者提供一些支持性回应，然后鼓励他向专家寻求建议。

5. 提出忠告的人是关系密切、值得信任的人吗？虽然有时我们也会向不是很熟悉的人寻求建议（也许是因为他们具备专业知识），但大多数情况下，我们更看重联系紧密的、当前正持续的人际关系范围内所给予的意见。

6. 你提出忠告的态度是谨慎的、顾全对方面子的吗？即便建议是好的，也没有人喜欢被呼来喝去或被小看。记住信息不仅有内容向度，还有关系向度。那些没有明说的关系信息（"我比你聪明""你不够机智，无法仅凭自己弄懂这一点"）有时会阻止别人听取你的劝告。[58]

为了看一下上述建议在实际中的情况，我们可以看看某个研究是如何在一个在线乳腺癌互助小组网站上归类和分析成员之间互相交流的忠告的。[59] 网站上贴出的40%的信息涉及寻求或给予忠告，所以这显然是人们寻找和给

出忠告的一个网站。然而,几乎没有发帖者会让社群告诉他们"应该做"什么。他们发帖主要是请求"评论"而非"忠告"。他们给出的建议常常包含在个人叙事中,以"下面是对我有效的方法"的格式出现。寻求建议的人试图找到与自己"坐在一条船上"的人,所以更喜欢听取那些处境与他们相符的人的劝告。

这些观察结果强化了关于沟通忠告的一些重要原则。当人们要求别人给予忠告时,尤其给予忠告的是一个可信的、有同理心的人时,他们更愿意听取忠告。当我们向别人提出忠告时,最好把它当作公开的信息而非沉重的处方提出来。

想一想

忠告什么时候有用,什么时候没用

提出忠告是一件棘手的事情,完成下列步骤你就能够切身体会其原因了:

1. 回想你生活中的一个例子,某人向你提出的建议被证明是有用的。然后看看这个忠告式的沟通情境如何遵循了我们上文所列的指导原则。

2. 现在再回想一个例子,某人向你提供的建议被证明是没有用的。然后看看这个人是否违背了上文的指导原则。

3. 基于你自己对这两则案例的深刻理解,描述你应该如何忠告(或者不忠告)才是真正有助益的。

评　断

评断式回应（judging）是用某种方式去评价信息发送者的想法或行为。这样的评断可能是讨人喜欢的，例如"你的意见真棒！""现在你正走在正确的道路上"；也有可能是不讨人喜欢的，例如"你这样的态度是不会有什么好结果的"。不过，无论你的评断讨人喜欢还是不喜欢，做出这样的评断就暗示了一个事实：你是那个有权力和资格去评断说话者想法或行为的人。

有时候当人们做出负面评断时，纯粹是为了批评别人。想想你曾经听过多少次这样的回应："是你自找的""我早就告诉过你了""你真该为你自己感到惭愧"。虽然这种言语上的当头棒喝有时会让对方对问题有所领悟，但是通常它们只会使事情变得更糟。

想一想　你会说些什么？

1. 在以下每一个情境中，描述你对他们分享的问题会如何回应，明确你会使用的反应类型。

   a. 我的家人不理解我。只要是我喜欢的事情似乎都违背了他们的价值观，不管我说什么他们都不会接受我的感觉，而且还会美其名曰为了我好。虽然他们不是不爱我——他们确实爱我，但是他们没有接受我。

   b. 最近我相当气馁，因为我竟然不能和任何一个小伙发展起良好的关系。我有那么多男性朋友，却都止步于朋友的关系。我已经厌倦了只是做一个伙伴……我想要更进一步。

   c. （孩子对父母）我恨你们！为什么你们总是出去玩，却把我留给一个笨蛋保姆。为什么你们不喜欢我？

   d. 我真不知道该拿自己的生活怎么办了。我厌倦了学校生活，但是手边又没有什么好工作。我也可以退学一段时间，但这个想法听起来同样不是很好。

   e. 最近我的婚姻确实有些糟糕。倒不是我们两人经常争吵，而是我们之间似乎一点激情都没有了。我们处在一成不变的状态里，情况正越变越糟……

   f. 我感觉老板对我生气了。因为最近他没怎么过来开玩笑，而且接连三个星期他都没有对我的工作说一个字。现在我真不知道应该做什么了。

2. 在你为每条信息都写完回应后，想象一下这些对话可能带来的结果。如果你是在班级里完成这个练习的，就可以组建两个小组的成员进行角色扮演。基于你和你的同学对这些对话可能会如何进展的想法，看看哪些回应是富有成效的，哪些是没有效果的；哪些反应技巧是有助益的，哪些是无助益的。然后说一说你们从这个练习中学到了什么。

不过，有时候负面评断没有那么强烈的批评意味，这就是我们通常所说的"建设性批评"，目的是希望能够让对方在未来有更好的进步。例如好朋友之间相互给予的建设性批评，就是这类反应最好的例子，无论是评断对方穿着上还是工作上的选择，都是希望对方可以变得更好。经常出现建设性批评的另一个场合是学校，老师评估学生的功课，目的是帮助学生更好地掌握知识概念和学习技巧。不过，无论你的批评是否有正当的理由，要知道即便是建设性批评也会引起对方的防卫心态，因为它可能会威胁到他人的自我概念（我们会在第十一章进一步讨论这一点），所以使用评断式回应的时候要非常小心。

具备下面两个条件时，你的评断最有可能被接受：

1. 当身处困境的人向你寻求评断时。我们主动提供评价偶尔会让对方醒悟过来，但更多时候会引起对方的防卫。

2. 你评断的动机是真诚的、有建设性的，而不是为了奚落对方。如果你企图以评断作为征服对方的手段，就不要再自欺欺人地认为你是在帮助对方了。"我告诉你这点是为了你好"，通常这种话根本就不是真的。

现在你已经了解所有可能的倾听反应有哪些了。试着完成上一页的"想一想"练习，看看在日常情境中你可以如何运用它们。

选择最佳的倾听反应

到目前为止，我们描述了倾听者的各种倾听反应。研究发现，在对的情况下每一种反应都有可能帮助别人接受他们的处境，感觉好受些，对自己的问题有一种掌控感。[60]但是对特定的人来说，哪一种反应能够奏效仍然存在着很大的差异。[61]这个事实说明了为什么使用各种不同反应方式的沟通者通常比只能运用一两种反应方式的沟通者更有效。[62]然而，当我们选择如何回应说话者时，还有一些其他因素需要考虑。

性别 研究显示，男人和女人在倾听和回应方式上都存在差异。[63]当他们面对别人的困扰时，女人比男人更有可能使用支持性反应[64]，在编写表达支持的信息上也更有技巧[65]，同时更有可能从其他倾听者那里寻求到这种支持性反应[66]。相比之下，男人在面对苦恼的人时相对缺乏提供情绪性支持的技巧[67]，他们对于别人的问题更倾向于提出忠告或转移话题。有一项研究调查了妇女联谊会和兄弟联谊会的助人风格。研究者发现，妇女联谊会的女性经常在有人向她们求助时,提供情感支持的回应。而且她们对那些能够不带评价地倾听,表达出安慰与关切的姐妹评价更高。另一方面,兄弟联谊会的男人很符合刻板印象中的模式,他们习惯于挑战自己的兄弟,通过评断兄弟的态度和价值观来提供协助。[68]

听到这些事实,我们倾向于得出结论:女人要的是支持,而男人更喜欢忠告——但研究似乎不支持这一点。大量研究表明,在困境中无论男女都偏爱和想要收到支持的、赞同的信息。[69]女人更善于创造和传达这样的信息,这一事实解释了为什么男人和女人在他们想要情感支持的时候,都倾向于寻找女性倾听者。当沟通涉及性别的时候,重要的是记住,虽然男人和女人有时会使用不同的回应方式,但他们都需要一双倾听的耳朵。

情境 有时人们需要你的忠告,有时他们需要鼓励和支持,有时你的分析或评断最有帮助,有时就像你已经读过的,你的刺探和释义能够帮助他们找到自己的答案。换句话说,有能力的沟通者需要去分析情境,然后发展出合适的反应。[70]一条重要规则是:开头时使用寻求理解并提供最少指示的反应,诸如借力使力、问话、释义和支持,通常是一个明智的选择。一旦你收集到了足够的实情,并且展现出了你的兴趣和关切,此时说话者也就更有可能接受(或主动要求)你的分析、忠告和评断反应了。[71]

对象 除了考虑情境,你也要因为对象的不同而调整你的反应方式。有些人能够深入思考忠告的价值,而有些人只是利用你的忠告来逃避自己做决定的责任。有的沟通者极端防卫,不大肆抨击就无法接受分析和评断;也有一些沟通者没有彻底想清楚问题,以致无法从别人的释义和刺探中获益。研究发现,高度理性的人比感性的人倾向于更积极地回应忠告。[72]

深思熟虑的倾听者会选择适合对方的反应方式。找出最适合的反应方式的一个办法就是直接询问对方他想要你做什么,也就是简单地问:"你是要听我的忠告,还是只需要吐吐苦水?"这样可以帮助你给予对方真正想要的倾听反应。

你的个人风格 最后,在你决定如何回应对方的时候,也要考虑一下你自己。我们大部分人习惯性地使用一到两种反应方式。你可能最善于安静地聆听,不时地借力使力推着话题进行下去;又或许你特别具有洞察力,能够对问题提出一针见血的分析。当然,也有可能你习惯的反应方式无助于沟通,例如过度评断或太急于忠告,或是你给了不受欢迎的或没有用的建议等。当你思考如何回应对方的信息时,最好同时反省一下自己的优缺点,然后做出相应的调整。

伦理挑战 无条件的积极关注

卡尔·罗杰斯（Carl Rogers）可以说是用释义技巧作为助人工具最为著名的倡导者。身为一名心理治疗师，罗杰斯关注的是如何用专业知识和技能帮助别人。不过他和他的追随者都确信同一种方法可以在所有的人际关系中都发挥效用。

罗杰斯使用几个词语来描述他所使用的方法，有时候他称它为"非指导性的"（nondirective），有时候称为"以当事人为中心的"（client-centered），其他时候还称为"以人为中心的"（person-centered）。[a] 所有这些词语都反映了他的信念，他相信助人的最好方式就是提供一种支持性的回应，在这种氛围下当事人可以自己找到答案。罗杰斯认为忠告、评断、分析和问话都不是协助他人解决他们问题的最好方法。相反，罗杰斯和他的追随者相信人是有潜能的，会为自己找到最好的方式，接受并尊重自己，这都不需要他人的指导。

以人为中心的帮助必须具备的一个要素是罗杰斯所称的**"无条件的积极关注"**（unconditional positive regard）。这种态度要求助人者对说话者的想法给予尊重并且不作任何评断。无条件的积极关注意味着即使你不认同对方对待生活的态度，也要原原本本地接纳它们。虽然这个意思并不是强迫你去同意寻求帮助者的一切想法、感觉或者做法，但它确实强迫你悬置起对他们想法和行动对与错的评价。

以人为中心的治疗法对倾听者有着很严格的要求。在技巧层面，它需要倾听者具有准确感知和反映当事人想法和感觉的能力。不仅如此，更困难的是它要求助人者倾听和回应，脑海中却不能闪过对于说话者想法和行为的判断，这着实是一项挑战。[b]

不过，这项疗法最大的挑战还是要我们无条件地接纳与关怀一个信念、态度与价值观和我们全然不一样的人。它让我们要如《圣经》上的约条所说的那样，去爱一个有罪的人，却对罪恶保持憎恨。有一部叫《死囚漫步》（*Dead Man Walking*）的电影正说明了这样的情境，这部电影描述了海伦·普雷金修女（Sister Helen Prejean）的真实故事。她是一位天主教的修女，应一位已被定罪的谋杀犯马修·庞谢特的要求与他通信，后来更是到监狱去拜访他。在面对庞谢特的可怕罪行时，海伦仍然能够保有她对一个人的真诚关怀，很少有人能够做到这样，而她让我们见证到了这份真实与珍贵。海伦修女的故事是相信个人心中信念的最好见证，也体现了它的价值。

如果你想深入了解无条件积极接纳与关怀，可参考卡尔·罗杰斯所著的《成为一个人》（*On Becoming a Person*, 1961）。

小　结

倾听是最普遍的或许也是最常被人忽视的沟通形式。听到跟倾听是有差别的，心不在焉的听跟心无旁骛的听也完全不同。倾听是指弄懂别人所传达的信息的过程，它包含了五个要素：听到、专注、理解、回应和记忆。

造成无效倾听的原因有很多：可能是因为每天我们都要遭受大量信息轰炸，再加上被自己的私人问题抢走注意力、周遭的噪音、飞快的思想等，使我们无法专注于倾听上；也可能是心无旁骛地倾听很费力，或者错误地认为说话比倾听有更多益处。一些倾听者无法接收信息是因为生理上的听力缺陷，还有一些人不善倾听则是因为缺乏训练。更好地倾听别人的关键是：少说话、减少会分散我们注意力的事物、避免过早的评断，以及寻找说话者的说话重点等。

倾听反应是我们用来评估他人是否及如何注意我们的主要方式。有些倾听反应重视搜集信息和提供支持，这些反应包括借力使力、问话、释义和支持。有些倾听反应重在提供指示和评断，包括分析、忠告和评断。最有效的沟通者会使用各种不同的倾听反应，还会把性别、所处的情境、对方和自己的反应风格这些因素考虑在内。

电影与电视

你可以在以下电影和电视节目中印证我们在本章总结的沟通准则：

倾听的重要性

《犯罪现场调查》（*CSI*，2000—　　）TV-14级
《法律与秩序》（*Law & Order*，1990—2010）TV-14级

像《犯罪现场调查》和《法律与秩序》这样的罪案剧目前已经成为电视节目的固定类型。尽管形式众多，这些剧也有一个共同点，即主角为了有效地完成他们的工作，必须参与到积极的倾听过程中。有时候一名律师运用"借力使力"和"支持性"的回应方式抽丝剥茧，艰难地引出对方的供认；还有时候一个私家侦探抛出一些试探性的问话，再结合分析性的回应方式，最后才得出重要结论。再举个例子，一位警官在为犯人录口供的时候谨慎地"专注"和"记忆"某些特定的细节，事实证明这在破案的过程中帮了大忙。在各种各样的情境中，剧中的角色需要时刻向他们的客户、同事和伙伴给出忠告和评断式的回应。任意观看这些剧

中的一集，看看你能从中发现多少种我们在本章讨论的倾听反应类型。机会很大，你会找到不少。

支持性倾听

《抗癌的我》（50/50，2011）R级

亚当（约瑟夫·高登-莱维特饰）是一个二十多岁、在西雅图过着美好生活的普通青年——直到他被确诊患有癌症。当亚当的母亲（安杰丽卡·休斯顿饰）、女友（布莱丝·达拉斯·霍华德饰）、最好的弟兄（塞斯·罗根饰）、治疗师（安娜·肯德里克饰）和一个互助团体得知他只有50%的概率活下去的时候，他们都试着帮助他应对这个挑战。他们有时笑；有时哭；有时提供一些没有帮助的建议；有时只是静静地听他发泄。他们试图帮助亚当的种种方式简直就可以作为本章所讨论的"支持性反应"的指导目录。

第九章

沟通和关系的演变

阅读完本章后,你应该能够:
* 辨认影响你选择同伴、建立关系的因素。
* 运用克奈普模式描述沟通在关系的不同阶段的本质。
* 在一段给定的关系中,描述辩证的张力是如何影响沟通的,以及管理它们的最有效策略是什么。
* 解释在人际关系中,变动和文化会如何影响沟通。
* 在一段给定的事务中,辨认沟通的内容向度和关系向度。
* 描述后设沟通如何能够被用来改善一段特定关系的质量。
* 描述维系、支持和修复人际关系的必要步骤。

"关系"（relationship）是一个我们经常使用却不太容易为它下定义的词。花些时间来想想该如何为这个词下定义，你会发现这一点也不容易。比如说，大多数人都会承认和客户或顾客建立关系的重要性，但是这种关系必然与我们和爱人、挚友之间的关系相差很大。你和家人之间也有关系（毕竟，他们与你有关），但是这些关系可能会变得紧张，甚至发生破裂。再如，社交媒体的使用者都知道当他们"处于一段关系中"的时候，在网上宣布他们的关系是一件多么重要的事。

与其定义（并因此限制）"关系"的概念，本章将审视一下关系的演变过程，以及人们如何运作沟通模式来建立、经营以及结束他们的关系。你将会知道关系并不像一幅图画或照片那样是静止的，而是时时改变，像一场正在上演的舞蹈或戏剧。甚至于最稳固与满足的关系也会在沟通模式转变时展现不同的面貌。当你结束这一章的阅读时，你会更加清楚地知道，沟通如何界定与反映人与人互动的生活世界。

9.1 我们为什么要建立关系？

是什么让我们与一些人建立关系，而不是其他人呢？有时候我们没有选择的余地。小孩不能选择父母，大多数工作者无法选择他们的老板或同事。但在其他大多数情况下，我们会寻找某些人而避开另一些人。社会科学家收集了数量庞大的关于人际吸引的研究。[1]下面是经研究证实的一些影响我们选择关系伙伴的因素。

外 貌

很多人都说我们评价一个人应该看他的作为而不是看他的外表，然而，就像第七章说明的那样，现实经常截然相反。[2]外貌在关系的初期阶段尤其重要。在一项研究中，超过700名男人和女人以盲约（blind date）的方式互相配对，参加一个"电脑抽签舞会"。在舞会结束之后，研究者询问他们是否愿意跟自己的舞伴继续约会。结果如何？外貌越具吸引力的人（预先由独立评分员评定），其舞伴越愿意继续约会，其他诸如社交技巧或聪明才智之类的特质似乎不会影响决定。[3]

再如，研究发现对那些喜欢速配约会的人来说，外貌是构成吸引力最主要的部分。[4]也许这也就是为什么在线约会者要定期更新有关自己身高和体重的照片与信息，他们是为了向潜在的追求者展现出更多的吸引力。[5]此外，如果这些在线资料的拥有者在他们的主页上贴出有吸引力的朋友的照片，也会让他们获得更积极的评价，因为这暗示了他们结交的人也认为他们是有吸引力的。[6]反过来也成立：如果把有吸引力的脸放在没有魅力的脸或大众脸中间，那人们也会认为它没那么有吸引力了。[7]

不过，即使你的外貌不符合社会对于美的标准，你也可以想一想下面这些鼓舞人心的因素：第一，过了最初的印象之后，长相普通但是个性善良且讨人喜欢的人易于被评价为有吸引力的。[8]第二，随着关系的增进，生理外貌因素的重要性会降低。[9]事实上随着恋爱关系发展，情侣会产生"积极错觉"（positive illusion），认为对方随着时间的推移越来越有吸引力。[10]就像一位社会科学家所说的："吸引人的外貌特征可以打开大门，但是显然，必须要有美貌之外的其他条件才能保持大门常开。"[11]

相似性

大量的研究都对"我们喜欢跟我们类似的人"这一结论提供了支持——至少大多数情况下如此。[12]例如，婚姻中配偶的人格特质越接近，他们越倾向于表达对婚姻的满足和幸福感。[13]中学时期的好友也会在很多方面表现出相似性，包括拥有共同的朋友、喜好同一种运动、参加类似的社交活动、拥有同等程度的烟酒量等。[14]如果是彼此相似的好友，他们的友谊似乎最有可能持续数十年。[15]对成人来说，相似性对关系满足和幸福感所起的作用甚至比沟通能力更为重要。那些拥有较低层次沟通技巧的人与那些拥有较高层次沟通技巧的人一样满足于他们的朋友关系。[16]

相似性对最初的吸引力有着重要影响。如果人们认为请求加为Facebook好友的陌生人和自己有相似之处，则更可能接受他们的请求。[17]在这里，知觉是重要的。研究显示，我们更容易被我们**相信**存在的相似性（"我们**似乎**有很多共同点"）而非实际存在的相似性吸引。[18]实际上，我们感知到的相似性经常**创造**吸引。常常是你决定喜欢某人导致你感知到你们之间的相似性，而不是反过来。[19]

我们为什么会被相似的人吸引？有一种推测是它提供了某种程度的自我支持。如果我们评断那些像我们的人是有吸引力的，那我们一定也是有吸引力的。有项研究试图描述这种**内隐自我主义**（implicit egoism）所能影响的

吸引力的知觉范围。[20]结果显示，人们更有可能和那些姓或者名与自己相似的人结婚；也会因为相似的生日，甚至相近的球衣号码而互相吸引。此外，那些语言风格和我们相匹配的人也会吸引我们。[21]在更实质的层面上，一项研究发现，人们会把关于政治和宗教的相似价值观视为择偶的最佳预测指标，而且要比生理外貌或性格特质上的吸引重要得多。[22]

当别人和我们在一些重要方面上具有高度相似性时，吸引力也将达到最大。例如，如果两个人支持彼此的生涯目标，喜欢一样的朋友，关于人权有相似的信念，那么他们可以忍受彼此在热门音乐和寿司品位上的微小不一致。如果两个人在重要方面的相似性足够多，他们甚至可以挺过彼此在更重要的话题上的争论，比如要和家人在一起待多长时间、分开度假是否可以接受等。不过，如果他们争论的次数太多、内容相差太大，那么可能会威胁到关系。

当我们接触到虽然某些方面跟我们相似，但行事作风却很怪异或经常冒犯社会规范的人时，相似性的影响就会从吸引转为厌恶。[23]例如，你可能不喜欢有人说某人"跟你很像"，因为你觉得某人话太多、爱抱怨或具有一些其他讨人厌的特质。事实上，比起那些无礼但和我们不同之人，我们倾向于更讨厌那些和我们相似但无礼之人，这可能是因为这样的人威胁到了我们的自尊，让我们担心自己也跟他们一样惹人厌。在这种情况下，最常见的反应就是让自己跟这种威胁到理想的自我形象的人保持尽可能远的距离。

互补性

我们常说"对立的吸引"，这似乎反驳了我们刚谈过的相似性原则。事实上，两者都是有根据的。当伴侣之间的差异具有**互补性**(complementary)时，也就是说当伴侣的特质可以满足对方的需求时，差异便可以增强一段关系。

研究表明，迷恋有互补气质的伴侣，其根源可能是在生物方面。[24]比如，如果伴侣的一方是主导性的而另一方很被动，那么他们常常会彼此吸引。[25]当伴侣同意一方在某些方面执行控制（"你对钱的事情做最终决定"），另一方在其他不同的方面执行控制（"我会决定我们应该如何装饰这个地方"）时，关系也能很好地运作。但是当控制问题存在争议时，双方的关系就会出现紧张。研究表明，"挥霍无度和小气吝啬的人"往往会相互吸引，但是他们在财务管理上的差异常常会在关系过程中导致严重的冲突。[26]

有一项研究，比较了相处超过二十年的成功和不成功的伴侣关系。结果显示：婚姻成功的伴侣之间既拥有足够的相似性，以便能在生理和心理上让对方感到满意；同时也拥有足够的不同，以便满足各自的需要，同时保持关系的趣味性。成功的伴侣会找到方法来保持他们的相似之处与不同之处之间的平衡，以适应多年来出现的各种变化。本章后面还会继续讨论关于相似之处与不同之处之间的平衡问题。

相互吸引力

通常，我们会喜欢那些喜欢我们的人。[27]相互吸引的力量在一段关系的早期阶段尤为强烈，在这段时间中，我们会迷恋上那些我们相信被我们吸引的人。相反地，我们不太可能会在乎那些攻击我们或看起来对我们漠不关心的人。

相互喜欢可以建立吸引力的原因其实不难理解。那些认同我们的人会增强我们的自尊感。这种认同本身就是有价值的，而且它还可以巩固我们表现出来的自我概念——"我是一个值得被喜欢的人。"

你或许会想到一些情况，也就是你并没有喜欢上那些看似喜欢你的人。比如，你可能认为对方所谓的喜欢其实是假装的———种不诚实的手段，目的是从你身上获得什么。在其他时候，可能对方的喜欢不符合你的自我概念。于是，当有人称赞你漂亮、聪明、善良但你却认为自己丑陋、愚蠢、刻薄时，你就会选择忽视那些奉承的信息，继续待在自己熟悉的不愉快的状态中。格鲁乔·马克斯（Groucho Marx）总结这种态度说：他绝不会加入任何主动邀请他成为会员的俱乐部。

能　力

我们喜欢围绕在聪明的人周围，也许是因为我们希望他们的能力和技能可以对我们产生潜移默化的影响。但是，待在那些太有能力的人身边，我们又会觉得不舒服，可能是因为相比之下，自己看起来会很糟。鉴于这种做比较的心态，人们通常会被那些聪明却有显而易见缺点的人吸引也就不足为奇了，这表明他们也是普通人，就像我们一样。[28]此外，我们也常常被那些既有能力又有亲和力的人吸引。"能干但是冷酷"通常不被视为一种有吸引力的搭配。[29]

坦　露

正如第三章所示，揭露关于你自己的重要信息有助于建立好感。[30]有时，这种好感的基础来自于发现我们彼此有多相似，无论是在经验上（"我也毁了一个合约"）还是在态度上（"我也对陌生人感到紧张"）。自我坦露也能建立好感，因为这是重视对方的标志。当别人和你分享私密信息时，这表明他们尊重并且相信你——这是对你的一种好感，我们已经发现这种好感有助于增加吸引力。随着关系发展超越早期阶段，坦露甚至起着更大的作用。无论是在线还是面对面沟通，是线上还是线下关系，情况都是这样。[31]

并非所有的坦露都会带来好感。研究显示，令人满意的自我坦露的关键在于**互惠**（reciprocity）：你所揭露的信息的量与质要跟对方坦露的相当。[32] 成功的自我坦露第二重要的因素是**时机**（timing）：跟一个刚认识不久的人谈论你对性缺乏安全感，或者在你的生日聚会上向一个朋友表达你的烦心事，很可能是不明智的。最后，出于**自我保护**的考虑，你只有在确认对方是一个值得信任的人之后，才能揭露个人信息，这一点很重要。[33]

接 近

俗话说"近水楼台先得月"，我们易于和常常见面的人建立关系。[34] 在很多情况下，接近会带来好感。比如，我们更容易和近邻而非远邻建立友谊，此外我们选择路上经常遇到的人作为配偶的可能性也很大。这种现象是可以理解的，因为接近让我们获得更多关于别人的信息，也容易从关系中获益。不仅如此，跟我们接近的人通常比不跟我们亲近的人与我们更相似。比如，住在同一个街区的邻居往往具有相同的社会经济地位。网络为人们提供了创造亲近的新方式，无论在现实中相距多远，使用者都可以在网络空间中体验到"虚拟接近"（virtual proximity）。[35]

报 酬

一些社会科学家相信所有的关系——包括人际的和非人际的关系——都建立在一种被称为**社会交换理论**（social exchange theory）的半经济模式基础上。[36] 根据这个模式的暗示，如果与对方相处带给我们的报酬大于或等于我们所要付出的成本，我们更愿意建立和维持这段关系。根据社会交换理论，当一方感到"无利可获"时，这段关系就会变差。[37]

报酬可以是有形的（一个很好的居住地点、一个高薪的工作），或是无形的（名声、情绪上的支持、友谊）。成本是不受人喜爱的结果：不愉快的工作、情绪上的痛楚，等等。一个简单的通则可以让我们了解在社会交换理论中，我们为什么形成和维持关系：

报酬（rewards）-成本（costs）=结果（outcome）

根据社会交换理论，我们使用这个公式（通常是不自觉的）来决定与这个人打交道是"值得投入"还是"不值得努力",基于结果是正值还是负值。

交换理论用最露骨的方式显示了人与人之间的冷酷和算计。但是在某些类型的关系中似乎也颇合常理。一段良好的商务关系建立于双方能在多大程度上帮助彼此。有些友谊的建立也是出于一种非正式的交易:"我不介意听你谈谈你爱情生活的跌宕起伏,因为当我的房子需要修理的时候你解救了我。"就算在亲密关系中,也有交换的要素存在。朋友和爱人通常会容忍彼此的怪癖,因为相较于他们所得到的安慰和乐趣来说,这一点点的不愉快是值得接受的。在一些更严重的情况下,社会交换理论解释了为什么有些人愿意继续忍受虐待关系。可悲的是,这些人常常报告说,他们宁愿身处在一段糟糕的关系中,也好过与别人一点关系也没有。

乍一看,由社会交换理论所呈现的对于关系的见解,似乎和建立在追求亲密感基础上的关系需求极为不同。事实上,这两种观点并不是相互矛盾的。寻求任何一种形式的亲密感,不管是情感上、生理上还是智力上的,都有其成本,然而我们决定是否付出这些成本,最大考量就是其报酬。如果寻求和维持一段亲密关系的成本太高,或是收益不值得努力,那我们可能就会决定退出这段关系。

"我要为在座的所有人买一杯酒,只要你们耐心地听我说完我对形形色色的社会和政治问题所持有的空洞而简陋的观点。"

9.2 人际关系的演变模式

经验告诉我们,关系的开始是一个重要的时间点。当我们和他人沟通,并且越来越了解他们时,沟通会发生什么改变呢?沟通学家在这个问题上有不同的见解,下面让我们来看看两个主要的观点。

发展的观点

关于关系的发展阶段最为著名的一种模式是由马克·克奈普(Mark Knapp)发展出来的,他将关系中的起起落落分为十个阶段,包含"聚合期"(coming together)和"离散期"(coming apart)两个层面。[38] 其他研究者认为,所有

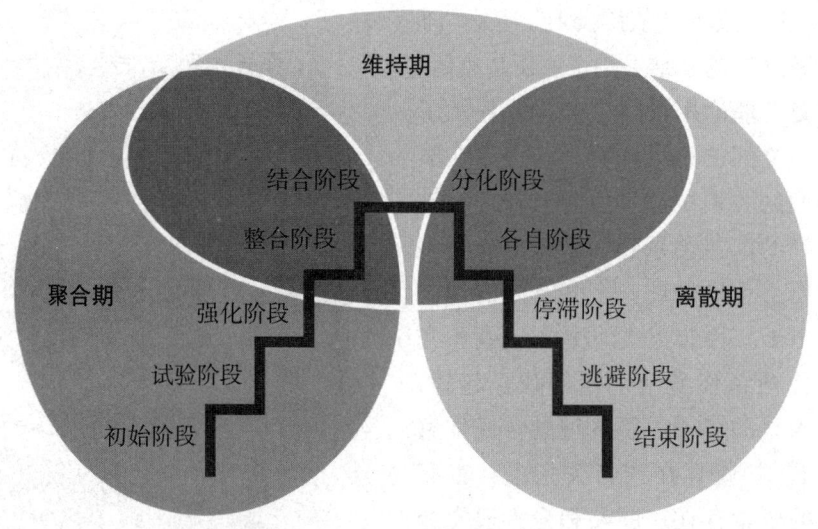

图9-1 关系发展阶段

的沟通关系中都应该包含一个可被称为维持期（relational maintenance）的第三层面，以确保关系正常、顺利地运作。图9-1表示出克奈普的十个阶段如何与关系沟通的三个面向搭配的情形。

克奈普模式最适合用来描述恋爱双方的沟通，不过在很多方面也适用于其他类型的亲密关系。[39]当你逐步读下去时，请试着思考这些阶段如何可以描述一段长期的朋友关系、一对情侣关系，甚至是生意伙伴关系。

初始阶段 第一阶段的目标在于表现出你愿意与对方接触，并且你是值得交谈的那种人。**初始阶段**（initiating stage）的沟通通常是简短的，往往依循一些常见的公式，比如握手，谈论像天气这样无关紧要的话题，友善地表达自己。这些行为可能看起来缺乏深度且没有意义，但它们却是一种信号，表示我们有兴趣与对方建立某种关系，而不需要我们说："我是一个友善的人，我想要多认识你。"

初始关系——尤其是恋爱关系——对于害羞的人来说尤其困难。在这种情况下，通过社交媒体相联系可能有用些。一个关于在线约会服务的研究发现：自认为是害羞者的参与者比外向的使用者更加感谢服务系统的匿名功能和无威胁性的网络环境。[40]研究者发现，许多害羞的使用者专门使用在线服务，来帮助他们克服在面对面场合中对于初始关系的拘谨。这就帮助解释了为什么年轻人——不论害不害羞——都使用像Facebook这样的社交网站来开始一段关系。[41]

记住，初始阶段是所有关系而不仅仅是恋爱关系的开始阶段。友谊从这开始[42]，商业伙伴关系也是如此。实际上，有些人把求职面试比作初次约会，因为它们具有相似的性质。[43]随着你阅读接下来的关系阶段，想一想不同阶段涉及的沟通如何可以适用于找工作、联系室友、加入一个团体，以及确立恋爱关系等。

试验阶段　在与新朋友有些接触后，下一个阶段就是考虑我们是否有兴趣进一步追求这段关系。这个阶段包含**不确定性的减少**——通过获得更多有关他人的信息逐步了解对方的过程。[44]不确定性减少的一个常见部分就是寻找双方的共同点，它涉及一些基础的对话内容，比如"你从哪里来？"或"你的专业是什么？"从这里入手，我们还可以寻找其他相似之处，"你也慢跑吗？你一个星期跑几公里呢？"

多元视角

拉基·辛格和拉杰什·帕恩：一场现代的包办婚姻

我的丈夫拉杰和我结婚是因为我们的父母认为我们两个很合适。

对今天的印度人来说，"包办婚姻"与以前相比有了不同的含义。我的祖父母住在偏远的农村，他们是被他们的父母配到一起的，并且在十二三岁的年纪就结了婚，对于婚姻这件事，他们基本没有什么发言权。他们的孩子，也就是我的父辈的婚姻，也是由他们决定的，不过发生在我父亲上大学的时候。我的父母相互介绍认识之后，只谈了3个小时就决定是否要缔结婚约了。

到了拉杰和我，情况则大为不同。我们的父母回到印度把我们各自的简介发布出去，在筛查了可能的候选人之后，他们一致认为我们可能是不错的一对。他们给了我们彼此的联系方式，之后就由我们自己决定彼此是否合适。

因为我们生活在美国，所以对这种做媒

行为有点抵触，不过还是愿意尝试一下。庆幸的是，父母的选择是明智的：我们非常合得来，并且在认识18个月之后结婚了。现在，我们已经结婚13年了，有3个孩子，我们过得很幸福。

由父母来选择子女的未来配偶这一观念初听上去可能很奇怪，但是这种方法却能够奏效也是有一些原因的。父母会为子女选择有相似背景的人，比如有相近的文化价值观、教育水平和年龄等，这有助于确保两个人适合彼此。另外，由于知道双方的家庭都认可对方，这可以消除很多潜在的压力和冲突。

在某些方面，父母做媒类似于电脑配对。搜索者输入自己要求的限定条件，然后电脑会列出符合要求的名单。我认为关键问题在于父母是否愿意把自己的作用只限制在替子女寻找潜在的结婚对象上，而让子女做最终决定。

"闲谈"是**试验阶段**（experimenting stage）的最佳保证。尽管我们可能不喜欢闲谈，却还是容忍了闲谈带来的折磨，因为我们知道闲谈有很多作用。首先，这是找出我们共同爱好的有效之道；其次，它也提供了一种试验对方的方法，来帮助我们决定这段关系是否值得追求。最后，闲谈也是一种缓和关系的安全方法。在你决定是否进一步继续下去的时候，你不用冒很多风险。

彼此感兴趣的沟通者从初始阶段到试验阶段的进展，在网上甚至比在现实中更迅速。研究发现，通过电子邮件发展关系的人们开始询问有关态度、见解和偏好的问题比面对面接触快得多。[45]使用电子邮件的人看不到彼此的非语言反应，这显然是有助于沟通的；他们不需要担心脸红、结巴，或者因为意识到自己提问太快或太多问题而移开目光等。

社交网站可能会改变这一关系发展阶段的性质。在一项研究中，大学生说，过去进行恋爱关系试验常常包括弄到一个人的手机号码，而现在则通常包含请求加为Facebook好友。[46]一旦对方授予了访问权限，他们就可以浏览彼此的网站，这让他们可以一下子获得大量有关对方的信息，而不用一点一滴搜集了。照片和共同好友也是决定是否继续发展关系的重要因素。当然了，在网上收集这些信息要比在现实中这么做较少地威胁（双方的）面子。

强化阶段　到了**强化阶段**（intensifying stage），我们在第一章所谈的真正的质化人际关系才开始发展。两个人在强化阶段的沟通模式会发生一些改变：向对方表达情感的次数变多；情侣会使用更广泛的沟通策略来描述他们感觉到的吸引等。[47]在大约四分之一的时间里他们会直接表达自己的情感，公开讨论关系的状态。他们更经常地使用不那么直接的交流方式：在一起所花的时间越来越多，要求相互支持，帮对方的忙，给予感情信物，暗示和调情，用非语言表达情感，了解对方的朋友和家庭，以及试着让自己的外表更有吸引力，等等。在发展友谊时，强化阶段包括共同参与活动、跟共同的朋友出去玩，或者一起旅行等。[48]

强化阶段通常是关系中令人兴奋甚至欣快的时期。对热恋的情侣而言，这个阶段通常充斥着崇拜的目光、鸡皮疙瘩和白日梦。结果，这个阶段就像电影和小说中经常描述的桥段——毕竟，我们也喜欢看到相爱的人坠入爱河。[49]不过，问题当然是，这个阶段并不会永远存在。有时，那些对另一半不再来电的人会开始质疑，他们之间是否还有爱情。虽然他们之间可能没有爱情了，但他们也可能简单地进入一个不同的、不那么感性的阶段——整合阶段。

整合阶段　当关系增强后，双方开始具有作为一个社会单位的身份。在亲密关系中，情侣开始邀约，社交圈开始整合，双方开始向彼此做出承诺："好！我们将会和你的家人一起度过感恩节。"大家开始认定某些事物为共同财产——我们的公寓、我们的车、我们的歌，等等。[50]同伴之间还会发展出一种他们特有的、惯常的行为模式。[51] 密友之间甚至连说话方式也开始变得相像，使用彼此的惯用语和句式。[52] **整合阶段**（integrating stage）是我们放弃自己旧有的某些人格特质，与他人发展共同身份的时期。

在现如今的人际关系中，整合阶段可能还要包含一个"Facebook 正式化"的步骤，即在社交网站上公开宣称两人正在"处关系"。[53] 当然，如果只有一个人想去 Facebook 上晒晒关系，而另一个却不愿意，问题就会因此产生。[54] 而且，晒关系的意义对双方而言可能不同。研究发现，在异性恋中女人倾向于把公开晒关系视为包含更多亲密和承诺。[55] 结果，女人可能会把在 Facebook 上公开身份与通常和结合阶段有关的权利和约束联系起来。现在让我们看看结合阶段。

结合阶段 在**结合阶段**（bonding stage），双方会有一些象征性的公开姿态，来告诉全世界他们的关系是存在的。那么，组成一段结合的、相互承诺的关系需要哪些要素，答案似乎很难界定。[56] 像"合法同居"（common-law）、"姘居"（cohabitation）和"生活伴侣"（life partner）这些词语都被用于描述一些关系，这些关系虽然得不到法律和社会习俗的完全认可但仍然包含一种或暗或明的联结。无论如何，考虑到结合阶段在证实和加深关系方面的重要性，难怪同性恋团体一直都在力求拥有法律承认和认可的婚姻。

对于本文的目的而言，我们把结合关系定义为那些包含了重要的公开承诺举措的关系。这些举措可能包括订婚或结婚、分享住处、举行公开仪式、做出书面或口头保证等。关键是，结合阶段是一段关系发展的顶点——使情侣的整合阶段"正式化"（officializing）。我们会在第十章继续讨论承诺在关系中所起的作用。

结合阶段也是关系中的一个转折点。关系上升到现在，一直是以一种稳定的速度发展的。从试验阶段逐渐进入强化阶段然后到整合阶段。然而，现在的承诺就像是冲刺。对关系进行公开的炫耀和专有的宣称都使这个阶段有着明显的不同。

并不是只有恋爱关系才会发展到结合阶段。试想一下签署了合作契约的生意伙伴，或者兄弟会和姐妹会的结盟仪式等。如同一个作家所写的那样，即便是友谊也可以通过使关系"正式化"的行动进入结合阶段：

上图这部影片翻拍自 1986 年的爱情喜剧片《昨夜风流》（*About Last Night*），追溯了丹尼（迈克尔·伊雷饰）和女友黛比（乔伊·布赖恩特饰）之间关系的起伏发展。这个故事阐明了关系的发展模式：从最初的吸引，到心理和生理的强化，再进入整合阶段，最终进入"离散期"的各阶段。你的关系的发展和克奈普模式下的发展阶段有多接近？

有些西方文化为了标记友谊的进展,给予其公开的合法性和形式,会举办一些仪式。例如,在德国有一种小型的仪式叫"Duzen",名字本身就意味着关系的转变。这个仪式要求两个朋友,每个人拿一杯啤酒或红酒,两人手臂交缠,从而拉近彼此的身体,然后用"Bruderschaft"一词许诺永久的兄弟情谊,接着把酒喝光。仪式结束之后,这两个朋友的友谊从此不同,他们的关系从正式称呼"sie"的模式转变为熟人之间的"du"。[57]

在德语中,"sie"和"du"都是称呼代词,前者用于敬称,可译为"您",后者用于非敬称,可译为"你";"siezen"和"duzen"为动词,前者指使用代词"sie"正式称呼某人,后者指使用代词"du"非正式地称呼某人。——编注

分化阶段　结合阶段是克奈普称为"聚合期"关系发展的顶点。但是就算是在最坚定的关系中,人们也需要维护他们的个人身份。**分化阶段**（differentiating stage）就是"我们"取向已经发生转变,开始出现越来越多的"我"的信息的时候。交谈的焦点从"我们"周末计划做什么变成了"我"这个周末要做什么;曾经两人都同意的关系议题（比如"你负责赚钱养家而我负责打理家务"）,现在可能成了争议点（"当我比你有更好的职业发展潜力时,为什么我要被绑在家里?"）。分化这个词的词根就是不同（different）,暗示着变化在这个阶段起着重要作用。

当一段关系开始经历第一次、不可避免的压力感时,分化通常就发生了。但是,这种对自主和改变的需求不见得都是负面经验。人不仅是关系的一部分,也是一个独立的个体,而分化是朝向自主的一个必要步骤。比如,想一想年轻人,他们既想打造自己独特的生活和身份,但同时又想维持与父母之间的关系。[58]正如图9-1所示,分化阶段是正常的维持期中一部分,在这个阶段伴侣管理着关系前进道路上出现的不可避免的变化。成功分化的关键在于当我们为个体存在创造一些空间的时候,还能维持在关系当中做出的承诺。（我们在本章后面讨论关系中的辩证张力时,还会更具体地描述这一挑战。）

各自阶段　在**各自阶段**（circumscribing stage）中,成员沟通的品质和数量都在降低。限制和约束是这个阶段的特征。面对一个意见不合的话题,成员选择退缩而非讨论（讨论需要双方付出精力）,要么在心理上（选择独自沉默、做白日梦和幻想）要么在生理上（花较少的时间在一起）退缩。各自为政并不包含全然的拒绝——那是稍后才会有的情形,而是对兴趣和承诺表现出退缩——是整合阶段的对立面。

"限制"（circumscribe）一词的意思源于拉丁文"在周围画一个圈"。出现在分化阶段的差异现在变得更加显著和标签化了:"我的朋友"和"你的朋友","我的银行账户"和"你的银行账户","我的房间"和"你的房间"。

你很快会读到，这样的区别可以是个人身份和关系身份、自主和联系之间健康平衡的标志。当一段关系中分离的部分明显多于整合的部分时，或者当分离的部分严重限制了互动时，比如"我的假期"和"你的假期"，问题才会产生。

停滞阶段　如果各自持续下去，关系就会进入**停滞阶段**（stagnating stage）。强化阶段的兴奋感早已过去，成员用老旧而熟悉的方式对待彼此，双方都没什么感觉。一旦关系中没了新感觉，无聊就开始滋生。[59]这样的关系就是一个空壳。我们可以在很多人身上看到停滞阶段，比如对工作失去热情的工人在辞职之前依然会敷衍好几年。同样悲惨的事也发生在厌倦相同的对话、相同的人和每天随之而来的例行公事却没有一点愉快和新奇感的伴侣身上。

逃避阶段　当停滞阶段变得过分令人不愉快时，关系双方就会开始在彼此之间制造物理距离，这就是**逃避阶段**（avoiding stage）。有时他们会在一些借口（"我最近一直生病，没办法和你见面"）的伪装下间接地制造距离，有时则会直接表达出来（"请不要打电话给我；我现在不想见到你"），这两种迹象都会使关系的前景陷入困境。

关系的恶化从结合、各自为政、停滞到逃避，并不是不能避免。一段婚姻是以离婚收场还是一直保有之前的亲密感，最大的不同在于当伴侣感到不满意时出现的沟通情况。[60]不成功的伴侣通过回避、间接面对和减少联系等方式来处理他们的问题。相比之下，那些成功修复关系的伴侣往往以直接得多的方式沟通，他们正视彼此关心的问题（有时会借助婚姻咨询顾问），并且花时间和精力来协调出问题的解决之道。

结束阶段　并非所有关系都会结束，许多职场伙伴、友谊和婚姻关系从建立之后就延续了一辈子。但是，的确也有许多关系会恶化并走到最终的**结束阶段**（terminating stage）。这一阶段的特征，包括进行终止关系和希望分开的简要谈话。双方也许会通过一顿真诚的晚餐、一张留在餐桌上的纸条、一通电话或是一份法律文件来结束关系。根据各人不同的感觉，这个阶段可能非常短暂，也可能需要相当长的一段时间才能走出来。

关系并不总是一下子走到终点的，而是以一种来来回回的模式朝着瓦解前进。[61]不管在这一阶段所花的时间是长是短，都不必把结束当作完全负面的经历。了解到彼此在关系中付出的精力以及自我成长的需要，或许可以减少难过的感觉。事实上，许多关系并不像界定的那样会完全结束，比如一对离婚的夫妻也许会找到不那么亲密的新方式来联系彼此。

在恋爱关系中，预测两个人在结束阶段之后是否还能成为朋友，端赖于他们在卷入感情之前是否已经是朋友。[62]此外，情侣的分手方式也会造成不同。如果两人在分手期间的沟通是正面的（不后悔在一起的这段时间；试图

减少双方难过的感觉），则极有可能在分手之后维持友谊；如果两人在结束阶段的沟通是负面的（表现出控制欲，向第三方抱怨），则不太可能保有友谊。

在结束阶段之后，伴侣通常会回顾关系的终结，试图向别人解释关系失败的原因。[63] 每一方就"哪里出了差错"所创作的叙述都会影响他们在分手之后如何相处（设想一下说出和听到"我们只是因为不适合所以分手了"和"他太自私太不成熟，无法维持一段承诺的关系"这两句话之间的差异）。[64]

学者已经开始调查科技在关系结束阶段可能起的作用。在一项调查中，成千上万的受访者承认他们通过短信来和某人分手（男人使用这种方法的可能性远远大于女人）。[65] 显然，用这种方式分手会面临伤害和激怒被甩一方的危险（"他甚至没胆当面告诉我"），还减少了在关系结束之后维持友好的可能。一项不同的研究发现，那些通过技术手段收到分手信息的人倾向于有更高水平的**依恋焦虑**（attachment anxiety）——这可能解释了他们的伴侣不想当面传达分手信息的原因。[66]

恋爱关系结束之后，和前任解除Facebook好友会是一个明智的决定。检查一下昔日恋人的Facebook页面可能会减少一些不确定性[67]，但是监视其Facebook页面与更大的痛苦、更多消极情绪和较低的个人成长联系在一起。[68]

发展观点的局限 克奈普模式虽然对关系的不同阶段提供了深刻见解，但是对沟通在每个关系中的起伏却缺乏描述。例如，克奈普认为各阶段之间的运作通常是有连续性的，所以随着关系的发展和恶化，从一个阶段到另一个阶段的进展通常是可以预测的。研究发现，许多已经终结的友谊关系所经历的步骤确实类似于克奈普的十阶段形态。[69] 然而，关系的发展和恶化还有一些其他形态。换句话说，并不是所有关系都循着相同的线形模式开始、进展、衰退和结束的。

最后，克奈普模式显示，在任何一个给定的时间，一个关系就只会展现出十个阶段中的某一个阶段的最显著的特征。但是，其他阶段的成分常常会同时出现。例如，两个相爱的人深受整合阶段之苦，可能仍然愿意分享试验

想一想

你的关系发展阶段

通过回答下列问题，你就能更清楚地领会关系发展阶段的准确性和价值了：

1. 如果你正处于一段关系（恋爱或者友谊）中，描述它目前所处的阶段，以及那些能够证明你处于这一阶段的沟通行为。请给出具体的例子来支持你对关系的评估。

2. 根据我们在上文所讨论的克奈普的十阶段，讨论这段关系或者说你们沟通的趋势。你倾向于停留在当前的阶段，还是期待进入下一阶段呢？下一阶段又是哪一个阶段？为什么？请解释你的回答。

3. 你对自己在上一步骤的回答，是否感到满意？如果满意，描述一下你具体能做些什么，可以增加这段关系按照你所描述的阶段发展的可能性；如果你不满意，则讨论一下你具体能做些什么，可以让这段关系进入一个更令人满意的阶段。

4. 因为一段关系需要双方来界定，所以明确你伴侣的观点。想象一下，她或他对于你们关系阶段的描述会不会和你一致？如果不会，解释一下你的伴侣会如何描述它。你的伴侣在决定你们关系所处阶段方面又做了些什么？（给出具体的例子）为了把关系推进到或者维持在你所期望的阶段，你会希望伴侣如何表现？你又能做些什么来鼓励你的伴侣按照你期望的方式行事呢？

5. 现在回想一段你曾经拥有但是已经结束的关系（友谊或者恋情）。如果用克奈普模式来描述这段关系的发展和衰退情况，在多大程度上符合或者不符？如果克奈普的模式是不匹配的，试着设计一个新的模式来阐明你的关系历程。

阶段的一些尝试（"哇！我不知道你还有这样一面！"），也可能出现分化阶段的歧异性（"没什么理由，我就是需要一个星期的独处时间"）。同样，家庭成员虽会花大部分精力逃避彼此（逃避阶段），却可能因偶尔的美好时光短暂地强化之前的亲密感（强化阶段）。关系可以同时经历"聚合期"和"离散期"的特征，对于这种看法，我们将在下一部分关系的辩证观点中详加讨论。

辩证的观点

并非所有理论家都同意我们在前几页所描述的阶段模式是解释人际互动的最好方式。有些理论家认为，沟通者——无论是全新的还是陈年的关系——都要努力克服相同的挑战。他们争辩说，这是因为沟通者在实际上所有的关系中自始至终都想要追求重要但内在却相互矛盾的目标。为了尽力达到这些目标，就产生了**辩证的张力**（dialectical tension）：当两种相反或不相容的力

量同时存在时所引发的冲突。近几年，沟通学家提出了几种辩证的力量，成功地挑战了传统的沟通模式。[70]他们认为，经营辩证的张力会在关系沟通中创造出最有力的动力。在接下来的几页，我们将讨论三对最有力的辩证张力。

联系和自主　没有人可以孤独存在。认识到这个事实后，我们会寻求与他人有联系，但同时我们也不希望失去全部的自我，就算在最满足的关系中也是一样。联系与自主的矛盾需求都包含在**联系与自主的辩证**（connection-autonomy dialectic）中。

有关关系破裂的研究证实了关系伴侣找不到方法来管理这一辩证张力的后果。[71]一些最常见的关系破裂理由包括伴侣无法满足彼此对联系的需求："我们鲜少有时间在一起""他不投入这段关系""我们有不同的需求"。另一些抱怨则显示对联系的过度需求也会带来分裂："我觉得被困住了""我需要更多自由！"[72]有些研究发现男人比女人更加肯定关系中的自主性，而女人更看重联系和承诺，这或许并不出人意料。[73]

我们追求的联系与自主的辩证程度会随着时间改变。在《亲密行为》（*Intimate Behavior*）这本书中，作者德斯蒙德·莫里斯（Desmond Morris）认为每个人都在重复三个阶段的表现："抱紧我""放我下来"和"让我一个人"。[74]这个循环开始出现在出生的第一年。当孩子从"抱紧我"这个寻求亲密感的婴儿阶段转变到新的"放我下来"阶段后，他们会通过爬行、走路、触碰和品尝来探索这个世界。一个3岁的孩子，可能在8月份还坚持"我可以自己做"，却在9月第一天上幼儿园时缠着父母不放。当孩子成长为青少年时，"让我一个人"的倾向变得很明显，从前很快乐地和家人待在一起的少年现在可能会嘟嘟囔囔地抱怨家人提出来的家族旅行或每晚在餐桌上用餐的建议。而当青少年成年时，他们通常又会再次和家庭变得亲密。[75]

在成人的关系中，这个亲密和距离的循环仍然重复着。比如，在婚姻关系中，"抱紧我"通常出现在结婚第一年。之后，自主的需求慢慢增强。这种需求可能通过一些方式表露出来，比如想要交朋友，参加不包含配偶的活动，或者需要找工作而这可能会破坏关系。正如我们之前讨论"分化阶段"所解释的，从联系到自主的转变可能导致关系破裂，但是也可能成为循环的一部分——以一种新形式来重新定义关系，这种形式可以再次取得甚或超越存在于过去的亲密感。

在异性恋伴侣中，无论男女都认为联系和自主的辩证是影响他们关系的最重要的因素之一。[76]这一辩证张力在双方协商与承诺、冲突、脱身、和解有关的转折点时极其重要。在一个较小的层面上，研究已经发现，对关系感到满意的伴侣会协商并遵守有关手机使用的规则，把它作为平衡联系和自主需求的一种手段。[77]手机能让人们保持联系，但规则有助于管理有关伴侣多久会（或不会）打一次电话或发一次短信的期待。这可以帮助那些想要和需要自主的一方建立自主的尺度。

在一段关系结束之时，管理联系和自主之间的张力也很重要，此时伴侣寻找方法来保住他们关系中积极的部分（只要美好的记忆），然后朝着自己新的独立前进。[78]甚至在生命的最后，联系和自主的辩证也会起作用。当爱的人的健康状况在较长时间内一直衰退，伴侣通常会在想要挽留和需要放手之间进退两难。如果一方患有像阿尔茨海默病这样的病症，变得虽然身体在场但心神却不在场，则另一方感到的联系和自主的张力尤为强烈。[79]

公开和隐私　就像第一章所谈到的那样，坦露是界定人际关系的一个特征。然而，除了坦露自我的需求，我们同样也需要在自己和他人之间保留一定的空间，这种矛盾的需求创出**公开和隐私的辩证**（openness-privacy dialectic）。

即便是最紧密的人际关系也需要一些距离。爱人在经历了一段腻在一起的亲密时间之后，可能会相对地回避一下。同样，他们在经历了火热期之后，接下来的一段时期很少会有身体接触。再如，当朋友高度坦露自我，分享了他的几乎每一种感觉和想法之后，又会有几天、几个月甚至更长的时间失去联系。

在一段亲密关系中，你很在乎的人问了你不想回答的问题，比如"你觉得我迷人吗？""跟我在一起你快乐吗？"这时，你会怎么做？正如第三章所示，这样的问题可能会造成自我坦露的困境。你对这份感情的承诺和坦诚可能迫使你倾向于说出实话，但是你对对方感受的关心和想要保有一点隐私，又可能会让你变得不那么坦诚。为了获取彼此的隐私，伴侣们会使出浑身解数。[80]例如，他们可能直接质问对方并解释说自己不想继续讨论下去了，或者他们可能不那么直接，选择提供非语言的暗示、改变话题或暂时离开房间。

通过社交媒体沟通给隐私管理增加了挑战。Facebook、Twitter、博客和其他媒介渠道可以很轻易地发布个人信息。然而，只是因为容易，并不意味着这总是明智的做法。特别是当你透露的内容还包括其他人的信息时，就更是如此。重要的是要知道如何在社交媒体工具上进行隐私控制，也要和其他人协商好，关于你们的关系你会分享什么，不会分享什么。[81]

"所以你，丽贝卡，是否保证让自己的爱只属于理查德，月复一月，年复一年，终生相守，直至死亡？"

循例和新奇　稳定是关系中的重要需求，但过多稳定则会让人感到了无新意。**循例与新奇的辩证**（predictability-novelty dialectic）反映了这样的矛盾张力，喜剧家戴夫·巴里（Dave Barry）略微夸张地描述了当夫妻太了解彼此后可能出现的厌倦情况：

> 结婚十多年后，你知道关于配偶的每件事、每个习惯和主张，甚至于神经紧张的每一次抽动和脸上的每一条皱纹。你可以写一本17磅重的书，就只谈配偶的饮食习惯。这种详细了解在某些情况非常管用，比如你在看电视时可以通过配偶咀嚼食物的声音来辨别他所在的位置，但这往往会导致关系的激情水平降低。[82]

虽然太过熟悉会带来厌倦和关系停滞的风险，但也没有人会希望有个完全没有规则可循的伴侣。太多惊喜可能会威胁关系建立的基础（"你不是我嫁的那个人了！"）。

沟通者所面临的挑战就是判断循例的需求和使关系保持新鲜和有趣的新奇的需求。由于每个人对循例与新奇的需求不同，因此并不存在最理想的循例和新奇配合。正如你将会读到的，人们可以使用一些策略来控制这些矛盾的驱力。

经营辩证的张力　虽然所有辩证的张力都在关系经营上起着重要作用，但有些张力出现得比其他张力更频繁。在一份研究新婚夫妻的报告中，研究者发现"联系和自主"是最常出现的张力（占所有张力的30.8%）[83]，"循例和新奇"位居第二（21.7%），最不常见的是"公开和隐私"的张力（12.7%）。

在沟通中经营上述辩证的张力，可能呈现出下列挑战。应对这些挑战的方法有很多，有的比较管用，有的则不然。[84]

- **否认**：在否认策略中，沟通者回应辩证谱系中的一端而忽视另一端。举例来说，一对夫妻纷争的来源是循例和新奇，但他们可能发现要改变实在太困难了，所以选择继续遵循与彼此有关的惯常模式。
- **无所适从**：在此策略中，沟通者感到如此受打击和无助，导致他们无法正视自己的问题。当他们面对辩证的张力时，可能会争吵、冷战，甚至离开这段关系。假如一对新婚夫妇在蜜月后不久发现永远幸福快

乐、没有冲突的生活在现实中并不存在，他们可能会变得十分恐惧，甚至开始怀疑自己的婚姻是个错误。

- **交替**：采用这个策略的沟通者，在一些时候会选择辩证谱系中的一端，另一些时候会选择另一端。举例来说，朋友之间会通过交替的方法，来经营联系和自主的辩证，他们有时候会花大量时间和对方在一起，其他时候则过独立的生活。
- **分割**：运用这一策略的伴侣划分出他们关系的不同区域。例如，伴侣可能会彼此分享对共同好友的几乎所有感觉，但对过去情史的某些部分却隐而不谈，以此来经营公开和隐私的辩证张力。分割策略还是前妻（夫）的子女最常用来经营与继父母之间的公开和隐私的张力的方法。[85]在"Zits"的漫画中，杰里米就发现自己忘记使用日常的分割方法，来经营与爱打听的朋友之间的公开和隐私的辩证张力了。
- **平衡**：试图平衡辩证性张力的沟通者，认为两种力量都有合理性，试着通过妥协来处理张力。正如第十二章指出来的，妥协就是每个人都至少损失一点自己所想的一种情况。受制于循例和新奇的情侣会通过在生活方式上做出妥协来寻求平衡，既不像一个人所想的那样循规蹈矩，也不像另一个人想的那样时刻充满惊喜——但这不是理想的结果。
- **整合**：通过这个策略，沟通者同时接受相反的力量而不试图削弱它们。沟通研究者芭芭拉·蒙哥马利（Barbara Montgomery）描述了一对接受彼此对于循例和新奇需求的夫妻，提出一种"可以预期的新奇"方法——每个星期一起做一件以前没做过的事。[86]与之类似地，现在的再婚家庭，为了处理新家庭和老家庭之间的张力，也会适应和整合他们的家庭惯例。[87]
- **再界定**：沟通者可以通过重新界定辩证张力的挑战，使明显的矛盾得以消失，来回应这些挑战。举例来说，改变想法可以改变你的态度，

> **想一想**
>
> **你的辩证张力**
>
> 描述前面所讲的三对辩证张力是如何在你的某段重要的关系中发生作用的。你和你的关系伙伴（们）所追求的不可调和的目标是什么？在上文所列举的八个策略中，你曾经用过哪些来经营自己关系的辩证张力？你对自己所用的策略满意吗？如果不满意，你能提出更好的建议吗？

使你从**不管**自己和某人之间的不同而爱他，到**因为**你们之间的不同而爱他。[88]或者想一想，因为对方不愿意分享过去的部分经历而感到伤心的两人，可以如何重新界定"秘密"，来创造一种有吸引力的神秘气氛，而非把"秘密"视为一个有待解决的问题。这样仍然可以保有个人渴求的隐私，也不必公开过去的每个细节。

- **重申**：这个策略承认辩证张力是无法消弭的，所以它不试图远离张力，而是选择重申沟通者接受甚至拥抱经营张力所呈现出来的挑战。关系生活像过山车的比喻就反映了这个策略，使用重申方法的沟通者视辩证张力为过山车路程中的一部分。

在你的生活中，你使用哪些策略来经营自己的辩证张力？每个策略有多成功？哪些策略可能会让你的沟通更有成效？一般说来，上面的最后三个选项被看作是最有效果的，并且研究人员认为使用多种策略是明智的做法。[89]例如，分手的情侣据称曾经不成功地运用过否认、交替和分割策略，而且他们往往只依赖于某一个策略，而不是灵活运用多种策略。[90]由于辩证张力是生活的一部分，选择如何就这些张力进行沟通，会对你的关系质量造成巨大差异。

9.3 关系的特性

无论你用发展阶段还是辩证张力来分析一段关系，有两个特征真实存在于每一段人际关系。当你阅读完这两个特征后，想一想它们如何适用于你的经验。

关系是不断变化的

关系并非注定要恶化,但是就算最紧密的关系也无法保证长期的稳定。在童话故事中,伴侣可以"从此幸福快乐地生活在一起了",但是现实生活中这种情况并不是那么常见。假想一对结婚已有一段时间的夫妻,虽然他们已经正式地结合了,但他们的关系仍有可能从一种辩证张力转换到另一种,并且按着各个阶段前进或后退。伴侣有时会感到分化的需求,但在其他时候又需要寻求亲密。他们有时会在已经建立的循例模式中感到安全,但在其他时候一方或双方却又渴望新奇。这样的关系可能变成各自为政甚至陷入停滞,从这点来看,婚姻也许会失败,但命运并非一定如此。通过努力,双方可能从停滞阶段进入试验阶段,或者从各自阶段进入强化阶段。

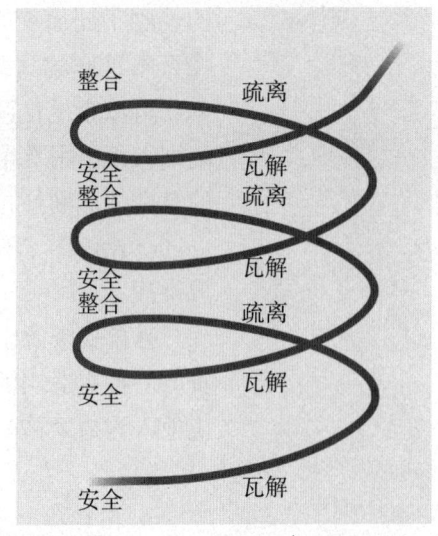

图9-2 关系循环的螺旋模式

沟通理论学家理查德·康威尔（Richard Conville）把关系的这种不断变化、发展的本质描述为一个循环,在这个循环中,伴侣经历了一些阶段之后,又回到他们先前遇到过的这些阶段,当然是在一个新的层次上回到这些阶段[91]（参见图9-2）。在这个循环中,伴侣从安全（整合,克奈普的专用语）到瓦解（分化）,到疏离（各自为政）,到再次整合（强化与结合）,一直到新层次的安全感。这个循环会不断重复。

文化会影响关系

许多塑造个人关系的要素都具有普遍性。[92]比如,社会科学家已经发现:沟通在所有文化中都具有内容和关系这两种向度;相同的面部表情在所有文化中表示相同的情绪;每个人类社会都涉及权力分配这一因素。再如,在所有的文化中（事实上,是在所有的哺乳类动物中）,男人（或者说雄性）对性关系都倾向于投入较少的感情,面对竞争者的时候通常更有求胜心。

虽然关系的基本要素是普遍的,但特殊要素经常在文化间存在差异。例如,想一下西方的恋爱和婚姻观如何反映在前文描述的十阶段模式中。只有经历试验阶段、强化阶段、整合阶段才可以进入结合阶段这种观点并不适用于所有文化。[93]事实上,在一些文化中新娘和新郎可能只认识几个星期、几天甚至几分钟就结婚成为夫妻。研究显示,这些婚姻关系也可以是成功和幸福的,[94]正如本章的"多元视角"专栏所示。

各种各样的差异——影响深远但不总是显而易见——会让来自不同文化的人之间的关系面临挑战。[95]例如,在各个关系中决定要分享自己多少心事就是个问题。正如第三章提到的,这个决定会因为所处的文化对于自我坦露的规则不同而变得尤其棘手。像美国这样的低语境文化比较重视直接，而像日本这样的高语境文化则认为圆滑含蓄重要得多。从两本自助手册的书名就可以窥见这两种文化态度的思维倾向：美国的自助手册标题是《如何拒绝别人而不用觉得愧疚》(*How to Say No Without Feeling Guilty*)[96]，而日本的自助手册刚好相反——《16种方法让你避免拒绝别人》(*16 Ways to Avoid Saying No*)[97]。不难看出，对于合适行为的不同见解会如何对跨文化关系造成挑战。

当挑战来源于文化差异时，第一章所描述的跨文化沟通能力就变得尤为重要。拥有适当的动机、容忍模糊性、开放心胸、掌握他人做法的知识和适应他人沟通风格的技巧有可能让沟通更顺畅，让关系更令人满足。

9.4 对关系做沟通

现在，你已经明白人际关系是复杂的、动态的和重要的了，但是，当我们在这些关系里进行沟通的时候，到底又互相交换了何种信息呢？

内容与关系信息

在第一章，你读到过每个信息都有其内容和关系向度。大部分信息最明显的成分是其内容，也就是被讨论的话题。好比"这次轮到你洗碗了"或"我周六晚上很忙"，这些句子的内容是显而易见的。

内容信息并不是两个人沟通时交换的唯一东西。几乎所有信息——无论是语言的还是非语言的信息——都有第二层意义，也就是关系向度，它将沟通者对彼此的感觉表述出来。[98]在下一部分，你会读到这类关系信息处理的是人们的社交需求，最普通的亲切感、即时性、尊重感和控制性。现在再思考一下我们刚刚提过的两个例子：

- 试着想象表达"这次轮到你洗碗"的两种说话方式：一种是要求式的，另一种是就事论事式的。注意不同的非语言信息是如何表述关于信息发送者如何看待关系中的控制的。要求式语气听上去像是"我有权利告诉你在这栋房子里你应该做什么"，而就事论事的语调听起来可能像"我只是提醒你某件你可能忽略的事情"。
- 你也可以设想表达"我周六晚上很忙"的两种方式：一种几乎不带任何亲切感，另一种则是充满感情和即时性的（此时，你的语气听上去很失望，并且希望重新安排日程）。

链接  自拍合照：对你和你的人际关系都有好处

"Relfie"是"Relationship Selfie"的简写，指的是与他人的自拍合照。这种合照常常被上传到Facebook、Twitter、Tumblr等社交网站上，来展示你和关系伙伴、朋友、家人或其他与你比较亲密的人在一起的场景。本文描述了自拍合照如何传达有关其主体的重要信息，并且有助于促进关系的健康发展。

当你一个人自拍时，你就是照片中的明星。当然，照片里也可能包含其他事物（比如你正在参观的一个很棒的地方，你所完成的某个作品，或者基本上强调了你的人格魅力的任何事物）。

当你和别人一起自拍时，照片展示更多的是"你们"而不是"你"了。也就是说，你通过自拍合照让你的人际关系成为照片的主要焦点，来强调你与他人的关联。结果，伙伴之间感觉更像是一对伴侣，而不是两个毫无关联的个人。在自拍照中，被展示的只有你自己，但在自拍合照中，被展示的就是你的人际关系。

你已经知道了是什么让自拍合照与自拍照不同，下面我们就来解释一下为什么自拍合照对你的人际关系来说很重要，这些原因都是有科学依据的：

- 一起自拍的伴侣会维持良好的关系。那些有着更多"我们"身份认同的情侣对彼此关系的满意度、亲密度和忠诚度往往会更高。
- 在别人眼里，你拥有更美好的恋爱关系。如果没有自拍合照，人们或许会认为你和你的伴侣不是很亲密。
- 与你光彩照人的伴侣一起自拍会让你看起来更有吸引力。毕竟，如果你和一个有魅力的伴侣在一起，那你一定也有什么过人之处。
- 人们会在感到幸福和愉悦的时候自拍合照。强调关系中的美好时光能提升情感亲密度、信任感及满意度，这有利于关系的发展。
- 如果与一群朋友一起自拍呢？那同样也会让你看上去更有魅力。
- 彼此感觉更亲近的伴侣更愿意分享一些东西（比如在Twitter上分享自拍合照），来告诉全世界他们是一对爱人。
- 你和你的伴侣做过一些新奇、有趣或是有挑战性的事情吗？（想一想：跳伞时、上冲浪课时、尝试一家新餐厅时自拍合照。）研究显示，这些经历有助于你的个人成长，而且能提升你的关系质量。

自拍合照不是自拍照。自拍照可能会显示你在某种程度上是一个自恋的、只顾自己的或渴求关注的人，而自拍合照却可能简单直接地表明你很珍视你与合照对象的关系。

加里·莱万多夫斯基（Gary Lewandowski）

通过回答下列问题，加深你的理解：
1. 本文提到的研究结论中，哪些与你最相符，哪些不相符？
2. 你能否想起一个社交网站页面，该页面没有准确地反映朋友的人际关系？解释一下你是怎么形成这种认知的，以及可以如何改变这一点。

注意在所有这些例子里，信息的关系向度从未被讨论。事实上，每天轰炸而来的信息那么多，大部分时间我们意识不到多少关系信息。有时候，我们没有察觉到关系信息，是因为它们符合我们对适当的尊重感、控制性及情感程度的判断。例如，当上司指派你去做某件特定的工作时，你不会觉得不舒服，因为你同意主管拥有指使下属的权力。但是，在另一些情况下，关系信息就会引发争执和冲突，哪怕内容并没有什么争议。假使你的上司用贬低、嘲讽或谩骂的口吻传达命令，你大概就会觉得被冒犯了。你的抱怨恐怕不是来自命令本身，而是来自上司传达命令的方式。"我可以为这家公司工作，"你可能会想，"但我不是奴隶或笨蛋，我应当像人一样被对待。"

关系信息是如何沟通的？正如上面所举的上司与下属的例子，他们通常进行非语言沟通（包括语气）。为了测试这个事实，你可以想象一下，当别人用下列不同的沟通方式说"可不可以请你帮我一下"时，你会有什么反应？

| 优越的 | 友善的 | 性感的 |
| 无助的 | 冷漠的 | 恼怒的 |

虽然非语言行为是关系信息的一个重要来源，但它们的含义是模糊不清。或许你会将他人尖锐的语气诠释为人身侮辱，而那可能只是对方感到疲累的结果；会将他人打岔的行为假定为企图无视你的想法，而那可能只是对方感到压力的表现，并且他的压力与你无关。在你通过关系（非言语）线索直接得出结论之前，先借助第四章描述的知觉检核技巧，用语言向对方确认一下是一个好主意。

关系信息的类型

内容信息的种类和数量几乎无穷无尽，好比谈到"洞"可以从黑洞谈到甜甜圈中间的洞，谈"石"可以从化石、玉石谈到滚石音乐。但跟内容信息不同，关系信息的种类却是出乎意料的少，实际上它们能划分入四种不同的类别：亲切感、即时性、尊重感和控制性。

亲切感 关系沟通的一个重要种类是**亲切感**（affinity），意即人们欣赏和喜爱对方的程度。[99]在恋爱关系中，喜爱无疑是最重要的要素。[100]然而，并非所有传达亲切感的信息都是正面的：瞪眼和严词展现（不）喜欢的程度就像微笑和表白爱意一样清楚。

即时性 即时性（immediacy）是指我们感到的和传达的对别人兴趣和专注的程度。即时性无疑是关系的一个重要内容。[101]许多即时性信息来自非语言行为，比如眼神交流、脸部表情、说话语气和与他人保持的距离等。[102]即时性信息也可以经由我们的语言传达，例如告诉对方"我们有个问题"要比"你有个问题"更有即时性效果，详见第六章和第七章对于语言和非语言的讨论。

即时性和亲切感不是一回事：喜欢一个人并不一定要直接即时表达出来。举个例子，在传达喜爱之情时，你可以使用高度的即时性信息——比如一个大大的拥抱和亲吻，或者高呼"我真的很喜欢你！"也可以使用低度的即时性信息——在家里营造出一个安静愉快的夜晚，你和对方各自舒服、独立地读书或工作。你也可以想象用高度或低度的即时性信息传达不喜欢的例子。

最明显的即时性沟通类型牵涉正面的感觉，但在表达不赞成或者不喜欢时，高度和低度的即时性沟通都有可能。例如，想象一下用温和的表达方式和极端的表达方式——无论是语言的还是非语言的——让朋友知道你对他的所作所为很不开心之间的差异。

高度即时性的沟通当然有其价值，但是有时候放缓脚步也颇令人期待。无时无刻不上紧发条的互动会使人精疲力竭。此外，在某些不赞许直接回应的文化中，尤其在公共场合，高度即时性的沟通也是不适当的。在大多数案例中，关系满意的关键是去建立双方都接受的即时性沟通强度。

尊重感　也许你第一眼看见"尊重"，会认为它与亲切感很像，但是它们是截然不同的两种态度。[103]亲切感是指喜欢和投缘，而**尊重感**（respect）则指尊敬、敬爱。我们有可能喜爱某人却不尊重他，譬如你可能很喜欢、很宠爱两岁的表妹，但你不会想要尊敬她。同样，你或许十分喜爱某些好友，但却不尊重他们的行为方式。反之亦然，我们有可能尊重某个我们不喜欢的人。你可能因为某个熟人工作勤奋、为人正直、很有才能或聪明伶俐而十分尊重他，但却不是特别喜欢和那个人交往。

尊重感是良好关系的一个极其重要的部分。事实上，尊重感能比喜欢甚至爱恋更好地预测关系满意度。[104]你的个人经历也会显示，受人尊敬有时比被人喜欢更重要。想想你的学校生活，当老师或同学似乎没把你的意见或问题当一回事时，是不是感觉很生气？在工作中这个准则同样存在，自己的意见被认为有价值通常比受欢迎更有意义。即便在许多私人关系中，尊重议题也常常是引发争执的焦点。被人认真对待是自尊极为重要的一部分。

控制性　关系沟通的最后一个维度涉及**控制性**（control），也就是在关系中一方有权影响另一方的程度。一些类型的控制涉及"发言权"（conversation），包括谁说话最多、谁打断了谁，以及谁最常改变话题等。[105] 控制的另一个维度涉及"决策权"（decision），即在关系中谁拥有决定事情的权力，比如星期六晚上我们将做什么，我们应该拿积蓄去整修房子还是度假，我们应该花多少时间待在一起或独处等。

当有关人员对权力分配有不同看法时，就会出现关系问题。如果你和朋友都坚持自己的想法，也有可能出现问题。（如果没有人愿意做决定，也会造成困境："你今晚想做什么呢？""我不知道……为什么你不决定？""不，你来决定。"）

大多数健康的关系用弹性方式来决定控制的分配，这比一边倒地只由其中一方做决定，或是不现实地完全平等地分摊责任，或是两人轮流做决定，或是两人直接交换角色都要好。例如，约翰可能负责在修车、拟订菜单、与朋友的聚会上的灯光等问题上做决定；玛丽可能负责在家庭开支、照顾小孩、当她和约翰单独相处时控制对话等问题上做决定。当某个决定对一方很重要时，另一方愿意先让一步，因为他知道反正会先苦后甘；当某个议题对双方都很重要时，他们会试着平等地分享权力；而当出现僵局时，两人都会以一种保持整体权力均衡的方式做出让步。

后设沟通

并非所有的关系信息都是非语言的，社会科学家使用**后设沟通**（metacommunication）这个术语来描述人们谈论"关系"时所交换的语言的和非语言的信息。[106] 换句话说，后设沟通是关于沟通的沟通。无论何时，只要我们与他人讨论关系，我们就是在进行后设沟通，例如"我讨厌你用这种语气跟我说话"或是"我很感激你愿意对我坦白"。语言的后设沟通是成功的人际关系中的一个重要组成部分。你迟早要和别人谈论你们之间发生了什么。有能力聚焦于本章所描述的问题上，可以让你的关系保持正轨。

后设沟通不仅仅是一种处理问题的工具，还是一种强化关系令人满意方面的方法，例如："我真的很感谢你，愿意在老板面前帮我美言几句。"类似这样的陈述提供了两种功用：首先，这让别人知道你很重视他们的行为；再者，也提高了别人以后愿意继续这种行为的概率。

尽管后设沟通有不少优点，可公开讨论关系议题也有其风险。你聚焦于关系的期望看起来可能像一个不好的征兆（"如果我们的关系需要一直不停地商讨，那这段关系也没什么将来可言了。"）。[107] 此外后设沟通确实包含一定程度的分析（"听起来你好像在生我的气"），而且有些人就是讨厌被剖析。

这些警告并不意味着语言的后设沟通不是好主意，它们只是提醒你，后设沟通作为一个工具，需要被小心地使用。

9.5 维持人际关系

就像花园需要照料，汽车需要检修，身体需要锻炼，关系也需要持续的维护来保持它们是成功和令人满意的。[108]社会科学家使用**关系维持**（relational maintenance）一词来描述保持关系平稳地、令人满意地运转而进行的沟通。[109]

那么，什么样的沟通有助于维持关系的满意度呢？研究人员指出了五个策略：[110]

1. **积极性**：保持关系的氛围是有礼貌的和积极向上的，同时避免批评。（第十一章详细地论述了这个主题。）
2. **开放性**：直接讨论关系的性质，并且坦露你的个人需求和关注。（第三章描述了找出最理想的自我坦露程度所面对的挑战。）
3. **保证**：从语言和非语言的层面上，让对方知道他对你来说是重要的，你是忠于这段关系的。
4. **社交网络**：关注彼此的朋友、家人和亲人。
5. **共享任务**：帮助彼此打理生活中的琐事和义务。

这些维持策略不只适用于恋爱关系。一项分析大学生电子邮件的研究，试图找出他们所用的维持关系的方法有哪些。[111]结果显示在与家人和朋友沟通时，有两个策略是最常用的，即开放性（"最近我遇到了一些疯狂的事情"）和社交网络（"你和山姆怎么样了？希望一切都好"）。而对恋人来说，保证（"发这封简短的电子邮件，只是为了跟你说我爱你"）是最常用的维持手段。

上面这个例子表明社交媒体能够在维持亲密关系上发挥重要作用。[112]正如第二章所提到的，类似Facebook这样的工具，能够让心爱的人有机会通过更新状态和在彼此的留言板上发表评论来保持联系。[113]此外，打电话和发电子邮件也能有所助益，特别是通过电话沟通在谈论更亲密的话题上别有价值。[114]即便交换照片信息也是维持关系的一种手段。[115]研究发现，女性会比男性更频繁地使用社交媒体来维持关系，无论其维护的是哪一种关系。[116]这与另一个研究结果一致，即比起男人和他们的男性朋友，女人和她们的女性朋友彼此期待和接收到了更多的维持沟通信息。[117]

社交媒体对于那些面临挑战的远距离关系来说，特别有用。异地关系已经日趋普遍；而且和人们的推测相反，异地关系可以和在地理上相近的关系一样稳定，甚至更稳定。[118]这个结论不仅针对恋爱关系和家庭关系，对友谊来说也是如此。[119]事实上，距离不是问题，真正关键的是对维持关系的承诺。在一项研究中，女性大学生说开放性和共同解决问题是维持异地恋关系的决定性策略。[120]在另一项研究中，无论男人还是女人都说在维持远距离友谊的亲密感上，开放性（自我坦露）是最重要的因素。（他们承认共享任务和实际帮助在远距离关系中是不太可行的选择。）[121]

社会支持

关系维持关涉的是如何保持一段关系的茁壮成长，而**社会支持**（social support）关涉的是如何在心爱的人面临各种挑战的时刻，提供情感上的、信息上的，或者工具性的资源与支援。[122]沟通在向我们所爱的人提供上述援助时扮演着核心角色。[123]下面让我们仔细审视这三种支持性资源：

1. **情感支持**：当一个人感到压力、受伤或悲痛的时候，没有什么比心爱的人带着同理心倾听并用关爱的方式做出回应更有帮助了。[124]第八章第4节的"支持"描述了我们在回应别人的情感需求时，能做和不能做什么。保持你所传达的信息**以人为中心**，这件事是很重要的。也就说要集中在说话者的情绪上（"这件事一定让你很难过"），而不是忽视那些感受（"这不是世界末日"），或者分散注意（"明天太阳还会照常升起"）。[125]

2. **信息支持**：我们生活中最亲近的人往往是我们获取信息的最佳来源。他们可以为我们提供关于购物的建议、对人际关系的看法，以及对于

想一想　维持你的关系

1. 选择一段对你来说重要的关系，对方可以是你的家人、朋友或者伴侣。借助上文所列的关系维持策略，分析你和对方在多大程度上保持你们的关系是紧密和令人满意的。

2. 你对通过建设性沟通来维持自己重要关系的方式满意吗？

3. 如果不满意，你可以采取哪些步骤来改善你们之间的关系？

我们盲点的观察。你很有可能回忆起这样的时刻，你带着感激对心爱的人说："谢谢你让我知道。"当然，记住第八章第4节关于"忠告"的技巧是很重要的。如果是对方想要的甚至请求的信息，它就最有可能被当作是支持性的。

3. **工具性支持**：有时候最好的支持就是卷起你的袖子，为你所爱的人完成一项任务或者提供一个帮助。这种任务或帮助不需要有多复杂，可以只是送对方到机场，或者在对方生病期间给予照顾。我们常常指望伴侣和家人能在我们需要的时候提供帮助，工具性支持是一段亲密友谊的主要指标（"患难见真情"）。[126]

一项研究发现，恋爱关系中的伴侣基本上没有从对方那里收到他们想要的那么多支持。[127] 然而，也有一小部分参与者表示，他们有时从伴侣那里得到了太多支持，表现为不想要的信息和建议。清楚地沟通彼此想要和需要哪种支持对夫妻来说很重要，根据这项研究的一个作者所言："你的伴侣不应该也不必是一个会读心术的人。如果夫妻知道如何说'我是这样感觉的，我想要你这样帮助我'，那他们会更幸福。"[128]

值得一提的是，提供社会支持的沟通者不一定需要看见——在一些情况下甚至是不必知道——彼此。[129] 你可以在第二章看到关于如何通过社交媒体提供社会支持的讨论。

修复损坏的关系

即使最稳固的关系迟早也会遭遇严峻的考验。有些问题来自外在的压力：工作、财产、第三者，等等；有时候问题来自两人之间的差异和不同意见。第十二章为应对这些挑战提供了指导原则。

关系的第三种问题来自**关系越界**（relational transgressions）行为，即当一方明显或隐蔽地违反关系默契时，以某种重要的方式让另一方失望。[130]

关系越界的类型 下面列出了关系越界的一些方式：[131]

在电影《星运里的错》（*The Fault in Our Stars*）中，古斯（安塞尔·艾尔高特饰）向海泽尔（谢琳·伍德蕾饰）提供了情感支持、信息支持和工具性支持。在故事结束之前，海泽尔回应了古斯的爱。你是如何向处于困难时期的你爱的人传达支持的？你最希望收到哪种支持？

缺乏承诺
- 没能履行重要的义务（例如：与财产、情绪、家务相关的）
- 自利的诓骗
- 不忠诚

距离
- 身体分离（超出了客观的必要）
- 心理分离（逃避、忽视、默然等）

引发问题的情绪
- 猜忌
- 不加求证的怀疑
- 暴怒

攻击
- 言语伤害
- 身体暴力

如果你考虑自己经历过的越界行为，你会发现每种越界行为都有几个维度。

- **轻微的或严重的**：上面描述的有些行为并不一定会造成越界，有时候少量做一点甚至有助于关系。例如，小别胜新婚——有点距离关系反而让心更加紧密；一点点猜忌也可以增加情趣；以小口角起头或许可以化解一场盛怒。但是，如果大量且经常为之，这些严重的越界行为必然会损坏两人的关系。
- **社会的或关系的**：有些越界行为违反了大多数人的社会规则。例如，几乎所有人都同意在公共场合羞辱或嘲讽朋友、家人是明显的违反基本社会规则——关于保全他人面子——的行为。而有些规则本质上是属于关系的，即由关系中的双方共同建构出来的独特规则。例如，有些家庭规定"假如我要晚一点到家,我会让你知道,所以你不必担心"。一旦这个规则存在，不去遵守就会被视为越界，虽然局外人不会持这种看法。
- **故意的或无心的**：有些越界行为是无心的，你可能说出你朋友过去的某件事，没想到这个爆料会造成朋友的尴尬。但是有些越界行为却是故意的，你在气头上时可能明知会伤害对方的感受，却仍然故意厉声痛斥，做出冷酷的回应。
- **偶发的或续增的**：最明显的越界行为发生在单一事件中：一次背叛行为、一次语言上的攻击，或者愤然离开。但是更微妙的越界行为要随着时间的过去才会发生。思考一下情绪退缩的情况——每个人都有需要独处的时候，我们通常会配合着给出对方空间。但是如果这种退缩慢慢变成一种惯性，就会违反大多数关系的基本规则：伴侣应该彼此陪伴。

关系修复的策略 研究证实了我们的常识性观念：修复关系的第一步是去谈论越界行为。[132]当你认为自己被亏待的时候，第十一章为你提供了如何传达清楚、肯定信息的技巧，"昨晚，你当着大家的面对我吼叫，这真的让我很尴尬。"在另一种情况下，你可能会为越界行为负责而想要主动讨论，"我

在工作中
如何修复损坏的职场关系

工作上的挑战早晚会导致一些关系破裂。选择忽视和逃避问题会让人轻松很多，但这样做的后果可能很严重。如果你必须与对方合作，你们之间的摩擦不仅会降低工作效率，还会让日常相处不舒服，甚至非常痛苦。此外，一个心怀不满的同事、上司、下属或顾客可能会暗中破坏你的事业。

在《哈佛商业评论》(*Harvard Business Review*)的一篇文章中，商业顾问多利·克拉克（Dorie Clark）提供了一些建设性意见：

1. 重新开始。正如第一章所提到的，你无力改变已经发生的事情。但是，你可以表达想要重新开始的愿望。你可以说："我对过去我们之间发生的问题感到很遗憾，现在我们能不能一起想办法让日后做得更好？"

2. 承认自己的过失。给别人挑错很容易，但是你自己也可能在某种程度上促成了问题的产生。你之前是否过于强势或过于安静？是否干预过多或袖手旁观？是否太过苛刻或没有更有效地传达你的需求？承担一些责任会让对方更容易承认他在冲突中所扮演的角色。

3. 改变沟通动力。或许你不能改变别人，但是你可以控制自己的言行。本书提供了很多策略，你可以用来打破那些没有成效的沟通模式。比如，考虑通过知觉检核技巧（第四章）来澄清自己的理解；通过使用第五章中的策略来管理你的问题情绪；尝试使用行为语言（第六章）来更清楚地表明你的立场；尽你最大的努力更仔细、更尊敬地去倾听他人（第八章）；运用第十一章中减少防卫心的技巧，以及第十二章中更有成效地管控将来冲突的策略。

做了什么让你觉得这么受伤？"或"我的做法为什么在你看来是个困扰？"不过，像这样提问，而且不带防卫地倾听对方的答案，可能要面对很大的挑战。第八章提供了倾听的指南，第十一章提供了处理批评的方法。

期待严重的越界行为会被遗忘是不现实的事。如果你是做出越界行为的人，改正错误的最好机会就是毫无保留地说出来。道歉不是一件容易的事，特别是在西方文化中，每个人都很在意保全自己的脸面。[133]但是，将后悔藏于心中不是比说一句"我很抱歉"还要糟糕吗？根据一项研究报告，参与者说他们道过歉后，就不会感觉那么悔恨了。[134]寻求原谅还能带来另一个好处：研究显示，获得原谅的越界者比没有得到原谅的人较少重复自己的错误。[135]

道歉有几种方式：[136]

1. 表达后悔："我很抱歉。""我对自己的所作所为感到难过。"
2. 承担责任："我错了。""这是我的错。"
3. 做出弥补："我做些什么才能让这一切恢复原状？"
4. 真诚地忏悔："我会努力不再重蹈覆辙。"
5. 请求原谅："你愿意原谅我吗？"

只有在道歉者的语言和非语言行为配合一致时，道歉行为才会具有诚意。即便如此，期待道歉之后立即获得原谅也是不切实际的。有时候，尤其是严重的越界行为，表达悔意并承诺改善后必须经得起时间的考验，才能让对方

想一想　你的关系越界行为

1. 指出你在某段重要关系中做过的越界行为。（如果你认为时间能够解决一切问题，考虑问问你越界行为的"受害者"，让他来描述你的行为及其影响。）

2. 分别审视你在上一个问题中列出的每个越界行为，指出它是轻微的还是严重的，是社会的还是关系的，是故意的还是无心的，是偶发的还是续增的？（你可以问问对方，看他如何认定这些越界行为。）

3. 考虑一下（或者询问对方）有必要修复你的哪些越界行为，并且选择你（和对方）认为最重要的越界行为。然后回顾上面描述的道歉的五种方式，决定你可以如何把它们化为实际行动。

4. 如果你向别人道歉，五种道歉方式中哪些对你来说最难说出口？如果有人向你道歉，你最看重哪些道歉方式？

感受到真诚而愿意接受道歉。[137]

回应越界 很多人认为原谅是理论家或哲学家论述的主题。然而，社会科学家已经发现，我们回应别人道歉的方式对关系的未来有很大影响。我们有三种可能的方式来回应别人的道歉。[138]

1.接受

"我很高兴你能明白我为什么这么难过。我真的希望不会再发生这种事了。"

"我无法忘记你做过的事，但我相信你是真心道歉的，我接受你的道歉。"

2.拒绝

"我不能让这件事就这么过去，至少现在不能，这件事太伤人了。"

"言语不能弥补你做过的事。"

3.讨论

"我感谢你的道歉，但我不认为你明白，为什么这件事对我来说是个大问题……"

"我怎么能保证你不会再做同样的事？"

尽管我们不可能接受所有道歉，但是原谅他人对个人和关系都是有益的。在个人层面上，原谅已经被证实可以减轻情绪沮丧，减少攻击行为[139]，还能促进心血管功能[140]。在人际层面上，愿意去原谅爱人、朋友、家人有助于修复损坏的关系。[141]

有些越界行为更难被原谅，这不足为奇。[142]关于约会中情侣的研究发现，背叛的性行为和分手是最不能被原谅的两种越界行为。[143]而且，正如之前提过的，面对情感上的不忠——就像发生网上出轨——会让人感到和面对背叛的性行为一样痛苦。[144]

即使对方已经真诚地道歉了，要原谅对方还是很困难。研究显示，提升自己原谅能力的一种方法，是去回想你也曾亏待过或伤害过别人的时刻。换句话说，就是记得你也曾错待别人而需要别人的原谅。[145]要认识到原谅别人才是对自己最有利的，沟通学者

"我说过我很抱歉了。"

道格拉斯·凯利（Douglas Kelley）鼓励我们牢记瓦尔特斯（R. P. Walters）所说的："被伤害时我们有两条路可走：被仇恨摧毁，或是原谅。仇恨带来死亡，原谅带来疗愈与重生。"[146]

小 结

人们因为各种不同理由建立人际关系，有些理由和沟通者彼此吸引的程度有关。吸引可能来自于生理外貌、察觉到的相似性、人格特质上的互补、相互间的吸引力、觉察到的能力、自我信息的坦露、接近和报酬等。

关于人际关系的演变，两种模式分别提供了两种不同的观点：阶段发展模式认为，人们在聚合期和离散期中的各个阶段出现不同的沟通特征；辩证张力模式认为，人们在每个阶段都需要经营各种互不相容的需求。

沟通会出现两种向度：内容向度和关系向度。关系沟通可以是语言的也可以是非语言的。关系信息通常是指关系的四种维度中的一种维度：亲切感、即时性、尊重感和控制性。后设沟通是由沟通者之间关于关系传达的信息组成的。

健康的人际关系需要维持，也需要情感的、信息上的和工具性支持。当关系受到越界行为损害时，修复策略和原谅对双方而言都是很重要的技巧。

电影与电视

你可以在以下电影和电视节目中印证我们在本章总结的沟通准则：

关系的吸引

电视真人秀

从20世纪90年代的《真实世界》（*The Real World*）开始，许多所谓的真人秀允许观众像看电视剧一样一集一集地观看参与者如何建立、维持和结束人际关系。有一些节目（比如《钻石单身汉》[*The Bachelor/Bachelorette*]）以配对竞赛的形式呈现，参与者借此选择自己的伴侣。在这些节目中，外貌吸引力在初始阶段起到非常重要的作用。但是随着彼此亲近和坦露的增加，参与者就会开始评估与他们所选的伴侣继续这段关系的成本与报酬了。

其他的真人秀（如播了很长时间的《幸存者》[*Survivor*]和《老大哥》[*Big Brother*]）则使参与者互相对抗：每个人都为了不被其他选手投票淘汰出局而彼此竞争。在很多情况下，选手们也会结成联盟关系，有的基于相似性（女人对抗男人；年纪较大的参与者对抗年轻的参与者），有的基于接近（结盟的队友

ABC-TV/The Kobal Collection/Picture Desk

彼此在一起的时间更多，并且经常——但不总是——变得喜欢彼此）。此外，能力也是结盟的一个因素，参与者往往会被那些在（节目的）生存竞赛中表现出色的人吸引。当拥有不同才能的参与者创造出"古怪伙伴"的搭档关系时，互补性在其中起到了作用。

尽管真人秀并不总能代表大多数人的真实世界，但在节目中发展起来的人际关系却经常折射了日常生活中所发生的事情。

关系的阶段

《和莎莫的500天》（[500] Days of Summer, 2009）PG-13级

在电影《和莎莫的500天》开头，故事的叙述者像是有预兆似的念道："你应该事先知道，这不是一个爱情故事。"确实，这不是一部典型的浪漫爱情喜剧。汤姆（约瑟夫·高登-莱维特饰）和莎莫（佐伊·丹斯切尔饰）的故事是以回顾他们繁杂关系中的许多天来讲述的，并且没有以时间为顺序。

关系的发展阶段对这对恋人有着重要的影响。汤姆相信他们的恋情有长期发展的潜力，而且他想继续前进到克奈普称为整合和结合的阶段。但另一方面，莎莫似乎满足于停留在试验和强化阶段。当汤姆逼着她做出更多承诺时，莎莫马上表现出了关系恶化阶段的典型行为。

这部电影向我们阐明了，首先关系的发展阶段常常是知觉方面的问题，其次关系的双方对他们所处的阶段——或者他们所想达到的阶段——的认知可能并不一致。

《分手男女》（The Break-Up, 2006）PG-13级

这部悲喜剧记录了布鲁克·梅耶（詹妮弗·安妮斯顿饰）和盖瑞·葛洛博威斯基（文斯·沃恩饰）关系瓦解的过程，其方式与克奈普关系发展模式的"离散期"阶段十分吻合。我们可以看到他们两人的沟通经历了各自阶段（完全和字面一样，他们在公寓里用警戒线分隔出了各自的区域）、停滞阶段、逃避阶段以及最终的结束阶段。这部电影同时也阐明了联系与自主的辩证张力：布鲁克想要更多的联系，而盖瑞想要更多的自主。《分手男女》用戏剧化的手法演绎了电影老歌中的那句歌词：分手是件很难的事情。

关系的辩证

《赛勒斯》（Cyrus, 2010）R级

约翰（约翰·C·赖利饰）在度过了七年绝望的单身生活以后，他和莫莉（玛丽莎·托梅饰）擦出了一段感情，这让他发觉自己还是一个幸运的人。然而只有一个问题困扰着他，那就是莫莉21岁的仍然和母亲同住的儿子赛勒斯（乔纳·希尔饰）。

赛勒斯的成长从来就没有离开过与他母亲的联系。透过电影我们也会和约翰一样，对赛勒斯充满嫉妒的占有欲越来越抓狂。果然，不久赛勒斯就开始公开破坏约翰与莫莉之间的关系，这样他就不用和别人分享他妈妈的感情了。

一直到这部严肃喜剧的最后一幕，我们都不知道约翰是否能成功地说服这对母子把他们的自主与联系的辩证带入一种更好的平衡状态。不过，我们能清楚看到的是，在一段关系中，一件好事过了头反而会变成一件坏事。

关系的信息

《为人父母》（Parenthood, 2010— ）TV-PG级

电视剧《为人父母》带领我们跟随庞大的、丰富多彩的布雷弗曼一家体验各种喜怒哀乐。这个家族的大家长齐克（克雷格·T·尼尔森饰）和女家长卡米尔（邦妮·比蒂丽娅饰）尽他们最大的努力将自己的爱与智慧传授给他们的子孙。

为人父母所要面对的一个挑战就是管理关系信息，因为他们年幼的孩子会成长为青少年，

然后成年。而这部剧的父母们，无论跨越了几代人，都竭尽所能与他们的孩子进行亲切的、即时性的沟通，同时又设法维持在一个尊重的和控制性的层面上。这是一种微妙的平衡，有时候也不那么有效——就像在现实生活中一样。

修复被损坏的关系

《赎罪》（*Atonement*，2007）R级

在英国的一所庄园里，13岁的布里奥妮·泰利斯（西尔莎·罗南饰）暗中看到自己的姐姐塞西莉亚（凯拉·奈特莉饰）和管家的儿子罗比·特纳（詹姆斯·麦卡沃伊饰）的秘密约会。由于过分活跃的想象以及对罗比浓烈醋意的驱使，布里奥妮得出错误的推断，指证罗比犯有一项实际非他所为的罪行。

布里奥妮的控告摧毁了包括她自己在内他们三个人的生活。她用她的余生来为自己鲁莽的指控赎罪。通过说明沟通的不可逆原则，这个故事讲述了试图修复被严重损坏的关系所要面对的巨大挑战。

第十章
人际沟通中的亲密关系

阅读完本章后，你应该能够：

* 辨认某段特定关系的亲密水平与亲密类型，并且描述能够提高亲密感质量和程度的方法。
* 针对某个特定的家庭，解释其中的家庭角色是如何通过沟通创造和保持的。
* 以某个家庭为单位，描述其作为系统的整体特性，同时也描述该家庭的沟通模式。
* 辨认你生活中的友谊的各种类型，并且评价它们是如何通过沟通有效地维持的。
* 辨认某段特定的感情关系中的转折点和冲突类型。
* 评估在某段特定的感情关系中，适应彼此爱的语言的有效性。

亲密关系有多重要？实证研究提供了一些答案。研究者询问那些在收容所或医院里即将死亡的人们，什么是他们生命中最重要的。达到90%的绝症患者把亲密关系列在了清单的顶部。正如一位50岁拥有三个孩子却因癌症面临死亡的母亲所说："你不必等到变成我这种状况时，才知道生命中没有任何事物比爱更加重要。"[1]另一位研究者的结论是亲密关系"无论在哪个年龄阶段或者哪种文化中，都可能是一个人生活满意度和情绪幸福感最重要的来源了"[2]。

本章将仔细审视一下亲密关系。首先我们将调查一下亲密所扮演的角色，它使我们的关系更私人化、更有意义。其次，我们将探讨与家人、友人和爱人相处的三种语境，这是我们的亲密关系主要发生的地方。最后，我们将介绍一些方法，以帮助我们改善亲密关系中的沟通。

10.1 关系中的亲密

《韦伯斯特新大学词典》（New Collegiate Dictionary）将**亲密**（intimacy）定义为一种"密切结合、接触、联盟或熟识"的状态。这种亲密感可以出现在各种不同的关系里。研究者询问数百位大学生，什么是他们觉得"最贴近、最深入、最投入、最亲密的关系"。[3]近一半（47%）的回答是爱情，大约三分之一（36%）的人认为是友谊，剩下的大多数（14%）选择家庭。让我们看看，亲密感在这些语境中是如何运作的。

亲密的向度

哪种行为会让关系变得亲密？事实上，亲密关系有许多面向，第一个向度是**身体的**。甚至在出生之前，胎儿就在母体中体验到出生之后再也无法重现的亲密感觉："漂浮在温暖的水流中，蜷曲在完全的拥抱中，在移动的身体中来回摇晃，听着心脏跳动的节奏。"[4]长大后，幸运的孩子会持续在身体的亲密中得到滋养：被摇动、喂食、拥抱和握住。等到再长大一些时，身体上的亲密机会变少了，但仍然可能会有，也很重要。有时候，身体上的亲密关系指的就是性关系——不过性不总是和亲密关系有关。在一项调查报告中，超过一半的调查对象（性行为活跃的年轻人）承认他们有过没有约会就发生

性关系的经历，而且大多数表示没有进一步建立约会关系的欲望。⁵

第二种亲密的向度来自**智力**的分享。当然，并非每一次想法的交换都会产生亲密感。和教授或者同学讨论下个星期的期中考试并不会缔造强韧的关系纽带。但是，当你吸引别人与你交换重要的信息时，你们就会建立一种亲密的感觉，那是十分有力和令人高兴的。

第三种亲密的向度是**情感的**：交换重要的感觉，共享个人的信息，有助于反映和创造亲近的感觉。第三章描述了自我坦露在关系发展中的作用，第五章也解释了情绪会如何影响人际交往。当你与他人分享你的感受，或者告诉他们关于你个人的事情的时候，某种程度的联结就会发生。

如果我们将亲密界定为和另一个人亲近，那么**共享活动**就是可以获得亲密感的第四个向度。⁶共享活动可以是工作上的并肩作战，也可以是定期的健身运动。当同伴们共度一段时光后，他们可以发展出独特的方式将关系从非人际的转化为人际的。举例来说，不论在友谊还是感情关系中，都会具有许多特质相同的活动。同伴会发明私下的密码，模仿其他人的行为，彼此嘲笑，玩游戏——从比赛说俏皮话到掰手腕，等等。⁷并不是每种共享活动都可以创造和表达亲密感，但是这类来自与他人共同经历重要事件的联系，由于太频繁也太特别，实在令人难以忽视。一起经历过身体上的挑战——如运动或紧急情况——的同伴，所建立的联系会持续一生。

许多亲密关系呈现出四个向度——身体上的、智力上的、情感上的和共享的活动；有些亲密关系只呈现其中的一两种；当然还有一些关系并不是亲密关系。熟人、室友以及工作伙伴有可能无法变得亲密；在某些案例中，甚至家庭成员也只能维持平稳却冷漠的关系。

即便是最亲密的关系，也不总是保持最高层次的亲密感。有时候，你可能会跟朋友、家人或爱人分享自己的全部想法；另一些时候，你可能会退出沟通。你可能会自由地分享关于某个话题的感想，又会刻意避开另一个话题。同样的原则也适用于身体上的亲密，其在大多数关系里都有起伏波动。

虽然没有关系是一直亲密的，但是没有任何亲密的生活是完全不值得拥有的。例如，在恋爱关系中害怕亲密的人，会对长期关系预见到较少的满意度，甚至从长期约会对象那里感觉到更加疏离。有大量证据支持这样一个结论：在建立和维持关系的过程中，害怕亲密是造成主要问题的原因。⁸

男性和女性的亲密形态

直到最近，许多社会科学研究者才相信，女人比男人更会建立和维持亲密关系。[9]这个观点源于一种假设，即坦露个人信息是建立亲密关系最重要的要素。许多研究的确显示出女人比男人更愿意共享她们的想法和感觉，虽然之间的差异没有人们想象的那么戏剧化。[10]就交换信息的数量和深度而论，女性—女性的关系处于坦露列表的最上层，男性—女性的关系位居第二，而男性—男性的关系包含最少的坦露。在各个年龄段，女人都比男人坦露更多，而且她们分享的信息更私人化，更涉及感觉。

几十年前，社会科学家将相对缺乏自我坦露的男性解释为男性不愿意，甚至没有能力建立亲密关系。有一些还认为女性坦露个人信息和感觉的特质使得她们的"情绪成熟度"和"人际互动能力"比男性更好。有一篇文章名为《不善表达的男人：美国社会的悲剧》(*The Inexpressive Male: A Tragedy of American Society*)，它的标题就生动地抓住了女性在表达上的优势与男性的缺陷。[11]一些自我成长的计划和自我帮助类书籍，都试图协助男性通过学习变得更加开放并分享他们的感觉。

但近期越来越多的学术研究显示，情绪的坦露并不是建立亲密关系的唯一方法。正如你在本章后面将读到的那样，男性经常通过共享活动、为别人或者与别人一起做事来体验和表达亲密感。同样的模式也存在于父子之间的沟通中。一般来说母亲会直接通过语言，或者非语言的行为如亲吻和拥抱，向刚刚成年的儿子表达她的爱；但父亲很少这么直接[12]，而是通过支持和帮助儿子完成挑战与任务来表达自己的爱。

事实上，生物性征并不是塑造男性表达情感方式的根本原因，男性所受到的**性别角色**影响才是。回顾第四章是如何解释的，无论男人、女人都会接受一种性别角色——阳刚的、阴柔的、阴阳兼具的——不一定匹配他们的生理性征。将这些形态运用到亲密感上就会发现，阳刚的男性最有可能通过协助行为和共享活动来表达关怀。[13]拥有女性沟通风格（这也是社会的刻板印象）的男性通常会比较直接地表达情感，尤其是在对其他男性时。

女性和男性在亲密程度上的差异，能够帮助我们理解一些因性别而造成的压力和误解。举例来说，如果一个女性认为彼此坦露情绪才足以代表情感上的亲密，会忽视"不善表达"

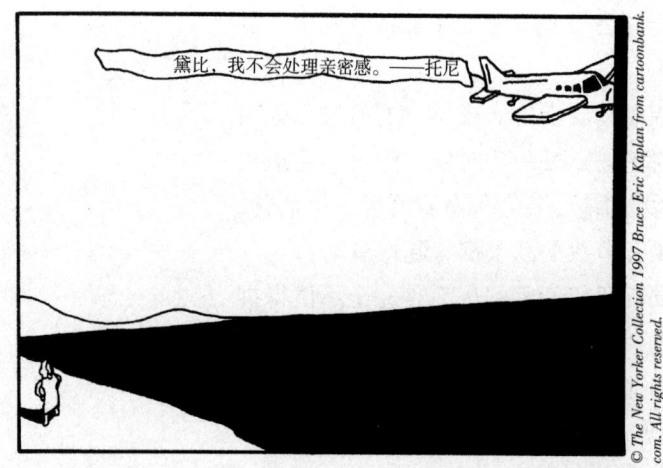

的男性通过帮忙和花时间共处来表达关怀的努力。修理漏水的水龙头或是爬山，在女人看来像是拒绝亲近的借口，但是对提出这些建议的男人而言却是感情的表现和亲密的表示。同样，对于"性"的发生时间和意义的不同想法也会带来误会。许多女性认为性是一种亲密感建立后的表达（express）方式；而大多数的男性则认为，性是一种创造（create）亲密感的方式。[14]就这种意义来说，男人在关系建立的早期或者争吵之后提出性交，不能简单地视为男性荷尔蒙狂热的好色之徒，他可能视这样的共享活动为建立亲密感的方式。相比之下，女性认为个人交谈才是建立亲密感的方式，所以她们可能会拒绝在情感关系建立之前就先发生肉体上的亲近行为。

一如既往，认识到这些概括并不适用于每一个人是重要的。而且，人们对于什么是适当的男性行为的观念也在改变着。[15]比如，一个针对黄金时段的电视情景喜剧的分析显示，那些坦露个人信息的男性角色基本上都从其他角色那里获得了有利回应。[16]研究人员还注意到，北美正在发生一种文化变化，即父亲对儿子的感情比上一代人更为深厚——尽管其中一些感情仍然是通过共享活动表达的。[17]

想一想　你的"亲商"（IQ: Intimacy Quotient，亲密商数）

在你的重要关系中，亲密的程度是多少？按照下列指导找到答案。

1. 指出在下列每个量表中，最能描述你某段重要关系的点。

　　a. 你们身体亲密的程度
低 1 ─── 2 ─── 3 ─── 4 ─── 5 高
　　b. 你们情感亲密的程度
低 1 ─── 2 ─── 3 ─── 4 ─── 5 高
　　c. 你们智力亲密的程度
低 1 ─── 2 ─── 3 ─── 4 ─── 5 高
　　d. 你们共享活动的程度
低 1 ─── 2 ─── 3 ─── 4 ─── 5 高

2. 你已经对亲密的每一个向度都做出了回应，其中哪一个对你来说是最容易确认的？为什么？哪一个最难确认？为什么？

3. 你对亲密的每个向度的回答，就这段关系来说揭示了什么？

4. 你对自己的回答所勾勒出的亲密商数满意吗？如果不满意，你能采取哪些措施来改变你们的亲密程度？

5. 总体来看，理解自己的亲密商数可以如何帮助你拥有更令人满意的关系？

文化对亲密的影响

就历史上来看,有关公开和私密行为的观念已经发生了戏剧性的转变。[18]那些在现代被视为私密的行为在过去是相当公开的。例如,在16世纪的德国,一对新婚夫妇要在一张被带到见证人中间的床上,在他们的见证下完婚。[19]相反,同一个时代的英国和当时还是英国殖民地的美国,夫妻间的沟通方式则相当正式——跟熟人或邻居之间的说话方式没有太大差异。

甚至是现在,对于亲密的想法在每个文化中都不尽相同。在一个研究中,研究人员访问住在英国、日本、中国和意大利的居民,请他们描述一下主宰他们在社交关系中互动的33条规则。[20]这些规则决定着相当大范围的沟通行为,包含从幽默的使用到握手和金钱管理,等等。结果显示,亚洲和欧洲文化在处理亲密的规则上有着最显著的差异,包括如何表达情绪、在大庭广众下表达感情、进行与性相关的活动,以及尊重隐私等。

一些集体主义文化的成员,比如中国和日本,人们与圈内人(如家人和密友)沟通的方式和他们与圈外人的沟通方式有着极大的差别。[21]他们基本上不会主动接触外人,通常也不会在被妥善介绍之前加入一场对话。而在互相介绍之后,他们也会带着一定程度的礼节和外人交谈。他们采取极端手段向外人隐藏有关圈内人的不利信息,秉承着家丑不可外扬的准则。

相比之下,个人主义文化的国家如美国和澳大利亚,个人关系和普通关系之间的差异要小得多。他们与陌生人表现得更熟悉,也坦露了更多的个人信息,这让他们赢得了"鸡尾酒派对健谈家"的美誉。当社会心理学家库尔特·勒温(Kurt Lewin)指出美国人容易接触却难以了解,德国人很难接触但容易了解的时候,他很精准地抓住了个中的差异。[22]

在当代,通过媒体、旅行和科技让世界变得更紧密后,亲密关系中的文化差异已经变得不那么明显了。例如,爱情中的浪漫和激情曾经一度被视为独特的"美国式"亲密概念,然而最近的证据显示,男人和女人在各种不同的文化之下——个人主义的或集体主义的、城市的或乡村的、富有的或贫困的——都可能演出类似美国式的爱情戏码。[23]这些研究显示,曾经存在于东方与西方之间的巨大差异可能很快就要消失无踪了。

媒介沟通中的亲密感

几十年之前,实在很难想象"电脑"和"亲密"这两个词会互相关联,电脑一直都是非人性化的机械,不可能传递人类沟通的重要特征——脸部表情、语气、身体接触等。但是,就像第二章所描述的,研究者现在知道媒介沟通可以和面对面沟通一样人性化了。事实上,研究发现经由媒介渠道发展亲密关系的速度比面对面沟通快得多[24],而且以短信、博客、

Facebook等社交媒体作为沟通方式，也能加强人际关系中言语、情绪和社交亲密感的表达。[25]

你的个人经验可能也验证了上述说法。各种匿名的聊天室、博客、线上约会服务提供了面对面沟通无法做到的自由表述空间[26]，使得各种关系有了方便起头的机会。另外，即时通信、电子邮件、短信、视频通话和社交网络也使我们和朋友、家人和爱人之间保持更加稳定的沟通成为可能。[27]一个电脑使用者很好地把握住了通过电脑发展和维持亲密关系的潜力（这是个有趣的双关语）："我这一生还不曾这么频繁地'敲打'某人（click with sb，亦指很快成为好朋友——编注）。"[28]

在电影《她》（Her）中，西奥多·通布利（杰昆·菲尼克斯饰）和一个人工智能操作系统发展起了一段亲密关系。这个软件自称叫萨曼莎（斯嘉丽·约翰逊配音），把西奥多从他自我强加的外壳中拉了出来，帮助他在日常生活中重新找到快乐。不管科技是否可以确实满足我们的人际需求，这部电影向我们展示了情感联系是人类所渴望的，而且人们会不遗余力地寻找它。你认为社交媒体能在多大程度上帮助你满足你的亲密需求？它们又在多大程度上限制了人与人之间的亲密感？

当然，在虚拟空间进行亲密的联系也可能产生问题。在数字化时代，有些人事实上是不忠诚的，他们在网络上进行着暧昧关系，同时还在现实里面对面的关系中做出承诺。两个不同的研究都发现，人们认为网上的不忠和在现实中欺骗感情性质一样严重，甚至比现实中的背叛还要严重。[29]虽然人们很容易认为，避免身体上的亲密可以让这段网络关系更加"诚实"，然而事实上，大多数人感觉到情感上的亲密——这是很容易在网上制造出来的——对一段关系的忠诚而言同样重要。

这并不意味着所有的网络关系都是（或即将成为）亲密的。就像在面对面关系中，沟通者面对他们的网络同伴时，也会选择不同程度的自我坦露，包括他们在社交网站上管理自己隐私设置的方式。[30]有些在线关系是非人际的；有些则是高度人际化的。无论在哪种情况下，对当代的人际关系而言，媒介沟通是建立和维持亲密感的一个重要组成部分。

亲密感的限制

我们不可能跟认识的每个人都拥有亲密关系，而这也不一定是必要的。社会心理学家罗伊·鲍迈斯特（Roy Baumeister）进行了一项引人注目的调查，结果显示大多数人在他们人生的任意一个阶段需要四到六段亲近的、重要的关系。[31]尽管少于四段类似关系会让人体验到一种社会剥夺感（social deprivation），不过罗伊也说了，超过六段亲密关系会导致报酬的减少（见上一章"社会交换理论"），"人们不想向六个以上的人追求情感上的亲密感，可能只是没有那么多的时间和精力罢了"。

就算我们真的能向遇到的每一个人寻求亲密感，也很少有人需要那么多的亲密感。想一想我们每天要接触的人，有的并不要求任何亲密。有的是基于经济交换的关系（工作中需要接触的人，或者一周只见几次面的店员），有的是同一个团体（教堂或者学校）的成员，有的只是物理空间上很接近（邻居、拼车），以及衍生而来的与第三方的联系（共同的朋友、保姆）。无论是和熟人还是陌生人，单纯地加入一场有来有往的对话都可以是令人愉快的。

有些学者已经指出，过分痴迷于亲密感实际上可能会导致关系上的不满足。[32] 有些人认为亲密沟通是唯一值得追求的事情，这种迷思会使他们忽视某些没有办法达到这一标准的关系的价值。于是他们会把与陌生人和碰巧遇到的熟人的谈话当作是表面功夫，或者只是建立更加深厚关系的前期工作。如果你能看到礼貌但是保持距离的沟通也能带来愉悦，就能更清楚地看到这种观点的局限性。亲密感当然也有报酬，但这绝不应该是我们和他人相处时所要追求的唯一目标。

在工作中

工作场合的恋情

把工作和快活混在一起是一件危险的事，如果还涉及恋情，风险就更大了。正如你在第九章"接近"中读到的，接近常常导致吸引。考虑到同事有那么多的时间在一起彼此互动，工作场合的恋情相对更普遍的事实也就不那么令人奇怪了。有关这个主题的研究已经给出了以下这些发现：[a]

- 在一项调查中，40%的员工承认他们在职业生涯的某个时刻拥有过一段办公室恋情。
- 在另一项研究中，76%的员工说和十年前相比，现在的办公室恋情要频繁得多。
- 70%的人力资源主管说他们公司在口头上和书面上都没有禁止办公室恋情的官方声明。

但也有公司明令禁止办公室恋情。"在工作中约会就像在书桌上吃饭：一定会搞得一团糟。"一个研究者说道，"办公室恋情在前期似乎看起来很棒，但是如果他们翻脸分手了——通常会这样——分手的恶果会留在办公室，并且非常令人分心。"[b]

不过，在一份结果更积极的调查里，34%的员工说他们最后和约会的同事结婚了。人力资源主管建议，如果你打算和某个同事谈恋爱，应该知道并且遵守公司的相关制度。尤其是当你处在办公室或者在工作时间，低调地处理自己的恋情也是很重要的。

10.2 家人间的沟通

当我们想到**家庭**这个词时，源于我们自己经历的想象就会浮现在脑海中。其中有些回忆可能引发积极的情绪；另一些则会唤起不舒服的感情。人气作家厄玛·邦贝克（Erma Bombeck）捕捉到了即便是在最幸福的家庭也会呈现出斗争与乐趣相混合的滋味：

> 我们是一小撮奇怪的人，在人生的道路上艰难跋涉。我们分享疾病和牙膏，觊觎彼此的甜品，藏起洗发水，互相借钱，却又把对方锁在自己的房间外面。我们在制造伤痛的同时又依靠彼此的亲吻来治愈它。我们一边爱着、笑着，一边又在防备着，并且试图找出把我们束缚在一起的共同点。[33]

如今，家庭的意义早已超越了传统，不再只是由基因、法律和古老的习俗来决定。你可能来自一个混合的家庭，拥有继父、继母，或者同父异母的兄弟姐妹。或者，你知道有些家庭里的成员没有生物学上的联系（如收养），有些家庭里的成员没有法律上的关系（如同居伴侣或一些养父母）。在我们审视造就家庭沟通的独特属性时，会考虑所有这些因素。

家庭沟通的特性

不管家庭形式是怎么样的，它们的沟通具有相同的基本特征。

家庭沟通是形成性的 来自家人的信息是我们接收到的最早（也是最重要）的信息。[34] 例如，来自母亲的信息会塑造女儿看待感情关系的方式。[35] 不难想象，如果母亲传达出"婚姻是我人生中最美好的事情"或者"所有男人都是混蛋"分别会对女儿产生怎样的影响。除了对待感情的态度，家长的沟通还会塑造子女对待其他事物的态度。比如说，孩子在成长期间所听到的有关学业的信息，会影响他们在中学坚持完成学业或者退学。[36]

来自原生家庭的沟通对孩子有着终身的影响。**依附理论**（attachment theory）认为孩子会和家人发展出密切的联系——无论是安全依附型还是不安全依附型。不安全依附型的儿童在成人后也会对建立新关系感到不安，

"为我们的家庭干杯……"

对进一步的亲密感到不舒服，对失去既有的关系感到焦虑。[37]这样的情侣时时害怕自己被拒绝或者被抛弃，结果他们的行为方式反而更有可能让他们所恐惧的事情成为现实。[38]换句话说，他们低落的心理预期造成了不良的自我应验预言。

不过，幸运的是不安全依附类型的反面也是真的：如果孩子的依附类型是安全的，那他们长大后会更自信地沟通，发展出更强的亲密感，与老师、同伴和其他人都能维持有效的关系。[39]如果一对情侣的双方都属于安全依附型，那他们会倾向于建设性的沟通，即使在冲突中也是如此。[40]

这样的研究结果有助于你领会培养孩子安全感的重要性。不过，即使你没那么幸运能够在一个积极的环境下成长，作为一名成年人还是有可能通过学习沟通的方式培养出更幸福的关系。本书就充满了这样的技巧。

除了养育（和非养育）过程中的信息，出生顺序也在塑造我们的沟通方式中起到了重要作用。[41]例如，第一个出生的哥哥（或姐姐）往往比他们年幼的弟弟（或妹妹）更外向。他们也更关心控制权的问题。中间出生的孩子往往与朋友的关系更亲密，反而与家人相处会有更多的困难。"老幺"是最后一个出生的孩子，他们往往比自己年长的兄弟姐妹更投入、更贴近他们的家人。

家庭沟通是由角色驱动的　担任某种**角色**就拥有了一套事关如何沟通的期待。有些角色是从亲属关系的立场上发展起来的。你可以在心中默举出爸爸、妈妈、儿子、女儿这些传统角色的规范清单（花点时间做一做）。当然，在这些规范中，有许多已经在现代社会发生了改变——因而还有待商榷。当家庭成员依据期待的角色沟通时，沟通就会顺利地进行；当角色面临挑战时，沟通就有可能出现问题。（想想如果一个家庭的规矩是"孩子应该安静地待着"，那么这家人对一个健谈的、有主见的儿子或女儿会有怎样的反应。）

随着孩子的成长，他们会被其他家庭成员（或明显或微妙地）贴上各种标签。[42]诸如"好孩子""害群之马""聪明的孩子""捣蛋鬼"等，这些词汇想必听起来并不陌生。一旦这些标签存在了，它们往往会造成第三章所描述的自我应验预言。[43]如果角色是积极的，那么相匹配的那套期待就能塑造出良好的效果。如果角色是消极的（"你还能做点好事吗？"），或者是更具破坏性的（"为什么你就不能跟你哥哥学点儿好？"），那么这些言论不仅会减少关系的亲密感，还会增加家人之间的冲突。[44]而这种标签的影响甚至会困扰一个家庭长达数十年。[45]

尽管标签会产生持续的影响，但是随着父母和子女年龄的增长，他们的家庭角色都会发生改变。在刚刚成人的那几年（通常在18岁到25岁之间），曾经需要父母密切监督的孩子开始宣告自己的独立。[46]沟通模式通常也在此期间发生变化，反映了关系中角色的转变。在许多家庭里，成年子女和父母对待彼此的态度更加平等。如果孩子希望被当作成人来对待，而父母却坚持遵循早先的角色规范，冲突就会发生。当父母变老时，孩子就会扮演起照顾自己生病的或者年迈的父母的角色——一个家庭因此完成了一个循环。

兄弟姐妹之间的关系和角色也会随着时间而改变。[47]在童年时期，兄弟姐妹视彼此为友谊的重要来源——有时候也存在竞争。在成年时期，兄弟姐妹常常会发展出更牢固的感情纽带，此时他们会再次专注于彼此的沟通和陪伴，竞争则会明显地减少。[48]

家庭沟通是自发的　你有选择朋友和约会对象的自由，但你不可能选择你的父母、兄弟姐妹或者其他亲属。即使你采取极端的方式切断与亲人的沟通，他们对你的影响就像截肢病人的幻肢痛一样还是会持续存在。无论怎么疏远，他们终究还是你的家人。

当我们成年后组建自发性家庭，关系网会变得更复杂。同样作为成年人，我们所选择的感情伴侣也有自己的一帮亲属。无论是否喜欢，一对彼此承诺的夫妇都将与三个家庭相联系：他们共同创造的家庭，以及伴侣双方各自的原生家庭。[49]一旦孩子降临，在或多或少的程度上，他就与他的亲属永远地联结在一起了。[50]

家庭作为系统

在阅读这部分的内容之前，想象某个家庭——也许就是你的家庭——以一个类似树状图的活动部件再现。每条线上悬挂着一个家庭成员的照片，用木条和悬挂其他家庭成员的照片连接在一起。这样一个活动部件也许过于简单，却是一个有用的**家庭系统**（family system）——一群相互依赖的个体相互作用、相互适应构成一个整体——的模型。[51]在你阅读有关家庭系统的特征时，想一想这个活动部件，将有助于你理解一些重要的概念。

家庭系统是相互依赖的　只要动一下这个家庭活动部件中的一部分，其他部分也会随之运动。以同样的方式，一个家庭成员的行为也会影响到其他每一个人。如果你的家人感觉不开心，你的生活也会受到影响。反之，如果某个家庭成员很开心，整个家庭的氛围也会更积极。出于这种相互依赖性，家庭治疗师通常意识到仅仅给某一个家庭成员治疗是错误的方法；看看家人之间是如何相互影响的，同时试着治疗整个家庭会实际和有效得多。[52]

最近一项研究显示了家人互动的相互依赖的本质。[53]当夫妻平等地负责家务时，他们据称拥有更高的婚姻质量。那么，哪一个共享任务能最好地预测婚姻满意度？答案是抚养子女的任务。换句话说，如果父母想要改善彼此之间的关系，一个方法就是更加投入地照顾他们的孩子。家庭系统某

在热播剧《摩登家庭》(Modern Family)里，所有的角色都属于同一个上级系统，但是他们也形成了许多次级系统。你所熟知的家庭中有怎样的家庭系统及上级系统呢？

一部分的改变（父母—孩子的互动）会影响其他部分的改变（夫妻的互动）。

家庭系统通过沟通显现　正如线和木条连接起了活动部件的各个部分，沟通也将家庭系统中的各个成员联结起来了。语言和象征性的行为会影响家庭生活的平衡，有时变得更好，有时更糟。你继续读下去就会发现沟通如何作为一种强大的力量，塑造家人的幸福。

家庭系统的结构是嵌套的　在每一个家庭系统的内部，还有**次级系统**（subsystems）在运行。在传统的家庭中，父亲和母亲组成独特的关系，兄弟姐妹形成他们自己的系统，孩子和家长的互动也会形成次级系统（如母女关系、父女关系等）。家庭越庞大，次级系统的数目也越多。

一个家庭也是一个更大的**上级系统**（suprasystem）中的成员。你可以通过扩大想象的活动部件来说明这一点，融入爷爷奶奶、叔叔阿姨、表兄弟姐妹、继兄弟姐妹、姻亲，等等。

除了亲属关系，家庭还是其所处社会的一部分。例如，在暴力环境中长大的孩子往往会比普通孩子表现得更加焦虑，在成年以后的社交技巧也较弱。[54]他们自己的行为也会更具攻击性。[55]学校的环境也会塑造孩子的沟通方式，无论是好是坏。[56]

家庭的意义大于各个部分的简单叠加　正如活动部件不仅仅是一堆照片的简单集合，一个家庭也不仅仅是个体的集合。即使你知道每一个家庭成员是各自独立的，但是在你看到一家人之间所有的互动之前，你不会理解家庭的意义。当这些成员聚在一起的时候，新的沟通方式就会出现。[57]举例来说，你可能知道当朋友结为夫妻后，他们会发生很大的变化。也许他们变成了更好的个体——更自信、更聪明，并且更快乐；或者也许他们变得更具有攻击性和防卫心。同样，当孩子降临后，夫妻关系的性质也会发生变化。不仅如此，随着以后每一个宝宝的到来，家人的互动都将再次改变。

与家人沟通的模式

家人之间谈论的**内容**通常都是相似的，没什么新奇的东西：报告一下日常的活动、家务事、共享的事件等。但是家人之间沟通的**方式**会有明显的不同，通常表现在两个方面：谈话的模式和遵从的程度。[58]

谈话取向（conversation orientation）是指家人在讨论各种各样的话题时有多开放。有着高度谈话取向的家庭，他们的交流不仅更自由、频繁，而且是自发的。这和谈话取向较低的家庭有着很大的不同，在后者那里很多话题都是禁忌，除此之外的话题也只能用一种限制的方式被提出来。你可以回忆一下自己的原生家庭在谈论包括宗教、性、政治、个人历史，以及对其他家庭成员的感觉等话题时的规则（可能没有明确说出来），这样你就能对自己家庭的谈话取向有一定的了解了。

有着高度谈话取向的家庭把沟通视为一种表达喜爱和愉悦的方式，并借此获得放松。[59]当发生冲突的时候，他们也试图找到适用于所有成员的解决方案。[60]相比之下，谈话取向较低的家庭成员很少互动，交换私人想法的次数更少。因此，具有高度谈话取向的家庭把沟通当作有益的[61]，并且在这样的家庭里长大的孩子在他们以后的人际关系中具备更强的人际沟通能力[62]，这种现象也就不奇怪了。

读到这里，你可能轻易地得出这样的结论：开放的家庭沟通就是好的，封闭的沟通则不好。这不够全面。我们必须认识到即使是在具有高度谈话取向的家庭里，为某些话题设定界限不仅必要而且有用，这点很重要。[63]没有人会愿意或对分享个人历史中的每一个细节、想法或者感觉感到舒服——即使是与我们最爱的人。不仅如此，即便是最开放的家庭，也会为了保护私人信息不被外界所知而设置界限。例如，一项研究发现，知道父母不忠之事的成年子女会保守这个秘密，不让家人以外的人知道。他们以此保护家人，证明自己的忠诚，保持家庭的凝聚力。[64]这种介于什么该分享什么该保密之间的张力，就是我们在第九章讨论的公开和隐私的辩证中的一部分。

遵从取向（conformity orientation）是指家人强迫彼此的态度、价值观和信仰保持一致的意愿有多强。高度遵从的家庭管理沟通的目的在于寻求和谐，避免冲突，促进相互依存，以及取得服从。在这样的家庭里，成员之间往往是等级分明的，他们对哪些成员拥有更多的权力有着清晰的认识。因此在这些家庭里，处理冲突的策略以回避和强制为特征也就不足为奇了。[65]相比之下，具有较低遵从取向的家庭，在沟通时以个性、独立和平等为特征。这样的家庭相信个人的成长应该得到鼓励，并且单个成员的利益要比整个家庭的利益更重要。

如图10–1所示，谈话取向和遵从取向能够以四种方式相结合。每一种模式反映了一种不同的**家庭沟通模式**（family communication pattern）：一致型、多元型、保护型和放任型。

为了理解这些组合，假设有四个沟通模式不同的家庭。每个家庭都有

多元视角

斯科特·约翰逊：多元文化家庭和沟通挑战

就在收养了我们的海地裔孩子们组成一个双种族家庭的十年后，我们发现彼此的学习曲线还在持续地急剧走高。一开始我们不理解为什么像拍照这样简单的事需要改变——直到我们早期的家庭照片展示了一对完美曝光的白人父母和他们曝光不足的黑人小孩；我们也不理解头发在黑人社区的重要性——直到购物时引来频繁的提醒。比如黑人妇女会礼貌地问："这些是你的小孩吗？在打理她的头发上，你需要帮助吗？"不仅如此，过去我们也不理解如果要消除种族差异，整个文化能变得有多不确定。

某个炎热的午后，在社区游泳池，我们当时还只有4岁的儿子结识了一个年纪更小的白人崇拜者。对方到哪儿都跟着他，两个人一起玩耍、瞎谈，很是开心。然而，当他们在儿童泳池边坐了一段时间后，那个年纪很小的男孩突然探过身子在我儿子的肩膀上舔了几下。我妻子询问那个小男孩在做什么，他的回答就像是从某个糟糕的情景喜剧脚本中读来的，他说："我想看看他尝起来是不是像巧克力。"

我有一个朋友，他是研究非洲裔美国人的教授。他曾经告诉我，我的孩子在成长的过程中，不用面对他称之为黑人社区的"温暖的接纳毛毯"（warm blanket of acceptance）——以此反对这个世界的种族歧视——这种环境。我不知道他的观点是否正确，也不知道孩子们所要面对的白人社区类似"尝起来像巧克力"（无论无意还是恶意）的版本还有哪些。我只知道我的孩子们拥有他们在海地本土做梦都想象不到的生活；我知道养育他们的白人父母学习了很多生活中有关种族角色的事；我还知道他们正感受着我们在家里所能提供的最温暖的接纳毛毯，因为我和妻子已经把家庭摆在了生活的中心。现在，我们一家常常坦诚地谈论有关种族、差异和偏见的话题，而且我们的儿子和女儿都已经知道他们的父母会和他们一起面对因差异带来的挑战。

"Multicultural Families and Communication Challenges" by Scott Johnson. Used with permission of author.

一个15岁的女儿想要刻一个非常显眼又不雅的文身，这让她的父母很担心。现在想象一下，依据谈话取向和遵从取向的不同组合方式，围绕着这个话题的沟通会有怎样的不同。

谈话取向和遵从取向都高的家庭是**一致型的**（consensual）。这种沟通反映出的张力在于：既存在承认且保留权威等级的压力，又存在公开沟通和探究话题的利益。在一致型家庭里，女儿可以自在地提出她要刻文身的理由，

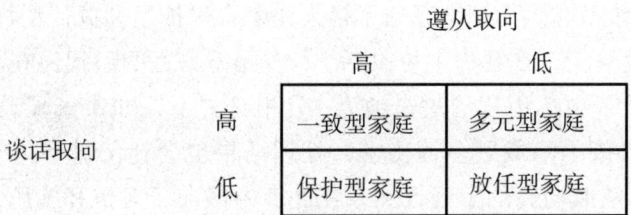

图 10-1 家庭沟通模式

父母也乐意倾听女儿的意见。不过，最终的决定还将取决于父母的意见。

谈话取向高、遵从取向低的家庭是**多元型的**（pluralistic）。在这种家庭里，沟通是开放、没有限制的，每一个家庭成员都会给出对于文身利弊的评估。我们很容易想到一场正在进行的家庭会议，每个人都在讨论文身是否是一个好主意。兄弟姐妹——甚至其他亲属——也会以他们的观点加入其中。在最理想的情况下，共识就来自这些讨论。

谈话取向低、遵从取向高的家庭是**保护型的**（protective）。这种家庭里的沟通强调对于权威的服从，不愿分享想法和感受。在保护型家庭里，即便会对文身进行讨论，也会非常简单。父母决定一切，他们的话就是最终结果。

谈话取向和遵从取向都低的家庭是**放任型的**（laissez-faire）。"放任"大致译自法语的"放手"（hands off）。这种沟通模式反映家庭成员很少参与彼此的事务，因而做决定是很个人化的一件事。在放任型家庭中，女儿在做出决定之前甚至不会把文身这件事提出来供父母讨论。即便她提了，父母也不会对女儿是否要在她自己的身体上做一个永久性的艺术装饰多说什么。不管是文身，还是其他大多数事情，父母的反应都只会是一个冷漠的"随便你"。

越来越多的研究显示有些沟通模式比其他的更高效和更令人满意。[66] 例

想一想 你的家庭沟通模式

1. 根据上文和图 10-1 所介绍的家庭沟通模式的类别，辨认哪一种最能描述你的原生家庭、你现在一起生活的家庭，或者两者全部。

2. 这种（这些）沟通模式有多少成效，如何令你满意？如果你原生家庭的沟通模式与你现在生活家庭的沟通模式不同，你认为哪一种模式更有成效，更令你满意？

3. 如果你可以换一种（或所有）模式，你会选择哪一种模式？为什么？

如，来自一致型和多元型家庭的年轻人比来自保护型和放任型背景的年轻人，在倾听上更自信，在智力上更灵活。[67]多元型家庭的后代比在其他任何类型下长大的孩子更少用言语攻击他人。[68]相比之下，如果家长采取保护途径，不仅会导致孩子隐藏更多的秘密，处理结果也会让父母和孩子双方都不满意。[69]在遵从取向高的家庭，父亲在冲突中倾向于对抗和施压，但多元型家庭中父亲是调和型的和分析型的。[70]换句话说，开放沟通和共同决策要比高压强权和拒绝公开对话产生更好的结果。

社交媒体和家庭沟通

第二章列出了很多社交媒体对人际关系产生的积极或消极的影响。家庭沟通也受到了新技术的影响，不过这些影响常常是积极的。[71]例如，在一项研究中，参与者表示发短信让他们与家庭成员之间的联系更为紧密，对他们的家庭关系产生了积极的影响（女性对此的感受比男性更强烈）。[72]他们还说，通过短信能比面对面交流让他们更真诚地向家庭成员表达自己的感受。电子邮件提供了类似的联系契机[73]，尽管父母会比孩子更喜欢使用这一媒介。

Facebook等社交网站给家庭隐私的管理也带来了新的挑战。例如，与成年人相比，青少年群体更喜欢在网上坦露自我信息，但他们使用的隐私设置却较少。[74]这一差别有助于解释为什么很多青少年不愿意接受父母的好友申请。报告显示，那些与父母分享在线社交网络的青少年拥有更强的关系纽带。[75]相反，那些拒绝父母查看自己主页的青少年倾向于更具攻击性，更易做出不良行为，拥有较低水平的社会联系。虽然其间的因果关系还不明确，但值得注意的是那些至少与父母分享部分社交网络的青少年也拥有更好的人际关系和较少的冲突。

随着青少年进入成年期，他们就不那么在意父母能否看到他们在Facebook上的隐私了。[76]那些与父母成为Facebook好友的青年更有可能是女性，而且更有可能来自谈话取向高的家庭。[77]那些出自低谈话取向的家庭的人，当他们添加父母为好友后，更有可能调整自己的隐私设置。无论年龄或取向如何，家庭成员之间交流彼此对于社交网络的期望是很重要的。这可能包含一些协商原则，比如"不要上传我童年的照片"或者"如果你要说一些私人的事情，请通过私信发送给我"。

10.3　友人间的沟通

你不能选择自己出生的家庭，对邻居和同事也没有什么好多说的。但友谊是可以自行处理的：比起要逃离家庭关系轨道、婚姻关系纽带，甚至是与职业相关的关系联结，对我们来说，似乎结束一段友谊要简单得多。或许，正是因为切断与朋友的联系是如此简便，同时为维持正向关系要做出巨大的努力，所以友谊要比其他任何关系更有可能会终结。[78]

第九章第1节介绍了我们建立关系的一些途径。不管理由是什么，友谊都是通过沟通建立并维持的。在接下来的内容中，我们将会审视友谊的性质，研究友谊中沟通是如何进行的。

友谊的类型

朋友这个词涵盖了很广的关系范围——从学龄前玩过家家游戏的玩伴，到顺应社会潮流的高中社团中的青年，再到一起参加社交活动的伙伴，以及你会为对方做任何事情的死党都属其中。你会发现不同类型的友谊中，沟通类型也不同。

年轻的和成熟的 友谊的某些要素是适用于人生所有阶段的。举例来说，自我坦露在童年时期到老年时期的亲密关系中都很常见。[79]不过从其他方面来看，友谊的性质会随着参与者的成长发生变化。[80]

学龄前的孩子很少拥有持久的友谊，而是很享受和临时玩伴在一起的时光。随着年龄的增长，孩子们通常会形成相对稳定的友谊。不过这一时期的友情主要是为了满足自我的需要，很少会发展出同理心。到了青春期，友谊成为青少年社会生活的核心部分——往往比家庭还重要。在这一段时间，朋友开始以他们的个人品质受到重视，而不仅仅作为玩伴或者活动伙伴。

如果年轻人离开了自己熟悉的环境，他们常常需要扩展自己的交际圈。此时，他们的交友方式被证明是更令人满意的。[81]他们所看重的朋友品质也在这一刻变得更加稳定和成熟：乐于助人、乐于支持、可信任、重承诺和自我坦露。此后，他们对婚姻和家庭的责任心会逐步增加，即便如此，他们想要拥有深厚友谊的渴望并不会改变，只不过能够维持友谊的时间的确会减少。[82]到了老年，作为社会支持的一种手段，友谊又变得有特殊价值。拥有牢固的友谊关系不仅有助于提升满意度，也有助于身体健康。[83]

长期的和短期的 有些友谊会持续几十年甚至一辈子，而有些则会因为生活变化（如高中毕业，搬新家，或者换工作）逐渐淡去甚至终结。虽然现代技术降低了因长距离搬迁而结束一段友谊的可能[84]，但缺少了面对面的接触，友谊还是面临着动摇和失败。短期友谊的另一个原因可能是某一方（或者双方）价值观的改变。[85]也许你曾经很享受和一群朋友参加派对和夜生活，但是当你成熟到过了人生的那个阶段，你们互相之间的吸引力也就减弱了。

关系导向的和任务导向的 有时我们选择朋友是因为共享的活动：垒球联赛里的队友、同事，或者影迷协会的会员。这类友谊主要围绕某些特定的活动展开，因而被当作是以任务为导向的。另一方面，以关系为导向的友谊则建立在与共享活动无关的相互喜欢和社会支持的基础上。当然，这样的分类可能会发生重叠：有些友谊既建立在双方共同参与的活动上，也建立在情感支持上。

高度坦露的和低度坦露的 你会告诉朋友多少有关自己的事情？毫无疑问，面对不同的朋友，你所坦露的程度也会不同。有的朋友只了解你的一般信息，而有的朋友则知道你最私人的秘密。我们在第三章介绍的社会穿透模式，有助于你探究自己面对不同朋友时坦露的广度和深度。

高度义务感的和低度义务感的 为了某些朋友，我们似乎可以做任何事情——无论要求多大多小。而对另一些朋友，我们则没有这么强烈的义务感，无论就做事的范围还是做事的速度来说，都不能够相提并论。当最亲密的朋友向我们请求帮助时，只要打个电话，或者在Facebook上留条信息，通常就会得到我们的迅速回应。

频繁接触的和偶尔接触的 你可能与一些朋友保持密切联系，你们一起锻炼、旅游、参加社交活动，还要每天打网络电话。在另一些友谊关系里则不会这么频繁接触——只是偶尔才打个电话或者发封电子邮件。当然，接触不频繁并不必然意味着坦露和义务感的程度也低。许多亲密的朋友可能一年只看到对方一次，但他们会在分享信息的广度和深度上弥补回来。

读到这里，你会开始发现沟通的性质会随着友谊的不同而改变。不仅如此，两个朋友之间的沟通也会随着时间发生变化。不亲密的朋友之间也有可能突然坦露很多信息，尽管此后沟通的次数急剧减少。低义务感的友谊也能发展出更强的承诺，反之亦然。在接下来几页的内容里，你可以读到在实际生活中常见的几乎所有类型的友谊。但现在，认识到友谊的多样性是一件重要的事。

性、性别和友谊

不是所有的友谊生来平等。除了前几页所描述的差异，性别也在塑造我们与朋友的沟通方式中起到了重要的作用。

同性友谊 同性朋友之间的沟通在男人和女人那里是不同的。大多数女性很看重个人问题的讨论，把这视为衡量亲密感的标准，而男性更可能通过共享的活动来创造和表达亲密感——一位学者将此称为"过程中的亲密

(closeness in the doing)。[86]在一项研究中,超过75%的男性参与者说他们最有意义的经历来自与朋友参加的共享活动。[87]他们指出,通过和朋友一起做事,他们发现彼此越来越合拍,发展出相互依赖的感情,展现出对彼此的欣赏,并证实相互的喜欢。同样,男性认为实际的帮助才是关怀对方的方式。这样的发现表明对许多男人来说,亲密感并不依赖大量的坦露,而是从共同的活动中发展而来:朋友就是那个**为你**(for you)做事且**与你**(with you)一起做事的人。

相比男性,女性倾向于坦露更多的个人信息,无论是在面对面的关系[88],还是网络关系中。[89]虽然男女双方都看重提供情感支持的朋友,但一般来说女性比男性更善于这么做,并且在她们需要情感支持的时候,更可能会去寻求女性朋友的帮助。[90]当然,这些结论是概括性的,可能不适用于某些特定的友谊关系。你可以通过下一个"想一想"专栏看看上述结论有多适合你。

异性友谊 异性友谊提供了同性友谊所不具备的好处。[91]相对于同性友人之间的交流,异性朋友可以从完全不同的角度看待问题、提供观点,这一点更吸引人。[92]对男性来说,这通常意味着一次更大的可以分享情感和专注于人际关系的机会。对女性来说,这意味着一次没有任何感情包袱,可以轻松倾听和享受戏谑与活动的机会。这样的友谊也让异性友人接触到更广泛的潜在的恋爱对象网络。[93]

异性友谊——至少对异性恋来说——面临一些在同为男性或者同为女性的友谊中不存在的挑战。[94]最明显的就是异性之间实在的或潜在的性吸引力。[95]正如比利·克里斯托在经典电影《当哈利遇到莎莉》(When Harry Met Sally)中对梅格·瑞恩说的那句话,"男人和女人不可能成为朋友,因为性总是从中捣鬼。"

研究表明哈利至少是部分正确的。在一项针对150个在职人员的调查中,超过60%的人承认在他们的异性友谊中存在"性紧张"(sexual tension)反应。[96]这对男性而言好像尤其如此:研究表明,女人视男人为柏拉图式的朋友很常见,但男人对他们认识的女人更有可能感到恋爱的和身体上的吸引。[97]更糟的是,男人易于高估他们的女性朋友对恋爱的兴趣。

尽管和异性拥有非恋爱的友谊是可能的,但这种关系需要努

在现代的"当哈利遇到莎莉"故事——《如果的事》(What If)中,华莱士(丹尼尔·雷德克里夫饰)和钱特里(佐伊·卡赞饰)试图建立一段异性友谊,同时处理彼此恋爱吸引的感觉。你认为在一段有恋爱可能的关系中,可以维持柏拉图式的友谊吗?

力。一些证据显示，在网上（而非当面）沟通能够有助于保持一段柏拉图式的异性友谊。[98]在面对面场合下，对于不太感兴趣的搭档来说传达"不宜继续"和"朋友界限"的信息可能会很重要：减少日常的接触和活动，避免调情，更多地谈论与感情无关的话题。

炮友 炮友（friends with benefits，FWB）是指一种不涉及感情却发生性行为的异性关系。这种关系正变得越来越常见，而且有很多类型。[99]根据一项针对大学生的研究，将近60%的大学生承认他们至少有过一段炮友关系。[100]有些炮友关系转变为恋爱关系[101]，有些炮友关系由恋爱关系转变而来，还有一些炮友将彼此作为"备胎"，直到有更好的选择到来。[102]

男人和女人发展炮友关系的可能性是相等的。一些调查证实了这个结论，无论男女都欣赏这种既能满足身体需求又不需要做出承诺的机会。[103]尽管在概率上有相似之处，炮友关系的结果却存在着性别差异。大多数男性在描述自己的炮友关系时，主要用词就是"性"，而女性在描述时更容易把感情卷入其中。根据这样的结果，一些观察家评论说，女性通常更侧重于成为"朋友"，而男性对"约炮"更感兴趣。[104]

想一想

性别和友谊

1. 分别记录你在两段友谊关系（一段同性的、一段异性的）中的沟通状况，然后分析性别造成了哪些影响。在下面提供的日志中，至少记录四场谈话。对于每场谈话，要记录你们讨论的话题（例如学校或者财务状况），你们互动的性质（例如表达情绪，交换个人信息，或者共享活动），以及任何你认为可能和性别相关的说明。

2. 根据你的发现，你能看出你和同性与异性友人在讨论的话题和互动性质上的不同模式吗？

3. 根据你的发现，你能看出你和同性与异性友人聊天时所用的沟通渠道（电话、短信、电子邮件、面对面）上的不同模式吗？

日期/时间 地点/渠道	朋友	话题	互动性质	说明

考虑到双方发生了性行为却不想给出恋爱承诺的可能，炮友会经常讨论他们关系的状态，也就变得顺理成章了。不过，研究人员发现，炮友通常会避免对这一重要问题进行明确的沟通。[105] 研究人员总结道："炮友关系往往是有问题的，其原因和它们为何具有吸引力一样。"[106]

性别考虑 生理性征并不是我们在研究友谊类型时考虑的唯一因素，另一个重要的因素是性别角色（见第四章第2节"社会角色"下的内容）。例如，阳刚的男人和阴柔的女人建立起来的友谊，与阳刚的女人和阴柔的男人之间的友谊相比，肯定有非常不同的特点——尽管严格来说它们都属于异性关系。[107]

性取向是塑造友谊的另一个因素。最明显的，对男同性恋和女同性恋来说，性吸引力的潜在来源从异性对象转到了同性对象身上。不过除了身体的吸引力之外，性取向仍然对友谊有重要的影响。[108] 例如，研究显示许多异性恋的女性说她们更看重与同性恋的男性之间的友谊，因为（1）他们经常分享兴趣；（2）发展成恋爱关系的潜在可能很小，或者根本不存在[109]；还有（3）维持这种友谊会让女性感觉自己更有吸引力[110]。

友谊和社交媒体

在现实生活中，分清谁可以当作朋友并不难，但互联网却使友谊变得更加复杂。[111] 想想在Facebook上，某个"朋友"可能是你在派对或者旅行中见过一次面的人，可能是你好几年没有见过的同学或者邻居，还有可能只是网上认识但从来没有亲眼见过的人，甚至可能是一个只为扩充朋友列表的"交际花"。

也许，关于友谊与社交媒体的最有趣的学术研究，就是关于一个人在社交网站上拥有的好友数量了。皮尤研究中心（Pew Research Center）的一项调查发现，典型的网上成年人在Facebook上拥有超过200个好友，其中年轻人（18～29岁）拥有更大的Facebook网络，27%的年轻人拥有超过500名好友。[112] 一个人Facebook上的好友数量与别人对他的这些友谊的看法之间有一个曲线关系。[113] 如果你的Facebook好友太少，别人会认为（或许不公平）你不善社交或者不友好[114]；另一方面，如果你的好友太多，人们会认为这些关系并不真实。（参见第二章有关"邓巴数字"的讨论）

有关Facebook好友数量和幸福感之间联系的研究众说纷纭。有的学者认为好友数量"越多越好"，发现这与感知到的社会支持、减少压力甚至身体健康等因素呈正相关。[115] 另一些研究结果不那么积极，发现

链接  当友情妨碍爱情

迈克和他的约会对象在联合广场地铁站，正考虑是否要第一次一起回家，这时迈克的手机突然响了起来。这个28岁的纽约人立刻中断了约会，然后狂奔到他朋友的公寓。发生了重大紧急事件？一局桌面拼字游戏（Scattergories）已经开始了。"你必须记住谁是值得你花时间相处的人，"他解释说，"跟约会相比，和朋友玩拼字游戏绝对胜出。"

如果迈克的话听起来仿佛他把友谊排在了爱情生活前面，那么他不是唯一这么做的人。无时无刻的社交联结意味着我们一直接收到来自最亲密的朋友的各种催促信息，又不时被社交媒体上一些泛泛之交的点赞和评论打断。

这个时代的友情比以往任何时候都要消耗更多时间和精力。不想透露全名的迈克说，他有3到5个朋友，每天要给他们发送多达50条信息。

这意味着爱情以及对爱情的追求可能被扔到了一边。凯蒂·希尼（Katie Heaney）是一名27岁的作家，她的著作《我从未做过》（Never Have I Ever）是一本关于她单身生活的回忆录，里面提到她常常为了和朋友出去玩而拒绝约会。"如果我已经有了一群人，而且知道我很喜欢他们，那么我不想冒险损失与他们在一起的时间，然后把时间给其他某个人。"她如此说道。

但是，即使我们对友谊的重视使我们无心去约会，新生代的一些人最终还是希望他们柏拉图式的关系可以发展成恋爱关系。

与朋友陷入爱河的想法感觉比与陌生人开始交往更真实一些。"我们把时间和精力花在那么多人身上以至于它们都被分散掉了。"《闪约：在后约会时代如何寻找真爱》（*The Gaggle*: *How to Find Love in the Post-Dating World*）的作者杰西卡·马萨（Jessica Massa）说："认为可能会有某个人了解你的一切并且喜欢你的所有怪癖，这种想法正变得越来越有吸引力，因为我们今后的生活里缺少这种想法。"

当然，大多数友谊都是柏拉图式的，并且注定一直会保持这种状态。这很好，因为无论事情如何改变，我们仍然需要亲密的朋友帮助我们把关潜在的伴侣，帮助我们走出失败的恋情。迈克说，他常常把他在约会应用软件上遇到的人的照片发给他的朋友们看，这样他们就可以发表自己的看法，因为"当你对约会没把握时，他们会像球场上的裁判一样提醒你"。但是他的朋友可能就不得不把他们的约会对象扔在一边，然后花5到7分钟时间待在洗手间里编写出一条完美的回复来。

夏洛特·奥尔特（Charlotte Alter）

通过回答下列问题，加深你的理解：

1.你有没有发现友谊有时会妨碍你的爱情生活？或者相反，你的爱情生活是否影响了你的友谊？你认为怎样才是一种理想的平衡状态？

2.你需要与你的朋友或者爱人进行哪种谈话来取得这种适当的平衡状态？

大量Facebook好友会产生减少的回报，而且可能是低自尊的补偿。[116]有一件事似乎很清楚：不管你的在线社交网络有多大规模，只有一小部分友谊有资格称为亲密的。[117]

尽管社交媒体为我们与朋友交流带来了新维度，但是研究表明，人们主要使用社交网站来维持现有友谊或者恢复旧日友谊，而不是建立新关系。[118]例如,Facebook里联系比例最高的是高中同学。即便是在网上认识的陌生人，如果他们想要变得更亲密，也很可能会进行面对面沟通。[119]像这样的发现说明，社交媒体很明显不是面对面沟通的**替代品**，而是一种支持或者恢复往日当面建立的友谊的手段。[120]

当然，社交网站不是友人间交流的唯一媒介。打电话、发短信、电子邮件，甚至写博客，都是保持友谊的方式。正如第九章指出的，社交媒体可以帮助友人维持他们的关系，提供一定程度的社会支持。但是最亲密的朋友意识到，无论他们通过电子媒介保持多密切的联系，都代替不了一起在城里玩上一夜，进行一场兴奋的面对面交谈，或者给予对方一个温暖的拥抱。

10.4　爱人间的沟通

就像你在第一章中读到的，研究显示，亲密的人际关系有利于精神、情感和身体健康。而感情关系的好处尤为显著。[121]简言之，处于充满爱意的感情关系中的人寿命更长，生活更幸福、更健康。

沟通技巧对于成功的感情关系至关重要。在一项研究中，伴侣咨询师和顾问招募了2 200多名参与者。研究结果显示，"沟通"被列为确保感情关系成功的最重要的能力，比性、浪漫激情或其他任何因素都更重要。[122]在这部分，我们将关注感情关系中的沟通，至于感情关系我们将会宽泛地界定为伴侣之间较为长期的、富有爱意的联系。这些关系可以包括专门约会的情侣、同居的伴侣，以及结婚多年的夫妻，关键在于涉及的人是否认为他们自己有感情联系。

感情关系的特征

"我们'只是朋友'还是有超越友谊的感情？"这是两个人决定是否要步入恋爱关系时经常问的问题。尽管友谊与爱情之间的界限并非泾渭分明，我们还是可以看看大多数感情关系所具备的三个典型特征：爱情、承诺和情感。如你所见，这些概念有所重合（例如，斯滕伯格认为承诺是爱情的组成部分）。我们分为三类讨论，以此关注其中每一个相关话题的研究结果。

爱情　两千多年前，亚里士多德曾说过"爱情是两个不同的身体里住着同一个灵魂"。他的老师柏拉图的说法则略显愤世嫉俗："爱情是一种严重的精神病。"从古到今，哲学家和艺术家滔滔不绝地谈论爱情，对爱情中的欢乐和悲伤也给出过形形色色的结论。

如果你向十几个学者询问爱情的定义，那你将会得到十几个不同的答复。考虑到本书的目的，我们将采纳罗伯特·斯滕伯格的研究及其著名的**爱情三角理论**（triangular theory of love）。[123] 他认为，爱情由三部分组成：

- **亲密**：这是人们在一段关系中感受到的亲近程度和联结程度。我们已经在本章论述的所有关系语境中讨论过可以如何发现和表达亲密了。斯滕伯格用温度作类比，把亲密视为爱情中"温暖"的部分。
- **激情**：这涉及身体的吸引和情绪的激发，常常包含性行为。这是爱情中"热烈"的部分。
- **承诺**：这是爱情中理性的一面，涉及为长期维持一段关系而做出的决定（这点在后文还会提及）。这是爱情中"冷静"的部分。

图10-2将爱情的三个组成部分描绘为三角形的三个角，并根据这三个部分的不同组合得出七种可能的爱情。在这个模型中，不难想象每一种形式的爱情所伴有的沟通模式。比如，处在浪漫爱情中的情侣可能会交换具有强烈感情色彩的信息（"我爱慕你"配一个紧紧的拥抱），同时频频示爱。伴侣的爱情则无论在语言还是非语言的表达上都更为温和内敛，像"我喜欢你的陪伴"这样的话更为典型。空洞的爱情徒有关系的外壳，其中几乎不包含任何情感讯息，即使有也很少。在这一部分我们还会讨论更多关于情感沟通的内容。

斯滕伯格承认，完美的爱情——亲密、激情和承诺三者的结合——是一种理想状态，几乎不能实现，而且难以维持。一般来说，爱情的成分会随着关系的发展此消彼长。情侣之间可能有时会激情涌动；在其他时候，爱情更多是一个冷静的决定，而非一种热烈的感觉。成熟度也是爱情体验中的一个因素。比如，青少年不像成年人那样认同爱情三角理论。[124] 随着情侣的年龄增加，比起其他因素，他们会更加珍视承诺——尽管长期的伴侣也会体验到

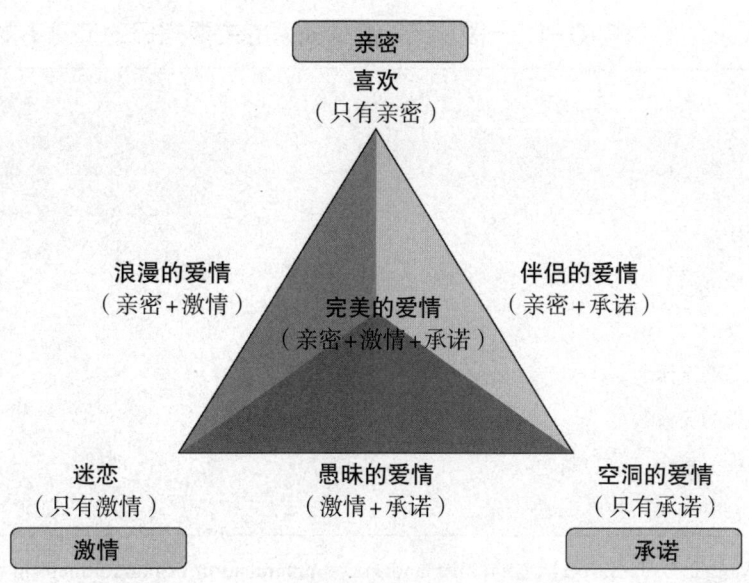

图10-2　爱情三角理论

更多激情和亲密，这与一些刻板印象所暗示的不同。[125]

如果你想一下自己曾经历过的或观察到的感情伴侣，你很可能会想起三角模型中描绘的每一种爱情的例子，你可能也会发现这些因素如何随着时间的推移而消长变化。就像第九章中提到的关系的发展阶段模式和辩证模式，把爱情视为一个动态的变化过程而不是一种静态的属性更为有益。

承诺　承诺在感情关系中扮演的角色有多重要？下面这些想法暗示了对这个问题的某种答案："我寻求一段彼此都做出承诺的关系""我只是还没准备好做出承诺""我决心经营这段关系"。

关系承诺包括允诺保持一段关系并且让这段关系取得成功，这种允诺有时是双方心照不宣的，有时是被明确表达出来的。通过沟通可以形成和巩固承诺。表10–1列出了感情关系中承诺的各种标志。研究显示，定期沟通承诺的伴侣对他们的关系有更积极的感受，而且经历了较少的关系不确定性。[126]

正如表10–1所示，只有诺言的话，无法判断出承诺是否真实。行动也很重要。比如，仅仅说"你可以依靠我"并不能保证一个人的忠诚。但是，不用语言表达出来的话，承诺可能会不清楚。正因如此，举办仪式使关系正式化是承认和加强承诺的一种重要方式（参见第九章关于"结合阶段"的讨论）。

在讨论承诺的时候我们要注意文化的影响：把承诺视为浪漫爱情发展的顶点，毫无疑问是一种西方文化的做法（正如人们常说的那样，"先恋爱，后结婚"）。在世界上有很多文化中的婚姻是人为安排好的，他们的格言是"先

表10-1　一段承诺的感情关系的主要指标

- 带来情感
- 提供支持
- 保持诚实
- 互相陪伴
- 努力定期沟通
- 表示尊重
- 创造关系的未来
- 营造积极的关系氛围
- 共同解决关系中出现的问题
- 消除对方对承诺的疑虑

Source: Weigel, D. J.（2008）. Mutuality and the communication of commitment in romantic relationships. *Southern Communication Journal*, 73, 24–41.

结婚，后恋爱"。一项研究调查了在包办婚姻中感到满意的夫妻，结果发现，"承诺"被认定为帮助人们的爱情随着时间茁壮成长的最重要的因素。[127] 排在第二重要的因素是"沟通"，并且着重强调，自我坦露是学习爱伴侣的一种方式。不论排序如何，在一段成功的感情关系里，承诺和沟通之间有着密切关联（参见第九章"多元视角"专栏一个成功的包办婚姻的案例）。

情感　情感表达——不论是语言还是非语言的——在感情关系中很常见，从牵手到说"我爱你"到性行为都包含在内。浪漫爱情中的情感通常是在私下沟通的，但有时也会当众表达出来。事实上，"公开示爱"（public displays of affection）这种表述有专门的缩写形式（PDA）及社会规则。[128]

情感交流对于爱人来说在很多方面都有益。在一项研究中[129]，已婚和同居的伴侣被要求在六个星期的时间内增加接吻的次数。与对照组相比，那些频繁接吻的伴侣不仅降低了压力水平，提升了关系满意度，而且他们的胆固醇也降低了（你或许会想知道如何报名参加这样的研究项目）。其他研究也显示，无论是当面表达还是编写出来，用语言表达情感有着类似的生理效益。[130] 就关系利益而言，接收到的情感就像一个银行账户——当爱人中的一方存入足够的量时，其伴侣就比情感账户见底的时候更愿意原谅对方的越界行为。[131]

感觉到的情感与表达出来的情感之间可能会有出入，或许你能想起有时你在挂电话之前说一句"爱你哟"，但实际上你当时并没有感觉到自己多爱对方。或许你与伴侣争论时给了对方一个拥抱或亲吻，即便这么做与你的情感状态不符。沟通研究者将这种行为称为"欺骗性情感",他们说这种现象在感情关系中很常见。[132]但这种欺骗并不是消极的,而是关系维持和支持中正常的一部分。当然了,当你忙于用这些言辞和行为"欺骗"你的伴侣时,实际上你可能仅仅是在说服你自己。研究显示,做一些浪漫的事,比如凝视爱人的眼睛、依偎着坐在一起,或者是分享自己的秘密等,通常会引起我们心中浪漫的感觉,而不是相反,即先有了浪漫的感觉才会做出这些举动。[133]

在大多数感情关系中,性行为是表达和接受爱意的一种重要手段。一项研究报告指出,预测性生活满意度的最强和最可靠指标是伴侣对关系的满意度。[134]换句话说,健康的感情关系中的性爱,才是最令人享受的。沟通同样起到很重要的作用:伴侣的沟通技巧和他们的性生活满意度是密切相关的。[135]有些媒体描写激情的性行为发生在无言的沉默之中,但实际与此相反,研究显示,不论在做爱前还是做爱后,当伴侣有直接的语言交流(比如"我的感受是这样的""这就是我想要的")时,性生活会更令人满意。[136]而当这些对话会让对方不舒服时,对关系满意的伴侣常常会使用保全面子的沟通方式甚至幽默的话来表达自己的想法。[137]

感情的转折点

如果你问伴侣们他们的感情关系是从什么时候开始的,这将是让他们确认某个特定标志的好机会。也许答案是一个具体的日期、一个特别的拥抱,或者某一方第一次说出"我爱你"的时候。沟通学者将此称为**关系转折点**(relational turning points)——以某种根本的方式改变了关系的转折性事件。[138]

虽然其他的亲密关系中也存在转折点[139],但转折性事件在感情关系中尤为重要。假设一对恋人正要从"普通朋友"进展到"不只是朋友"的情境。不难想象,当朋友关系变成恋爱关系时,一定存在某个过渡性的时刻("然后我们就接吻了")。[140]

关系的转折点往往处于我们在第九章讨论的关系发展的不同阶段之间。它们可能涉及许多方面,从在Facebook上发表声明[141],到身体上的亲密接触[142],再到"第一次大战"[143],直到分手,最后形同陌路[144]。在以上的列举里,很容易发现并不是所有的转折点都是正面的。因而,那些识别出更多负面转折点的恋人比识别出更多的积极转折点的恋人,对关系的满意度水平更低,这一点也就不令人奇怪了。[145]

转折点可以提供关于关系状态的许多线索,"自从我们拜访了你的家人后,我觉得你一直在躲着我"或者"在上周认真谈过后,我觉得和你更贴近了"。为此,转折点是沟通——以及后设沟通——有关感情关系的状态的有用工具。

想一想　关系转折点

1. 辨认改变你的某段感情关系中的六个转折点或转折性事件，不论这段感情是已经过去的还是现在的。（如果你不愿意分析一段私人感情，分析一部电影或者一本书中的某段关系也是可以的。）

2. 描述你所辨认的转折点是否以及如何标志了这段关系从一个阶段转换到另一个阶段，配合使用我们在第九章讲到的克奈普十阶段发展模式。

3. 思考你的关系转折点在十个阶段中的分布。它们是分散在十个阶段中，还是集中在一两个阶段？你所回忆的关系转折点就你的感情关系揭示了什么？

伴侣的冲突类型

事实上，"第一次大战"是感情关系中常见的转折点，表明冲突是爱人间沟通的一个正常部分。并且对大多数恋人而言，第一次分歧很少会是最后一次。约翰·高特曼花了许多年研究感情关系，他发现恋人们往往会陷入以下三种冲突类型。[146]

1. **波动型**（volatile）：这种类型的恋人存在强烈、激动的争论——尽管有时只是小问题。他们通常提高自己的嗓门，尽量要占到上风，情绪激昂地谈论问题。对这些夫妇来说，冲突通常被视为需要取胜的比赛。

2. **回避型**（avoidant）：这种类型的恋人更倾向于忽略而不是面对问题。他们尽可能地减少分歧，避开敏感话题。这些伴侣承认他们之间存在冲突，但他们会迅速、冷静地处理它们。

3. **效用型**（validating）：这些伴侣以公开的、合作的方式管理冲突。当他们有不同意见的时候，他们通过文明的途径来对话，而且不否认自己的情绪。他们仔细地倾听对方，然后寻求解决问题的合作方案。

效用类型符合本书提倡的做法，是沟通的理想方式。[147]然而，高特曼也承认另外两种在某些情况下也能成功的冲突类型。以下是他所了解的婚姻幸福的波动型夫妻：

链接  如何陷入爱河

20多年前,心理学家阿瑟·艾伦(Arthur Aron)在他的实验室中成功让两个陌生人爱上对方。去年夏天,我将他的技巧用在了我自己的生活中。

他是我在攀岩馆偶然遇到的一个大学熟人,遇到他的时候我突然想"如果我们……会怎样?"。我曾在Instagram上浏览过他的动态,但这是我们初次一对一约会。

"心理学家早就试过帮人们陷入爱河,"想起了艾伦博士的研究,我说,"这太有趣了,我一直想尝试一下。"

我解释了这个研究。一对异性恋男女从不同的入口进入实验室。他们面对面坐着,回答一系列越来越私人化的问题。在接下来的4分钟里,他们静静地注视着对方的眼睛。他说:"让我们来试一下吧。"

我在网上搜索了艾伦的问题,一共有36道题。在接下来的两个小时里,我们轮流看我的手机,依次向对方提问题。刚开始的问题还比较无关紧要:"你想出名吗?以什么方式?"以及"你最近一次唱歌给自己听是什么时候?最近一次唱给别人听是什么时候?"但问题很快就变得寻根究底了。"说出你和你的搭档的三个共同点,"他看了我一眼说,"我们都对彼此感兴趣。"

我们交流了自己上一次哭泣的原因,坦白了想要询问占卜者的一件事。我们还向自己的母亲解释了我们的关系。

半夜时我们结束了问答环节。环顾整个酒吧,我感觉自己好像刚刚醒来。"还不错,"我说,"绝对比互相直视这个环节舒服多了。"他犹豫了一下问道:"你觉得我们也该那样做吗?我们可以站到桥上去。"说着他转头看向窗外。

这是一个温暖的夜晚,我毫无困意。我们走到了桥的最高处,然后转过脸面向对方。我曾经在陡峭的山坡上滑过雪,也曾仅仅靠一根短绳悬挂在峭壁上,但是,静静注视一个人的眼睛保持四分钟在我人生中是更令人惊动和可怕的经历。我在前两分钟里一直努力调整自己的呼吸。

我们大多数人都认为爱情是偶然发生在我们身上的某件事,但这个研究让我感兴趣的地方是它假定爱情是一种行为。产生信任感和亲密感是可能的,甚至是容易的,这正是爱情萌生所需要的感觉。

你或许会想知道他和我是否相爱了。是的,我们的确陷入了爱河。尽管很难将此完全归功于艾伦博士的研究(或许爱情本就会发生),但这个研究的确给我们提供了一种有意开始一段关系的途径。爱情没有偶然发生在我们身上,我们相爱是因为彼此选择了爱上对方。

曼蒂·伦恩·卡特伦(Mandy Len Catron)

通过回答下列问题,加强你的理解:

1. 你对本文描述的这个试验的第一反应是什么?你认为这是甜蜜、吸引人的,还是愚蠢、不现实的?

2. 你愿意跟一个已经认识的人尝试这个研究吗,包括直视对方4分钟时间?

3. 解释一下这一活动中体现的沟通原则。你认为其中的语言和非语言交流哪个起着更重要的作用?

事实证明,这些夫妇像火山一样暴烈的争论只不过是他们温暖又充满爱意的婚姻中的一小部分。争斗时的激情和兴趣似乎有益于他们之间的积极互动,比普通情况更有用。他们不仅比一般的效用型夫妻表达了更多的愤怒,也表达了更多的欢笑与恩爱。[148]

还有,这是高特曼发现的使用回避方式却感到满意的恋人:

相对于化解矛盾,回避型恋人更坚持他们在婚姻理念上的基本共识。他们不过是再次确认了彼此在婚姻中所爱和所重视的东西,即强调积极的部分,接受剩下的部分。通过这种方式,他们常常能以一个悬而未决的讨论来结束争论,且不破坏对彼此的好感。[149]

因此,如果冲突类型不是感情关系取得成功的关键因素,那什么才是?高特曼认为答案是积极沟通行为和消极沟通行为之间的数量比。他把5:1称为"神奇比率",只要恋人之间的积极互动——触摸、微笑、赞美、大笑、体贴的言语等——是消极言行的五倍,他们就能拥有快乐、成功的感情关系。对回避型恋人来说,很容易把消极行为的数量控制在较低水平,正如波动型恋人们也能把积极行为保持在较高的水平。关键是无论哪种类型,包括效用型恋人,成功的秘诀在于保持适当的比率。

爱的语言

"如果你爱我,请听我讲。"
"如果你爱我,说出来。"
"如果你爱我,证明给我看。"

在这些句子中,潜在的信息是,"对我来说,爱就意味着……"作家盖瑞·查普曼(Gary Chapman)认为,我们每个人都有关于什么是爱的个人见解。他称这些见解为**爱的语言**(love languages),并且认为如果我们没有发现自己表达爱的方式与伴侣并不匹配,那我们就会有麻烦。[150]

查普曼确定了感情关系中的五种爱的语言,研究也对这些分类提供了支持。[151]

影片《爱在午夜降临前》(Before Midnight)是追踪杰西(伊桑·霍克饰)和赛琳(朱莉·德尔佩饰)之间关系演变的电影三部曲中的第三部。当这对夫妇在希腊的小岛上度假时,他们把晚上的大部分时间花在争吵上。最后,这部电影显示,爱人之间可能有激烈的冲突,同样对彼此也有热烈的爱。冲突什么时候对关系有利,什么时候只有破坏性影响?伴侣争论的时候应该遵循什么样的沟通界限?

1. **肯定的语言**:包括赞美、表扬、言语支持、写下的便条和书信,以及其他可以表达一个人有价值、值得欣赏的方式。使用这种爱的语言的人很容易因为侮辱和嘲笑,或者他们的努力没有得到语言上的认可,而受到伤害。
2. **有品质的时间**:指当伴侣需要你的时候,你都在场并能提供帮助,而且在这段重要的时间里,你能给予对方毫无保留的、全心全意的关注。精神不集中和分心都会损害你们在一起的时间的"品质"。
3. **礼物**:那些根据礼物衡量爱情的人相信"送礼的心思代表了一切"。对他们来说,礼物的意义不在贵不贵上。能让收到的人欣赏就是最好的礼物。此外,对以礼物为导向的伴侣来说,如果对方忽略了纪念某个重要的事件,就是一种关系越界行为。
4. **服务行为**:帮忙丢垃圾,给车加汽油,做家务等——可以列入清单的服务行为是无止境的。和礼物类似,服务的关键也是知道哪些行为能够得到你的伴侣的赞赏。(提示:主动做你伴侣最讨厌的那种家务活。)
5. **身体接触**:虽然这种情况包括性行为,但有意义的接触范围要广得多:用手臂围住肩膀,紧握对方的手,轻摸脸颊,或是摩擦颈部等。

爱人之间可以理解但又常常发生误解的事,是他们以为自己偏爱的爱的语言也是伴侣所欣赏的。比如说,如果你主要的爱的语言是"礼物",那么你很可能期望在特殊的场合从爱人那里收到礼物——可能只要一个普通的礼物。而你也可能会定期送礼物,并且认为对方会同样欣喜地接受。

正如你所想的,因为你假设伴侣的爱的语言和你一样,这很可能为失望

链接　　学习爱的语言

曾经，我拥有一段恋情。每当有什么特别的时刻，他都喜欢送我奢侈的礼物。如果我或者我的家人遇上了什么问题，他也会毫不犹豫地过来帮忙解决。

另外，我很喜欢身体上的亲密接触，也喜欢我们在一起活动。我们相处了很长一段时间，但最后还是以分手告终了，原因是我们都感觉不到对方的爱。如果当时我们能知道彼此爱的语言，那现在我们可能还在一起。

最近，我读了盖瑞·查普曼博士的《爱的五种语言》(The 5 Love Languages) 一书。根据他的观点，如果我们不能获悉伴侣的爱的语言，那我们还不如用俄语和他们交谈。

在过去这段关系里，我会指责他不爱我是因为他没有和我共度珍贵的时光，也没有表达足够的喜爱之情。而他只会指着我脖子上的漂亮珠宝，然后问："你喜欢你的项链吗？"

就这样，他激怒我了。我一直认为他试图装成一个混蛋，只是为了回避和我的谈话。他所做的不过是向我展示一个他有多爱我的物质符号。这就是他表达爱的语言——"礼物"，而我的明显不是。

反过来，他会指责我不关心他是因为我没有在他忙工作的时候帮他把衣服送到洗衣房。显然，他的另一则爱的语言就是"服务行为"。就这样，我们一次又一次地指控彼此拒绝给对方爱。

读过查普曼的书后，我才认识到自己的爱的语言是"身体接触"和"有品质的时间"。我一直在用自己想要被爱的方式去爱我的伴侣，而他也一直用他希望被爱的方式来表达他的爱。

在这本书里，我最喜欢的一段话是："人们总是倾向于用最响亮的声音，批评他们的配偶不能满足自己最深处的情感需求。这本是恳求得到对方爱的方式，却因为他们的批评失去了效用。如果我们理解这一点，它会帮助我们用一种更有成效的方式处理对方的批评。"

查普曼说，一段关系的开始是"爱上"（in-love）的阶段。在这个幸福愉快的时期，你的伴侣不会犯错，没有缺点，而且似乎没有什么是不可能的。一旦这个阶段过去了，持久的感情需要我们对爱做出选择。我们不得不选择去爱我们的伴侣本来的样子，并且选择用他们想要被爱的方式——用他们而不是我们自己的爱的语言——去爱他们。

伊迪·沃恩（Edie Vaughan）

通过回答下列问题，加强你的理解：

1.基于这部分的内容和这篇文章描述的情况，爱的五种语言里哪一种最吸引你？你认为与你最亲密的人主要使用的是哪几种爱的语言？

2.哪种爱的语言对你来说最有挑战性？

3.当你在亲密关系中传达爱的语言时，你认为在沟通方式上你可以做出哪些改变？

埋下了伏笔。查普曼说这种情况经常在婚姻里发生：

> 我们倾向于说自己的爱的语言，然后当配偶不明白我们所传达的信息时，我们又变得困惑。我们只是在表达自己的爱，消息不能被很好地理解是因为我们所说的东西对他们来说就是一门外语。

大多数人从自己的原生家庭里学到了爱的语言。然后，从很小开始，给予和接受情感的方式就在一定程度上印在了我们的脑海中。好消息是我们可以学会用不同的方式表达爱——特别是如果有来自爱人的帮助。看一看上面列出的爱的语言的类型，试着找出你的主要类型。然后你可以让你的伴侣做同样的事，再比较你们的记录。上一页"链接"专栏中的"学习爱的语言"提供了参与类似自我评估的某个人的故事。

社交媒体与感情关系

正如第二章所提到的，在网上开始感情关系已经很寻常了。[152]但即使是在现实中开始感情关系的情侣，也需要管理自己对社交媒体的使用。最近的一项研究发现，陷入感情关系的成年网民中，有27%的人说网络对他们的关系产生了影响。[153]并非所有影响都是积极的。研究显示，大约四分之一的手机用户说，他们的爱人在与他们独处的时候，会因为手机而分散注意力（在18岁到29岁的年轻人中间，这一比例甚至更高）。

感情承诺的一个指标就是"努力定期沟通"（见表10-1），打电话和发短信就是一种很便捷的方式。研究发现，在感情关系中，移动设备使用与承诺和爱的感觉之间存在一种积极的关系。[154]然而，要警惕过犹不及的危险。与爱人定期联系和焦虑地频繁查岗之间是有区别的。[155]尽管通过发短信来表达情感确实能够加固一段感情关系，但这不是解决一些严肃议题的好方法。[156]

一对伴侣的社交网站使用情况既能反映又能影响他们对彼此的感觉。与那些在社交网站上只上传个人照片的人相比，那些上传与伴侣合照的人对自己的关系感到更满意。[157]（参见第九章"链接"中关于自拍合照的文章）此外，在人们对某段关系感到更满意的日子里，他们更有可能在网上分享有关这段关系的信息。但是使用社交网站也有不利之处。比如，研究发现，关系亲密度与社交网站参与度之间存在负相关。[158]特别是对那些低自尊的人来说[159]，在Facebook上密切监控他人是一种具有关系侵犯性而且容易激发妒忌心的行为。[160]当你阅读第二章（"关系恶化"）时会发现，过度使用社交网站、对婚姻不满意和离婚三者之间存在关联。[161]

这也反映了本书的一个重要原则：凡事都要适度才好。当我们过度使用和滥用社交媒体时，它们会对感情关系产生消极影响；而当我们谨慎、有意识地使用社交媒体时，这些工具有助于维持和强化我们的感情关系。

小 结

人际关系的亲密感有四个向度：身体的、智力的、情绪的和活动的共享。性别和文化两者都会影响亲密的表达。亲密感可以出现在媒介沟通中，也可以出现在面对面互动中。并不是所有的关系都与亲密有关，沟通者有必要对什么时候、在哪里、跟谁会产生亲密关系做出决定。

家庭关系是形成性的，由角色驱动，一般是自然而发的。家庭运作就像一个系统，发展出不同的沟通模式，其中混合了谈话取向和遵从取向。社交媒体使用的代际差异会给家人间的沟通带来挑战，所以协商出一个共同理解的使用原则是重要的。

友人间的沟通常常会有很大的不同，影响的因素包括参与者的年龄、关系的历史、接触的频率、义务的程度、任务或关系的基础、坦露的程度，还有朋友的性别。社交媒体在当代的人际关系里也起到了重要作用。

感情关系中的关系信息有三个维度：爱情、承诺和情感。感情关系的开始、持续和结束经常都是基于关系转折点的。伴侣通常使用三种中的一种冲突类型：波动型、回避型和效用型。身处感情关系中的伴侣各自都有偏爱的五种爱的语言中的其中一种，这有助于彼此更加理解对方的语言。因为社交媒体在大部分感情关系中起着重要作用，所以谨慎地使用媒介渠道来最大限度地发挥其有益影响并把有害影响降到最低限度是一件重要的事。

电影与电视

你可以在以下电影和电视节目中印证我们在本章总结的沟通准则：

亲密和性别

《寻找伴郎》（*I Love You, Man*，2009）R级

诸如"兄弟情"（bromance）或者"男人间的欣赏"（man crush）等词汇说明人们正寻找新的方式来描述同为异性恋的男人之间的亲密友谊。电影《寻找伴郎》就探究了这个主题。

彼得·克莱文（保罗·路德饰）在他即将到来的婚礼之前，竟然找不到一个亲密的朋友来当他的伴郎。为此，他只能通过一系列的"男人约会"来寻找一个死党。在一次房展上，彼得无意中撞见了希德尼·法夫（杰森·席格尔饰），他们很快发展出了一段强烈的情谊。

彼得和希德尼的亲密感跨越了各种层面。通过大量的谈心和自我坦露，他们拥有情绪上和智力上的交流；他们还喜欢共享活动，尤其是摇滚爵士音乐的即兴演奏会；甚至在身体层面上，他们也有许多搂肩膀和熊抱的动作。

彼得和希德尼新建立的友谊渐渐侵害到了彼得和他未婚妻的关系，如何在老婆和哥们之间选择成为电影一个有趣的次要情节。这种演变其实强调了管理多元的亲密关系需要面临很多挑战。

承诺和支持

《勒戒》（Intervention，2005— ）TV-14级

这部获奖的真人秀节目深入地审视了那些关系亲密的人，当他们向自己的爱人坦白长期以来存在的问题后，关系会如何发展。这个干预治疗定位在了诸如药物滥用、饮食紊乱、赌博成瘾以及心理和生理健康等问题上。尽管与爱人对质有时需要干预者表现出"严厉的爱"，但他们也清楚地证明和体现了关系中的承诺、支持和原谅。

家庭系统

《摩登家庭》（Modern Family，2009— ）TV-PG级

这部广受好评的电视情景喜剧记录了一个大家族下的三个家庭的各种霉运。

正如片名所显示的，《摩登家庭》里的多元化关系在过去的时代是不太可能存在的。其中最传统的家庭包括乐天开朗又土里土气的爸爸菲尔（泰·布利尔饰）、总是过度紧张的妈妈克莱尔（朱丽·鲍温饰）和他们三个非常不一样的孩子。克莱尔的父亲杰（艾德·奥尼尔饰）新娶了年龄比他小一半的哥伦比亚裔妻子格劳丽亚（索菲娅·维加拉饰）。他们和曼尼（里克·罗德里格兹饰）——也就是格劳丽亚和前夫的儿子——一起生活。克莱尔的弟弟米切尔（杰西·泰勒·弗格森饰）和他的同性伴侣卡梅隆（艾瑞克·斯通斯崔特饰）有着忠诚的关系，他们还领养了一个越南裔的女儿。

《摩登家庭》里的每一集都阐明了本章所描述的家庭系统的准则。此剧在描述伴侣、父母、孩子、祖父母、兄弟姊妹、姻亲、继兄弟等关系中，紧扣住了关系丰富、复杂和相互依赖的本质。

第十一章
改善沟通气氛

阅读完本章后，你应该能够：

* 指出在你重要的关系中，肯定的、异议的和不肯定的信息及其模式，并描述它们的后果。
* 描述你在上一个目标中所指出来的信息，是如何威胁参与沟通者的自我(面子)，或使其得到尊重的。
* 运用吉布的分类法和"清晰信息"的处方来创建信息，这种信息有助于建立支持性的而非防卫性的沟通氛围。
* 对真实的或者假设的批评，能予以合适的、不防卫的回应。

人际关系与天气十分相像。有些关系晴朗温暖,有些风雨交加寒冷异常。有些乌烟瘴气,有些却又健康宜人。有些关系像是稳定的气候,然而,另一些却发生着急剧的变化——时而平静,时而狂暴。我们无法利用温度计和观察天象来评测人际关系的"气候",但它的确存在。所有关系都内含某种情绪,此种情绪弥漫于其中,为参与者的互动染上色彩。你会选择何种气象学术语,来描绘最重要的关系中的主要沟通气氛呢?同样的事件和行动,在气氛良好或糟糕的情况下,如何给人带来不同的体验?

虽然我们不能改变外在的天气,但是我们可以改变内在人际关系的气氛。本章将告诉我们是哪些力量,使得有些关系是美好的,而另一些关系却令人如鲠在喉。你将在这里学习到哪些行为会引起别人的防卫和敌意,又有哪些行为会引起更为正面的情感。读完本章之后,你将对重要人际关系中的气氛拥有更好的理解,也会学到如何去改善你的人际关系。

11.1 沟通气氛和肯定信息

沟通气氛(communication climate)指的是关系当中的情感基调。气氛与活动的种类有关,但牵涉更多的是人们在完成活动的过程中如何感觉和对待彼此。比如,试想一下两个学习人际沟通的班级,他们拥有相同的教学时间和教学大纲。但不难想象,一个班级在学习上给人一种友善和舒服的感受,而另一个班级给人冷漠和紧张的感觉——甚至同学间相互怀有敌意。

同样的原则也适用于亲密关系。大量的研究证明了我们的直觉:创造并维持正向健康的情感气氛的伴侣,其关系更为愉悦和持久。[1] 相比之下,不互相支持对方的伴侣,不论是同性恋者或异性恋者、富裕或贫穷、有子或无子,都更容易关系破裂或忍受毫无乐趣的同居生活。[2] 父母为孩子创造的沟通气氛会影响他们的互动方式。[3] 缺乏父母肯定的孩子会遭受各种情绪和行为上的问题,而那些感受到肯定的孩子在与他们的父母进行沟通时会更加坦率,他们的自尊心更强,压力水平也较低。[4] 当敌对的、不肯定的信息增加的时候,兄弟姐妹对彼此的满意度也会大幅下降。[5]

与在私人关系中一样,健康的沟通气氛在工作中也很重要。正向的沟通气氛可以提升职员的工作满意度。⁶ 支持性的工作环境总是与以下两个因素相关。⁷一是赞扬和鼓励：职员在自己的工作被认可时，会感觉自己被重视。认可或答谢职员不需要给他们升职、加薪或发放奖金，虽然这些总是受欢迎的。正如研究员丹尼尔·戈尔曼所说："闲聊——对完成出色的工作的一句称赞、挫败后的一点鼓励——构成我们对工作的感觉。"⁸第二种调动气氛的做法是保持开放的沟通。职员更希望主管或同事能采取开放的政策，这样他们能够获得或给予反馈，提出意见，并表达自己的忧虑。

除了一些古怪的人物和反常的人格，电视剧《公园与游憩》（Parks and Recreation）里职员的工作氛围大体上是阳光而又温暖的。莱斯莉·诺普（艾米·波勒饰）的领导对于创造正向的工作环境有很大作用。你所工作的地方沟通气氛如何？你的主管在创造和维持沟通气氛时发挥了怎样的作用？

如同自然万物经历同样的气候，沟通气氛也由参与者共享。很少会出现同一段关系被一方形容为积极开放、正向光明的，却被另一方形容为冷漠且充满敌意的。也如同气候一样，沟通气氛随时随地可能改变，一段阴暗的关系可能在下一刻又变得充满阳光。以此类推，我们必须认识到：沟通气氛的预测不是精准的科学。不过，和天气不一样的是，人们可以在他们的关系当中，改变沟通气氛。

信息的肯定程度

是什么导引着正向或负向沟通气氛呢？在很大程度上，这个答案出人意料地简单：一段关系中的气氛，取决于人们相信自己在其他人心中**受重视**（valued）的程度。

社会科学家用**肯定的沟通**（confirming communication）来形容那些传达重视的信息，而用**不肯定的沟通**（disconfirming communication）来形容那些听者未受重视的信息。肯定信息以各种形式表达"我眼中有你""你算数""你很重要"。而不肯定的沟通却显示出听者未受重视，不肯定信息以各种形式表达"我才不管你""我不喜欢你""我不看重你"。

就像评价美不美，一条信息属于肯定还是不肯定的沟通也取决于旁观者。⁹举例来说，在你的某段人际关系里，你说了一句话（"你好好笑！"）来表达喜爱之情，在外人听来可能全然相反。同样，信息发送者自认为有助益的评论（"我把这个告诉你也是为你着想……"），可能轻易被视为不肯定的人身攻击。

是什么让信息更为肯定？表11–1列出了信息的肯定程度。

不肯定信息　不肯定的信息或忽视，或故意漠视别人所传送的重要信息，表现出对他人的不尊重以及不欣赏。[10]沟通学研究者已经确认了七种不肯定信息的类型。[11]

回应缺失　**回应缺失**（impervious response）表现为不确认自己已接收到他人的信息。无论对方无意还是有意，没有几件事情能比你试图与之沟通而对方没有回应，更令人不安的了。

正如你在第一章的开头读到的，被人忽视会比被拒绝或者受到攻击更具否定性。研究表明在工作中，员工有时会通过避免与讨厌的同事互动，制造出令人心寒的沟通氛围，来迫使对方辞去工作。[12]在婚姻中，忽视伴侣（有时称为"筑墙"，stonewalling）已经被认定为预示离婚的强有力的信号。[13]即便是在一个不那么刻意的层面上，人们在发短信的时候不理会别人，也会传达给对方不为所动的感觉。

插嘴　在别人尚未说完话之前就随意插话，会给人不关心对方谈话内容的感觉。偶尔**插嘴**（interrupting response）未必会被认为是一种不肯定，但经常插嘴会让说话的人失去谈话的兴致且感到愤怒。

各说各话　谈论与他人说话内容无关的事情是一种**各说各话**（irrelevant response）的表现。

A：今天真是的，先是车子过热害我得叫拖车，然后又是电脑死机，到底有完没完！

B：听着，我们得说说安的生日礼物，她后天就要开庆生会了，我只能明天去买。

表11–1　信息的肯定与不肯定程度

不肯定	异议	肯定
回应缺失	攻击	
插嘴	抱怨	
各说各话	争辩	
岔题		重视
无人情味		承认
含糊其辞		赞同
表里不一		
最不重视		最重视

A：我现在真的很累，可不可以过几分钟再说这件事？我从来没有像今天这么倒霉过。

B：我只是想不出到底要送女什么，她好像什么都有了……

岔题　会话当中的"夺走"现象被称为**岔题**（tangential response）。与完全忽视说话者的谈话内容不同，对方会用这种方式来转移话题。

A：我想知道你到底要不要在假期去滑雪？如果不快点决定的话，到时可能来不及预约。

B：嗯……如果我没能通过植物学这门课，我不会有出去玩的心情的，你要不要帮我做作业？

无人情味　**无人情味**（impersonal response）的表现总是充满着各种陈腔滥调，从未对说话者真正做出回应。

A：我最近有点私事，想找几个下午早点下班去处理。

B：喔，是这样。我们每个人都有私事，这好像成了时代的趋势。

含糊其辞　**含糊其辞**（ambiguous response）指的是言语中不止包含一种意思，使对方不能准确把握回应者的立场。

A：我想尽快见到你，星期二如何？

B：可能可以？

A：怎么样？星期二到底能不能和我见面？

B：也许吧。到时再说吧！

表里不一　**表里不一**（incongruous response）的回应包含了两个矛盾冲突的信息，通常至少有一个信息是非语言的。

A：亲爱的，我爱你！
B：我也爱你。（看电视的时候单调地说）

异议信息　在不肯定的沟通和肯定的沟通之间，还存在着异议信息。正如其名称所暗示的，**异议信息**（disagreeing message）就是以某种方式表达"你错了"。你将会读到，有些异议是相当有敌意的，另一些则没有像它们初看上去那样的不肯定。即便是不同意对方，也分更好的和更坏的方式，所以异议信息也需被置于一个正负量表中接受评判。在这一部分，我们正是要讨论三种类型的异议：攻击、抱怨和争辩。

攻击　反对另一个人最具破坏性的方式就是**攻击**（aggressiveness）。研究人员将言语攻击定义为诋毁他人的自我概念以使之遭受心理痛苦的倾向。[14]和争辩（稍后说明）不一样，攻击贬低了别人的价值。辱骂、奚落、挖苦、嘲弄、吼叫、纠缠——都是通过折损他人而"取胜"的方式。

欺凌作为攻击的一种形式，近来受到媒体和学者们的广泛关注。"欺凌"一词唤起的图像常常是一个站在学校操场上的小霸王，但欺凌现象并不局限于此。例如研究表明，家庭中也会出现欺凌，手足之间的欺凌将造成长期的心理影响。[15]本部分提供的图片显示，成人的工作场合中也存在欺凌的现象。

乔纳森·马丁（Jonathan Martin）离开了迈阿密海豚队（Miami Dolphins team），称自己受队员欺侮和骚扰。这一事件使我们获得新的认识：攻击性的嘲弄和辱骂不只使小孩子，也使成人在交往中感到痛苦。你是否曾在工作中遭受欺凌？

攻击不限于面对面的接触。网络欺凌现象有着令人不安的普遍性：约15%的学生说自己在网上辱骂过别人，而被辱骂的比率则达到30%。[16]网络欺凌的后果可能是毁灭性的。在线的辱骂让受害者感到愤怒、沮丧、悲伤、害怕和尴尬，结果他们在学校变得冷漠，欺骗他人，并且有滥用药物、暴力和自我毁灭的行为——在最严重的情况下甚至会有自杀的行为。网络欺凌不只发生在一个人的在校阶段。足有73%的成年网络使用者目睹过在线的欺凌事件，40%的人有过亲身体验。[17]你可以在第二章中看到更多关于网络欺凌的内容。攻击会带来如此严重的后果并不让人吃惊。第十二章描述了为何针对冲突的双赢模式比起进攻性的输赢战术更加健康、富有成效。

抱怨　当沟通者不准备争论但还是想要表达不满的时候，他们经常都会抱怨。不过如同异议信息的表达一样，**抱怨**（complaining）的方式也分好坏，显然有一些方式要更好一些。比如，彼此满意的夫妻往往会倾向于对行为进行抱怨（"你总是把袜子扔到地板上"），而不满意的夫妇则更多地抱怨个人的性格（"你是个大懒虫")。[18] 这种针对个人性格的抱怨更有可能导致冲突的升级[19]，原因很明显：针对他人性格的抱怨攻击到了对方展现的自我中一个更基本的部分。谈论袜子，话题涉及的是一个可以改变的习惯；称呼对方大懒虫是人格上的攻击，即便是在冲突结束后，也很难被遗忘。婚姻研究者约翰·高特曼发现抱怨并不必然意味着关系出现问题。事实上对夫妻来说，只要他们抱怨的内容是针对行为的描述，而不是针对个人的批评，那么坦露他们所介意的事通常来说是一种健康状态。[20]

争辩 通常情况下，如果我们称一个人是好争辩的，我们是在做出一个不利于对方的评价。但是，我们也会赞赏出现在律师和脱口秀节目主持人身上，以及出现在读者来信和政治辩论中的创造并且发表合理论点的能力。因此在一个积极的层面上，沟通学家把**争辩**（argumentativeness）定义为呈现并捍卫自己对于事物的立场，同时攻击他人持有的立场的行为。[21] 在工作场合中，争辩并非一种消极的品质，它更多是与一些积极的属性相关联的，比如增强自我观念、提升沟通能力、带动积极氛围等。

如何在争论的同时保持一个积极的氛围，关键在于你表达自己观点的方式。攻击观点，而不是攻击人，这一点很重要。此外，如果你能正面陈述一个合理的论点，它被采纳的可能性更高。[22] 本章后面所述的支持性信息展示了以一种尊重的、建设性的方式进行争辩如何成为可能。

肯定信息 研究显示，最有可能传达肯定信息的信息类型有以下三种：重视、承认和赞同。[23]

重视 表达肯定信息最基本的动作就是重视另一个人。**重视**（recognition）看起来似乎是一个简单又平淡无奇的举动，但是很多时候我们对他人的回应连这种程度都达不到。忘记回复邮件或者电话短信都是常见的例子，或者某个售货员没有意识到你正在等待服务。当然，这种欠缺重视的行为可能只是一时的疏忽；但倘若有人把这些举动误认为是你在刻意和他保持距离，那就可能会成为不肯定的沟通。

承认 **承认**（acknowledgment）别人的观点与感受，是肯定沟通的一种有力形式。倾听大概是一种最普遍的"承认"途径。当然，埋伏性的、自恋的以及虚伪的倾听这类伪造品会使结果适得其反。比较积极的"承认"则包括问话、释义和给出反应。毋庸置疑，员工会对询问他们意见的高级主管有较高的评价，即使意见最后不被采用。[24] 正如你在第八章所看到的，当某人有问题的时候，对他的想法和感受给出反应是提供支持的一种强有力的方法。

赞同 "承认"表示你对别人的意见有兴趣，**赞同**（endorsement）则表示你同意他们的意见，且觉得这些意见是重要的。不难看出赞同是肯定信息中最强力的一种类型，因为它传达了最高层次的重视。而最明显的赞同形式就是同意。值得庆幸的是，你不一定要借由完全的同意来表现你对他人信息的赞同，你可以在信息当中找出你所认同的部分加以回应。即便你无法对朋友的情绪爆发产生认同，你仍可以试着用"我能理解你为什么这么生气"来和他沟通。毫无保留的赞美也是表现赞同的一种很有力的形式，当你找到机会赞美他人的时候，你不妨试着使用它。

沟通气氛如何发展

只要两个人开始沟通，周围的气氛就会跟着有所变化。如果他们所发出的信息是肯定的，正向的气氛可能就会渐渐形成。相反地，如果他们所发出的信息是不肯定的，这段关系可能就会开始变得不友善、冷酷且充满防卫。

言语信息确实是塑造关系中的气氛的因素之一，但也有许多塑造气氛的非语言信息。[25] 接近他人的举动是肯定信息，而躲避的行为则是不肯定信息。微笑或皱眉、有无眼神接触、说话的语调、人际空间的运用等信号，都能传达双方对于彼此的感受。

当气氛形成之后，它就开始有了自己的生命并且以一种永久存在的方式**螺旋**（spiral）发展——由于每个人的信息受到彼此话语的强化，就形成一种循环往复的沟通模式。[26] 在正向的螺旋当中，一方的肯定信息可以引发另一方类似的回应，而此种回应导引前者输出更为正面的信息。不过，负向螺旋的力量也一样强大，它会让双方对自己和彼此的感觉变得越来越糟。

有研究描述螺旋是如何在关系中运作，以强化"种豆得豆，种瓜得瓜"这一原则的。在一个针对已婚夫妇的调查中，研究发现每个配偶在冲突情境中的反应是与另一方的表现相类似的。[27] 安抚的话语（如提供支持、承担责任、表示认同等）通常会得到安抚的回应，对抗的行为（如批评、恶意刁难、挑错等）也常会引起对抗的反应。同样的模式也适用于其他种类的信息，如逃避导致逃避、分析招致分析，等等。表11–2展示了某些可以创造正向或负向螺旋的互动沟通模式。

升级的冲突螺旋（escalatory conflict spirals）是最常见的增强彼此不肯定信息的状况。[28] 一个攻击导致另外一个攻击，使得小冲突不断升级，最后成为全方位的斗争：

A：（有点恼怒）你去哪里了？我以为我们约好半个小时前在这边见。

B：（防卫地）我很抱歉，我在图书馆耽搁了。你知道我不像你一样有那么多自由的时间。

链 接  意外的友谊

我以一种新的形式"出柜"了——宣布自己是福来鸡快餐店（Chick-fil-A）总裁兼首席运营官丹·凯西（Dan Cathy）的朋友，对此我内心惴惴不安。

很多人在得知我们成为朋友的消息时感到震惊。我是一个40岁的公开的男同性恋者，一生都在积极追求平等。近十年来，我所在的组织"校园骄傲"（Campus Pride）一直在抗议福来鸡快餐店。我对福来鸡快餐店用来资助反LGBT群体的将近五百万美元资金进行了调查。整个国家都知道丹·凯西在支持"圣经定义"的婚姻概念一事上"罪名成立"。还有什么更多需要了解的吗？

在争执正激烈的时候，丹·凯西意外地给我来了电话。我极为谨慎地接通了电话。他是要把我撕个粉碎吗？或者是要骂我一顿？还是要派他的律师来找我？

我与他的第一次通话持续了一个多小时。他的问题和一系列深层次的对话最终让我们进行了数次面谈。有着根深蒂固且完全对立的观点的人真正能够冒险坐下来听对方说话是很少见的。

丹和我进行了礼貌而又持久的交流，并

建立起了彼此间的信任。即使我继续质疑他的公共行为和资助反LGBT群体的决定，丹也乐意与我交流并倾听我的看法。他和我都致力于更好地理解对方。在我们的政府、社区以及我们自己的家庭中，我们都没有足够多地聆听和学习与自己观点相异者的看法。丹·凯西和我将共同努力去做得比以前更好。

在交流中，丹对我的生活表现出了真诚的兴趣。他想了解我的家乡、我的信仰、我的家庭，甚至是我的丈夫。同样，我也了解了他的妻子和孩子，并对他致力于成为一名"基督的信徒"而非"基督教徒"有了新的认识。当丹听说人们因福来鸡快餐店的缘故受到粗暴对待时，他真诚地表达了自己的遗憾和悲伤，但是他并没有为自己对婚姻怀有的真诚信念而道歉。

在这一点上我们有极大的共性：我们都完全坚持自我。我们都想受到尊敬，都想让别人理解我们的观点。我们虽然不同，但我们可以进行对话。这就是进步。

最后，这并不是吃哪种鸡肉三明治的问题，而是人与人之间坐下来分享观点，投入到真实的、互相尊重的、文明的对话中去。

丹或许会称此为圣经所定义的待人友善，我更乐意称之为做人的品格。只要我们都坐在同一张桌子旁边进行沟通，我们吃什么，或者将这种对话称作什么还重要吗？

肖恩·温德梅尔（Shane L. Windmeyer）

通过回答下列问题，加深你的理解：
1. 因为发展出了这段非同寻常的友谊，温德梅尔和凯西都面临他们各自所在团体的批评。你觉得为了与持有不同人生观的人进行交往而付出这些代价值得吗？
2. 在本文中，温德梅尔和凯西具体使用了什么样的沟通技巧来营造互相支持的氛围？
3. 你能想到什么方法来与世界观不同于你的人进行沟通？

A：我没有责怪你，你不用这么敏感。但我确实讨厌你刚刚的话，我非常忙碌，比起在这里等你，我还有很多更重要的事情要做。
B：是谁敏感？我只是随便讲一句话。你最近真的是动不动就生气，你到底怎么了？

尽管没有那么明显，**降级的冲突螺旋**（de-escalatory conflict spirals）也是破坏性的。[29]在这种情况下，虽然关系双方不会相互斗争，但他们会逐渐削弱对彼此的依赖，逐渐撤退，越来越少地投入到这段关系中。好消息是螺旋也可以是正向的。给出一句赞美能够收到一句恭维，这样的互动将引发善意的举动，能够改善双方关系的氛围。

不管是正向或是负向的螺旋，都很少会无限地发展延伸下去，大多数的关系都在"进"或"退"两种状况中循环。倘若螺旋是负向的，双方可能发现谈话越来越令人不舒服，他们不必交流这一发现，就会试着从负向的信息转为正向的信息去改善它。在其他的情况下，人们可能去做后设沟通，他们会说："等一下！这么做对我们一点帮助也没有。"及时从负向螺旋中"弹回

被称为无限的游戏

	1	2	3	4	5	6	7	8	9	10	11	12	13	14	15	16	17	18	19	20	21	22	23	24	25	26	27	28	29	30	31	R	H	E
TAT	3	0	0	1	0	0	0	0	0	0	0	0	6	0	0	0	1	0	0	0	0	0	8	0	0	3	9	7	1	1	2	6	48	63	6
TIT	3	0	0	1	0	0	0	0	0	0	0	0	6	0	0	0	1	0	0	0	0	0	8	0	0	3	9	7	1	1	2	6	48	63	6

Michael Crawford/The New Yorker Collection/Cartoonbank.com.
All rights reserved.

表11-2 负向与正向的互动沟通模式

负向互动模式	
模式	例子
互相抱怨	A: 我希望你不要这么自我中心。 B: 好啊,我也希望你不要这么吹毛求疵。
各执己见	A: 你为什么对玛尔塔这么苛刻?她是一个好老板。 B: 你在开玩笑吗?她是我见过的最虚伪的人了。 A: 你压根不知道什么是好老板。 B: 你也一样。
互不关心	A: 我不管你要不要留在这里,我已经筋疲力尽了,我现在就要走了。 B: 随便,但要走你自己走。
内含断句的争论	A: 你不想听,我怎么谈? B: 你不想谈,我怎么听?

正向互动模式	
模式	例子
确认对方的观点	A: 这次的任务真的很令人困惑,恐怕没有人能明白我们应该做什么。 B: 我能理解它为什么不清楚,让我再解释一下……
承认相似点	A: 我不敢相信你想要度过一个这么昂贵的假期!我们应该省一点钱,而不是花得更多。 B: 我同意我们应该节省一点,但我认为我们既可以去这趟旅行,又可以省下一些钱,让我算给你听听……
支持	A: 我快要被这个工作逼疯了!我当初以为这只是个暂时性的工作。我需要去做一些不同的事情,马上! B: 我可以了解你有多讨厌它,让我们想想如何能更快地完成这个项目,这样你就能回到常规的工作中去了。

选自 *Competence and Interpersonal Conflict*, by W. Cupach and D. Canary.

来",回到正向螺旋中是关系成功的标志[30]。然而,如果两人错过了"临界点",继续往负面螺旋方向发展,他们的关系将走向终结。

　　正向的螺旋也有它的限制:即使是一段最好的关系也可能会经历冲突和退缩的过程,虽则时间和沟通技巧最后能让伙伴们回到原有或更高的和谐当中。

> **想一想**
>
> **评价沟通氛围**
>
> 也许不用太多分析，你就能够指出自己每段关系的沟通气氛。不过，采取以下步骤将会帮助你解释这些气氛存在的原因。不仅如此，采取这些步骤你还能得到一些改善消极气氛的方法的建议：
>
> 1. 辨认某段重要的人际关系的沟通气氛。
> 2. 列出造成和维持这种氛围的肯定或者不肯定的沟通。确保你列出了语言和非语言这两种信息。
> 3. 描述你能做些什么来维持现有的气氛（如果它主要是积极的），或者改变它（如果它主要是消极的）。同样，列出语言和非语言两种信息。

11.2 防卫：原因与对策

防卫（defensiveness）这个词让人联想到受攻击时对自己的保护，然而，这里所说的是哪一种攻击呢？无疑地，当你竖起防卫的时候，所应对的攻击很少针对你的身体。但是，倘若你没有受到身体上的侵害，你所防备的是什么呢？关于这个问题的答案，我们必须重新谈到第三章所介绍的"展现的自我"和"脸面"两个概念。

威胁面子的行为

回想一下，一个人的"脸面"包含身体特征、人格特质、态度、能力，以及其他想要向世界展现的自我的部分。实际上，只从单一面去看人是不对的，我们试图在不同的人面前展示自己不同的形象。例如，你可能希望在老板面前塑造出严肃的形象，却又希望在朋友的眼中是一个爱开玩笑的人。

当别人乐意接受和承认我们所展现出的形象的重要部分时，就没有防卫的必要了。反之，当其他人用**威胁面子的行为**（face-threatening acts）——这样的信息似乎已经挑战到我们试图投射出来的形象——来面对我们的时候，我们便会抗拒这样的信息。[31] 此时，防卫就成了我们保护展现的自我、顾全自己面子的一个过程了。当遭遇到威胁面子的攻击时，做出防卫性的回应似乎是必然的，但久而久之，这种防卫会动摇关系的稳定性。[32]

你可以试着想象自己努力展现的一面受到了他人的否定，然后你就可以理解防卫心是如何产生和运作的了。比如说，假设你的老板批评你犯了一个十分愚蠢的错误；或者想象一下，朋友说你是个以自我为中心的人；或是心上人管你叫懒人。倘若这些攻击并不合理，你很可能感觉受到威胁；但是请注意，即使你心里很清楚这些攻击是合理的，你还是会做出防卫的反应。例如，当你确实犯了个错误，真的非常自私，或者老是用粗糙的方式去对待你的工作时，你很可能也会对批评竖起防卫。事实上，批评越是命中要害，我们的防卫心也越重。[33] 保护自己所表现出来的形象是一种本能的反应，即使这些形象是不真实的，仍然会导致人们采取一些破坏性的方式，例如讽刺的语言和口头上的辱骂，来驳斥对方。[34]

到目前为止，我们讨论防卫时，就像它只是那些感受到威胁的人的责任。如果是这样的话，那么解决办法会很简单：变成一个厚脸皮，承认自己的缺点，并停止管理印象就行。可这个解决方法不仅不现实，也忽略了那些威胁别人面子的人应该承担的责任。事实上，有能力的沟通者除了会照顾自己对面子的需求，也会照顾他人的。[35] 举例来说，训练有素的老师尽力支持自己的学生，让他们保留面子，特别是在提出建设性批评的时候。这种面子上的功夫可以让学生较少使用防卫性反应。[36] 同样，有效的上级也会使用保留面子的话语，如"你的方向是正确的，并且你的工作很有潜力"，以作为纠正下属行为之前的缓冲。[37] 我们将在本章后面详细讨论保留面子的信息的重要性。

避免对他人防卫

研究工作者杰克·吉布（Jack Gibb）在他的著作中提出了一些有效控制防卫的工具。[38] 经过几年对团体的观察之后，吉布归纳出了六种唤起防卫和六种降低防卫的行为类型，后者通过传达表示尊敬的信息来实现。表11-3的**吉布分类表**（Gibb categories）会在接下来的篇幅里得到详述。

评价和描述　吉布指出，第一种唤起防卫的行为是**评价式沟通**（evaluation）。大部分的人会因评判性的言语而感到生气，他们倾向于将其解释为缺乏尊重的结果。评价的一种形式便是"你"的语言，之前我们在第六章已经提过。

不同于"你"的语言形式，**描述式沟通**（description）将焦点放在说话者的想法和感受上，而非注重价值的判断。描述式语言通常使用"我"的语言，

表11-3 吉布的防卫性和支持性行为分类表

防卫性行为	支持性行为
1. 评价	1. 描述
2. 支配导向	2. 问题导向
3. 策略性	3. 自发性
4. 中立	4. 同理
5. 优越	5. 平等
6. 确定	6. 协商

Source: Jack Gibb

这要比"你"的语言所激起的防卫强度弱得多。[39] 接下来,让我们对照一下"评价式"的"你"的断言和相对的"描述式"的"我"的语言:

评价:"你不知道你自己在说些什么!"
描述:"我不明白你怎么会有这样的想法。"

评价:"你这地方真乱!"
描述:"如果你不打扫,我要么只能自己做,要么只能忍受你的脏乱,这就是为什么我会生气!"

评价:"你的笑话真令人作呕!"
描述:"当你讲那些下流笑话的时候,我真的很尴尬。"

注意描述式语言是如何避免评判他人,而只把焦点放在说话者的想法和感受上的。尽管描述式语言很重要,但并非只要有它沟通就能成功。因为它的效用还取决于人们在何时何地以及如何使用它。可以想象一下,在一间都是旁观者的屋子里,或是用抱怨的语气说上面那些描述性的话语时,它的效果会是如何。哪怕时机正好,语气也没有出现偏差,我们也不能保证一定会成功。有些人无论你说什么、做什么都会做出防卫式的反击。虽然如此,我们还是不难看出,描述别人的行为对你产生的影响,会比评判性地攻击他人带来更好的结果。

支配和问题导向 第二种唤起防卫的信息表现出支配他人的企图。**支配式沟通**(controlling communication)发生在信息发送者在不顾接收者需要和兴趣的情况下,自顾自地去解释、决定一些事情的时候。被支配的内容可以是任何东西：在哪吃晚餐，要看哪一个电视节目，要不要保持某段人际关系，这一大笔钱要如何花。不论哪一种状况，展现出支配态度的人总是会制造出一种防卫性的气氛。不论是因为话语、姿势、语调，还是其他种种，这种支配者不管走到哪里都会引起别人对他的敌意。他们的行为无声地传达着这样的信息："我知道什么对你最好，如果你照着我的话去做，事情就会成功。"

相反地，**问题导向**（problem orientation）的沟通者着眼于寻找解决办法来满足自己和对方的需求。这里的目的并不是"赢"你的对手，让他付出代价，而是做出某种安排，让每个人都觉得自己是赢家。问题导向的代表是"我们"的语言（参见第六章），它显示出讲话者是在与对方一起做决定，而非为了对方下决定。[40]关于部门成员眼中最高效的大学主席的最好描述是，他是一位很少采用支配式沟通的问题导向型沟通者。[41]在第十二章里，我们将更多地讨论如何制造"双赢"策略来完成问题导向的沟通。

下面是一些说明支配和问题导向不同措辞方式的例子：

支配导向："你接下来两小时最好留在这里。"
问题导向："我待会有一个重要的包裹会送到，我出去见销售员的时候能麻烦你待在办公室吗？"

支配导向："只有一个办法来解决这个问题了，那就是……"
问题导向："看起来我们有点麻烦了，看看我们能不能共同找出两全其美的办法。"

策略性和自发性　吉布使用**策略**（strategy）一词来描述说话者隐藏他们的真实动机时所传达的那些唤起防卫的信息。"策略"的本质是"不诚实"以及"操纵"。即使策略性沟通的动机是好的，当被蒙蔽的受害者发现自己被人欺瞒的时候，仍可能感觉被冒犯，因为自己被别人看作是幼稚且容易受骗的。

自发性（spontaneity）是与策略性形成对比的一种行为。简单来讲，自发是指对别人诚实而不是操纵他们。自发性沟通不是指讲话者在想到什么事情的时候马上表达出来。正如第三章所言，自我坦露也有合适的（和不合适的）时机。如果你"自发地"说出心中的每一个即时的想法，无疑也会对别人展现的自我造成威胁。吉布关于自发性的概念包含说出别人能感觉到又会拒绝的隐藏意图。下面这些例子说明两者间的差异：

> **策略：**"你星期五下班后要做什么？"
> **自发：**"我星期五下班之后要搬钢琴，你可以帮我的忙吗？"
> **策略：**"汤姆和朱迪每周都会外出吃晚餐。"
> **自发：**"我希望我们可以更经常地去外面吃晚餐。"

自发并非不加选择地坦露自己的感情和想法。研究显示，这种"脱口而出"（blurting）对人际关系有害无益。[42]脱口而出者常常表现出更强烈的言语攻击和神经质的倾向，并且较少拥有同理心和换位思考的能力。相应地，他们也不在意自己的言论给他人以及双方的人际关系造成的伤害。

矛盾的是，自发也可以成为一种策略。你会看到有人刻意表现出足够的诚实来赢得他人的信任和同情。这种"坦率"的策略唤起的防卫级别可能是最高的。因为当我们知道别人把坦白当作一种操控手段之后，我们就再也不会相信这个人了。

中立和同理　吉布使用**中立**（neutrality）一词来形容第四种唤起防卫的行为，但是另一个更适合描述它的词是"冷淡"（indifference）。中立的态度属于不肯定信息，因为它表现出讲话者对他人漠不关心，而且暗示着别人幸福与否对其而言是不重要的。当人们意识到这种不关心时，防卫心可能就会被唤起。因为人们不希望觉得自己的存在是没有价值的，并且他们会维护重视自己的自我概念。

注意中立与同理在措辞上的差异：

> **中立：**"不好好计划就是会发生这种事。"
> **同理：**"唔，事情的发展好像跟你预计的不一样。"

> **中立：**"有时候事情就是会出错，没办法。"
> **同理：**"我知道你花了好多时间和心血在这个项目上的。"

中立的负面影响会显现得更清楚，如果你去想一下人们对那些他们不得不与之打交道的冷漠的大型机构的怨念："他们只是把我当作一个号码，而不是一个人。""好像是电脑在处理我的事情，而不是人在帮我办事。"这是两种常见的表述，它们反映出被冷漠对待的人可能出现的反应。吉布发现"同理"有助于摆脱沟通的冷淡性。**同理**（empathy）的意思是体会别人的感受，试着把自己置身于他们所经历的情境当中，但这不表示你就必须完全认同他们。只要让他们感受到你的关心和尊重，你就是在以一种支持性的方式进行沟通了。

优越和平等 第五种唤起防卫的行为是**优越**(superiority)。任何表达出"我比你优秀"的含义的信息都可能会激起接收者的防卫态度。大量研究证实，至少在西方文化中，自以为是的信息会使接收者恼怒，从年轻的学生到年长的市民都是如此。[43] 有一些优越感是通过讲话的内容传达出来的，另一些则是通过讲话的方式。例如，想一想简化语法和省略字词、高声而缓慢地说话、故意不听以及改变说话音调是如何传递优越感的。

下面两组示例显示了优越和平等的差异：

优越："你根本不知道自己在说什么。"
平等："我有不同的看法。"
优越："不，这不是这件事的正确做法。"
平等："如果你愿意的话，我可以告诉你我曾经用过的有效方法。"

在工作中

谷歌：智能上的谦逊

谷歌公司早就因为在工作面试中会提出类似于"钟表的表针在一天之内重叠多少次？"这种智力题而臭名昭著。最近，这家公司已经声明，古怪的问题在人才录用中是没有用处的。据曾任谷歌的人力运营总裁的拉兹洛·博科(Laszlo Bock)称，来自精英院校的甚至是在校成绩很高的人也未必在工作中表现得更优秀。[a]

博科解释称，谷歌现在寻求的是一种"当别人的观点比自己的好时能坦然让步并接受之的能力"，[b]博科称之为"智能上的谦逊"，这是学习的基础。它也被称为一种实时处理信息并吸取失败教训的能力。谷歌的面试官通过询问面试者如何应对艰难的局面来筛选具备这种能力的人。

智能上谦逊并不意味着优柔寡断，正如博科所说，拥有这种品质的员工会坚决地捍卫自己的立场。但是如果有新事实出现，他们也不怕说一句"事情起变化了,你说得对"。

接纳他人的观点会如何帮助你更成功呢？在重视协商的公司工作与在重视确定性的公司工作究竟又有什么不同？

肯定会有一些时候，我们要和那些能力以及知识都不如我们优秀的人沟通，但是我们并不需要在沟通中抱持着一种优越的态度。吉布发现，许多证据证明了具有优秀技巧和才能的人很擅长传达平等的感受而非优越感。这些人传达着这样的信息：虽然他们在某些领域更有才能，但是其他人作为人类也具有同等的价值。

确定和协商　你是否曾经遇到过这种人？他们相信自己是完全正确的，自信地认为自己掌握着唯一或是最恰当的解决问题的办法，或坚持认为自己知道所有的事实而不需要其他任何额外信息。如果你曾经遇到过，那么你遇到的这些人便是吉布所提出的**确定**（certainty）这种行为的使用者。这种行为会唤起对方的防卫，沟通者会坚持自己的观点的确定性而漠视他人的观点，从而表现出一种冷漠和不尊重。接收到"确定"信息的人，很可能会把这些信息当成一种对个人的冒犯，而用防卫的行为来加以回应。

和"确定"相对的一个概念是"**协商**"（provisionalism）。也许一个人会有坚定的看法，但是他们不全然认为自己一定没有错；倘若其他的观点看起来更合理的话，他们也会改变自己的立场。请细察以下关于确定与协商的对比示例：

确定："那绝对行不通的！"
协商："我认为如果你用那个方法可能会有麻烦。"

确定："你不知道自己在说什么！"
协商："我以前没听过这种事情，你是从哪里听来的？"

如上所示，协商常常表现为对于言词的选择。独断的沟通者会使用"无法""永不""总是""一定""必须"等词语，更具协商性的讲话者则会说"也许""可能""大概""可能会是""也许可以"。协商的沟通者并非懦弱寡断，他们只是单纯意识到人们会对开放性的信息做出更好的回应，而这一点已被研究所证明。44

使用吉布所提出的支持性的、肯定的方法来进行沟通，并不保证一定能够营造正向的沟通气氛。首先，吉布所强调的直接的沟通更适合在美国这一类低语境文化而非高语境文化中使用，在前者中，个人意见的申张是得到尊重的。但即使在一个

"我算是彻底明白了。我喜欢好电影，而你喜欢坏电影。"

多元视角

阿卜杜勒·贾利勒·埃拉雅迪：促进理解

Russel Proctor

我在摩洛哥长大，然后在19岁的时候搬到了美国。我喜欢美国，在这里也有很多不错的朋友——但是由于我是一个阿拉伯穆斯林，所以和陌生人交流时的气氛通常会很紧张。因为许多美国人都会把阿拉伯人或者穆斯林与恐怖主义联系起来，这就制造了一种防卫性的沟通气氛。

我感觉自己好像很容易被定性和误解，因为有些人会因为我的宗教和国籍来预先评判我。当我遇到某些人认为所有的穆斯林都是恐怖分子、都痛恨美国的时候，我会试着做三件事来改变这种防卫性的氛围。

第一，我会迅速解释穆斯林是爱好和平的人，同样痛恨杀害无辜生命的行为。我想让他们知道我完全认同他们蔑视恐怖分子的想法。这为我们搭起了一座信任的桥梁，以便我们可以保持对话。

第二，我试着举一些例子来帮助他们理解恐怖分子是不能代表大多数穆斯林或者阿拉伯人的。我还问他们，如果阿拉伯人通过俄克拉何马市的炸弹袭击犯提摩太·麦克维的行为来评判美国人，或者通过三K党（迫害黑人的白人恐怖组织）的行为来评判基督徒，他们会有何感觉。这个方法通常有助于让美国人用一个不同的、更准确的眼光来看待穆斯林。

最后，我们谈得越多，我们越会去关注彼此的相同点和共享的信念。我们交谈的目的就是为了揭示出，我们不会仅仅因为拥有不同的宗教信仰或者国籍就成为敌人，事实上，我们没有理由不能成为朋友。

那么，这些对话实现了什么？有时候并没有实现很多，因为总有些人更喜欢坚守他们的偏见而不是改变它们。但在其他情况下，我认为我做出了一些改变，无论有多小，它们还是促进了这个世界的和平与理解。

"Promoting Understanding" by Abdel Jalil Elayyadi. Used with permission of author.

尊重直接表达的文化中，个人的吁求可能也不会被他人很好地接受。但是，当沟通包含了上述的支持性方法时，就有最大的机会创造积极的关系。除了使你更有可能得到他人的正向回应，支持性的沟通还可以让你在很多情况下感觉更好：感觉能把握自己的人际关系，在与人交往中感觉更自在，对他人的态度更加积极。

11.3 保留面子

吉布的支持性沟通分类为减少防卫性回应提供了有效的指导。下面你将学到，当你要传达挑战性信息的时候，如何运用这些特定的方法。

使用清晰信息处方

不难发现，建立支持性氛围的一个必然要素就是避免攻击别人——或者说要保留对方的面子。同时，你还要对关系中出现的问题表达出合理的关切。

接下来我们将会讨论如何用清晰、直接但又不具威胁性的方式来说出你的心意，用肯定的方法陈述你的需要、想法和感受，清楚直接又不至于让别人感到被评断和命令。这个**清晰信息处方**（assertive message format）建立在第四章"知觉检核技巧"和第六章"'我'的语言"的基础上。这个新技巧适用于传达下列几种信息：你的希望、问题、抱怨和欣赏。[45]我们将会逐一检验下列每一项的内容，然后讨论如何将它们在你的日常沟通中结合起来。

行为 正如第六章所述，**行为描述**（behavioral description）记录的是引起你反应的原始材料。行为描述应该是**客观的**，描述一个事件而不带解释。下面是两个行为描述的例子：

> **例1**："一个星期前约翰向我承诺，当他和我共处同一个房间时，他在抽烟之前会先征求我的同意。然而刚刚他没有经过我的允许，就点了一根烟。"
>
> **例2**："克里斯上星期的行为很反常，从上周末起我就没见过她的笑容。她也不像以前那样还会经常顺道来我的住处，没有提议一起去打网球，也没有回我的电话。"

注意，这两个句子只是描述了事实。观察者没有添加任何附带的意义。

解释 **解释的陈述**（interpretation statement）描述的是你所附加到对方行为上的意义。我们需要先了解有关解释的一个重要观点：解释是**主观的**。就像你已经知道的，借由知觉检核的技巧（参看第四章），任何行为我们都可以有不止一种解释。例如，看看先前出现过的那两个例子的两种不同的解释：

> **例1：**
> **解释A**："约翰一定是忘记了我们的约定，忘了他在没有询问我之前是不能抽烟的。我确定他只是太想要面面俱到，才会在我特

别在乎的一些事情上食言。"

解释B："约翰是不礼貌、不考虑别人的人。他承诺过在问过我之前不会在我身边抽烟。现在他故意在我面前抽烟，这说明他只关心他自己——事实上，我敢打赌他是故意在做这件事的，目的就是要把我逼疯。"

例2：

解释A："一定是有些事在困扰着克里斯，可能是她的家庭吧。假如我不停地打扰她，她可能会感觉更糟糕。"

解释B："克里斯可能在生我的气，可能是因为我取笑她打网球时总是输球。我想我最好让她一个人冷静一下。"

当你能意识到可观察到的行为和对行为的解释之间的差异时，一些沟通失败的原因就变得清晰可见了。当信息发送者没有能够很好地描述他的解释所基于的事实时，就会造成许多问题。例如，想象一下，你听到某个朋友说：

"你是个吝啬鬼！"（没有行为描述）

对比有事实阐述的说法：

"你从不主动还清我经常替你付咖啡和点心的费用，我觉得你是个吝啬鬼。"（行为描述加上解释）

技巧构建　行为和解释

1. 试想最近两次你对生活中的某个人做出解释的情况，并分别描述你做出这些解释所基于的具体行为。

2. 然后，关于这些行为也许有其他解释跟你原初的解释一样合理，请考虑一下。

3. 在想出了其他的解释之后，请决定
   a. 其中哪一个解释是最合理的。
   b. 你会如何用一种试验性的、协商的方式，与对方分享你的解释（包括你对行为的描述）。

感觉　描述行为和分享你的解释是很重要的事情，但感觉的陈述（feeling statement）为信息增添了一个新的维度。例如，思考一下这些说法的不同吧：

"当你嘲笑我（**行为**）时，我想你可能觉得我的话很愚蠢（**解释**），**我感到很尴尬**。"

"当你嘲笑我时，我想你可能觉得我的话很愚蠢，**我对此感到很生气**。"

有一些沟通看起来似乎是在表达情绪，但其实是在解释或是陈述意图。分辨这之间的差别是很重要的。例如"我觉得很想要离去"（实际是意图）或"我觉得你是错的"（实际是解释），这些说法是不准确的，会让人误以为是真正的情绪表达。

结果　结果的陈述（consequence statement）是在说明你所描述的事态到目前为止所造成的结果。此结果存在三种形式：

- 说话者身上发生了什么事

"你没有告诉我房东过来询问上月房租的事情（**行为**），我不知道我的支票被退回了（**结果**）。在我看来，你并不关心我的信用记录，也不感激我为处理我们的房租付出了多少（**解释**），这就是为什么我如此生气（**感觉**）。"

技巧构建　说出感觉

在下列每一条信息中，填写你最可能会有的感觉：

1. 当我发现你没有邀请我参加露营旅行的时候，我感到＿＿＿＿。虽然你说你以为我不会想去，但我还是觉得很难过。

2. 当你主动提供帮助为我搬家的时候，我感到＿＿＿＿。我知道你有多忙。

3. 当你告诉我你仍想和我做朋友，但是想要"放松一些"的时候，我觉得你对我厌倦了，对此我感到＿＿＿＿。

4. 你告诉我你希望我对你的画提出诚实的意见，然而当我告诉你我怎么想的时候，你又说我不懂它们。我感到＿＿＿＿。

如果每一条信息都不包括感觉的陈述，带来的影响和现在有多不同？

- **接收者身上发生了什么事**

  "在我劝你喝慢一点后,你又在宴会上喝了四五杯酒(**行为**),这时你开始出现怪异的行为:你说了一些粗鲁的玩笑,得罪在场的所有人。在回家的路上,你开车开得很糟糕(**结果**),比如你在退出车道时差点撞到电话线杆(**更多的行为**)。我认为你没有意识到自己的行为是多么异样(**解释**),我觉得很担心(**感觉**)。我很怕想到如果你再多喝一点酒将会发生什么事情。"

- **其他人发生了什么事**

  "你可能不知道,因为你可能没听到她的哭泣(**解释**),但是当你在练习演出的台词却又不关门时(**行为**),孩子是睡不着觉的(**结果**)。我特别担心(**感觉**),因为她最近感冒了。"

结果的陈述之所以重要,有以下两个原因:它们帮助你更清楚地了解为何别人的行为会使你觉得困扰或觉得高兴;同样重要的是,告诉别人他们行为的结果,有助于帮他们弄清楚自己行为的后果。就像"解释"一样,我们经常认为不必多讲别人也该能察觉到这些后果,但是事实经常并非如此。通过明确地陈述结果,你可以保证你或你的信息,不会给听者留下可以揣度的多余空间。

意图 意图的陈述(intention statement)是清晰信息处方的最后一个要素,它们能够传达三种类型的信息:

- **你所秉持的立场**

  "在我告诉你我们想要被称为'女士'之后,你还是喊我们'女孩'(**行为**)。我觉得你没有认识到这个差别对我们来说是多么重要(**解释**),以及被称为女孩如何让我们觉得被贬低(**感觉**)。现在我的处境很棘手:到底是应该继续坚持我的立场,还是假装没关系但是心里感觉糟糕透了(**结果**)。我希望你能了解这多么困扰我(**意图**)。"

- **对他人有所诉求**

  "当我昨晚没接到你的电话时(**行为**),我想你生我的气了(**解释**)。从那时起我就一直在想着这件事(**结果**),我仍然很担心(**感觉**),我想要知道你是否还在生气(**意图**)。"

- **描述未来你计划如何行动**

  "我曾问过三次,叫你偿还我借你的25美元(**行为**),我觉得你似乎一直避着我（**解释**），我对此非常生气（**感觉**）。我想要你了解，除非我们现在了结这笔账，否则你别期待我会再借你任何东西（**意图**）。"

在上述例子中，我们的意图经常只是单一的。然而有时候，我们的行动受到多个意图影响，甚至这几个意图还存在冲突。当这种情况发生时，冲突的意图经常使我们做决定变得更加困难。

"我想要对你真实，但我不想揭露我朋友的隐私。"
"我希望继续拥有你的友谊和陪伴，但我现在还不想走得那么近。"
"我想有时间念书，拿到好成绩，但我也想要有一份工作，赚点钱有收入。"

使用清晰信息处方 在你使用清晰信息处方传送信息之前，有几个要点要记得：

1.**相关要素的顺序可能会被打乱。** 就像前几页所举的例子，有时最好从你的感觉开始，有些时候你可以从分享你的意图、你的解释或描述结果开始。

2.**信息的措辞要符合你的个人风格。** 你可能不会说："我解释你的行为意指……"而是选择说："我想……"或"这对我来说……"或是"我有个想法……"

同样地，你可以这样表达你的意图："我希望你会了解（或做）……"或是"我希望你会……"。为了增强你陈述的真诚性，你选择的字词应该听起来是可靠的。

3.**适时地将两个要素联结在一个句子里。** "……从那之后我一直想要跟你讲话"这样的陈述就同时表达了结果和意图。同样地，当你说"……在你那样说了之后，我觉得很困惑"时，你表达了结果和感觉。不论你是联结两个要素还是将它们分开表达，重点是要确定每一个要素都在你的陈述中有所呈现。

4.**从容地传达信息。** 我们并不总是能够像上面那样在同一时间传达所有的信息。我们经常需要将同一个部分重复陈述许多次，别人才会了解我们所要传达的信息。在之前你已经了解到，会有各种不同的心理和生理噪音，使人与人之间的互相了解变得十分困难。沟通就和其他活动一样，耐心和坚持是基本要件。

现在，尝试在"技巧构建"中将这些要素结合在一起。

在生活中

清晰信息的处方

尽管构成清晰信息的要素不会改变,但是它们听起来如何还要取决于具体的情境和你的个人风格。这里的几个例子就展现了此方法是如何在现实生活中发挥作用的。

你可以想象一下,如果每条信息都是通过一种责备的、攻击性的方式传达,或者根本就没有被传达,结果会有怎样的不同。这样你就能领会肯定方式的价值。

对邻居

刚刚,我被吓坏了(**感觉**)。我正把车开出车道,突然发现安吉拉(邻居家刚会走路的小孩)恰好走到了我的车后面(**行为**)。感谢老天让我看到了她,她这么小,很可能会被轻易忽视掉。我简直不敢想象如果我没有看到她,会发生些什么(**别人的结果**)。我知道要时时留意小孩子们是一件非常困难的事(**解释**),但我真的希望你能把她放在屋子里,除非你确保她不会离开你的视线(**意图**)。

对朋友

我刚刚检查了我的Facebook账号,看到你从上周末派对的照片里圈出了我(**行为**)。我之前告诉过你我正试着找一份好工作,而我担心那些照片可能会让我失去机会(**你的结果**)。我知道你喜欢上传照片,而且你很可能认为我反应过度了(**解释**)。无论如何,这对我来说是件大事。所以我需要你记住,不要上传任何你觉得可能会让我难堪的照片。如果你不确定某张照片是否符合标准,问我就好(**意图**)。

对老板

我有个问题想问你(**意图**)。上个月我告诉你我想要加班,我知道你帮了我一个大忙,给我换了更多的班(**解释**)。但是如果你能够提前几天通知我,而不是在你想要我工作的前一晚才告诉我,那会更有帮助(**澄清意图**)。那样的话,我就有时间对加班说"好"(**老板的结果**),也会带给我更少的压力(**感觉**)。

对汽车修理师

我要告诉你我非常地不开心(**感觉**)。当我昨天把车留在这里的时候,你告诉我今天中午以前一定会修好。现在都已经12点半了,竟然还没有修好(**行为**)。我今天有一个重要的约会,而我就要迟到了(**你的结果**)。我知道你想做到令人满意(**解释**),但是你必须明白除非我能指望得上你的承诺,否则我是不会把我的车给你修的(**别人的结果**)。

技巧构建　整合你的信息

1. 和其他两位同学一起，组成一个小组。每个人轮流分享一条信息，而且是自己想要传达给某人（不在小组内）的信息。确保这条信息包括了行为、解释、感觉、结果和意图的陈述。

2. 当一个人说话的时候，另外两个人都应该帮助他。也就是说，如果说话者传达的信息造成了任何含义上的疑问，两名听者应该提供如何让信息变清晰的反馈。

3. 在说话者组织好一条令人满意的信息后，他应该练习如何实际地传达它。此时可以让小组的另一个成员扮演信息接收者的角色。持续练习，直到说话者有信心能有效地传达这条信息为止。

4. 重复上述流程，直到小组的每一个成员都有机会练习传达一条清晰的信息。

对批评以不防卫回应

如果每个人都能够做到支持性的沟通，并清晰地传达自己的信息，这个世界会更让人愉悦。但是，当有人不遵从本章给出的处方，向你发出攻击性信息时，你要如何以不防卫的态度来回应？虽然你有良好的愿望，但是当你被别人攻击时很难保持理性。当批评明显不公正时，听者就已经足够难受了，但命中要害的批评常常让人更加痛苦。即使批评你的言论是正确的，你也可能会倾向于要么回以大量的口头攻击，要么不声不响地撤出。

正因为不管哪一种形式的反击都不可能解决争执，我们需要做的是找出另外一种替代的行为方式。接下来将提供两种沟通的技巧，虽然它们表面上看起来很简单，却被证明是沟通者们学习到的最有价值的技巧之一。[46]

寻找更多信息　在弄懂别人的讲话内容之前就对其批评进行反击是愚蠢的，当你意识到这一点，便会理解寻找更多的信息才是明智的举动。哪怕是那些稍稍一想就明显完全不正确或是愚蠢的批评，其中也常常包含有少许甚至更多的事实。

许多读者反对当他们遭受批评的时候还要去问更琐碎的细节。他们这样坚持，是因为他们混淆了"**开放地倾听**"说话者的言论和"**接受**"其言论。当你明白你可以倾听、理解甚至承认最具敌意的评论，而不必然要接受它们时，你会更容易听他人把话讲完。如果你不同意别人对你的批评，先理解那些批评再做出解释，这有助于你站在一种更好的立场上。从另一方面来说，如果你愿意仔细地聆听批评者的意见，也许你会发觉在批评者的意见之中有些令人信服的地方，这时你可以从中获得关于自己的重要信息。不管是上述的哪一种状况，当你愿意花点注意力在别人的批评上时，你不会失去任何东西，反而会得到很多。

当然，如果一个人常年抵制他人的批评，他将需要一些练习来学会聆听他人。为了讲得更清楚，下面将给出几种寻找批评中的附加信息的方式。

询问详情　事实上，在批评当中，那些模糊不清的攻击是没有价值的，即使你由衷地想要改变也是徒劳无功。诸如"你待我不公平"或是"你从来不伸手帮忙"之类的笼统的攻击很难被理解。在这样的例子中，向信息发送者询问更详细的信息会是一个好的方法。问一句"我做了什么让你觉得不公平？"很重要，这样你可以判断攻击是否正确。你也可以在决定是否要同意这样的攻击时，先用这样的问句加以确定："我哪些时候不帮你了？"

如果你已经发出询问详情的信息，却仍然被指责使用了防卫性的回应，也许你该想想问题是否出在你问问题的方式上。你讲话的语调，你的面部表情、姿势，以及其他种种非语言线索，这些信息将为同样的一句话带来截然不同的含义。想一想，当你在用"你到底在说些什么呢？"这样的问句来和别人进行沟通时，不同的使用方法是如何传达出你是发自真心地想要了解，或者心里暗自觉得对方是个古怪的人这两种信息的。你必须是真诚地想要从说话者那边获得更多的信息，这一点非常重要。倘若你抱持其他的心态，恐怕会引发更多的麻烦，并把事情弄得更糟。

推测详情　在有些情况之下，即使你用真诚、得体的言辞去表达进一步获取信息的渴望，仍然不见得会有成功的结果。有些时候，批评你的人无法准确地界定你的冒犯行为。此时，你将会听到诸如此类的言论："你怎么这么较劲，我只能说我不喜欢你的行为。"在其他时候，批评你的人即便准确地知道他们不喜欢的你的行为，但出于某些原因，他们在看到你为弄清这件事情费尽心力时，产生了一种邪恶的满足感。这时你会听到一些这样的回应："好的，既然你不知道你为什么伤了我的心，那我更不能告诉你了！"

当你真心想要从别人的批评中发觉更深一层信息却遭受挫败时，你的心里一定感到十分的沮丧。在这样的状况下，你可以借由推测那些批评的具体所指，来进一步了解什么是困扰那些批评你的人的根源。在某种意义上，你在探查而且变得可疑，目标是要寻找出自己的"罪行"。就像那些请求详情

"他什么时候才能坐起来喝'批评'这味药？"

的技巧一样，如果你是为了要创造出一个令人满意的结果的话，那些猜测就必须是充满善意的。你必须让批评者知道，你是为了双方都好而真心想要知道究竟发生了什么事情。在表达出这一目的之后，周围的情绪氛围通常会变得更加舒适，因为你和批评者已经朝相同的目标走去。

以下提供一些典型的问题，也许你曾经听过有人用这样的方式来推测他人的批评：

"所以你反对我在论文中使用的语言，是因为这些语言太呆板了吗？"

"好吧，我知道你觉得这些装备看起来很可笑。不过它是哪里不好呢，是颜色吗？还是尺寸、形状？又或者是结构？"

"当你说我没有尽到我在这房子里的那份责任的时候，你是指我在清洁打扫的时候不够帮忙吗？"

对说话者的想法予以释义　另一种策略是对说话者的想法、感受进行释义，并使用积极倾听的技巧（参见第八章）来将说话者拖出困惑和迟疑的境地。"释义"是帮助人们解决问题的特别好的方法。人们会批评你，通常是因为你的行为给他们带来了一些问题，此时，这个策略就极为适当。

"释义"的好处就是你不用去猜想自己可能会有的具体的攻击性行为。只要澄清或详述一下你所理解的批评者想要说的内容，你就可以更了解他们的反对意见。下面一段对话反映的正是一位聪明的管理者是如何利用"释义"来应对一位不高兴的客人的：

顾客：你们这里的人管理商店的方法真差！我只想告诉你，我以后再也不会来这里消费了！

老板：（反映出顾客的感觉）你看起来似乎心情很不好，告诉我你的问题，好吗？

顾客：不是我的问题，是你的店员有问题。他们似乎觉得要帮顾客在这里找东西是件很麻烦的事。

老板：所以你在找你要的东西时得不到足够的帮助，对吗？

顾客：帮助？在我终于能够和店员说上话之前，我已经在这里绕了将近二十分钟了。我只能说这家店经营的方法真是烂透了！

老板：所以你的意思是，店员忽略了客人？

顾客：这倒不是！他们都忙着招呼其他的客人。我认为你应该有足够的人手来应对这个时段拥挤的人潮。

老板：现在我明白了。你不满意的地方就是我没有足够的人手来迅速为你服务。

顾客：是的。我对于等来的服务没有抱怨，也一直觉得这里有很多好的货物可以挑选。我比较恼怒的是要一直等在那里，但我太忙了，没有时间等很久。

老板：谢谢你让我注意到这个缺点。我也不希望让老顾客生气地走出我们的商店，我会尽力不再让同样的事情发生。

这段对话说明了"释义"的两个好处。首先，通常持批评态度的人在领悟到他们的抱怨有人倾听的时候，其态度不再那么强硬。在老板对顾客的问题表现出真诚的关注时，顾客的情绪稍微好了一些，并最终能够相对平和地离开商店。当然，这种积极的倾听不一定总是能够安抚你的批评者，然而，即使它没有这样的效果，仍然有其他的益处值得我们去施行。在上面的示例对话里，管理者在花费时间听取顾客的需要后，学习到另外一些有价值的信息。他发现在某些特定的时段里员工因数量太少而无法服务众多的购物者，因此造成的耽误引起了至少某些客人的恼怒，这会给生意带来损失。这个了解是十分重要的，倘若管理者用防卫的反应来面对顾客的抱怨，那么他永远不会从这当中学习到什么。

询问批评者要的是什么 在某些时候，批评你的声音很明显地传达出了他们的需要。

"把音乐声关小一点！"
"我希望你会记得告诉我电话留言。"
"你现在就去把你的脏盘子洗一洗！"

然而，还有些时候，你需要做些探查来找出批评者希望你做些什么：

阿雷克斯：我不敢相信你居然没有先跟我讲就请来了所有的人！
巴伯：你的意思是希望我取消这个派对咯？
阿雷克斯：不，我只是希望你在计划之前先问过我的意见。

西西亚：你真是吹毛求疵！看起来你似乎不喜欢这篇论文。
唐娜：是你要问我意见的，你希望我回答些什么？
西西亚：我要知道的是哪里不对，而不是单纯的批评。如果你觉得我

> 哪里做得还不错，我也希望你能告诉我。

最后一个例子说明了你在发出问句时伴随有正确的非语言行为是十分重要的。不难想象，在唐娜的反应"你希望我回答些什么？"中，可以有两种支持其言论的非言语表达方式，一种是表达出真心地想要知道西西亚需求的渴望，另一种则是明确地表现出不友善的态度以及防卫。与本部分提到的所有其他类型一样，你对批评者的回应必须是真诚的，它才会有作用。

询问行为的后果 通常人们会在他们的需求没有得到满足的时候批评你的行为，回应这个批评的方法就是找出你的行为究竟给他人带来了怎样的烦恼。你将会发现，在你看来十分合理的一些行为也会给你的批评者造成困难。在你了解这点之后，之前那些看起来愚蠢的批评就会呈现出不同的含义。

> **邻居甲：** 你说我应该让我的猫做节育手术，为什么这对你那么重要？
>
> **邻居乙：** 因为它一到晚上就招惹我的猫，而我已经不想再支出任何诊疗的费用了。
>
> **工人甲：** 为什么你这么关心我上班有没有迟到？
>
> **工人乙：** 因为当老板问起我时，我总觉得应该替你编个理由才不会让你有什么麻烦，可是我真的不喜欢说谎。
>
> **丈夫：** 为什么当我玩扑克牌输钱的时候你总会感到十分困扰？你知道我从来不会参加我负担不起的赌局的。
>
> **妻子：** 这不只是钱的问题，而是当你输的时候你总有两三天会脾气暴躁，那对我来说并不愉快。

询问还有哪里出错 多请求一些批评似乎是件疯狂的事，但是有时问问其他的抱怨可以让你发现真正的问题。

> **甲：** 你在生我的气吗？
>
> **乙：** 没有啊！你为什么这么问？
>
> **甲：** 因为在整个野餐的时间里你几乎都不和我说话。事实上，只要我走到你身边去，你就会跑到别的地方。
>
> **乙：** 还有其他不对的地方吗？
>
> **甲：** 嗯，我最近一直在想你是不是对我感到厌倦了。

这个例子指出，询问你的批评者是否被一些事物所困扰并不只是一种受虐狂的行为。如果你可以一直控制自己的防卫反应，进一步的探索可以引导出批评者真正不满的根源。

有时候从批评者那边询问更多的信息是不够的。例如，当你完全了解别人对你的批评，却仍感到一些防卫性的话语要脱口而出时，你该怎么办？你知道倘若你试图防卫，必然会招来一顿争吵，然而你又确实无法接受别人对你所说的话。要应对这种进退两难的情况极其简单，我们接下来将谈到这个部分。

同意批评者的看法　但是你会抗议，你要怎么真心同意你不相信的批评呢？事实上，在任何一种情况下，你都可以真心地接受他人的观点，同时坚持自己的立场。下文将通过论述这一点而给出上面的问题的答案。要知道怎么能够做得到，你必须了解"同意"有两种不同的类型，你几乎可以在任何状况中使用它们。

同意事实　这种类型的同意最容易被理解，但是它不常被使用。研究者认为它对恢复批评中被损害的声誉很有效果。[47]当被指责的事情正确时，你会认同你的批评者：

"你是对的，我很生气。"
"我想我那个时候的防卫心确实太强了。"
"你这样一说，我那时确实挖苦得有些过分。"

当你注意到某些事实没有争论的余地时，同意这些事实看上去是很合理的一件事。如果你和别人约了四点在某个地方见，但是到了五点你仍然没有出现，无论你对你的迟到作什么解释，你还是迟到了。如果你打破了借来的东西，把煤气用完了，或者没有完成一项你已经开始的工作，否认它们是毫无意义的。同样地，如果你诚实地对待批评，你也许不得不同意批评者对你的行为所做的一些解释，虽然它们并不让你高兴。你确实是生气了，做了蠢事，不好好听别人讲话，不体谅他人。在你摆脱那些完美主义的迷思时，你会比较容易承认这些事实。

如果批评者针对你所发出的许多言论都是正确的，那为什么用不防卫的态度来接受它是一件很困难的事情呢？这个问题的答案通常在于，当事人经常在同意事实和接受经常伴随而来的指责两者间产生混乱。大部分的批评者不仅描述了冒犯他们的那些行为，他们也连带着给予了评价，我们常常会抗拒的正是这些评价：

伦理挑战

非暴力：一种具有原则性效力的遗产

在《圣经》禁令中，最熟悉和最有挑战性的是基督的这条指令："有人打你的右脸，连左脸也转过来由他打……"

以非暴力应对侵犯是一个很古老的概念。早在2400多年前的中国，道家学说就提出了**无为**思想，主张在面对攻击的时候不行动（nonaction）。在古印度，**不杀生**（ahimsa）——不害——原则也是佛教徒、耆那教徒和许多印度教徒的共识。在西方，古希腊斯多葛派的一些哲学家也提倡在面对威胁的时候不行动。

虽然和平主义有其道德基础，但到了19世纪，它却被当作一种用来实现政治目标的有效策略。在美国，废奴主义者威廉·劳埃德·加里森（William Lloyd Garrison）主张用非暴力来反抗奴隶制。在大西洋两岸，妇女参政运动者用非暴力抵抗作为保障女性权利的工具。在沙皇俄国，列夫·托尔斯泰伯爵（Count Leo Tolstoy）领导了一场和平运动，抵制战争，并且主张以"公民不服从"（civil disobedience）作为抑制暴力的工具。

在20世纪，非暴力被证明是政治变革的有力工具。其中，圣雄甘地（Mahatma Gandhi）无疑是这一理念最成功的实践者。起先在南非，后来在印度，他的非暴力不合作（satyagraha，"真理之路"）的方法，对1947年大英帝国撤出印度起到了决定性的作用。在20世纪50年代和60年代，马丁·路德·金（Martin Luther King）和他的追随者用非暴力示威游行抗议种族隔离的罪恶，为开创性的民权法案的通过做出了重要贡献。

非暴力不仅在实现社会变革时具有效用，在人际关系的情境中也能发生效力。非对抗的策略为沟通者提供了一种既有原则又实用的方法。

"生气真是愚蠢。"
"你没有任何防卫的理由。"
"你这样嘲笑别人的行为是错的。"

正是这种评价令我们感到生气。然而通过这一了解，即你可以对批评中的行为描述内容表示同意，甚至能够从中学习，而同时不接受附加的评价部分，你将经常可以做出真诚而不防卫的反应。

当然，为了降低防卫性，你对事实的同意必须发自真心，在承认时不能怀有怨恨。接受不准确的描述则会使人感到屈辱，勉强假意接受这些会带来麻烦。你可以想象一下，在之前给出的对话中，如果商店老板在讲同样的话语时用了嘲讽的语气，这场对话将是多么的无益。

技巧构建：妥善应对批评

和搭档轮流练习不防卫的回应。

1. 从以下批评中选择你感觉"熟悉"的一项，然后向你的搭档提供几个示例，说明他们可以怎样设立一个更大的语境，并在此之下针对你提出批评：

   a. 有时候你太自私了。你只想到了你自己。
   b. 不要这么敏感！
   c. 你说你理解我，但事实上你并不理解。
   d. 我希望你能在这里做好你分内的工作。
   e. 你太挑剔了！

2. 当你的搭档批评你的时候，从本节内容中找出合适的回应方式，然后进行回答。当你这样做的时候，试着采取一种真心想要去理解这个批评的态度，并且找出批评中你能由衷同意的部分。

3. 让你的搭档评估你的回应。它是否遵循了本节描述的回应方式？听起来是否真诚？

4. 重复同样的情景，尽力改善你的回应。

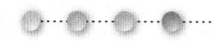

同意批评者的观感 如果你承认对你的批评是合乎情理的，那么同意批评你的人也是可以的。但是，如果这些批评完全没有任何理由，那你应该如何去同意他们呢？你已经仔细地倾听并且询问过问题了，你确定自己已经理解了那些批评的意思。但是你越听下去，越确信这些批评是完全不恰当的。不过，即使在这种情境下也有表示同意的方法。这种时候并非去认同批评者的结论，而是认同他们有权利以自己的眼光去看待事情。

A：我不相信你去过你刚刚描述的所有地方，你可能只是想要让我们印象深刻而已。

B：好吧，我可以了解你为什么会这么想。我知道很多人都借由说谎来获得别人的赞同。

C：我想让你知道，我从一开始就反对雇用你。我认为你只是因为是女人，才得到了这份工作。

D：在反歧视法的明文规定下，你会这么想，我能够理解。但我希望在我工作一段时间后，你能改变对我的想法。

E：我不完全相信你要待在家的理由，你说是因为头痛，但我认为你是想避开玛丽。

F：我可以理解你为什么这么想，因为上次我和玛丽在一起的时候吵架了。但我只能说，我现在真的是头痛。

认同那些准确的批评，却能让自己心里感到舒服的关键是：你必须了解到同意那些批评，并不意味着你有义务一定要向他们道歉。有时你的批评者所说的那些冒犯行为并不是你的责任。在这种情况下，解释有时可能比道歉来得恰当：

"我知道我迟到了。这是因为城里出了个车祸，把整个街道都堵住了。"（说话者是用一种解释而非防卫的语调）

在其他情况下，也许你的行为不够完美，但可以被理解。当这种情形发生的时候，你可以承认批评者所说的话而无须道歉：

"你是对的，我的确没有控制好我的脾气。我已经提醒过你三四次，最后我想我是用尽我的耐心了。"（同样，传达出解释而非防卫或反击的信息）

还有另外一些情况，你可以认同批评者用不同于你的视角来看待事物，而不一定要背离自己的立场。

"我可以了解为什么你会认为我反应过度，我知道这件事情对你来说并没有像对我一样重要，但是我希望你可以明白，我为什么会这么重视它。"

有诚意的道歉是十分积极的，然而，倘若你能了解到做这样的事情并不需要卑躬屈膝，也许你会更容易去同意批评者的言论。

有些批评者看上去并不值得给予此处描述的尊重的回应。他们看上去更有兴趣攻击你而非解释他们自己。在你反击这些恶意的批评者时，问一下自己，做出防卫的反应对于后果而言是否是值得的。

在生活中　对批评不防卫地回应

即使你处于正确的立场上,防卫也并不总是最好的沟通方式。这则对话展现了当你面对批评的时候,进行自我控制和在回答之前进行思考的重要性。对话中的雇员意识到争论并不会改变她老板的主意,所以她决定尽可能诚实地去回应,因为这样她可以不必变得那么具有防卫性。

老板:我不在的时候,事情进展得怎么样了?

雇员:非常好,除了一件事。麦金托什先生——他说你认识他——来过,然后他想要购买价值大概200美元的东西。他要我按批发价卖给他,于是我就像你告诉我的那样,问他要税务转售号码（tax resale number）,可他说他没有。然后我告诉他必须按零售价支付,这让他很生气。

老板:麦金托什是一个好顾客,我希望你给他打了折扣。

雇员:(听起来开始变得有防卫性)好吧,我没有。上周你告诉我,法律规定我们必须收取全价和销售税,除非顾客拥有转售号码。

老板:哦,天啊!难道麦金托什没有告诉你,他有一个号码吗?

雇员:(变得更具防卫性了)他是有告诉我,可他没有记住号码。我也不想因为违反法律惹你生气。

老板:(勉强忍住她的恼怒)好的,顾客并不总会记住他们的转售号码。麦金托什已经在这里买了好几年的东西,我们稍后会把他的号码记在记录里。

雇员:(决定不防卫地回应,而不是卷入一场明知赢不了的争论中)我能够理解我似乎给麦金托什先生添麻烦了。你从来没有问他要过号码,可我却坚持要它。(同意老板的观感)

老板:是的!现在这个行业存在很多竞争者,我们必须让我们的顾客保持开心——尤其是那些关系良好的顾客——不然我们就会失去他们。麦金托什开车穿过整个镇来和我们做生意,在他家附近并不是没有这样的地方。如果我们为难他,他就会去那边,然后我们也会失去一个好顾客。

雇员:确实如此。(同意让顾客开心是很重要的这一事实)我也想知道正确对待顾客的方法。但是我有点混乱,究竟要如何处理那些想要打折,却又没有转售号码的顾客呢?我应该怎么做?(询问老板要的是什么)

老板:嗯,对待那些好顾客,你需要灵活一点。

雇员:那我应该怎么做呢?（询问详情）

老板:嗯,那些常来的顾客是可以信任的。

雇员:所以对那些常来的顾客,我不需

要向他们要转售号码，而是应该稍后再查询它们？（通过释义弄清楚老板所说的"信任"常来的顾客这一模糊的指示）

老板：没错。在生意中，你要多动动你的脑子！

雇员：（忽视老板对于她没有"动脑子"的间接指控，认识到在这种问题上防卫她自己没有一点意义）好的，所以只要进来的是常来的顾客，我甚至不需要问他们的转售号码了……对吧？（通过再次释义确保她正确地理解了信息；雇员不想在这件事情上再被批评了）

老板：不，还是要先向他们要号码。如果他们有，我们就不需要过后再查询了；如果他们没有，只需说"好的"，然后给他们折扣就行了。

雇员：明白了。我还有最后一个问题：我怎么才能知道哪些是常来的顾客呢？我应该相信他们所说的话吗？（询问详情）

老板：嗯，只要在这里工作一段时间，你就会知道大部分人的。在你熟悉之前可以先信任他们。如果他们说自己是常客，就当是真的。你要知道有时候你必须去信任别人！

雇员：（忽视老板最初告诉她不要相信别人而要坚持要号码的事实；决定同意老板现在的看法）我能理解信任好顾客是多么重要的事了。

老板：对。

雇员：感谢你让我明白应该如何处理转售号码的问题。还有什么事情是我应该知道的吗？以便在你不在店里的时候，一切都可以顺利地进行。（询问是否有什么事不对）

老板：应该没有了。（神气十足地）不要灰心，你会跟上的。我花了二十年的时间才建立起现在的生意。坚持住，总有一天你也能开这样一家店。

雇员：（尽力同意她的老板，不让自己听上去有讽刺语气）那真是太好了。

由于雇员没有采取防卫性的行为，使原本的一场责骂变成了一场关于如何处理将来生意上的挑战的讨论。雇员可能不会喜欢老板傲慢的态度和自相矛盾的指示，但她的沟通技巧确保了这次谈话的氛围是积极正向的——这也许是这个情境下最好的结果。

小 结

每一段人际关系都会形成一股沟通气氛。正向气氛的特征是肯定的信息，这使双方互相重视的信息得到彰显。负向气氛通常使用不肯定的信息，不肯定关系中的信息以某种方式传达冷漠和敌意。异议信息则是肯定和不肯定信息的某种结合。沟通气氛很早就通过语言和非言语信息在关系中发展起来。在沟通气氛形成之后，相互作用的信息会创造出正向或者负向的螺旋，在这样的螺旋当中，正向以及负向信息出现的频率和强度会不断增加。

防卫是有效沟通的障碍。当人们试图去保护他们感觉遭到攻击的、展示的自我形象的核心部分时，防卫就会出现。当在表达具有潜在威胁性的信息时，使用杰克·吉布所提出的支持性行为有助于降低触发他人防卫心的可能性。此外，我们可以运用清晰信息处方和保留面子的方法来和别人分享我们的想法和感受。完整而清晰的信息描述包括：所论及的行为，至少一个解释，说话者的感受，情境的结果和说话者的意图。

当你面对他人的批评时，试着借由同意评论中的事实以及批评者的观感来了解批评当中的含义，这样你便有可能用不防卫的方式来回应这些批评。

电影与电视

你可以在以下电影和电视节目中印证我们在本章总结的沟通准则：

肯定和不肯定的沟通

《人人都爱雷蒙德》(*Everybody Loves Raymond*, 1996—2005) TV-G级

虽然这部情景喜剧的剧名角色是体育记者雷蒙德·巴龙（雷·罗曼诺饰），但是粉丝们知道处于家庭沟通模式核心的角色是他的母亲玛丽（多莉丝·罗伯茨饰）。由她发出的信息——无论是语言的还是非语言的——都清楚地表达了她对每一个家庭成员的感觉。

在玛丽的眼中，儿子雷蒙德是不可能有错的，所以她极度承认和赞同他。另一方面，丈夫弗兰克（彼得·伯耶尔饰）和儿媳黛博拉（帕翠西亚·希顿饰）在她的眼中通常就没有做对

的时候，所以她传达给他们的信息充满了争论、抱怨甚至是攻击。而她另一个儿子罗伯特（布拉德·加瑞特饰），一直生活在雷蒙德的阴影里，得到的沟通大多是他母亲视若无睹的、各说各话的、无人情味的回应——几乎当他不存在。

《欺凌》(*Bully*, 2011) PG-13级

被欺凌的孩子的生活是悲惨的，可他们的故事却经常不为人所知。纪录片《欺凌》近距离地观察了五个家庭中的青少年，他们的世界遭受着来自同龄人的攻击和谩骂。令人难过的是片中的两位主人公已经自杀了，他们那令人心碎的故事是由他们的亲人回顾讲述的。这些亲人非常后悔自己没有采取更多的措施来保护受害者。

片中记录了一部分成年人，他们用相当幼稚的方式看待欺凌，相信那些攻击性行为不过是"孩子就是孩子"所做的事情。但也有一些成年人清楚地认识到恶毒的语言、嘲弄和威胁要比"棍棒和石头"造成的伤害深多了。而且欺凌伤害的不仅仅是受害的孩子，它会伤害到参与其中的所有人。

支持性和防卫性氛围

《国王的演讲》(*The King's Speech*, 2010) R级

在第二次世界大战的前夜，艾伯特·弗雷德里克·亚瑟·乔治王子（科林·费尔斯饰）很

不情愿地继承了英国王位。然而新国王"乔治六世"却因为丢脸的口吃而感到气馁，这削弱了他号召大英帝国抵抗纳粹统治的能力。

经历了一系列有名望却无效的医生的失败帮助后，国王匿名来到了澳大利亚的语言治疗师莱纳尔·罗格（杰弗里·拉什饰）的地下室公寓。罗格的方法不同寻常，他坚持使用家庭昵称，称呼他的王室委托人为"伯蒂"，声称在治疗中"我们平等会更好"。

一开始，国王——一个害羞、冷漠，但是骄傲的男人——看不起罗格的方法。但是，当这两个男人一起工作的时候，两个奇迹发生了：国王的演讲变得越来越流利；一段终身友谊在平民和君主之间发展起来了。

电影《国王的演讲》用一种动人的方式提醒我们，在亲密关系中，互相的喜爱和尊重比社会角色更重要。

给出和接受批评

电视选秀比赛

在电视选秀节目，如《美国偶像》（*American Idol*）、《美国之声》（*The Voice*）和《X音素》（*The X Factor*）中，参赛者不仅需要在上百万的电视观众和现场观众面前表演，还要公开接受评委对他们表演和天赋（或者缺少天赋）的批评。接受批评始终是一个威胁面子的过程，尤其还有大量的观众在一起听。

观看比赛评委如何给出批评以及演唱者如何做出回应，是一件趣事。如果最后的裁定是否定的，一些评断要么是草率、评估性的（"这太糟糕了！"），要么是宽泛、模糊的（"这样不行"）。最有助益的批评关注的是特定的行为和改变的建议（"我认为你需要选一首音域较低的歌曲——你的高音听起来有些声嘶力竭"）。

当然，面对这些建议，表演者并不总会友好地回应。许多人会很快地进行防卫（"我觉得我唱得刚刚好"），或者转移责备（"这首歌不是我选的"）。其他人则会遵循本章描述的准则，寻找更多的信息，同意批评者的看法，以期在下一次的表演中取得改善和进步。

虽然这些节目的原意是娱乐，而非教育——但是从沟通的角度来看，它们为我们提供了有关给出和接受批评的宝贵经验。

See-Saw Films/The Kobal Collection

第十二章
处理人际冲突

阅读完本章后，你应该能够：

* 辨认你重要关系中的冲突状况，指出你对自己处理冲突的方式的满意度。
* 描述你个人的冲突类型，评估它们的有效性并提出合适的替代方案。
* 辨认人际关系的冲突类型和行为模式，以及界定某段给定关系的冲突惯例。
* 在某个给定的冲突情境中，展示你如何使用双赢方式解决该冲突。

对大多数人来说，发生冲突毫无吸引力，就跟看牙医似的。只需扫一眼词典，我们就能看出"冲突"这个词有多么令人厌恶。其同义词包括征战、争吵、抵触、竞争、争论、不和谐、决斗、斗殴、纠纷、挣扎、麻烦和暴力，等等。

即便是我们用来描述冲突的隐喻，也显示出我们把冲突视为应该避免之事。[1]我们常把冲突视为战争的一种："他攻破了我的论证。""好，尽管炮轰我吧。""不要总是先发制人！"另一种隐喻主张冲突是爆炸性的："不要爆发！""我需要降温！""你简直一点就着！"有时冲突似乎像一种审讯，其中一个人指控另一个人："承认吧，是你错了。""不要归罪于我！""你得听听我这边的陈述！"语言本身也指出冲突经常是一片混乱："我们别捅这个马蜂窝了。""这是棘手的情况。""不要把这搞得乌烟瘴气的！"甚至某些隐喻会具有竞技化的特征，暗示了冲突双方是竞争关系："那是犯规的。""你钻规则的空子。""我放弃，你赢了！"

尽管想到冲突就会出现这些画面，但事实上冲突也可以是建设性的。通过正确的沟通技巧，冲突可以不那么像争斗而更像是一种舞蹈——舞蹈必须通过舞伴的相互合作才能实现，你必须说服其他人成为你的同伴而非对头。刚开始你可能比较笨拙，但是足够的练习和良好的意愿可以让你们共同合作而不是各持己见。

你对待冲突时所持有的态度，事关解决冲突的成败。根据一项针对恋爱中的大学生的研究，那些认为冲突具有破坏性的情侣比态度不那么消极的情侣，更有可能忽视和解除彼此的关系，而非去寻求一个解决方法。[2]当然，仅仅是态度并不能确保冲突得到令人满意的解决，但是你在本章所学到的技巧，可以帮助善意的伴侣们建设性地处理他们之间的分歧。

12.1 冲突的本质

在聚焦于如何有建设性地解决人际问题之前，我们需要简短地考察一下冲突的本质。冲突是什么？为什么冲突会成为生活中不可避免的一部分？冲突又怎么能是有益的呢？

冲突的定义

在进一步阅读之前，请列举你生活中遇到的人际冲突。他们可能包括许多不同的人，围绕着不同的主题，体现为各种不同的形式。有一些是喧闹的、生气的争辩，有一些是冷静的、理性的讨论，还有一些则是长时间压抑之后短暂激烈的爆发。

在电影《饥饿游戏》（The Hunger Games）里，凯妮丝·伊夫狄恩（詹妮弗·劳伦斯饰）所要面对的冲突，其结果是要么生要么死。尽管奖励不足，目标似乎也是不相容的，但她还是认识到相互依赖和合作才是生存的关键。你能从类似的故事中学到哪些关于处理人际冲突的道理？

无论呈现为什么形式，所有人际冲突都共有某些特征。乔伊斯·霍克尔（Joyce Hocker）和威廉·威尔莫特（William Wilmot）为**冲突**（conflict）提供了透彻的定义："至少两个相互依赖的个体在实现他们目标的过程中，察觉到彼此目标的互不相容、资源的不足和来自另一方的阻挠，并通过斗争的形式表达出来。"³ 仔细看看这个定义的关键部分将会帮助你认识到冲突是如何操控你的生活的。

表达出来的斗争 只有当两个个体都察觉意见不合时冲突才能成立。例如，你持续好几个月都感到烦躁，因为邻居的立体声音响使你夜里难以入睡，但是在邻居了解了你的问题之前，你们之间是没有冲突存在的。当然，表达出来的斗争不是非得口头表达出来。厌恶的眼神、沉默以对，以及避开对方都是表达自己的方式。无论如何，在双方陷入冲突前，他们都必须知道问题的存在。

感觉到互不相容的目标 所有的冲突看起来似乎都是其中一个个体有所得，另一个个体就会有所失。例如，前面所说的音乐音量而引发分歧的例子，不是一定会有某人的利益受损吗？假如邻居关掉这些音乐，她就会失去以大音量听音乐的快乐；假如她继续把音量开到最大，你就会睡不着并且不高兴。

这个情境中双方的目标并不是完全不相容的——使得两人的需求都被满足的解决方法是存在的。例如，你可以关紧你的窗户，或者让你的邻居关紧她的，而得到祥和与安静。你可以使用耳塞，或者邻居可以使用耳机，这样即使把音量调到最大也不会吵到任何人。如果上面的任何解决方法能够奏效，冲突就会消弭不见。不幸的是，人们常常看不到对他们双方都有利的解决方法，而只能看到自己的目标，因此冲突就会一直存在。

感觉到不足的资源 冲突也因人们认为没有足够的资源而存在，最明显的例子就是金钱不足。金钱是许多冲突的起因。假如一个工人要求加薪，而老板宁愿维持现状，或将资金用于扩展个人事业，那么这两个人就会产生冲突。

另一种经常不足的资源是时间。许多人都难以平衡学业、工作、家庭、朋友等方面对个人时间的要求。我们常常会听到"要是一天不止24小时就好了！"的感叹，如何能在你生命中的其他人，以及你自己身上花足够的时间，是很多冲突的来源。

互相依赖　虽然处于冲突中的人会感受到对立，但又通常是互相依赖的，一个人的福祉和满足依赖于另一个人的行动。假如不是这样，那么即使明显的资源缺乏和互不相容的目标也不会引发冲突。互相依赖关系存在于冲突的国家、社会团体、组织、朋友和爱人之间。在这些情境中，如果冲突双方不需要彼此来解决问题，他们就会各走各的路了。解决冲突的第一个步骤就是要有"这是我们两个人共同的事"的态度。

另一方的阻挠　不论一个人的立场和另一个人有多么不同，冲突也不会随随便便就发生，除非他们阻挠了彼此实现其目标。例如，朋友也许知道你反对他们酒后驾车，但只有在你真的阻止他们酒后驾车时冲突才会产生。同样地，也许父母看不惯孩子的穿着或音乐品位，但只有当父母要将自己的理念强加于孩子时冲突才会爆发。

冲突是自然的

任何一段略有深度的关系都包含冲突。[4]不管多么亲近、多么了解、多么合拍，当彼此的想法、行动、需求或目标不相配时，都有可能发生冲突。你喜欢饶舌音乐而你的同伴喜欢古典乐，你想和别人约会而你的伴侣想要保持关系的独占性，你认为你所写的论文已经很好了而你的指导教授还是要你修改，你喜欢星期天睡个懒觉而你的室友喜欢一早起来大张旗鼓地晨练……人际冲突的数量和种类可能是无止无尽的。

有项调查，对象是那些对自己的人际关系有记录习惯的大学生，结果显示他们与人争执的频率约为每星期七次。而且大多数是和之前发生过争执的人继续争论同一个话题。[5]在另一项调查中，81%的被调查者承认他们和朋友有冲突。即使是宣称他们的友谊中没有冲突的那19%的人，也会使用像"推拉"或"小摩擦"之类的词语来描述关系中不可避免的紧张。[6]在家庭中冲突可能发生得更为频繁，研究报告指出：在对52个家庭的晚餐对话的调查中发现，每一餐平均会产生3.3个"冲突情景"。[7]

这样的结果初看起来难免会让人沮丧。如果冲突即便是在最好、最亲密的关系中也无法避免，是不是就意味着你注定要再三回味相同的争论、相同的伤心，一遍又一遍？所幸，这个问题的答案是确定无疑的"不"。无论如何，冲突是有意义的关系中的组成部分，而且你可以改变处理它的方法。

冲突可以是有益的

因为避免冲突是不可能的，所以我们要做的，就是在其产生时妥善处理它们。事实上，冲突过程中的有效沟通能让原先的好关系变得更加强韧。使用了本章中描述的建设性技巧处理冲突的人，无论是对他们的关系[8]，还是对他们冲突的结果[9]都比以前更满意了。

也许证明建设性地处理冲突的技巧能有益于关系的最好证据就在于夫妻之间的沟通。超过二十年的研究显示：不论快乐还是不快乐的婚姻中都会存在冲突，但他们处理冲突的方式却截然不同。[10]一项持续九年的研究发现，不快乐的伴侣会使用本书中列为"破坏性的"那些争论方式。[11]他们更关注自我防卫而不是解决问题；他们不能仔细地倾听彼此；对伴侣只有一点点或者完全没有同理心；使用评价性的"你"的语言；忽视对方的非语言信息等。

那些对婚姻满意的伴侣在争论时，则用不同的方式思考和沟通。他们认为有不同的意见是健康的，并且他们认为需要直面冲突。[12]尽管他们之间也会有激烈的争论，但是他们会使用一些技巧，比如知觉检核去找出对方在想什么；与此同时他们也会让对方知道他们可以从对方的角度理解问题。[13]此外，他们愿意承认自己的错误，这不仅有助于关系的和谐，也有助于解决当前的问题。

在接下来的内容中，我们将回顾能让冲突变得有建设性的沟通技巧，同时也会介绍更多当你面对不可避免的冲突时可以用来解决问题的技巧。不过，在此之前我们需要检查一下，当个体面对争议时，一般会如何表现。

12.2 冲突的处理方式

很多人都有他们默认的处理冲突的方式。（参见图12-1）我们习惯的这些方式有时候行得通，但不是在所有情境下都有效。你习惯用什么方式来处理冲突？通过思考两个虚拟人物保罗和露西亚处理问题的方式，找出你的答案。

保罗和露西亚两人一起跑步已经一年多了，每周三次，每次花一个小时以上。这两个跑者颇为相配，他们喜欢互相挑战用更快的速度跑更远一点的距离。他们在跑步时的关系变得越来越亲密，慢慢地，他们开始谈论起一些从来不曾跟别人说过的个人事务。

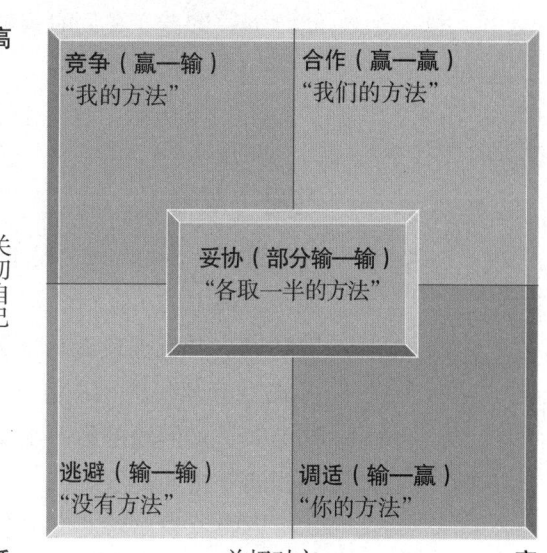

图12-1 冲突的处理方式

最近露西亚开始邀请她的一些朋友加入跑步。保罗喜欢露西亚的朋友们，但是他们不是体力充沛的运动员，所以跑步的过程变得有点不过瘾，而且保罗担心会失去像之前一样和露西亚一对一谈心的时间。保罗跟露西亚吐露了自己的担心，但是露西亚不以为然，她回答说："我看不出有什么问题，我们还是有许多时间一起在路上跑，而且你自己说过你喜欢我的朋友。"保罗回答说："但是这不一样啊！"

这个情境中出现了所有的冲突元素：表达出来的斗争（他们已经将问题表达了出来，且两人仍有意见分歧）、感觉到不相容的目标（露西亚想邀朋友一起跑步，而保罗只想和露西亚独处）、不足的资源（他们只有这些时间可以用来跑步）、两个相互依赖的个体（他们享受彼此作伴的感觉而且一起跑比单独跑效果更好）。

下面列出了五种保罗和露西亚可以用来处理该问题的方法，每一种都呈现出某种处理冲突的取向：

- 他们可以说"那就算了吧"，然后不再一起跑步。
- 保罗让步，放弃跟露西亚独处的时间和有默契的速度。或是露西亚让步，牺牲她其他的朋友，只维持跟保罗的友谊。
- 其中之一发出最后通牒："照我的意思，否则就不要再一起跑步。"
- 他们可以互相妥协，有些时候邀露西亚的朋友一起跑，有些时候不邀那些朋友。
- 保罗和露西亚一起头脑风暴所有可能的方法，想出一个既跟她的朋友一起跑，又同时保有独处的时间和互相激励的效果的办法。

图12-1展示了这五个形态代表的取向，接下来的段落将对此一一说明。

逃避（双输）

逃避（avoiding）发生在人们不做主张地忽视或避免冲突之时。逃避可能是身体上的（在与朋友发生争执之后故意绕开不见他），或者语言上的（改变话题、开玩笑或否认问题的存在）。逃避冲突有时会很吸引人，但是这种方式也有其代价：研究结果显示，那些自我沉默者（self-silencers）的伴侣在与其逃避问题的另一半交流时，比那些建设性地面对冲突者的伴侣，感到更沮丧、更不舒服。[14]

逃避反映出对冲突的悲观态度，其当事人怀有没有好方法可以解决这个问题的信念。有些逃避者认为把事情暂时搁置会比直接面对并解决它更容易些，也有些逃避者认为放弃比较好（无论是问题还是关系），免得一直要面对无解的困境。两种状况都使逃避导致输—输（双输）的结果，其中没有人得偿所愿。

在保罗和露西亚的例子中，逃避的意思是，与其在两人的不一致之间挣扎，不如干脆停止一起跑步。虽然这样两人不会再吵架了，但是这也意味着两人都会失去跑步搭档和双方的友谊。这个解决方式显示出逃避带来的输—输结果。

Phildate/BigStock

虽然逃避可以暂时保持和平，但是却最容易导致不令人满意的关系。[15]长期的误解、怨恨和失望会堆积起来，破坏情感氛围。出于这些理由，我们可以说逃避者既不关心自己的需要，也不关心很可能同样被未解决问题困扰的对方的利益。

尽管有这些明显的缺点，逃避并非总是个坏主意。[16]假如说出来的风险太大——比如会引发一场令人难堪的公开争执，甚至让人遭受身体的伤害，或者假如你认为涉及的这段关系不值得你付出努力去维系，那么逃避某些特定的议题或情境也许是合理的。即使在亲密关系中，逃避也可能有其道理。假如某个议题是暂时的或微不足道的，你可能会让事情过去。这些理由可以解释为什么有些沟通顺利的幸福伴侣会"选择性地忽视"对方微小的瑕疵。[17]当然这并不是说成功关系的关键就是要忽视所有的冲突，相反地，它是要你将精力集中在解决重大的冲突议题上。

调适（一输一赢）

调适（accommodating）发生在当你允许别人按他们的意思行事，而非坚持自己的意见之时，图12-1将调适者描绘为较少关切自己却对别人比较关切，导致输—赢的结果，和"我们就按你的方法做"的让步。在我们假设的例子中，保罗可以调整自己配合露西亚，让她的朋友加入他们的跑步活动，但这样会使保罗降低锻炼强度并失去与露西亚默契相处的机会，或是露西亚调整自己配合保罗，只跟保罗一个人跑步。

调适者的动机对这种沟通方式的效果有着重要影响。假如调适是出于仁慈、慷慨或爱的真诚行动，就很可能有机会增进关系。大多数人都会感激有人"为了团队利益做出牺牲""以别人想要的方式对待他们"或是"为了赢得战争，故意输掉战役"。不过，大多数人都不喜欢那些习惯于扮演"烈士、怀恨的抱怨者、哀鸣者、破坏者"这些角色的人。[18]

在工作中

选择你的战场

冲突是生活中难以避免的，即使在最好的工作里也存在冲突。你与你的上司、同事、下属乃至机构之外的人之间都会出现问题。你事业的成功和内心的平静取决于你在什么时候、如何处理这些冲突，以及在何时选择保持沉默。

成功处理冲突的第一步是决定发声的时机。在重要事宜上保持沉默会伤害你的职业生涯，并让你感觉自己像个受气包。但是，如果你频繁地或者以错误的方式去表达自己的意见，则可能给别人留下你是个牢骚大王或冒失鬼的印象。

管理顾问们向大家提供了以下指导原则，以帮助你决定何时需要发声，以及何时需要放手随它去。

当出现下列情况时考虑抽身：
- 某议题对你所在的机构或你的工作能力并不重要。
- 你不能提供建设性的解决方案。
- 该问题不属于你的责任范围。
- 该问题牵涉到的其他人远比你有权力。

在发声之前，要准备好：
1. 私下询问一下可信赖的同事，看看他们是否支持你的立场。
2. 向有能力处理该问题的人反映。
3. 清晰而客观地描述问题。
4. 在讨论中控制你的情绪。
5. 准备好去面对那些可能针对你的批评。

在这里，我们不得不提一下影响人们如何感知冲突的重要角色——文化。来自高语境文化、集体主义背景（诸如许多亚洲文化）的人，倾向于认为逃避和调适是保留面子和处理冲突的高尚方法；而拥有低语境文化、个人主义背景的人（如美国人），倾向于视逃避和调适为负面反应。[19] 比如，当美国人描述在冲突中选择放弃或者屈服的人时，常用"软柿子、好好先生、唯唯诺诺、没脊梁骨"这些负面的词语。然而集体主义文化在描述相同的特质时，用的却是褒义的词汇和短语，这一点你会在后文中读到。这里要强调的是，所有的冲突处理方式都会在某些情况下体现出价值，而且文化在人们对各种处理方式的评判中扮演着重要的角色。

竞争（一赢一输，有时会转成双输）

调适的反面是**竞争**（competing）。这种对冲突的赢—输取向较多地在乎自己而较少关切别人，如图12–1所示，竞争者以"都听我的"来寻求解决冲突之道。假如保罗和露西亚两人都试图强迫对方让步的话，可能其中之一会获胜，另一方会成为输家。

人们用这种竞争的方法来解决冲突，通常是因为他们感觉到一种"不是……就是"的情况：不是我拿到我想要的，就是你拿到你想要的。一赢一输情况的最典型的例子是某些游戏，例如棒球或扑克牌这些活动中，规则就决定了必然要有赢家和输家。一些人际议题似乎很符合这个一赢一输的框架：两个同事都想晋升到同一个职位，或一对伴侣在如何使用有限的金钱上产生了意见分歧。

有些情况下竞争会强化关系。一项研究发现：有一些男女在令其满意的恋爱关系中会运用竞争来丰富他们的互动。[20]他们可以在各种各样的竞争中获得满足，例如竞技游戏（谁壁球玩得更棒？）、个人成就（谁应征到了更好的工作？），或是奉献精神（谁是更浪漫体贴的恋人？）。这些美满的伴侣发展出了共享的叙事（参见第四章），把竞争定义为衡量关注与赞许的方式，而非缺乏欣赏和尊重的信号。当然，如果赢的一方得意忘形，或输的一方恼羞成怒，可以想见结果就常常事与愿违了。输掉竞争的挫败感可能会催生报复心态，从而在两人之间产生一个负面竞争的螺旋，而使关系降级成双输的局面。[21]

一赢一输作为一种解决问题的手段，其区别性特征是权力，因为一方必须击败另一方才能获得自己想要的。最明显的一种权力是身体威胁。一些父母会这样警告他们的小孩："不要再那样做，否则我就关你禁闭。"大人之间使用身体的权力来处理彼此冲突时通常不会这么直接，但法律系统却是暗示着身体威胁的："你最好遵守规则，否则我会把你关起来。"

真实或暗示的强制力量不是运用在冲突上的唯一一种权力。依赖各种各样的权威的人可以使用很多种你输我赢的方法，而不必动用身体的威胁。在多数工作中，上级有权力去分配工作时间、决定升迁和调配职务，当然还有开除不能胜任的员工的权力。老师也可以使用打分的权力来要求学生达到老师所期望的行为标准。即使是获得了广泛赞誉的，由多数人进行统治的民主体系，通常也以一输一赢作为解决冲突问题的方法。无论自由竞争看上去有多公平，这种体系仍然意味着一个团体得到满足的同时另一个团体被挫败了。

竞争的黑暗面是它通常会滋生攻击。[22]这种攻击有时候是显而易见的，有时候则是隐藏着的。为什么会这样？继续读下去你便会知道。

直接攻击 当沟通者传达的批评或者要求直接威胁到对方时，就产生了**直接攻击**（direct aggression）。沟通研究者多米尼克·因方蒂（Dominic Infante）定义了几种直接攻击的形式：特征攻击、能力攻击、外貌攻击、诅咒（希望别人走霉运）、嘲弄、讥笑、威胁、咒骂和非语言的表征。[23]

直接攻击可以使对方受到严重冲击，受害者可能感觉窘困、无能、丢脸、绝望或忧郁。[24] 这些攻击可能会降低个人在人际关系、工作和家庭中的成效。[25] 言语攻击和身体攻击之间有着显著的关联[26]，不过，即便攻击没有引发严重的实际后果，也会在心理层面造成极大的影响。例如，研究显示被兄弟姐妹取笑过的人比没有受到类似攻击的人要缺乏满足感和信任感。[27] 再如，好胜心强的教练所在的高中球队比教练不那么好强的队伍，输掉了更多比赛。[28]

被动攻击 当沟通者用一种隐晦或具操纵性的方式表达敌意时就可能产生**被动攻击**（passive aggression）。就像本章下一个专栏"伦理挑战"中解释的那样，这种行为被称作"**制造疯狂**"（crazymaking）。它发生在当人们有愤恨、生气或愤怒的感觉，却不能或不愿意去直接表达的时候。疯狂制造者不会自己消化这些感觉，而是以一种不易察觉的迂回方式发送攻击信息。这种做法虽然维持了沟通者间表面上的友善关系，但是这友善的表象注定要瓦解。疯狂制造者的受害者在感到被愚弄的混乱和愤怒之后，不是以攻击的行为回应，就是默默退却，去安抚自己受伤的内心。在被动攻击的事例中，我们看到的往往只是对关系的伤害，很少有任何好处。[29] 在我们的场景中，露西亚可以对保罗的期待做出被动攻击反应，表面上顺从保罗可是却经常迟到以激怒保罗；保罗也可以对露西亚做出被动攻击反应，表面上接纳露西亚的朋友，然后故意拉开距离把他们甩在后面。

妥协（部分双输）

妥协（compromising）至少给了双方少数他们想要的东西，虽然双方也都牺牲了一部分目标。当事情看起来只能做到部分满足、而且似乎最好也不过是部分满足两人时，人们通常会选择妥协。在保罗和露西亚的案例中他们就可以直接采用"各取一半，轮流满足"的方式达成一致，有时只有两人一起跑，有时跟露西亚的朋友们一起跑，就不会像逃避方式那样，两人都因为不去直面问题而有所损失。妥协其实是协调出一个解决方法，满足了他们的部分需求，但是两人也都失去了一些他们所重视的东西。

虽然妥协比输掉一切要好，但有些时候这个方法却似乎算不上理想。曾经有人提出过这样的问题：为什么当一个人说"我会在我的价值观上做出妥协"时，我们认为这个行为不可取，但如果是冲突的双方为了解决问题而妥协，我们就视为可取的呢？[30]）也许妥协的确是某些冲突中的最佳出路，但是我们必须知道如果冲突双方能够一起合作，他们通常就能找出更好的解决之道——与此相比，妥协就是一个负面的词语了。

我们大多数人对妥协的负面效果都不陌生。考虑一个很普遍的例子吧：一个人想要抽烟而另一个人需要干净的空气时，冲突就产生了。在这件事情

伦理挑战　和疯狂制造者的恶性争斗

心理学家乔治·巴赫（George Bach）使用"疯狂制造者"这个词来描述一个人做出被动攻击的行为。他的名词反映了间接攻击的隐蔽本质，它可以使得对方甚至无法觉察到被迫害，而感到迷惑而生气。虽然本章中所描述的其他所有处理冲突的方式都有其优点，但是我们很难替被动攻击的疯狂制造者找到任何这样做的接口。

下面这个不完整的分类列表呈现了疯狂制造者的各种表现形式，我们在此列举出这些内容，是为了提醒潜在的受害者及早规避。你可以考虑用知觉检核、"我"语言、肯定沟通或其他沟通策略去探索对方是否可以用比较建设性的方式来表达他对你的不满。

逃避者　逃避者是拒绝正面冲突的。当一个冲突出现时，他们离开、睡着、假装忙于工作，或用其他方式拖着，就是不面对问题。因为逃避者不愿意反击，这一策略可以使想要在这议题上讨论下去的人产生挫折感。

假调适者　假调适者假装让步，然后继续若无其事地使用同样的方式行动。

罪恶制造者　罪恶制造者不会直接表达不满，取而代之的是想要让别人为给自己造成了痛苦负责。一个罪恶制造者最喜欢走的路线便是长叹一声说："好吧，不要担心我了……"

读心者　读心者不会允许他们的伴侣诚实地表达感觉，他们会马上进入个性分析，解释伴侣真正的意思是什么，或伴侣哪里出了问题。借由这种行为，读心者拒绝去处理他们自己的感情，也没有给伴侣留出表达自我的空间。

挖陷阱者　挖陷阱者喜欢玩一种特别无耻的把戏，他们引诱其伴侣做出某个行为，然后，当这行为发生时，却对此大加攻击。陷阱者可能会说："让我们彼此完全坦诚吧！"接着却以伴侣自我袒露的内容作为自己攻击的武器。

危机挑逗者　危机挑逗者总是隐约提及他们所烦恼的事情，但是却从不直接了当地讲明这个困扰。他们不肯直接承认自己关心财务问题，却假装天真地说："哟，那得花多少钱呐！"宁愿丢下一个明显的暗示，却从来不真正地处理危机。

算总账者　当不满产生时，这些人不会表达他们的抱怨，而是把他们的怨愤装入心理的麻布袋中，让这些大大小小的怨恨牢骚在里面开始膨胀。当袋子快破裂时，算总账者会一次性释放出所有的攻击，使得无辜的受害者觉得混乱和莫名其妙。

让人抓狂的虐待者　让人抓狂的虐待者不会诚实地分享他们的愤怒，取而代之的是，他们会做一些让伴侣生气恼怒的事——把肮脏的盘子留在水槽中，在床上剪指甲，电视故意开得很大声等。

罩门攻击者　每个人都有自己的心理"罩门"，比如脆弱的或受过伤的敏感地带。若是有人随意对此进行挑衅，便会有破坏关系之虞。这些罩门通常关于一个人的心理特征、智力、过去行为或他想努力克服的那些根深蒂固的人格特质。当他们想去"报仇"或伤害伴侣时，罩门攻击者会锁定亲密伴侣的脆弱之处打击其伤口，他们知道这是最具有伤害性的。

玩笑者 玩笑者害怕明确地面对冲突，因此当他们的伴侣想要认真讨论问题时，玩笑者却会开起玩笑，而打断了重要感觉的表达。

抑制者 抑制者不会诚实直接地表达他们的愤怒，而是会通过拒绝给予其伴侣一些东西——礼貌、感情、好厨艺、幽默、性等——来惩罚他们的伴侣。你可以想象，这会在两人之间滋生更多的憎恨。

背叛者 这种人的特征是破坏他们伴侣的努力，在伴侣面临外界攻击的时候袖手旁观；甚至故意鼓励引诱他人嘲弄和轻视其伴侣或撇清关系来达到报复的目的。

上，一输一赢的情况是：不是抽烟者戒烟，就是非抽烟者的肺遭受污染——不可能双方都满意。但是妥协的方法使得抽烟者只能偶尔抽一次烟或者每次想抽烟都必须跑到室外去，而非抽烟者仍然必须吸入一些二手烟或是感觉自己像是个给人制造麻烦的讨厌鬼，似乎也没好到哪里去。这会使双方都丧失相当大的一部分舒适和对彼此的好感。当然，另外一些妥协中还可能涉及比这更大的代价。例如一对离了婚的夫妇为孩子的抚养权起了争执，最后充满怨愤地达成双方各在50%的时间里陪伴孩子的妥协方案，这时我们很难说任何一方的利益得到了满足。

某些妥协的确能使得双方都满意。一辆二手车的最后成交价格会介于销售员所出的和你愿意给的价格之间，这时虽然两个人都没有得到最想要的结果，但是结局仍然使得双方满意。类似的情况是，你和你的同伴也许会同意一起去看一部对于双方都是次优选择的电影，以便两人可以共度一晚。只要涉及的每个人都对结果感到满意，妥协就是一种解决冲突的有效途径。当妥协称得上成功而令人满意的时候，或许我们将其归到下面正要讨论的一种解决方式——合作——中会更合适。

合作（双赢）

合作（collaborating）是在冲突中寻找双赢的解决之道。合作表示同时高度关心自己和别人，而不是仅仅用"我的方法"或"你的方法"来解决问题，合作者们重视的是"我们的方法"。最佳合作状况会带来双赢的结果，大家都从中得到自己想要的。

假如露西亚和保罗合作的话，他们可以商量能同时满足双方的最佳路线，如他们可以决定继续一对一相互提携的跑步计划，然后邀请露西亚的朋友们

链接  用功能软件解决寝室冲突

芝加哥的一家创业公司Roompact希望他们开发的数字工具可以解决大学里的室友冲突问题。该公司总裁马特·昂格尔称，公司已经为即将入学的新生开发出了一种在线的可按需调整的室友协定。室友们可以通过他们的网站就房间的卫生标准、熄灯时间、接待访客的安排等一系列事宜达成一致。

Roompact系统还每隔一周或两周给学生发送短信询问他们对寝室关系的评价，公司称之为"微调查"。学生可以在回复中反馈更多的细节上的不满，然后Roompact会对此给出相应的建议。

美国哈特福特大学的宿舍生活副总监肖恩·麦奎兰认为，Roompact的通知系统将有助于学校处理那些不愿向学校工作人员寻求帮助的学生之间的冲突。"学生们要么忽略这些问题，认为冲突会自然化解，要么就忍受问题的存在。但这么做往往会让问题持续升级，直到对他们的整体体验和学生生涯产生负面影响，"他说，"我们希望，这种微调查可以帮助我们采取更具前瞻性的方式来解决室友之间的纠纷，尤其是针对那些不太情愿主动寻求工作人员帮助的学生。"

麦奎兰还相信，Roompact的线上系统能够吸引一些"Y世代"人群。"当下我们的学生毫无疑问都是技术精通者。"他说，"他们希望能使用更多的电子资源，大多数情况下更倾向于进行一些只需在线上点点鼠标就能参与的活动。"

阿尔比恩学院的传播学教授凯伦·埃兰德森开发了Roompact的学生诊断调查。"这种诊断法改善了交流状况。"她说，"Roompact的系统帮助学生鉴别出他们每个人特有的易冲突领域，并促使他们将这些潜在的'隐患'纳入到他们的寝室条约之中。"

"Roompact系统的一个组成部分就是要向学生提供能在冲突一出现时就从容面对并解决这种冲突的方法。"埃兰德松说，"当Roompact检测出潜在问题之后，学生会得到一系列的指导原则，这让他们能以一种富有成效而理性的方式处理冲突。"

作为对埃兰德森说法的回应，昂格尔也称Roompact的本意并不在于想鼓励学生用技术来取代现实的对话。他说："我们将尽力用科技手段来帮助学生学习如何面对面交流，以及与那些和自己不同的人交流。"

通过回答下列问题，加强你的理解。

1.这篇文章里所介绍的方法有哪些优点和不足？你认为这一技术将如何帮助或者伤害室友之间的冲突管理？

2.即使你不使用这一软件，也试着描述一下你从这一程序里学习到的冲突管理的原则。

每次在路段的最后几里才加入一起跑；或者他们可以制订其他挑战性较小的锻炼计划，以便露西亚的朋友们也能参与进来；再或者他们还可以找出其他方法，既能和露西亚的朋友们待在一起，又能让两人感受到乐趣。

合作的目标是找到让冲突各方都满意的解决之道。这意味着他们不仅要避免以对方利益为代价取得胜利，而且相信经由共同的努力，他们能够找出一条超越妥协、使每一个人都达到自己目标的解决方案。思考下面的例子：

- 一对新婚夫妇发现他们经常为了怎么花钱而争吵。丈夫很喜欢为自己或家里买一些不实用但很有趣的东西做摆设，太太却担心这些支出会破坏好不容易建立起来的预算计划。他们的解决之道是每个月都拨出一小笔钱作为"享乐开销"，这笔金额不至于让他们负担不起，又可以给丈夫一点机会逃离简朴的生活，稍微透一口气；太太也满意这样的安排，因为将享乐开销单独列为一项预算的话，即便她的丈夫购买预期之外的东西，她也不必为"超出预算"而感到不安。这个计划成功实行了很多年，当夫妻俩收入增加时，"享乐开销"类的预算也随之增加。
- 马塔是一位商店经理，她的员工因为社交和家庭需要常常换班，随之而来的一次次重新排班的任务令她感到厌烦。于是她和员工们商量，由他们自行安排交换工作的时间，只要他们决定后书面通知她即可。
- 温迪和凯西是室友，她们的学习习惯有很大不同。温迪喜欢在晚上做作业，把白天的时间空着用来做其他事，而凯西却觉得晚上应该是好友聚会的时间。她们的解决之道是：从星期一到星期三晚上温迪在她男朋友的家中念书，而凯西可以做她想做的一切；而从星期四到星期日凯西则同意在家中保持安静。

这里并不是说，对每个有类似问题的人而言，上述解决方法都是最正确的，双赢方式并不意味着如此。不同的人会找到其他更符合他们自身情况的解决方法。合作给你提供了一条路，让你可以创造性地找出只适用于你个人独特问题的正确答案，而这答案是任何一方在合作之前都想不出或想不到的。通过思考双赢策略，你可以亲手打造一条解决冲突之道，让每个人都觉得舒服自在。本章后面将介绍运用合作解决问题的具体过程。

哪一种方式最好？

就本节的内容来看，合作似乎是解决问题的理想方式，但如果你认为面对冲突只有这一种"最佳"方式，未免想得过于简单了。[31]一般来说，双赢取向的确比一输一赢或双输来得好些，但是我们可以看到有时候逃避、调适、竞争和妥协也有可取之处。表12-1中列出了一些面对冲突时选择最合适的冲突形态所要考虑的因素，当你决定使用哪一种适合的沟通方式时，要考虑下列几点：

1. **关系**：当某人显然比你拥有更多的权力时，调适也许是最好的方式。假如老板告诉你"立刻"去填订单，也许没有任何异议地去执行是比较聪明的回应。试图用更肯定的反应进行交涉（昨天你交办的事情，我还来不及做完……）可能有一定道理，但也可能让你丢了工作。
2. **情境**：不同的情境对应不同的冲突处理方式。为了买一部车而历经数小时的讨价还价之后，最好的方式可能是在双方的开价中折中妥协。但在另一种情况下，你可能会碰上原则性问题，而必须"坚持己见"，力求获得你认为正确的那个结果。
3. **对象**：双赢是个不错的方式，但是有时候对方不见得愿意合作。你可能遇到过一些热衷争斗的人，完全无视关系的重要性，即使是微不足道的小事都要争得面红耳赤。遇到这种人，合作性沟通的成功机会将非常低。
4. **你的目标**：有时候你首要关心的是让愤怒或不安的人冷静下来。例如，

表12-1 选择最适合的冲突处理方式所要考虑的因素

逃避（双输）	调适（一输一赢）	竞争（一赢一输）	妥协（部分双输）	合作（双赢）
当议题不重要时	当你发现自己错了时	没有时间寻求双赢结果时	面对复杂的议题，想要获得快速、暂时的解决之道时	议题太重要以至于不能妥协时
当直面冲突的代价大于其益处时	当议题对对方的重要性大过自己时	当议题不值得花太多时间协商时	当双方都强烈地主张自己的目标，且目标互相排斥时	当你和对方之间的长期关系十分重要时
想要冷静下来获得新观点时	当获胜的长期代价太大还不如短期收益时	当对方不愿意合作时	当议题还没有重要到要双方鱼死网破时	当对方对问题有不同的见解，而你想要合并双方的看法时
	为未来的冲突预留筹码时	当你坚信自己的立场正确且必要时	作为合作不起作用时的备用方案	为了进一步发展双方的关系，对彼此关切的问题给出承诺时
	想让对方从他自己的错误中学到东西时	对方是一个得寸进尺的人，而你有必要保护自己时		为了想出创造性的或者独特的解决问题之道

面对你生病的、脾气暴躁的邻居,一时忍耐很可能比据理力争更好些,因为这可能会导致他突发中风。而在另一种情况下,你的道德原则可能迫使你做出攻击性的回应,即使这么说不会让你得到什么好处。"我真的受够了你那些种族歧视的玩笑。我已经尽力跟你解释过为什么这些玩笑非常具有攻击性,但是很明显,你根本就把我的话当作耳边风,我走了!"

12.3 关系系统中的冲突

直到这里,我们重点讨论的都是个人的冲突方式。虽然在冲突中你对沟通方式的选择很重要,但这并不是决定冲突会如何发展的唯一因素。实际上,冲突是发生在关系中的,其特质通常由个体和他人的互动所决定。[32]举例来说,你也许想要和你的邻居以肯定的方式处理冲突,但是邻居不合作的态度使你不得不转而采取攻击的方式。而当邻居出现肢体威吓时,你又只能以逃避处理。同样地,你可能想要暗示某位明显偏心并使你深受困扰的教授,但是教授却以开放、肯定的态度做出了建设性的回应,让你取消了原先的计划。

由这些例子我们可以看出,冲突不只取决于个体的选择,更确切地说,它取决于个体之间的互动方式。处在长期关系中的两人或多人会发展出他们自己的**关系中的冲突形态**(relational conflict style)——一种管理异议的模式。在这样的关系中,双方对彼此互相影响的力量可以强大到克服两个个体会去本能选择的解决问题的倾向。[33]接着我们就会读到,有一些关系中的冲突形态是具有建设性的,另一些则会使双方都很痛苦并且对关系产生威胁。

互补、对称和平行的形态

人际关系中的伙伴可以使用三种方式之一来管理冲突。在一段有着**互补的冲突形态**(complementary conflict style)的关系中,伙伴之间表现出不同而互相增强的行为。在**对称的冲突形态**(symmetrical conflict style)中,伙伴之间都使用相同的行为。在**平行的冲突形态**(parallel conflict style)中,伙伴双方随着话题的转变在互补和对称两种模式之间转换。表12-2阐明了相同的冲突可能以非常不同的方式展开,全看伙伴的沟通是对称的还是互补的。平行方式将视情况在这两种方式间轮流切换。

研究指出"攻击—逃避"的互补方式普遍存在于许多不快乐的婚姻之中。当其中一方——多半是妻子——直接传递冲突时,另一方——通常是丈夫——会退缩。[34]显而易见的是,两人应对冲突的方式不同导致了双方敌意

自我评估
你的冲突风格
完成门诺教会(Mennonite Church)和平与正义支持网(Peace and Justice Support Network)网站上的自我检测,定位你的冲突形态。这个检测会同时测量你在"冷静的"和"暴风雨的"情境下处理问题的方式。你可以访问CengageBrain.com网站,进入《沟通的艺术:看入人里,看出人外》一书的"言语交际课程学习伙伴",找到该网站的链接地址。

的增加和隔绝，进而演变成为一种恶性循环。彼此责备使事情变得更糟，丈夫可能会说："我退缩是因为她总是批评我。"而妻子则以不同的方式组织她知觉的信息："我批评是因为他总是退缩。"

互补形态不是唯一一种会导致问题的冲突方式，一些不幸的婚姻也饱受破坏性的对称式沟通之苦。假如伴侣双方以类似的敌意对待彼此，一个威胁或侮辱带来另一个威胁或侮辱，最终会形成一种升级的冲突螺旋；假如伴侣双方都用退缩的方式回避直面问题，降级的冲突螺旋也会让关系的满意度和活力日渐衰竭，徒留一个婚姻的外壳。

就像表12-2显示的那样，互补和对称的两种行为形态可以产生好的结果也可以产生坏的结果。假如互补行为是正面的，那么将形成一个正向的螺旋结果，就会有较高的概率解决冲突。表12-2中例2这一案例里，当员工对老板提出自己的想法时，老板表现出了良好的倾听意愿，这样，互补式的说—听模式会产生良好的作用。

同样，对称方式也可以是有效的。建设性的对称形态出现的前提是双方进行肯定的沟通，互相倾听彼此的关切，并且共同寻求问题的解决之道。解决这类问题的潜力在例3中有所表现。足够的相互尊重和仔细倾听，使得父母和子女都能够理解对方的顾虑，这样很有可能找到一个让双方都觉得满意的解决方式。

破坏性的冲突模式：四骑士

有些冲突类型是破坏性的，它们几乎必然会对人际关系造成严重的损害。这类有害的沟通形式包括约翰·高特曼所说的"末日四骑士"（The Four Horsemen of the Apocalypse）。[35]

表12-2 互补和对称的冲突形态

情境	互补形态	对称形态
例1：妻子因为丈夫很少在家而心烦。	妻子抱怨；丈夫退缩，待在家的时间甚至比以前更少了。（破坏性的）	妻子抱怨；丈夫生气地、防卫地回应。（破坏性的）
例2：当男老板叫她"甜心"时，女职员感觉被冒犯了。	职员向老板抗议，解释她生气的理由；老板为他并非故意的冒犯道歉。（建设性的）	职员在公司聚会上恶意地拿这件事开老板的"玩笑"。（破坏性的）
例3：父母对子女结交的新朋友感到不安。	父母表达担心。子女对此不屑一顾，说道："这没有什么好担心的。"（破坏性的）	子女表达了对父母过度保护的不快；父母和子女一起，商讨一个双方都认可的解决方案。（建设性的）

想一想：理解冲突形态

想一想：完成下列练习，你就能更清楚地理解冲突形态之间如何不同了。

1. 找一个搭档，然后从下列冲突情境中选择其一。如果你对以下情境不够满意，可以拿你自己的一个冲突来代替。

   a. 两个室友对他们公寓中的噪音等级持不同意见。
   b. 父亲（或母亲）希望他们上大二的儿子（或女儿）在家里过寒假。而儿子（或女儿）想要和朋友出去旅游。
   c. 恋人中的一方想要更多的自由时间，参与朋友们的社交活动。另一方希望两人一起待在家里。

2. 分四次角色扮演冲突，反映出以下每一种形态：

   a. 互补的（建设性的）
   b. 互补的（破坏性的）
   c. 对称的（建设性的）
   d. 对称的（破坏性的）

3. 在体验了每一种形态之后，看看哪一种冲突形态最能体现你在人际关系中处理冲突的方式。你对自己的方式满意吗？如果不满意，描述什么样的形态会更妥当。

高特曼在几十年里收集大量有关新婚夫妻和他们之间的沟通模式的数据。通过观察这些夫妻的交流情况，现在他已经能够以超过90%的准确率预测一对新婚夫妇是否会以离婚收场。以下就是他所寻找的四种破坏性迹象：

1. **批评**：这指的是针对一个人人格的攻击。正如你在第六章和第十一章中读到的，使用描述性的"我"的语言（"我希望你能准时点就好了——我们看电影要迟到了"）表达出对对方行为的合理抱怨，和使用评价性的"你"的语言（"你太粗心大意了——除了你自己，你永远不为别人考虑。"）攻击批评对方的人格，两者之间有着显著的差异。

2. **防卫**：正如第十一章所解释的，防卫是指一个人为了保护展现的自我，通过否认自己的责任（"你疯了——我从来不那样做"），或者反戈一击（"你比我还要糟糕"）的方式来回应。尽管某种程度的自我保护是可以理解的，但是如果一个人拒绝听取别人的意见，甚至不承认不同意见存在就会出现问题。

3. **蔑视**：一个轻蔑的评论包含着轻视和贬低。它可能表现为扣帽子式的贬损（"你是一个大混蛋"），或者冷嘲热讽式的刻薄讽刺（"哦，你真是聪明绝顶呀"）；当然蔑视也可以通过夸张地翻白眼，或者厌恶地叹气等非语言方式来传达。（试着同时做出这两种形式，即语言的和非语言的轻蔑，想象它们的力度会有多强。）

4. **回避**：回避发生在关系中的一方撤出交流，关闭对话，拒绝任何以双方都满意的方式解决问题的可能。它传达了一个不肯定的"你无关紧要"的信息给对方。

一个简短的交流就可以阐明"四骑士"如何造成了破坏性的进攻螺旋：

"你又透支了我们的账户——你能干点好事吗？"（批评）
"嘿，你还怪我——大部分的钱都是你花的。"（防卫）
"至少我的数学技巧比某个一年级生更好。加油吧，爱因斯坦。"（蔑视）
"随便你。"（边走边说离开房间）（回避）

不难看出这种沟通模式不仅对婚姻关系，而且对于任何关系都是破坏性的。不仅如此，我们也很容易看到这些评论模式会彼此加强，发展成为破坏性的冲突惯例。现在我们来进一步讨论。

冲突惯例

当人们在一段关系中相处了一些时间后，他们的沟通经常会发展成**冲突惯例**（conflict rituals）——这些惯例通常不会被承认，但却是一系列连锁行为的真实模式。[36]思考一下以下这些常见的惯例：

- 一个小孩打断其父母，要求加入父母的谈话中。刚开始父母让孩子等着，但她一直哀鸣和哭泣，才让父母发现倾听比忽视纷扰更容易一些。
- 一对伴侣吵架了。一方先行离开；另一个人把过错揽到自己身上并请求原谅；离开的那个人回来，双方快乐地和解了。不久他们又起了冲突。
- 当工作上的压力升级时，老板陷入了暴怒。员工于是尽可能地远离老板。当危机结束后，老板为了对自己的失态做出补偿，对员工的请求表现得格外大方。
- 室友甲和乙围绕家务责任分配一事闹翻了。乙先是接连数天"沉默以对"，然后对此只字不提，在家中收拾起来。

在许多惯例中，双方的交流在本质上并没有什么不对，尤其是其中涉

"我不是在冲你吼,我是在跟你一起吼。"

及的所有人都接受以这种方式来管理冲突时。[37]考虑以上的例子:在第一个例子中,小女孩的抱怨是唯一可以吸引父母注意力的方式;第二个例子中,伴侣双方都将吵架当作发泄的渠道,也都认为和解的乐趣值得以暂时分开的悲伤作为代价。第三个例子里的惯例对老板(作为舒解压力的方式)和对员工(作为实现请求的方式)都有效。第四个例子里,至少最后房子变干净了。

然而如果惯例变成伴侣处理他们冲突的唯一方式,也可能引起问题。像你在第一章学习到的那样,沟通高手都有一个庞大的行为资料库,他们可以在不同的状况下选择最有效的反应。只依赖一种惯例模式处理所有的冲突,就像只用一把螺丝刀完成所有的修理工作,或者用同一种调味品烹调所有的食物一样,都是不切实际又无效的。冲突惯例可能是非常熟悉又让你觉得很舒适的,但它们并不总是解决关系中各种不同冲突的最好方法。

12.4 冲突类型的变项

现在你可以发现,每一个关系系统都是独特的。沟通模式在每个家庭、公司或班级中都有着非常不同的表现。然而除了那些在个人关系呈现出来的

想一想 你的冲突惯例

描述你的某段重要关系中的两个冲突惯例。其中一个应该是积极的惯例,另一个则应为消极的惯例。每一个例子都应该包含:

1.一个容易引发你们冲突的话题(比如金钱、休闲时间、感情);
2.某一方引发这个惯例的行为;
3.事件引发后,双方对彼此的一系列回应;
4.这个惯例是如何结束的。

基于你的描述,为那个不令人满意的沟通惯例设计一种替代方案。然后描述一下你能如何用一种更满意的方式处理冲突。

差异性特质，另外还两个重要的因素，会影响人们管理冲突的方式：它们是性别和文化。现在让我们审视这两个因素会如何影响冲突，我们又应该如何管理冲突。

性　别

男性和女性经常用不同的方式处理冲突。从儿童时期开始，男性就更可能是具攻击性的、命令的和竞争的，而女性则更倾向于合作。研究显示：在从入学前到成年早期的这个年龄段的儿童中，男孩会试着命令别人听从他们的差遣："躺下。""不要挡我的路。""把你的手伸过来。"相反地，女孩会用提议行动的方式实现自己的目的："让我们去找一些。""请问你有没有瓶子？""让我们先把这个拿出去。"[38] 男孩在玩角色扮演游戏的时候会告诉彼此对方要扮演的角色："过来，当医生。"而女孩通常以询问的方式决定每个人扮演什么："你是否可以当几分钟病人？"或提出一起做的提议："我们两个可以都当医生。"更进一步，男孩通常提出要求，而不提供任何的解释："伙计，你看，我现在就要一把电线剪子。"相反，女孩经常会说明她们为何这样提议的理由："我们应先清洁它们，因为它们有细菌。"[39]

青春期的女孩会用攻击来处理冲突，但是相比青春期的男孩，她们更倾向于使用间接和迂回的方式攻击。青少年男性经常使用口头示威甚至直接诉诸身体暴力，青少年女性则一般会用耳语、背后说坏话、排斥分化等方式。[40] 这并不是说女性的攻击方式比男性的具有更少的破坏性，有一部由小说《女王蜂与跟屁虫》（Queen Bees and Wannabes[41]）改编的电影《贱女孩》（Mean Girls）就生动地描述了间接攻击对青少年女性的自我概念和人际关系所造成的伤害。

这样的不同会持续到成人阶段。一项针对大学生的调查显示：男性和女性会用相反的观点来看待冲突。[42] 不管他们的文化背景如何，女性学生描述的男性往往比较关心权力，并且对谈话内容的兴趣高于关系议题。通常被用来描述男性冲突方式的表达包括："对男性而言，他们在冲突中最关心的是自我""男性不在乎感觉""男性比较直接"。相反地，女性被描述为在冲突时更关心如何维持关系，通常用来描述女性冲突的句子包

括：" 女性是更好的倾听者""女性试着在解决问题时不去控制别人""女性更关心别人的感觉"。

这些不同并不意味着男性不能形成良好的关系。正确的说法是，他们对于什么是良好关系有和女性不同的见解。对于某些男性，友谊和攻击并不是互相排斥的。事实上，许多坚定的男性关系正是建立在竞争——例如工作或运动——之上的。女性也会竞争，但她们更常使用的方式是讲道理和谈判，而不是攻击。[43]当涉及逃避的时候，相较于男性，女性认为从冲突中撤退的行为更具伤害性。这也就是为什么女人更喜欢说"我们必须就这个问题谈一谈"的原因。[44]

有关性别与冲突的全部研究显示，两性之间处理冲突的差异相对而言并不大，而且和传统认为男性攻击和女性顺从的刻板印象不同。[45]**我们认为的男性和女性在处理冲突上的差异，其实要比实际情况更大**。[46]人们会先假设男性是攻击的而女性是调适的，然后去注意那些符合这种刻板印象的行为（"看他是如何指使与差遣女人的，一个典型的男性！"）。另一方面，不符合这些刻板印象的行为（随和的男人，强势的女人）会被认为是特例而不作考虑。

尽管男性和女性各有其典型的冲突处理模式，但其背后的原因可能与性别本身关系不大。一个人选择如何处理某个具体的冲突，更大程度上取决于所面对的情况本身。[47]例如，当受到另一方攻击的时候，无论男性还是女性都更倾向于以攻击的方式回应。（回想我们在前一章讨论的防卫的螺旋效应）实际上，对已婚伴侣如何处理分歧的研究表明，性别因素对冲突方式的影响相当不显著，远比不上另一方的行为所造成的影响。[48]

那么关于性别对冲突的影响，我们能得出什么结论呢？研究证明，两性之间确实存在一些细小的、可以测量的差异。不过，虽然男性和女性可能有不同的冲突方式，但是每一个沟通者的个人风格和一段关系的本质，对他（或她）处理冲突的影响，要比性别更加重要。

文 化

人们管理冲突的方式会随他们所处的文化背景发生很大变化。直截了当而强势的处理方式是北美地区大多数居民的特征，但不是人类的普遍规范。[49]

塑造人们面对冲突的态度的最重要的文化因素，很可能在于集体主义与个人主义的区别。[50]在美国这样的个人主义文化里，目标、权利和个人需求被认为是重要的，人们同意为自己据理力争是属于每个人的合理权利。相反地，集体主义文化（在拉丁美洲和亚洲很普遍）认为群体比个人重要得多。因而在北美完全适当的强势行为，到了集体主义文化中也许会被视为鲁莽和不得体的。

另一个重要的区别因素在于高语境和低语境文化的差异。[51]回忆第六章中我们所讨论的内容，在美国这样的低语境文化里，直接和无修饰的言行是被欣赏的。相反，在日本这样的高语境文化里，人们则更强调自我约束和避免当面对抗。因此，对于美国人来说像是在"转弯抹角地绕圈子"的表达，对于亚洲人来说很可能是正常的礼貌。在日本，即使是一句"把门关上"的简单要求都会显得太过直接，更合适的说法应该是"今天有点冷"。[52]再比如说，日本人很难直接用"不"来拒绝别人的请求，而是会说"让我想一下"。属于类似文化的人就会知道这代表了拒绝。

如果间接沟通是一个文化的常态，寄希望于直来直往能够取得成功就是不合理的期待。来自不同文化的人们陷入冲突时，他们所习惯的沟通模式就可能很难被对方接受。美国丈夫和他的中国妻子便可能会碰上这类问题：丈夫会试图通过语言直接与妻子对抗（美国人的典型处理方式），这时妻子要么会防卫性地回应，要么就从讨论中完全撤出来。另一方面，妻子会试着通过情绪的变化和眼神的接触（中国文化中的典型处理方式）来暗示她的不愉快，可却不会被丈夫注意到（或者无法被理解）。这样，"他的方式"和"她的方式"都无法起作用，他们也无法看到任何"和解"的可行路线。[53]

文化造成的冲突差异不仅体现在美国（西方）和亚洲（东方）文化的比较上。当美国人去希腊的时候，经常会把无意间听到的友好对话误认作一场争吵。[54]一个比较美国和意大利幼儿园儿童的研究显示：意大利儿童最喜欢的消遣之一是激烈地互相争论，他们称之为"讨论"（discussione），而美国儿童称之为"争执"（arguing）。与之类似，其他研究显示，东欧地区的蓝领阶层犹太人会把争论作为与人交际的一种手段。

即便在美国境内，沟通者的种族背景在他们对冲突的看法中也扮演了重要角色。当一个由墨西哥裔美国人和盎格鲁裔美国人组成的大学生团体被问及有关冲突的观点时，差异便显现了出来。[55]例如，盎格鲁裔美国人似乎更愿意接受冲突是关系本质的一部分，而墨西哥裔美国人则更关注冲突的短期和长期危险。不出所料地，那些强调和谐的集体主义、高语境的文化倾向于用较为委婉的方式处理冲突。鉴于这些方面的差异，我们很容易想象到，来自不同文化背景的朋友，恋人或是同事要想找到一种双方都满意的处理冲突的方式，可能是很困难的。

尽管存在这些差异，我们必须认识到文化不是造成人们处理冲突时拥有

情景喜剧《喜新不厌旧》（*Blackish*）中，文化就在冲突管理中扮演了重要角色。安德烈（"德瑞"，安东尼·安德森饰）和彩虹（"波尔"，特雷西·伊利斯·罗斯饰）是生活在中产阶级上层环境里的专业人士，但却是在社会底层出生并长大的。他们与他们的孩子都有独特的抱负和性格，但在与其文化传统相适应上，都遇到了相当的困难。文化和社会阶级是如何影响你的个人交往与职业关系的？这些因素是否有时会引发冲突？如果是的话，你会怎样处理这些冲突？

多元视角

詹姆斯·科米：在充满冲突的时代里寻求一致

虽然在美国，有些黑人已经获得了最高的尊重和成就，但还有一部分黑人死在了白人警察的枪口下，其中一些这样的案件引起了公众的广泛关注和愤怒。在这种情形下，（前）美国联邦调查局局长詹姆斯·科米发表了一篇演说，以下是对他演说内容的一个节选。他的言论强调了跨越种族和个人经验的差异，将每个人看成一个独立的个体的重要性。注意他是如何要求各党派跨越你死我活的零和冲突，并寻求更具协作性的解决方案的。

我们来到了十字路口。作为一个社会，我们可以选择继续我们的日常生活、养活家庭，每天上下班，同时希望在某些地方有某些人会做些什么来缓和紧张局势——来消解冲突。我们可以摇起车窗，把收音机音量调高，绕道避开这些问题。或者，如果我们愿意花些时间来互相了解的话，我们也可以对我们如今的关系进行开诚布公的讨论——这应当是一种什么样的关系，这可能是一种什么样的关系，这需要是一种什么样的关系。

下面我来跟大家分享几个我个人认为的，难以接受的事实：

第一，我们所有执法人员都必须诚实地承认，我们的历史有很大一部分是不怎么光彩的。在美国历史上的很多时候，执法部门都在维护当时的现状，而这个现状对一些劣势群体是残酷而不公的。我是爱尔兰移民的后代，一个世纪以前，爱尔兰人很清楚美国社会及其法律制度如何看待他们：酒鬼、无赖、罪犯。爱尔兰人有段时间过得并不容易，但这与生活在美国国土上的黑人相比却好多了。那段历史应当被每一个美国人铭记，执法部门在那段历史中以及在现在所扮演的角色也必须被牢记，因为那是我们文化遗产的一部分。

第二，大量的调查显示，我们潜意识中的偏见是普遍存在的。在白人文化中，很多人潜意识里存在种族偏见，他们对白人和黑人的反应是不同的。事实上，无论是白人还是黑人，我们所有人都持有各种各样的偏见。我想起了百老汇经典音乐剧《Q大街》里的一首歌，"人人都有点种族主义（Everyone's a Little Bit Racist）"。但是如果我们不能克服这些潜在的偏见，至少我们可以调整那些出于本能反应的行为方式。虽然这种研究或许会令人不安，但是我们接下来该做什么才是最重要的。

我相信执法部门吸引了那些想以行善作为其安身立命之职业的人，那些为了帮助别人不惜用自己的生命来冒险的人。他们不是作为纽约或芝加哥或洛杉矶的职业警察去帮助白人或黑人或西班牙人或亚洲人，他们只是想帮助所有人，为了保护有色人种的安全，他们做过一些最困难最危险的事情。

但这也将我引向了第三个残酷的事实，执法行为会让人们发生一些变化。我们中的许多人会产生不同形态的愤世嫉俗的情感，我们努力去抵抗这种情感，因为这些愤世嫉俗很可能是一种懒惰的心理捷径。比如，犯罪嫌疑人往往会否认自己的罪行，而我们指控的绝大多数人都的确有罪，这就很容易让有些人在执法时假定每个人都在说谎，不论什么种族的所有嫌疑人都不可能清白。这种思维方式很便捷，但却是错的。

请允许我直率地表达我对警察群体的好感。当你拨打911的时候，无论你是白人还是黑人，警察都会来，并且来得很迅速，不论白人警察还是黑人警察都会迅速出现。这就是警察的职责所在。

我们中那些从事执法工作的人必须加倍努力去克服偏见和歧视。我们必须更了解那些被我们服务和保护的群体——通过发自内心地体会，作为一名遵纪守法的年轻黑人，走在街上时被警察拦下来是怎样的一种感受。我们必须理解他可能会如何看待我们。我们必须抵抗那些懒惰的、犬儒主义的心理捷径的诱惑，以一种充满尊重而得体的态度对待他。

然而，对于这种体察的要求也是双向的。普通公民同样也需要真正体察执法人员的处境。他们需要看到警察们在每次常规的夜间巡逻中都可能会遇到的种种危险。他们需要理解警察群体为了保障他们的安全，在从事着一项多么困难而令人惧怕的工作。他们需要给予警察们足够的空间，以及足够的尊重，使其顺利地履行其职责。如果他们肯花一些时间来配合警方工作，他们将会发现警官们也是人，其中的绝大多数都在出于正确的理由做着正确的事情，而且他们也极其频繁地在那些我们大多数人都会选择绕着走的危险社区里执行公务，面对挑战。

借用一句马丁·路德·金博士的话："我们必须作为彼此的兄弟共同生活，否则就会作为一群傻瓜而一起灭亡。"处理关系是很难的。我们需要为此做出努力。所以，让我们现在就开始吧。

不同行为模式的唯一因素。一些研究认为我们面对冲突的方式在一定程度上是由生理因素所决定的。[56] 另外，学界认为一个人的自我概念比他（或她）的文化背景对冲突方式有更大的影响。[57] 例如，一个在弱化冲突的环境中长大的自信者，还是会比冲突多发环境下的不自信者有更多的攻击反应。最后，我们每一个人处理冲突的方式其实都是一种个人选择，我们可以选择沿用无效的方法，也可以改用更有建设性的方式。

12.5　建设性处理冲突的技巧

本章前述合作的双赢冲突解决模式，比一输一赢或双输模式更为有利。然而，为什么大多数人很少用这个模式？可能有三个理由：第一个理由是缺乏这方面的意识。有些人太习惯于竞争，他们一直误认为他们要赢就必须打败对手。

即使人们能意识到其价值，还是存在着其他的因素让人们不去选择采用双赢模式——冲突经常涉及情绪性事件，人在情绪中经常像打仗一样剑拔弩张，而忘了可以暂停下来思索其他更好的策略。因为这种情绪反应使得建设性的意见很难出现，所以有必要在冲突情境下克制住自己想说攻击性言语的冲动，以防进入一个不断升级的防卫性螺旋。从一数到十在此时是个不错的建议，在你仔细思索一下之后，就可以进行建设性的**行动**而不是被动做出导致双输结果的**反应**。

第三个人们很少用双赢模式的原因是他们的竞争意识超过了合作意识，你很难跟一个一直想要把你打败的人进行建设性的磋商，在这种情况下你最好调动起说服策略来让对方了解到，一起合作才是同时满足双方的最佳方式。

合作解决问题

尽管存在以上三个挑战，提升自己解决冲突的能力仍然是可能的。接下来的篇幅里我们将描述一个方法，它可以提升你使用合作模式来解决冲突的机会。有人曾对一百对曾接受过冲突处理技能训练的夫妇进行了一项历时性研究，研究结果显示，对于那些想要提升冲突解决技巧的夫妇而言，这种方法是颇有成效的。[58]当你阅读下列步骤时，请同时想象将这些步骤运用到一个目前正在困扰你的问题上。

确认你的问题和未满足的需要　在开口说话之前，重要的是你必须了解问题所引起的冲突是属于你自己的。不论你想要退换一个不满意的商品，抱怨邻居家的狗叫个不停使得你的睡眠被打断，或请求你的雇主改变你的工作条件，这些都是"你的问题"。为什么？因为在每一个例子当中，"你"是这些问题的"所有者"，你才是那个不满意的人。你是那个已经付钱给不满意商品的人，卖出商品给你的商人乐得可以好好使用你所付的钱；你是那个被邻居家的狗吠吵到无法睡眠的人，他们可完全没觉得有什么问题；你是那个为了工作条件而心生不快的人，而不是你的上司。

确实了解到这是"我的"问题，在你要面对冲突对象进行磋商的时候，可以带来很大的不同。你将会以描述的方式来说明你的问题，而不是用情绪性或评价性的方式行动。这样不只能更精确地处理问题，而且可以减少对方采取防卫反应的可能。

在意识到问题是"我的"之后，下一个步骤是去界定你未满足的需求。例如，在狗叫声的例子中，你的需求也许是获得不被打断的睡眠或阅读。在朋友公开捉弄你这个情境中，你的需求就很可能是避免难堪。

有时界定你的需求并不像它表面上看起来那么简单。因为一个问题不像它表面内容传达得那样直观,其背后通常还要牵涉到关系性质的需求。看看下面这个例子:朋友很久之前跟你借的钱,却一直没有还给你。你在这个状况的表面需求可能是把钱要回来,但仔细一想就会发现钱不是你想要的唯一的东西,甚至不是主要的东西。即便你非常富有,你也想要回这些钱,出于一种更重要的需求——避免成为被朋友利用的受害者。

"你觉得现在是不是大干一架的好时候?"

等一下我们就会看到,界定自己真实需求的能力在解决人际问题上扮演了关键的角色。现在要记住的重点是:在对你的伙伴说明问题之前,你必须要非常清楚你没被满足的需求是什么。

订立约会 破坏性的争吵会开始,通常是因为其中一方没有准备好就被拖入了对抗之中。有许多时候,人们的心理状态并没有准备好要去面对冲突,也许是太疲劳,也许是太过匆忙以至于没法花时间进行交流,也许是为了另一件事情焦躁不安,或是身体不适。在这些状况下,没有事先通知就突然"跳"到一个人面前,并期待他全神贯注于你的问题上是不公平的。假如你坚持如此,你将会面临非常难堪的争执场面。

在你对问题有了清楚的想法后,试着要求你的伙伴和你一起解决它。例如:"有些事情困扰着我,我们可以谈谈吗?"假如答案是"好",你就可以更进一步;假如当下不是切入问题的适当时机,就再找一个你们双方都合意的时间。

描述你的问题和需求 如果你的伙伴不知道你为什么沮丧,以及你需要什么,他就不可能满足你的需求。因此,尽可能说清楚你的问题,传达完整而正确的信息是十分重要的。最好的方式还是使用第十一章中介绍的肯定式的清晰信息的方法。仔细注意一下这个方法在下面例子中的良好效果:

例1

"我有一个问题,就是你把脏衣服扔得满屋子都是这件事情。我曾经告诉过你这件事有多困扰我(**行为**)。每当客人来访时,我都必须像疯了似的到处收拾你的脏衣服,这真的一点都不好玩(**结果**)。我不得不开始认为,你不是根本没有注意到我的要求,就是确实想要逼我发疯(**想法**),不管是哪一种,都使我越来越不满(**感觉**)。我不想像个女仆一样,也不想不停地唠叨,只想找到一些解决办法来维持屋子的整洁(**意图**)。"

例2

"我有一个问题,在你没有事先打电话就顺道来访时,我正在念书(**行为**)。我不知道是要邀请你进来还是请你离开(**想法**),无论哪种方式都让我觉得不舒服(**感觉**)。感觉好像不管我怎么做,我都是输家:我不是要把你赶出去,就是要落下我的功课(**结果**)。我希望找到一个方法,使我可以读完我的书,但是仍然能够招待你(**意图**)。"

例3

"有件事正困扰着我。你告诉我你爱我,但同时你又把几乎所有的空闲时间都花在你的朋友身上(**行为**),这让我怀疑你对我是否是真心的(**想法**)。我开始变得没有安全感(**感觉**),并做出了一些情绪化的行为(**结果**)。我需要找到一些方法来确定你对我的感觉(**意图**)。"

在陈述你的问题和描述你的需求之后,很重要的一件事是确定你的交流伙伴的确理解你所说的内容。如果你回顾一下第八章有关倾听的讨论就会发现,你的遣词用字特别容易被误解,在充满压力的冲突情境下尤为如此。

坚持要对方重复你的陈述是不切实际的要求,幸运的是,还有其他更微妙而得体的方式来确定你是否被理解了。例如,你可以试着说:"我不确定刚才我有没有表达得足够清楚,或许你可以告诉我你听到我说了什么,这样的话,我就比较有把握了。"不管怎样,在进一步沟通之前,都要绝对确定你的伙伴理解你的全部意思。既然在充分沟通的基础上达成共识也未必容易,就不要因为误解而滋生本来不存在的矛盾了。

思考对方的观点 在把你的立场表达清楚后,接下来就要找出,要想圆满解决这个问题,你的交流伙伴希望满足的需求有哪些。为什么找出对方的需求是重要的?有两点理由:第一,这样做比较公平,对方跟你一样有权利获得满意的结果。如果你寄希望于对方能帮助你满足你的需求,那么只有同等地对待对方才是合理的。除了公平之外,还有一个让你关心对方需求的更实际的理由,那就是一个感到不满的交流伙伴将会使你很难得到你想要的东西,而一个快乐的交流伙伴比较愿意通过合作达成你想要的目标。因此,去发现并满足对方的需求也符合你的个人利益。

你可以直接询问你的伙伴以便了解他们的需求,"现在我要告诉你,我想要什么以及为什么要这样,你听完我说的话之后,告诉我,你觉得要如何做才会使之可行?"在你的伙伴开口之后,你的任务就是去使用倾听的技巧(本书前面已经讨论过这些技巧),以便确定你确实理解了他的意思。

商议解决之道 既然你和你的伙伴都了解了彼此的需求,接下来的目标就变成了找到满足它们的方式。要实现这一点，我们需要首先想出尽可能多的潜在解决方案，然后一一评估它们，最后决定哪个方案最能满足各方需求。托马斯·戈登（Thomas Gordon）所写的《父母效能训练》（*Parent Effectiveness Training*）[59]可能提供了对双赢方法最好的描述。下面是在这个方法的基础上稍加修改而得到的步骤：

1. **确认和界定冲突**：在本章中，我们曾经讨论过如何确认和定义冲突，这包括发现每个人的问题和需求，并准备好去满足这些需求。
2. **提出几个可能的解决方案**：在这个步骤中，双方共同思考，讨论出所有可能达到双方目标的方法。此处的关键概念是数量：尽可能地激发出各式各样的想法是很重要的，先不要去顾虑这些想法的是非好坏，写下每一个出现在脑袋里的灵感，不管它有多么不可行。有时不着边际的奇想会带来更可行的方法。
3. **评估各种解决方案**：现在才是讨论哪一个解决方法可行或不可行的时候。最重要的是，每一个个体都必须诚实地表达出他们对所列出的各个解决方案的接受意愿。如果说某个方案会奏效，那么每一个参与其中的人都必须支持这个方案。
4. **决定一个最好的解决方案**：现在你们已经考虑了所有方案的可行性，就可以选择一个看起来对每个人来说都是最好的方案。此处的重点是确保每个人都了解这一方案，而且愿意共同努力实现它。记住，你的决定不必是盖棺论定的最后方案，但它必须看上去有成功的潜力。

追踪解决方案的后效　在尝试过之前，你不可能确定某个解决方案是否有效。因此在你试过一段时间之后，留出一些时间去讨论方案的实施进展是个不错的想法。你会发现你需要做点改变，甚至重新思考整个问题，关键是要一直把握住问题的处理进度，并继续利用创造力来寻找解决之道。

你应该预期到对方可能产生某种程度的抗拒，并做好心理准备。当某一个步骤不能成功实施时，必要的话，退回去重复前一个阶段就好。

并不是所有问题都能以双赢的方式解决的。在有些情境中，即使双方都最大程度上怀有善意的动机，也还是没法找到一个能让各方需求都得到满足的方案。在这种时候，商议过程就必然包含一些妥协的成分，但即使是这样，我们之前进行过的步骤也没有白费。如果两方面都发自内心地想了解对方的需求并力求满足之，这一愿望本身即使没有实现，也可以在沟通双方之间建立起善意的氛围，不但有助于问题的解决，也能使双方的关系变得更加融洽。

建设性处理冲突的技巧：提问与释疑

在学习了双赢磋商之后，人们通常会对它的运作效果感到怀疑。"它听起来是个好主意，"他们说，"但……"有四个问题是最经常出现的，它们需要得到回答。

双赢方法太好以至于不真实吗？ 研究显示：找寻一致的利益不只是一种愿望，它其实上是完全可行的。事实上，双赢的解决方式和一输一赢的解决方式相比，能产生更令人满意的结果。

在一系列的实验中，研究者让参与者面临一种讨价还价的情境，我们称之为"囚徒困境"。在这个情境中，参与者可以选择与同盟者合作或者背叛同盟者。[60]在"囚徒困境"的实验中可能出现三种结果：一方借由背叛同盟者而成为大赢家；两人经由合作而获得双赢；或是互相背叛而使得两人皆输。愤世嫉俗者可能会推测背叛伙伴是最有效的策略（一输一赢的方式），但研究者们发现事实上合作才是最实用的策略。那些证明自己愿意支援他人，而且还不心怀怨恨的玩家，要比那些采取竞争方法的人表现得更为出色。

双赢方法太复杂吗？ 双赢方法注重细节和结构的完整。在日常生活中，你可能很少有机会使用到每一个步骤：有时手边的问题不值得花费这么大的力气，有时候解决这个问题不需要你和你的伙伴大费周章。虽然如此，当你学习使用双赢方法时，请试着仔细遵守每一个步骤，直到你能熟练运用它们，这样无论身处哪种情境，需要哪个步骤，你都能够运用自如。特别是遇到重要的议题时，你会发现双赢方法的每一个步骤都很重要。如果这个过程看起来非常耗时的话，请你想一下，如果不能及时解决这个议题，那又将耗费你多少的时间和精力。

双赢磋商太理性吗？ 在沟通中遇到了挫折的读者么经常抱怨说，双赢方法过于冷静理性了，只有圣人才能成功使用它。"有时我是如此生气，我完全没心思表示出支持或是同理或是任何其他的态度，"他们说，"我都快气疯了，就想吵个天翻地覆的！"

在这种时候，你或许需要短暂地从情境中先撤离出来，以免说或做一些日后让你后悔的事。可以试着向第三方倾诉来平复一下心情；或者通过体育运动排解一下；甚至如果你的伙伴比较善解人意的话，或许能允许你在他面前像"维苏威火山"一样爆发一下。不过，在你爆发以前，必须确保你的伙伴了解你在

在生活中 双赢地解决问题

早上7:15分，一个平常的上学日。克莉丝走进厨房，发现水槽中满是脏盘子。昨天本该轮到她的室友桃莉洗盘子的，她厌恶地叹了口气并开始清理，把锅碗瓢盆砸得叮当响。

桃莉：你不能安静一点吗？我到十点才有课，想要多睡一会儿。

克莉丝：（用讽刺的语气间接表达她的攻击）对不起，打扰到您了！我在清理昨天晚餐的盘子。

桃莉：（漏接信息）好，我希望你洗碗的时候能小声一点。我昨晚熬夜念书来着，现在困得要死。

克莉丝：（决定更直接地表达怒气，以攻击的口吻说）好哇，如果你昨晚把碟子都清洗干净了，我就不必现在洗了。

桃莉：（终于意识到克莉丝在对她生气，防卫地回应）我打算起床之后再来清洗。我这星期有两个期中考，我昨晚念书到凌晨，哪个比较重要——成绩还是一尘不染的厨房？

克莉丝：（发展成防卫的螺旋）我也有课啊！你知道的。但那并不意味着我们要活得像猪一样！

桃莉：（生气地）算了！假如它真的有那么重要，那我以后再也不会留下任何一个脏盘子了！

在她们准备上学的过程中，克莉丝和桃莉都有意避着对方。过了一段时间，克莉丝渐渐意识到攻击桃莉只会使事情变得更糟，她决定晚上以一种比较建设性的方式处理这个问题。

克莉丝：今天早上真是有点无趣，你想要谈谈吗？

桃莉：我也有同感，但我几分钟之后就要跟金和阿丽莎出去念书。

克莉丝：（了解在对的时机说话很重要）你没空的话，我们现在就先不谈吧！那么你回来之后再谈怎么样？

桃莉：好，如果到时候我不会太累的话。

克莉丝：或者我们明天上课前谈？

桃莉：好。

那天晚上晚些时候，桃莉和克莉丝继续她们的对话。

克莉丝：（借由清晰信息的处方，把这个议题界定成她的问题）我不喜欢一大早就吵架，我也不喜欢还没轮到我洗碗时却必须去洗碗（行为）。同时要做你的和我的工作，我觉得对我很不公平（解释），这就是为什么我会那么愤怒（感觉）地对你唠叨（结果）。

桃莉：但我在念书！你知道我这周有多少功课要做，我又不是去了舞会。

克莉丝：（避免攻击桃莉，而是真诚地同意事实，同时更进一步解释为什么自己会如此恼怒）我知道，我生气并不只是因为清洗那些盘子,而是好像已经蛮多次,我都要同时做你的和我的两份工作。

桃莉:(防卫)比方说,什么时候?

克莉丝:(对桃莉的行为进行具体的描述)嗯,这是这个星期的第三次,轮到你洗盘子却是我在洗盘子,而且最近有好几次都是我在有人来家里做客之前,帮你把杂物收拾干净的。

桃莉:我不明白为什么要这么小题大做,你就将那些东西放在那里别管,我会去收拾的啊!

克莉丝:(仍然试图解释自己的意思,继续使用"我"语言)我知道你会,我想我就是没有办法像你一样,看着屋子很脏很乱却安之若素。

桃莉:对啊!假如你可以放松一点,在一起生活就容易多了!

克莉丝:(讨厌桃莉的评价式指控——把所有的问题都归到了她身上)喂,等一下!不要搞得好像整件事都是我的错一样,只是我们的标准不同。对你来说,我好像是对卫生的要求太高了一点……

桃莉:对。

克莉丝:……假如我们照你的方式做,那我就会放弃。我要么不得不住在一个我不喜欢的一团脏乱的地方,要么不得不自己一个人做完所有清理的工作,然后对你非常恼怒。这样,我们的寝室气氛会变得非常紧张。(描述不愉快的、并未在共同满意的方式下解决问题的结果)

桃莉:我想会这样。

克莉丝:我们需要商议出一种让我们两个人都能接受的办法来管理公寓。(描述双赢解决的纲要)

桃莉:好啊。

克莉丝:那么我们可以做什么?

桃莉:(没精打采地说)唉,以后我每次吃完饭就去洗盘子好了。为这个争执真是没劲。

克莉丝:不是这样的。假如你不情不愿地做这些事,即使我们的公寓很干净,也还是不值得。

桃莉:(怀疑地)好吧,那你的建议是什么?

克莉丝:嗯,我也还不确定。你不想有立刻清洗碗盘的压力,而我不想同时要做我和你的双份工作,是这样吗?

桃莉:嗯,(仍然带着怀疑的语气)那我们要怎么办?雇个管家来清理?

克莉丝:(避免让桃莉转移话题)如果我们请得起的话,那会是个不错的点子。你觉得使用纸盘怎么样?清理起来比较容易。

桃莉:嗯,但还是有汤锅和煎锅。

克莉丝:嗯,这不是个完美的主意,但可能有些许帮助。(继续建议其他的方法)那么我们可以更多地做一些事后无须费力清洁的饭菜,例如沙拉,少做些需要煎炸的食物,也可以顺便减肥。

桃莉:嗯,我讨厌擦洗全是油的锅子,但那对于你想要时刻保持客厅干净一点帮助都没有,我打赌我仍然无法将厨房收拾到你想要的干净程度。我真的不像你那么在乎房间是不是永远超级干净、一尘不染的。

克莉丝:这倒是真的,但我并不是要数落你。(澄清她想要达成的目标)你知道,真正困扰我的,并不是打扫卫生这件事,而是要做超过我分内的工作。我在想是否可以这样,我来负责收拾客厅和清理厨房,而你可以做其他的事情以完成你分内的工作。

桃莉：你确定吗？我很高兴不必清洗这些餐具和锅子！你是说你会搞定它们……假如我做些其他事情的话？

克莉丝：只要我们平分家务，而且你真的会做你该做的事，不需要我提醒就行。

桃莉：你想要我做什么？

克莉丝：清洗浴室如何？

桃莉：算了，那比洗盘子还糟。

克莉丝：好，那煮饭呢？

桃莉：那好像可以，不过那样我们就总得一起吃饭了。还是让我们在想要吃饭的时候自己做饭吧，这比较灵活。

克莉丝：好，但购物呢？我讨厌花这么多时间去超市，而你似乎不那么介意，是么？

桃莉：你是指买东西？你愿意我用这个交换你清理厨房？

克莉丝：是啊！以及清理客厅。每一次购物我们都要花一个小时，而每个星期都要去两次。清洗碗盘比这快多了。

桃莉：好极了！

这个计划进行得并没有那么顺利：起初桃莉会拖延到一点食物都没有了才去采买，克莉丝后来又要求桃莉在买东西时顺便绕道办点儿别的事。但她们的新协定实行得比旧协定更成功。公寓变干净了，工作也分配得更加平均。克莉丝很满意，桃莉也不必再听到克莉丝的抱怨，少了厨房的杂事也让她更开心了。同样重要的是，克莉丝和桃莉的关系更好了——这多亏了双赢问题解决。

做什么，并且明白不论你说了什么都不是为了要求他做出回应。你的伙伴最好让你尽情地畅所欲言或大放厥词，而不会筑起防卫或卷入其中。这样，等你"清仓"完毕后，你们就可以采取必要的步骤，去解决仍然困扰着你的问题。

有可能改变别人吗？ 读到这里，大家基本会认同双赢方式可能的确很棒——如果现实中每个人都读过《沟通的艺术》这本书，并且理解了这种方法的话。"怎么才能让对方配合呢？"他人们这样问道。虽然你不可能总是取得对方的合作，但是如果你出色地"营销"这个方式，大多数时候是会成功的。关键就在于你必须向你的伙伴展示，与你合作符合他自己的利益："看！假如我们无法把这件事情搞定，我们俩都没什么好日子过，但如果我们能找到解决方法的话，想想我们会有多爽。"注意这种表述是同时包含合作的有利结果与竞争的不利结果的。

你也可以借由使用本书所描述的沟通技巧来提高你的伙伴的合作意愿。你已经了解到防卫的行为是相互引发的，支持性的沟通也是如此。假如你可以真诚地倾听，避免评价式的攻击，同理你的伙伴所关切之事，很可能性对方也会以相同的方式回应。就算你的合作态度无法奏效，你至少也会得到自我尊重，因为你知道无论如何你的所作所为是光明正大且有建设性的。

小 结

每段人际关系中都难免存在冲突。处理冲突的方式对于关系的品质来说至关重要。当我们建设性地管理冲突时,冲突可以带来更强和更令人满意的互动,但如果我们没有很好地处理它的话,关系也会因此恶化。

沟通者可以用来应对冲突的反应方式很多:包括逃避、调适、竞争、妥协、合作等,每一种类型都可能合理地被用在不同的情境中。处理冲突的方式往往不取决于某个单独的个体,因为双方在发展出他们关系中特有的冲突形态时会互相影响,这种形态可能是互补的、对称的或平行的;它可能包含建设性的或者破坏性的惯例。在冲突的过程中,"末日四骑士"即批评、防卫、蔑视和回避这四种沟通方法会产生负面效果。

除了被关系塑造,冲突方式也会受个人的性别和文化背景影响。在大多数情况下合作双赢是最为理想的结果,依照本书前述的建设性沟通技巧去进行沟通可以达到这一目标。

电影与电视

你可以在以下电影和电视节目中印证我们在本章总结的沟通准则:

冲突的本质

《饥饿游戏》(*The Hunger Games*, 2012) PG-13 级

故事设定在一个反乌托邦的未来,少男少女被抽中在一个巨大的森林竞技场里互相对抗,并且被告知要战斗至死。这些由邪恶政府主办的"游戏",具有本章提到的冲突的所有特征:一场表达出来的斗争、互不相容的目标(一个人的胜利意味着其他人的死亡)、不足的资源(尤其是食物和水),以及互相依赖(参赛者命运相连)。

凯妮丝·伊夫狄恩(詹妮弗·劳伦斯饰)不喜欢这场游戏的输—赢本质,更让人难以容忍的是默认的赢家——当权的政府——举办竞赛的目的是为了娱乐和控制民众。她和其他参赛者一起组成联盟,并最终带着某些人称为妥协——但大部分人认为是唯一可能的双赢策略出现了。

冲突的处理方式

《双赢》(*Win Win*, 2011) R级

在电影开始的时候,每个人似乎都是失败者。迈克(保罗·吉亚玛提饰)是一个不走运的律师,兼任一支从未赢过比赛的高中摔跤队的教练;凯尔(亚历克斯·夏夫尔饰)是一个离家出走的少年,感觉被自己的母亲辛迪(梅兰妮·林斯基饰)遗弃了;而辛迪不仅是一个处于恢复期的戒毒者,又刚刚失去了男友;她年迈的父亲里奥(波特·杨饰),因患有老年痴呆症而被安置在违背自己意愿的援助照料中。

但是他们每一个人都拥有其他人需要的资源,比如金钱、运动天赋、一座房子或一个家。一开始,这些角色试图通过攻击和妥协的手段,

从彼此身上获得自己想要的资源。不过最终，他们认识到他们应该互相依赖，争取让彼此满意的解决方案。正如片名所示，这部电影向我们证明了合作解决问题能够帮助把失败转变为胜利。

《我为喜剧狂》（30 Rock，2006— ）TV-PG级

喜剧编剧利兹·莱蒙（蒂娜·菲饰）和她的老板杰克·多纳希（亚历克·鲍德温饰）两人"亦敌亦友"。他们当然看重他们之间的关系，但也一直在与工作相关的事务和个人问题上斗个不停。杰克明显享受着激怒利兹带来的乐趣——倒不是恶意为之，而是因为他喜欢冲突。相比之下，利兹是一个调解人：保持身边的每一个人开心是她的目标，而且为了维持和平她不惜惩罚自己。

在这部受欢迎的情景剧中，许多剧集的纷争都是围绕着杰克的对抗性沟通风格与利兹的和谐强迫症之间的冲突展开的。结果是有趣的，但如果是在现实生活中，每个人物都会从采取他人的一些方法中获益。

文化和冲突

《波拉特》（Borat，2008）R级

这部过度夸张的伪纪录片，记录了为学习西方文化而来到美国的哈萨克斯坦电视名人波拉特·萨格耶夫（萨莎·拜伦·科恩饰）在旅行期间的种种不幸遭遇。一位评论家形象地描述波拉特为"地球村的乡巴佬"。他为接触美国人所做的努力如此无能又无礼，简直令人震惊。能够领会这部电影讽刺手法的观众，会发现影片所描绘的有关波拉特那令人震惊的、虚构的偏见，其离谱程度比不上他的那些态度竟然没有在遇到美国人之后发生任何改变。

参考文献

第一章

1. Williams, K. D. (2001). Ostracism: *The power of silence* (pp. 7–11). New York, NY: Guilford.
2. O' Reilly, J., Robinson, S. L., Berdahl, J. L., & Banki, S. (2014). Is negative attention better than no attention? The comparative effects of ostracism and harassment at work. *Organization Science*.
3. Ross, J. B., & McLaughlin, M. M. (Eds.). (1949). *A portable medieval reader*. New York, NY: Viking.
4. Schachter, S. (1959). *The psychology of affiliation* (pp. 9–10). Stanford, CA: Stanford University Press.
5. Jackson, W. C. (1978, September 7). Lonely dean finishes "excruciating" voyage. *Wisconsin State Journal*.
6. McCain, J. (1999). *Faith of my fathers* (p. 212). New York, NY: Random House.
7. Gawande, A. (2009, March 30). Hellhole. *The New Yorker*, 36–45.
8. Holt-Lunstad, J., Smith, T. B., & Layton, J. B. (2010). Social relationships and mortality risk: A meta-analytic review. *PLoS Med, 7*(7), e1000316.
9. Three articles in the *Journal of the American Medical Association (JAMA)* 267 (January 22/29, 1992) discuss the link between psychosocial influences and coronary heart disease: Case, R. B., Moss, A. J., Case, N., McDermott, M., & Eberly, S. (1992, January 22/29). Living alone after myocardial infarction. *JAMA, 267*, 515–519; Williams, R. B., Barefoot, J. C., Califf, R. M., Haney, T. L., Saunders, W. B., Pryon, D. B., … & Mark, D. B. (1992, January 22/29). Prognostic importance of social and economic resources among medically treated patients with angiographically documented coronary artery disease. *JAMA, 267*, 520–524; and Ruberman, R. (1992, January 22/29). Psychosocial influences on mortality of patients with coronary heart disease. *JAMA, 267,* 559–560; Cacioppo, J. T., Ernst, J. M., Burleson, M. H., McClintock, M. K., Malarkey, W. B., Hawkley, L. C., ... & Berntson G. G. (2000). Lonely traits and concomitant physiological processes: The MacArthur social neuroscience studies. *International Journal of Psychophysiology, 35*, 143–154.
10. Cohen, S., Doyle, W. J., Skoner, D. P., Rabin, B. S., & Gwaltney, J. M. (1997). Social ties and susceptibility to the common cold. *Journal of the American Medical Association, 277*, 1940–1944.
11. Parker-Pope, T. (2010). *For better: The science of a good marriage*. New York, NY: Dutton.
12. Ybarra, O., Burnstein, O. E., Winkielman, P., Keller, M. C., Manis, M., Chan, E., & Rodriguez, J. (2008). Mental exercising through simple socializing: Social interaction promotes general cognitive functioning. *Personality and Social Psychology Bulletin, 34*, 248–259.
13. Bell, R. A. (2010). Conversational involvement and loneliness. In M. L. Knapp & J. A. Daly (Eds.), *Interpersonal communication* (pp. 99–120). Thousand Oaks, CA: Sage.
14. Floyd, K. & Riforgiate, S. (2006). Human affection exchange: XII. Affectionate communication is related to diurnal variation in salivary free cortisol. *Western Journal of Communication, 75*, 351–368.
15. Shattuck, R. (1980). *The forbidden experiment: The story of the wild boy of Aveyron* (p. 37). New York, NY: Farrar, Straus & Giroux.
16. Rubin, R. B., Perse, E. M., & Barbato, C. A. (1988). Conceptualization and measurement of interpersonal communication motives. *Human Communication Research, 14*, 602–628.
17. Diener, E. & Seligman, M. E. P. (2002). Very happy people. *Psychological Science, 13*, 81–84.
18. Kahneman, D., Krueger, A. B., Schkade, D. A., Schwartz, N., & Stone, A. A. (2004). A daily measure. *Science, 306*, 1645.
19. Rehman, U. S. & Holtzworth-Munroe, A. (2007). A cross-cultural examination of the relation of marital communication behavior to marital satisfaction. *Journal of Family Psychology, 21*, 759–763.
20. Rochmis, J. (February 16, 2000). Study: Humans do many things. *Wired*.
21. McPherson, M., Smith-Lovin, L., & Brashears, M. E. (2006). Social isolation in America: Changes in core discussion networks over two decades. *American Sociological Review, 71*, 353–375; McPherson, M., Smith-Lovin, L., & Brashears, M. E. (2008). The ties that bind are fraying. *Contexts, 7*, 32–36.
22. Reis, H. T. & Gable, S. L. (2003). Toward a positive psychology of relationships. In C. L. Keyes & J. Haidt (Eds.), *Flourishing: The positive person and the good life* (pp. 129–159). Washington, DC: American Psychological Association.
23. Harper's index. (1994, December). *Harper's*, 13.
24. Mauksch, L. B., Dugdale, D. C., Dodsonb, S., & Epstein, R. (2007). Relationship, communication, and efficiency in the medical encounter. *Archives of Internal Medicine, 168*, 1387–1395; Holmes, F. (2007). If you listen, the patient will tell you the diagnosis. *International Journal of Listening, 21*, 156–161.

25. Joint Commission on the Accreditation of Healthcare Organizations. (2008). *Sentinel event statistics*. Oakbrook Terrace, IL: Author.

26. Levinson, W., Roter, D., & Mullooly J. P. (1997). Physician-patient communication: The relationship with malpractice claims among primary care physicians and surgeons. *Journal of the American Medical Association, 277*, 553–59; Rodriguez, H. P., Rodday, A. C., Marshall, R. E., Nelson, K. L., Rogers, W. H., & Safran, D. G. (2008). Relation of patients' experiences with individual physicians to malpractice risk. *International Journal for Quality in Health Care, 20*, 5–12.

27. Maslow, A. H. (1968). *Toward a psychology of being*. New York, NY: Van Nostrand Reinhold.

28. Korn, C. J., Morreale, S. P., &Boileau, D. M. (2000). Defining the field: Revisiting the ACA 1995 definition of communication studies. *Journal of the Association for Communication Administration, 29*, 40–52.

29. Ledbetter, A. M. (2014). The past and future of technology in interpersonal communication theory and research. *Communication Studies, 65*, 456–459; Berger, J. & Iyengar, R. (2013). Communication channels and word of mouth: How the medium shapes the message. *Journal of Consumer Research, 40*, 567–579.

30. Shelly, R. K. (1997). Sequences and cycles in social interaction. *Small Group Research, 28*, 333–356.

31. Redmond, M. V. (1995). Interpersonal communication: Definitions and conceptual approaches. In M. V. Redmond (Ed.), *Interpersonal communication: Readings in theory and research* (pp. 4–11). Fort Worth, TX: Harcourt Brace.

32. Miller, G. R. & Steinberg, M. (1975). *Between people: A new analysis of interpersonal communication*. Chicago, IL: SRA; and Stewart, J. & Logan, C. (1998). *Together: Communicating interpersonally* (5th ed.). New York, NY: McGraw-Hill.

33. Bochner, A. P. (1984). The functions of human communication in interpersonal bonding. In C. C. Arnold & J. W. Bowers (Eds.), *Handbook of rhetorical and communication theory* (p. 550). Boston, MA: Allyn and Bacon; Trenholm, S. & Jensen, A. (1992). *Interpersonal communication* (2nd ed., pp. 27–33). Belmont, CA: Wadsworth; and Stewart, J. & D'Angelo, G. (1998). *Together: Communicating interpersonally* (5th ed., p. 5). New York, NY: McGraw-Hill.

34. Farrell, L. C., DiTunnariello, N., & Pearson, J. C. (2014). Exploring relational cultures: Rituals, privacy disclosure, and relational satisfaction. *Communication Studies, 65*, 314–329.

35. Gergen, K. J. (1991). *The saturated self: Dilemmas of identity in contemporary life* (p. 158). New York, NY: Basic Books.

36. Buck, R. & VanLear, C. A. (2002). Verbal and nonverbal communication: Distinguishing symbolic, spontaneous, and pseudo-spontaneous nonverbal behavior. *Journal of Communication, 52*, 522–541; and Clevenger, T., Jr. (1991). Can one not communicate? A conflict of models. *Communication Studies, 42*, 340–353; Stamp, G. H. & Knapp, M. L. (1990). The construct of intent in interpersonal communication. *Quarterly Journal of Speech, 76*, 282–299.

37. Coupland, N., Giles, H., & Wiemann, J. M. (Eds.). (1991). *Miscommunication and problematic talk*. Newbury Park, CA: Sage.

38. Dillard, J. P., Solomon, D. H., & Palmer, M. T. (1999). Structuring the concept of relational communication. *Communication Monographs, 66*, 49–65; and Watzlawick, P., Beavin, J., & Jackson, D. (1967). *Pragmatics of human communication*. New York, NY: Norton.

39. McCroskey, J. C. & Richmond, V. P. (1996). *Fundamentals of human communication: An interpersonal perspective*. Prospect Heights, IL: Waveland.

40. Sillars, A. (1998). (Mis)Understanding. In B. H. Spitzberg & W. R. Cupach (Eds.), *The dark side of close relationships* (pp. 73–102). Mahwah, NJ: Erlbaum.

41. Keysar, B. & Henley, A. S. (2002). Speakers' overestimation of their effectiveness. *Psychological Science, 13*, 207–212.

42. Wu, S. & Keysar, B. (2007). The effect of information overlap on communication effectiveness. *Cognitive Science, 31*, 169–181.

43. Powers, W. G. & Witt, P. L. (2008). Expanding the framework of communication fidelity theory. *Communication Quarterly, 56*, 247–267.

44. McCroskey, J. C. & Wheeless, L. (1976). *Introduction to human communication* (p. 5). Boston, MA: Allyn and Bacon; Cloven, D. H. & Roloff, M. E. (1991). Sense-making activities and interpersonal conflict: communicative cures for the mulling blues. *Western Journal of Speech Communication, 55*, 134–158; and Stiebel, D. (1997). *When talking makes things worse! Resolving problems when communication fails*. Kansas City, MO: Andrews McMeel.

45. Spitzberg, B. H. (2010). Communication competence as knowledge, skill, and impressions. In M. L. Knapp & J. A. Daly (Eds.), *Interpersonal communication* (pp. 203–210). Thousand Oaks, CA: Sage; and Wilson, S. R. & Sabee, C. M. (2003). Explicating communicative competence as a theoretical term. In J. O. Greene & B. R. Burleson (Eds.), *Handbook of communication and social interaction skills*. Mahwah, NJ: Erlbaum.

46. Ames, D. R. & Flynn, F. J. (2007). What breaks a leader: The curvilinear relation between assertiveness and leadership. *Journal of Personality and Social Psychology, 92*, 307–324.

47. Spitzberg, B. H. (1991). An examination of trait measures of interpersonal competence. *Communication Reports, 4*, 22–29.

48. Teven, J. J., Richmond, V. P., McCroskey, J. C., & McCroskey, L. L. (2010). Updating relationships between

communication traits and communication competence. *Communication Research Reports*, 27, 263–270.

49. Hullman, G. A., Planisek, A., McNally, J. S., & Rubin, R. B. (2010). Competence, personality, and self-efficacy: Relationships in an undergraduate interpersonal course. *Atlantic Journal of Communication*, 18, 36–49.

50. Hynes, G. E. (2012). Improving employees' interpersonal communication competencies: A qualitative study. *Business Communication Quarterly*, 75, 466–475; Brown, R. F., Bylund, C. L., Gueguen, J. A., Diamond, C., Eddington, J., & Kissane, D. (2010). Developing patient-centered communication skills training for oncologists: Describing the content and efficacy of training. *Communication Education*, 59, 235–248; Hyvarinen, L., Tanskanen, P., Katajavuori, N., & Isotalus, P. (2010). A method for teaching communication in pharmacy in authentic work situations. *Communication Education*, 59, 124–145.

51. Rubin, R. B., Perse, E. M., & Barbato, C. A. (1988). Conceptualization and measurement of interpersonal communication motives. *Human Communication Research*, 14, 602–628.

52. Morreale, S. P. & Pearson, J. C. (2008). Why communication education is important: The centrality of the discipline in the 21st century. *Communication Education, 57*, 224–240.

53. Hample, D. (2005). Invitational capacity. In F. van Emeren & P. Houtlosser, *The practice of argumentation* (pp. 337–348). Amsterdam, The Netherlands: John Benjamins.

54. Braithwaite, D. O. & Eckstein, N. (2003). Reconceptualizing supportive interactions: How persons with disabilities communicatively manage assistance. *Journal of Applied Communication Research*, 31, 1–26.

55. Stephens, K. K., Houser, M. L., & Cowan, R. L. (2009). R U able to meat me: The impact of students' overly casual email messages to instructors. *Communication Education*, 58, 303–326.

56. Burleson, B. R. (2007). Constructivism: A general theory of communication skill. In B. B. Whaley & W. Samter (Eds.), *Explaining communication: Contemporary theories and exemplars* (pp. 105–128). Mahwah, NJ: Erlbaum.

57. Wackman, D. B., Miller, S., & Nunnally, E. W. (1976). *Student workbook: Increasing awareness and communication skills* (p. 6). Minneapolis, MN: Interpersonal Communication Programs.

58. Burleson, B. R. & Caplan, S. E. (1998). Cognitive complexity. In J. C. McCroskey, J. A. Daly, M. M. Martin, & M. J. Beatty (Eds.), *Communication and personality: Trait perspectives* (pp. 233–286). Creskill, NJ: Hampton Press; Burleson, B. R. (2011). A constructivist approach to listening. *International Journal of Listening*, 25, 27–46.

59. Wiemann, J. M. & Backlund, P. M. (1980). Current theory and research in communication competence. *Review of Educational Research*, 50, 185–199; and Lakey, S. G. & Canary, D. J. (2002). Actor goal achievement and sensitivity to partner as critical factors in understanding interpersonal communication competence and conflict strategies. *Communication Monographs*, 69, 217–235.

60. Hamachek, D. E. (1987). *Encounters with the self* (2nd ed., p. 8). Fort Worth, TX: Holt, Rinehart and Winston; Daly, J. A., Vangelisti, A. L., & Daughton, S. M. (1995). The nature and correlates of conversational sensitivity. In M. V. Redmond (Ed.), *Interpersonal communication: Readings in theory and research*. Fort Worth, TX: Harcourt Brace.

61. Dunning, D. A. & Kruger, J. (1999, December). Unskilled and unaware of it: How difficulties in recognizing one's own incompetence lead to inflated self-assessments. *Journal of Personality and Social Psychology*, 77, 1121–1134.

62. Executive Office of the President, Council of Economic Advisers. (2009, July). *Preparing the workers of today for the jobs of tomorrow* (p. 10).

63. Hart, R. P., as reported by Knapp, M. L. (1984). *In Interpersonal communication and human relationships* (pp. 342–344). Boston, MA: Allyn and Bacon; Hart, R. P. & Burks, D. M. (1972). Rhetorical sensitivity and social interaction. *Speech Monographs*, 39, 75–91; and Hart, R. P., Carlson, R. E., & Eadie, W. F. (1980). Attitudes toward communication and the assessment of rhetorical sensitivity. *Communication Monographs*, 47, 1–22.

64. Kim, Y. Y. (1991). Intercultural communication competence: A systems-theoretic view. In S. Ting-Toomey & F. Korzenny (Eds.), *Cross-cultural interpersonal communication*. Newbury Park, CA: Sage; and Chen, G. M. & Sarosta, W. J. (1996). Intercultural communication competence: A synthesis. In B. R. Burleson & A. W. Kunkel (Eds.), *Communication yearbook 19*. Thousand Oaks, CA: Sage.

65. Yum, J. O. (2012). Communication competence: A Korean perspective. *China Media Report Overseas*, 8, 1–7.

66. Collier, M. J. (1996). Communication competence problematics in ethnic relationships. *Communication Monographs*, 63, 314–336.

67. Chen, L. (1997). Verbal adaptive strategies in U.S. American dyadic interactions with U.S. American or East-Asian partners. *Communication Monographs*, 64, 302–323.

68. Mulac, A., Bradac, J., & Gibbons, P. (2001). Empirical support for the gender-as-culture hypothesis. *Human Communication Research*, 27, 121–152.

69. Hajek, C. & Giles, H. (2003). New directions in intercultural communication competence: The process model. In B. R. Burleson & J. O. Greene (Eds.), *Handbook of communication and social interaction skills*. Mahwah, NJ: Erlbaum; and Ting-Toomey, S. & Chung, L. C. (2005). *Understanding intercultural communication*. Los Angeles, CA: Roxbury.

70. Kalliny, M., Cruthirds, K., & Minor, M. (2006). Differences between American, Egyptian and Lebanese humor styles: Implications for international management. *International Journal of Cross-Cultural Management*, 6, 121–134.

71. Samovar, L. A., & Porter, R. E. (2004). *Communication between cultures* (5th ed.). Belmont, CA: Wadsworth.

72. Kassing, J. W. (1997). Development of the intercultural willingness to communicate scale. *Communication Research*

Reports, 14, 399–407;

73. Burgoon, J. K., Berger, C. R., & Waldron, V. R. (2000). Mindfulness and interpersonal communication. *Journal of Social Issues, 56*, 105–128.

74. Berger, C. R. (1979). Beyond initial interactions: Uncertainty, understanding, and the development of interpersonal relationships. In H. Giles & R. St. Clair (Eds.), *Language and social psychology* (pp. 122–144). Oxford, England: Blackwell.

75. Carrell, L. J. (1997). Diversity in the communication curriculum: Impact on student empathy. *Communication Education, 46*, 234–244.

第二章

1. http://www.merriam-webster.com/dictionary/social%20media
2. Park, C. (November, 2011). *Yesterday's sci-fi is today's reality*. ThinkWithGoogle.com.
3. Fischer, C. S. (1992). *America calling: A social history of the telephone to 1940*. Berkeley: University of California.
4. Culnan, M. J. & Markus, M. L. (1987). Information technologies. In F. M. Jablin, L. L. Putnam, K. H. Roberts, & L. W. Porter (Eds.), *Handbook of organizational communication: An interdisciplinary perspective* (pp. 420–443). Newbury Park, CA: Sage; Kiesler, S., Siegel, J., & McGuire, T. W. (1984). Social psychological aspects of computer-mediated communication. *American Psychologist, 39*, 1123–1134; Sproull, L. & Kiesler, S. (1986). Reducing social context cues: Electronic mail in organizational communication. *Management Science, 32*, 1492–1512.
5. Hampton, K. (November 4, 2009). *Social isolation and new technology*. Pew Internet & American Life Project.
6. Carlson, J .R. & George, J. F. (2004). Media appropriateness in the conduct and discovery of deceptive communication: The relative influence of richness and synchronicity. *Group Decision and Negotiation, 13*, 191–210.
7. Mantelero, A. (2013). The EU proposal for a general data protection regulation and the roots of the "right to be forgotten." *Computer Law & Security Review, 29*, 229–235.
8. Barnett, E. (2012, February 18). Tweeting about a bad day could lose you your job. *The Telegraph*.
9. Goldwert, L. (2012, May 24). Facebook named in a third of divorce filings in 2011. *New York Daily News*.
10. Madden, M. (2012, February 24). *Privacy management on social media sites*. Pew Internet & American Life Project.
11. Hollenbaugh, E. E. & Everett, M. K. (2013). The effects of anonymity on self-disclosure in blogs: An application of the online disinhibition effect. *Journal of Computer-Mediated Communication, 18*, 283–302; Joinson, A. N. (2011). Disinhibition and the Internet. In J. Gackenbach (Ed.), *Psychology and the Internet: Intrapersonal, interpersonal, and transpersonal implications* (2nd ed.). San Diego, CA: Academic Press; Lapidot-Lefler, N. & Barak, A. (2012). Effects of anonymity, invisibility, and lack of eye contact on toxic online disinhibition. *Computers in Human Behavior, 28*, 434–443.
12. Tannen, D. (1994, May 16). Gender gap in cyberspace. *Newsweek*.
13. Udris, R. (2014). Cyberbullying among high school students in Japan: Development and validation of the Online Disinhibition Scale. *Computers in Human Behavior, 41*, 253–261; Lapidot-Lefler, N. & Barak, A. (2012). Effects of anonymity, invisibility, and lack of eye-contact on toxic online disinhibition. *Computers in Human Behavior, 22*, 434–443.
14. Walther, J. B. (1996). Computer-mediated communication: Impersonal, interpersonal, and hyperpersonal interaction. *Communication Research, 23*, 3–43; Walther, J. B. (2007). Selective self-presentation in computer-mediated communication: Hyperpersonal dimensions of technology, language, and cognition. *Computers in Human Behavior, 23*, 2538–2557.
15. Walther, J. B. (1997). Group and interpersonal effects in international computer-mediated collaboration. *Human Communication Research, 23*, 342–369.
16. Ramirez, A. & Zhang, S. (2007). When online meets offline: The effect of modality switching on relational communication. *Communication Monographs, 74*, 287–310.
17. Kirkpatrick, D. (1992, March 23). Here comes the payoff from PCs. *Fortune*.
18. Anderson, J. Q. & Rainie, L. (2010, July 2). *The future of social relations*. Pew Internet & American Life Project.
19. Cacioppo, J. T., Cacioppo, S., Gonzaga, G. C., Ogburn, E. L., & VanderWeele, T. J. (2013). Marital satisfaction and break-ups differ across on-line and off-line meeting venues. *PNAS, 110*, 10135–10140.
20. Smith, A. & Duggan, M. (October 21, 2013). Online dating & relationships. Pew Internet & American Life Project.
21. Porter, C. E. (2006). A typology of virtual communities: A multi-disciplinary foundation for future research. *Journal of Computer-Mediated Communication, 10*, Article 3; Schwammlein, E. & Wodzicki, K. (2012). What to tell about me? Self-presentation in online communities. *Journal of Computer-Mediated Communication, 17*, 387–407.
22. Baturay, M. H. Relationships among sense of classroom community, perceived cognitive learning and satisfaction of students at an e-learning course. *Interactive Learning Environments, 19*, 563–575; Palloff, R. M. & Pratt, K. (2007). *Building online learning communities: Effective strategies for the virtual classroom*. San Francisco, CA: Jossey-Bass.
23. Orr, E. S., Sisic, M., Ross, C., Simmering, M. G., Arseneault, J. M., & Orr, R. R. (2009). The influence of shyness on the use of Facebook in an undergraduate sample. *Cyberpsychology Behavior, 12*, 337–340.
24. Baker, L. R. & Oswald, D. L. (2010). Shyness and online social networking services. *Journal of Social and Personal Relationships, 27*, 873–889.

25. Rosenwald, M. S. (February 12, 2011). Can Facebook help overcome shyness? *Washington Post*.

26. Cotten, S. R., Anderson, W. A., & McCullough, B. M. (2013). Impact of internet use on loneliness and contact with others among older adults: Cross-sectional analysis. *Journal of Medical Internet Research, 15*, e39.

27. Lee, K., Noh, M., & Koo, D. (2013). Lonely people are no longer lonely on social networking sites: The mediating role of self-disclosure and social support. *Cyberpsychology, Behavior, and Social Networking, 16*, 413–418.

28. Tong, S. T. & Walther, J. B. (2011). Relational maintenance and computer-mediated communication. In K. B. Wright & L. M. Webb (Eds.), *Computer mediated communication and personal relationships* (pp. 98–118). New York: Peter Lang; Ledbetter, A. M. (2010). Assessing the measurement invariance of relational maintenance behavior when face-to-face and online. *Communication Research Reports, 27*, 30–37.

29. Lenhart, A. (2012, March 19). *Teens, smartphones & texting*. Pew Internet & American Life Project.

30. Connectmogul (2013, March 22). *Texting statistics*. Connectmogul.com.

31. Thurlow, C. (2003). Generation Txt? The sociolinguistics of young people's text-messaging.

32. Craig, E. & Wright, B. (2012). Computer-mediated relationa development and maintenance on Facebook. *Communication Research Reports, 29*, 119–129; Dainton, M. (2013). Relationship maintenance on Facebook: Development of a measure, relationship to general maintenance, and relationship satisfaction. *College Student Journal, 47*, 112–121.

33. Bryant, E. M. & Marmo, J. (2012). The rules of Facebook friendship: A two-stage examination of interaction rules in close, casual, and acquaintance friendships. *Journal of Social and Personal Relationships, 29*, 1013–1035.

34. Nardi, B. A., Schiano, D. J., & Gumbrecht, M. (2004). Blogging as social activity, or, would you let 900 million people read your diary? *Proceedings of CSCW 2004*, Chicago, IL.

35. Lenhart, A. & Fox, S. (2006, Jul 19). *Bloggers*. Pew Internet & American Life Project.

36. Tong, S. T. & Walther, J. B. (2011.) Relational maintenance and computer-mediated communication. In K. Wright & L. Webb (Eds.) *Computer-mediated communication and personal relationships* (pp. 98–118), Cresskill, NJ: Hampton Press.

37. Bergen, K. M., Kirby, E., & McBride, M. C. (2007). "How do you get two houses cleaned?": Accomplishing family caregiving in commuter marriages. *Journal of Family Communication, 7*, 287–307.

38. Stafford, L. (2005). Maintaining long-distance and cross-residential relationships. Mahwah, NJ: Erlbaum.

39. Jiang, C. & Hancock, J. T. (2013). Absence makes the communication grow fonder: Geographic separation, interpersonal media, and intimacy in dating relationships. *Journal of Communication, 63*, 566–577.

40. Pearson, C. (August 12, 2013). Long distance relationship benefits include greater intimacy, study says. *Huffington Post*.

41. Vitak, J. (2014). Facebook makes the heart grow fonder: Relationship maintenance strategies among geographically dispersed and communication-restricted connections. In Proceedings of the 17th ACM Conference on Computer Supported Cooperative Work and Social Computing. New York: ACM; Walther, J. B. & Ramirez, A., Jr. (2010). New technologies and new directions in online relating. In S. W. Smith & S. R. Wilson (Eds.), *New directions in interpersonal communication research* (pp. 264–284). Thousand Oaks, CA: Sage.

42. Valenzuela, S., Halpern, D., & Katz, J. E. (2014). Social network sites, marriage well-being and divorce: Survey and state-level evidence from the United States. *Computers in Human Behavior, 36*. 94–101.

43. McClure, E. A., Acquavita, S. P., Dunn, K. E., Stoller, K. B., & Sitzer, M. L. (2014). Characterizing smoking, cessation services, and quit interest across outpatient substance abuse treatment modalities. *Journal of Substance Abuse Treatment, 46*, 194–201.

44. Luxton, D. D., June, J. D., & Kinn, J. T. (2011). Technology-based suicide prevention: Current applications and future directions. *Telemedicine and e-Health, 17*, 50–54.

45. Hawdon, J. & Ryan, R. (2012). Well-being after the Virginia Tech mass murder: The relative effectiveness of face-to-face and virtual interactions in providing support to survivors. *Traumatology, 18*, 3–12.

46. Fox, S. (2011, June). *Peer-to-peer healthcare*. Pew Internet & American Life Project; Rains, S. A. & Keating, D. M. (2011). The social dimension of blogging about health: Health blogging, social support, and well-being. *Communication Monographs, 78*, 511–553.

47. Sanford, A. A. (2010). "I can air my feelings instead of eating them": Blogging as social support for the morbidly obese. *Communication Studies, 61*, 567–584.

48. Flanagin, A. J. (2005). IM online: Instant messaging use among college students. *Communication Research Reports, 22*, 175–187.

49. Boase, J., Horrigan, J. B., Wellman, B., & Rainie, L. (2006, January 25). *The strength of Internet ties*. Pew Internet & American Life Project.

50. DeAndrea, D. C., Tong, S. T., & Walther, J. B. (2010). Dark sides of computer-mediated communication. In W. R. Cupach & B. H. Spitzberg (Eds.), *The dark side of close relationships II* (pp. 95–118). New York, NY: Routledge.

51. Dunbar, R. (2010). *How many friends does one person need? Dunbar's number and other evolutionary quirks*. Cambridge, MA: Harvard University Press.

52. Bryant, E. M., & Marmo, J. (2012). The rules of Facebook friendship: A two-stage examination of interaction rules in close, casual, and acquaintance friendships. *Journal of Social and Personal Relationships, 29*, 1013–1035.

53. Parks, M. R. (2007). *Personal networks and personal relationships*. Mahwah, NJ: Lawrence Erlbaum.

54. Dunbar, R. (2012). Social cognition on the Internet: Testing constraints on social network size. *Philosophical Transactions of the Royal Society, 367*, 2192–2201.

55. Loveys, K. (January 24, 2010). 5,000 friends on Facebook? Scientists prove 150 is the most we can cope with. *Mail Online*.

56. Tong, S. T., Van Der Heide, B., Langwell, L., & Walther, J. B. (2008). Too much of a good thing? The relationship between number of friends and interpersonal impressions on Facebook. *Journal of Computer-Mediated Communication, 13*, 531–549.

57. Lee, J. R., Moore, D. C., Park, E., & Park, S. G. (2012). Who wants to be "friend rich" ? Social compensatory friending on Facebook and the moderating role of public self-consciousness. *Computers in Human Behavior, 28*, 1036–1043; Kim, J. & Lee, J. R. (2011). The Facebook paths to happiness: Effects of the number of Facebook friends and self-presentation on subjective well-being. *Cyberpsychology, Behavior, and Social Networking, 14*, 359–364.

58. Caplan, S. E. (2003). Preference for online social interaction: A theory of problematic Internet use and psychosocial well-being. *Communication Research, 30*, 625–648.

59. Kim, J., LaRose, R., & Peng, W. (2009). Loneliness as the cause and effect of problematic Internet use: The relationship between Internet use and psychological well-being. *CyberPsychology & Behavior, 12*, 451–455; Yao, M. Z. & Zhong, Z. (2014). Loneliness, social contacts, and Internet addiction: A cross-lagged panel study. *Computers in Human Behavior, 30*, 164–170.

60. Walther, J. B., Van Der Heide, B., Hamel, L., & Shulman, H. (2009). Self-generated versus other-generated statements and impressions in computer-mediated communication: A test of warranting theory using Facebook. *Communication Research, 36*, 229–253.

61. Caplan, S. E. (2005). A social skill account of problematic Internet use. *Journal of Communication, 55*, 721–736.

62. Hand, M. M., Thomas, D. B., Walter, C., Deemer, E. D., & Buyanjargal, M. (2013). Facebook and romantic relationships: Intimacy and couple satisfaction associated with online social network use. *Cyberpsychology, Behavior, and Social Networking, 16*, 8–13.

63. Mirsa, S., Cheng, L., Genevie, J., &Yuan, M. (2014). The iPhone effect: The quality of in-person social interactions in the presence of mobile devices. *Environment & Behavior;* Przybylski, A. K. & Weinstein, N. (2013). Can you connect with me now? How the presence of mobile communication technology influences face-to-face conversation quality. *Journal of Social and Personal Relationships, 30*, 237–246.

64. Clayton, R. B., Nagumey, A., & Smith, J. R. (2013). Cheating, breakup, and divorce: Is Facebook to blame? *CyberPsychology, Behavior & Social Networking, 16*, 717–720.

65. Cravens, J. D., Leckie, K. R., & Whiting, J. B. (2013). Facebook infidelity: When poking becomes problematic. *Contemporary Family Therapy, 35*, 74–90; Schneider, J. P., Weiss, R., & Samenow, C. (2012). Is it really cheating? Understanding the emotional reactions and clinical treatment of spouses and partners affected by cybersex infidelity. *Sexual Addiction & Compulsivity, 19*, 123–39.

66. Valenzuela, S., Halpern, D., & Katz, J. E. (2014). Social network sites, marriage well-being and divorce: Survey and state-level evidence from the United States. *Computers in Human Behavior, 36*, 94–101.

67. Toma, C. L., Hancock, J. T., & Ellison, N. B. (2008). Separating fact from fiction: An examination of deceptive self-presentation in online dating profiles. *Personality and Social Psychology Bulletin, 34*, 1023–1036.

68. DeAndrea, D. C. & Walther, J. B. (2011). Attributions for inconsistencies between online and offline self-presentations. *Communication Research, 38*, 805–825.

69. Lyndon, A., Bonds-Raacke, J., & Cratty, A. D. (2011). College students' Facebook stalking of ex-partners. *Cyberpsychology, Behavior, & Social Networking, 14*, 711–716.

70. Reyns, B. W., Henson, B., & Fisher, B. S. (2012). Stalking in the twilight zone: Extent of cyberstalking victimization and offending among college students. *Deviant Behavior, 33*, 1–25.

71. DreBing, H., Bailer, J., Anders, A., Wagner, H., & Gallas, C. (2014). Cyberstalking in a large sample of social network users: Prevalence, characteristics, and impact upon victims. *Cyberpsychology, Behavior, and Social Networking, 17*, 61–67.

72. Shahani, A. (September 15, 2014). *Smartphones are used to stalk, control domestic abuse victims*. All Tech Considered.

73. Bauman, S. (2011). *Cyberbullying: What counselors need to know*. Alexandria, VA: American Counseling Association; Holfeld, B. & Grabe, M. (2012). An examination of the history, prevalence, characteristics, and reporting of cyberbullying in the United States. In Q. Li, D. Cross, & P. K. Smith (Eds.), *Cyberbullying in the global playground: Research from international perspectives* (pp. 117–142). San Francisco, CA: Wiley-Blackwell.

74. Huang, Y.-Y. & Chou, C. (2010). An analysis of multiple factors of cyberbullying among junior high school students in Taiwan. *Computers in Human Behavior, 26*, 1581–1590.

75. Bauman, S., Toomey, R. B., & Walker, J. L. (2013). Associations among bullying, cyberbullying, and suicide in high school students. *Journal of Adolescence, 36*, 341–350; Huang, Y.-Y. & Chou, C. (2010). An analysis of multiple factors of cyberbullying among junior high school students in Taiwan. *Computers in Human Behavior, 26*, 1581–1590.

76. National Crime Prevention Council (2007, February 28). *Teens and cyberbullying*. National Crime Prevention

Council.

77. Cassidy, W., Faucher, C., & Jackson, M. (2013). Cyberbullying among youth: A comprehensive review of current international research and its implications and application to policy and practice. *School Psychology International, 34*, 575–612; Roberto, A. J., Eden, J., Savage, M. W., Ramos-Salazar, L., & Deiss, D. M. (2014). Prevalence and predictors of cyberbullying perpetration by high school seniors. *Communication Quarterly, 62*, 97–114.

78. Pennebaker, J. W. (2011). *The secret lives of pronouns: What our words say about us*. New York: Bloomsbury.

79. Schwartz, H. A., Eichstaedt, J. C., Kern, M. L., Dziurzynski, L., Ramones, S. M., Agrawal, M., ... Ungar, L. H. (2013). Personality, gender, and age in the language of social media: The open-vocabulary approach. *PLoS ONE, 8*, e73791.

80. Palomares, N. A., & Lee, E. (2010). Virtual gender identity: The linguistic assimilation to gendered avatars in computer-mediated communication. *Journal of Language and Social Psychology, 29*, 5–23.

81. Kapidzic, S. & Herring, S. C. (2011). Gender, communication, and self-presentation in teen chatrooms revisited: Have patterns changed? *Journal of Computer-Mediated Communication, 17*, 39–59.

82. Prensky, M. (2001). Digital natives, digital immigrants. *On the Horizon, 9*, 1–6; Rainie, L. (October 27, 2006). *Digital natives: How today's youth are different from their "digital immigrant" elders and what that means for libraries*. Pew Research Internet Project.

83. Hyman, I. (January 26, 2014). Cell phones are changing social interaction. *Psychology Today*.

84. Smith, A. (September 19, 2011). *Americans and text messaging*. Pew Internet & American Life Project.

85. Kluger, J. (August 16, 2012). We never talk anymore: The problem with text messaging. *Time*.

86. Brenner, J. & Smith, A. (August 5, 2013). *72% of online adults are social networking site users*. Pew Internet & American Life Project.

87. Smith, A. (April 3, 2014). *Older adults and technology use*. Pew Research Internet Project.

88. Schwartz, H. A., Eichstaedt, J. C., Kern, M. L., Dziurzynski, L., Ramones, S. M., Agrawal, M., ... Ungar, L. H. (2013). Personality, gender, and age in the language of social media: The open-vocabulary approach. *PLoS ONE, 8*, e73791.

89. Helsper, E. J. & Whitty, M. T. (2010). Netiquette within married couples: Agreement about acceptable online behavior and surveillance between partners. *Computers in Human Behavior, 26*, 916–926.

90. Bauerlein, M. (2009, September 4). Why Gen-Y Johnny can't read nonverbal cues. *Wall Street Journal*.

91. Seabrook, J. (1994, June 6). My first flame. *The New Yorker*, pp. 70–79.

92. Mayer-Schönberger, V. (2011). *Delete: The virtue of forgetting in the digital age*. Princeton, NJ: Princeton University Press.

93. Preston, J. (2011, July 20). Social media history becomes a new job hurdle. *The New York Times*.

94. Rosen, J. (2010, July 25). The web means the end of forgetting. *New York Times Magazine*, 30–35.

95. Lenhart, A. (December 15, 2009). *Teens and sexting*. Pew Internet & American Life Project; Lenhart, A. & Duggan, M. (2014, February 11). *Couples, the internet, and social media*. Pew Internet & American Life Project.

96. MTV. (2009). *A thin line*. AP Digital Abuse Study.

97. Walther, J. B. & Parks, M. R. (2002). Cues filtered out, cues filtered in: Computer-mediated communication and relationships. In M. L. Knapp & J. A. Daly (Eds.) *Handbook of interpersonal communication* (3rd ed., pp. 529–563). Thousand Oaks, CA: Sage.

98. Walther, J. B., Van Der Heide, B., Hamel, L., & Shulman, H. (2009). Self-generated versus other-generated statements and impressions in computer-mediated communication: A test of warranting theory using Facebook. *Communication Research, 36*, 229–253.

99. ABC News (2012, November 30). *"Catfish" stars Nev Schulman, Max Joseph's advice for online dating*. Yahoo News.

100. Vitak, J., Ellison, N., & Steinfield, C. (2011). The ties that bond: Re-examining the relationship between Facebook use and bonding social capital. In *Proceedings of the 44th Annual Hawaii International Conference on System Sciences*. Computer Society Press.

101. Ahlstrom, M, Lundberg, N., Zabriskie, R., Eggett, D., & Lindsay, G. (2012). Me, my spouse, and my avatar: The relationship between marital satisfaction and playing massively multiplayer online role-playing games (MMORPG's). *Journal of Leisure Research, 44*, 1–22.

102. Kuss, D. J., Rooij, A. J., Shorter, G. W., Griffiths, M. D., & van de Mheen, D. (2013). Internet addiction in adolescents: Prevalence and risk factors. *Computers in Human Behavior, 29*, 1987–1996.

103. Ko, C., Yen, J., Chen, C., Chen, S., Yen, C. (2005). Proposed diagnostic criteria of Internet addiction for adolescents. *The Journal of Nervous and Mental Disease, 11*, 728–733.

第三章

1. Baumeister, R. F. (2005). *The cultural animal: Human nature, meaning, and social life*. New York, NY: Oxford University Press; Baumeister, R. F., Campbell, J. D., Krueger, J. I., & Vohs, K. D. (2003). Does high self-esteem cause better performance, interpersonal success, happiness, or healthier lifestyles? *Psychological Science in the Public Interest, 4*, 1–44.

2. Vohs, K. D. & Heatherton, T. F. (2004). Ego threats elicits different social comparison process among high and low

self-esteem people: Implications for interpersonal perceptions. *Social Cognition*, *22*, 168–191.

3. Daly, J. A. (2010). Personality and interpersonal communication. In M. L. Knapp & J. A. Daly (Eds.), *Interpersonal communication* (Vol. I, pp. 41–98). Thousand Oaks, CA: Sage; Soldz, W. & Vaillant, G. E. (1999). The big five personality traits and the life course: A 45-year longitudinal study. *Journal of Research in Personality*, *33*, 208–232.

4. Wright, W. (1998). *Born that way: Genes, behavior, personality*. New York, NY: Knopf.

5. Schwartz, C. E., Wright, C. I., Shin, L. M., Kagan, J., & Rauch, S. L. (2003, June 20). Inhibited and uninhibited infants' grown up' : Adult amygdalar response to novelty. *Science*, 1952–1953.

6. Cole, J. G. & McCroskey, J. C. (2000). Temperament and socio-communicative orientation. *Communication Research Reports*, *17*, 105–114.

7. Heisel, A. D., McCroskey, J. C., & Richmond, V. P. (1999). Testing theoretical relationships and non-relationships of genetically-based predictors: Getting started with communibiology. *Communication Research Reports*, *16*, 1–9.

8. Cole, J. G. & McCroskey, J. C. (2000). Temperament and socio-communicative orientation. *Communication Research Reports*, *17*, 105–114.

9. Wigley, C. J. (1998). Verbal aggressiveness. In J. C. McCroskey, J. A. Daly, M. M. Martin, & M. J. Beatty (Eds.), *Personality and communication: Trait perspectives*. New York, NY: Hampton.

10. McCroskey, J. C., Heisel, A. D., & Richmond, V. P. (2001). Eysenck's big three and communication traits: Three correlational studies. *Communication Monographs*, *68*, 360–366.

11. Dweck, C. (2008). Can personality be changed? The role of beliefs in personality and change. *Current Directions in Psychological Science*, *6*, 391–394.

12. Begney, S. (2008, December 1). When DNA is not destiny. *Newsweek*, *152*, 14.

13. Jaret, C., Reitzes, D., & Shapkina, N. (2005). Reflected appraisals and self-esteem. *Sociological Perspectives*, *48*, 403–419.

14. Salimi, S., Mirzamani, S., & Shahiri-Tabarestani, M. (2005). Association of parental self-esteem and expectations with adolescents' anxiety about career and education. *Psychological Reports*, *96*, 569–578; Vangelisti, A. L. & Crumley, L. P. (1998). Reactions to messages that hurt: The influence of relational contexts. *Communication Monographs*, *65*, 173–196.

15. Rill, L., Baiocchi, E., Hopper, M., Denker, K., & Olson, L. N. (2009). Exploration of the relationship between self-esteem, commitment, and verbal aggressiveness in romantic dating relationships. *Communication Reports*, *22*, 102–113.

16. Leets, L. & Sunwolf. (2004). Being left out: Rejecting outsiders and communicating group boundaries in childhood and adolescent peer groups. *Journal of Applied Communication Research*, *32*, 195–223.

17. Sillars, A., Koerner, A., & Fitzpatrick, M. A. (2005). Communication and understanding in parent-adolescent relationships. *Human Communication Research*, *31*, 107–128.

18. Adler, T. (1992, October). Personality, like plaster, is pretty stable over time. *APA Monitor*, 18.

19. Brown, J. D., Novick, N. J., Lord, K. A., & Richards, J. M. (1992). When Gulliver travels: Social context, psychological closeness, and self-appraisals. *Journal of Personality and Social Psychology*, *62*, 717–734.

20. Krcmar, M., Giles, S., & Helme, D. (2008). Understanding the process: How mediated and peer norms affect young women's body esteem. *Communication Quarterly*, *56*, 111–130.

21. Myers, P. N. & Biocca, F. A. (1992). The elastic body image: The effect of television advertising and programming on body image distortions in young women. *Journal of Communication*, *42*, 108–134.

22. Cho, A. & Lee, J. (2013). Body dissatisfaction levels and gender differences in attentional biases toward idealized bodies. *Body Image*, *10*, 95–102.

23. Cho, H. G. & Edge, N. (2012). "They are happier and having better lives than I am" : The impact of using Facebook on perceptions of others' lives. *Cyberpsychology, Behavior, & Social Networking*, *15*, 117–121; Haferkamp, N. & Kramer, N. C. (2011). Social comparison 2.0: Examining the effects of online profiles on social-networking sites. *Cyberpsychology, Behavior, and Social Networking*, *14*, 309–314.

24. Grodin, D. & Lindolf, T. R. (1995). *Constructing the self in a mediated world*. Newbury Park, CA: Sage.

25. Sheldon, P. (2010). Pressure to be perfect: Influences on college students' body esteem. *Southern Communication Journal*, *75*, 277–298.

26. Han, M. (2003). Body image dissatisfaction and eating disturbance among Korean college female students: Relationships to media exposure, upward comparison, and perceived reality. *Communication Studies*, *34*, 65–78; Harrison, K. & Cantor, J. (1997). The relationship between media consumption and eating disorders. *Journal of Communication*, *47*, 40–67.

27. Carrell, L. J. & Willmington, S. C. (1996). A comparison of self-report and performance data in assessing speaking and listening competence. *Communication Reports*, *9*, 185–191.

28. Meyers, D. (1980, May). The inflated self. *Psychology Today*, *14*, 16.

29. Ellison, N., Heino, R., & Gibbs, J. (2006). Managing impressions online: Self-presentation processes in the online dating environment. *Journal of Computer-Mediated Communication 11*: Article 2.

30. Sturman, E. D. & Mongrain, M. (2008). The role of personality in defeat: A revised social rank model. *European Journal of Personality*, *22*, 55–79; Brown, J. D. & Mankowski, T. A. (1993). Self-esteem, mood, and self-evaluation: Changes in mood and the way you see you. *Journal of Personality and Social Psychology*, *64*, 421–430.

31. Gara, M. A., Woolfolk, R. L., Cohen, B. D., & Goldston, R. B. (1993). Perception of self and other in major depression. *Journal of Abnormal Psychology*, *102*, 93–100.

32. Miller, L. C., Cooke, L. L., Tsang, J., & Morgan, F. (1992). Should I brag? Nature and impact of positive and boastful disclosures for women and men. *Human Communication Research*, *18*, 364–399.

33. Wallace, H. M. & Tice, D. M. (2012). Reflected appraisal through a 21st-century looking glass. In M. R. Leary & J. P. Tangney (Eds.), *Handbook of self and identity* (2nd ed., pp. 124–140). New York, NY: Guilford.

34. Gonzales, A. L. & Hancock, J. T. (2011). Mirror, mirror on my Facebook wall: Effects of exposure to Facebook on self-esteem. *Cyberpsychology, Behavior, and Social Networking*, *41*, 79–83.

35. Bower, B. (1992, August 15). Truth aches: People who view themselves poorly may seek the 'truth' and find despair. *Science News*, 110–111; Swann, W. B. (2005). The self and identity negotiation. *Interaction Studies*, *6*, 69–83.

36. Wilmot, W. W. (1995). *Relational communication* (pp. 35–54). New York, NY: McGraw-Hill.

37. Servaes, J. (1989). Cultural identity and modes of communication. In J. A. Anderson (Ed.), *Communication yearbook 12* (p. 396). Newbury Park, CA: Sage.

38. Bharti, A. (1985). The self in Hindu thought and action. In A. J. Marsella, G. Devos, & F. Hsu (Eds.), *Culture and self: Asian and Western perspectives* (pp. 185–230). New York, NY: Tavistock.

39. Bochner, S. (1994). Cross-cultural differences in the self-concept: A test of Hofstede's individualism/collectivism distinction. *Journal of Cross-Cultural Psychology*, *25*, 273–283.

40. Ting-Toomey, S. (1988). A face-negotiation theory. In Y. Kim & W. Gudykunst (Eds.), *Theory in interpersonal communication*. Newbury Park, CA: Sage.

41. Lederman, L. C. (1993). Gender and the self. In L. P. Arliss & D. J. Borisoff (Eds.), *Women and men communicating: Challenges and changes* (pp. 41–42). Fort Worth, TX: Harcourt Brace.

42. Wittels, A. (1978). *I wonder ... A satirical study of sexist semantics*. Los Angeles, CA: Price Stern Sloan.

43. Knox, M., Funk, J., Elliott, R., & Bush, E. G. (2000). Gender differences in adolescents' possible selves. *Youth and Society*, *31*, 287–309.

44. Robins, J. & Robins, R. W. (1993). A longitudinal study of consistency and change in self-esteem from early adolescence to early childhood. *Child Development*, *64*, 909–923.

45. Smith, C. J., Noll, J. A., & Bryant, J. B. (1999). The effect of social context on gender self-concept. *Sex Roles*, *40*, 499–512.

46. Rosenthal, R. & Rubin, D. B. (2010). Interpersonal expectancy effects: The first 345 studies. In M. L. Knapp & J. A. Daly (Eds.), *Interpersonal communication* (Vol. II, pp. 75–98). Thousand Oaks, CA: Sage.

47. Dweck, C. S. (2006). *Mindset: The new psychology of success*. New York, NY: Random House.

48. Kolligan, J., Jr. (1990). Perceived fraudulence as a dimension of perceived incompetence. In R. J. Sternberg & J. Kolligen, Jr. (Eds.), *Competence considered* (pp. 261–285). New Haven, CT: Yale University Press; Vangelisti, A. L., Corbin, S. D., Lucchetti, A. E., & Sprague, R. J. (1999). Couples' concurrent cognitions: The influence of relational satisfaction on the thoughts couples have as they converse. *Human Communication Research*, *25*, 370–398.

49. Zimmerman, B., Bandura, A., & Martinez-Pons, M. (1992). Self-motivation for academic attainment: The role of self-efficacy beliefs and personal goal setting. *American Educational Research Journal*, *29*, 663–676.

50. Downey, G. & Feldman, S. I. (1996). Implications of rejection sensitivity for intimate relationships. *Journal of Personality and Social Psychology*, *70*, 1327–1343.

51. MacIntyre, P. D. & Thivierge, K. A. (1995). The effects of speaker personality on anticipated reactions to public speaking. *Communication Research Reports*, *12*, 125–133.

52. Rosenthal, R. & Jacobson, L. (1968). *Pygmalion in the classroom*. New York, NY: Holt, Rinehart and Winston.

53. Blank, P. D. (Ed.). (1993). *Interpersonal expectations: Theory research, and applications*. Cambridge, England: Cambridge University Press.

54. Turk, W. (2009). Let's go for self-fulfilling prophecies. *Defense AT&L*, *38*, 56–59.

55. Johnson, E. (2006). *Ethics in the workplace: Tools and tactics for organizational transformation*. Thousand Oaks, CA: Sage.

56. Schlenker, B. R. & Weigold, M. F. (2010). Interpersonal processes involving impression regulation and management. In M. L. Knapp & J. A. Daly (Eds.), *Interpersonal communication* (Vol. II, pp. 160–194). Thousand Oaks, CA: Sage.

57. Shaw, C. M. & Edwards, R. (1997). Self-concepts and self-presentations of males and females: Similarities and differences. *Communication Reports*, *10*, 55–62.

58. Goffman, E. (1959). *The presentation of self in everyday life*. Garden City, NY: Doubleday; Goffman, E. (1971). *Relations in public*. New York, NY: Basic Books.

59. Leary, M. R. & Kowalski, R. M. (1990). Impression management: A literature review and two-component model. *Psychological Bulletin*, *107*, 34–47.

60. Brightman, V., Segal, A., Werther, P., & Steiner, J. (1975). Ethological study of facial expression in response to taste stimuli. *Journal of Dental Research*, *54*, 141.

61. Chovil, N. (1991). Social determinants of facial displays. *Journal of Nonverbal Behavior*, *15*, 141–154.

62. Metts, S. & Grohskopf, E. (2003). Impression managemen : Goals, strategies, and skills. In J. O. Greene and B. R.

Burleson (Eds.), *Handbook of communication and social skills* (pp. 357–399). Mahwah, NJ: Erlbaum.

63. Coleman, L. M. & DePaulo, B. M. (1991). Uncovering the human spirit: Moving beyond disability and "missed" communications. In N. Coupland, H. Giles, & J. M. Wiemann (Eds.), *"Miscommunication" and problematic talk* (pp. 61–84). Newbury Park, CA: Sage.

64. Valkenburg, P. M. & Peter, J. (2008). Adolescents' identity experiments on the Internet: Consequences for social competence and self-concept unity. *Communication Research, 35*, 208–231.

65. Vander Zanden, J. W. (1984). *Social psychology* (3rd ed., pp. 235–237). New York, NY: Random House.

66. DePaulo, B. M. (2010). Nonverbal behavior and self-presentation. In M. L. Knapp & J. A. Daly (Eds.), *Interpersonal communication* (Vol. II, pp. 251–336). Thousand Oaks, CA: Sage.

67. O'Sullivan, P. B. (2000). What you don't know won't hurt me: Impression management functions of communication channels in relationships. *Communication Monographs, 26*, 403–432; Barnes, S. B. (2003). *Computer-mediated communication: Human-to-human communication across the Internet* (pp. 136–162). Boston, MA: Allyn and Bacon.

68. Sanderson, J. (2008). The blog is serving its purpose: Self-presentation strategies on 38Pitches.com. *Journal of Computer-Mediated Communication, 13*, 912–936.

69. Suler, J. R. (2002). Identity management in cyberspace. *Journal of Applied Psychoanalytic Studies, 4*, 455–459.

70. Gibbs, J. L., Ellison, N. B., & Heino, R. D. (2006). Self-presentation in online personals: The role of anticipated future interaction, self-disclosure, and perceived success in Internet dating. *Communication Research, 33*, 1–26.

71. Toma, C. L., Hancock, J. T., & Ellison, N. B. (2008). Separating fact from fiction: An examination of deceptive self-presentation in online dating profiles. *Personality and Social Psychology Bulletin, 34*, 1023–1036.

72. Toma, C. L. & Carlson, C. L. (2015). How do Facebook users believe they come across in their profiles? A meta-perception approach to investigating Facebook self-presentation. *Communication Research Reports, 32*, 93–101.

73. Salimkhan, G., Manago, A., & Greenfield, P. (2010). The construction of the virtual self on MySpace. *Cyberpsychology: Journal of Psychosocial Research on Cyberspace, 4*, article 1.

74. Bennett, R. (2008, April 4). Revealed: Secrets of choosing an online dating name. *Times Online.*

75. Gonzales, A. L. & Hancock, J. T. (2011). Mirror, mirror on my Facebook wall: Effects of exposure to Facebook on self-esteem. *Cyberpsychology, Behavior, and Social Networking, 14*, 79–83. See also Toma, C. L. & Hancock, J. T. (2013). Self-affirmation underlies Facebook use. *Personality and Social Psychology Bulletin, 39*, 321–331

76. Altman, I. & Taylor, D. A. (1973). *Social penetration: The development of interpersonal relationships*. New York, NY: Holt, Rinehart and Winston; Taylor, D. A. & Altman, I. (1987). Communication in interpersonal relationships: Social penetration processes. In M. E. Roloff & G. R. Miller (Eds.), *Interpersonal processes: New directions in communication research* (pp. 257–277). Newbury Park, CA: Sage.

77. Luft, J. (1969). *Of human interaction*. Palo Alto, CA: National Press Books.

78. Petronio, S. (2007). Translational research endeavors and the practices of communication privacy management. *Journal of Applied Communication Research, 35*, 218–22.

79. Affifi, T. D. & Steuber, K. (2009). The revelation risk model (RRM): Factors that predict the revelation of secrets and the strategies used to reveal them. *Communication Monographs, 76*, 144–176; Affifi, T. D. & Steuber, K. (2009). Keeping and revealing secrets. *Communication Currents, 4*, 1–2.

80. Dindia, K. (2002). Self-disclosure research: Advances through meta-analysis. In M. Allen & R. W. Preiss (Eds.), *Interpersonal communication research: Advances through meta-analysis* (pp. 169–185). Mahwah, NJ: Erlbaum; Derlega, V. J. & Chaikin, A. L. (1975). *Sharing intimacy: What we reveal to others and why*. Englewood Cliffs, NJ: Prentice-Hall.

81. Savin-Williams, R. C. (2001). *Mom, Dad. I'm gay: How families negotiate coming out*. Washington, DC: American Psychological Association.

82. Hess, J. A., Fannin, A. D., & Pollom, L. H. (2007). Creating closeness: Discerning and measuring strategies for fostering closer relationships. *Personal Relationships, 14*, 25–44; Mitchell, A. E. et al. (2008). Predictors of intimacy in couples' discussions of relationship injuries: An observational study. *Journal of Family Psychology, 22*, 21–29.

83. MacNeil, S. & Byers, E. S. (2009). Role of sexual self-disclosure in the sexual satisfaction of long-term heterosexual couples. *Journal of Sex Research, 46*, 3–14; Fincham, F. D. & Bradbury, T. N. (1989). The impact of attributions in marriage: An individual difference analysis. *Journal of Social and Personal Relationships, 6*, 69–85.

84. Derlega, V., Winstead, B. A., Mathews, A., & Braitman, A. L. (2008). Why does someone reveal highly personal information? Attributions for and against self-disclosure in close relationships. *Communication Research Reports, 25*, 115–130; Niederhoffer, K. G. & Pennebaker, J. W. (2002). Sharing one's story: On the benefits of writing or talking about emotional experience. In C. R. Snyder & S. J. Lopez (Eds.), *Handbook of positive psychology* (pp. 573–583). London, England: Oxford University Press.

85. Greene, K., Derlega, V. J., & Mathews, A. (2006). Self-disclosure in personal relationships. In A. Vangelisti & D. Perlman (Eds.), *The Cambridge handbook of personal relationships* (pp. 409–427). New York, NY: Cambridge University Press; Rosenfeld, L. B. (2000). Overview of the ways privacy, secrecy, and disclosure are balanced in today's society. In S. Petronio (Ed.), *Balancing the secrets of private disclosures* (pp. 3–17). Mahwah, NJ: Erlbaum.

86. Powell, J. (1969). *Why am I afraid to tell you who I am?* Niles, IL: Argus Communications.

87. Alter, A. L. & Oppenheimer, D. M. (2009). Suppressing secrecy through metacognitive ease: Cognitive fluency

encourages self-disclosure. *Psychological Science, 20,* 1414–1420.

88. Frisby, B. N. & Sidelinger, R. J. (2013). Violating student expectations: Student disclosures and student reactions in the college classroom. *Communication Studies, 64,* 241–258.

89. Myers, S. & Brann, M. (2009). College students' perceptions of how instructors establish and enhance credibility through self-disclosure. *Qualitative Research Reports in Communication, 10,* 9–16.

90. Rosenfeld, L. B. & Gilbert, J. R. (1989). The measurement of cohesion and its relationship to dimensions of self-disclosure in classroom settings. *Small Group Behavior, 20,* 291–301.

91. Rosenfeld, L. B. & Bowen, G. I. (1991). Marital disclosure and marital satisfaction: Direct-effect versus interaction-effect models. *Western Journal of Speech Communication, 55,* 69–84.

92. McDaniel, S. H. et al. (2007). Physician self-disclosure in primary care visits: Enough about you, what about me? *Archives of Internal Medicine, 167,* 1321–1326.

93. Agne, R., Thompson, T. L., & Cusella, L. P. (2000). Stigma in the line of face: Self-disclosure of patients' HIV status to health care providers. *Journal of Applied Communication Research, 28,* 235–261; Derlega, V. J., Winstead, B. A., & Folk- Barron, L. (2000). Reasons for and against disclosing HIV-seropositive test results to an intimate partner: A functional perspective. In S. Petronio (Ed.), *Balancing the secrets of private disclosures* (pp. 71–82). Mahwah, NJ: Erlbaum; Caughlin, J. P. et al. (2009). Do message features influence reactions to HIV disclosures? A multiple-goals perspective. *Health Communication, 24,* 270–283.

94. Allen, M. et al. (2008). Persons living with HIV: Disclosure to sexual partners. *Communication Research Reports, 25,* 192–199.

95. O'Hair, D. & Cody, M. J. (1993). Interpersonal deception: The dark side of interpersonal communication? In B. H. Spitzberg & W. R. Cupach (Eds.), *The dark side of interpersonal communication* (pp. 181–213). Hillsdale, NJ: Erlbaum.

96. Spranca, M., Minsk, E., & Baron, J. (1991). Omission and commission in judgement and choice. *Journal of Experimental Social Psychology, 27,* 76–105.

97. Dunleavy, K. N., Chory, R. M., & Goodboy, A. K. (2010). Responses to deception in the workplace: Perceptions of credibility, power, and trustworthiness. *Communication Studies, 61,* 239–255.

98. George, J. F. & Robb, A. (2008). Deception and computer-mediated communication in daily life. *Communication Reports, 21,* 92–103.

99. Knapp, M. L. (2006). Lying and deception in close relationships. In A. Vangelisti & D. Perlman (Eds.), *The Cambridge handbook of personal relationships* (pp. 517–532). New York, NY: Cambridge University Press.

100. Turner, R. E., Edgely, C., & Olmstead, G. (1975). Information control in conversation: Honesty is not always the best policy. *Kansas Journal of Sociology, 11,* 69–89.

101. Feldman, R. S., Forrest, J. A., & Happ, B. R. (2002). Self-presentation and verbal deception: Do self-presenters lie more? *Basic and Applied Social Psychology, 24,* 163–170.

102. Hample, D. (1980). Purposes and effects of lying. *Southern Speech Communication Journal, 46,* 33–47.

103. McCornack, S. A. & Levine, T. R. (1990). When lies are uncovered: Emotional and relational outcomes of discovered deception. *Communication Monographs, 57,* 119–138.

104. Seiter, J. S., Bruschke, J., & Bai, C. (2002). The acceptability of deception as a function of perceivers' culture, deceiver's intention, and deceiver-deceived relationship. *Western Journal of Communication, 66,* 158–181.

105. Bavelas, J. B., Black, A., Chovil, N., & Mullett, J. (2010). Truths, lies, and equivocations: The effects of conflicting goals on discourse. In M. L. Knapp & J. A. Daly (Eds.), *Interpersonal communication* (Vol. II, pp. 379–408). Thousand Oaks, CA: Sage.

106. Bavelas, J. B., Black, A., Chovil, N., & Mullett, J. (1990). *Equivocal communication* (p. 171). Newbury Park, CA: Sage.

107. Bavelas, J. B., Black, A., Chovil, N., & Mullett, J. (1990). *Equivocal communication* (p. 171). Newbury Park, CA: Sage.

108. Robinson, W. P., Shepherd, A., & Heywood, J. (1998). Truth, equivocation/concealment, and lies in job applications & doctor-patient communication. *Journal of Language & Social Psychology, 17,* 149–164.

109. Motley, M. T. (1992). Mindfulness in solving communicators' dilemmas. *Communication Monographs, 59,* 306–314.

110. Shimanoff, S. B. (1988). Degree of emotional expressiveness as a function of face-needs, gender, and interpersonal relationship. *Communication Reports, 1*(2), 1–8.

第四章

1. The graphic demonstrations of factors influencing perception in this and the following paragraph are borrowed from Coon, D. & Mitterer, J. (2013). *Introduction to psychology* (13th ed.). Belmont, CA: Cengage Wadsworth.

2. Simons, D. J. (2011). *The invisible gorilla: How our intuitions deceive us.* New York, NY: Broadway.

3. Nelson, T. D. (2009). *Handbook of prejudice, stereotyping, and discrimination.* London, England: Psychology Press.

4. Giles, H. & Gasiorek, J. (2011). Intergenerational communication practices. In K. Schaie & S. L. Willis (Eds.),

Handbook of the psychology of aging (7th ed., pp. 233–247). San Diego, CA: Elsevier Academic Press; Harwood, J. (2007). *Understanding communication and aging: Developing knowledge and awareness*. Newbury Park, CA: Sage.

5. Allen, M. (1998). Methodological considerations when examining a gendered world. In D. Canary and K. Dindia (Eds.), *Handbook of sex differences and similarities in communication* (pp. 427–444). Mahwah, NJ: Erlbaum.

6. Allen, B. (1995). Diversity and organizational communication. *Journal of Applied Communication Research, 23*, 143–155; Buttny, R. (1997). Reported speech in talking race on campus. *Human Communication Research, 23*, 477–506; Hughes, P. C. & Baldwin, J. R. (2002). Communication and stereotypical impressions. *Howard Journal of Communications, 13*, 113–128.

7. Perloff, R. M., Bonder, B., Ray, G. B., Ray, E. B., & Siminoff, L. A. (2006). Doctor-patient communication, cultural competence, and minority health: Theoretical and empirical perspectives. *American Behavioral Scientist, 49*, 835–852; Oliver, M. N., Goodwin, M. A., Gotler, R. S., & Strange, K. C. (2001). Time use in clinical encounters: Are African-American patients treated differently? *Journal of the National Medical Association, 93*, 380–385.

8. Oetzel, J. (1998). The effects of self-construals and ethnicity on self-reported conflict styles. *Communication Reports, 11*, 133–144.

9. Nishizawa, N. (2004). The 'self' of Japanese teenagers: Growing up in the flux of a changing culture and society. *Dissertation Abstracts International, 65*, 2642.

10. Watzlawick, P., Beavin, J., & Jackson, D. D. (1967). *Pragmatics of human communication* (p. 65). New York, NY: Norton.

11. Schrodt, P., Witt, P. L., & Shimkowski, J. R. (2014). A meta-analytical review of the demand/withdraw pattern of interaction and its associations with individual, relational, and communicative outcomes. *Communication Monographs, 81*, 28–58; Reznick, R. M. & Roloff, M. E. (2011). Getting off to a bad start: The relationship between communication during an initial episode of a serial argument and argument frequency. *Communication Studies, 62*, 291–306.

12. Floyd, K. & Morman, M. T. (2000). Reacting to the verbal expression of affection in same-sex interaction. *Southern Communication Journal, 65*, 287–299.

13. Rosenthal, R. & Rubin, D. B. (2010). Interpersonal expectancy effects: The first 345 studies. In M. L. Knapp & J. A. Daly (Eds.), *Interpersonal communication* (pp. 297–338). Thousand Oaks, CA: Sage.

14. Alberts, J. K., Kellar-Guenther, U., & Corman, S. R. (1996). That's not funny: Understanding recipients' responses to teasing. *Western Journal of Communication, 60*, 337–357; Edwards, R., Bello, R., Brandau-Brown, F., & Hollems, D. (2001). The effects of loneliness and verbal aggressiveness on message interpretation. *Southern Communication Journal, 66*, 139–150.

15. Bradbury, T. N. & Fincham, F. D. (1990). Attributions in marriage: Review and critique. *Psychological Bulletin, 107*, 3–33; Manusov, V. (1990). An application of attribution principles to nonverbal behavior in romantic dyads. *Communication Monographs, 57*, 104–118.

16. Yang, H. & Lee, L. (2014). Instantaneously hotter: The dynamic revision of beauty assessment standards. *Advances in Consumer Research, 42*, 744–745.

17. Reissmann, C. K. (2008). *Narrative methods for the human sciences*. Thousand Oaks, CA: Sage; Bromberg, J. B. (2012). Uses of conversational narrative: Exchanging personal experience in everyday life. *Narrative Inquiry, 22*, 165–172.

18. Flora, J. & Segrin, C. (2000). Relationship development in dating couples: Implications for relational satisfaction and loneliness. *Journal of Social and Personal Relationships, 17*, 811–825.

19. Baxter, L. A. & Pittman, G. (2001). Communicatively remembering turning points of relational development in heterosexual romantic relationships. *Communication Reports, 14*, 1–17.

20. Murray, S. L., Holmes, J. G., & Griffin D. W. (2004). The benefits of positive illusions: Idealization and the construction of satisfaction in close relationships. In H. T. Reis & C. E. Rusbult, *Close relationships: Key readings* (pp. 317–338). Philadelphia, PA: Taylor & Francis; Martz, J. M., Verette, J., Arriaga, X. B., Slovik, L. F., Cox, C. L., & Rosbult, C. E. (1998). Positive illusion in close relationships. *Personal Relationships, 5*, 159–181.

21. Pearson, J. C. (1996). Positive distortion: "The most beautiful woman in the world." In K. M. Galvin & P. Cooper (Eds.), *Making connections: Readings in interpersonal communication* (p. 177). Beverly Hills, CA: Roxbury.

22. Kluemper, D. H., Rosen, P. A., Mossholder, K. W. (2012). Social networking websites, personality ratings, and the organizational context: More than meets the eye? *Journal of Applied Social Psychology, 42*, 1143–1172.

23. Child, J. T. & Westermann, D. A. (2013). Let's be Facebook friends: Exploring parental Facebook friend requests from a Communication Privacy Management (CPM) perspective. *Journal of Family Communication, 13*, 46–59.

24. For a detailed description of how the senses affect perception, see Ackerman, N. (1990). *A natural history of the senses*. New York, NY: Random House.

25. For descriptions of various psychological disorders and their treatments, visit the National Institute of Mental Health website at http://www.nimh.nih.gov/.

26. Seidman, B. (2011, June 25). *Do not operate this marriage while drowsy*. PBS.org.

27. Gordon, A. M. & Chen, S. (2014). The role of sleep in interpersonal conflict: Do sleepless nights mean worse fights? *Social Psychological and Personality Science, 5*, 168–175.

28. Alaimo, K., Olson, C. M., & Frongillo, E. A. (2001). Food insufficiency and American school-aged children's

cognitive, academic, and psychosocial development. *Pediatrics, 108*, 44–53.

29. Maguire, M. (2005). Biological cycles and cognitive performance. In A. Esgate et al., *An introduction to applied cognitive psychology* (pp. 137–161). New York, NY: Psychology Press; Cooper, C. & McConville, C. (1990). Interpreting mood scores: Clinical implications of individual differences in mood variability. *British Journal of Medical Psychology, 63*, 215–225.

30. Giles, H., Coupland, N., & Wiemann, J. M. (1992). Talk is cheap... but 'my word is my bond': Beliefs about talk. In K. Bolton & H. Kwok (Eds.), *Sociolinguistics today: International perspectives* (pp. 218–243). London, England: Routledge & Kegan Paul.

31. Manusov, V., Winchatz, M. R., & Manning, L. M. (1997). Acting out of our minds: Incorporating behavior into models of stereotype-based expectancies for cross-cultural interactions. *Communication Monographs, 64*, 119–139.

32. Katz-Wise, S. L. & Hyde, J. S. (2014). Sexuality and gender: The interplay. In D. L. Tolman, L. M. Diamond, J. A. Bauermeister, W. H. George, J. G. Pfaus, & L. Ward (Eds.), *APA handbook of sexuality and psychology, Vol. 1: Person-based approaches* (pp. 29–62). Washington, DC: American Psychological Association.

33. Becker, J. B., Berkley, K. J., Geary, N., Hampson, E., Herman, J. P., & Young, E. (2007). *Sex differences in the brain: From genes to behavior*. New York, NY: Oxford University Press; Schroeder, J. A. (2010). Sex and gender in sensation and perception. In J.C. Chrisler & D. R. McCreary (Eds.), *Handbook of gender research in psychology* (Vol. 1, pp. 235–257). New York: Springer; LaFrance, A. (January 8, 2015). What happens to a woman's brain when she becomes a mother. *The Atlantic*.

34. Halpern, D. F. (2000). *Sex differences in cognitive abilities* (3rd ed.). Mahwah, NJ: Erlbaum.

35. Rathus, S. A. (1993). *Psychology* (5th ed.; pp. 640–643). Fort Worth, TX: Harcourt Brace Jovanovich; Wade, C. & Tavris, C. (1987). *Psychology* (pp. 488–490). New York, NY: Harper & Row.

36. Bem, S. L. (1985). Androgyny and gender schema theory: A conceptual and empirical integration. In T. B. Sonderegger (Ed.), *Nebraska symposium on motivation: Psychology and gender* (pp. 179–226). Lincoln: University of Nebraska Press.

37. Swami, V. & Furnham, A. (2008). Is love really so blind? *The Psychologist, 21*, 108–111.

38. Gonzaga, G. C., Haselton, M. G., Smurda, J., Davies, M., & Poore, J. C. (2008). Love, desire, and the suppression of thoughts of romantic alternatives. *Evolution and Human Behavior, 29*, 119–126.

39. Seibold, D. R. & Spitzberg, B. H. (2010). Attribution theory and research: Review and implications for communication. In M. L. Knapp & J. A. Daly (Eds.), *Interpersonal communication* (pp. 297–338). Thousand Oaks, CA: Sage.

40. Hamachek, D. (1992). *Encounters with the self* (3rd ed.). Fort Worth, TX: Harcourt Brace Jovanovich.

41. For a review of these perceptual biases, see Hamachek, D. (1992). *Encounters with the self* (3rd ed.). Fort Worth, TX: Harcourt Brace Jovanovich.; Bradbury, T. N. & Fincham, F. D. (1990). Attributions in marriage: Review and critique. *Psychological Bulletin, 107,* 3–33. For an example of the self-serving bias in action, see Buttny, R. (1997). Reported speech in talking race on campus. *Human Communication Research, 23*, 477–506.

42. Young, S. L. (2004). What the ___ is your problem?: Attribution theory and perceived reasons for profanity usage during conflict. *Communication Research Reports, 21*, 338–347.

43. Zhang, S. (2009). Sender-recipient perspectives of honest but hurtful evaluative messages in romantic relationships. *Communication Reports, 22*, 89–101.

44. Dion, K., Berscheid, E., & Walster, E. (1972). What is beautiful is good. *Journal of Personality and Social Psychology, 24,* 285–290.

45. Watkins, L. & Johnston, L. (2000). Screening job applicants: The impact of physical attractiveness and application quality. *International Journal of Selection and Assessment, 8*, 76–84.

46. Dougherty, T., Turban, D., & Collander, J. (1994). Confirming first impressions in the employment interview. *Journal of Applied Psychology, 79*, 659–665.

47. Cook, G. I., Marsh, R. L., & Hicks, J. L. (2003). Halo and devil effects demonstrate valence-based influences on source-mentoring decisions. *Consciousness and Cognition, 12*, 257–278.

48. Marek, C. I., Wanzer, M. B., & Knapp, J. L. (2004). An exploratory investigation of the relationship between roommates' first impressions and subsequent communication patterns. *Communication Research Reports, 21*, 210–220.

49. Keysar, B. (2007). Communication and miscommunication: The role of egocentric processes. *Intercultural Pragmatics, 4*, 71–84.

50. Edwards, C., Edwards, A., Qingmei, Q., & Wahl, S. T. (2007). The influence of computer-mediated word-of-mouth communication on student perceptions of instructors and attitudes toward learning course content. *Communication Education, 56*, 255–277; Edwards, A. & Edwards, C. (2013). Computer-mediated word-of-mouth communication: The influence of mixed reviews on student perceptions of instructors and courses. *Communication Education, 62*, 412–424.

51. DiPaola, B. M., Roloff, M. E., & Peters, K. M. (2010). College students' expectations of conflict intensity: A self-fulfilling prophecy. *Communication Quarterly, 58*, 59–76.

52. Sillars, A., Shellen, W., McIntosh, A., & Pomegranate, M. (1997). Relational characteristics of language: Elaboration and differentiation in marital conversations. *Western Journal of Communication, 61*, 403–422.

53. Stiff, J. B., Dillard, J. P., Somera, L., Kim, H., & Sleight, C. (1988). Empathy, communication, and prosocial behavior. *Communication Monographs*, *55*, 198–213.

54. Hepper, E. G., Hart, C. M., & Sedikides, C. (2014). Moving Narcissus: Can narcissists be empathic? *Personality and Social Psychology Bulletin*, *40*, 1079–1091.

55. Goleman, D. (2006). *Social intelligence*. New York, NY: Bantam; Decety, J., Michalska, K., & Aktsuki, Y. (2008). Who caused the pain? An fMRI investigation of empathy and intentionality in children. *Neuropsychologia*, *46*, 2607–2614.

56. Goleman, D. (2006). *Social intelligence*. New York, NY: Bantam.

57. Davis, M. (1994). The heritability of characteristics associated with dispositional empathy. *Journal of Personality*, *62*, 369–391.

58. Burleson, B., Delia, J., & Applegate, J. (1995). The socialization of person-centered communication: Parental contributions to the social-cognitive and communication skills of their children. In M. A. Fitzpatrick & A. Vangelisti (Eds.), *Perspectives in family communication* (pp. 34–76). Thousand Oaks, CA: Sage.

59. Tucker, D. M., Luu, P., & Derryberry, D. (2005). Love hurts: The evolution of empathic concern through the encephalization of nociceptive capacity. *Development and Psychopathology*, *17*, 699–713.

60. Wu, S. & Keysar, B. (2007). Cultural effects on perspective taking. *Psychological Science*, *18*, 600–606.

61. Martin, R. (1992). Relational cognition complexity and relational communication in personal relationships. *Communication Monographs*, *59*, 150–163; Burleson, B. R. & Caplan, S. E. (1998). Cognitive complexity. In J. C. McCroskey, J. A. Daly, M. M. Martin, & M. J. Beatty (Eds.), *Communication and personality: Trait perspectives* (pp. 233–286). Creskill, NY: Hampton Press.

62. Burleson, B. R. & Caplan, S. E. (1998). Cognitive complexity. In J. C. McCroskey, J. A. Daly, M. M. Martin, & M. J. Beatty (Eds.), *Communication and personality: Trait perspectives* (p. 22). Creskill, NY: Hampton Press.

63. Burleson, B. R. (1989). The constructivist approach to person-centered communication: Analysis of a research exemplar. In B. Dervin, L. Grossberg, B. J. O'Keefe, & E. Wartella (Eds.), *Rethinking communication: Paradigm exemplars* (pp. 33–72). Newbury Park, CA: Sage.

64. Sypher, B. D. & Zorn, T. (1986). Communication-related abilities and upward mobility: A longitudinal investigation. *Human Communication Research*, *12*, 420–431.

65. Joireman, J. (2004). Relationships between attributional complexity and empathy. *Individual Differences Research*, *2*, 197–202.

66. Medvene, L., Grosch, K., & Swink, N. (2006). Interpersonal complexity: A cognitive component of person-centered care. *The Gerontologist*, *46*, 220–226.

67. Rockwell, P. (2007). The effects of cognitive complexity and communication apprehension on the expression and recognition of sarcasm. In A. M. Columbus (Ed.), *Advances in psychology research* (pp. 185–196). Hauppauge, NY: Nova Science Publishers.

68. Little, C., Packman, J., Smaby, M. H., & Maddux, C. D. (2005). The skilled counselor training model: Skills acquisition, self-assessment, and cognitive complexity. *Counselor Education & Supervision*, *44*, 189–200.

69. Reps, P. (1967). Pillow education in rural Japan. *In Square sun, square moon* (pp. 17–19). New York, NY: Tuttle.

第五章

1. Goleman, D. (1995). *Emotional intelligence: Why it can matter more than I.Q.* New York, NY: Bantam; Goleman, D. (2006). *Social intelligence: The new science of human relationships*. New York, NY: Bantam.

2. Carmeli, A., Yitzhak-Halevy, M., & Weisberg, J. (2009). The relationship between emotional intelligence and psychological wellbeing. *Journal of Managerial Psychology*, *24*, 66–78.

3. Smith, L., Heaven, P. C., & Ciarrochi, J. (2008). Trait emotional intelligence, conflict communication patterns, and relationship satisfaction. *Personality and Individual Differences*, *44*, 1314–1325.

4. Iliescu, D., Ilie, A., Ispas, D., & Ion, A. (2012). Emotional intelligence in personnel selection: Applicant reactions, criterion, and incremental validity. *International Journal of Selection and Assessment*, *20*, 347–358.

5. Planalp, S., Fitness, J., & Fehr, B. (2006). Emotion in theories of close relationships. In A. L. Vangelisti & D. Perlman (Eds.), *The Cambridge handbook of personal relationships* (pp. 369–384). New York, NY: Cambridge University Press; Baumeister, R. F. (2005). *The human animal*. New York, NY: Oxford University Press.

6. Rochman, G. M. & Diamond, G. M. (2008). From unresolved anger to sadness: Identifying physiological correlates. *Journal of Counseling Psychology*, *55*, 96–105.

7. Gottman, J. M. & Silver, N. (1999). *The seven principles for making marriages work*. New York, NY: Three Rivers Press.

8. Samp, J. A. & Monahan, J. L. (2009). Alcohol-influenced nonverbal behaviors during discussions about a relationship problem. *Journal of Nonverbal Behavior*, *33*, 193–211.

9. Kleinke, C. L., Peterson, T. R., & Rutledge, T. R. (1998). Effects of self-generated facial expressions on mood. *Journal of Personality and Social Psychology*, *74*, 272–279.

10. Michalak, J., Rohde, K., & Troje, N. F. (2015). How we walk affects what we remember: Gait modifications through

biofeedback change negative affective memory bias. *Journal of Behavior Therapy and Experimental Psychiatry, 46*, 121–125.

11. Shafir, T., Taylor, S. F., Atkinson, A. P., Langenecker, S. A., & Zubieta, J. (2013). Emotion regulation through execution, observation, and imagery of emotional movements. *Brain and Cognition, 82*, 219–227.

12. Oosterwijk, S., Rotteveel, M., Fischer, A. H., & Hess, U. (2009). Embodied emotion concepts: How generating words about pride and disappointment influences posture. *European Journal of Social Psychology, 39*, 457–466.

13. Valins, S. (1966). Cognitive effects of false heart-rate feedback. *Journal of Personality and Social Psychology, 4*, 400–408.

14. Zimbardo, P. (1977). *Shyness: What it is, what to do about it* (p. 53). Reading, MA: Addison-Wesley.

15. Berger, C. R. & Lee, K. J. (2011). Second thoughts, second feelings: Attenuating the impact of threatening narratives through rational reappraisal. *Communication Research, 38*, 3–26.

16. Wallace, J. C., Edwards, B. D., Shull, A., & Finch, D. M. (2009). Examining the consequences in the tendency to suppress and reappraise emotions on task-related job performance. *Human Performance, 22*, 23–43; Moore, S. A., Zoellner, L. A., & Mollenholt, N. (2008). Are expressive suppression and cognitive reappraisal associated with stress-related symptoms? *Behaviour Research and Therapy, 46*, 993–1000; Nezlek, J. B. & Kuppens, P. (2008). Regulating positive and negative emotions in daily life. *Journal of Personality, 76*, 561–580.

17. Finkel, E. J., Slotter, E. B., Luchies, L. B., Walton, G. M., & Gross, J. J. (2013). A brief intervention to promote conflict-reappraisal preserves marital quality over time. *Psychological Science, 24*, 1595–1601.

18. Lieberman, M. D., Eisenberger, N. I., Crockett, M. J., Tom, S., Pfeifer, J. H., & Way, B. M. (2007). Putting feelings into words: Affect labeling disrupts amygdala activity to affective stimuli. *Psychological Science, 18*, 421–428.

19. Eaker, E. D., Sullivan, L. M., Kelly-Hayes, M., D'Agostino, R. B., & Benjamin, E. J. (2007). Marital status, marital strain and the risk of coronary heart disease or total mortality: The Framingham Offspring Study. *Psychosomatic Medicine, 69*, 509–513.

20. Plutchik, R. (1980). *Emotion: A psychoevolutionary synthesis*. New York, NY: Harper & Row; Shaver, P. R., Wu, S., & Schwartz, J. C. (1992). Cross-cultural similarities and differences in emotion and its representation: A prototype approach. In M. S. Clark (Ed.), *Emotion* (pp. 175–212). Newbury Park, CA: Sage.

21. Ekman, P. (1999). Basic emotions. In T. Dalgleish & T. Power (Eds.), *The handbook of cognition and emotion* (pp. 45–60). Sussex, England: Wiley; Ortony, A. & Turner, T. J. (1990). What's basic about basic emotions? *Psychological Review, 97*, 315–331.

22. Ferrari, M. & Koyama, E. (2002). Meta-emotions about anger and amae: A cross-cultural comparison. *Consciousness and Emotion, 3*, 197–211.

23. Shaver, P. R., Wu, S., & Schwartz, J. C. (1992). Cross-cultural similarities and differences in emotion and its representation: A prototype approach. In M. S. Clark (Ed.), *Emotion* (pp. 175–212). Newbury Park, CA: Sage.

24. Goleman, D. (1995). *Emotional intelligence: Why it can matter more than I.Q.* New York, NY: Bantam.

25. Gottman, J. M., Katz, L. F., & Hooven, C. (1997). *Meta-emotion: How families communicate emotionally*. Mahwah, NJ: Erlbaum; Young, S. L. (2009). The function of parental communication patterns: Reflection-enhancing and reflection-discouraging approaches. *Communication Quarterly, 57*, 379–394.

26. Lunkenheimer, E. S., Shields, A. M., & Kortina, K. S. (2007). Parental emotion coaching and dismissing in family interaction. *Social Development, 16*, 232–248.

27. McCroskey, J. C., Richmond, V. P., Heisel, A. D., & Hayhurst, J. L. (2004). Eysenck's big three and communication traits: Communication traits as manifestations of temperament. *Communication Research Reports, 21*, 404–410; Gross, J. J., Sutton, S. K., & Ketelaar, T. V. (1998). Relations between affect and personality: Support for the affect-level and affective-reactivity views. *Personality and Social Psychology Bulletin, 24*, 279–288.

28. Costa, P. T. & McCrae, R. R. (1980). Influence of extraversion and neuroticism on subjective well-being: Happy and unhappy people. *Journal of Personality and Social Psychology, 38*, 668–678.

29. Yen, J., Yen, C., Chen, C., Wang, P., Chang, Y., & Ko, C. (2012). Social anxiety in online and real-life interaction and their associated factors. *Cyberpsychology, Behavior, and Social Networking, 15*, 7–12.

30. Kelly, L., Duran, R. L., & Zolten, J. J. (2001). The effect of reticence on college students' use of electronic mail to communicate with faculty. *Communication Education, 50*, 170–176; Scharlott, B. W. & Christ, W. G. (2001). Overcoming relationship-initiation barriers: The impact of a computer-dating system on sex role, shyness, and appearance inhibitions. *Computers in Human Behavior, 11*, 191–204.

31. Goddard, C. (2002). Explicating emotions across languages and cultures: A semantic approach. In S. R. Fussell (Ed.), *The verbal communication of emotions* (pp. 18–49). Mahwah, NJ: Erlbaum.

32. Tsai, J. L., Knutson, B., & Fung, H. H. (2006). Cultural variation in affect valuation. *Journal of Personality and Social Psychology, 90*, 288–307.

33. Kotchemidova, C. (2010). Emotion culture and cognitive constructions of reality. *Communication Quarterly, 58*, 207–234.

34. Pennebaker, J. W., Rime, B., & Blankenship, V. E. (1996). Stereotypes of emotional expressiveness of northerners and southerners: A cross-cultural test of Montesquieu's hypotheses. *Journal of Personality and Social Psychology, 70*,

372–380.

35. Mortenson, S. T. (2009). Interpersonal trust and social skill in seeking social support among Chinese and Americans. *Communication Research, 36*, 32–53.

36. Wilkins, R. & Gareis, E. (2006). Emotion expression and the locution 'I love you': A cross-cultural study. *International Journal of Intercultural Relations, 30*, 51–75.

37. Guerrero, L. K., Jones, S. M., & Boburka, R. R. (2006). Sex differences in emotional communication. In K. Dindia & D. J. Canary (Eds.), *Sex differences and similarities in communication* (2nd ed., pp. 242–261). Mahwah, NJ: Erlbaum; Wester, S. R., Vogel, D. L., Pressly, P. K., & Heesacker M. (2002). Sex differences in emotion: A critical review of the literature and implications for counseling psychology. *Counseling Psychologist, 30,* 630–652.

38. Swenson, J. & Casmir, F. L. (1998). The impact of culture-sameness, gender, foreign travel, and academic background on the ability to interpret facial expression of emotion in others. *Communication Quarterly, 46*, 214–230.

39. Canli, T., Desmond, J. E., Zhao, Z., & Gabrieli, J. D. E. (2002). Sex differences in the neural basis of emotional memories. *Proceedings of the National Academy of Sciences, 10*, 10789–10794.

40. Merten, J. (2005). Culture, gender and the recognition of the basic emotions. *Psychologia: An International Journal of Psychology in the Orient, 48*, 306–316.

41. Kunkel, A. W. & Burleson, B. R. (1999). Assessing explanations for sex differences in emotional support: A test of the different cultures and skill specialization accounts. *Human Communication Research, 25*, 307–340.

42. Dunsmore, J., Her, P., Halberstadt, A., & Perez-Rivera, M. (2009). Parents' beliefs about emotions and children's recognition of parents' emotions. *Journal of Nonverbal Behavior, 33*, 121–140.

43. Witmer, D. F. & Katzman, S. L. (1999). On-line smiles: Does gender make a difference in the use of graphic accents? *Journal of Computer-Mediated Communication, 2* (online, domain name expired).

44. Mansson, D. H. & Myers, S. A. (2011). An initial examination of college students' expressions of affection through Facebook. *Southern Communication Journal, 76*, 155–168.

45. Brody, L. R. & Hall, J. A. (2008). Gender and emotion in context. In M. Lewis, J. M. Haviland-Jones, & L. F. Barrett (Eds.), *Handbook of emotions* (3rd ed., pp. 395–408). New York, NY: Guilford.

46. Shimanoff, S. B. (1984). Commonly named emotions in everyday conversations. *Perceptual and Motor Skills, 58*, 514; Gottman, J. M. (1982). Emotional responsiveness in marital conversations. *Journal of Communication, 32*, 108–120.

47. Haybe, J. G. & Metts, S. (2008). Managing the expression of emotion. *Western Journal of Communication, 72*, 374–396; Shimanoff, S. B. (1988). Degree of emotional expressiveness as a function of face-needs, gender, and interpersonal relationship. *Communication Reports, 1*, 43–53.

48. Waugh, C. E. & Fredericson, B. L. (2006). Nice to know you: Positive emotions, self-other overlap, and complex understanding in the formation of a new relationship. *The Journal of Positive Psychology, 1*, 93–106.

49. Shimanoff, S. B. (1985). Rules governing the verbal expression of emotions between married couples. *Western Journal of Speech Communication, 49*, 149–165.

50. Derks, D., Fischer, A. H., & Bos, A. E. R. (2008). The role of emotion in computer-mediated communication: A review. *Computers in Human Behavior, 24,* 766–785.

51. Martin, R. C., Coyier, K. R., VanSistine, L. M., & Schroeder, K. L. (2013). Anger on the Internet: The perceived value of rant-sites. *Cyberpsychology, Behavior, and Social Networking, 16*, 119–122.

52. Elphinston, R. A. & Noller, P. (2011). Time to face It! Facebook intrusion and the implications for romantic jealousy and relationship satisfaction. *Cyberpsychology, Behavior, and Social Networking, 14*, 631–635; Locatelli, S. M., Kluwe, K., & Bryant, F. B. (2012). Facebook use and the tendency to ruminate among college students: Testing meditational hypotheses. *Journal of Educational Computing Research, 46*, 377–394.

53. Muise, A., Christofides, E., & Desmarais, S. (2009). More information than you ever wanted: Does Facebook bring out the green-eyed monster of jealousy? *CyberPsychology & Behavior, 12*, 441–444.

54. Muise, A., Christofides, E., & Desmarais, S. (2014). "Creeping" or just information seeking? Gender differences in partner monitoring in response to jealousy on Facebook. *Personal Relationships, 21*, 35–50.

55. Marshall, T. (2012). Facebook surveillance of former romantic partners: Associations with postbreakup recovery and personal growth. *Cyberpsychology, Behavior, and Social Networking. 15*, 521–526.

56. Hatfield, E., Cacioppo, J. T., Rapson, R. L., & Oatley, K. (1984). *Emotional contagion.* Cambridge, England: Cambridge University Press; Colino, S. (2006, May 30). That look—It's catching. *The Washington Post*, HE01.

57. Goleman, D. (2006). *Social intelligence: The new science of human relationships* (p. 115). New York, NY: Bantam.

58. Bakker, A. B. (2005). Flow among music teachers and their students: The crossover of peak experiences. *Journal of Vocational Behavior, 66*, 822–833.

59. Jiangang, D., Xiucheng, F., & Tianjun, F. (2011). Multiple emotional contagions in service encounters. *Journal of the Academy of Marketing Science, 39*, 449–466.

60. Goodman C. R. & Shippy, R. A. (2002). Is it contagious? Affect similarity among spouses. *Aging and Mental Health, 6*, 266–274.

61. Belluck, P. (2008, December 5). Strangers may cheer you up, study says. *The New York Times*, A12.

62. Coviello, L., Sohn, Y., Kramer, A. D. I., Marlow, C., Franceschetti, M., et al. (2014). Detecting emotional contagion

in massive social networks. *PLoS ONE*, *9*, e90315.

63. Sullins, E. S. (1991). Emotional contagion revisited: Effects of social comparison and expressive style on mood convergence. *Personality and Social Psychology Bulletin*, *17*, 166–174.

64. Anderson, C., Keltner, D., & John, O. P. (2003, May). Emotional convergence between people over time. *Journal of Personality and Social Psychology*, *84*, 1054–1068.

65. DeAngelis, T. (1992). Illness linked with repressive style of coping. *APA Monitor*, 23(12), 14–15.

66. Seigman, A. W. & Smith, T. W. (1994). *Anger, hostility, and the heart.* Hillsdale, NJ: Erlbaum.

67. Graham, S., Huang, J. Y., Clark, M. S., & Helgeson, V. S. (2008). The positives of negative emotions: Willingness to express negative emotions promotes relationships. *Personality and Social Psychology Bulletin*, *34*, 394–406; Kennedy-Moore, E. & Watson, J. C. (1999). *Expressing emotion: Myths, realities, and therapeutic strategies.* New York, NY: Guilford.

68. Nelton, S. (1996, February). Emotions in the workplace. *Nation's Business*, 25–30.

69. Kramer, M. W. & Hess, J. A. (2002). Communication rules for the display of emotions in organizational settings. *Management Communication Quarterly*, *16*, 66–80.

70. Booth-Butterfield, M. & Booth-Butterfield, S. (1998). Emotionality and affective orientation. In J. C. McCroskey, J. A. Daly, M. M. Martin, & M. J. Beatty (Eds.), *Communication and personality: Trait perspectives* (pp. 171–189). Creskill, NY: Hampton.

71. Barrett, L. F., Gross, J., Christensen, T., & Benvenuto, M. (2001). Knowing what you're feeling and knowing what to do about it: Mapping the relation between emotion differentiation and emotion regulation. *Cognition and Emotion*, *15*, 713–724.

72. Grewal, D. & Salovey, P. (2005). Feeling smart: The science of emotional intelligence. *American Scientist*, *93*, 330–339; Yoo, S. H., Matsumoto, D., & LeRoux, J. (2006). The influence of emotion recognition and emotion regulation on intercultural adjustment. *International Journal of Intercultural Relations*, *30*, 345–363.

73. Bushman, B. J., Baumeister, R. F., & Stack, A. D. (1999). Catharsis, aggression, and persuasive influence: Self-fulfilling or self-defeating prophecies? *Journal of Personality and Social Psychology*, *76*, 367–376.

74. For an extensive discussion of ways to express emotions, see Fussell, S. R. (2002). *The verbal communication of emotions.* Mahwah, NJ: Erlbaum.

75. Honeycutt, J. M. (2003). *Imagined interactions: Daydreaming about communication.* Cresskill, NJ: Hampton Press; Honeycutt, J. M. & Ford, S. G. (2001). Mental imagery and intrapersonal communication: A review of research on imagined interactions (IIs) and current developments. *Communication Yearbook 25* (pp. 315–338). Thousand Oaks, CA: Sage.

76. Pennebaker, J. (2004). *Writing to heal: A guided journal for recovering from trauma and emotional upheaval.* Oakland, CA: Harbinger.

77. Floyd, K., Mikkelson, A. C., Hesse, C., & Pauley, P. M. (2007). Affectionate writing reduces total cholesterol: Two randomized, controlled studies. *Human Communication Research*, *33*, 119–142.

78. Metts, S. & Wood, B. (2008). Interpersonal emotional competence. In M. T. Motley (Ed.), *Studies in applied interpersonal communication* (pp. 267–285). Thousand Oaks, CA: Sage.

79. Spitzberg, B. H. (2006). Preliminary development of a model and measure of computer-mediated communication (CMC) competence. *Journal of Computer-Mediated Communication*, *11*, article 12. Retrieved from http://jcmc.indiana.edu/vol11/issue2/spitzberg.html

80. O'Sullivan, P. B. (2000). What you don't know won't hurt me: Impression management functions of communication channels in relationships. *Human Communication Research*, *26*, 403–431.

81. Galovski, T. E., Malta, L. S., & Blanchard, E. B. (2005). *Road rage: Assessment and treatment of the angry, aggressive driver.* Washington, DC: American Psychological Association.

82. Mallalieu, S. D., Hanton, S., & Jones, G. (2003). Emotional labeling and competitive anxiety in preparation and competition. *The Sports Psychologist*, *17*, 157–174.

83. Bourhis, J. & Allen, M. (1992). Meta-analysis of the relationship between communication apprehension and cognitive performance. *Communication Education*, *41*, 68–76.

84. Patterson, M. L. & Ritts, V. (1997). Social and communicative anxiety: A review and meta-analysis. In B. R. Burleson (Ed.), *Communication yearbook 20*. Thousand Oaks, CA: Sage.

85. Smith, J. M. & Alloy, L. B. (2009). A roadmap to rumination: A review of the definition, assessment, and conceptualization of this multifaceted construct. *Clinical Psychology Review*, *29*, 116–128; Elphinston, R. A., Feeney, J. A., Noller, P., Connor, J. P., & Fitzgerald, J. (2013). Romantic jealousy and relationship satisfaction: The costs of rumination. *Western Journal of Communication*, *77*, 293–304.

86. Verduyn, P. & Lavrijsen, S. (2015). Which emotions last longest and why: The role of event importance and rumination. *Motivation and Emotion*, *39*, 119–127.

87. Bushman, B. J., Bonacci, A. M., Pedersen, W. C., Vasquez, E. A., & Miller, N. (2005). Chewing on it can chew you up: Effects of rumination on triggered displaced aggression. *Journal of Personality and Social Psychology*, *88*, 969–983.

88. For a thorough discussion of how neurobiology shapes feelings, see LeDoux, J. E. (1996). *The emotional brain.*

New York, NY: Simon and Schuster.

89. Vocate, D. R. (1994). Self-talk and inner speech. In D. R. Vocate (Ed.), *Intrapersonal communication: Different voices, different minds* (pp. 3–32). Hillsdale, NJ: Erlbaum.

90. Ayers, J., Keereetaweep, T., Chen, P., & Edwards, P. A. (1998). Communication apprehension and employment interviews. *Communication Education, 47*, 1–17.

91. Brooks, A. W. (2013). Get excited: Reappraising pre-performance anxiety as excitement. *Journal of Psychology: General, 143*, 1144–1158.

92. Bargh, J. A. (1988). Automatic information processing: Implications for communication and affect. In H. E. Sypher & E. T. Higgins (Eds.), *Communication, social cognition, and affect* (pp. 9–32). Hillsdale, NJ: Erlbaum.

93. Metts, S. & Cupach, W. R. (1990). The influence of relationship beliefs and problem-solving relationships on satisfaction in romantic relationships. *Human Communication Research, 17*, 170–185.

94. Meichenbaum, A. (1977). *Cognitive behavior modification*. New York, NY: Plenum; Ellis, A. & Greiger, R. (1977). *Handbook for rational-emotive therapy*. New York, NY: Springer; Wirga, M. & DeBernardi, M. (2002, March). The ABCs of cognition, emotion, and action. *Archives of Psychiatry and Psychotherapy, 1*, 5–16.

95. Chatham-Carpenter, A. & DeFrancisco, V. (1997). Pulling yourself up again: Women's choices and strategies for recovering and maintaining self-esteem. *Western Journal of Communication, 61*, 164–187.

96. Seligman, M. E. P. (2006). *Learned optimism*. New York: Vintage.

97. Fredrickson, B. L. (2009). *Positivity*. New York: Three Rivers.

98. Peterson, C. (2006). *A primer in positive psychology*. New York: Oxford University Press; Rius-Ottenheim, N., Mast, R., Zitman, F. G., & Giltay, E. J. (2013). The role of dispositional optimism in physical and mental well-being. In A. Efklides & D. Moraitou (Eds.), *A positive psychology perspective on quality of life* (pp. 149–173). New York: Springer.

99. Fredrickson, B. L. (2009). *Positivity*. New York: Three Rivers.

第六章

1. Sacks, O. W. (1989). *Seeing voices: A journey into the world of the deaf* (p. 17). Berkeley: University of California Press.

2. Henneberger, M. (1999, January 29). Misunderstanding of word embarrasses Washington's new mayor. *The New York Times online*. Retrieved from http://www.nyt.com

3. Keysar, B. & Henly, A. S. (2002). Speakers' overestimation of their effectiveness. *Psychological Science, 13*, 207–212; Wyer, R. S. & Adava, R. (2003). Message reception skills in social communication. In J. O. Greene & B. R. Burleson (Eds.), *Handbook of communication and social interaction skills* (pp. 291–355). Mahwah, NJ: Erlbaum.

4. Scott, T. L. (2000, November 27). Teens before their time. *Time*, 22.

5. Wallsten, T. (1986). Measuring the vague meanings of probability terms. *Journal of Experimental Psychology, 115*, 348–365.

6. Prentice, W. E. (2005). *Therapeutic modalities in rehabilitation*. New York: McGraw-Hill.

7. Wolfram, W. & Schilling-Estes, N. (2005). *American English: Dialects and variation* (2nd ed.). Malden, MA: Blackwell.

8. Coupland, N., Wiemann, J. M., & Giles, H. (1991). Talk as "problem" and communication as "miscommunication": An integrative analysis. In N. Coupland, J. M. Wiemann, & H. Giles (Eds.), *"Miscommunication" and problematic talk* (pp. 1–17). Newbury Park, CA: Sage.

9. Pearce, W. B. & Cronen, V. (1980). *Communication, action, and meaning*. New York: Praeger; Cronen, V., Chen, V., & Pearce, W. B. (1988). Coordinated management of meaning: A critical theory. In Y. Y. Kim & W. B. Gudykunst (Eds.), *Theories in intercultural communication* (pp. 66–98). Newbury Park, CA: Sage.

10. Graham, E. K. E., Papa, M., & Brooks, G. P. (1992). Functions of humor in conversation: Conceptualization and measurement. *Western Journal of Communication, 56*, 161–183.

11. O'Sullivan, P. B. & Flanagin, A. (2003). Reconceptualizing "flaming" and other problematic communication. *New Media and Society, 5*, 67–93.

12. Christenfeld, N. & Larsen, B. (2008). The name game. *The Psychologist, 21*, 210–213.

13. Mehrabian, A. (2001). Characteristics attributed to individuals on the basis of their first names. *Genetic, Social, and General Psychology Monographs, 127*, 59–88.

14. Social Security Administration. (2013). *Popular baby names*. Retrieved from http://www.ssa.gov/OACT/babynames/

15. Fryer, R. G. & Levitt, S. D. (2004). The causes and consequences of distinctively black names. *Quarterly Journal of Economics, 119*, 767–805.

16. Aune, R. K. & Kikuchi, T. (1993). Effects of language intensity similarity on perceptions of credibility, relational attributions, and persuasion. *Journal of Language and Social Psychology, 12*, 224–238.

17. Giles, H., Mulac, A., Bradac, J. J., & Johnson, P. (2010). Speech accommodation theory: The first decade and beyond. In M. L. Knapp & J. A. Daly (Eds.), *Interpersonal communication* (pp. 39–74). Thousand Oaks, CA: Sage.

18. Baruch, Y. & Jenkins, S. (2006). Swearing at work and permissive leadership culture: When anti-social becomes social and incivility is acceptable. *Leadership & Organization Development Journal, 28*, 492–507.
19. Ireland, M. E., Slatcher, R. B., Eastwick, P. W., Scissors, L. E., Finkel, E. J., & Pennebaker, J. W. (2011). Language style matching predicts relationship initiation and stability. *Psychological Science, 22*, 39–44.
20. Cassell, J. & Tversky, D. (2005). The language of online intercultural community formation. *Journal of Computer-Mediated Communication, 10*, article 2.
21. Reyes, A. (2005). Appropriation of African American slang by Asian American youth. *Journal of Sociolinguistics, 9*, 509–532.
22. Ng, S. H. & Bradac, J. J. (1993). *Power in language: Verbal communication and social influence* (p. 27). Newbury Park, CA: Sage.
23. Parton, S., Siltanen, S. A., Hosman, L. A., & Langenderfer, J. (2002). Employment interview outcomes and speech style effects. *Journal of Language and Social Psychology, 21*, 144–161.
24. Hosman, L. A. (1989). The evaluative consequences of hedges, hesitations, and intensifiers: Powerful and powerless speech styles. *Human Communication Research, 15*, 383–406.
25. El-Alayli, A., Myers, C. J., Petersen, T. L., & Lystad, A. L. (2008). "I don't mean to sound arrogant, but..." : The effects of using disclaimers on person perception. *Personality and Social Psychology Bulletin, 34*, 130–143.
26. Lee, J. J. & Pinker, S. (2010). Rationales for indirect speech: The theory of the strategic speaker. *Psychological Review, 117*, 785–807.
27. Dunn, C. D. (2013). Speaking politely, kindly, and beautifully: Ideologies of politeness in Japanese business etiquette training. *Multilingua, 32,* 225–245.
28. Bradac, J. & Mulac, A. (1984). Attributional consequences of powerful and powerless speech styles in a crisis-intervention context. *Journal of Language and Social Psychology, 3*, 1–19.
29. Bradac, J. J. (1983). The language of lovers, flovers [sic], and friends: Communicating in social and personal relationships. *Journal of Language and Social Psychology, 2*, 141–162.
30. Geddes, D. (1992). Sex roles in management: The impact of varying power of speech style on union members' perception of satisfaction and effectiveness. *Journal of Psychology, 126*, 589–607.
31. Kubany, E. S., Richard, D. C., Bauer, G. B., & Muraoka, M. Y. (1992). Impact of assertive and accusatory communication of distress and anger: A verbal component analysis. *Aggressive Behavior, 18*, 337–347.
32. Gordon, T. (1974). *T.E.T.: Teacher Effectiveness Training* (p. 74). New York: Wyden.
33. Vangelisti, A. L., Knapp, M. L., & Daly, J. A. (1990). Conversational narcissism. *Communication Monographs, 57*, 251–274; Zimmermann, J., Wolf, M., Bock, A., Peham, D., & Benecke, C. (2013). The way we refer to ourselves reflects how we relate to others: Associations between first-person pronoun use and interpersonal problems. *Journal of Research in Personality, 47*, 218–225.
34. Dreyer, A. S., Dreyer, C. A., & Davis, J. E. (1987). Individuality and mutuality in the language of families of field-dependent and field-independent children. *Journal of Genetic Psychology, 148*, 105–117.
35. Seider, B. H., Hirschberger, G., Nelson, K. L., & Levenson, R. W. (2009). We can work it out: Age differences in relational pronouns, physiology, and behavior in marital conflict. *Psychology and Aging, 24*, 604–613; Honeycutt, J. M. (1999). Typological differences in predicting marital happiness from oral history behaviors and imagined interactions. *Communication Monographs, 66*, 276–291.
36. Fitzsimons, G. & Kay, A. C. (2004). Language and interpersonal cognition: Causal effects of variations in pronoun usage on perceptions of closeness. *Personality and Social Psychology Bulletin, 30*, 547–557.
37. Rentscher, K. E., Rohrbaugh, M. J., Shoham, V., & Mehl, M. R. (2013). Asymmetric partner pronoun use and demand-withdraw interaction in couples coping with health problems. *Journal of Family Psychology, 27*, 691–701.
38. Slatcher, R. B., Vazire, S., & Pennebaker, J. W. (2008). Am "I" more important than "we"? Couples' word use in instant messages. *Personal Relationships, 15*, 407–424; Proctor, R. F. & Wilcox, J. R. (1993). An exploratory analysis of responses to owned messages in inter-personal communication. *ETC: A Review of General Semantics, 50*, 201–220; Gustafsson Sendén, M., Lindholm, T., & Sikström, S. (2014). Selection bias in choice of words: Evaluations of "I" and "we" differ between contexts, but "they" are always worse. *Journal of Language & Social Psychology, 33*, 49–67.
39. Tannen, D. (1990). *You just don't understand: Women and men in conversation.* New York: William Morrow; Gray, J. (1992). *Men are from Mars, women are from Venus.* New York: HarperCollins.
40. Dindia, K. (2006). Men are from North Dakota, women are from South Dakota. In K. Dindia & D. J. Canary (Eds.), *Sex differences and similarities in communication: Critical essays and empirical investigations of sex and gender in interaction* (2nd ed., pp. 3–18). Mahwah, NJ: Erlbaum; Goldsmith, D. J. & Fulfs, P. A. (1999). "You just don't have the evidence" : An analysis of claims and evidence in Deborah Tannen's *You just don't understand.* In M. E. Roloff (Ed.), *Communication yearbook 22* (pp. 1–49). Thousand Oaks, CA: Sage.
41. Haas, A. & Sherman, M. A. (1982). Conversational topic as a function of role and gender. *Psychological Reports, 51*, 453–454; Fehr, B. (1996). *Friendship processes.* Thousand Oaks, CA: Sage.
42. Schwartz, H. A., Eichstaedt, J. C., Kern, M. L., Dziurzynski, L., Ramones, S. M., Agrawal, M., ... Ungar, L. H. (2013). Personality, gender, and age in the language of social media: The open-vocabulary approach. *PLoS ONE, 8*, e73791.

43. Wood, J. T. (2011). He says/she says: Misunderstandings in communication between women and men. In D. O. Braithwaite & J. T. Wood (Eds.), *Casing interpersonal communication* (pp. 197–202). Dubuque, IA: Kendall-Hunt.

44. Clark, R. A. (1998). A comparison of topics and objectives in a cross section of young men's and women's everyday conversations. In D. J. Canary & K. Dindia (Eds.), *Sex differences and similarities in communication: Critical essays and empirical investigations of sex and gender in interaction* (pp. 303–319). Mahwah, NJ: Erlbaum.

45. DeCapua, A., Berkowitz, D., & Boxer, D. (2006). Women talk revisited: Personal disclosures and alignment development. *Multilingua, 25*, 393–412.

46. Wood, J. T. (2015). *Gendered lives: Communication, gender, & culture* (11th ed.). Stamford, CT: Cengage.

47. Sherman, M. A. & Haas, A. (1984, June). Man to man, woman to woman. *Psychology Today, 17,* 72–73.

48. Ragsdale, J. D. (1996). Gender, satisfaction level, and the use of relational maintenance strategies in marriage. *Communication Monographs, 63*, 354–371.

49. Giles, H. & Street, R. L., Jr. (1985). Communication characteristics and behavior. In M. L. Knapp & G. R. Miller (Eds.), *Handbook of interpersonal communication* (pp. 205–261). Beverly Hills, CA: Sage; Kohn, A. (1988, February). Girl talk, guy talk. *Psychology Today, 22*, 65–66.

50. Mehl, M. R., Vazire, S., Ramírez-Esparza, N., Slatcher, R. B., & Pennebaker, J. W. (2007). Are women really more talkative than men? *Science, 317*, 82.

51. Mulac, A. (2006). The gender-linked language effect: Do language differences really make a difference? In K. Dindia & D. J. Canary (Eds.), *Sex differences and similarities in communication: Critical essays and empirical investigations of sex and gender in interaction* (2nd ed., pp. 127–153). Mahwah, NJ: Erlbaum.

52. Summarized in Wood, J. T. (2015). *Gendered lives: Communication, gender, & culture* (11th ed.). Stamford, CT: Cengage. See also Newman, M. L., Groom, C. J., Handleman, L. D., & Pennebaker, J. W. (2008). Gender differences in language use: An analysis of 14,000 text samples. *Discourse Processes, 45*, 211–236.

53. Clark, R. A. (1998). A comparison of topics and objectives in a cross section of young men's and women's everyday conversations. In D. J. Canary & K. Dindia (Eds.), *Sex differences and similarities in communication: Critical essays and empirical investigations of sex and gender in interaction* (pp. 303–319). Mahwah, NJ: Erlbaum.

54. Fandrich, A. M. & Beck, S. J. (2012). Powerless language in health media: The influence of biological sex and magazine type on health language. *Communication Studies, 63*, 36–53.

55. Carli, L. L. (1990). Gender, language, and influence. *Journal of Personality and Social Psychology, 59*, 941–951.

56. Reddy, S., Stanford, J., & Zhong, J. (2014). A Twitter-based study of newly formed clippings in American English. *Annual Meeting of the American Dialect Society* (ADS).

57. Canary, D. J. & Hause, K. S. (1993). Is there any reason to research sex differences in communication? *Communication Quarterly, 41*, 129–144.

58. See also Hancock, A. B. & Rubin, B. A. (2015). Influence of communication partner's gender on language. *Journal of Language & Social Psychology, 34*, 46–64; Zahn, C. J. (1989). The bases for differing evaluations of male and female speech: Evidence from ratings of transcribed conversation. *Communication Monographs, 56*, 59–74; Grob, L. M., Meyers, R. A., & Schuh, R. (1997). Powerful/powerless language use in group interactions: Sex differences or similarities? *Communication Quarterly, 45*, 282–303.

59. Leaper, C. & Robnett, R. D. (2011). Women are more likely than men to use tentative language, aren't they? A meta-analysis testing for gender differences and moderators. *Psychology of Women Quarterly, 35*, 129–142.

60. Leaper, C. & Ayres, M. M. (2007). A meta-analytic review of gender variations in adults' language use: Talkativeness, affiliative speech, and assertive speech. *Personality and Social Psychology Review, 11*, 328–363.

61. Dindia, K. (2006). Men are from North Dakota, women are from South Dakota. In K. Dindia & D. J. Canary (Eds.), *Sex differences and similarities in communication: Critical essays and empirical investigations of sex and gender in interaction* (2nd ed., pp. 3–20). Mahwah, NJ: Erlbaum.

62. Zahn, C. J. (1989). The bases for differing evaluations of male and female speech: Evidence from ratings of transcribed conversation. *Communication Monographs, 56*, 59–74.

63. Fisher, B. A. (1983). Differential effects of sexual composition and interactional content on interaction patterns in dyads. *Human Communication Research, 9*, 225–238.

64. Pilgeram, R. (2007). "Ass-kicking" women: Doing and undoing gender in a US livestock auction. *Gender, Work and Organization, 14*, 572–595.

65. Ellis, D. G. & McCallister, L. (1980). Relational control sequences in sex-typed and androgynous groups. *Western Journal of Speech Communication, 44*, 35–49.

66. Steen, S. & Schwarz, P. (1995). Communication, gender, and power: Homosexual couples as a case study. In M. A. Fitzpatrick & A. L. Vangelisti (Eds.), *Explaining family interactions* (pp. 310–343). Thousand Oaks, CA: Sage.

67. Samovar, L. A. & Porter, R. E. (1991). *Communication between cultures* (pp. 165–169). Dubuque, IA: W. C. Brown.

68. Ricks, D. (1983). *Big business blunders: Mistakes in international marketing* (p. 41). Homewood, IL: Dow Jones-Irwin.

69. Sugimoto, N. (1991, March). *"Excuse me" and "I'm sorry": Apologetic behaviors of Americans and Japanese.* Paper presented at the Conference on Communication in Japan and the United States, California State University, Fullerton.

70. Gudykunst, W. B. & Ting-Toomey, S. (1988). *Culture and interpersonal communication*. Newbury Park, CA: Sage.
71. Hall, E. (1959). *Beyond culture*. New York: Doubleday.
72. Basso, K. (1970). To give up on words: Silence in Western Apache culture. *Southern Journal of Anthropology, 26*, 213–230.
73. Yum, J. (1987). The practice of Uye-ri in interpersonal relationships in Korea. In D. Kincaid (Ed.), *Communication theory from Eastern and Western perspectives* (pp. 87–100). New York: Academic Press.
74. Everett, C. (2013). *Linguistic relativity: Evidence across languages and cognitive domains*. Berlin/Boston: Walter de Gruyter; Deutscher, G. (2010). *Through the language glass: Why the world looks different in other languages.* New York: Metropolitan Books.
75. Martin, L. & Pullum, G. (1991). *The great Eskimo vocabulary hoax*. Chicago: University of Chicago Press.
76. Giles, H. & Franklyn-Stokes, A. (1989). Communicator characteristics. In M. K. Asante & W. B. Gudykunst (Eds.), *Handbook of international and intercultural communication* (pp. 117–144). Newbury Park, CA: Sage.
77. Whorf, B. (1956). The relation of habitual thought and behavior to language. In J. B. Carroll (Ed.), *Language, thought, and reality* (pp. 134–159). Cambridge, MA: MIT Press.
78. Rheingold, H. (1988). *They have a word for it*. Los Angeles: Jeremy P. Tarcher.
79. Arroyo, A. (2013). "I'm so fat!" The negative outcomes of fat talk. *Communication Currents, 7*, 1–2; Arroyo, A. & Harwood, J. (2012). Exploring the causes and consequences of fat talk. *Journal of Applied Communication Research, 40*, 167–187.
80. Bowers, J. S. & Pleydell-Pearce, C. W. (2011). Swearing, euphemisms, and linguistic relativity. *PLoS ONE, 6*, e22341. doi:10.1371/journal.pone.0022341

第七章

1. Burgoon, J. K. (1994). Nonverbal signals. In M. L. Knapp & G. R. Miller (Eds.), *Handbook of interpersonal communication* (p. 235). Newbury Park, CA: Sage.
2. Riggio, R. E. (2006). Nonverbal skills and abilities. In V. Manusov & M. L. Patterson (Eds.), *The Sage handbook of nonverbal communication* (pp. 79–86). Thousand Oaks, CA: Sage.
3. Burgoon, J. K., Guerrero, L., & Manusov, V. (2011). Nonverbal signals. In M. L. Knapp & J. A. Daly (Eds.), *The Sage handbook of interpersonal communication* (4th ed., pp. 239– 282). Thousand Oaks, CA: Sage.
4. Jones, S. E. & LeBaron, C. D. (2002). Research on the relationship between verbal and nonverbal communication: Emerging interactions. *Journal of Communication, 52*, 499–521.
5. DePaulo, B. M. (1994). Spotting lies: Can humans learn to do better? *Current Directions in Psychological Science, 3*, 83–86.
6. Burgoon, J. K. (1994). Nonverbal signals. In M. L. Knapp & G. R. Miller (Eds.), *Handbook of interpersonal communication* (pp. 229–232). Newbury Park, CA: Sage.
7. Manusov, F. (1991, Summer). Perceiving nonverbal messages: Effects of immediacy and encoded intent on receiver judgments. *Western Journal of Speech Communication, 55*, 235–253; Buck, R. & VanLear, C. A. (2002). Verbal and nonverbal communication: Distinguishing symbolic, spontaneous, and pseudo-spontaneous nonverbal behavior. *Journal of Communication, 52*, 522–541.
8. Clevenger, T., Jr. (1991). Can one not communicate? A conflict of models. *Communication Studies, 42*, 340–353.
9. Burgoon, J. K. & LePoire, B. A. (1999). Nonverbal cues and interpersonal judgments: Participant and observer perceptions of intimacy, dominance, composure, and formality. *Communication Monographs, 66*, 105–124.
10. Keating, C. F. (2006). Why and how the silent self speak volumes: Functional approaches to nonverbal impression management. In V. Manusov & M. L. Patterson (Eds.), *The Sage handbook of nonverbal communication* (pp. 321–340). Thousand Oaks, CA: Sage.
11. Horan, S. M. & Booth-Butterfield, M. (2010). Investing in affection: An investigation of affection exchange theory and relational qualities. *Communication Quarterly, 58*, 394–413.
12. Skovholt, K., Gronning, A., & Kankaanranta, A. (2014). The communicative functions of emoticons in workplace e-mails. *Journal of Computer-Mediated Communication, 19*, 780–797; Derks, D., Bos, A. E. R., & von Grumbkow, J. (2007). Emoticons and social interaction on the Internet: The importance of social context. *Computers in Human Behavior, 23*, 442–879.
13. Dresner, E. & Herring, S. C. (2010). Functions of the nonverbal in CMC: Emoticons and illocutionary force. *Communication Theory, 20*, 249–268.
14. Vandergriff, I. (2013). Emotive communication online: A contextual analysis of computer-mediated communication cues. *Journal of Pragmatics, 51*, 1–12.
15. Ledbetter, A. M. (2008). Chronemic cues and sex differences in relational e-mail: Perceiving immediacy and supportive message quality. *Social Science Computer Review, 26*, 466–482; Walther, J. B. (2009). Nonverbal dynamics in computer-mediated communication or :(and the net :('s with you, :) and you :) alone. In V. Manusov & M. L. Patterson (Eds.), *The Sage handbook of nonverbal communication* (pp. 461–479). Thousand Oaks, CA: Sage.

16. Uhls, Y. T., Michikyan, M., Morris, J., Garcia, D., Small, G. W., Zgourou, E., & Greenfield, P. M. (2014). Five days at outdoor education camp without screens improves preteen skills with nonverbal emotion cues. *Computers in Human Behavior, 39*, 387–392.

17. Cross, E. S. & Franz, E. A. (2003, April). *Talking hands: Observation of bimanual gestures as a facilitative working memory mechanism*. Paper presented at the Cognitive Neuroscience Society 10th Annual Meeting, New York.

18. Motley, M. T. (1993). Facial affect and verbal context in conversation: Facial expression as interjection. *Human Communication Research, 20*, 3–40.

19. Capella, J. N. & Schreiber, D. M. (2006). The interaction management function of nonverbal cues. In V. Manusov & M. L. Patterson (Eds.), *The Sage handbook of nonverbal communication* (pp. 361–379). Thousand Oaks, CA: Sage.

20. Giles, H. & LePoire, B. A. (2006). The ubiquity of social meaningfulness of nonverbal communication. In V. Manusov & M. L. Patterson (Eds.), *The Sage handbook of nonverbal communication* (pp. xv–xxvii). Thousand Oaks, CA: Sage.

21. Ekman, P. (2003). *Emotions revealed: Recognizing faces and feelings to improve communication and emotional life*. New York: Holt.

22. Vrig, A. (2006). Nonverbal communication and deception. In V. Manusov & M. L. Patterson (Eds.), *The Sage handbook of nonverbal communication* (pp. 341–360). Thousand Oaks, CA: Sage.

23. Guerrero, L. K. & Floyd, K. (2006). *Nonverbal communication in close relationships*. Mahwah, NJ: Erlbaum; DePaulo, B. M. (1980). Detecting deception modality effects. In L. Wheeler (Ed.), *Review of personality and social psychology* (Vol. 1, pp. 125–162). Beverly Hills, CA: Sage; Greene, J., O'Hair, D., Cody, M., & Yen, C. (1985). Planning and control of behavior during deception. *Human Communication Research, 11*, 335–364.

24. Burgoon, J. K. & Levine, T. R. (2010). Advances in deception detection. In S. W. Smith & S. R. Wilson (Eds.), *New directions in interpersonal communication research* (pp. 201–220). Thousand Oaks, CA: Sage.

25. Lock, C. (2004). Deception detection: Psychologists try to learn how to spot a liar. *Science News Online, 166*, 72.

26. Mann, S., Ewens, S., Shaw, D., Vrij, A., Leal, S., & Hillman, J. (2013). Lying eyes: Why liars seek deliberate eye contact. *Psychiatry, Psychology and Law, 20*, 452–461.

27. Harwig, M. & Bond, C. F. (2011). Why do lie-catchers fail? A lens model meta-analysis of human lie judgments. *Psychological Bulletin, 137*, 643–659.

28. Lindsey, A. E. & Vigil, V. (1999). The interpretation and evaluation of winking in stranger dyads. *Communication Research Reports, 16*, 256–265.

29. Smiling through the artichokes. (1998, September 9). *San Francisco Examiner*.

30. Simon, R. (1995, March 20). Proceed with caution if using hand signals. *Los Angeles Times*.

31. Lim, G. Y. & Roloff, M. E. (1999). Attributing sexual consent. *Journal of Applied Communication Research, 27*, 1–23.

32. Rourke, B. P. (1989). *Nonverbal learning disabilities: The syndrome and the model*. New York: Guilford.

33. Fudge, E. S. (n.d.). *Nonverbal learning disorder syndrome?* Retrieved from http://www.nldontheweb.org/fudge.htm

34. Rosip, J. C. & Hall, J. A. (2004). Knowledge of nonverbal cues, gender, and nonverbal decoding accuracy. *Journal of Nonverbal Behavior, 28*, 267–286; Hall, J. A. (1985). Male and female nonverbal behavior. In A. W. Siegman & S. Feldstein (Eds.), *Multichannel integrations of nonverbal behavior* (pp. 69–103). Hillsdale, NJ: Erlbaum.

35. Hall, J. A. (2006). Women and men's nonverbal communication. In V. Manusov & M. L. Patterson (Eds.), *The Sage handbook of nonverbal communication* (pp. 201–218). Thousand Oaks, CA: Sage.

36. Canary, D. J. & Emmers-Sommer, T. M. (1997). *Sex and gender differences in personal relationships*. New York: Guilford.

37. Knofler, T. & Imhof, M. (2007). Does sexual orientation have an impact on nonverbal behavior in interpersonal communication? *Journal of Nonverbal Behavior, 31*, 189–204.

38. Matsumoto, D. & Yoo, S. H. (2005). Culture and applied nonverbal communication. In R. S. Feldman & R. E. Riggio (Eds.), *Applications of nonverbal communication* (pp. 255–277). Mahwah, NJ: Erlbaum.

39. Birdwhistell, R. (1970). *Kinesics and context*. Philadelphia: University of Pennsylvania Press.

40. Ekman, P., Friesen, W. V., & Baer, J. (1984, May). The international language of gestures. *Psychology Today, 18*, 64–69.

41. Yuki, M., Maddux, W. W., & Masuda, T. (2007). Are the windows to the soul the same in the East and West? Cultural differences in using the eyes and mouth as cues to recognize emotions in Japan and the United States. *Journal of Experimental Social Psychology, 43*, 303–311.

42. Hall, E. (1969). *The hidden dimension*. Garden City, NY: Anchor Books.

43. Matsumoto, D. (2006). Culture and nonverbal behavior. In V. Manusov & M. L. Patterson (Eds.), *The Sage handbook of nonverbal communication* (pp. 219–235). Thousand Oaks, CA: Sage.

44. Akechi, H., Senju, A., Uibo, H., Kikuchi, Y., Hasegawa, T., & Hietanen, J. K. (2013). Attention to eye contact in the West and East: Autonomic responses and evaluative ratings. *PLoS ONE, 8*, e59312; Bavelas, J. B., Coates, L., & Johnson, T. (2002). Listener responses as a collaborative process: The role of gaze. *Journal of Communication, 52*, 566–579.

45. Levine, R. (1988). The pace of life across cultures. In J. E. McGrath (Ed.), *The social psychology of time* (pp. 39–60). Newbury Park, CA: Sage.

46. Hall, E. T. & Hall, M. R. (1987). *Hidden differences: Doing business with the Japanese*. Garden City, NY: Anchor Press.

47. Levine, R. & Wolff, E. (1985, March). Social time: The heartbeat of culture. *Psychology Today, 19*, 28–35.

48. Booth-Butterfield, M. & Jordan, F. (1998). *"Act like us": Communication adaptation among racially homogeneous and heterogeneous groups*. Paper presented at the Speech Communication Association meeting, New Orleans.

49. Ekman, P. (2003). *Emotions revealed*. New York: Holt.

50. Eibl-Eibesfeldt, J. (1972). Universals and cultural differences in facial expressions of emotions. In J. Cole (Ed.), *Nebraska symposium on motivation* (pp. 297–314). Lincoln: University of Nebraska Press.

51. Coulson, M. (2004). Attributing emotion to static body postures: Recognition accuracy, confusions, and viewpoint dependence. *Journal of Nonverbal Behavior, 28*, 117–139.

52. Mehrabian, A. (1981). *Silent messages* (2nd ed., pp. 47–48, 61–62). Belmont, CA: Wadsworth.

53. Carney, D. R., Cuddy, A. J., & Yap, A. J. (2010). Power posing: Brief nonverbal displays affect neuroendrocrine levels and risk tolerance. *Psychological Science, 21*, 1363–1368.

54. Corballis, M. C. (2002). *From hand to mouth: The origins of language*. Princeton, NJ: Princeton University Press.

55. Andersen, P. A. (2008). *Nonverbal communication: Forms and functions* (2nd ed., p. 37). Long Grove, IL: Waveland Press.

56. Ekman, P. & Friesen, W. V. (1969). The repertoire of nonverbal behavior: Categories, origins, usage, and coding. *Semiotica, 1*, 49–98.

57. Sueyoshi, A. & Hardison, D. M. (2005). The role of gestures and facial cues in second language listening comprehension. *Language Learning, 55*, 661–699.

58. Koerner, B. I. (2003, March 28). What does a "thumbs up" mean in Iraq? *Slate*. Retrieved from http://www.slate.com/id/2080812

59. Ekman, P. & Friesen, W. V. (1974). Nonverbal behavior and psychopathology. In R. J. Friedman & M. N. Katz (Eds.), *The psychology of depression: Contemporary theory and research* (pp. 3–31). Washington, DC: J. Winston.

60. Ekman, P. (2009). *Telling lies: Clues to deceit in the marketplace, politics, and marriage* (4th ed.). New York: W. W. Norton.

61. Ekman, P. & Friesen, W. V. (1975). *Unmasking the face: A guide to recognizing emotions from facial clues*. Englewood Cliffs, NJ: Prentice-Hall.

62. Yan, W., Wu, Q., Liang, J., Chen, Y., & Fu, X. (2013). How fast are the leaked facial expressions: The duration of micro-expressions. *Journal of Nonverbal Behavior, 37*, 217–230.

63. Porter, S., Brinke, L., & Wallace, B. (2012). Secrets and lies: Involuntary leakage in deceptive facial expressions as a function of emotional intensity. *Journal of Nonverbal Behavior, 36*, 23–37.

64. Ekman, P. (2009). *Telling lies: Clues to deceit in the marketplace, politics, and marriage* (4th ed.). New York: W. W. Norton.

65. Krumhuber, E. & Kappas, A. (2005). Moving smiles: The role of dynamic components for the perception of the genuineness of smiles. *Journal of Nonverbal Behavior, 29*, 3–24.

66. Davis, S. F. & Kieffer, J. C. (1998). Restaurant servers influence tipping behavior. *Psychological Reports, 83*, 223–226.

67. Gueguen, N. & Jacob, C. (2002). Direct look versus evasive glance and compliance with a request. *Journal of Social Psychology, 142*, 393–396.

68. Andersen, P. A., Guerrero, L. K., & Jones, S. M. (2006). Nonverbal behavior in intimate interactions and intimate relationships. In V. Manusov & M. L. Patterson (Eds.), *The Sage handbook of nonverbal communication* (pp. 259–278). Thousand Oaks, CA: Sage.

69. Burgoon, J. K. & Dunbar, N. E. (2006). Nonverbal skills and abilities. In V. Manusov & M. L. Patterson (Eds.), *The Sage handbook of nonverbal communication* (pp. 279–298). Thousand Oaks, CA: Sage.

70. Guerrero, L. K. & Floyd, K. (2006). *Nonverbal communication in close relationships*. Mahwah, NJ: Erlbaum.

71. Davis, M., Markus, K. A., & Walters, S. B. (2006). Judging the credibility of criminal suspect statements: Does mode of presentation matter? *Journal of Nonverbal Behavior, 30*, 181–198.

72. Einhorn, L. J. (1981). An inner view of the job interview: An investigation of successful communicative behaviors. *Communication Education, 30*, 217–228.

73. Bone, J. (2009, January 23). Caroline Kennedy says no to Senate but may become London envoy. *London Times*. Retrieved from http://www.timesonline.co.uk

74. Knapp, M. L. & Hall, J. A. (2010). *Nonverbal communication in human interaction* (7th ed., pp. 344–346). Boston: Wadsworth.

75. Trees, A. R. (2000). Nonverbal communication and the support process: Interactional sensitivity in interactions between mothers and young adult children. *Communication Monographs, 67*, 239–261.

76. Buller, D. & Aune, K. (1992). The effects of speech rate similarity on compliance: Application of communication accommodation theory. *Western Journal of Communication, 56*, 37–53; Buller, D., LePoire, B. A., Aune, K., & Eloy, S. V. (1992). Social perceptions as mediators of the effect of speech rate similarity on compliance. *Human Communication*

Research, *19*, 286–311; Buller, D. B. & Aune, R. K. (1988). The effects of vocalics and nonverbal sensitivity on compliance: A speech accommodation theory explanation. *Human Communication Research*, *14*, 301–332.

77. Andersen, P. A. (1984). Nonverbal communication in the small group. In R. S. Cathcart & L. A. Samovar (Eds.), *Small group communication: A reader* (4th ed., pp. 258–270). Dubuque, IA: W. C. Brown.

78. Harris, M., Ivanko, S., Jungen, S., Hala, S., & Pexman, P. (2001, October). *You're really nice: Children's understanding of sarcasm and personality traits*. Poster presented at 2nd Biennial Meeting of the Cognitive Development Society, Virginia Beach.

79. Tusing, K. J. & Dillard, J. P. (2000). The sounds of dominance: Vocal precursors of perceived dominance during interpersonal influence. *Human Communication Research*, *26*, 148–171.

80. Zuckerman, M., & Driver, R. E. (1989). What sounds beautiful is good: The vocal attractiveness stereotype. *Journal of Nonverbal Behavior*, *13*, 67–82.

81. Ng, S. H. & Bradac, J. J. (1993). *Power in language: Verbal communication and social influence* (p. 40). Newbury Park, CA: Sage.

82. Heslin, R. & Alper, T. (1983). Touch: A bonding gesture. In J. M. Wiemann & R. P. Harrison (Eds.), *Nonverbal interaction* (pp. 47–75). Beverly Hills, CA: Sage.

83. Heslin, R. & Alper, T. (1983). Touch: A bonding gesture. In J. M. Wiemann & R. P. Harrison (Eds.), *Nonverbal interaction* (pp. 47–75). Beverly Hills, CA: Sage.

84. Burgoon, J., Walther, J., & Baesler, E. (1992). Interpretations, evaluations, and consequences of interpersonal touch. *Human Communication Research*, *19*, 237–263.

85. Crusco, A. H., & Wetzel, C. G. (1984). The Midas touch: Effects of interpersonal touch on restaurant tipping. *Personality and Social Psychology Bulletin*, *10*, 512–517.

86. Hornik, J. (1992). Effects of physical contact on customers' shopping time and behavior. *Marketing Letters*, *3*, 49–55.

87. Smith, D. E., Gier, J. A., & Willis, F. N. (1982). Interpersonal touch and compliance with a marketing request. *Basic and Applied Social Psychology*, *3*, 35–38.

88. Gueguen, N. & Vion, M. (2009). The effect of a practitioner's touch on a patient's medication compliance. *Psychology, Health & Medicine*, *14*, 689–694.

89. Adler, T. (1993, February). Congressional staffers witness miracle of touch. *APA Monitor*, 12–13.

90. Driscoll, M. S., Newman, D. L., & Seal, J. M. (1988). The effect of touch on the perception of counselors. *Counselor Education and Supervision*, *27*, 344–354; Wilson, J. M. (1982). The value of touch in psychotherapy. *American Journal of Orthopsychiatry*, *52*, 65–72.

91. Field, T., Lasko, D., Mundy, P., Henteleff, T., Kabat, S., Talpins, S., & Dowling, M. (1997). Brief report: Autistic children's attentiveness and responsivity improve after touch therapy. *Journal of Autism and Developmental Disorders*, *27*, 333–338.

92. Kraus, M. W., Huang, C., & Keltner, D. (2010). Tactile communication, cooperation, and performance: An ethological study of the NBA. *Emotion*, *10*, 745–749.

93. Patzer, G. (2008). Looks: *Why they matter more than you ever imagined*. New York: Amacon.

94. Dion, K. K. (1973). Young children's stereotyping of facial attractiveness. *Developmental Psychology*, *9*, 183–188.

95. Ritts, V., Patterson, M. L., & Tubbs, M. E. (1992). Expectations, impressions, and judgments of physically attractive students: A review. *Review of Educational Research*, *62*, 413–426.

96. Riniolo, T. C., Johnson, K. C., & Sherman, T. R. (2006). Hot or not: Do professors perceived as physically attractive receive higher student evaluations? *Journal of General Psychology*, *133*, 19–35.

97. Hosoda, M., Stone-Romero, E. F., & Coats, G. (2003). The effects of physical attractiveness on job-related outcomes: A meta-analysis of experimental studies. *Personnel Psychology*, *56*, 431–462.

98. Furnham, A. (April 22, 2014). Lookism at work. Psychology Today; Gordon, R., Crosnoe, R., & Wang, X. (2013). Physical attractiveness and the accumulation of social and human capital in adolescence and young adulthood. *Monographs of the Society for Research in Child Development*, *78*, 1–137.

99. Agthe, M., Sporrle, M., & Maner, J. K. (2011). Does being attractive always help? Positive and negative effects of attractiveness on social decision making. *Personality and Social Psychology Bulletin*, *37*, 1042–1054.

100. Frevert, T. K. & Walker, L. S. (2014). Physical attractiveness and social status. *Sociology Compass*, *8*, 313–323.

101. Albada, K. F., Knapp, M. L., & Theune, K. E. (2002). Interaction appearance theory: Changing perceptions of physical attractiveness through social interaction. *Communication Theory*, *12*, 8–40.

102. Thourlby, W. (1978). *You are what you wear* (p. 1). New York: New American Library.

103. Knapp, M. L. & Hall, J. A. (2010). *Nonverbal communication in human interaction* (7th ed., pp. 201–207). Boston: Wadsworth.

104. Hall, E. (1969). *The hidden dimension*. Garden City, NY: Anchor Books.

105. Hackman, M. & Walker, K. (1990). Instructional communication in the televised classroom: The effects of system design and teacher immediacy. *Communication Education*, *39*, 196–206; McCroskey, J. C. & Richmond, V. P. (1992). Increasing teacher influence through immediacy. In V. P. Richmond & J. C. McCroskey (Eds.), *Power in the classroom:*

Communication, control, and concern (pp. 101–119). Hillsdale, NJ: Erlbaum.

106. Conlee, C., Olvera, J., & Vagim, N. (1993). The relationships among physician nonverbal immediacy and measures of patient satisfaction with physician care. *Communication Reports, 6*, 25–33.

107. Kaya, N. & Burgess, B. (2007). Territoriality: Seat preferences in different types of classroom arrangements. *Environment and Behavior, 39*, 859–876.

108. Brown, G., Lawrence, T. B., & Robinson, S. L. (2005). Territoriality in organizations. *Academy of Management Review, 30*, 577–594.

109. Sadalla, E. (1987). Identity and symbolism in housing. *Environment and Behavior, 19*, 569–587.

110. Maslow, A. & Mintz, N. (1956). Effects of aesthetic surroundings: Initial effects of those aesthetic surroundings upon perceiving "energy" and "well-being" in faces. *Journal of Psychology, 41*, 247–254.

111. Teven, J. J. & Comadena, M. E. (1996). The effects of office aesthetic quality on students' perceptions of teacher credibility and communicator style. *Communication Research Reports, 13*, 101–108.

112. Sommer, R. (1969). *Personal space: The behavioral basis of design.* Englewood Cliffs, NJ: Prentice-Hall.

113. Sommer, R. & Augustin, S. (2007). Spatial orientation in the cubicle. *Journal of Facilities Management, 5*, 205–214.

114. Ballard, D. I. & Seibold, D. R. (2000). Time orientation and temporal variation across work groups: Implications for group and organizational communication. *Western Journal of Communication, 64*, 218–242.

115. Kalman, Y. M. & Rafaeli, S. (2011). Online pauses and silence: Chronemic expectancy violations in written computer-mediated communication. *Communication Research, 38*, 54–69.

116. Andersen, P. A., Guerrero, L. K., & Jones, S. M. (2006). Nonverbal behavior in intimate interactions and intimate relationships. In V. Manusov & M. L. Patterson (Eds.), *The Sage handbook of nonverbal communication* (pp. 259–278). Thousand Oaks, CA: Sage.

117. Egland, K. I., Stelzner, M. A., Andersen, P. A., & Spitzberg, B. S. (1997). Perceived understanding, nonverbal communication, and relational satisfaction. In J. E. Aitken & L. J. Shedletsky (Eds.), *Intrapersonal communication processes* (pp. 386–396). Annandale, VA: Speech Communication Association.

118. Walther, J. B. (2006). Nonverbal dynamics in computer-mediated communication. In V. Manusov & M. L. Patterson (Eds.), *The Sage handbook of nonverbal communication* (pp. 461–479). Thousand Oaks, CA: Sage.

119. Walther, J. B. & Bunz, U. (2005). The rules of virtual groups: Trust, liking, and performance in computer-mediated communication. *Journal of Communication, 55*, 828–846.

第八章

1. Emanuel, R., Adams, J., Baker, K., Daufin, E. K., Ellington, C., Fitts, E., Himsel, J., Holladay, L., & Okeowo, D. (2008). How college students spend their time communicating. *International Journal of Listening, 22*, 13–28; Barker, L., Edwards, R., Gaines, C., Gladney, K., & Holley, R. (1981). An investigation of proportional time spent in various communication activities by college students. *Journal of Applied Communication Research, 8*, 101–109.

2. Wolvin, A. D. & Coakley, C. G. (1981). A survey of the status of listening training in some Fortune 500 corporations. *Communication Education, 40*, 152–164.

3. Prager, K. J. & Buhrmester, D. (1998). Intimacy and need fulfillment in couple relationships. *Journal of Social and Personal Relationships, 15*, 435–469.

4. Vangelisti, A. L. (1994). Couples' communication problems: The counselor's perspective. *Journal of Applied Communication Research, 22*, 106–126.

5. Wolvin, A. D. (1984). Meeting the communication needs of the adult learners. *Communication Education, 33*, 267–271.

6. Beall, M. L., Gill-Rosier, J., Tate, J., & Matten, A. (2008). State of the context: Listening in education. *International Journal of Listening, 22*, 123–132.

7. Davis, J., Foley, A., Crigger, N., & Brannigan, M. C. (2008). Healthcare and listening: A relationship for caring. *International Journal of Listening, 22*, 168–175; Davis, J., Thompson, C. R., Foley, A., Bond, C. D., & DeWitt, J. (2008). An examination of listening concepts in the healthcare context: Differences among nurses, physicians, and administrators. *International Journal of Listening, 22*, 152–167.

8. Schnapp, D. C. (2008). Listening in context: Religion and spirituality. *International Journal of Listening, 22*, 133–140.

9. Flynn, J., Valikoski, T., & Grau, J. (2008). Listening in the business context: Reviewing the state of research. *International Journal of Listening, 22*, 141–151.

10. Keyton et al. (2013). Investigating verbal workplace communication behaviors. *Journal of Business Communication, 50*, 152–169.

11. Fernald, A. (2001). Hearing, listening, and understanding: Auditory development in infancy. In G. Bemner & A. Fogel (Eds.), *Blackwell handbook of infant development* (pp. 35–70). Malden, MA: Blackwell.

12. Burleson, B. R. (2010). Explaining recipient responses to supportive messages: Development and tests of a dual-

process theory. In S. W. Smith & S. R. Wilson (Eds.), *New directions in interpersonal communication research* (pp. 159–179). Los Angeles: Sage; Bodie, G. D. & Burleson, B. R. (2008). Explaining variations in the effects of supportive messages: A dual-process framework. In C. S. Beck (Ed.), *Communication yearbook 32* (pp. 355–398). New York: Routledge.

13. Langer, E. (1990). *Mindfulness*. Reading, MA: Addison-Wesley; Burgoon, J. K., Berger, C. R., & Waldron, V. R. (2000). Mindfulness and interpersonal communication. *Journal of Social Issues, 56*, 105–127.

14. Burgoon, J. K., Berger, C. R., & Waldron, V. R. (2000). Mindfulness and interpersonal communication. *Journal of Social Issues, 56*, 105–127.

15. Langer, E. (1990). *Mindfulness* (p. 90). Reading, MA: Addison-Wesley.

16. Cooper, L. O. & Buchanan, T. (2010). Listening competency on campus: A psychometric analysis of student listening. *The International Journal of Listening, 24*, 141–163.

17. Kochkin, S. (2005). MarkeTrak VII: Hearing loss population tops 31 million. *Hearing Review, 12*, 16–29.

18. Flexer, C. (1997, February). Commonly asked questions abou children with minimal hearing loss in the classroom. *Hearing Loss*, 8–12.

19. Smeltzer, L. R. & Watson, K. W. (1984). Listening: An empirical comparison of discussion length and level of incentive. *Central States Speech Journal, 35*, 166–170.

20. Pasupathi, M., Stallworth, L. M., & Murdoch, K. (1998). How what we tell becomes what we know: Listener effects on speakers' long-term memory for events. *Discourse Processes, 26*, 1–25.

21. Powers, W. G. & Witt, P. L. (2008). Expanding the theoretical framework of communication fidelity. *Communication Quarterly, 56*, 247–267; Fitch-Hauser, M., Powers, W. G., O'Brien, K., & Hanson, S. (2007). Extending the conceptualization of listening fidelity. *International Journal of Listening, 21,* 81–91; Powers, W. G. & Bodie, G. D. (2003). Listening fidelity: Seeking congruence between cognitions of the listener and the sender. *International Journal of Listening, 17*, 19–31.

22. Lewis, M. H. & Reinsch, N. L., Jr. (1988). Listening in organizational environments. *Journal of Business Communication, 23*, 49–67.

23. Imhof, M. (2002). In the eye of the beholder: Children's perception of good and poor listening behavior. *International Journal of Listening, 16*, 40–57.

24. Weger, H., Bell, G. C., Minei, E., M., & Robinson, M. C. (2014). The relative effectiveness of active listening in initial interactions. *International Journal of Listening, 28*, 13–31.

25. Barker, L. L. (1971). *Listening behavior*. Englewood Cliffs, NJ: Prentice-Hall.

26. Vangelisti, A. L., Knapp, M. L., & Daly, J. A. (1990). Conversational narcissism. *Communication Monographs, 57*, 251–274; McCroskey, J. C. & Richmond, V. P. (1993). Identifying compulsive communicators: The talkaholic scale. *Communication Research Reports, 10*, 107–114.

27. McComb, K. B. & Jablin, F. M. (1984). Verbal correlates of interviewer empathic listening and employment interview outcomes. *Communication Monographs, 51*, 367.

28. Hansen, J. (2007). *24/7: How cell phones and the Internet change the way we live, work, and play*. New York: Praeger; Turner, J. W. & Reinsch, N. L. (2007). The business communicator as presence allocator: Multicommunicating, equivocality, and status at work. *Journal of Business Communication, 44*, 36–58.

29. Wolvin, A. & Coakley, C. G. (1988). *Listening* (3rd ed., p. 208). Dubuque, IA: W. C. Brown.

30. Nichols, R. (1987, September). Listening is a ten-part skill. *Nation's Business, 75*, 40.

31. Golen, S. (1990). A factor analysis of barriers to effective listening. *Journal of Business Communication, 27*, 25–36.

32. Nelson, P., Kohnert, K., Sabur, S., & Shaw, D. (2005). Noise and children learning through a second language: Double jeopardy? *Language, Speech, & Hearing Services in Schools, 36*, 219–229.

33. Kline, N. (1999). *Time to think: Listening to ignite the human mind* (p. 21). London: Ward Lock.

34. Carrell, L. J. & Willmington, S. C. (1996). A comparison of self-report and performance data in assessing speaking and listening competence. *Communication Reports, 9*, 185–191.

35. Nichols, R. G., Brown, J. I., & Keller, R. J. (2006). Measurement of communication skills. *International Journal of Listening, 20*, 13–17; Spinks, N. & Wells, B. (1991). Improving listening power: The payoff. *Bulletin of the Association for Business Communication, 54*, 75–77.

36. Listen to this: Hearing problems can stress relationships. (2008). Retrieved from http://www.energizer.com/livehealthy/#listentothis; Shafer, D. N. (2007). Hearing loss hinders relationships. *ASHA Leader, 12,* 5–7.

37. Carbaugh, D. (1999). "Just listen": "Listening" and landscape among the Blackfeet. *Western Journal of Communication, 63*, 250–270.

38. Bodie, G. D., St. Cyr, K., Pence, M., Rold, M., & Honeycutt, J. (2012). Listening competence in initial interactions I: Distinguishing between what listening is and what listeners do. *International Journal of Listening, 26*, 1–28; Bippus, A. M. (2001). Recipients' criteria for evaluating the skillfulness of comforting communication and the outcomes of comforting interactions. *Communication Monographs, 68*, 301–313.

39. Goodman, G. & Esterly, G. (1990). Questions—The most popular piece of language. In J. Stewart (Ed.), *Bridges not walls* (5th ed., pp. 69–77). New York: McGraw-Hill.

40. Chen, F. S., Minson, J. A., & Tormala, Z. L. (2010). Tell me more: The effects of expressed interest on receptiveness during dialog. *Journal of Experimental Social Psychology, 46*, 850–853.

41. Burleson, B. R. (1994). Comforting messages: Features, functions, and outcomes. In J. A. Daly & J. M. Wiemann (Eds.), *Strategic interpersonal communication* (p. 140). Hillsdale, NJ: Erlbaum.

42. Myers, S. (2000). Empathic listening: Reports on the experience of being heard. *Journal of Humanistic Psychology, 40*, 148–173; Grant, S. G. (1998). A principal's active listening skills and teachers' perceptions of the principal's leader behaviors. *Dissertation Abstracts International Section A: Humanities and Social Sciences, 58*, 2933; Van Hasselt, V. B., Baker, M. T., & Romano, S. J. (2006). Crisis (hostage) negotiation training: A preliminary evaluation of program efficacy. *Criminal Justice and Behavior, 33*, 56–69.

43. Bruneau, J. (1989). Empathy and listening: A conceptual review and theoretical directions. *Journal of the International Listening Association, 3*, 1–20; Cissna, K. N. & Anderson, R. (1990). The contributions of Carl R. Rogers to a philosophical praxis of dialogue. *Western Journal of Speech Communication, 54*, 137–147.

44. Burleson, B. R. (2003). Emotional support skills. In J. O. Greene and B. R. Burleson (Eds.), *Handbook of communication and social interaction skills* (p. 552). Mahwah, NJ: Erlbaum.

45. Hample, D. (2006). Anti-comforting messages. In K. M. Galvin & P. J. Cooper (Eds.), *Making connections: Readings in relational communication* (4th ed., pp. 222–227). Los Angeles: Roxbury; Burleson, B. R. & MacGeorge, E. L. (2002). Supportive communication. In M. L. Knapp & J. A. Daly (Eds.), *Handbook of interpersonal communication* (3rd ed., pp. 374–422). Thousand Oaks, CA: Sage.

46. Singal, J. (June 25, 2014). Stop telling your depressed friends to cheer up. *New York Magazine*.

47. Samter, W., Burleson, B. R., & Murphy, L. B. (1987). Comforting conversations: The effects of strategy type on evaluations of messages and message producers. *Southern Speech Communication Journal, 52*, 263–284.

48. Burleson, B. (2008). What counts as effective emotional support? In M. T. Motley (Ed.), *Studies in applied interpersonal communication* (pp. 207–227). Thousand Oaks, CA: Sage.

49. Davidowitz, M. & Myrick, R. D. (1984). Responding to the bereaved: An analysis of "helping" statements. *Death Education, 8*, 1–10; Servaty-Seib, H. L. & Burleson, B. R. (2007). Bereaved adolescents' evaluations of the helpfulness of support-intended statements. *Journal of Social and Personal Relationships, 24*, 207–223; Toller, P. (2011). Bereaved parents' experiences of supportive and unsupportive communication. *Southern Communication Journal, 76*, 17–34.

50. Miczo, N. & Burgoon, J. K. (2008). Facework and nonverbal behavior in social support interactions within romantic dyads. In M. T. Motley (Ed.), *Studies in applied interpersonal communication* (pp. 245–266). Thousand Oaks, CA: Sage.

51. Clark, R. A. & Delia, J. G. (1997). Individuals' preferences for friends' approaches to providing support in distressing situations. *Communication Reports, 10*, 115–121.

52. Lewis, T., & Manusov, V. (2009). Listening to another's distress in everyday relationships. *Communication Quarterly, 57*, 282–301.

53. MacGeorge, E. L., Feng, B., & Thompson, E. R. (2008). "Good" and "bad" advice: How to advise more effectively." In M. T. Motley (Ed.), *Studies in applied interpersonal communication* (pp. 145–164). Thousand Oaks, CA: Sage; Notarius, C. J. & Herrick, L. R. (1988). Listener response strategies to a distressed other. *Journal of Social and Personal Relationships, 5*, 97–108.

54. Messman, S. J., Canary, D. J., & Hause, K. S. (2000). Motives to remain platonic, equity, and the use of maintenance strategies in opposite-sex friendships. *Journal of Social and Personal Relationships, 17*, 67–94.

55. Goldsmith, D. J. & Fitch, K. (1997). The normative context of advice as social support. *Human Communication Research, 23*, 454–476; Goldsmith, D. J. & MacGeorge, E. L. (2000). The impact of politeness and relationship on perceived quality of advice about a problem. *Human Communication Research, 26*, 234–263.

56. MacGeorge, E. L., Feng, B., & Thompson, E. R. (2008). "Good" and "bad" advice: How to advise more effectively." In M. T. Motley (Ed.), *Studies in applied interpersonal communication* (pp. 145–164). Thousand Oaks, CA: Sage.

57. Castro, D. R., Cohen, A., Tohar, G., & Kluger, A. N. (2013). The role of active listening in teacher-parent relations and the moderating role of attachment style. *International Journal of Listening, 27*, 136–145.

58. Miczo, N. & Burgoon, J. K. (2008). Facework and nonverbal behavior in social support interactions within romantic dyads. In M. T. Motley (Ed.), *Studies in applied interpersonal communication* (pp. 245–266). Thousand Oaks, CA: Sage.

59. Sillence, E. (2013). Giving and receiving peer advice in an online breast cancer support group. *Cyberpsychology, Behavior, and Social Networking, 16*, 480–485.

60. Silver, R. & Wortman, C. (1981). Coping with undesirable life events. In J. Garber & M. Seligman (Eds.), *Human helplessness: Theory and applications* (pp. 279–340). New York: Academic Press; Young, C. R., Giles, D. E., & Plantz, M. C. (1982). Natural networks: Help-giving and help-seeking in two rural communities. *American Journal of Community Psychology, 10*, 457–469.

61. Clark, R. A. & Delia, J. G. (1997). Individuals' preferences for friends' approaches to providing support in distressing situations. *Communication Reports, 10*, 115–121.

62. Burleson, B. (1994). Comforting messages: Their significance and effects. In J. A. Daly & J. M. Wiemann (Eds.), *Communicating strategically: Strategies in interpersonal communication* (pp. 135–161). Hillside, NJ: Erlbaum; Chesbro, J.

L. (1999). The relationship between listening styles and conversational sensitivity. *Communication Research Reports*, *16*, 233–238.

63. Sargent, S. L. & Weaver, J. B. (2003). Listening styles: Sex differences in perceptions of self and others. *International Journal of Listening*, *17*, 5–18; Johnston, M. K., Weaver, J. B., Watson, K., & Barker, L. (2000). Listening styles: Biological or psychological differences? *International Journal of Listening*, *14*, 32–47.

64. Samter, W. (2002). How gender and cognitive complexity influence the provision of emotional support: A study of indirect effects. *Communication Reports*, *15*, 5–17; Hale, J. L., Tighe, M. R., & Mongeau, P. A. (1997). Effects of event type and sex on comforting messages. *Communication Research Reports*, *14*, 214–220.

65. Burleson, B. R. (1982). The development of comforting communication skills in childhood and adolescence. *Child Development*, *53*, 1578–1588.

66. Lemieux, R., & Tighe, M. R. (2004). Attachment styles and the evaluation of comforting responses: A receiver perspective. *Communication Research Reports*, *21*, 144–153.

67. Burleson, B. R., Holmstrom, A. J., & Gilstrap, C. M. (2005). "Guys can't say that to guys:" Four experiments assessing the normative motivation account for deficiencies in the emotional support provided by men. *Communication Monographs*, *72*, 468–501.

68. Woodward, M. S., Rosenfeld, L. B., & May, S. K. (1996). Sex differences in social support in sororities and fraternities. *Journal of Applied Communication Research*, *24*, 260–272.

69. Burleson, B. R. & Kunkel, A. (2006). Revisiting the different cultures thesis: An assessment of sex differences and similarities in supportive communication. In K. Dindia & D. J. Canary (Eds.), *Sex differences and similarities in communication* (2nd ed., pp. 137–159). Mahwah, NJ: Erlbaum.

70. Horowitz, L. M., Krasnoperova, E. N., & Tatar, D. G. (2001). The way to console may depend on the goal: Experimental studies of social support. *Journal of Experimental Social Psychology*, *37*, 49–61.

71. MacGeorge, E. L., Feng, B., & Thompson, E. R. (2008). "Good" and "bad" advice: How to advise more effectively. In M. T. Motley (Ed.), *Studies in applied interpersonal communication* (pp. 145–164). Thousand Oaks, CA: Sage; Young, R. W. & Cates, C. M. (2004). Emotional and directive listening in peer mentoring. *International Journal of Listening*, *18*, 21–33.

72. Feng, B. & Lee, K. J. (2010). The influence of thinking styles on responses to supportive messages. *Communication Studies*, *61*, 224–238.

第九章

1. Byrne, D. (2010). An overview (and underview) of research and theory within the attraction paradigm. In M. L. Knapp & J. A. Daly (Eds.), *Interpersonal communication* (pp. 77–94). Thousand Oaks, CA: Sage.

2. Hatfield, E. & Sprecher, S. (1986). *Mirror, mirror: The importance of looks in everyday life*. Albany: State University of New York Press.

3. Walster, E., Aronson, E., Abrahams, D., & Rottmann, L. (1966). Importance of physical attractiveness in dating behavior. *Journal of Personality and Social Psychology*, *4*, 508–516.

4. Luo, S. & Zhang, G. (2009). What leads to romantic attraction: Similarity, reciprocity, security, or beauty? Evidence from a speed-dating study. *Journal of Personality*, *77*, 933–964.

5. Hancock, J. T. & Toma, C. L. (2009). Putting your best face forward: The accuracy of online dating profile photographs. *Journal of Communication*, *59*, 367–386.

6. Antheunis, M. L. & Schouten, A. P. (2011). The effects of other-generated and system-generated cues on adolescents' perceived attractiveness on social network sites. *Journal of Computer-Mediated Communication*, *16*, 391–406; Jaschinski, C. & Kommers, P. (2012). Does beauty matter? The role of friends' attractiveness and gender on social attractiveness ratings of individuals on Facebook. *International Journal of Web Based Communities*, *8*, 389–401.

7. Rodway, P., Schepman, A., & Lambert, J. (2013). The influence of position and context on facial attractiveness. *Acta Psychologica*, *144*, 522–529.

8. Lewandowski, G. W., Aron, A., & Gee, J. (2007). Personality goes a long way: The malleability of opposite-sex physical attractiveness. *Personal Relationships*, *14*, 571–585.

9. Zhang, Y., Kong, F., Zhong, Y., & Kou, H. (2014). Personality manipulations: Do they modulate facial attractiveness ratings? *Personality and Individual Differences*, *70*, 80–84; Albada, K. F. (2010). Interaction appearance theory: Changing perceptions of physical attractiveness through social interaction. In M. L. Knapp & J. A. Daly (Eds.), *Interpersonal communication* (pp. 99–130). Thousand Oaks, CA: Sage.

10. Barelds, D. & Dijkstra, P. (2009). Positive illusions about a partner's physical attractiveness and relationship quality. *Personal Relationships*, *16*, 263–283.

11. Hamachek, D. (1982). *Encounters with others: Interpersonal relationships and you*. New York: Holt, Rinehart & Winston.

12. Yun, K. A. (2002). Similarity and attraction. In M. Allen, N. Burrell, B. M. Eayle, & R. W. Preiss (Eds.), *Interpersonal communication research: Advances through meta-analysis* (pp. 145–168). Mahwah, NJ: Erlbaum; Montoya,

R., & Horton, R. S. (2013). A meta-analytic investigation of the processes underlying the similarity-attraction effect. *Journal of Social and Personal Relationships*, *30*, 64–94.

13. Luo, S. & Klohnen, E. (2005). Assortative mating and marital quality in newlyweds: A couple-centered approach. *Journal of Personality and Social Psychology, 88*, 304–326; Amodio, D. M. & Showers, C. J. (2005). Similarity breeds liking revisited: The moderating role of commitment. *Journal of Social and Personal Relationships*, *22*, 817–836.

14. Aboud, F. E. & Mendelson, M. J. (1998). Determinants of friendship selection and quality: Developmental perspectives. In W. M. Bukowski & A. F. Newcomb (Eds.), *The company they keep: Friendship in childhood and adolescence* (pp. 87–112). New York: Cambridge University Press.

15. Ledbetter, A. M., Griffin, E., & Sparks, G. G. (2007). Forecasting friends forever: A longitudinal investigation of sustained closeness between best friends. *Personal Relationships*, *14*, 343–350.

16. Burleson, B. R. & Samter, W. (1996). Similarity in the communication skills of young adults: Foundations of attraction, friendship, and relationship satisfaction. *Communication Reports*, *9*, 127–139.

17. Martin, A., Jacob, C., & Gueguen, N. (2013). Similarity facilitates relationships on social networks: A field experiment on Facebook. *Psychological Reports, 113,* 217–220.

18. Tidwell, N. D., Eastwick, P. W., & Finkel, E. J. (2013). Perceived, not actual, similarity predicts initial attraction in a live romantic context: Evidence from the speed-dating paradigm. *Personal Relationships*, *20*, 199–215.

19. Sprecher, S. (2014). Effects of actual (manipulated) and perceived similarity on liking in get-acquainted interactions: The role of communication. *Communication Monographs*, *81*, 4–27.

20. Jones, J. T., Pelham, B. W., & Carvallo, M. (2004). How do I love thee? Let me count the J's: Implicit egotism and interpersonal attraction. *Journal of Personality and Social Psychology*, *87*, 665–683.

21. Ireland, M. E., Slatcher, R. B., Eastwick, P. W., Scissors, L. E., Finkel, E. J., & Pennebaker, J. W. (2011). Language style matching predicts relationship initiation and stability. *Psychological Science*, *22*, 39–44; Scissors, L. E., Gill, A. J., Geraghty, K., & Gergle, D. (2009). In CMC we trust: The role of similarity. *Proceedings of CHI 2009*, 527–536. New York: ACM Press.

22. Alford, J. R., Hatemi, P. K., Hibbing, J. R., Martin, N. G., & Eaves, L. J. (2011). The politics of mate choice. *The Journal of Politics*, *73*, 362–379.

23. Mette, D. & Taylor, S. (1971). When similarity breeds contempt. *Journal of Personality and Social Psychology, 20*, 75–81.

24. Fisher, H. (2007, May/June). The laws of chemistry. *Psychology Today*, *40*, 76–81.

25. Heatherington, L., Escudero, V., & Friedlander, M. L. (2005). Couple interaction during problem discussions: Toward an integrative methodology. *Journal of Family Communication*, *5*, 191–207.

26. Rick, S. I., Small, D. A., & Finkel, E. J. (2011). Fatal (fiscal) attraction: Spendthrifts and tightwads in marriage. *Journal of Marketing Research*, *48*, 228–237.

27. Specher, S. (1998). Insiders' perspectives on reasons for attraction to a close other. *Social Psychology Quarterly*, *61*, 287–300.

28. Aronson, E. (2004). *The social animal* (9th ed.). New York: Bedford, Freeman, & Worth.

29. Fiske, S. T., Cuddy, A. J. C., & Glick, P. (2007). Universal dimensions of social cognition: Warmth and competence. *Trends in Cognitive Sciences*, *11*, 77–83.

30. Dindia, K. (2002). Self-disclosure research: Knowledge through meta-analysis. In M. Allen & R. W. Preiss (Eds.), *Interpersonal communication research: Advances through meta-analysis* (pp. 169–185). Mahwah, NJ: Erlbaum; Sprecher, S., Treger, S., & Wondra, J. D. (2013). Effects of self-disclosure role on liking, closeness, and other impressions in get-acquainted interactions. *Journal of Personal and Social Relationships*, *30*, 497–514.

31. Ledbetter, A. M., Mazer, J. P., DeGroot, J. M., & Meyer, K. R. (2011). Attitudes toward online social connection and self-disclosure as predictors of Facebook communication and relational closeness. *Communication Research*, *38*, 27–53; Sheldon, P. (2009). "I'll poke you. You'll poke me!" Self-disclosure, social attraction, predictability and trust as important predictors of Facebook relationships. *Cyberpsychology: Journal of Psychosocial Research on Cyberspace*, *3*(2), article 1.

32. Dindia, K. (2002). Self-disclosure research: Knowledge through meta-analysis. In M. Allen & R. W. Preiss (Eds.), *Interpersonal communication research: Advances through meta-analysis* (pp. 169–185). Mahwah, NJ: Erlbaum.

33. Shirley, J. A., Powers, W. G., & Sawyer, C. R. (2007). Psychologically abusive relationships and self-disclosure orientations. *Human Communication*, *10*, 289–301.

34. Flora, C. (2004, January/February). Close quarters. *Psychology Today*, *37*, 15–16.

35. Haythornthwaite, C., Kazmer, M. M., & Robbins, J. (2000). Community development among distance learners: Temporal and technological dimensions. *Journal of Computer-Mediated Communication*, *6*(1), article 2.

36. Stafford, L. (2008). Social exchange theories. In L. A. Baxter & D. O. Braithewaite (Eds.), *Engaging theories in interpersonal communication: Multiple perspectives* (pp. 377–389). Thousand Oaks, CA: Sage.

37. DeMaris, A. (2007). The role of relationship inequity in marital disruption. *Journal of Social and Personal Relationships*, *24*, 177–195.

38. Knapp, M. L. & Vangelisti, A. L. (2006). *Interpersonal communication and human relationships* (6th ed.). Boston: Allyn & Bacon; Avtgis, T. A., West, D. V., & Anderson, T. L. (1998). Relationship stages: An inductive analysis identifying

cognitive, affective, and behavioral dimensions of Knapp's relational stages model. *Communication Research Reports*, *15*, 280–287; Welch, S. A. & Rubin, R. B. (2002). Development of relationship stage measures. *Communication Quarterly*, *50*, 34–40.

39. Johnson, A. J., Wittenberg, E., Haigh, M., Wigley, S., Becker, J., Brown, K., & Craig, E. (2004). The process of relationship development and deterioration: Turning points in friendships that have terminated. *Communication Quarterly*, *52*, 54–67.

40. Scharlott, B. W. & Christ, W. G. (1995). Overcoming relationship-initiation barriers: The impact of a computer-dating system on sex role, shyness, and appearance inhibitions. *Computers in Human Behavior*, *11*, 191–204.

41. Urista, M. A., Dong, Q., & Day, K. D. (2009). Explaining why young adults use MySpace and Facebook through uses and gratifications theory. *Human Communication*, *12*, 215–230.

42. Johnson, A. J., Wittenberg, E., Haigh, M., Wigley, S., Becker, J., Brown, K., & Craig, E. (2004). The process of relationship development and deterioration: Turning points in friendships that have terminated. *Communication Quarterly*, *52*, 54–67.

43. Sobel, A. (2009, July 27). *Interview etiquette: Lessons from a first date*. The Ladders.

44. Berger, C. R. (1987). Communicating under uncertainty. In M. E. Roloff & G. R. Miller (Eds.), *Interpersonal processes: New directions in communication research* (pp. 39–62). Newbury Park, CA: Sage; Berger, C. R. & Calabrese, R. J. (1975). Some explorations in initial interaction and beyond: Toward a developmental theory of interpersonal communication. *Human Communication Research*, *1*, 99–112.

45. Pratt, L., Wiseman, R. L., Cody, M. J., & Wendt, P. F. (1999). Interrogative strategies and information exchange in computer-mediated communication. *Communication Quarterly*, *47*, 46–66.

46. Fox, J., Warber, K. M., & Makstaller, D. C. (2013). The role of Facebook in romantic relationship development: An exploration of Knapp's relational stage model. *Journal of Social and Personal Relationships*, *30*, 771–794.

47. Levine, T. R., Aune, K., & Park, H. (2006). Love styles and communication in relationships: Partner preferences, initiation, and intensification. *Communication Quarterly*, *54*, 465–486; Tolhuizen, J. H. (1989). Communication strategies for intensifying dating relationships: Identification, use and structure. *Journal of Social and Personal Relationships*, *6*, 413–434.

48. Johnson, A. J., Wittenberg, E., Haigh, M., Wigley, S., Becker, J., Brown, K., & Craig, E. (2004). The process of relationship development and deterioration: Turning points in friendships that have terminated. *Communication Quarterly*, *52*, 54–67.

49. Johnson, K. R. & Holmes, B. M. (2009). Contradictory messages: A content analysis of Hollywood-produced romantic comedy feature films. *Communication Quarterly*, *57*, 352–373.

50. Baxter, L. A. (1987). Symbols of relationship identity in relationship culture. *Journal of Social and Personal Relationships*, *4*, 261–280.

51. Buress, C. J. S. & Pearson, J. C. (1997). Interpersonal rituals in marriage and adult friendship. *Communication Monographs*, *64*, 25–46.

52. Dunleavy, K. N. & Booth-Butterfield, M. (2009). Idiomatic communication in the stages of coming together and falling apart. *Communication Quarterly*, *57*, 416–432; Bell, R. A. & Healey, J. G. (1992). Idiomatic communication and interpersonal solidarity in friends' relational cultures. *Human Communication Research*, *18*, 307–335.

53. Fox, J., Warber, K. M., & Makstaller, D. C. (2013). The role of Facebook in romantic relationship development: An exploration of Knapp's relational stage model. *Journal of Social and Personal Relationships*, *30*, 771–794.

54. Papp, L. M., Danielewicz, J., & Cayemberg, C. (2012). Are we Facebook Official? Implications of dating partners' Facebook use and profiles for intimate relationship satisfaction. *CyberPsychology, Behavior & Social Networking*, *15*, 85–90.

55. Fox, J. & Warber, K. M. (2013). Romantic relationship development in the age of Facebook: An exploratory study of emerging adults' perceptions, motives, and behaviors. *Cyberpsychology, Behavior, and Social Networking*, *16*, 3–7.

56. Foster, E. (2008). Commitment, communication, and contending with heteronormativity: An invitation to greater reflexivity in interpersonal research. *Southern Communication Journal*, *73*, 84–101.

57. Rubin, L. (1985). *Just friends: The role of friendship in our lives*. New York: Harper & Row.

58. Skowron, E., Stanley, K., & Shapiro, M. (2009). A longitudinal perspective on differentiation of self, interpersonal and psychological well-being in young adulthood. *Contemporary Family Therapy: An International Journal*, *31*, 3–18.

59. Harasymchuk, C. & Fehr, B. (2013). A prototype analysis of relational boredom. *Journal of Social and Personal Relationships*, *30*, 627–646.

60. Courtright, J. A., Miller, F. E., Rogers, L. E., & Bagarozzi, D. (1990). Interaction dynamics of relational negotiation: Reconciliation versus termination of distressed relationships. *Western Journal of Speech Communication*, *54*, 429–453.

61. Battaglia, D. M., Richard, F. D., Datteri, D. L., & Lord, C. G. (1998). Breaking up is (relatively) easy to do: A script for the dissolution of close relationships. *Journal of Social and Personal Relationships*, *15*, 829–845.

62. Metts, S., Cupach, W. R., & Bejllovec, R. A. (1989). "I love you too much to ever start liking you": Redefining romantic relationships. *Journal of Social and Personal Relationships*, *6*, 259–274.

63. Duck, S. (1982). A topography of relationship disengagement and dissolution. In S. Duck (Ed.), *Personal

relationships 4: Dissolving personal relationships (pp. 1–30). New York: Academic Press.

64. Weber, A. L., Harvey, J. H., & Orbuch, T. L. (1992). What went wrong: Communicating accounts of relationship conflict. In M. L. McLaughlin, M. J. Cody, & S. J. Read (Eds.), *Explaining one's self to others: Reason-giving in a social context* (pp. 261–280). Hillsdale, NJ: Erlbaum.

65. Chatel, A. (July 12, 2013). *You'll probably be dumped via text more than once in your life*. The Gloss.

66. Weisskirch, R. S. & Delevi, R. (2013). Attachment style and conflict resolution skills predicting technology use in relationship dissolution. *Computers in Human Behavior, 29*, 2530–534.

67. Tong, S. (2013). Facebook use during relationship termination: Uncertainty reduction and surveillance. *Cyberpsychology, Behavior, and Social Networking, 16*, 788–793.

68. Marshall, T. (2012). Facebook surveillance of former romantic partners: Associations with postbreakup recovery and personal growth. *Cyberpsychology, Behavior, and Social Networking. 15*, 521–526.

69. Johnson, A. J., Wittenberg, E., Haigh, M., Wigley, S., Becker, J., Brown, K., & Craig, E. (2004). The process of relationship development and deterioration: Turning points in friendships that have terminated. *Communication Quarterly, 52*, 54–67.

70. Baxter, L. A. & Montgomery, B. M. (1992). *Relating: Dialogues and dialectics*. New York: Guilford; Rawlins, W. K. (1996). *Friendship matters: Communication, dialectics, and the life course*. New York: Aldine de Gruyter.

71. Baxter, L. A. (1994). A dialogic approach to relationship maintenance. In D. J. Canary & L. Stafford (Eds.), *Communication and relational maintenance* (pp. 233–254). San Diego, CA: Academic Press; Sahlstein, E., & Dun, T. (2008). "I wanted time to myself and he wanted to be together all the time": Constructing breakups as managing autonomy-connection. *Qualitative Research Reports in Communication, 9*, 37–45.

72. Sahlstein, E. & Dun, T. (2008). "I wanted time to myself and he wanted to be together all the time": Constructing breakups as managing autonomy-connection. *Qualitative Research Reports in Communication, 9*, 37–45.

73. Buunk, A. P. (2005). How do people respond to others with high commitment or autonomy in their relationships? *Journal of Social and Personal Relationships, 22*, 653–672.

74. Morris, D. (1997). *Intimate behavior* (pp. 21–29). New York: Kodansha USA.

75. Golish, T. D. (2000). Changes in closeness between adult children and their parents: A turning point analysis. *Communication Reports, 13*, 78–97.

76. Baxter, L. A. & Erbert, L. A. (1999). Perceptions of dialectical contradictions in turning points of development in heterosexual romantic relationships. *Journal of Social and Personal Relationships, 16*, 547–569.

77. Miller-Ott, A. E., Kelly, L., & Duran, R. L. (2012). The effects of cell phone usage rules on satisfaction in romantic relationships. *Communication Quarterly, 60*, 17–34; Duran, R. L., Kelly, L., & Rotaru, T. (2011). Mobile phones in romantic relationships and the dialectic of autonomy versus connection. *Communication Quarterly, 59*, 19–36.

78. Graham, E. E. (2003). Dialectic contradictions in postmarital relationships. *Journal of Family Communication, 3*, 193–215.

79. Baxter, L. A., Braithwaite, D. O., Golish, T. D., & Olson, L. N. (2002). Contradictions of interaction for wives of elderly husbands with adult dementia. *Journal of Applied Communication Research, 30*, 1–20.

80. Petronio, S. (2000). The boundaries of privacy: Praxis of everyday life. In S. Petronio (Ed.), *Balancing the secrets of private disclosures* (pp. 37–49). Mahwah, NJ: Erlbaum.

81. Debatin, B., Lovejoy, J. P., Horn, A., & Hughes, B. N. (2009). Facebook and online privacy: Attitudes, behaviors, and unintended consequences. *Journal of Computer-Mediated Communication, 15*, 83–108.

82. Barry, D. (1990). *Dave Barry turns 40* (p. 47). New York: Fawcett.

83. Pawlowski, D. R. (1998). Dialectical tensions in marital partners' accounts of their relationships. *Communication Quarterly, 46*, 396–416.

84. Griffin, E. M. (2000). *A first look at communication theory* (4th ed.). New York: McGraw-Hill.

85. Braithwaite, D. O. & Baxter, L. (2006). "You're my parent but you're not": Dialectical tensions in stepchildren's perceptions about communicating with the nonresident parent. *Journal of Applied Communication Research, 34*, 30–48.

86. Montgomery, B. M. (1993). Relationship maintenance versus relationship change: A dialectical dilemma. *Journal of Social and Personal Relationships, 10*, 205–223.

87. Braithwaite, D. O., Baxter, L. A., & Harper, A. M. (1998). The role of rituals in the management of the dialectical tension of "old" and "new" in blended families. *Communication Studies, 49*, 101–120.

88. Christensen, A. & Jacobson, J. (2000). *Reconcilable differences*. New York: Guilford.

89. Baxter, L. A. & Braithwaite, D. O. (2006). Social dialectics: The contradictions of relating. In B. Whaley & W. Samter (Eds.), *Explaining communication: Contemporary communication theories and exemplars* (pp. 305–324). Mahwah, NJ: Erlbaum.

90. Sahlstein, E. & Dun, T. (2008). "I wanted time to myself and he wanted to be together all the time": Constructing breakups as managing autonomy-connection. *Qualitative Research Reports in Communication, 9*, 37–45.

91. Conville, R. L. (1991). *Relational transitions: The evolution of personal relationships* (p. 80). New York: Praeger.

92. Brown, D. E. (1991). *Human universals*. New York: McGraw-Hill.

93. Hamon, R. R. & Ingoldsby, B. B. (Eds.). (2003). *Mate selection across cultures*. Thousand Oaks, CA: Sage.

94. Myers, J. E., Madathil, J., & Tingle, L. R. (2005). Marriage satisfaction and wellness in India and the United States: A preliminary comparison of arranged marriages and marriages of choice. *Journal of Counseling & Development, 83*, 183–190; Yelsma, P. & Athappilly, K. (1988). Marriage satisfaction and communication practices: Comparisons among Indian and American couples. *Journal of Comparative Family Studies, 19*, 37–54.

95. Kim, M. S. (2002). *Non-Western perspectives on human communication: Implications for theory and practice*. Thousand Oaks, CA: Sage.

96. Breitman, P. & Hatch, C. (2000). *How to say no without feeling guilty*. New York: Broadway Books.

97. Imami, M. (1981). *16 ways to avoid saying no*. Tokyo: Nihon Keizai Shimbun.

98. Watzlawick, P., Beavin, J. H., & Jackson, D. D. (1967). *Pragmatics of human communication*. New York: Norton; Lederer, W. J. & Jackson, D. D. (1968). *The mirages of marriage*. New York: Norton.

99. Bell, R. A. & Daly, J. A. (1995). The affinity-seeking function of communication. In M. V. Redmond (Ed.), *Interpersonal communication: Readings in theory and research* (pp. 155–192). Fort Worth, TX: Harcourt Brace.

100. Dainton, M. (1998). Everyday interaction in marital relationships: Variations in relative importance and event duration. *Communication Reports, 11*, 101–143.

101. Myers, S. A. & Avtgis, T. A. (1997). The association of socio-communicative style and relational types on perceptions of nonverbal immediacy. *Communication Research Reports, 14*, 339–349.

102. Richmond, V. P. & McCroskey, J. C. (2004). *Nonverbal behavior in interpersonal relationships* (5th ed., chapter 11). Boston: Allyn and Bacon.

103. Lim, T. S. & Bowers, J. W. (1991). Facework: Solidarity, approbation, and tact. *Human Communication Research, 17*, 415–450.

104. Frei, J. R. & Shaver, P. R. (2002). Respect in close relationships: Prototype, definition, self-report assessment, and initial correlates. *Personal Relationships, 9*, 121–139.

105. Palmer, M. T. (1989). Controlling conversations: Turns, topics, and interpersonal control. *Communication Monographs, 56*, 1–18.

106. Watzlawick, P., Beavin, J. H., & Jackson, D. D. (1967). *Pragmatics of human communication*. New York: Norton.

107. Tannen, D. (1986). *That's not what I meant! How conversational style makes or breaks your relations with others* (p. 190). New York: Morrow.

108. Lydon, J. E. & Quinn, S. K. (2013). Relationship maintenance processes. In J. A. Simpson & L. Campbell (Eds.), *The Oxford handbook of close relationships* (pp. 573–588). New York: Oxford.

109. Dindia, K. (2003). Definitions and perspectives on relational maintenance communication. In D. J. Canary and M. Dainton (Eds.), *Maintaining relationships through communication* (pp. 1–30). Mahwah, NJ: Erlbaum.

110. Canary, D. J. & Stafford, L. (1992). Relational maintenance strategies and equity in marriage. *Communication Monographs, 59*, 243–267; Ogolsky, B. G. & Bowers, J. R. (2013). A meta-analytic review of relationship maintenance and its correlates. *Journal of Social and Personal Relationships, 30*, 343–367.

111. Johnson, A. J., Haigh, M. M., Becker, J. A. H., Craig, E. A., & Wigley, S. (2008). College students' use of relational management strategies in email in long-distance and geographically close relationships. *Journal of Computer-Mediated Communication, 13*, 381–404.

112. Ledbetter, A. M. (2010). Assessing the measurement invariance of relational maintenance behavior when face-to-face and online. *Communication Research Reports, 27*, 30–37.

113. Craig, E. & Wright, B. (2012). Computer-mediated relational development and maintenance on Facebook. *Communication Research Reports, 29*, 119–129; Dainton, M. (2013). Relationship maintenance on Facebook: Development of a measure, relationship to general maintenance, and relationship satisfaction. *College Student Journal, 47*, 112–121.

114. Utz, S. (2007). Media use in long-distance friendships. *Information, Communication & Society, 10*, 694–713.

115. Hunt, D. S., Lin, C. A., & Atkin, D. J. (2014). Communicating social relationships via the use of photo-messaging. *Journal of Broadcasting & Electronic Media, 58*, 234–252.

116. Houser, M. L., Fleuriet, C., & Estrada, D. (2012). The cyber factor: An analysis of relational maintenance through the use of computer-mediated communication. *Communication Research Reports, 29*, 34–43.

117. Hall, J. A., Larson, K. A., & Watts, A. (2011). Satisfying friendship maintenance expectations: The role of friendship standards and biological sex. *Human Communication Research, 37*, 529–552.

118. Merolla, A. J. (2010). Relational maintenance and noncopresence reconsidered: Conceptualizing geographic separation in close relationships. *Communication Theory, 20*, 169–193; Stafford, L. (2005). *Maintaining long-distance and cross residential relationships*. Mahwah, NJ: Erlbaum.

119. Johnson, A. J., Becker, J. A. H., Craig, E. A., Gilchrist, E. S., & Haigh, M. M. (2009). Changes in friendship commitment: Comparing geographically close and long-distance young-adult friendships. *Communication Quarterly, 57*, 395–415.

120. McGuire, K. C. & Kinnery, T. A. (2010). When distance is problematic: Communication, coping, and relational satisfaction in female college students' long-distance dating relationships. *Journal of Applied Communication Research, 38*, 27–46.

121. Johnson, A. J., Craig, E. A., Haigh, M. M., Becker, J. A. H., & Craig, E. A. (2009). Relational closeness:

Comparing undergraduate college students' geographically close and long-distance friendships. *Personal Relationships, 16,* 631–646.

122. Lakey, B. (2013). Social support processes in relationships. In J. A. Simpson & L. Campbell (Eds.), *The Oxford handbook of close relationships* (pp. 711–730). New York: Oxford.

123. MacGeorge, E. L., Feng, B., & Burleson, B. R. (2011). Supportive communication. In M. L. Knapp & J. A. Daly (Eds.), *The Sage handbook of interpersonal communication* (4th ed., pp. 317–354). Thousand Oaks, CA: Sage.

124. Reis, H. T. & Clark, M. S. (2013). Responsiveness. In J. A. Simpson & L. Campbell (Eds.), *The Oxford handbook of close relationships* (pp. 400–426). New York: Oxford.

125. High, A. C., & Dillard, J. P. (2012). A review and meta-analysis of person-centered messages and social support outcomes. *Communication Studies, 53,* 99–118.

126. Semmer, N. K., Elfering, A., Jacobshagen, N., Perrot, T., Beehr, T. A., & Boos, N. (2008). The emotional meaning of instrumental social support. *International Journal of Stress Management, 15,* 235–251.

127. Barry, R. A., Bunde, M., Brock, R. L., & Lawrence, E. (2009). Validity and utility of a multidimensional model of received support in intimate relationships. *Journal of Family Psychology, 23,* 48–57.

128. Nauert, R. (February 1, 2010). *Support your partner, but not too much.* PsychCentral.

129. Oh, H. J., Ozkaya, E., & LaRose, R. (2014). How does online social networking enhance life satisfaction? The perceived relationships among online supportive interaction, affect, perceived social support, sense of community, and life satisfaction. *Computers in Human Behavior, 30,* 69–78.

130. Rusbult, C. E., Hannon, P. A., Stocker, S. L., & Finkel, E. J. (2005). Forgiveness and relational repair. In E. L. Worthington (Ed.), *Handbook of forgiveness* (pp. 185–206). New York: Routledge.

131. Emmers-Sommer, T. M. (2003). When partners falter: Repair after a transgression. In D. J. Canary & M. Dainton (Eds.), *Maintaining relationships through communication* (pp. 185–205). Mahwah, NJ: Erlbaum.

132. Dindia, K. & Baxter, L. A. (1987). Strategies for maintaining and repairing marital relationships. *Journal of Social and Personal Relationships, 4,* 143–159.

133. Park, H. S. (2009). Cross-cultural comparison of verbal and nonverbal strategies of apologizing. *Journal of International and Intercultural Communication, 2,* 66–87; Park, H. S. & Guan, X. (2006). The effects of national culture and face concerns on intention to apologize: A comparison of the USA and China. *Journal of Intercultural Communication Research, 35,* 183–204.

134. Exline, J. J., Deshea, L., & Holeman, V. T. (2007). Is apology worth the risk? Predictors, outcomes, and ways to avoid regret. *Journal of Social & Clinical Psychology, 26,* 479–504.

135. Wallace, H. M., Exline, J. J., & Baumeister, R. F. (2008). Interpersonal consequences of forgiveness: Does forgiveness deter or encourage repeat offenses? *Journal of Experimental Social Psychology, 44,* 453–460.

136. Chapman, G. D. & Thomas, J. M. (2006). The five languages of apology. Chicago: Northfield; Kelley, D. L. & Waldron, V. R. (2005). An investigation of forgiveness-seeking communication and relational outcomes. *Communication Quarterly, 53,* 339–359.

137. Merolla, A. J. (2008). Communicating forgiveness in friendships and dating relationships. *Communication Studies, 59,* 114–131.

138. Battistella, E. (2014). *Sorry about that: The language of public apology.* New York: Oxford University Press.

139. Orcutt, H. K. (2006). The prospective relationship of interpersonal forgiveness and psychological distress symptoms among college women. *Journal of Counseling Psychology, 53,* 350–361; Eaton, J. & Struthers, C. W. (2006). The reduction of psychological aggression across varied interpersonal contexts through repentance and forgiveness. *Aggressive Behavior, 32,* 195–206.

140. Lawler, K. A., Younger, J. W., Piferi, R. L., et al. (2003). A change of heart: Cardiovascular correlates of forgiveness in response to interpersonal conflict. *Journal of Behavioral Medicine, 26,* 373–393.

141. Fincham, F. D. & Beach, S. R. H. (2013). Gratitude and forgiveness in relationships. In J. A. Simpson & L. Campbell (Eds.), *The Oxford handbook of close relationships* (pp. 638–633). New York: Oxford; Waldron, V. R. & Kelley, D. L. (2005). Forgiving communication as a response to relational transgressions. *Journal of Social and Personal Relationships, 22,* 723–742.

142. Guerrero, L. K. & Bachman, G. F. (2010). Forgiveness and forgiving communication in dating relationships: An expectancy-investment explanation. *Journal of Social and Personal Relationships, 27,* 801–823.

143. Bachman, G. F. & Guerrero, L. K. (2006). Forgiveness, apology, and communicative responses to hurtful events. *Communication Reports, 19,* 45–56.

144. Henline, B. H., Lamke, L. K., & Howard, M. D. (2007). Exploring perceptions of online infidelity. *Personal Relationships, 14,* 113–129.

145. Takaku, S., Weiner, B., & Ohbuchi, K. (2001). A cross-cultural examination of the effects of apology and perspective-taking on forgiveness. *Journal of Language & Social Psychology, 20,* 144–167.

146. Kelley, D. (1998). The communication of forgiveness. *Communication Studies, 49,* 255–272.

第十章

1. Crowther, C. E. & Stone, G. (1986). *Intimacy: Strategies for successful relationships* (p. 13). Santa Barbara: Capra Press.
2. Peterson, C. (2006). *A primer in positive psychology*. New York: Oxford.
3. Berscheid, E., Schneider, M., & Omoto, A. M. (1989). Issues in studying close relationships: Conceptualizing and measuring closeness. In C. Hendrick (Ed.), *Close relationships* (pp. 63–91). Newbury Park, CA: Sage.
4. Morris, D. (1973). *Intimate behavior* (p. 7). New York: Bantam.
5. Manning, W. D., Giordano, P. C., & Longmore, M. A. (2006). Hooking up: The relationship contexts of "nonrelationship" sex. *Journal of Adolescent Research, 21*, 459–483.
6. Williams, L. & Russell, S. T. (2013). Shared social and emotional activities within adolescent romantic and non-romantic sexual relationships. *Archives of Sexual Behavior, 42*, 649–658.
7. Baxter, L. A. (1994). A dialogic approach to relationship maintenance. In D. Canary & L. Stafford (Eds.), *Communication and relational maintenance* (pp. 233–254). San Diego: Academic Press.
8. Vangelisti, A. L. & Beck, G. (2007). Intimacy and the fear of intimacy. In L. L'Abate (Ed.), *Low-cost approaches to promote physical and mental health: Theory, research, and practice* (pp. 395–414). New York: Springer.
9. Wood, J. T. & Inman, C. C. (1993). In a different mode: Masculine styles of communicating closeness. *Applied Communication Research, 21*, 279–295; Floyd, K. (1995). Gender and closeness among friends and siblings. *Journal of Psychology, 129*, 193–202.
10. Dindia, K. (2000). Sex differences in self-disclosure, reciprocity of self-disclosure, and self-disclosure and liking: Three meta-analyses reviewed. In S. Petronio (Ed.), *Balancing disclosure, privacy and secrecy* (pp. 21–37). Mahwah, NJ: Erlbaum.
11. Balswick, J. O. (1988). *The inexpressive male: A tragedy of American society*. Lexington, MA: Lexington Books.
12. Morman, M. T. & Floyd, K. (1999). Affection communication between fathers and young adult sons: Individual and relational-level correlates. *Communication Studies, 50*, 294–309.
13. Stafford, L., Dainton, M., & Haas, S. (2000). Measuring routine and strategic relational maintenance: Scale revision, sex versus gender roles, and the prediction of relational characteristics. *Communication Monographs, 67*, 306–323.
14. Reissman, C. K. (1990). *Divorce talk: Women and men make sense of personal relationships*. New Brunswick, NJ: Rutgers University Press.
15. Bowman, J. M. (2008). Gender role orientation and relational closeness: Self-disclosive behavior in same-sex male friendships. *Journal of Men's Studies, 16*, 316–330.
16. Good, G. E., Porter, M. J., & Dillon, M. G. (2002). When men divulge: Men's self-disclosure on prime time situation comedies. *Sex Roles, 46,* 419–427.
17. Morman, M. T. & Floyd, K. (2002). A "changing culture of fatherhood": Effects of affectionate communication, closeness, and satisfaction in men's relationships with their fathers and their sons. *Western Journal of Communication, 66*, 395–411.
18. Adamopoulos, J. (1991). The emergence of interpersonal behavior: Diachronic and cross-cultural processes in the evolution of intimacy. In S. Ting-Toomey & F. Korzenny (Eds.), *Cross-cultural interpersonal communication* (pp. 155–170). Newbury Park, CA: Sage; Fontaine, G. (1990). Cultural diversity in intimate intercultural relationships. In D. D. Cahn (Ed.), *Intimates in conflict: A communication perspective* (pp. 209–224). Hillsdale, NJ: Erlbaum.
19. Adamopoulos, J. & Bontempo, R. N. (1986). Diachronic universals in interpersonal structures. *Journal of Cross-Cultural Psychology, 17*, 169–189.
20. Argyle, M. & Henderson, M. (1985). The rules of relationships. In S. Duck & D. Perlman (Eds.), *Understanding personal relationships* (pp. 63–84). Beverly Hills, CA: Sage.
21. Triandis, H. C. (1994). *Culture and social behavior* (p. 230). New York: McGraw-Hill.
22. Lewin, K. (1936). *Principles of topological psychology*. New York: McGraw-Hill.
23. Hatfield, E. & Rapson, R. L. (2006). Passionate love, sexual desire, and mate selection: Cross-cultural and historical perspectives. In P. Noller & J. A. Feeney (Eds.), *Close relationships: Functions, forms, and processes* (pp. 227–243). Hove, England: Psychology Press/Taylor & Francis.
24. Finkel, E. J., Eastwick, P. W., Karney, B. R., Reis, H. T., & Sprecher, S. (2012). Online dating: A critical analysis from the perspective of psychological science. *Psychological Science in the Public Interest, 13*, 3–66; Hian, L. B., Chuan, S. L., Trevor, T. M. K., & Detenber, B. H. (2004). Getting to know you: Exploring the development of relational intimacy in computer-mediated communication. *Journal of Computer-Mediated Communication, 9*(3), 1–24.
25. Valkenberg, P. & Peter, J. (2009). The effects of instant messaging on the quality of adolescents' existing friendships: A longitudinal study. *Journal of Communication, 59*, 79–97; Ko, H. & Kuo, F. (2009). Can blogging enhance subjective well-being through self-disclosure? *CyberPsychology & Behavior, 12*, 75–79; Mazer, J. P., Murphy, R. E., & Simonds, C. J. (2008). The effects of teacher self-disclosure via "Facebook" on teacher credibility. RCA Vestnik (*Russian Communication Association*), 30–37; Hu, Y., Wood, J. F., Smith, V., & Westbrook, N. (2004). Friendships through IM: Examining the relationship between instant messaging and intimacy. *Journal of Computer-Mediated Communication, 10*(1), 38–48.
26. Rosen, L. D. et al. (2008). The impact of emotionality and self-disclosure on online dating versus traditional dating.

Computers in Human Behavior, 24, 2124–2157; Ben-Ze'ev, A. (2003). Privacy, emotional closeness, and openness in cyberspace. *Computers in Human Behavior, 19*, 451–467.

27. Boase, J., Horrigan, J. B., Wellman, B., & Rainie, L. (2006). The strength of Internet ties. *Pew Internet & American Life Project*. Retrieved from http://www.pewinternet.org/pdfs/PIP_Internet_ties.pdf

28. Henderson, S. & Gilding, M. (2004). "I've never clicked this much with anyone in my life": Trust and hyperpersonal communication in online friendships. *New Media & Society, 6*, 487–506.

29. Henline, B. H., Lamke, L. K., & Howard, M. D. (2007). Exploring perceptions of online infidelity. *Personal Relationships, 14*, 113–128; Whitty, M. T. (2005). The realness of cybercheating: Men's and women's representations of unfaithful Internet relationships. *Social Science Computer Review, 23*, 57–67.

30. Lewis, K., Kaufman, J., & Christakis, N. (2008). The taste for privacy: An analysis of college student privacy settings in an online social network. *Journal of Computer-Mediated Communication, 14*, 79–100; Tufekei, Z. (2008). Can you see me now? Audience and disclosure regulation in online social network sites. *Bulletin of Science, Technology & Society, 28*, 20–36.

31. Baumeister, R. F. (2005). *The cultural animal: Human nature, meaning, and social life*. New York: Oxford.

32. Bellah, R., Madsen, W. M., Sullivan, A., & Tipton, S. M. (1985). *Habits of the heart: Individualism and commitment in American life*. Berkeley: University of California Press; Sennett, R. (1974). *The fall of public man: On the social psychology of capitalism*. New York: Random House; Trenholm, S. & Jensen, A. (1990). *The guarded self: Toward a social history of interpersonal styles*. Paper presented at the Speech Communication Association meeting, San Juan, Puerto Rico.

33. Bombeck, E. (1987). *Family—The ties that bind...and gag!* (p. 11). New York: Random House.

34. Sillars, A. (1995). Communication and family culture. In M. A. Fitzpatrick & A. L. Vangelisti (Eds.), *Explaining family interactions* (pp. 375–399). Thousand Oaks, CA: Sage.

35. Kellas, J. (2010). Transmitting relational worldviews: The relationship between mother-daughter memorable messages and adult daughters' romantic relational schemata. *Communication Quarterly, 58*, 458–479.

36. Strom, R. E. & Boster, F. J. (2011). Dropping out of high school: Assessing the relationship between supportive messages from family and educational attainment. *Communication Reports, 24*, 25–37.

37. Simon, E. P. & Baxter, L. A. (1993). Attachment-style differences in relationship maintenance strategies. *Western Journal of Communication, 57*, 416–430.

38. Fowler, C. & Dillow, M. R. (2011). Attachment dimensions and the Four Horsemen of the Apocalypse. *Communication Research Reports, 28*, 16–26.

39. Shochet, I. M., Smyth, T., & Homel, R. (2007). The impact of parental attachment on adolescent perception of the school environment and school connectedness. *Australian & New Zealand Journal of Family Therapy, 28*, 109–118.

40. Domingue, R. & Mollen, D. (2009). Attachment and conflict communication in adult romantic relationships. *Journal of Social & Personal Relationships, 26*, 678–696.

41. Rocca, K. A, Martin, M. M., & Dunleavy, K. N. (2010). Siblings' motives for talking to each other. *Journal of Psychology, 144*, 205–219.

42. Brody, L. R., Copeland, A. P., Sutton, L. S., Richardson, D. R., & Guyer, M. (1998). Mommy and daddy like you best: Perceived family favoritism in relation to affect, adjustment, and family process. *Journal of Family Therapy, 20*, 269–291.

43. Gillies, V. & Lucey, H. (2006). "It's a connection you can't get away from": Brothers, sisters, and social capital. *Journal of Youth Studies, 9*, 479–493.

44. Peisah, C., Brodaty, H., & Quadrio, C. (2006). Family conflict in dementia: Prodigal sons and black sheep. *International Journal of Geriatric Psychiatry, 21*, 485–492.

45. Suitor, J. J., Sechrist, J., Plikuhn, M., Pardo, S. T., Gilligan, M., & Pillemer, K. (2009). The role of perceived maternal favoritism in sibling relations in midlife. *Journal of Marriage and Family, 71*, 1026–1038.

46. Pyke, K. (2005). Generational deserters and "black sheep": Acculturative differences among siblings in Asian immigrant families. *Journal of Family Issues, 26*, 491–517.

47. Goetting, A. (1986). The developmental tasks of siblingship over the life cycle. *Journal of Marriage and the Family, 48*, 703–714.

48. Rittenour, C. E., Myers, S. A., & Brann, M. (2007). Commitment and emotional closeness in the sibling relationship. *Southern Communication Journal, 72*, 169–183.

49. Bryant, C. M., Conger, R. D., & Meehan, J. M. (2001). The influence of in-laws on change in marital success. *Journal of Marriage and Family, 63*, 614–626.

50. Ahrons, C. R. (1980). Divorce: A crisis of family transition and change. *Family Relations, 29*, 533–540.

51. Watzlawick, P., Beavin, J., & Jackson, D. (1967). *Pragmatics of human communication: A study of interactional patterns, pathologies, and paradoxes*. New York: Norton.

52. Sabourin, T. (2006). Theories and metatheories to explain family communication: An overview. In L. H. Turner & R. West (Eds.), *Family communication sourcebook* (pp. 43–60). Thousand Oaks, CA: Sage.

53. Galovan, A. M., Holmes, E. K., Schramm, D. G., & Lee, T. R. (2014). Father involvement, father-child relationship quality, and satisfaction with family work: Actor and partner influences on marital quality. *Journal of Family Issues, 35*,

1846–1867.

54. Thompson, E. H. & Trice-Black, S. (2012). School-based group interventions for children exposed to domestic violence. *Journal of Family Violence, 27*, 233–241.

55. Wahl, K. & Metzner, C. (2012). Parental influences on the prevalence and development of child aggressiveness. *Journal of Child & Family Studies, 21*, 344–355.

56. Barboza, G., Schiamberg, L. B., Oehmke, J., Korzeniewski, S. J., Post, L. A., & Heraux, C. G. (2009). Individual characteristics and the multiple contexts of adolescent bullying: An ecological perspective. *Journal of Youth & Adolescence, 38*, 101–121.

57. Whitchurch, G. G. & Constantine, L. L. (1993). Systems theory. In P. G. Boss, W. J. Doherty, R. LaRossa, W. R. Schumm, & S. K. Steinmetz (Eds.), *Sourcebook of family theories and methods: A contextual approach* (pp. 325–349). New York: Plenum Press.

58. Koerner, A. F. & Fitzpatrick, M. A. (2002). Toward a theory of family communication. *Communication Theory, 12*, 70–91. See also Koerner, A. F. & Schrodt, P. (2014). An introduction to the special issue on family communication patterns. *Journal of Family Communication, 14*, 1–15.

59. Barbato, C. A., Graham, E. E., & Perse, E. M. (2003). Communicating in the family: An examination of the relationship of family communication climate and interpersonal communication motives. *Journal of Family Communication, 3*, 123–148.

60. Sherman, S. M. & Dumlao, R. (2008). A cross-cultural comparison of family communication patterns and conflict between young adults and parents. *Journal of Family Communication, 8*, 186–211.

61. Avtgis, T. A. (1999). The relationship between unwillingness to communicate and family communication patterns. *Communication Research Reports, 16*, 333–338.

62. Koesten, J. (2004). Family communication patterns, sex of subject, and communication competence. *Communication Monographs, 71*, 226–244.

63. Petronio, S. (1991). Communication boundary management: A theoretical model of managing disclosure of private information between marital couples. *Communication Theory, 1*, 311–335.

64. Thorson, A. R. (2009). Adult children's experiences with their parent's infidelity: Communicative protection and access rules in the absence of divorce. *Communication Studies, 60*, 32–48. doi:10.1080/10510970802623591

65. Sherman, S. M. & Dumlao, R. (2008). A cross-cultural comparison of family communication patterns and conflict between young adults and parents. *Journal of Family Communication, 8*, 186–211.

66. Schrodt, P., Witt, P. L., & Messersmith, A. S. (2008). A meta-analytical review of family communication patterns and their associations with information processing, behavioral, and psychosocial outcomes. *Communication Monographs, 75*, 248–269.

67. Ledbetter, A. M. & Schrodt, P. (2008). Family communication patterns and cognitive processing: Conversation and conformity orientations as predictors of informational reception apprehension. *Communication Studies, 59*, 388–401.

68. Schrodt, P. & Carr, K. (2012). Trait verbal aggressiveness as a function of family communication patterns. *Communication Research Reports, 29*, 54–63.

69. Ledbetter, A. M. & Vik, T. A. (2012). Parental invasive behaviors and emerging adults' privacy defenses: Instrument development and validation. *Journal of Family Communication, 12*, 227–247.

70. Sillars, A., Holman, A. J., Richards, A., Jacobs, K. A., Koerner, A., & Reynolds-Dyk, A. (2014). Conversation and conformity orientations as predictors of observed conflict tactics in parent-adolescent discussions. *Journal of Family Communication, 14*, 16–31.

71. Carvalho, J., Francisco, R., & Relvas, A. P. (2015). Family functioning and information and communication technologies: How do they relate? A literature review. *Computers in Human Behavior, 45*, 99–108.

72. Crosswhite, J. M., Rice, D., & Asay, S. M. (2014). Texting among United States young adults: An exploratory study on texting and its use within families. *Social Science Journal, 51*, 70–78.

73. Stern, M. J. & Messer, C. (2009). How family members stay in touch: A quantitative investigation of core family networks. *Marriage & Family Review, 45*, 654–676.

74. Christofides, E., Muise, A., & Desmarais, S. (2012). Hey mom, what's on your Facebook? Comparing Facebook disclosure and privacy in adolescents and adults. *Social Psychological and Personality Sciences, 3*, 48–54.

75. Coyne, S. M., Padilla-Walker, L. M., Day, R. D., Harper, J., & Stockdale, L. (2014). A friend request from dear old dad: Associations between parent-child social networking and adolescent outcomes. *Cyberpsychology, Behavior, and Social Networking, 17*, 8–13.

76. Child, J. T. & Westermann, D. A. (2013). Let's be Facebook friends: Exploring parental Facebook friend requests from a Communication Privacy Management (CPM) perspective. *Journal of Family Communication, 13*, 46–59.

77. Ball, H., Wanzer, M. B., & Servoss, T. J. (2013). Parent-child communication on Facebook: Family communication patterns and young adults' decisions to "friend" parents. *Communication Quarterly, 61*, 615–629.

78. Johnson, A., Wittenberg, E., Haigh, M., Wigley, S., Becker, J., Brown, K., & Craig, E. (2004). The process of relationship development and deterioration: Turning points in friendships that have terminated. *Communication Quarterly, 52*, 54–67.

79. Hartup, W. W. & Stevens, N. (1997). Friendships and adaptation in the life course. *Psychological Bulletin, 121,* 355–370.

80. Pecchioni, L. (2005). Friendship throughout the life span. In L. Pecchioni, K. B. Wright, & J. F. Nussbaum (Eds.), *Life-span communication* (pp. 97–116). Hillsdale, NJ: Erlbaum; Samter, W. (2003). Friendship interaction skills across the life-span. In J. O. Greene & B. R. Burleson (Eds.), *Handbook of communication and social interaction skills* (pp. 637–684). Mahwah, NJ: Erlbaum.

81. Rawlins, W. K. (1992). *Friendship matters, communication, dialectics, and the life course* (p. 105). New York: De Gruyter.

82. Kalmijn, M. (2003). Shared friendship networks and the life course: An analysis of survey data on married and cohabiting couples. *Social Networks, 25,* 231–249.

83. Nussbaum, J. F., Pecchioni, L., Baringer, D., & Kundrat, A. (2002). Lifespan communication. In W. B. Gudykunst (Ed.), *Communication yearbook 26* (pp. 366–389). Mahwah, NJ: Erlbaum.

84. Utz, S. (2007). Media use in long-distance friendships. *Information, Communication & Society, 10,* 694–713.

85. Solomon, S. & Knafo, A. (2007). Value similarity in adolescent friendships. In T. C. Rhodes (Ed.), *Focus on adolescent behavior research* (pp. 133–155). Hauppauge, NY: Nova Science Publishers.

86. Swain, S. (1989). Covert intimacy: Closeness in the same-sex friendships of men. In B. Risman & P. Schwartz (Eds.), *Gender in intimate relations: A microstructural approach* (pp. 75–87). Belmont, CA: Wadsworth.

87. Swain, S. (1989). Covert intimacy: Closeness in the same-sex friendships of men. In B. Risman & P. Schwartz (Eds.), *Gender in intimate relations: A microstructural approach* (pp. 75–87). Belmont, CA: Wadsworth.

88. Dindia, K. & Allen, M. (1992). Sex differences in self-disclosure: A meta-analysis. *Psychological Bulletin, 112,* 106–124.

89. Bond, B. J. (2009). He posted, she posted: Gender differences in self-disclosure on social network sites. *Rocky Mountain Communicator, 6*(2), 29–37.

90. Holmstrom, A. J. (2009). Sex and gender similarities and differences in communication values in same-sex and cross-sex friendships. *Communication Quarterly, 57,* 224–238.

91. Sapadin, L. A. (1988). Friendship and gender: Perspectives of professional men and women. *Journal of Social and Personal Relationships, 5,* 387–403.

92. Holmstrom, A. J. (2009). Sex and gender similarities and differences in communication values in same-sex and cross-sex friendships. *Communication Quarterly, 57,* 224–238.

93. Hand, L. & Furman, W. (2009). Rewards and costs in adolescent other-sex friendships: Comparisons to same-sex friendships and romantic relationships. *Social Development, 18,* 270–287.

94. Malachowski, C. C. & Dillow, M. R. (2011). An examination of relational uncertainty, romantic intent, and attraction on communicative and relational outcomes in cross-sex friendships. *Communication Research Reports, 28,* 356–368.

95. Halatsis, P. & Christakis, N. (2009). The challenge of sexual attraction within heterosexuals' cross-sex friendship. *Journal of Social and Personal Relationships, 26,* 919–937.

96. Sapadin, L. A. (1988). Friendship and gender: Perspectives of professional men and women. *Journal of Social and Personal Relationships, 5,* 387–403.

97. Bleske-Rechek, A. et al. (2012). Benefit or burden? Attraction in cross-sex friendship. *Journal of Social and Personal Relationships, 29,* 569–596.

98. Ledbetter, A. M., Mazer, J. P., DeGroot, J. M., & Meyer, K. R. (2011). Attitudes toward online social connection and self-disclosure as predictors of Facebook communication and relational closeness. *Communication Research, 38,* 27–53.

99. Mongeau, P. A., Knight, K., Williams, J., Eden, J., & Shaw, C. (2013). Identifying and explicating variation among friends with benefits relationships. *Journal of Sex Research, 50,* 37–47.

100. Wyndol, F. & Shaffer, L. (2011). Romantic partners, friends, friends with benefits, and casual acquaintances as sexual partners. *Journal of Sex Research, 48,* 554–564.

101. Owen, J. & Fincham, F. D. (2012). Friends with benefits relationships as a start to exclusive romantic relationships. *Journal of Social and Personal Relationships, 29,* 982–996.

102. Jonason, P. K. (2013). Four functions for four relationships: Consensus definitions of university students. *Archives of Sexual Behavior, 42,* 1407–1414.

103. Green, K. J. & Morman, M. T. (2011). The perceived benefits of the friends with benefits relationship. *Human Communication, 14,* 327–346.

104. Lehmiller, J., VanderDrift, L. E., & Kelly, J. R. (2011). Sex differences in approaching friends with benefits relationships. *Journal of Sex Research, 48,* 275–284.

105. Bisson, M. A. & Levine, T. R. (2009). Negotiating a friends with benefits relationship. *Archives of Sexual Behavior, 38,* 66–73; see also Knight, K. (2014). Communicative dilemmas in emerging adults' friends with benefits relationships: Challenge to relational talk. *Emerging Adulthood, 2,* 270–279.

106. Bisson, M. A. & Levine, T. R. (2009). Negotiating a friends with benefits relationship. *Archives of Sexual Behavior, 38,* 66–73.

107. Holmstrom, A. J. (2009). Sex and gender similarities and differences in communication values in same-sex and

cross-sex friendships. *Communication Quarterly, 57*, 224–238.

108. Galupo, M. P. & Gonzalez, K. A. (2013). Friendship values and cross-category friendships: Understanding adult friendship patterns across gender, sexual orientation, and race. *Sex Roles, 68*, 779–790.

109. Hopcke, R. H. & Rafaty, L. (2001). *Straight women, gay men: Absolutely fabulous friendships*. Tulsa: Council Oak Books.

110. Bartlett, N. H., Patterson, H. M., VanderLaan, D. P., & Vasey, P. L. (2009). The relation between women's body esteem and friendships with gay men. *Body Image, 6*, 235–241.

111. Amichai-Hamburger, Y., Kingsbury, M., & Scheider, B. H. (2013). Friendship: An old concept with a new meaning? *Computers in Human Behavior, 29*, 33–39.

112. Smith, A. (February 3, 2014). 6 new facts about Facebook. *Pew Research Center.*

113. Tong, S. T., Van Der Heide, B., Langwell, L., & Walther, J. B. (2008). Too much of a good thing? The relationship between number of friends and interpersonal impressions on Facebook. *Journal of Computer-Mediated Communication, 13,* 531–549; Kim, J. & Lee, J. R. (2011). The Facebook paths to happiness: Effects of the number of Facebook friends and self-presentation on subjective well-being. *CyberPsychology, Behavior & Social Networking, 14,* 59–364.

114. Scott, G. G. (2014). More than friends: Popularity on Facebook and its role in impression formation. *Journal of Computer-Mediated Communication, 19,* 358–372.

115. Nabi, R. L., Prestin, A., & So, J. (2013). Facebook friends with (health) benefits? Exploring social network site use and perceptions of social support, stress, and well-being. *Cyberpsychology, Behavior, and Social Networking, 16*, 721–727.

116. Lee, J. R., Moore, D. C., Park, E., & Park, S. G. (2012). Who wants to be "friend rich"? Social compensatory friending on Facebook and the moderating role of public self-consciousness. *Computers in Human Behavior, 28,* 1036–1043; Kim, J. & Lee, J. R. (2011). The Facebook paths to happiness: Effects of the number of Facebook friends and self-presentation on subjective well-being. *Cyberpsychology, Behavior, and Social Networking, 14,* 359–364.

117. Bryant, E. M. & Marmo, J. (2012). The rules of Facebook friendship: A two-stage examination of interaction rules in close, casual, and acquaintance friendships. *Journal of Social and Personal Relationships, 29,* 1013–1035.

118. Anderson, B., Fagan, P., Woodnutt, T., & Chamorro-Premuzic, T. (2012). Facebook psychology: Popular questions answered by research. *Psychology of Popular Media Culture, 1,* 23–37; Ellison, N. B., Steinfield, C., & Lampe, C. (2007). The benefits of Facebook "friends": Social capital and college students' use of online social networks sites. *Journal of Computer-Mediated ommunication, 12,* 1143–1168.

119. More than half of online friends go on to meet in person. (2008, December 17). *Daily Mail Reporter.* Retrieved from http://www.dailymail.co.uk/sciencetech/article-1096664 /More-half-online-friends-meet-person.html

120. Ellison, N. B., Steinfield, C., & Lampe, C. (2007). The benefits of Facebook "friends": Social capital and college students' use of online social networks sites. *Journal of Computer-Mediated Communication, 12,* 1143–1168.

121. Loving, T. J. & Slatcher, R. B. (2013). Romantic relationships and health. In J. A. Simpson & L. Campbell (Eds.), *The Oxford handbook of close relationships* (pp. 617–637). New York: Oxford University Press.

122. Epstein, R., Warfel, R., Johnson, J., Smith, R., & McKinney, P. (2013). Which relationship skills count most? *Journal of Couple & Relationship Therapy, 12,* 297–313.

123. Sternberg, R. J. (2004). A triangular theory of love. In H. T. Reis & C. E. Rusbult (Eds.), *Close Relationships* (pp. 258–276). New York: Psychology Press.

124. Sumter, S. R., Valkenburg, P. M., & Peter, J. (2013). Perceptions of love across the lifespan: Differences in passion, intimacy, and commitment. *International Journal of Behavioral Development, 37,* 417–427.

125. Acevedo, B. P. & Aron, A. (2009). Does a long-term relationship kill romantic love? Review of General *Psychology, 13,* 59–65.

126. Weigel, D. J. (2008). Mutuality and the communication of commitment in romantic relationships. *Southern Communication Journal, 73,* 24–41.

127. Epstein, R., Pandit, M., & Thakar, M. (2013). How love emerges in arranged marriage: Two cross-cultural studies. *Journal of Comparative Family Studies, 43,* 341–360.

128. deOliveira, J. M., Costa, C. G., & Nogueira, C. (2013). The workings of homonormativity: Lesbian, gay, bisexual, and queer discourses on discrimination and public displays of affections in Portugal. *Journal of Homosexuality, 60,* 1475–1493; Vaquera, E. & Kao, G. (2005). Private and public displays of affection among interracial and intra-racial adolescent couples. *Social Science Quarterly, 86,* 484–508.

129. Floyd, K., Boren, J. P., Hannawa, A. F., Hesse, C., McEwan B., & Veksler, A. E. (2009). Kissing in marital and cohabiting relationships: Effects on blood lipids, stress, and relationship satisfaction. *Western Journal of Communication, 73,* 113–133.

130. Floyd, K. & Riforgiate, S. (2008). Affectionate communication received from spouses predicts stress hormone levels in healthy adults. *Communication Monographs, 75,* 351–368.

131. Horan, S. M. (2012). Affection exchange theory and perceptions of relational transgressions. *Western Journal of Communication, 76,* 109–126.

132. Horan, S. M. & Booth-Butterfield, M. (2013). Understanding the routine expression of deceptive affection in romantic relationships. *Communication Quarterly, 61,* 195–216.

133. Epstein, R. (2010, January/February). How science can help you fall in love. *Scientific American Mind*, pp. 26–33.
134. Diamond, L. M. (2013). Sexuality in relationships. In J. A. Simpson & L. Campbell (Eds.), *The Oxford handbook of close relationships* (pp. 589–614). New York: Oxford University Press.
135. Byers, E. S. (2011). Beyond the birds and the bees and was it good for you?: Thirty years of research on sexual communication. *Canadian Psychology, 52,* 20–28.
136. Theiss, J. A. & Solomon, D. H. (2007). Communication and the emotional, cognitive, and relational consequences of first sexual encounters between partners. *Communication Quarterly, 55*, 179–206.
137. Miller-Ott, A. E. & Linder, A. (2013). Romantic partners' use of facework and humor to communicate about sex. *Qualitative Research Reports in Communication, 14*, 69–78.
138. Baxter, L. A. (2001). Communicatively remembering turning points of relational development in heterosexual romantic relationships. *Communication Reports, 14*, 1–17.
139. Becker, J. A. J., Johnson, A. J., Craig, E. A., Gilchrist, E. S., Haigh, M. M., & Lane, L. T. (2009). Friendships are flexible, not fragile: Turning points in geographically-close and long-distance friendships. *Journal of Social & Personal Relationships, 4,* 347–369.
140. Mongeau, P. A., Serewicz, M. C. M., Henningsen, M. L. M., & Davis, K. L. (2006). Sex differences in the transition to a heterosexual romantic relationship. In K. Dindia & D. J. Canary (Eds.), *Sex differences and similarities in communication* (2nd ed., pp. 337–358). Mahwah, NJ: Erlbaum.
141. Papp, L. M., Danielewicz, J., & Cayemberg, C. (2012). Are we Facebook Official? Implications of dating partners' Facebook use and profiles for intimate relationship satisfaction. *CyberPsychology, Behavior & Social Networking, 15*, 85–90.
142. Theiss, J. A. & Solomon, D. H. (2007). Communication and the emotional, cognitive, and relational consequences of first sexual encounters between partners. *Communication Quarterly, 55*, 179–206.
143. Siegert, J. R. & Stamp, G. H. (1994). "Our first big fight" as a milestone in the development of close relationships. *Communication Monographs, 61*, 345–361.
144. Dailey, R. M., Rossetto, K. R., McCracken, A. A., Jin, B., & Green, E. W. (2012). Negotiating breakups and renewals in on-again/off-again dating relationships: Traversing the transitions. *Communication Quarterly, 60*, 165–189.
145. Baxter, L. A. & Bullis, C. (1986). Turning points in developing romantic relationships. *Human Communication Research, 12,* 469–493.
146. Gottman, J. (1994). *Why marriages succeed or fail.* New York: Simon & Schuster.
147. Holman, T. B. & Jarvis, M. O. (2003). Hostile, volatile, avoiding, and validating couple-conflict types: An investigation of Gottman's couple-conflict types. *Personal Relationships, 10*, 267–282.
148. Gottman, J. (1994). *Why marriages succeed or fail* (p. 41). New York: Simon & Schuster.
149. Gottman, J. (1994). *Why marriages succeed or fail* (p. 45). New York: Simon & Schuster.
150. Chapman, G. (2010). *The 5 love languages.* Chicago: Northfield.
151. Egbert, N. & Polk, D. (2006). Speaking the language of relational maintenance: A validity test of Chapman's (1992) five love languages. *Communication Research Reports, 23,* 19–26.
152. Smith, A. & Duggan, M. (2013, October 21). *Online dating & relationships.* Pew Research Internet Project.
153. Lenhart, A. & Duggan, M. (2014, February 11). *Couples, the internet, and social media.* Pew Internet & American Life Project.
154. Jin, B. & Peña, J. F. (2010). Mobile communication in romantic relationships: Mobile phone use, relational uncertainty, love, commitment, and attachment styles. *Communication Reports*, 23, 39–51.
155. Weisskirch, R. S. (2012). Women's adult romantic attachment style and communication by cell phone with romantic partners. *Psychological Reports, 111*, 281–288; Duran, R. L., Kelly, L., & Rotaru, T. (2011). Mobile phones in romantic relationships and the dialectic of autonomy versus connection. *Communication Quarterly, 59,* 19–36; Miller-Ott, A. E., Kelly, L., & Duran, R. L. (2012). The effects of cell phone usage rules on satisfaction in romantic relationships. *Communication Quarterly, 60,* 17–34.
156. Schade, L. C., Sandberg, J., Bean, R., Busby, D., & Coyne, S. (2013). Using technology to connect in romantic relationships: Effects on attachment, relationship satisfaction, and stability in emerging adults. *Journal of Couple & Relationship Therapy, 12,* 314–338; Coyne, S. M., Stockdale, L., Busby, D., Iverson, B., & Grant, D. M. "I luv u ⊠!" : A descriptive study of the media use of individuals in romantic relationships. *Family Relationships, 60*, 150–162.
157. Saslow, L. R., Muise, A., Impett, E. A., & Dubin, M. (2013). Can you see how happy we are? Facebook images and relationship satisfaction. *Social Psychological and Personality Science, 4,* 411–418.
158. Hand, M. M., Thomas, D. B., Walter, C., Deemer, E. D., & Buyanjargal, M. (2013). Facebook and romantic relationships: Intimacy and couple satisfaction associated with online social network use. *Cyberpsychology, Behavior, and Social Networking, 16,* 8–13.
159. Elphinston, R. A. & Noller, P. (2011). Time to face It! Facebook intrusion and the implications for romantic jealousy and relationship satisfaction. *Cyberpsychology, Behavior, and Social Networking, 14,* 631–635.
160. Utz, S. & Beukeboom, C. J. (2011). The role of social network sites in romantic relationships: Effects on jealousy and relationship happiness. *Journal of Computer-Mediated Communication, 16,* 511–527.

161. Valenzuela, S., Halpern, D., & Katz, J. E. (2014). Social network sites, marriage well-being and divorce: Survey and state-level evidence from the United States. *Computers in Human Behavior, 36,* 94–101.

第十一章

1. Fitness, J. (2006).The emotionally intelligent marriage. In J. Ciarrochi, J. P. Forgas, & J. D. Mayer (Eds.), *Emotional intelligence in everyday life* (pp. 129–139). New York: Psychology Press.
2. Smith, E. E. (June 12, 2014). Masters of love. *The Atlantic.*
3. Barbato, C. A., Graham, E. E., & Perse, E. M. (2003). Communicating in the family: An examination of the relationship of family communication climate and interpersonal communication motives. *Journal of Family Communication, 3,* 123–148.
4. Dailey, R. M. (2006). Confirmation in parent–adolescent relationships and adolescent openness: Toward extending confirmation theory. *Communication Monographs, 73,* 434–458.
5. Teven, J. J., Martin, M. M., & Neupauer, N. C. (1998). Sibling relationships: Verbally aggressive messages and their effect on relational satisfaction. *Communication Reports, 11,* 179–186.
6. Cooil, B., Aksoy, L., Keiningham, T. L., & Maryott, K. M. (2009). The relationship of employee perceptions of organizational climate to business-unit outcomes: An MPLS approach. *Journal of Service Research, 11,* 277–294; Pincus, D. (1986). Communication satisfaction, job satisfaction, and job performance. *Human Communication Research, 12,* 395–419.
7. Sopow, E. (2008). The communication climate change at RCMP. *Strategic Communication Management, 12,* 20–23; Kassing, J. W. (2008). Consider this: A comparison of factors contributing to employees' expressions of dissent. *Communication Quarterly, 56,* 342–355; Saunders, D. (2008). Create an open climate for communication. *Supervision, 69,* 6–8; Beck, C. E. & Beck, E. A. (1996). The manager's open door and the communication climate. In K. M. Galvin & P. Cooper (Eds.), *Making connections: Readings in relational communication* (pp. 286–290). Los Angeles: Roxbury.
8. Goleman, D. (2006). *Social intelligence* (p. 279). New York Random House.
9. Vangelisti, A. L. & Young, S. L. (2000). When words hurt: The effects of perceived intentionality on interpersonal relationships. *Journal of Social & Personal Relationships, 17,* 393–424.
10. Sieberg, E. (1976). Confirming and disconfirming communication in an organizational setting. In J. Owen, P. Page, & G. Zimmerman (Eds.), *Communication in organizations* (pp. 129–149). St. Paul, MN: West.
11. Sieberg, E. & Larson, C. (1971). *Dimensions of interpersona response.* Paper presented at the meeting of the International Communication Association, Phoenix.
12. Cox, S. A. (1999). Group communication and employee turnover: How coworkers encourage peers to voluntarily exit. *Southern Communication Journal, 64,* 181–192.
13. Gottman, J. M. & Levenson, R. W. (2000). The timing of divorce: Predicting when a couple will divorce over a 14-year period. *Journal of Marriage and the Family, 62,* 737–745.
14. Rancer, A. S. & Avtgis, T. A. (2006). *Argumentative and aggressive communication: Theory, research, and application.* Thousand Oaks, CA: Sage.
15. Bowes, L., Wolke, D., Joinson, C., Lereya, S. T., & Lewis, G. (2014). Sibling bullying and risk of depression, anxiety, and self-harm: A prospective cohort study. *Pediatrics, 134,* 1032–1039.
16. Wade, A. & Beran, T. (2011). Cyberbullying: The new era of bullying. *Canadian Journal of School Psychology, 26,* 44–61; Dempsey, A. G., Sulkowski, M. L., Dempsey, J., & Storch, E. A. (2011). Has cyber technology produced a new group of peer aggressors? *Cyberpsychology, Behavior, and Social Networking, 14,* 297–302.
17. Duggan, M. (2014, October 22). *Online harassment.* Pew Research Internet Project.
18. Alberts, J. K. (1988). An analysis of couples' conversationa complaints. *Communication Monographs, 55,* 184–197.
19. Alberts, J. K. & Driscoll, G. (1992). Containment versus escalation: The trajectory of couples' conversational complaints. *Western Journal of Communication, 56,* 394–412.
20. Gottman, J. M. & Silver, N. (1999). *The seven principles for making marriage work.* New York: Random House.
21. Johnson, A. J., Hample, D., & Cionea, I. A. (2014). Understanding argumentation in interpersonal communication. *Communication Yearbook, 38,* 145–173; Rancer, A. S. & Avtgis, T. A. (2006). *Argumentative and aggressive communication: Theory, research, and application.* Thousand Oaks, CA: Sage.
22. Jordan-Jackson, F. F., Lin, Y., Rancer, A. S., & Infante, D. A. (2008). Perceptions of males and females' use of aggressive and nonaffirming messages in an interpersonal dispute: You've come a long way baby? *Western Journal of Communication, 72,* 239–258.
23. Cissna, K. & Seiberg, E. (1995). Patterns of interactional confirmation and disconfirmation. In M. V. Redmond (Ed.), *Interpersonal communication: Readings in theory and research* (pp. 301–317—AU). Fort Worth, TX: Harcourt Brace.
24. Allen, M. W. (1995). Communication concepts related to perceived organizational support. *Western Journal of Communication, 59,* 326–346.
25. Dailey, R. M. (2008). Assessing the contribution of nonverbal behaviors in displays of confirmation during parent–adolescent interactions: An actor–partner interdependence model. *Journal of Family Communication, 8,* 62–91.
26. Wilmot, W. W. (1987). *Dyadic communication* (pp. 149–158). New York: Random House.

27. Burggraf, C. & Sillars, A. L. (1987). A critical examination of sex differences in marital communication. *Communication Monographs, 54*, 276–294; Newton, D. A. & Burgoon, J. K. (1990). The use and consequences of verbal strategies during interpersonal disagreements. *Human Communication Research, 16*, 477–518.

28. Hocker, J. L. & Wilmot, W. W. (1995). *Interpersonal conflict* (4th ed., p. 34). Dubuque, IA: Brown & Benchmark.

29. Hocker, J. L. & Wilmot, W. W. (1995). *Interpersonal conflict* (4th ed., p. 36). Dubuque, IA: Brown & Benchmark.

30. Gottman, J. M. & Levinson, R. W. (1999). Rebound for marital conflict and divorce prediction. *Family Process, 38*, 387–292.

31. Domenici, K. & Littlejohn, S. (2006). *Facework: Bridging theory and practice.* Thousand Oaks, CA: Sage; Lapinski, M. K. & Boster, F. J. (2001). Modeling the ego-defensive function of attitudes. *Communication Monographs, 68*, 314–324.

32. Lannin, D. G., Bittner, K. E., & Lorenz, F. O. (2013). Longitudinal effect of defensive denial on relationship instability. *Journal of Family Psychology, 27*, 968–977.

33. Becker, J. A. H., Ellevold, B., & Stamp, G. H. (2008). The creation of defensiveness in social interaction II: A model of defensive communication among romantic couples. *Communication Monographs, 75*, 86–110; Stamp, G. H., Vangelisti, A. L., & Daly, J. A. (1992). The creation of defensiveness in social interaction. *Communication Quarterly, 40*, 177–190.

34. Turk, D. R. & Monahan, J. L. (1999). "Here I go again": An examination of repetitive behaviors during interpersonal conflicts. *Southern Communication Journal, 64*, 232–244.

35. Cupach, W. R. & Messman, S. J. (1999). Face predilections and friendship solidarity. *Communication Reports, 12*, 117–124.

36. Trees, A. R., Kerssen-Griefp, J., & Hess, J. A. (2009). Earning influence by communicating respect: Facework's contributions to effective instructional feedback. *Communication Education, 58*, 397–416.

37. Kingsley Westerman, C. Y. & Westerman, D. (2010). Supervisor impression management: Message content and channel effects on impressions. *Communication Studies, 61*, 585–601.

38. Gibb, J. (1961, September). Defensive communication. *Journal of Communication, 11*, 141–148; Robertson, E. (2005). Placing leaders at the heart of organizational communication. *Communication Management, 9*, 34–37.

39. Proctor, R. F. & Wilcox, J. R. (1993). An exploratory analysis of responses to owned messages in interpersonal communication. *ETC: A Review of General Semantics, 50*, 201–220.

40. Seider, B. H., Hirschberger, G., Nelson, K. L., & Levenson, R. W. (2009). We can work it out: Age differences in relational pronouns, physiology, and behavior in marital conflict. *Psychology and Aging, 24*, 604–613.

41. Czech, K. & Forward, G. L. (2010). Leader communication: Faculty perceptions of the department chair. *Communication Quarterly, 58*, 431–457.

42. Hample, D., Richards, A. S., & Skubisz, C. (2013). Blurting. *Communication Monographs, 80*, 503–532.

43. Harwood, J., Ryan, E. B., Giles, H., & Tysoski, S. (1997). Evaluations of patronizing speech and three response styles in a non-service-providing context. *Journal of Applied Communication Research, 25*, 170–195.

44. Katt, J. A. & Collins, S. J. (2013). The power of provisional/ immediate language revisited: Adding student personality traits to the mix. *Communication Research Reports, 30*, 85–95.

45. Miller, S., Nunnally, E. W., & Wackman, D. B. (1975). *Alive and aware: How to improve your relationships through better communication.* Minneapolis, MN: International Communication Programs; Remer, R. & deMesquita, P. (1990). Teaching and learning the skills of interpersonal confrontation. In D. D. Cahn (Ed.), *Intimates in conflict: A communication perspective* (pp. 225–252). Hillsdale, NJ: Erlbaum.

46. Smith, M. (1975). *When I say no, I feel guilty* (pp. 93–110). New York: Dial Press.

47. Benoit, W. L. & Drew, S. (1997). Appropriateness and effectiveness of image repair strategies. *Communication Reports, 10*, 153–163; Stamp, G. H., Vangelisti, A. L., & Daly, J. A. (1992). The creation of defensiveness in social interaction. *Communication Quarterly, 40*, 177–190.

第十二章

1. Wilmot, W. & Hocker, J. L. (2010). *Interpersonal conflict* (8th ed., pp. 44–56). New York: McGraw-Hill; Buzzanell, P. M. & Burrell, N. A. (1997). Family and workplace conflict: Examining metaphorical conflict schemas and expressions across context and sex. *Human Communication Research, 24*, 109–146.

2. Metts, S. & Cupach, W. (1990). The influence of relationship beliefs and problem-solving responses on satisfaction in romantic relationships. *Human Communication Research, 17*, 170–185.

3. Wilmot, W. & Hocker, J. L. (2010). *Interpersonal conflict* (8th ed., pp. 11–19). New York: McGraw-Hill.

4. Cupach, W. R. & Canary, D. J. (1997). *Competence in interpersonal conflict* (pp. 5–6). New York: McGraw-Hill.

5. Benoit, W. L. & Benoit, P. J. (1987). Everyday argument practices of naive social actors. In J. Wenzel (Ed.), *Argument and critical practices* (pp. 465–474). Annandale, VA: Speech Communication Association.

6. Samter, W. & Cupach, W. R. (1998). Friendly fire: Topical variations in conflict among same- and cross-sex friends. *Communication Studies, 49*, 121–138.

7. Vuchinich, S. (1987). Starting and stopping spontaneous family conflicts. *Journal of Marriage and Family, 49*, 591–

601.

8. Gottman, J. M. (1982). Emotional responsiveness in marital conversations. *Journal of Communication, 32,* 108–120; Cupach, W. R. (1982, May). *Communication satisfaction and interpersonal solidarity as outcomes of conflict message strategy use.* Paper presented at the International Communication Association conference, Boston.

9. Koren, K., Carlton, K., & Shaw, D. (1980). Marital conflict: Relations among behaviors, outcomes, and distress. *Journal of Consulting and Clinical Psychology, 48,* 460–468.

10. Wilmot, W. & Hocker, J. L. (2010). *Interpersonal conflict* (8th ed., p. 37). New York: McGraw-Hill.

11. Gottman, J. M. (1979). *Marital interaction: Experimental investigations.* New York: Academic Press; Infante, D. A., Myers, S. A., & Buerkel, R. A. (1994). Argument and verbal aggression in constructive and destructive family and organizational disagreements. *Western Journal of Communication, 58,* 73–84.

12. Crohan, S. E. (1992). Marital happiness and spousal consensus on beliefs about marital conflict: A longitudinal investigation. *Journal of Science and Personal Relationships, 9,* 89–102.

13. Canary, D. J., Weger, H., Jr., & Stafford, L. (1991). Couples' argument sequences and their associations with relational characteristics. *Western Journal of Speech Communication, 55,* 159–179.

14. Harper, M. S. & Welsh, D. P. (2007). Keeping quiet: Self-silencing and its association with relational and individual functioning among adolescent romantic couples. *Journal of Social and Personal Relationships, 24,* 99–116.

15. Afifi, T. D., McManus, T., Steuber, K., & Coho, A. (2009). Verbal avoidance and dissatisfaction in intimate conflict situations. *Human Communication Research, 35,* 357–383; Caughlin, J. P. & Golish, T. D. (2002). An analysis of the association between topic avoidance and dissatisfaction: Comparing perceptual and interpersonal explanations. *Communication Monographs, 69,* 275–295.

16. Caughlin, J. P. & Arr, T. D. (2004). When is topic avoidance unsatisfying? Examining moderators of the association between avoidance and dissatisfaction. *Human Communication Research, 30,* 479–513.

17. Cahn, D. D. (1992). *Conflict in intimate relationships* (p. 100). New York: Guilford.

18. Wilmot, W. & Hocker, J. L. (2010). *Interpersonal conflict* (8th ed., p. 159). New York: McGraw-Hill.

19. Oetzel, J. G. & Ting-Toomey, S. (2003). Face concerns in interpersonal conflict: A cross-cultural empirical test of the face negotiation theory. *Communication Research, 30,* 599–625; Dsilva, M. U. & Whyte, L. O. (1998). Cultural differences in conflict styles: Vietnamese refugees and established residents. *Howard Journal of Communication, 9,* 57–68.

20. Messman, S. J. & Mikesell, R. L. (2000). Competition and interpersonal conflict in dating relationships. *Communication Reports, 13,* 21–34.

21. Olson, L. N. & Braithwaite, D. O. (2004). "If you hit me again, I'll hit you back": Conflict management strategies of individuals experiencing aggression during conflicts. *Communication Studies, 55,* 271–285.

22. Warren, K., Schoppelrey, S., & Moberg, D. (2005). A model of contagion through competition in the aggressive behaviors of elementary school students. *Journal of Abnormal Child Psychology, 33,* 283–292.

23. Infante, D. A. (1987). Aggressiveness. In J. C. McCroskey & J. A. Daly (Eds.), *Personality and interpersonal communication* (pp. 157–191). Newbury Park, CA: Sage.

24. Roloff, M. E. & Reznick, R. M. (2008). Communication during serial arguments: Connections with individuals' mental and physical well-being. In M. T. Motley (Ed.), *Studies in applied interpersonal communication* (pp. 97–120). Thousand Oaks, CA: Sage.

25. Infante, D. A., Rancer, A. S., & Jordan, F. F. (1996). Affirming and nonaffirming style, dyad sex, and the perception of argumentation and verbal aggression in an interpersonal dispute. *Human Communication Research, 22,* 315–334.

26. Infante, D. A., Chandler, T. A., & Rudd, J. E. (1989). Test of an argumentative skill deficiency model of interspousal violence. *Communication Monographs, 56,* 163–177.

27. Martin, M. M., Anderson, C. M., Burant, P. A., & Weber, K. (1997). Verbal aggression in sibling relationships. *Communication Quarterly, 45,* 304–317.

28. Kassing, J. W. & Infante, D. A. (1999). Aggressive communication in the coach-athlete relationship. *Communication Research Reports, 16,* 110–120.

29. Beatty, M. J., Valencic, K. M., Rudd, J. E., & Dobos, J. A. (1999). A "dark side" of communication avoidance: Indirect interpersonal aggressiveness. *Communication Research Reports, 16,* 103–109.

30. Filley, A. C. (1975). *Interpersonal conflict resolution* (p. 23). Glenview, IL: Scott, Foresman.

31. Canary, D. (2003). Managing interpersonal conflict: A model of events related to strategic choices. In J. O. Greene & B. R. Burleson (Eds.), *Handbook of communication and social interaction skills* (pp. 515–549). Mahwah, NJ: Erlbaum.

32. Wilmot, W. & Hocker, J. L. (2010). *Interpersonal conflict* (8th ed., pp. 13–16). New York: McGraw-Hill; Knapp, M. L., Putnam, L. L., & Davis, L. J. (1988). Measuring interpersonal conflict in organizations: Where do we go from here? *Management Communication Quarterly, 1,* 414–429.

33. Burggraf, C. S. & Sillars, A. L. (1987). A critical examination of sex differences in marital communication. *Communication Monographs, 53,* 276–294.

34. McGinn, M. M., McFarland, P. T., & Christensen, A. (2009). Antecedents and consequences of demand/withdraw. *Journal of Family Psychology, 23,* 749–757.

35. Gottman, J. (1994). Why marriages succeed or fail. New York: Simon & Schuster; Fowler, C. & Dillow, M. R. (2011).

Attachment dimensions and the Four Horsemen of the Apocalypse. *Communication Research Reports, 28*, 16–26; Holman, T. B. & Jarvis, M. O. (2003). Hostile, volatile, avoiding, and validating couple-conflict types: An investigation of Gottman's couple-conflict types. *Personal Relationships, 10*, 267–282.

36. Rossel, J. & Collins, R. (2006). Conflict theory and interaction rituals: The microfoundations of conflict theory. In J. H. Turner (Ed.), *Handbook of sociological theory* (pp. 509–532). New York: Springer.

37. Cupach, W. R. & Canary, D. J. (1997). *Competence in interpersonal conflict* (p. 109). New York: McGraw-Hill.

38. Tannen, D. (1989). *You just don't understand: Women and men in conversation* (pp. 152–157, 162–165). New York: William Morrow.

39. Tannen, D. (1989). *You just don't understand: Women and men in conversation* (pp. 152–157, 162–165). New York: William Morrow.

40. Hess, N. H. & Hagen, E. H. (2006). Sex differences in indirect aggression: Psychological evidence from young adults. *Evolution and Human Behavior, 27*, 231–245; Underwood, M. K. (2003). *Social aggression among girls*. New York: Guilford.

41. Wiseman, R. (2003). *Queen bees and wannabes: Helping your daughter survive cliques, gossip, boyfriends, and other realities of adolescence*. New York: Three Rivers Press.

42. Collier, M. J. (1991). Conflict competence within African, Mexican, and Anglo-American friendships. In S. Ting-Toomey & F. Korzenny (Eds.), *Cross-cultural interpersonal communication* (pp. 132–154). Newbury Park, CA: Sage.

43. Papa, M. J. & Natalle, E. J. (1989). Gender, strategy selection, and discussion satisfaction in interpersonal conflict. *Western Journal of Speech Communication, 52*, 260–272.

44. Afifi, T. D, Joseph, A., & Aldeis, D. (2012). The "standards for openness hypothesis": Why women find (conflict) avoidance more dissatisfying than men. *Journal of Social and Personal Relationships, 29*, 102–125.

45. Gayle, B. M., Preiss, R. W., & Allen, M. A. (2001). A meta-analytic interpretation of intimate and non-intimate interpersonal conflict. In M. A. Allen, R. W. Preiss, B. M. Gayle, & N. Burrell (Eds.), *Interpersonal communication: Advances through meta-analysis* (pp. 345–368). New York: Erlbaum.

46. Allen, M. (1998). Methodological considerations when examining a gendered world. In D. Canary & K. Dindia (Eds.), *Handbook of sex differences and similarities in communication* (pp. 427–444). Mahwah, NJ: Erlbaum.

47. Cupach, W. R. & Canary, D. J. (1997). *Competence in interpersonal conflict* (pp. 63–65). New York: McGraw-Hill.

48. Burggraf, C. S. & Sillars, A. L. (1987). A critical examinatio of sex differences in marital communication. *Communication Monographs, 54*, 276–294.

49. Gudykunst, W. B. & Ting-Toomey, S. (1988). *Culture and interpersonal communication* (pp. 153–160). Newbury Park, CA: Sage.

50. Holt, J. L. & DeVore, C. J. (2005). Culture, gender, organizational role, and styles of conflict resolution: A meta-analysis. *International Journal of Intercultural Relations, 29*, 165–196.

51. Ting-Toomey, S. (1988). Rhetorical sensitivity style in three cultures: France, Japan, and the United States. *Central States Speech Journal, 39*, 28–36.

52. Okabe, K. (1987). Indirect speech acts of the Japanese. In L. Kincaid (Ed.), *Communication theory: Eastern and Western perspectives* (pp. 127–136). San Diego: Academic Press.

53. Fontaine, G. (1991). Cultural diversity in intimate intercultural relationships. In D. D. Cahn (Ed.), *Intimates in conflict: A communication perspective* (pp. 209–224). Hillsdale, NJ: Erlbaum.

54. Tannen, D. (1989). *You just don't understand: Women and men in conversation* (p. 160). New York: William Morrow.

55. Collier, M. J. (1991). Conflict competence within African, Mexican, and Anglo-American friendships. In S. Ting-Toomey & F. Korzenny (Eds.), *Cross-cultural interpersonal communication* (pp. 132–154). Newbury Park, CA: Sage.

56. Beatty, K. J. & McCroskey, J. C. (1997). It's in our nature: Verbal aggressiveness as temperamental expression. *Communication Quarterly, 45*, 446–460.

57. Oetzel, J. G. (1998). Explaining individual communication processes in homogeneous and heterogeneous groups through individualism-collectivism and self-construal. *Human Communication Research, 25*, 202–224.

58. Hahlweg, K. & Richter, D. (2010). Prevention of marital instability and distress: Results of an 11-year longitudinal follow-up study. *Behaviour Research and Therapy, 48*, 377–383.

59. Gordon, T. (1970). *Parent effectiveness training* (pp. 236–264). New York: Wyden.

60. Axelrod, R. (1984). *The evolution of cooperation*. New York: Basic Books.

专栏参考文献

第一章

在工作中

a. National Association of Colleges and Employers (October 24, 2012). *The skills and qualities employers want in their class of 2013 recruits*. NACE.

b. Winsor, J. L., Curtis, D. B., & Stephens, R. D. (1997). National preferences in business and communication education: An update. *Journal of the Association for Communication Administration, 3*, 170–179; Peterson, M. S. (1997). Personnel interviewers' perceptions of the importance and adequacy of applicants' communication skills. *Communication Education, 46*, 287–291.

c. Endicott, F. S. (1979). *The Endicott report: Trends in the employment of college and university graduates in business and industry*. Evanston, IL: Placement Center, Northwestern University.

d. Hindi, N. M., Miller, D. S., & Catt, S. E. (2004). Communication and miscommunication in corporate America: Evidence from Fortune 200 firms. *Journal of Organizational Culture, 8*, 13–26.

e. Darling, A. L. & Dannels, D. P. (2003). Practicing engineers talk about the importance of talk: A report on the role of oral communication in the workplace. *Communication Education, 52*, 1–16.

f. Gray, E. F. (2010). Specific oral communication skills desired in new accountancy graduates. *Business Communication Quarterly, 73*, 40–67.

g. Communication skills deemed vital. (1999, August 22). *Santa Barbara News-Press*, J1.

h. Richman, J. (2002, September 16). The news journal of the life scientist. *The Scientist, 16*, 42.

伦理挑战

An English translation of Martin Buber's *I and Thou* was published in 1970 by Scribner's. For useful descriptions of its central themes, see Stewart, J. (2006). A philosopher's approach. In J. Stewart (Ed.), *Bridges not walls* (9th ed., pp. 679–696). New York: McGraw-Hill; Paton, H. J. (1955). *The modern predicament*. London: Allen & Unwin.

链接：人工（不）智能与沟通（没）能力

http://www.ibtimes.com/ibms-watson-gets-swear-filter-after-learning-urban-dictionary-1007734

第二章

在工作中

a. Adapted from Collins, S. D. (2003). *Communication in a virtual organization*. Cincinnati: Thomson Learning.

链接：把他关在屏幕里

http://www.nytimes.com/2011/05/01/fashion/01Modern.html

链接：一起孤独

http://www.nytimes.com/2012/04/22/opinion/sunday/the-flight-from-conversation.html

伦理挑战

a. Bilton, R. (2014, April 14). Why some publishers are killing their comment sections. Digiday.

b. Dreyfus, H. (2004). Nihilism on the information highway: Anonymity versus commitment in the present age. In A. Feenberg and D. Barney (Eds.), *Community in the digital age: Philosophy and practice* (pp. 69–81). Lanham, MD: Rowman & Littlefield.

第三章

链接：与小女孩们聊天

http://www.huffingtonpost.com/lisa-bloom/how-to-talk-to-little-gir_b_882510.html

链接：我在Instagram上分享的照片与实际发生的情形，我的整个生活就是一个谎言

http://www.bustle.com/articles/32177-what-i-instagrammed-vs-what-was-really-happening-or-my-entire-life-is-a-lie

在工作中

a. Rosen, J. (July 25, 2010). The end of forgetting. *New York Times Magazine*.

b. Madden, M. & Smith, A. (2010, May 26). *Reputation management and social media*. Pew Internet & American Life Project; Berkelaar, B. L. & Buzzanell, P. M. (2014). Reconceptualizing fit (assessments) in personnel selection: Employers' sensemaking about cybervetting. *Journal of Applied Communication Research, 42*, 456–476.

c. Caron, A. H., Hwang, J. M., & Brummans, B. (2013). Business writing on the go: How executives manage impressions through e-mail communication in everyday work life. *Corporate Communications: An International Journal, 18*, 8–25.

伦理挑战

a. Read Kant's own words on truth telling in the following works: On a supposed right to lie from altruistic motives. (1964). In L. W. Beck (Trans. and Ed.), *Critique of practical reason and other writings in moral philosophy*.Chicago: University of Chicago Press; Paton, H. J. (Trans.). (1964). *Groundwork of the metaphysics of morals*. New York: Harper Torchbooks.

b. Fried, C. (1978). *Right and wrong*. Cambridge, MA: Harvard University Press; Bok, S. (1979). *Lying: Moral choice in public and private life*. New York: Vintage.

第四章

在工作中

a. Equal Employment Opportunity Commission. (2010). *Sexual harassment charges EEOC & FEPAs combined: FY 1997–FY 2010*.

b. Ohse, D. M. & Stockwell, M. S. (2008). Age comparisons in workplace sexual harassment perceptions. *Sex Roles, 59*, 240–253.

c. Fiedler, A. M. & Blanco, R. I. (2006). The challenge of varying perceptions of sexual harassment: An international study. *Journal of Behavioral and Applied Management, 7*, 274–292.

链接：在Facebook上培养同理心

http://www.nytimes.com/2014/10/23/fashion/Facebook-Arturo-Bejar-Creating-Empathy-Among-Cyberbullying.html

伦理挑战

a. For a discussion of the Golden and Platinum rules, see Bennett, M. (1979). Overcoming the Golden Rule: Sympathy and empathy. In D. Nimmo (Ed.), *Communication yearbook 3* (pp. 407–422). New Brunswick, NJ: Transaction Books; Johannesen, R. L. (2002). *Ethics in human communication*. Prospect Heights, IL: Waveland Press.

第五章

链接：内向的人：深思而非害羞

http://www.psychologytoday.com/articles/201008/revenge-the-introvert

在工作中

a. Scott, C. & Myers, K. K. (2005). The socialization of emotion: Learning emotion management at the fire station. *Journal of Applied Communication Research, 33*, 67–92.

b. Miller, K. I. & Koesten, J. (2008). Financial feeling: An investigation of emotion and communication in the workplace. *Journal of Applied Communication Research, 36*, 8–32.

c. Tracy, S. J. (2005). Locking up emotion: Moving beyond dissonance for understanding emotion labor discomfort. *Communication Monographs, 72*, 261–283.

链接：批评者算式

https://www.facebook.com/notes/margaret-feinberg/guest-blogger-larry-david-the-3-problems-with-critics-math-by-jonacuff/346928495361285

第六章

链接：谈论残疾时，应该字斟句酌

http://www.huffingtonpost.com/amy-julia-becker/finding-the-words-to-talk_b_1449819.html

在工作中

a. Jay, T. B. & Janschewitz, K. (2008). The pragmatics of swearing. *Journal of Politeness Research: Language, Behavior, Culture, 4*, 267–288.

b. Johnson, D. I. & Lewis, N. (2010). Perceptions of swearing in the work setting: An expectancy violations theory perspective. *Communication Reports, 23*, 106–118.

c. Sutton, R. I. (2010, June 18). Is it sometimes useful to cuss when you are at work?: The strategic use of swear words. *Psychology Today*.

链接：语言和传统

http://articles.latimes.com/1997/oct/26/opinion/op-46848

第七章

在工作中

a. Goldberg, C. & Cohen, D. J. (2004). Walking the walk and talking the talk: Gender differences in the impact of interviewing skills on applicant assessments. *Group & Organization Management, 29*, 369–384.

b. Stewart, G. L., Dustin, S. L., Barrick, M. R., & Darnold, T. C. (2008). Exploring the handshake in employment interviews. *Journal of Applied Psychology, 93*, 1139–1146.

c. Riggio, R. E. & Throckmorton, B. (1988). The relative effects of verbal and nonverbal behavior, appearance, and social skills on evaluation made in hiring interviews. *Journal of Applied Social Psychology, 18*, 331–348; Gifford, R., Ng, C. F., & Wilkinson, M. (1985). Nonverbal cues in the employment interview: Links between applicant qualities and interviewer judgments. *Journal of Applied Psychology, 70*, 729–736.

d. Krumhuber, E., Manstead, A., Cosker, D., Marshall, D., & Rosin, P. (2009). Effects of dynamic attributes of smiles in human and synthetic faces: A simulated job interview setting. *Journal of Nonverbal Behavior, 33*, 1–15.

链接：眼睛的掌控力

http://www.nytimes.com/2014/05/17/sunday-review/the-eyes-have-it.html

链接：你说话的方式会伤害你吗？

a. Hurka, T. (1994). *Principles: Short essays on ethics* (pp. 201–233).Toronto: Harcourt Brace.

第八章

在工作中

a. Sypher, B. D., Bostrom, R. N., & Seibert, J. H. (1989). Listening communication abilities and success at work. *Journal of Business Communication, 26*, 293–303; Alexander, E. R., Penley, L. E., & Jernigan, I. E. (1992). The relationship of basic decoding skills to managerial effectiveness. *Management Communication Quarterly, 6*, 58–73.

b. Winsor, J. L., Curtis, D. B., & Stephens, R. D. (1999). National preferences in business and communication education: An update. *Journal of the Association for Communication Administration, 3*, 170–179.

c. Johnson, S. & Bechler, C. (1998). Examining the relationship between listening effectiveness and leadership emergence: Perceptions, behaviors, and recall. *Small Group Research, 29*, 452–471.

d. Christensen, D. & Rees, D. (2002, October). Communication skills needed by entry-level accountants. *The CPA letter, 82*. Retrieved from www.aicpa.org/pubs/cpaltr/Oct2002/AUDIT/audit.htm

e. Marchant, V. (1999, June 28). Listen up! *Time, 153*, 74; *Job Outlook 2006*. (2006). Retrieved from www.naceweb.org/press/display.asp?year=&prid=235

f. Brownell, J. (1990). Perceptions of effective listeners: A management study. *Journal of Business Communication, 27*, 401–415.

链接：短信拯救生命

http://www.newyorker.com/magazine/2015/02/09/r-u

链接：怎么帮和不帮

http://articles.latimes.com/2013/apr/07/opinion/la-oe-0407-silk-ring-theory-20130407

伦理挑战

a. Rogers, C. (1961). *On becoming a person*. Boston: Houghton Mifflin.

b. High, A. C. & Dillard, J. P. (2012). A review and meta-analysis of person-centered messages and social support outcomes. *Communication Studies, 63*, 99–118.

第九章

链接：自拍合照：对你和你的人际关系都有好处

http://www.scienceofrelationships.com/home/2014/7/1/the-top-8-reasons-why-relfies-are-good-for-you-your-relation.html

在工作中

http://blogs.hbr.org/2014/06/how-to-repair-a-damaged-professional-relationship/

第十章

在工作中

a. Studies summarized in University of Pennsylvania (2007, March 21). *More confident, less careful: Why office romances are hard to manage*. Knowledge@Wharton; Voo, J. (2007, August 30). *How to handle an office romance*. CNN.

b. University of Pennsylvania (2007, March 21). *More confident, less careful: Why office romances are hard to manage*. Knowledge@Wharton.

链接：当友情妨碍爱情

http://time.com/7056/the-friendship-trap/reading: how to fall in love
http://www.nytimes.com/2015/01/11/fashion/modern-love-to-fall-in-love-with-anyone-do-this.html

链接：学习爱的语言

http://voxxi.com/the-five-love-languages-a-book-that-helps-couples-understand-each-other-mujer-voxpopuli

第十一章

链接：意外的友谊

http://www.huffingtonpost.com/shane-l-windmeyer/dan-cathy-chick-fil-a_b_2564379.html

在工作中

a. Pasick, A. (June 20, 2013). *Google admits those infamous brainteasers were completely useless for hiring*. Quartz.

b. Bryant, A. (June 19, 2013). Head-hunting, big data may not be such a big deal. *New York Times*.

伦理挑战

For more information on nonviolent strategies, see Ackerman, P. & Kruegler, C. (1994). *Strategic nonviolent conflict: The dynamics of people power in the twentieth century*. Westport, CT: Praeger; Holmes, R. L. (Ed.). (1990). *Nonviolence in theory and practice*. Belmont, CA: Wadsworth.

第十二章

在工作中

a. Shellenbarger, S. (2014, December 16). To fight, or not to fight? How to pick your battles in the workplace. *The Wall Street Journal*.

伦理挑战

For more information about crazymaking, see Bach, G. & Wyden, P. (1968). *The intimate enemy*. New York: Avon; Bach, G. (1971). *Aggression lab: The fair fight manual*. Dubuque, IA: Kendall-Hunt.

链接：用功能软件解决寝室冲突

http://college.usatoday.com/2014/07/30/start-up-tackles-roomie-conflicts-with-online-dorm-contracts

图书在版编目（CIP）数据

沟通的艺术：看入人里，看出人外：插图修订第 15 版 / 罗纳德·B·阿德勒，（美）拉塞尔·F·普罗科特著；黄素菲，李恩，王敏译 . -- 北京：北京联合出版公司，2017.10（2025.4 重印）

ISBN 978-7-5596-0820-8

Ⅰ . ①沟… Ⅱ . ①罗… ②拉… ③黄… ④李… ⑤王… Ⅲ . ①人际关系学 Ⅳ . ① C912.11

中国版本图书馆 CIP 数据核字（2017）第 193048 号

Looking Out/Looking In, 15ed
Ronald B. Adler, Russell F. Proctor II [黄素菲、李恩、王敏译]
Copyright © 2017 Cengage Learning

Original edition published by Cengage Learning. All Rights reserved. 本书原版由圣智学习出版公司出版。版权所有，盗印必究。
Beijing United Publishing CO., LTD is authorized by Cengage Learning to publish and distribute exclusively this simplified Chinese edition. This edition is authorized for sale in the People's Republic of China only (excluding Hong Kong, Macao SAR and Taiwan). Unauthorized export of this edition is a violation of the Copyright Act. No part of this publication may be reproduced or distributed by any means, or stored in a database or retrieval system, without the prior written permission of the publisher.
本书中文简体字翻译版由圣智学习出版公司授权北京联合出版公司独家出版发行。此版本仅限在中华人民共和国境内（不包括中国香港、澳门特别行政区及中国台湾）销售。未经授权的本书出口将被视为违反版权法的行为。未经出版者预先书面许可，不得以任何方式复制或发行本书的任何部分。
978-7-5596-0820-8
Cengage Learning Asia Pte. Ltd.
151 Lorong Chuan, #02-08 New Tech Park, Singapore 556741

本书封面贴有 Cengage Learning 防伪标签，无标签者不得销售。

沟通的艺术：看入人里，看出人外：插图修订第 15 版

著　　者：[美]罗纳德·B·阿德勒　拉塞尔·F·普罗科特	
译　　者：黄素菲　李　恩　王　敏	出 品 人：赵红仕
选题策划：后浪出版公司	出版统筹：吴兴元
特约编辑：周　茜　吴　琼	责任编辑：夏应鹏
营销推广：ONEBOOK	封面设计：末末美书

北京联合出版公司出版
（北京市西城区德外大街 83 号楼 9 层　100088）
嘉业印刷（天津）有限公司印刷　新华书店经销
字数 601 千字　787 毫米 × 1092 毫米　1/16　32.5 印张　插页 4
2017 年 10 月第 1 版　2025 年 4 月第 24 次印刷
ISBN 978-7-5596-0820-8
定价：88.00 元

后浪出版咨询（北京）有限责任公司　版权所有，侵权必究
投诉信箱：editor@hinabook.com　fawu@hinabook.com
未经书面许可，不得以任何方式转载、复制、翻印本书部分或全部内容
本书若有印、装质量问题，请与本公司联系调换，电话 010-64072833